欣悉我的著作系列即将在中国人民大学出版社出版，结构主义人类学理论亦将在有着悠久文明历史的中国继续获得系统的研究，对此我十分高兴。值此之际，谨祝中国的社会科学取得长足进步。

克洛德·列维－斯特劳斯

2006年1月13日

于法兰西学院社会人类学研究所

Claude Lévi-Strauss

列维-斯特劳斯文集

1

结构人类学 (1)

ANTHROPOLOGIE STRUCTURALE

[法] 克洛德·列维-斯特劳斯 / 著
Claude Lévi-Strauss
张祖建 / 译

中国人民大学出版社
· 北京 ·

克洛德·列维－斯特劳斯

总 序

克洛德·列维-斯特劳斯为法兰西学院荣誉退休教授，法兰西科学院院士，国际著名人类学家，法国结构主义人文学术思潮的主要创始人，以及当初五位“结构主义大师”中今日唯一健在者。在素重人文科学理论的法国文化中，第二次世界大战后两大“民族思想英雄”之代表应为：存在主义哲学家萨特和结构主义人类学家列维-斯特劳斯。“列维-斯特劳斯文集”（下称“文集”）中文版在作者将届百岁高龄之际由中国人民大学出版社出版，遂具有多方面的重要意义。简言之，“文集”的出版标志着中法人文学术交流近年来的积极发展以及改革开放政策实施以来中国人文社会科学所取得的一项重要学术成果，同时也显示出中国在与世界学术接轨的实践中又前进了一大步。关于作者学术思想的主旨和意义，各位译者均在各书译后记中作了介绍。在此，我拟略谈列维-斯特劳斯学术思想在西方人文社会科学整体中所占据的位置及其对于中国人文社会科学现代化发展所可能具有的意义。

列维-斯特劳斯的学术思想在战后西方人文社会科学史上占有独特的地位，其独特性首先表现在他作为专业人类学家和作为结构主义哲学家所具有的双重身份上。在人类学界，作为理论人类学家，50 年来其专业影响力几乎无人可及。作为“结构主义哲学家”，其声势在结构主义运动兴盛期间竟可直逼萨特，甚至曾一度取而代之。实际上，他是 20 世纪六七十年代法国结构主义思潮的第一创始人，其后结构主义影响了法国甚至西方整整一代文化和学术的方向。比萨特更为重要之处则表现在，其影响不限于社会文化思潮方面，而是同时渗透到人文社会科学的各个专业领域，并已成为许多学科的重要理论和方法论的组成部分。可以说，列维-斯特劳斯的结构主义在诸相关学科领域内促成了各种多学科理论运作之交汇点，以至于以其人类学学科为中心可将其结构理论放射到许多其他相关学科中去；同时作为对传统西方哲学的批评者，其理论方法又可直接影响人文社会科学的认识论思考。

当然，列维-斯特劳斯首先是一位人类学家。在法国学术环境内，他选择了与英美人类学更宜沟通的学科词 anthropology 来代表由自己所创新的人类学—社会学新体系，在认识论上遂具有重要的革新意义。他企图赋予"结构人类学"学科的功能也就远远超过了通常人类学专业的范围。一方面，他要将结构主义方法带入传统人类学领域；而另一方面，则要通过结构人类学思想来影响整个人文社会科学的方向。作为其学术思想总称的"结构人类学"涉及众多学科领域，大致可包括：人类学、社会学、考古学、语言学、哲学、历史学、心理学、文学艺术理论（以至于文艺创作手法），以及数学等自然科学……结果，20 世纪 60 年代以来，他的学术思想不仅根本转变了世界人类学理论研究的方向，而且对上述各相关学科理论之方向均程度不等地给予了持久的影响，并随之促进了现代西方人文社会科学整体结构和方向的演变。另外，作者早年曾专修哲学，其人类学理论具有高度的哲学意义，并被现代哲学界视为战后法国代表性哲学家之一。他的哲学影响力并非如英美学界惯常所说的那样，仅限于那些曾引起争议的人生观和文化观方面，而是特别指他对现代人文社会科学整体结构进行的深刻反省和批评。后者才是列维-斯特劳斯学术理论思想的持久性价值所在。

在上述列举的诸相关学科方法论中，一般评论者都会强调作者经常谈到的语言学、精神分析学和马克思哲学对作者结构人类学和神话学研究方式所给予的重大影响。就具体的分析技术面而言，诚然如是。但是，其结构主义人类学思想的形成乃是与作者对诸相关传统学科理论方向的考察和批评紧密相连的。因此更加值得我们注意的是其学术思想形成过程中所涉及的更为深广的思想学术背景。这就是，结构人类学与20世纪处于剧烈变动中的法国三大主要人文理论学科——哲学、社会学和历史学——之间的互动关系。作者正是在与此三大学科系列的理论论辩中形成自己的结构人类学观念的。简言之，结构人类学理论批评所针对的是：哲学和神学的形而上学方向，社会学的狭义实证主义（个体经验主义）方向，以及历史学的（政治）事件史方向。所谓与哲学的论辩是指：反对现代人文社会科学继续选择德国古典哲学中的形而上学和本体论作为各科学术的共同理论基础，衍生而及相关的美学和伦理学等部门哲学传统。所谓与社会学的论辩是指：作者与法国社会学和英美人类学之间的既有继承又有批判的理论互动关系。以现代“法国社会学之父”迪尔凯姆（Emile Durkheim）为代表的“社会学”本身即传统人种志学（ethnography）、人种学（ethnology）、传统人类学（anthropology）、心理学和语言学之间百年来综合互动的产物；而作为部分地继承此法国整体主义新实证社会学传统的列维-斯特劳斯，则是在扩大的新学术环境里进一步深化了该综合互动过程。因此作者最后选用“结构人类学”作为与上述诸交叉学科相区别的新学科标称，其中蕴含着深刻的理论革新意义。所谓与历史学的论辩是指：在历史哲学和史学理论两方面作者所坚持的历史人类学立场。作者在介入法国历史学这两大时代性议题时，也就进一步使其结构人类学卷入现代人文社会科学认识论激辩之中心。前者涉及和萨特等历史哲学主流的论辩，后者涉及以年鉴派为代表的150年来有关“事件因果”和“环境结构”之间何者应为“历史性”主体的史学认识论争论。

几十年来作者的结构人类学，尽管在世界上影响深远，却也受到各方面（特别是一些美国人类学和法国社会学人士）的质疑和批评，其中一个原因似乎在于彼此对学科名称，特别是“人类学”名称的用法上的不同。一般人类学家的专业化倾向和结构人类学的“泛理论化”旨趣当然会在目标和方法两方面彼此相异。而这类表面上由于学科界定方式不同而引生的区别，却也关系到彼此在世界观和认识论方面的更为根本的差异。这一事实再次表明，列维-斯特劳斯的人类学思想触及了当代西方人文理论基础的核心领域。与萨特以世界之评判和改造为目标的“社会哲学”不同，素来远离政治议题的列维-斯特劳斯的“哲学”，乃是一种以人文社会科学理论结构调整为目的的“学术哲学”。结构主义哲学和结构人类学，正像20世纪西方各种人文学流派一样，都具有本身的优缺点和影响力消长的过程。就法国而言，所谓存在主义、结构主义、后结构主义的“相互嬗替”的历史演变，只是一种表面现象，并不足以作为评判学派本身重要性的尺度。当前中国学界更不必按照西方学术流派演变过程中的一时声誉及影响来判断其价值。本序文对以列维-斯特劳斯为首的结构主义的推崇，也不是仅以其在法国或整个西方学界中时下流行的评价为根据的，而是按照世界与中国的人文社会科学整体革新之自身需要而加以评估的。在研究和评判现代西方人文社会科学思想时，需要区分方向的可取性和结论的正确性。前者含有较长久的价值，后者往往随着社会和学术条件的变迁而不断有所改变。思想史研究者均宜于在学者具体结论性话语中体察其方向性含义，以最大限度地扩大我们的积极认知范围。今日列维-斯特劳斯学术思想的价值因此不妨按照以下四个层面来分别评定：作为世界人类学界的首席理论代表；作为结构主义运动的首席代表；作为当前人文社会科学理论现代化革新运动中的主要推动者之一；作为中国古典学术和西方理论进行学术交流中的重要方法论资源之一。

20 世纪 90 年代以来，适逢战后法国两大思想运动“大师凋零”之会，法国学界开始了对结构主义时代进行全面回顾和反省的时期，列维-斯特劳斯本人一生的卓越学术贡献重新受到关注。自著名《批评》杂志为其九十华诞组织专辑之后，60 年代初曾将其推向前台的《精神》期刊 2004 年又为其组编了特刊。我们不妨将此视作列维-斯特劳斯百岁寿诞“生平回顾”纪念活动之序幕。2007 年夏将在芬兰举办的第 9 届国际符号学大会，亦将对时届百龄的作者表达崇高的敬意。凡此种种均表明作者学术思想在国际上所享有的持久影响力。列维-斯特劳斯和结构主义的学术成就是属于全人类的，因此也将在不断扩展中的全人类思想范围内，继续参与积极的交流和演变。

作为人类文化价值平等论者，列维-斯特劳斯对中国文化思想多次表示过极高的敬意。作者主要是通过法国杰出汉学家和社会学家格拉内（Marcel Granet）的著作来了解中国社会文化思想的特质的。两人之学同出迪尔凯姆之门，均重视对文化现象进行整体论和结构化的理论分析。在2004年出版的《列维-斯特劳斯纪念文集》（L'Herne出版社，M. Izard主编）中有Yves Goudineau撰写的专文《列维-斯特劳斯，格拉内的中国，迪尔凯姆的影子：回顾亲属结构分析的资料来源》。该文谈到列维-斯特劳斯早年深受格拉内在1939年《社会学年鉴》发表的专著的影响，并分析了列维-斯特劳斯如何从格拉内的"范畴"（类别）概念发展出了自己的"结构"概念。顺便指出，该纪念文集的编者虽然收进了几十年来各国研究列维-斯特劳斯思想的概述，包括日本的和俄罗斯的，却十分遗憾地遗漏了中国的部分。西方学术界和汉学界对于中国当代西学研究之进展，了解还是十分有限的。

百年来中国学术中有关各种现代主题的研究，不论是政经法还是文史哲，在对象和目标选择方面，已经越来越接近于国际学术的共同标准，这是社会科学和自然科学全球化过程中的自然发展趋势。结构主义作为现代方法论之一，当然也已不同程度上为中国相关学术研究领域所吸纳。但是，以列维-斯特劳斯为首的法国结构主义对中国学术未来发展的主要意义却是特别与几千年来中国传统思想、学术、文化研究之现代化方法论革新的任务有关的。如我在为《国际符号学百科全书》（柏林，1999）撰写的"中国文化中的记号概念"条目和许多其他相关著述中所言，传统中国文化和思想形态具有最突出的"结构化"运作特征（特别是"二元对立"原则和程式化文化表现原则等思考和行为惯习），从而特别适合于运用结构主义符号学作为其现代分析工具之一。可以说，中国传统"文史哲艺"的"文本制作"中凸显出一种结构式运作倾向，对此，极其值得中国新一代国学现代化研究学者关注。此外，之所以说结构主义符号学是各种现代西方学术方法论中最适合中国传统学术现代化工作之需要者，乃因其有助于传统中国学术思想话语（discourse）和文本（text）系统的“重新表述”，此话语组织重组的结果无须以损及话语和文本的原初意涵为代价。反之，对于其他西方学术方法论而言，例如各种西方哲学方法论，在引入中国传统学术文化研究中时，就不可避免地会把各种相异的观点和立场一并纳入中国传统思想材料之中，从而在中西比较研究之前就已“变形”了中国传统材料的原初语义学构成。另一方面，传统中国文史哲学术话语是在前科学时代构思和编成的，其观念表达方式和功能与现代学术世界通行方式非常不同，颇难作为“现成可用的”材料对象，以供现代研究和国际交流之用。今日要想在中西学术话语之间（特别是在中国传统历史话语和现代西方理论话语之间）进行有效沟通，首须解决二者之间的“语义通分”问题。结构主义及其符号学方法论恰恰对此学术研究目的来说最为适合。而列维-斯特劳斯本人的许多符号学的和结构式的分析方法，甚至又比其他结构主义理论方法具有更直接的启示性。在结构主义研究范围内的中西对话之目的绝不限于使中国学术单方面受益而已，其效果必然是双向的。中国研究者固然首须积极学习西方学术成果，而此中西学术理论“化合”之结果其后必可再反馈至西方，以引生全球范围内下一波人类人文学术积极互动之契机。因此，“文集”的出版对于中国和世界人文社会科学方法论全面革新这一总目标而言，其意义之深远自不待言。

“文集”组译编辑完成后，承蒙中国人民大学出版社约我代为撰写一篇“文集”总序。受邀为中文版“列维-斯特劳斯文集”

作序，对我来说，自然是莫大的荣幸。我本人并无人类学专业资格胜任其事，但作为当代法国符号学和结构主义学术思想史以及中西比较人文理论方法论的研究者，对此邀请确也有义不容辞之感。这倒不是由于我曾在中国最早关注和译介列维-斯特劳斯的学术思想，而是因为我个人多年来对法国人文结构主义思潮本身的高度重视。近年来，我在北京（2004）、里昂（2004）和芬兰伊马特拉（2005）连续三次符号学国际会议上力倡此意，强调在今日异见纷呈的符号学全球化事业中首应重估法国结构主义的学术价值。而列维-斯特劳斯本人正是这一人文科学方法论思潮的主要创始人和代表者。

结构主义论述用语抽象，“文集”诸译者共同努力，完成了此项难度较大的翻译工作。但在目前学术条件下，并不宜于对译名强行统一。在一段时间内，容许译者按照自己的理解来选择专有名词的译法，是合乎实际并有利于读者的。随着国内西学研究和出版事业的发展，或许可以在将来再安排有关结构主义专有名词的译名统一工作。现在，“文集”的出版终于为中国学界提供了一套全面深入了解列维-斯特劳斯结构主义思想的原始资料，作为法国结构主义的长期研究者，我对此自然极感欣慰，并在此对“文集”编辑组同仁和各卷译者表示诚挚祝贺。

李幼蒸 2005 年 12 月
国际符号学学会（IASS）副会长
中国社会科学院世界文明研究中心特约研究员

CLAUDE LÉVI-STRAUSS
de l'Académie française

ANTHROPOLOGIE STRUCTURALE

*Avec 23 illustrations dans le texte
et 13 illustrations hors-texte*

LABOR IMPROBUS OMNIA VINCIT

PLON

原书扉页

本书1958年问世之时，适值埃米尔·迪尔凯姆百年诞辰。请允许一位耐性不足的门生向《社会学年鉴》的创始人致敬，因为现代民族学从中汲取部分力量的这座著名武库已被我们悄悄地遗弃了，这并非完全出于忘恩负义，而是因为我们可怜地窃信这项事业远非我们目前的力量所能胜任。

那最初为纯金的种族①

① 此句原文为希腊文，可能截取于古希腊诗人赫西俄德（Hesiodos）的长诗《农作与日子》第109行。——译者注

I　商代青铜器

中国，公元前 1766—前 1122。据 W. Perceval Yetts，*The Goerge Eumorphopouluos Collection Catalogue*。

Ⅱ　带青蛙图案的食品盒

美国西北部海岸，19 世纪。雅克·拉康博士（Dr Jacques Lacan）收藏。

Ⅲ　鲨鱼图画

海达人文化。头部正面，从而可以清楚地看出鲨鱼的特征，整个鱼身却被从头至尾劈成两半，在鱼头两侧一左一右地摊开。*Tenth Annual Report*, Bureau of American Ethnology, 图谱第25号。

Ⅳ-Ⅴ　两位文面的卡杜维奥妇女

作者摄于 1935 年。

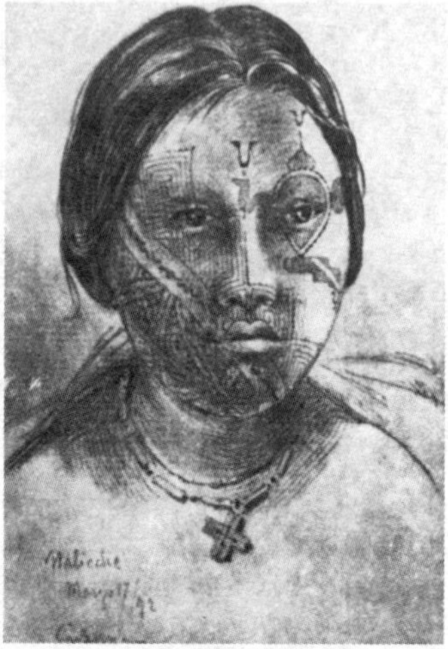

Ⅵ　卡杜维奥的文面妇女

1892 年访问卡杜维奥人的意大利画家勃基阿尼所绘。据 G. Boggiani，*Viaggi d'un artista nell'America Meridionale*。

Ⅶ　一位毛利人酋长绘制的他自己的文面图案

据 H. G. Roblley，*Moko or Maori Tattoing*，19 世纪末。

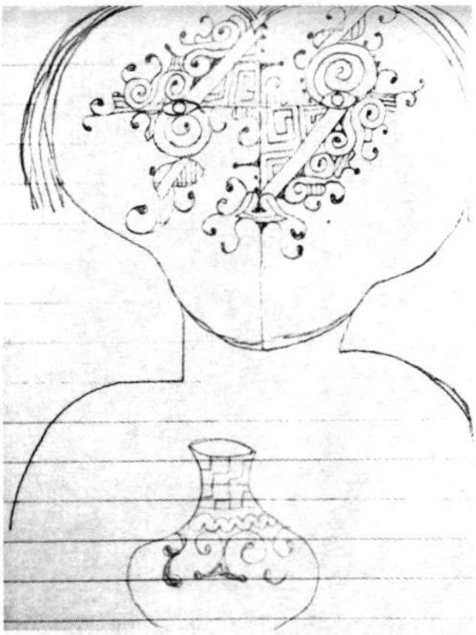

Ⅷ　一位卡杜维奥妇女手绘的文面人物

作者收藏。

Ⅸ　玉制迪吉神像

新西兰，仍可见三叶形脸孔的表现手法。高尔诺-胡荻庸(Corneur-Roudillion)收藏品。

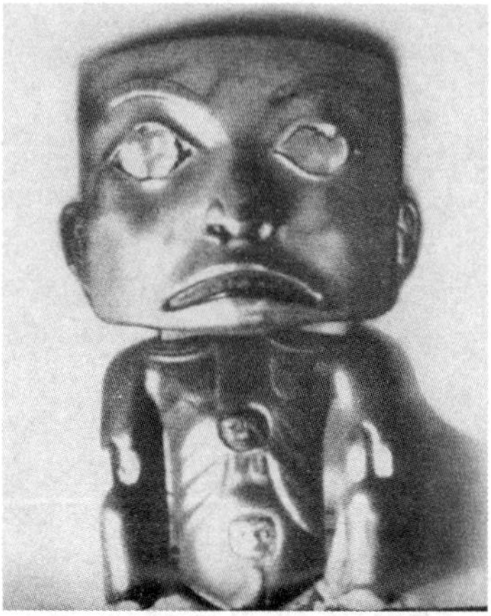

X　毛利人的木雕像

新西兰，18 世纪（?）。据 A. Hamilton，*Maori Art*。

XI　木雕头饰物

美国西北海岸，19 世纪。可注意腹腔神经丛、腹部及胸骨两端的一对装饰性小人头。作者早先的收藏物。

Ⅻ　三种土著技法的模型

均为文身的例子。木雕，19 世纪末。上一行为两张男人脸孔，下一行为一张女人脸孔。据 A. Hamilton，*Maori Art*。

XⅢ　三件毛利人木雕

18 世纪或 19 世纪。据 A. Hamilton, *Maori Art*。

目　录

第三部分 巫术与宗教

第四部分 艺术

第五部分 关于方法和教学的问题

序

我打算本书一开篇就援引让·布庸（Jean Pouillon）在他最近撰写的一篇论文里的一句话。我希望他不要抱怨我，因为这句话令人激赏，它恰好反映了我一度亟盼能够在科学领域里做到的一切，而且我时常扪心自问是否确实都做到了。这句话是："固然，列维-斯特劳斯并不是头一个，也不是唯一的一个强调社会现象的结构性特点的人，他的独创性在于认真地对待它，而且义无反顾地深入追究其全部后果。"①

假如本书能够使其他读者得出相同的评价，我就心满意足了。

---

① Jean Pouillon, L'oeuvre de Claude Lévi-Strauss, *Les Temps Modernes*, 12e année, n°126, juillet 1956, p. 158.

本书所汇集的17篇文章是从我近30年来撰写的上百篇论文中挑选出来的。那些文章有些已经散逸，有些还是被人忘记的好。我在那些似乎还值得保存的作品当中做了挑选，舍弃了纯属民族志和描写性的作品，以及另外一些虽有理论价值，但已经收入《忧郁的热带》（*Tristes Tropiques*）一书的文章。有两篇论文属首次发表（第五章和第十六章），连同其余15篇，我觉得恰好可以说明什么是人类学中的结构方法。

在筹备这本文集的过程中，我遇到了一个困难，这是应当提请读者注意的。这里的好几篇论文本来都是直接用英文写成的，因此不得不翻译。然而，在从事这项工作的过程中，用不同语言构思的文章在语气和写作方面的差异令我印象深刻。我担心由此产生的某种杂糅性会影响这本书的均衡感和整体感。

这种差异无疑能够部分地从社会学原因得到解释。因为，依照我们面对的是法语读者还是盎格鲁-萨克逊语言的读者之不同，我们的思考和阐述的方式也不一样。不过，这中间还有个人方面的原因。我多年使用英语从事教学，可是无论我对此已经多么习惯，我的用法仍然不对，而且被限制在单一的语体当中。用英语写作的时候，我能够用英语思考；但是，我只能运用我所掌握的语言手段说出我所能说，而不能说出我所想说，虽然对这一点我并非总是有意识。我之所以一边将自己亲手写的文章迻译成法文，一边却产生一种怪怪的感觉，就是出于这个原因。鉴于读者也极有可能产生这种不过瘾的感觉，所以有必要把个中缘由交待清楚。

为了解决上述困难，我试着采取了一种灵活的翻译方法，对有些段落做出了扼要概括，对另一些段落则进一步发挥。那几篇最初用法文写成的文章也做了轻微的改动。最后，出于答复批评、修正谬误和吸纳新的事实的需要，我还增添了一些注解，散见于本书各处。

巴黎，1957年11月1日

第一部分

语言与亲属关系

第一章　绪论：历史学与民族学[1]

自从豪泽（Hauser）和西缅德（Simiand）阐明 3
和比较了他们认为把历史学与社会学区别开来的原理和方法以来，半个多世纪已经过去了。我们还记得，两学科的区别主要在于方法上的不同特点：社会学运用比较的方法，历史学方法则是专题性和功能性的[2]。关于这两种相反的特点，两位作者的意见是一致的，两人仅在如何评价每一种方法方面有不同意见。

从那时以来，发生了什么呢？必须承认，历史学一直谨守着人们提交给它的朴实而清醒的计划，而且遵循着自己的路线达到了兴旺发达。在历史学方面，原理和方法的问题似乎已经一劳永逸地解决了。社会学则完全是另外一番景象。我们不能说它没有取得进展，因为，在以往的 30 年里，本文将特别关注的社会学的分支即民族志和民族学已在理论研究和描写方面达到了空前繁荣。但是，为此付出的代价却是争执、分裂和混乱，从中可以看出
4 已经转移到民族学内部的传统争论——可那样事情原本会简单得多！——它使民族学整体上对立于另一个学科，即同样作为一个整体的历史学。我们还将看到另一个悖论：一些声称反对历史学方法的民族学家竟然把历史学家的论点原封不动地照搬过来。假如我们不简要地追溯一下这种情形的根源，并且为了使表述更加清楚而提出几个初步的定义，那么这种局面便会使人无法理解。

本文在讨论过程中将把社会学这一字眼暂时搁置起来，因为社会学还没有像迪尔凯姆（Emile Durkheim）和西缅德所希望的那样，称得上是所有社会科学的一部素材。假如把社会学理解为——这种理解在包括法国在内的许多欧洲国家至今仍然流行——社会生活的原理以及针对人们曾经而且仍然抱有的观念的思考，那就会把社会学跟社会哲学等同起来了，从而也就跟我们的讨论风马牛不相及。从另一方面说，如果像盎格鲁-萨克逊国家那样，把社会学视为针对那些最复杂的社会类型的组织与功能的一整套实证性研究，那么它就变成了民族志研究的专长；同时，仅从研究对象的复杂性来看，我们依然无法指望它有像民族志那样具体而丰富的成果，尽管民族志观察有更大的方法论意义。

不过，民族志本身以及民族学都有待明确定义。我们权且对两者做出概略的和临时的区分，但已足以作为开始探讨之用。我们说，民族志是从独特性着眼，对人类群体进行的观察和分析（这些群体往往是从跟我们极不相同的社会当中遴选出来的，理由可以是理论或者实践方面的，但跟研究的性质毫无关系），目的在于尽可能忠实地恢复每一个人类群体的生活原貌。民族学则是利用民族志

学家所提供的资料进行比较研究（其目的下文将予以说明）。民族志一语在所有国家里词义相同，而民族学则大致相当于盎格鲁-萨克 5
逊国家里所谓的社会人类学或文化人类学（“民族学”一语在这些国家里已经不再使用了①）。社会人类学致力于研究作为表象系统的各类建制，文化人类学则致力于研究各种实现社会生活的技术，有时也包括那些被看作服务于各类建制的技术。总之，显而易见，如果能够吸收对复杂社会和所谓原始社会的客观研究所取得的成果，得出在共时和历时方面均有效的普遍结论，那么，取得了自己的积极形式的社会学自然会失去上文所区分的头一种意义，从而配得上它一直垂涎的社会研究的冠冕。但是，我们迄今离这种境界尚远。

据此，在民族科学与历史学的关系问题上——这个问题同时也暴露了两者之间的悲剧——我们可以做如下表述：要么我们的科学专注于各种现象的历时方面，也就是它们发生的时间顺序，但因此而无法追溯它们的历史；要么民族学家试着采用历史学家的工作方式，但会把时间维度遗漏掉。前者是民族学的悲剧，后者是民族志的悲剧。试图为一个我们无法了解其历史的民族重建过去，这是民族学面临的课题。民族志面临的课题则是为一个民族撰写一部没有过去的当代历史。无论怎么说，正是这种两难的状态在过去的50年当中经常困扰着这两个学科的发展。

一

这个矛盾并不是以进化论学派跟传播论学派之间的传统对立的

① 指ethnologie和anthropologie两词。关于这两个术语的含义和在各国的使用情况，可参阅本书续篇《结构人类学》(2)，第一章，以及李幼蒸为《野性的思维》一书撰写的“初版中译者序”(中国人民大学出版社，2006)。——译者注

面貌出现的，因为在这个问题上，这两个学派殊途同归。民族学中
6 的进化论诠释方法显然来源于生物进化论[3]。西方文明仿佛是人类社会进化的最先进的表现，原始群体却成为早期阶段的一些“遗存”，其逻辑分类反映了它们出现的时间顺序。然而，事情并非如此简单。爱斯基摩人（Eskimo）都是能工巧匠，但在社会组织方面却极其贫乏。澳大利亚土著的情况则刚好相反。此类例子还可以举出很多。选用的标准如果没有限制，可以建立的系列也就会无限多，而且各不相同。看来，这一困难连莱斯利·怀特（Leslie White）的新进化论也无力克服[4]。他提出的标准，即每个社会的人均可利用能量，虽然能够反映在西方文明的某些时期和某些方面得到认可的一种理想状况，但是，我们看不出绝大多数人类社会如何能够满足这种规定性，再说，他提出的范畴对它们来说显得毫无意义。

于是，有人尝试把各种文化抽象地剖析为一些成分，并在不同文化的同一类型成分之间，但不是文化本身之间，建立起一些像古生物学家在物种进化过程中所发现的那一类继承性的和逐渐分化的关系。对于民族学家而言，泰勒（E. B. Tylor）写道：“弓箭是一个类别，弄扁婴儿头骨的习俗是一个类别，十进位制又是一个类别。对于这些事物的地理分布及其在各个地区之间的传播，必须像自然博物学家研究动植物物种的地理分布那样进行研究。”[5]然而，这种比附是最危险不过的。因为，即使仅凭遗传学的发展也应当允许把
7 物种的概念一劳永逸地甩在后面。这一概念之所以曾经而且仍然对博物学家有价值，是因为马确实能生马，现代单趾马（Equus caballus）的确是古代三趾马（Hipparion）历经多代的真正后裔。说到底，博物学家的重建活动的历史有效性是靠生物学的繁殖链得到保证的。相反，一柄斧头却生不出另一柄斧头。两件相同的工具，或者两件虽然不同但形状非常相似的工具，在它们之间存在着

而且永远会存在显著的非连续性，其根源就是此一件并非产生于彼一件这一事实；它们每件其实都是一个表象系统的产物。因此，欧洲人的餐叉与波利尼西亚人用于礼仪性餐宴的餐叉不属于同一类别，正如消费者在咖啡馆的露天座位上饮柠檬用的麦管、饮巴拉圭茶用的“邦比拉”①、美洲一些印第安部落用于巫术的饮管都不是一回事一样。社会建制方面的情形也是同一个道理：出于经济理由杀死老人的习俗跟为了不使老人耽误享乐而成全他们早归另一个世界的习俗，两者不可归于同一名下。

因此，当泰勒写道：“如果从一组现象当中能够推论出一条法则，那么详尽的历史的作用也就基本上被取代了。当我们看到一块磁石吸住一个铁块的时候，假如根据经验已经得出了磁石吸铁的普遍规律，就没有必要再费事研究这块磁石的历史。”[6] 事实上，泰勒此处让我们陷入了一种循环论。因为，跟物理学家不同，民族学家尚未弄清楚研究对象究竟何者相当于磁石，何者相当于铁块，以及是否有可能对两个看上去均为磁石或者均为铁块的东西加以鉴定。只有一部“详尽的历史”才能解除民族学家每一次的疑虑。关于这 8
种困难，针对图腾崇拜的概念的评论很久以来就提供了一个极好的例证。如果把图腾概念的运用限制在那些因带有图腾崇拜的全部特征而毋庸置疑的建制上头，这些情形就会由于太特殊而无法建立有关宗教演变的规律。反之，如果仅仅根据一定的成分进行推断，那么只要缺少一部有关每个群体的宗教观念的“详尽的历史”，我们就无法知道是否应当把动植物的名称以及跟它们的物种相关的活动和信仰按照早期图腾制度的遗迹去解释，抑或应当归结于与之完全

① “邦比拉”(bambilla)，南美印第安人的饮管，用金属或者木头制成，底部有滤网。——译者注

不同的原因，比如说，人类对构成周围世界的物理的、生物的和社会的组合进行归类时，会显示出人类心智上的逻辑—审美倾向。对于这种思维方式的普遍性，迪尔凯姆和莫斯（M. Mauss）在合撰的一篇经典性论文里已经指出过了[7]。

在这一方面，进化论和传播论的诠释方法有很多共同之处。而且泰勒是平行地对它们加以阐明和运用的。这两派的方法均与历史学家的方法不同。历史学家始终研究个别的事物，无论是人、事件，还是因时空位置而个别化了的现象的组合。传播论者能够打破比较论者建立起来的物种，用一些来自不同范畴的片段重新构拟个体。但是，他们重建的始终不过是虚假的个体，因为时空坐标取决于成分的取舍和组合的方式，而不是把一个真实的整体赋予对象。跟进化论者的"阶段"一样，传播论者的所谓"圈"或者文化"复杂体"的概念都是抽象活动的产物，永远得不到见证人的证实。他们重建的历史仍然属于推测性的、意识形态化的。我们的这种保留甚至同样适用于那些较为朴实严谨的著述，例如罗维（Lowie）、施皮尔（Spier）和克鲁伯（Kroeber）等人[8]关于某些文化特征在北
9 美一些地区的分布的论文。这倒不完全是因为永远不可能断言事情一定是照着某个样子发生的，因为传播论者提出的安排还是有可能的，而且提出假说毕竟是合法的，何况至少在某些情形下，发源地和传播路线都具有概率极高的特点。这些著述之所以令人失望，毋宁说是因为关于那些反映在或个体或集体的具体经验当中的有意识或无意识的过程，它们并没有告诉我们任何知识；从未拥有过某种建制的人们通过此类过程获得了建制，要么借助发明创造，要么通过改变旧有的制度，再要么就是从外部输入。在我们看来，这方面的研究却是民族志学家的一个主要目标，正如也是历史学家的主要目标一样。

博厄斯（Boas）在揭露这些矛盾方面的贡献是无人可比的。因此，简要地分析一下他的一些关键立场，将使我们能够看到他本人究竟在多大程度上摆脱了这些矛盾，以及这些矛盾究竟是不是民族志学家的工作条件中所固有的东西。

谈到历史学，博厄斯首先谦逊地表示："就民族学家为原始民族建立的历史而言，他们的全部工作都属于构拟，不可能是别的东西。"[9]针对那些责备他从未研究过某一文明的某一侧面的历史的人——实际上他以大半生的精力从事这项研究——他的答复颇具英雄气概："不幸的是，尚无一件我们掌握的事实能够有助于揭示文明的这些发展。"[10]但是，一旦承认这些局限，就有可能确定一种方法，尽管其应用范围无疑会受到民族学家所面临的极为不利的条件 *10*
的限制，但仍然可以期待有所斩获。详细地研究一些习俗及其在遵循它们的部落的文化整体当中的地位，加上它们在邻近部落里的地理分布情况，可以使我们一方面确定它们形成的历史原因，另一方面确定导致它们出现的心理过程[11]。

为使这种研究合乎事理，它们应被限制在一个具有明确划定的边界的小区域之内，而且在进行比较时也不能超出已经被选为研究对象的大区域。事实上，不能把重复出现的相似习俗或建制视为接触的证据，除非出现了一条由同类现象组成的连续不断的链条，通过一连串中间环节将处于两极的现象连接起来[12]。我们也许永远确定不了准确的年代，但就分布在有限的时空当中的现象或现象组合而言，达到极高的概率还是有可能的。夸扣特尔人（Kwakiutl）的秘密社会在一个长达半个世纪的时期内的沿革情形已经搞清楚了。关于西伯利亚北部与美洲西北部的文化之间的联系的一些假说已经初具形态；北美的一些神话主题所沿循的路线也已经合理地构拟出来了。

不过，在这些严谨缜密的研究当中，能够真正把握历史者少之又少。在博厄斯的全部著述里，此类研究的成果毋宁说是否定的。有人已经注意到，在美国西南部的普韦布洛（Pueblo）印第安人当中，以及在阿拉斯加和英属哥伦比亚的部落当中，社会的组织形式采取了两种极端的和相反的形式，各自处于这一区域的两端；中间
11 地带却呈现出一系列过渡形式。例如，西部普韦布洛人属于无半族的母系氏族制，而东部普韦布洛人属于无氏族的父系半族制。太平洋沿岸的北部的特点是氏族稀少，但地方群体众多，而且享有得到认可的特权；反之，太平洋沿岸的南部有着双亲系组织和一些并无显著特权的地方群体。

我们从中可以得出什么样的结论呢？发生过从一种类型到另一种类型的演变吗？若要使这一假说成立，就必须能够证明某一类型比别的类型更为原始；而且，原始的类型一经建立，就必然向其他类型演变；最后，还必须证明这条规律在核心区域的作用要比在周边地区更为彻底。缺少了这项三重的，同时也是办不到的证明，任何关于遗存的理论都是白费力气；何况，就这一特别的情形而言，任何倾向于肯定例如母系制度先于父系制度的构拟也得不到具体事实的支持：“我们只能说，远古历史的发展不可能不留下一些片段，仅此而已。”但是，即使母系制度本身的内在不稳定性有可能——甚至看起来确实如此——往往促使它向父系或双亲系制度发生转化，从中也绝对得不出母权历来到处都代表着原始形式的结论[13]。

这一批判性的分析具有决定意义，但若推至极端，便会导致一种名副其实的历史不可知论。在博厄斯看来，这一分析针对的是关于人类发展的所谓普遍规律，以及建立在有一次被他叫做“40％的可能性”之上的那一类概括，而不是针对目标明确而有限、谨慎严肃地从事历史构拟的努力。那么，按照他的看法，什么是这样一些

努力的条件呢？博厄斯承认，民族学“变化的证据只能利用间接的方法取得”[14]，也就是说，跟比较文献学一样，必须通过分析静态的现象和研究它们的分布[15]。可是，别忘了博厄斯是学地理出身， 12
是拉策尔（Ratzel）的弟子。他第一次从事田野考察便意识到自己在民族学方面的使命，在醍醐灌顶般的顿悟中体会到每个人类群落在社会生活上的创造力、独特性与自发性。仅凭推理是永远无法获得这些社会经验和群体与个人之间的这些无时不在的互动的，因为它们必须被观察到，或者如他有一次所说，“要懂得事物的历史，仅知其然是不够的，还必须知其所以然”[16]。

我们现在可以确定博厄斯思想的步调并指出其矛盾的特点了。他在大学时的专业是地理学，而且受过物理学的训练，因此他给民族学研究规定了一个科学的对象和一种带有普遍意义的适用范围。他常说：“问题在于确定客观世界跟在不同社会里形成的人的主观世界之间的关系。”[17]不过，就在梦想把他在自然科学的实践中学到的严格方法运用于这一主观世界的同时，他也承认，主观世界在每一种个别情形中均须经历极为多样的历史过程才能够形成。只有从关于具有时空位置的社会群体的逐个的和具体的知识出发，通过归纳才能获得有关社会现象的知识。而前一种知识本身须从每个群体的历史当中获得。在绝大多数情况下，民族志的研究对象却处于无从把握这一历史的局面。博厄斯于是引进了物理学家的一些严谨做法来研究社会的历史，对于这些社会我们仅掌握一些会使历史学家大失所望的资料。在他取得成功之处，他做出的构拟确实 13
把握住了历史——却是唯一能够捕捉到的瞬息之间的历史，一部微观历史。它跟进化论和传播论的宏观历史一样，照样与过去联系不起来[18]。

博厄斯的著作展现了一场绝地求生的努力，它靠严谨、勤勉和才能，力求冲破一些本身矛盾的要求。他的著作一直并将永远高屋建瓴地影响一切后来的进展。近年来出现的进展，说到底，只能视为争取跳出博厄斯亲手造成的两难困境的一些尝试——虽然他本人并未下决心承认这种困境其实是不可避免的。例如，克鲁伯便试图多少放宽一点博厄斯为历史构拟的有效性所规定的严格标准，他是这样为他的方法辩护的：总而言之，历史学家尽管因为拥有大批资料而处于比民族学家优越的地位，可是远远没有后者那么严谨细致[19]。马林诺夫斯基（B. Malinowski）和他的学派与同时代的几乎全体美国学派的学者一道，选择了一个相反的方向。既然博厄斯的著作已经证明“事之所以然”的探索如何令人失望，他们索性放弃了“理解历史”，转而依据文化研究对当今文化的构成成分之间的关系进行共时分析。正如博厄斯早已深刻指出的，全部问题就在于弄清楚，即使是对某一独特文化分析得再透彻不过——包括描写它的各种建制及其功能性关系，以及研究个人与文化之间彼此作用的
14 动态过程，但对最终导致当今形式的历史发展不甚了了，那么这种分析是否仍然会有完整的意义[20]。通过针对一个具体问题的讨论，这个关键点将彰显得更加清楚。

二

有一种常见于美洲、亚洲和大洋洲的社会结构类型，我们把它叫作“二元组织”，其特点是社会群体——无论部落、氏族还是村落——分成两个半族，双方成员的相互关系包括从最亲密的合作一直到隐而不彰的敌视态度，往往这两种行为兼而有之。有时候，半族的划分似乎以调节婚姻为目的，我们称之为外婚制。有时候，它的作用只限于宗教、政治、经济、礼仪，或者仅仅是体育竞技方面

的活动，甚至仅限于其中某一方面。在一些情况下，半族成员的资格依照母方继嗣传承，在另一些情况下，则按照父方继嗣传承。半族的划分可以同氏族组织相吻合，也可以不吻合。这种划分可简可繁，夹杂着好几对分别来自不同半族的夫妻，而且具有不同功能。简而言之，据我们所知，有多少具备这种组织的民族，就差不多有多少二元组织的形式。二元组织的起因是什么？到哪里为止？

让我们立刻把进化论和传播论的诠释方法排除在外。进化论者倾向于把二元组织看作社会发展过程中的一个必经阶段，因此必然会首先规定下来一个简单的形式，已经观察到的形式将被视为其特殊表现、遗存或者遗迹；然后假定这一简单形式早就出现在并无任何迹象可以证明存在过半族制的民族当中。传播论者呢？他们会从 15
通常是最发达和最复杂的所见类型当中挑选出一个，把它当作二元制度的原始形式的代表，并且把它的发源地指定在世界上最能证明这种制度的一个地区，所有其他形式都会被视为始自这个共同老巢的迁徙和移借活动的结果。上述两种情况都是从经验所提供的所有类型当中任意挑选一个，把它变成一个模型，然后通过思辨的方法，把所有其他类型都归结到这个模型上。

那么，假如把博厄斯式的唯名主义推向极端，我们会不会把观察到的每一种情形都视为单独的个体？我们必须注意到，一方面，指派给二元组织的功能相互并不吻合。另一方面，每一个社会群体的**历史**都证明半族制有着极为不同的起因[21]。例如，二元组织依不同情况可以起因于：一群移民侵入了整个人口；两个领土接壤的群体出于某种（经济的、人口的或礼仪的）不同原因发生了混合；特定群体内的旨在保证婚姻交换的经验性规则定型为制度；群体内部依照上下半年、两类活动或两部分人口均等地分担；两个主旨相反，然而都被视为维持社会平衡所必需的行为；凡此种种。这样一来，我们就会因为二元组织的概念构成了一个假范畴而不得不将其打破，并且在把这个推论扩大到社会生活的所有其他方面的同时，否定**建制**（institution）的概念，用**社会**（société）的概念彻底地取而代之。民族学与民族志（且不说前者将被归并入后者）于是就会变成一门历史学，它因缺乏书面或图形资料而自惭形秽，不敢使用自己的真名实姓。

16 针对这种推卸责任的做法，马林诺夫斯基及其后继者已经理所当然地表示了抗议。但是我们可以自问，借口民族学家撰写的历史差劲得不值得考虑而自绝于一切历史，这么做算不算心灰意冷、甩手不干呢？因此，下述二者必居其一：

要么，功能论者可以声称任何民族学研究都必须基于对具体的社会及其建制的深入细致的研究，包括这些建制的相互关系，它们与习俗、信仰与工艺的关系，以及个人与群体之间、群体内的个人之间的相互关系。然而，他们所做的其实只是博厄斯自 1895 年以来就以同样的语言所倡导的，以迪尔凯姆和莫斯为首的法国学派当时就已经在做的事情：写出优秀的民族志［马林诺夫斯基在其事业的初期曾经做出过令人钦慕的民族志研究，尤其是他写的《西太平洋的航海者》（*Argonauts of Western Pacific*）一书］。不过，我们看不出博厄斯的理论地位在何处已经被超越了。

要么，功能论者就是在盼望通过刻苦修行找到一条自救之路；而且，仰仗某种闻所未闻的奇迹，通过做出每个优秀的民族志学家都必须和正在从事的工作——仅有一点除外：顽固地拒绝考虑涉及自己所研究的社会的任何历史资料和从或近或远的社会里借用可资比较的数据——他们自诩已经在闭门自省的过程中一蹴而就地达到了博厄斯从未否定其可能性的普遍真理（不过，博厄斯把这种可能性放在一场宏大的事业的结尾，可是等不到事业取得明显的进步，原始社会大概就已经全都消失了）。然而，这正是马林诺夫斯基的态度；迟来的谨慎并不能让人忘掉那些雄心勃勃的宣示[22]。而且，这也是许多年轻一代的民族学家的态度。我们看到，他们在前往田野考察之前，不去研究任何资料来源，也不分析当地文献，借口是 17
必须防止奇妙的直觉遭到干扰，那种直觉居然可以使他们做到跟被研究的小型部落从事超越时间的对话，进而获得有关社会制度的性质与功能的永恒真理，而根本用不着顾及由千变万化的规则和习俗构成的环境。可是，民族无分远近，每一条这样的规则与习俗都有数不清的变体（可是，马林诺夫斯基不是曾经认为对“人类原始的古怪行为”好奇不过是翻“陈年老账”吗）[23]。

把研究限定在一个单一的社会上可以做出极有价值的工作。经验证明，优秀的学术专著往往出自那些在一个特定地区内生活和工作的调查者。但是必须避免对其他地区下任何结论。况且，如果一个人把自己局限于社会生活的某种时下状况，那么他首先就会成为一种幻觉的牺牲品，因为一切都是历史：昨天讲的话是历史，一分钟之前讲的话也是历史。更重要的是，我们注定无法了解这种时下状况，因为只有根据历史发展才能衡量和评价时下的各种成分的相互关系。再说，对历史多少有一点了解（因为民族学家不幸命当如此）总比完全不了解历史要强。倘若对经过加温和调制的酒类传统上自中世纪以来便享有的重视一点也不了解①，又如何能够正确评

① 饮用经过加温和调味的酒类（vins cuits et épicés）始自罗马时期，流行于西欧。主要通过用文火将葡萄汁和果肉加温，并可添加如桂皮、麝香草等调味料。常在冬季饮用，有暖身之效。——译者注

价让外国人大为惊奇的开胃酒在法国社会生活中的重要性呢？如果从现代服装中看不出往日形式的痕迹，我们怎么能够分析它们呢？脱离这个思路，就意味着放弃那些可使我们做出区分的全部手段，然而这一区分却十分重要：一方面是满足社会组织的某种当前的需要的主要功能；另一方面是仅仅由于群体拒不放弃某种习惯而获得维持的次要功能。因为，说一个社会具备功能，这是不言自明的；而如果说一个社会中的一切都具备功能，那就是无稽之谈了。

18 针对这种近乎功能主义诠释的废话，博厄斯早就及时地提醒过它们的危险："从研究文化整合得来的那些大而无当的概括最终化为一堆陈词滥调，这种危险是始终存在的。"[24]由于这些特点带有普遍性，它们是生物学家和心理学家的事情；民族志学家的任务是描述和分析这些特点在不同社会里的表现方式中存在的差异；民族学家的任务是解释它们。但是，当有人告诉我们："只要环境有利于土壤开发，而且文化达到了允许从事土壤开发的水平，园圃耕种于是就普遍产生了"[25]，我们从中究竟学到了哪些跟"园圃耕种的建制"（原文如此）有关的东西？又例如，关于带有稳定架的独木舟及其多样的形式和特殊的分布，当它们被定义为"就大洋洲文化在资源和工艺方面所受到的局限而言，其结构堪称具有最佳的稳定性、适航性和易操作性"[26]的时候，我们又学到了什么呢？再如，关于社会的一般状态以及多得数不清的生活习俗，我们读到如下论断："人类的肌体需求（作者此处举出饮食、保护和繁殖）构成导致文化发展的不可或缺的要素。"[27]然而，这些需求对于人类和动物其实是一样的。同样，我们可以认为民族志学家的中心任务之一是描述和分析不同社会里的复杂的婚姻规则，以及相关的习俗。马林诺夫斯基
19 反对这一点："坦率地说，我认为婚姻的象征性、表象性与仪式性的内涵对于民族学家来说是次要的……婚姻行为的真谛在于通过繁

简有别的仪典公开和公认地表达两个人进入婚姻状态的事实。”[28]那么，还有什么必要到那些遥远的部落去呢？假若长达603页的《美拉尼西亚西北部蛮族的性生活》（*Sexual Life of Savages in North-Western Melanesia*）一书的全部内容仅在此，那么它还会有多大意义呢？同样道理，对于有些部落允许婚前性生活自由，另一些部落却要求贞洁这个事实，我们能借口这些风俗的功能都可以归结为保障婚姻持久就不予重视吗？[29]民族学家感兴趣的东西并不是功能的普遍性——它远非那么确定无疑，况且少了对于同一范畴内的所有习俗及其历史发展的详细研究，它也无法得到确认。诚然，以分析和解释差异为首要（如果不是唯一的）目标的一门学科可以因为只关注相似之处而绕开所有问题。可是，这样一来，它就再也无法把它所追求的普遍性跟它所满足的平庸区别开来了。

也许有人会说，此类不巧闯入比较社会学的做法在马林诺夫斯基的著作里属于例外情形。然而，有一个思想经常出现在他的著作里，即对任何一个社会的经验性观察都能够达到普遍意义上的理据。这个思想犹如一个腐蚀因素，啮噬并且降低了他的那些素以生动丰富著称的阐述的影响力。

对于两性在社会中的价值和功能，特洛布里恩群岛（Trobriand）土著人有着相当复杂的观念。当氏族里的女子多于男子时，他们引以为傲；女子占少数时，他们就感到沮丧。同时，男性享有优势又被他们当作一个不争的事实，因为男人拥有妻子所不具备的高尚品德。对于一项如此细致的观察，为什么还要用一个突兀而自相矛盾的论断削弱它呢？“就维护家庭及其生存而言，女人和男人缺一不可；所以土著人认为两性具有同等的价值和重要性。”[30]这个 20

说法的前半部不言自明，后半部则与我们被告知的事实不符。马林诺夫斯基最关注的研究课题莫过于巫术。他的全部著作都贯穿着一个反复出现的论点：无论是世界其他地方还是在特洛布里恩诸岛[31]，巫术都被用于所有那些人类无力完全控制其结果的重要活动和事业[32]。让我们把他的概括性论点暂时搁置一边，先来看看这个论点是如何运用在具体情形中的。

我们被告知，特洛布里恩群岛的土著男子将巫术用于以下场合：园艺、捕鱼、狩猎、独木舟制作、航海、雕塑、妖术及气象预测；女子则将巫术用于堕胎、治疗牙痛和制作草裙[33]。且不说这些活动仅仅反映了“人类无力完全控制其结果的”活动的一小部分，而且即使从这个角度来看，它们之间也是不可比的。为什么偏偏是制作草裙，不是制作干葫芦或者陶器呢？我们知道那些技艺的结果是多么难以把握。如果多了解一些美拉尼西亚的宗教思想史，或者对其他部落的那些显示植物纹理常被视为象征事态变化的现象有更
21 多的了解[34]，那么能否截然断言，这些知识对于更好地理解这种选择都不会有丝毫帮助？我们可以举出另外两篇文字，来说明这种直觉方法的矛盾。在一本论美拉尼西亚人的性生活的著作中，我们得知婚姻的主要原因之一——无论该地还是其他地区——是“度过了青春期的男子往往很自然地倾向于拥有一个属于自己的居所和家室……很自然地渴望（natural longing）拥有自己的子女”[35]。然而在《野蛮社会里的性与压抑》（*Sex and Repression in Savage Society*）（该书给田野考察报告附上了一篇理论评语）一书中，我们又读到以下论点：“男人内心依然保留着一种需要：成为孕期妇女的温存和关心的保护者。然而，这些天赋机制之所以消失，原因是在大多数社会里……男性拒绝承担对后代的一切责任，除非是被社会强制。”[36]真是一种奇怪的“自然倾向”！

这种影响了其整个体系的教条主义和经验论的古怪结合，连马林诺夫斯基的追随者们也未能幸免。例如，玛格丽特·米德（Margaret Mead）夫人便根据两性关系的不同而互补的形式（温存的男子与温存的女子，进攻型的男子与进攻型的女子，进攻型的女子与温存的男子）说明在新几内亚的三个相邻社会的特征。我们欣赏这种优雅的结构[37]。但是，鉴于另外一些观察强调了阿拉贝氏人（Arapesh）专由女子从事的海盗行为[38]，于是令人怀疑米德夫人的阐述过于简单化，判断失之主观。至于这位作者将北美的部落划分为竞争型、合作型和个人主义的三大类[39]，这无异于动物学家竟会 *22* 按照独居的、合群的和社会性的动物之分划分物种，与一套真正的分类法差之远矣。

实际上，所有这些仓促的提法从来只能把我们研究的民族变成“我们自身社会的反映”[40]，我们自身的范畴和问题的反映；我们不妨疑问，正如博厄斯所深刻洞察到的，它们是否出于一种对历史方法的过高估计，而不是出于与之相反的态度。因为功能主义的方法毕竟是历史学家提出的。1903 年，在逐一列举了表明罗马社会某种状态的特点之后，豪泽补充道：“所有这些形成了一个牢不可破的纠结（complexus），所有这些现象都是相互解释的，它们远胜于利用闪米特人（juive）、中国人（chinoise）或阿兹台克人（aztèque）的家庭来解释罗马家庭的演变。”[41]其实这段话马林诺夫斯基也说得出来，不同的只是除了制度以外，豪泽还把事件添加了进去。此外，对于他的断言看来还得做出双重保留，因为对于演变是真实的东西，对于结构并不一定同样真实；而且，对于民族学家来说，比较研究在一定程度上能够弥补文字资料的缺乏。不过，悖论依然存在：对于进化论和传播论的诠释方法的批评表明，当民族学家自以为研究历史的时候，他研究的恰好是跟历史相反的事情；只有当他自觉并非在研究历史的时候，他反而像一个出色的历史学家那样行事，并且同样会受到缺少资料的限制。

三

23 那么，民族志方法（就本文开头所规定的民族志一词的严格含义而言）与历史学方法之间有什么区别呢？无论历史学还是民族志，它们研究的社会都跟我们所在的社会不一样。至于这种相异性究竟来自于时间上的距离（不论这段时间多么短暂），还是来自于空间上的距离，或者是由文化的异质性造成的，相对于两者的类似位置而言，都是次要的。这两门学科追求什么样的目标呢？是准确地重新构拟被研究的社会中已经发生或正在发生的事情吗？承认这一说法意味着忘记一个事实，即这两门学科都是跟一些表象系统打交道的，这些表象系统对于群体的每个成员来说因人而异，而且在整体上也有别于调查者的表象系统。最优秀的民族志研究也绝不会把读者变成土著人。同样的一场法国 1789 年革命，对于经历过它的一位贵族与一位无套裤汉来说绝对不是同一个现象，跟一位米舍莱或泰纳式的人物头脑中的 1789 年革命也不会一致①。历史学家与民族志学家所能够做到的，同时也是我们能够期待他们做到的，就是把一项特殊的经验扩展为一般的或者较为一般的经验，让其他国家和别的时代的人们也可以看得到。要做到这一点，历史学家与民族志学家都必须满足同样的一些条件：实践、严谨、同情心和客观性。

---

① 米舍莱（Jules Michelet，1798—1874），法国历史学家，著有《法国革命史》7 卷。泰纳（Hippolyte Taine，1828—1893），法国文艺批评家，著作甚丰，尤以《艺术论》在中国知名。——译者注

他们如何着手研究呢？这里开始出现困难了。因为历史学与民族志往往被对立起来——甚至在巴黎大学也不例外，借口是前者有赖于研究和评论众多观察者提供的资料，从而可以进行比较和相互印证，后者本质上却可以归结为某一个人的观察。

对于这种批评，人们可以回答说，为了使民族志研究能够克服这一障碍，最好的办法就是增加民族志学家的数量。不消说，利用 24
先行否定使人丧失对前程的信心是做不到这一点的。另外，由于民族志研究本身的进展，这条论据已经过时了，因为当今尚未被众多调查者研究过的民族十分罕见，他们从不同角度做出的观察跨越数十年，有时甚至达几个世纪。再者，历史学家在研究资料的时候，如果不采用业余民族志学家的证言，他们又能做什么呢？那些人正像当今对波利尼西亚人（Polynésiens）或俾格米人（Pygmées）的调查者一样，往往远离他们正在描述的文化。假如希罗多德、狄奥多雷、普鲁塔克、萨克索·格拉马迪库斯、内斯托留斯[①]都是专业民族志学家，熟悉问题，深知调查工作的甘苦，并且在客观的观察方面训练有素，那么欧洲古代史学者就会取得较少的进展吗？历史学家只要关心自己学科的前途，就绝不应该对民族志学家心存疑虑，而是应当由衷地欢迎他们。

---

① 希罗多德（Hérodote，约前 484—约前 425），希腊历史学家，被誉为历史学之父。著有《希腊波斯战争史》9 卷本。狄奥多雷（Diodore de Sicile，约公元前一世纪在世），留有巨著《历史图书馆》，涵盖 1 000 多年的古希腊罗马和埃及的历史。普鲁塔克（Plutarque，约 46—120），希腊散文家，著有希腊罗马名人《列传》50 卷，开创了欧洲传记文学的先河。萨克索·格拉马迪库斯（Saxo Grammaticus，约 1150—约 1216），中世纪丹麦历史学家。据说是 16 卷《丹麦史》的作者。内斯托留斯（Nestor），希腊神话中的人物，特洛伊战争的各路英雄中年龄最长者。荷马史诗《伊利亚德》和《奥德赛》均提到他。——译者注

不过，有人出于把两者对立起来的目的而声称历史学与民族志研究的方法并行不悖，其实这只是一种幻觉而已。民族志学家搜集事实，按照与历史学家相同的要求进行表述（如果他是合格的民族志学家）。当跨越足够长的时期的观察结果允许时，历史学家的角色是利用这些工作成果；当获自相当多的不同地区的同类观察使之成为可能时，民族学家的角色也是对之加以利用。无论在哪一种情形下，民族志学家都把可能对历史学家有帮助的资料建立起来。假如资料已经存在，民族志学家又选择了将其主要内容纳入他的研究，那么，这种为一个已有切身体验的社会撰写历史的优势——条件当然是掌握良好的历史学方法——难道不该招致历史学家的羡慕吗？

因此，上述讨论可以归结为历史学与严格意义上的民族志的关系问题。我们想说，这两个学科之间的根本区别不在于对象、目的或方法的不同。两者对象相同，即社会生活；目的相同，即更好地
25 了解什么是人；方法也相同，仅有其中研究手段所占比重不同之别。它们的主要区别在于各自选择了不同的，却是互补的观察角度：历史学围绕着社会生活的有意识的表达活动组织它的数据，民族学则着眼于无意识的条件。

民族学的独特性得之于集体现象的无意识性质，这个提法源于泰勒，尽管提出的方式含糊其辞。泰勒把民族学定义为关于“文化和文明”的研究，随后把文化描写为一个复杂的整体，它包括“知识、信仰、艺术、道德、法律、习俗和作为某一社会的成员的人类所获得的任何其他能力和习惯”[42]。我们知道，就大部分原始民族而言，一项习俗或制度很难找出道德上的理由或者理性的解释。若问土著人，他们只是回答说事情一向如此，归之于神的旨意或祖先

教诲。我们遇到过的诠释方法也总是带有合理化和事后修正的特点。用不着怀疑，藏在实行某种习俗或共享某种信仰的背后的无意识的理由与用来说明它们的道理，两者绝不是一回事。在我们的社会里，每一个人对餐桌规矩、社交礼节、着装方式，以及我们的许多道德、政治与宗教的态度都看得很清楚，然而它们的起源和真正的功能却从来没有获得严肃认真的思考。我们是按照习惯去行动和思考的，至于哪怕是稍微偏离习俗所招致的过度反应，与其说出于有意识地维护人们了解其理由的习俗，倒不如说出自惰性。现代思想的发展肯定助长了对于风俗习惯的批评。可是这个现象对于民族学研究来说并不是一个陌生的范畴，如果说，它的主要根源在于发 26
现新大陆在西方思想界引发了对于民族志研究的一场了不起的觉悟，那么应当说，它正是民族学研究所带来的结果。连当今那些初具形态的事后修正也都趋向于采用同一个无意识的表达方式。集体思维以令人吃惊的极快速度——这证明我们是在跟一些思维和行为方式的某种固有属性打交道——接受了曾经显得放肆无忌的诠释方法，例如母权至上、泛灵论和晚近出现的心理分析，目的都是为了顺利地解决无论意志还是思考都似乎始终抓不住本质的那些问题。

能够以令人钦佩的清醒头脑明确说明文化现象的无意识性质者，非博厄斯莫属。在依据这个观点把文化现象比拟为语言的著述里，他预见到语言学思想后来的发展以及民族学的未来，而我们对后者的前景刚刚才开始有所领悟。博厄斯首先指出，在一部科学的语法出现之前，说话者对于所操语言的结构是不了解的；即使在有了科学语法之后，语言结构继续在说话者的意识之外规范着他的话语，同时迫使他的思想接受一些可以被视为客观范畴的观念框架。博厄斯补充道："语言现象与其他文化现象之间的根本区别，在于前者从来不出现在明显的意识里，后者虽然来自同一个无意识的源头，却往往上升到有意识思维的层次，从而使二次论证和再诠释成为可能。”[43]但是，这一程度上的差别掩盖不了两者之间深刻的同一性，也无法削弱语言学方法对于民族学研究的样板意义。恰恰相反，“这方面，语言学拥有的巨大优势在于，语言范畴在整体上始
27 终是无意识的，这就使我们能够步步紧跟它们的形成过程，不必担心受到再诠释的迷惑和干扰；这种再诠释在民族学中屡见不鲜，以至于往往无可补救地搅乱了理念的发展史。”[44]

这些见解是在为音位学铺平道路的费迪南·德·索绪尔（Ferdinand de Saussure）的《普通语言学教程》（*Cours de Linguistique générale*）出版前8年提出的，要对它们的深远影响做出估计，我们只有凭借现代音位学的成果才能做到。然而，民族学尚未将这些见解付诸实施。博厄斯大概打算充分利用它们建立美国语言学，而且民族学和美国语言学也多亏了它们才做到了摒弃一些当时尚无人质疑的理论[45]，然而在民族学方面，他表现出的腼腆却步一直束缚了后继者们的手脚。

事实上，博厄斯的民族志分析远比马林诺夫斯基的分析更为可靠和有章法，但是跟马林诺夫斯基一样，他依然停留在个人的有意识的思想层次上。无疑，博厄斯力戒事后合理化和再诠释，而深受这种做法摆布的马林诺夫斯基不过是用他本人的事后合理化和再诠释换下了土著人的；但是，博厄斯仍然采用个别人的想法，他的科学的审慎态度仅仅使他做到剪去其枝叶和剔除其人性的反响。他紧缩了他所比较的范畴的外延，没有在新的层次上予以重组；而且，当他感到分解工作进行不下去的时候，他就拒绝进行比较。然而，使语言比较成为合法的并不是单纯的切分，或者说并不是切分，而是一场真正的分析。语言学家从词语里提取音位的语音现实，再从
28 音位里提取区别性成分的逻辑现实[46]。当他在好几种语言里看到相

同的音位或者说使用同样的对立特征时，他并不把它们当作不同的个体进行比较，因为它们是同一个音位，同一个成分，它们在这个新的层次上保证了不同的经验对象的深层同一性。不是两个相似的现象，而是同一个现象。既是从有意识向无意识的过渡，也是从特殊到一般的过渡。

因此，无论民族学还是语言学，比较并不是概括的依据，而是相反。正如我们所认为的那样，如果精神的无意识活动意味着把一些形式强加给某一内容，而且这些形式对于无论古代的还是现代的、原始的还是教化了的所有精神[47]从根本上说都是相同的——就像对表现在语言行为当中的象征性功能的研究已经明白显示的那样——那么，为了获得同样适用于其他制度和习俗的诠释原则，就必须把握隐含在每一种制度与习俗后面的无意识结构，而且做到这一点也就足够了，条件当然是分析应当相当深入。

如何获得这种无意识的结构呢？民族学方法与历史学方法在这个问题上殊途同归了。没有必要就此机会提出历时结构的问题，历史知识对于它们来说显然是必不可少的。社会生活的某些发展无疑包含着某种历时结构，但是音位学的例子已经告知民族学家，这方面研究更为复杂，会引起一些跟他们刚刚开始接触的共时结构的研究不一样的问题[48]。况且，共时结构的分析本身也要求不断地求助于历史学。由于历史学把变化当中的各种制度展示出来，只有它才 29
能够把隐含在多种提法当中并贯穿于一系列事件中的深层结构提取出来。让我们回到前文提到的二元组织的问题上。如果我们既不打算毅然决然地把它当成社会发展的一个普遍阶段，也不把它看成唯独发明于某时某地的一个系统，同时又因为对所有二元制度的共同之处感受颇多，不愿勉强地把后者视为一些独立的和不可比较的历史的内容杂糅不匀的产物，那么剩下的事情就是要对每一个二元社会进行分析，以期透过杂乱无章的规则和风俗，把存在并运行于不同时空环境中的一个唯一的概念程式揭示出来。这个概念程式既不等于这种制度的某一特定模式，也不等于形式多样的共同特征的武断组合。它可以还原为一些关联和对立的关系；它们即使对属于二元组织的民族也无疑是无意识的；不过，鉴于这种无意识性，这些关系即使在从未有过二元组织的民族中也应当存在。

塞利格曼（Seligman）重新构拟了新几内亚的梅凯奥人（Mekeo）、莫图人（Motu）和科依塔人（Koita）在一段相当长时期内的社会演进过程，他们的组织高度复杂，而且受到大量历史因素的不断困扰。战争、迁徙、教派分立、人口压力和争权夺势导致一些氏族和村落消失了，新的群体产生了。然而，身份、数目和分布都不断变化的这些伙伴们仍然被某些关系联结在一起；这些关系的内容同样不断地变化，唯其形式特征历经磨难依然如故。所谓“乌夫阿比”（ufuapie）关系有时是经济的，有时是法权的，有时是婚姻的，有时是宗教的，有时是礼仪的，这种关系在氏族、亚氏族或村落的层次上把必须相互提供捐赠的社会单位成对地组合起来。冯·弗雷-海门多夫（von Fürer-Haimendorf）记述了阿萨姆邦
30 （Assam）的某些村落，那里的婚姻交换频频遭到同村青年男女之间或者相邻村落的对抗者之间的争斗的影响。这些纠纷表现为某一群体撤出，甚至有时被斩尽杀绝。然而，这种循环每一次都获得恢复，或者通过交换结构的重组，或是通过接纳新伙伴。再有，加利福尼亚的莫诺人与尧库特人（Yokut）的村落有些拥有二元组织，有些则没有；这使我们能够研究同一个社会的概念程式如何透过或者超然于一个具体而确定的制度形式得到实现。所有这些情形中都

有某个东西被保存下来，可以通过历史考察，利用某种过滤的办法逐步看出它的面目，即滤掉制度和习俗当中那些不妨称之为“咬文嚼字”的内容，只保留结构性成分。就二元组织的情形而言，看来此类成分有三种：对于规则的硬性要求；能够即时整合自我与他人的对立的一种互惠性观念；馈赠的综合性特点。这些因素在所有被研究的社会里都可以看到，而且能够解释那些分化不那么显著的做法和习俗；我们知道，即使在没有二元组织的民族那里，这些做法和习俗也履行着跟二元组织相同的功能[49]。

所以，对于历史进程以及社会现象的有高度意识的表现，民族学不可漠然处之。不过，民族学确实跟历史学家一样对它们深切关注，但其目的却是利用逐步收缩的办法，把与事件和思考有关的东西从它们当中彻底清除。民族学的目标是超越人们就自身的变异过程所制造的那些有意识的和每次都不一样的影像，列出一张罗列所有无意识的可能性的清单；这些可能性的数目并非无尽无休；这张清单以及每一种可能性跟所有其他可能性之间或相容或不相容的关系能够为历史发展提供一个逻辑架构；历史发展也许难以预见，但从来都不是任意发生的。正是在这个意义上，马克思的名言“人类 31
创造自己的历史，却不知道自己正在创造历史”，其中第一个判断项便是对历史学的辩护，第二个判断项是对民族学的辩护。它同时也表明，这两种方法是不可分割的。

这是因为，虽然民族学家主要分析社会生活的无意识成分，但是如果据此认定历史学家对这些成分毫无了解，则是十分荒唐的。历史学家对社会现象的解释，无疑地首先追求以体现这些现象的具体事件为依据，以及某些个人思考和亲历这些现象的方式。可是，在逐步推进的过程中，为了把握并解释那些被看成是人们的表象与行为（或者一部分人的表象和行为）所带来的后果，历史学家十分明白，而且越来越明白，他们应当求助于整个无意识加工活动的武库。一部政治史如果仍循事后合理化与再诠释的思路，将历代王朝和战争排排座，便无法满足我们时代的要求。一部经济史基本上就是无意识的运作过程的历史。正因如此，任何一部优秀的历史著作——我们要马上举出其中一部杰作——都必然受到民族学成果的浸润。吕西安·费布韦（L. Febvre）在《16世纪的无信仰问题》一书中便常常借助于一些心理态度和逻辑结构，它们是仅凭研究土著文本一类的资料只能间接地触及的，因为说话者和写作者的意识当中一直就没有这些东西；例如缺乏术语和测量尺度、不准确的时间表示法、多种不同工艺的共同特征，等等[50]。所有此类指标既是历史学的，又是民族学的，因为它们超越了那些没有一条属于这个方
32 面的证据，理由自不待言。

所以，如果认为，从研究有意识的内容到无意识的形式，在这条了解人类的道路上历史学家与民族学家是背道而驰的，这个看法是不准确的。其实两者的大方向是相同的。虽然在每一方看来，它们步调一致地开始远行的方式不一样——历史学家透过显而易见进入隐藏不彰，民族学家透过个别进入一般——但是这一点丝毫改变不了他们在基本方法上的同一性。不过，在一条大方向和历程均相同的道路上，唯一不同的是它们的取向。民族学家向前迈进，寻求通过他们从未忽视的有意识现象，进一步了解他们所面对的无意识现象；历史学家似乎可以说是倒退着前行，同时眼睛紧盯着具体的和个别的活动；只有在为了从某个更丰富更全面的角度进行观察的时候，他们的目光才会从这些活动移开。真是一位双面亚努斯①。

① 罗马神话中的门神 Janus，有前后两张面孔。——译者注

总之，有了这两门学科的紧密结合，我们才能将整个旅程尽收眼底。

最后一条意见可使我们的看法更加明确。按照传统的做法，历史学与民族学是靠它们各自研究的社会是否拥有文字资料来区分的。这种区分并没有错。但是，我们不认为这是一种本质的区分，因为，与其说这一区分能够解释那些我们试图阐明的深刻的特征，倒不如说它产生于后者。毫无疑问，在大多数所谓的原始社会里，文字资料的缺失迫使民族学家不得不发展出一些专门的方法和技术，用来研究那些由于没有文字而在所有表达层次上仍属不完全自觉的活动。但是，这一局限除了往往能够被一些非洲和大洋洲民族的极为丰富的口头传统所克服以外，不应被认为是一个严峻的障碍。民族学对于例如古代墨西哥、阿拉伯世界和远东等拥有文字的民族深感兴趣；同时也重建了那些没有文字的民族的历史，例如祖鲁人。这里的问题仍然是取向的不同，而不是对象的不同，是如何利用两套办法组织那些并没有表面上那么繁杂的数据的问题。民族 33
学家尤其对那些无文字记载的东西感兴趣，这倒并非因为他们研究的民族不会写字，而是因为他们感兴趣的东西跟人们通常想留在石头或纸上的东西不是一回事。

时至今日，由于古老的传统和现时的需要，某种分工助长了这一区分在理论与实践两方面发生混淆，进而造成了民族学与历史学的过度分离。只有到了民族学与历史学合作研究现代社会的那一天，人们才会充分地评价两者的合作成果，也才会心悦诚服地认为，无论此时还是彼时，缺少任何一方双方都将一事无成。

注释

[1] 本文最初以同一题目（Histoire et ethnologie）发表于 *Revue de Métaphysique et de Morale*，54，n°3-4，1949，pp. 363-391。

［2］H. Hauser：*L'Enseignement des sciences sociales*，Paris，1903 E. Simiand：Méthode historique et Science sociale，*Revue de synthèse*，1903.

［3］这一点在19世纪末成为现实。但不应忘记，历史上社会进化论是先于生物进化论出现的。

［4］L. A. White：Energy and the Evolution of Culture，*American Anthropologist*，n. s.，vol. 45，1943；History，Evolutionism and Functionalism...，*Southwestern Journal of Anthropology*，vol. 1. 1945；Evolutionary Stages，Progress and the Evaluation of Culture，*Southwestern Journal of Anthropology*，vol. 3. 1947.

［5］E. B. Tylor：*Primitive Culture*，Londres，1871，Vol. 1，p. 7.

［6］E. B. Tylor：*Researches into the Early History of Mankind and the Development of Civilisation*，Londres，p. 3.

［7］E. Durkheim et M. Mauss：De quelques Formes primitives de classification，*L'Année sociologique*，vol. VI，1901-1902.

［8］R. H. Lowie：Societies of the Hidatsa and Mandan Indians，*American Museum of Natural History*，*Anthropological Papers*，vol. 2，1913. L. SPIER：The Sun-Dance of the Plains Indians，*id.*，vol. 16，1921. A. L. Salt：Dogs，Tobacco，*Anthropological Records*，vol. 6，Berkeley，1941.

［9］F. Boas：History and Science in Anthropology：a Reply；*American Anthropologist*，n. s. vol. 38，1936，pp. 137-141.

［10］同上。

［11］F. Boas：The Limitations of the Comparative Method of Anthropology (1896)，In：*Race，Language and Culture*，New York，p. 276.

［12］同上，第277页。

［13］F. Boas：Revolution or Diffusion? American Anthropologist，n. s.，vol. 26，1924，pp. 340-344.

［14］F. Boas：History and Science in Anthropology：a Reply，出处同前。

［15］F. Boas：The Methods of Ethnology，*American Anthropologist*，n. s， vol. 22，pp. 311-322.

[16] 同上。

[17] R. Benedict：Franz Boas as an Ethnologist，In：*Franz Boas*，1858-1942，*Memoir of the American Anthropology Association*，n°61，1943，p. 27.

[18] 此处并非针对博厄斯的考古学工作，它们属于考古学，不属于民族学；同样也并非针对他关于某些神话的主题的传播的研究，它们属于借助民族志资料进行的历史研究。同样，P. 李维博士（L. Livi）在提出他的关于美洲原始殖民的假说时，在纯为历史学的研究中运用了考古学、语言学和民族志方面的资料。以上这些做法必须从历史学的观点对待。这样的说明也适用于里弗斯（W. H. R. Rivers）的某些工作。

[19] A. L. Kroeber：History and Science in Anthropology，*American Anthropologist*，n. s.，vol. 37，1935，pp. 539-569.

[20] F. Boas：History and Science in Anthropology：a Reply. 出处同前。

[21] R. H. Lowie：American Culture History，*American Anthropologist*，n. s.，vol. 42，1940.

[22] B. Malinowski：The Present State of Studies in Culture Contact，*Africa*，vol. 12，1939，p. 43.

[23] B. Malinowski：Culture as a Determinant of Behavior，In：*Factors Determining Human Behavior*，*Harvard Tercentenary Publications*，Cambridge，Mass. p. 155. 他在随后一页也谈到“那些古怪而肮脏的习俗”，从中毕竟可以找出“一个实用和理性的原则的内核”。不过，这是向 18 世纪倒退，向不好的方面倒退。

[24] F. Boas：Some Problems of Methodology in The Social Sciences，In：*The New Social Science*，Chicago，1930，pp. 84-98.

[25] B. Malinowski：Culture（词典条目），In：*The Encyclopœdia of the Social Sciences*，New York，第 4 卷，第 625 页。

[26] 同上，第 627 页。

[27] 同上。此外，在马林诺夫斯基看来，在从一般向特殊的过渡过程中

没有必要作任何区分："正如我们在马萨伊人中看到的，文化是满足人的肌体的基本需要的手段。"至于爱斯基摩人，他说："他们在与性有关的问题上的态度与马萨伊人相同。他们也拥有一种类型相似的社会制度。"见 *Culture as a Determinant of Behavior*，前引，p. 136，140。

［28］参见马林诺夫斯基为 H. Ian Hogbin，*Law and Order in Polynesia* 一书撰写的"序言"，London，1934，pp. 48-49。

［29］B. Malinowski：Culture（词典条目），前引第 630 页。

［30］B. Malinowski：*The Sexual Life of Savages in North-Western Melanesia*，Londres-New York，1929，vol. 1，p. 29.

［31］B. Malinowski：Culture（词典条目），前引第 634 页下。

［32］B. Malinowski：*The Sexual Life of Savages in North-Western Melanesia*，前引，注 30，第 40 页。

［33］同上，第 43～45 页。

［34］F. Boas，*The Social Organisation and the Secret Societies of the Kwakiutl Indians*，Washington，1895. M. Griaule，Masques Dogons，Paris，1938；Mythe de l'organisation du monde chez les Dogons，*Psyché*，vol. 2. 1947.

［35］B. 马林诺夫斯基，前引，第 1 卷，第 81 页。

［36］B. Malinowski，*Sex and Repression in Savage Society*，Londres-New York，1927，p. 204.

［37］M. Mead，*Sex and Temperament in Three Primitive Societies*，New York，1935，p. 279.

［38］R. F. Fortune：Arapesh Warfare，*American Anthropologist*，n. s.，vol. 41，1939.

［39］M. Mead（ed.），Competition and Cooperation among Primitive Peoples，Londres-New York. p. 461.

［40］F. Boas，History and Science in Anthropology：a Reply，出处同前。

［41］H. Hauser，前引第 414 页。拜尔（H. Berr）、费布韦（L. Febvre）和比海尼（H. Pirenne）等人有关方法论的著作里也有类似的宣示。

［42］E. B，Taylor，*Primitive Culture*，前引，第 1 卷，第 1 页。

［43］F. Boas（ed.），*Handbook of American Indian Languages*，Bureau of American Ethnology，Buletion 40，1911（1908），part I，p. 67.

［44］同上，第 70～71 页。

［45］在印欧语言学者仍然深信“原始母语”的理论的时代，博厄斯证明了某些美洲语言所共有的特征既有可能来自一个共同的源头，也可能是发生在亲缘性地带里的二次构成所造成的。特鲁别茨科伊后来又将同一假说运用于印欧语言的现象。

［46］R. Jakobson：Observations sur le classement phonologique des consonnes，*Proceedings of the Third International. Congress of Phonetic Sciences*，Gand，1938.

［47］参阅本人的论文：L'efficacité symbolique，*Revue de l'Histoire des religions*，n° 385，I，1949（即本书第十章）。

［48］R. Jakobson：Prinzipien der historischen Phonologie，*Travaux du Cercle linguistique de Prague*，vol. 4.

［49］C. Lévi-Strauss：*Les Structures élémentaires de la parenté*，Paris，Presses Universitaires de France，1949（Paris-la Haye，Mouton，1967），Chap. Ⅵ et Ⅶ. 6，7.

［50］L. Febvre：*Le Problème de l'Incroyance au XVIe siècle*，2e éd.，Paris，1946.

第二章　语言学和人类学中的结构分析[1]

37 语言学无可置疑地属于社会科学，但地位十分特殊，因为跟其他社会科学不同，它所取得的成就要大得多。语言学大概是唯一的一门能够以科学自称的社会科学；只有语言学做到了两者兼备：既有一套实证的方法，又了解交给它分析的那些现象的性质。这种独享其尊的地位引来一些追附的现象，因为语言学家经常看到，相邻但不同的学科的研究人员会从它的榜样当中获得启发，试图走它的道路。那么，贵族应当有贵族的样子：一份像《词语》（*Word*）这样的语言学期刊不应该局限于仅仅推出纯语言学的论文和观点，对于那些亟盼从现代语言学学到一条途径，从而找到有关社会现象的实证知识的心理学、社会学和民族志等方面的专家也应该敞开大门。马歇尔·莫斯 20 年前就写道："假如社会学当初处处效仿语言学家的榜样，那么它现在肯定会先进得多……"[2]这两门学科的方法之间存在着相似性，因此它们负有相互合作的特殊义务。

语言学在有关亲属关系问题的研究中能为社会学家提供什么样 38
的帮助，这一点自施雷德（Schrader）的著作发表以来[3]已经没有必要论证了。语言学家和文献学家早已指出（见施雷德和罗斯的论文[4]），关于古代家庭中的母系遗存的假设是站不住脚的，而当时众多社会学家还死抱着它不放。语言学家向社会学家提供的词源学证据导致在某些亲属称谓之间建立一些并非一望可知的联系。反过来，社会学家也能够让语言学家了解一些习俗、实际规则和禁律，从而可以理解某些语言特征何以持久不变，某些词项或者词项组合何以不稳定。在最近的一次纽约语言学会的会议上，儒连·彭方特（Julien Bonfante）先生阐述了他的观点，他专门提到表示"叔舅"的名词在一些罗曼语族的语言里的词源；例如，希腊语 θεíoς 在意大利语、西班牙语和葡萄牙语里变成了 zio 和 tio；他补充道，意大利有些地方管叔舅叫 barba。"胡须"，"天神般的"叔舅！这些称谓语给社会学家提供的启示多么丰富！这立即让我们想起已故的霍卡特（A. M. Hocart）关于叔舅关系的宗教特点和母方亲戚偷窃牺牲祭品的研究[5]。对于他所搜集的现象不论应当做出什么样的解释（他本人的解释肯定不会令人完全满意），有一点却毫无疑问：语言学家通过把那些已经消失的关系在语言里的顽强存在揭示出来，为找到问题的解决办法出了力。与此同时，社会学家为语言学家解释了后
者的词源学的来由，并且确认了其有效性。较为晚近的时候，保 39
罗·K· 贝内迪克特（Paul K. Benedict）从语言学角度考察了南亚地区的亲属关系的系统，从而为该地区的家庭社会学的研究做出了重要贡献[6]。

不过，在以上述方式工作的同时，语言学家和社会学家却各走各的道路。确实，他们在途中会不时停下脚步，相互通报一些成果；可是这些成果出自不同的方法，从来没有任何人尝试把此方所取得的技术和方法上的进步跟彼方分享。这种态度可以从人们当时所处的时代得到解释：语言学研究当时主要以历史分析为基础，相对于同代人所从事的民族学研究，差别与其说是本质上的，不如说是程度上的。语言学家拥有较为严谨的研究方法，取得的成果较为牢靠；社会学家可以学习他们的榜样，“放弃那种把对于当今种族的空间观察当作分类的基础”[7]的做法。不过，人类学和社会学所期待于语言学的毕竟只是一些教诲，没有任何东西能够预示一道骤然显现的光明[8]。

音位学的诞生打破了这一局面。音位学不仅仅是刷新了语言学的前景而已，因为这么大规模的变化不会局限于某一个别学科。与原子物理学在所有精密科学当中所起的革新作用相比，音位学在社会科学当中起到的革新作用绝不逊色。那么，如果在最广泛的意义上试着观察这场革命的后果，我们能够看到什么呢？这个问题的答
40 案是由音位学的杰出大师特鲁别茨柯伊（N. Troubetzkoy）提供的。在一篇纲领性的论文里，他把音位学的研究方法归结为四条根本性的做法[9]：第一，音位学透过无意识的语言现象进入语言现象的有意识的深层结构；第二，音位学拒绝把语音单位看成独立的实体，而是把它们之间的关系当作分析的基础；第三，音位学引进了系统的概念：“当前的音位学并不止于宣布音位永远是一个系统的成员，它还指出具体的音位系统并阐明它们的结构”[10]；第四，音位学的目的在于揭示普遍法则，要么通过归纳的方法，要么……逻辑地推演出来，从而赋予这些法则以绝对的性质[11]。

于是，破天荒头一次，一门社会科学做到了把一些必然的关系

明确建立起来。这也是上述特鲁别茨柯伊的最后一句话的意思。前面的规则是说语言学如何入手才能达到这一结果。本文的任务并非阐明特鲁别茨柯伊的期许如何持之有故，因为当今绝大多数语言学家在这一点上的看法似乎是一致的。但是，当在有关人的科学里发生了一件如此重要的事情的时候，其他相邻学科的代表们不仅可以，而且必须立即验证它的后果，以及它对于不同范畴的现象是否适用。

新的前景于是出现了。这已经不再是那种偶尔为之的合作，即语言学家和社会学家分别埋头各自的工作，仅仅不时地相互提出一些可能使对方感兴趣的问题。社会学家在研究跟亲属关系有关的问题时（也许研究别的问题时也是如此），发现自己所处的局面跟音位学家十分相似，因为表达亲属关系的词项跟音位一样，都是意义成分，它们照样必须归入系统才能获得意义。“亲属关系的系统” 41
跟“音位系统”一样，都是头脑在无意识思维的阶段建立起来的；最后，重复出现在世界上相距遥远的不同地区和迥异的社会里的那些亲属关系的形式、婚姻规则、某些类型的亲属之间同样必须谨守的态度等，都使我们相信，这些可以观察到的现象无一例外地全都来自一些普遍的隐性法则的作用。所以，问题不妨这样表达：亲属关系诸现象是**在另一范畴内的现实当中**跟语言现象**同类**的现象。那么，如果利用跟音位学所使用的方法形式上相似的方法（如果不是在内容上相似的话），社会学是否能够取得跟语言学新近取得的相似的进步呢？

再进一步观察，我们就会更加心悦诚服地投身于这一前景：当今有关亲属关系问题的研究所面临的局面恰好跟处于音位学革命的前夜的语言学无异，两者遇到的困难看来也是相同的。里弗斯的一些尝试跟首先到历史当中寻找解释原则的老派语言学非常相似：两种情形都单凭——或者基本上单凭——历时研究去解释共时现象。当特鲁别茨柯伊把音位学跟老派语言学加以比较的时候，他把前者定义为一种“结构主义和彻底的普适主义”，截然对立于他说的早期各学派的个体主义和“原子主义”。而且，他是在一个经过深刻修正的前景当中看待历时研究的：“在每一个特定的时刻，音位系统都是在**趋向一个目标的倾向**的引领下发生演化的……这一演化因而拥有一种意义，一个内在的逻辑，历史音位学的使命便是对之做出解释。”[12] 受到特鲁别茨柯伊和雅各布逊（R. Jakobson）批评的
42 “个体主义”和“原子主义”的解释方法完全以历史偶然性为基础，它们其实跟通常用于亲属关系问题的解释方法如出一辙[13]。每一个术语的细微之处，每一条特殊的婚姻规则，都跟一种不同的习俗拉上了关系，被视为它的后果或者遗存。人们于是陷入了一大堆零碎的细节。却无人考虑以下这个问题：被当作共时性组合看待的亲属关系系统，既然可以是由数种不同的制度（多半尚属假设）相混而导致的任意性结果，为什么在发挥作用时依然具有一定的规律性和效力[14]？

不过，把音位学方法移入对原始社会学的研究，一开头就会遇到一个困难。音位系统和亲属关系的系统之间的表面相似性是那么显著，转眼间就会把我们引入歧途。在形式处理方面，歧途就是把亲属称谓语混同于语言的音位。我们知道，为了达到某种结构规则，语言学家把音位解析为“区别性成分”，从而可以把它们按照一组或数组“两个对立项”组织起来[15]。社会学家对于一个特定的亲属关系的系统里的称谓语，可能也会利用相似的办法试着分解。例如，在我们的亲属关系的系统里，父亲这一称谓语在性别、相对年龄和辈分等方面具有正面的含义，但不具备任何外延，也不能反映姻亲关系。我们于是可以追问，对于每个系统来说，哪些关系已

经得到了表达？在辈分、外延、性别、相对年龄、亲缘关系等方面，这个系统内部的每一个称谓语拥有什么样的含义——正面的也好？负面的也好？就像语言学家在“深层音位”阶段发现了他们的规则那样，或者像物理学家在微分子阶段即原子层次上所做的那样，我们也希望在这一“微观社会学”的阶段找到结构方面的最普 43
遍的规则。我们不妨从这个方面释读戴维斯和沃纳的有趣的探索[16]。

可是，接下来出现了 3 条反对意见。首先，真正的科学分析应该真实、简单和有解释力。例如，音位分析得出的区别性成分便具备心理、生理以至物理 3 个方面的一种客观存在；这些成分的总数小于用它们组合成的音位的总数；再者，它们能够让我们理解并重建系统。从上述假设里绝对得不出这一类的结果。我们刚才想象的那种亲属称谓语的处理办法仅在表面上像是一种分析，因为它的结果实际上比原则更为抽象。我们不是走向具体，而是离具体越来越远，最终的系统将只能是观念性的，假如它确实有的话。其次，戴维斯和沃纳的实验证明，利用这一办法得到的系统远比实验数据更复杂和难解释得多[17]。最后一点，这种假设没有任何解释力，因为它不能让我们理解系统的性质，更不用说重新构拟这个系统的起源了。

为什么会失败呢？实际上，方法上的生搬硬套是违背语言学家的精神的。亲属称谓不仅仅是一种社会学的存在，它们同样也是话语的成分。当我们急于把语言学家的分析方法移植到亲属称谓上面的时候，不应忘记，既然它们属于词汇的一部分，所以它们不是类 44
比地而是直接地隶属于语言学的方法。语言学也正是这样教导我们的：音位学分析并不直接作用于词语，而是仅仅作用于被预先分解为音素的词语。词汇阶段不存在必然关系[18]。这句话适用于包括亲属称谓在内的所有词汇成分。这句话既然适用于语言学，照理也应该适用于一门关于语言行为的社会学。因此，我们正在讨论其可能性的此类尝试，其目的在于将音位学方法推而广之，可是它们忘记了这一方法的基础。在一篇今日已成旧论的文章里，这个困难早就被克鲁伯预料到了[19]。他之所以得出了亲属关系的结构分析完全不可行的结论，是因为语言学本身那时尚在一种语音的、心理的和历史的分析当中裹足不前。的确，社会科学必须分担语言学的局限性，但同样能够从语言学的成果当中获益。

我们同样不应忽视一种语言的音位总表和一个社会的全套亲属称谓之间的深刻不同。我们对于前一种情形里的功能没有什么疑问，因为我们都知道语言是做什么用的：用于沟通。然而，曾被语言学家长期忽略，唯有音位学才使它得以发现的恰恰是语言为达到这一效果所运用的手段。功能显而易见，系统隐而不露。在这方面，社会学所处的局面正好相反：自从有了刘易斯·H·摩尔根（Lewis H. Morgan）的工作以来，我们就知道亲属称谓形成系统，可是我们一直不知道这些称谓是做什么用的。由于对这种初始局面缺乏认识，对亲属称谓所做出的分析大多陷入不折不扣的同言重复。这些同言重复只说明显而易见的东西，忽略了尚未被认识的东西。

45 这么说并不意味着应当放弃对亲属关系的整套语汇进行梳理和揭示其含义。但是，至少应当承认一门有关词汇的社会学所引起的特殊问题，以及那些把它的方法跟语言学方法结合起来的关系所蕴含的歧义性。基于这个理由，比较可取的做法是把讨论限定在展现出简单的类似性的一种情形里。很幸运，我们拥有这种可能性。

实际上，通常所谓“亲属关系的系统”涵盖着两类迥然不同的现实。首先是那些表达不同类型的家庭关系的称谓语。然而，表达亲属关系并非只靠一套语汇。使用称谓语的个人或者团体感到（或者感觉不到，依情形而定）彼此被维系在某种行为规范当中，例如尊敬或亲昵、权利或义务、友爱或敌视。因此，除了我们建议叫作称谓语系统（严格地说，它形成一个词汇系统）的东西以外，还存在着另外一个同属心理和社会性质的系统，我们不妨称之为态度系统。不过，如果（正如上文所指出的）研究称谓语系统确实将我们置于一种跟研究音位系统既相似又相反的局面当中，那么可以说，这一局面在态度系统中又“颠倒过来”了。根据我们的猜想，态度系统的作用在于保障群体内部的凝聚和平衡，可是我们不了解各种态度之间的现有关联属于什么性质，也看不到它们的必然性[20]。换言之，跟语言行为的情形一样，我们知道功能，却不了解系统。

所以，在称谓语系统和态度系统之间，我们看到了一种深刻的 46
不同。在这一点上，如果拉德克利夫-布朗（A. R. Radcliffe-Brown）有时确如人们所诟病的那样，以为态度系统不过是称谓语系统在情感方面的表达或者流露[21]，那么我们对他的这个意见不敢苟同。在过去的几年当中，已经提出了大量的涉及一些群体的例证，说明它们的亲属关系的称谓总表并不能准确地反映家庭的态度，反之亦然[22]。如果以为亲属关系的系统在任何社会里都是调节个人之间的关系的主要手段，那就错了；即使在亲属关系的系统已经分配到这个角色的社会里，它在扮演这个角色时也有程度上的差异。再者，必须始终分清两类不同的态度：首先是那些分散的、未定型的、尚未制度化的态度，可视之为称谓语在心理上的反映或者衍生物；跟此类态度并存或除此以外，还有一些风格固定、非有不可的态度，它们通过禁忌或特权得到规定，通过固定化的礼仪得到表达。这一类态度并非自动地反映全套称谓语汇，它们往往表现为事后修正，用于排解和克服称谓语系统的内在矛盾和不足。这一综合的特点在澳大利亚的维克芒坎人（Wik Monkan）当中表现得极为显著。在这个群体里，享有开玩笑的特权便能够裁决以下两种关系之间的矛

盾：一个是婚前将两个男子联系起来的亲属关系，另一个是理论上必须假定存在的双方关系，以便解释为什么他们跟两个并没有对应
47 关系的女人结婚[23]。两个可能的语汇系统之间存在着矛盾，对于态度的重视则显示人们在尽力整合或克服称谓语之间的这种矛盾。我们可以毫无困难地跟拉德克利夫-布朗一道承认，存在着“术语和系统的其他部分之间的真正的相互依存的关系”[24]。在他的批评者当中，至少有一部分人从态度跟整套语汇之间缺乏严格的平行性这一点出发，得出了两者为彼此独立的范畴的错误结论。不过，这两个相互依存的范畴不是一种一一对应的关系。态度系统其实是针对称谓语系统的一种动态的整合活动。

因此，即使就两个系统之间存在功能性关系的假设而言——我们毫无保留地赞同这一假设，出于方法上的考虑，我们也有权把分属各个系统的问题当作不同的问题处理。这正好是我们打算在舅父这个问题上所要做的事情，我们有充分理由可以把这个问题当作任何有关态度的理论的出发点。我们将试图阐明，把音位学家使用过的方法不走样地移植过来，可以使我们对这个问题看得更清楚。社会学家之所以特别关注这个问题，是因为在一大批原始社会里，舅甥关系看来都是一场重要进展的焦点。但是，只看到它如此频繁出现还不够，必须找出其中的理由。

让我们很快地回顾一下这个问题的各个发展阶段。整个 19 世纪，直到哈特兰[25]（Sydney Hartland）为止，人们都喜欢用母系社会的遗存来解释舅父的重要性，但母系社会本身完全是假设性的；
48 对照欧洲的例证，其可能性尤其可疑。此外，里弗斯（W. H. R. Rivers）曾经把舅父在印度南部的重要性诠释为一种旁系兄弟姐妹通婚的残余[26]，他的这一尝试仅落得一个可悲的结果，即连里弗斯本人也不得不承认，他的解读方法无法说明问题的所有方面，从而

只好退守一条假设：要理解某一个别制度的存在，必须求助于好几种当今已经消失的极不相同的习俗（表亲通婚仅为其一）。于是，原子主义和机械论得以大行其道[27]。事实上，直到罗维（R. H. Lowie）发表了关于母系社会的复杂机制的重要论文后[28]，我们称之为舅父研究的“现代阶段”方才开始。罗维指出，那种被征引或假定的舅父与母系制度之间的关联性是经不起推敲的。实际上，舅甥关系不但往往跟母系制度相关，而且也跟父系制度相关。母权制度的直接后果或遗存的说法是解释不通舅父的角色的，它不过是那种“把一定的社会关系与一定的亲属关系形式——不论母方还是父方——结合起来的极为普遍的倾向”的一种特殊运用。罗维于1919年首次提出的这个原则认为，存在着一种为态度定性的倾向，这个原则是有关亲属关系的理论的唯一正面的基础。但是，罗维也给我们留下了几个没有得到回答的问题：我们所说的舅甥关系究竟是什么？我们会不会在同一个字眼下面混淆了极为不同的习俗和态度？再者，如果确实存在一种把所有的态度加以定性的倾向，为什么只有某些态度才跟舅甥关系相结合？依照被观察的群体的不同，为什么不能是随便任何一种态度呢？

让我们此处附带地强调一下出现在这个问题的进展与语言学思想的某些阶段之间的明显相似性。可能出现在人际关系领域里的态度数目实际上是有限的；同样，在人的生命的头几个月内，发音器官能够拼出和实际发出的语音也为数不多。然而，每一种语言从所有可能的语音里都只选取了不多的一些语音。语言学对此提出的问题有两个：为什么某些语音被选中？被选中的一个或多个语音跟所有其他语音之间是什么关系[29]？上述有关舅父问题的简单回顾正好处于相同的阶段：跟语言一样，社会群体可以支配的心理和生理资源极为丰富；跟语言一样，社会群体只留取了其中某些成分，这些 49

成分当中至少有一些是跨越极为迥异的文化依然不变的，而且总是组合为多种多样的结构。于是我们要问：这种甄选的理由何在？这些组合有哪些规律可循？

在有关舅甥关系的专门问题上，我们最好还是回到拉德克利夫-布朗的研究上来。在一篇关于南非的舅父的著名论文中，他首次试图揭示和分析不妨称为“给态度定性的普遍原则”的各种表现方式[30]。这里只需很快地回顾一下这篇今天已成经典的论文的基本论点。

按照拉德克利夫-布朗的看法，舅甥关系这个术语涵盖两个命题相反的态度系统。其中一种情形是舅父反映着家庭的权威，令人生畏和服从，拥有对外甥的权利；另一种情形是外甥反过来对舅父行使亲密性的特权，多少把他当成牺牲品对待。其次，在甥对舅、子
50 对父的两种态度之间存在着关联性。我们在这两种情形下都看到了两个相同然而颠倒的态度系统：在父子关系亲密无间的群体里，舅甥关系严谨不苟；如果父亲是家庭权威的严肃体现，舅父就会受到无拘无束的对待。于是，两种态度的群体形成了音位学家所说的两组对立。对于这种现象，拉德克利夫-布朗在他的论文的结尾建议作如下解说：说到底，继嗣关系决定着这些对立组合的含义。在父系制度下，父亲或者父系继嗣代表着传统权威，舅父被视为“男性母亲”，受到通常跟母亲相同的对待，有时甚至可以用母亲的名字直呼舅父。这一局面在母系制度下颠倒了过来：舅父代表权威，温情和亲密无间的关系则锁定在父亲及其世系上面。

对拉德克利夫-布朗的这个重要贡献很难评价过高。在进化论玄学的高谈阔论遭到罗维的大刀阔斧的批评之后，现在轮到在实证的基础上进行综合了。我们说，拉德克利夫-布朗的努力未能一蹴而就地达成他的目标，然而这并不意味着我们降低了对这位伟大的英国社会学家所应当怀有的敬意。所以，让我们确定一下拉德克利夫-布

朗的论文遗留下来的几个未获解答的令人望而生畏的问题：首先，舅甥关系并非出现在所有的母系制度和父系制度里，它在一些既非前者亦非后者的系统当中有时也能看到[31]。其次，舅甥关系并非一种只有两个词项的关系，它拥有四个词项：兄弟、姐妹、姻兄弟、甥侄。拉德克利夫-布朗的那种诠释方法把某些成分从一个整体性的系统里任意地剥离出来，然而这种系统应当作为一个整体来处理。下面用几个例子来说明这一双重困难。

在美拉尼西亚的特洛布里恩诸岛上，土著民族的社会组织以母 51
系继嗣、父子之间自由和亲密无间以及一种明显的对抗型的舅甥关系为特点[32]。与此相反，高加索地区（Caucase）处于父系制度下的柴尔凯斯人（Tcherkesses）却让父子之间充满敌意，舅父则帮助外甥，外甥结婚的时候还要送给他一匹马[33]。至此我们仍未超出拉德克利夫-布朗的程式的范围。不过，让我们看看这个问题所涉及的其他家庭关系：马林诺夫斯基曾经指出，特洛布里恩岛上的夫妻生活在一种温情的亲密气氛当中，双方关系呈现互惠性。支配着兄弟和姐妹双方关系的反而是一种极其严厉的禁律。高加索在这方面的情形又如何呢？在那里，兄弟和姐妹之间是一种温情的关系；甚至在普沙瓦人（Pschav）那里，一个独生女甚至会“收养”一个“兄弟”，充当她身边的压床童男，而这在习惯上是个应由兄弟担当的角色[34]。然而，夫妻之间的情形又完全不同了：一个柴尔凯斯人不敢同妻子一道公开露面，只能私下里探访妻子。按照马林诺夫斯基的说法，对于一个特洛布里恩男人来说，如果说他长得像他的姐妹，那是无以复加的侮辱。这一禁忌在高加索的对等物是严禁向一个男人打听他妻子的健康状况。

观察柴尔凯斯型和特洛布里恩型的社会，仅是研究父/子、舅/甥两种态度之间的关联还不够。这种关联只是一个完整的系统的一

个侧面，这一系统里还有相互有机地联系着的四种关系：兄弟/姐妹，丈夫/妻子，父/子，舅/甥。上文举出的两个群体分别提供了
52 同一法则的两种运用，这条法则可以这样表述：在两个群体中，舅甥关系之对于兄弟与姐妹之间的关系，正好相当于父子关系之对于夫妻关系。所以，掌握了一对关系便永远可以推演出另一对关系。

现在让我们看看其他情形。在波利尼西亚群岛的汤加人（Tonga）当中，继嗣关系跟柴尔凯斯人一样同属父系制度。夫妻关系似乎公开而和谐：家庭内部很少争吵，妻子虽然往往享有高于丈夫的地位，却“不会萌生丝毫反抗丈夫的念头……在所有家庭内部的问题上，她都自愿地服从于丈夫的权威。”同样，舅甥之间也存在着最大的自由：外甥是“法鲁”（fahu），超乎法律之上，可以对舅父做出任何放肆行为。父子关系跟这种随便的关系恰恰相反：父亲是“塔普”（tapu），儿子不可以触摸父亲的脑袋和头发，不可以在父亲吃饭的时候碰他，不可以在他的床上睡觉，不可以用他的枕头、分享他的饮水和食物，以及把属于他的物品拿去玩耍。不过，塔普当中最重要者莫过于兄弟和姐妹不可共处一室[35]。

在新几内亚的库图布（Kutubu）湖畔，当地土著人虽然同样属于父系制度并实行从夫居，但提供了一个跟上述情形结构相反的案例。威廉斯（F. E. Williams）就此写道：“我从未见过如此紧密的父子关系。”夫妻关系的主要特点是女性被给予极为低下的地位。“男性和女性的利益核心是截然分开的，”威廉斯说，“妇女必须为她们的主人辛勤劳动……她们偶尔也会抗议，换来的却是一顿痛打。”妇女永远从自己的兄弟那里获得针对丈夫的保护，总是在兄弟那里寻找庇护所。至于舅甥之间的关系，“最能概括这种关系的字眼是
53 ‘敬重’……还掺杂着一点惧怕”，原因是，跟非洲的柯普斯吉人（Kipsigi）一样，舅父拥有诅咒和使外甥身染重病的威力[36]。

这后一种结构虽然来自父系社会，却跟布甘维尔（Bougainville）的锡乌埃人（Siuai）同属一个类型。锡乌埃人具有母系继嗣关系。兄弟和姐妹之间“关系融洽，彼此宽宏大量”。父子之间“没有丝毫迹象显示敌意、威严或出自恐惧的敬重关系”。可是，舅甥关系却处于一种“严格的循规蹈矩和一种甘愿承认的互相依赖的关系”当中。不过，“报告人认为，所有的男孩都对舅父感到某种惧怕，对舅父比对父亲还要服从”。夫妻之间的和谐气氛不复存在：“少妇们鲜有忠贞的……年轻的丈夫们总是多疑，动辄便妒火中烧……结婚意味着各种各样的艰难的调整。”[37]

多布人（Dobu）的情形跟锡乌埃人一样，只是更加明显：同样是母系社会，而且跟同属母系制度的特洛布里恩人为邻，可是结构极为不同。多布人的家庭不稳定，通奸是家常便饭，丈夫和妻子都害怕自己有朝一日会死于对方的魔法。福琼（R. F. Fortune）曾经指出：“在丈夫可以听到的情况下，示意一位妇女拥有魔法乃是一种严重的侮辱。”这种情况看来只是跟上文所引的特洛布里恩人和高加索人的禁律对调了一下位置。

多布人的舅父被视为父母辈中最严厉的一位。“在双亲不再打孩子以后很长时间，他仍然打他的外甥”，直呼其名是不允许的。不用说，温情关系不存在于父子之间，而是在儿辈和“肚脐眼儿”即姨夫——父亲的化身——之间。然而，跟有关继承权的法律相反，被视为“不如舅父严厉”的父亲总是想方设法地牺牲外甥的利益， 55
以便照顾自己的儿子。

最后，兄弟与姐妹之间的联系是“所有社会联系中最牢固的”[38]。

从这些例子里可以得出什么样的结论呢？舅甥关系的形式跟继嗣关系的类型之间的关联并不能完全说明问题。不同的舅甥关系形式完全可能跟同一继嗣关系的类型共存，无论这种继嗣关系是母系还是父系。可是，在那些为建立系统所必备的四组对立当中，我们总是看到同一种基本的关系。这一点在用来说明我们的案例的图 1 中显示得更清楚：图中正号（+）表示自由亲密的关系，负号（—）表示敌意、对抗或有所保留的关系。这种简化方法虽然不大合乎成规，但不妨暂时一用。至于那些必不可少的详细区别，我们下文再谈。

54

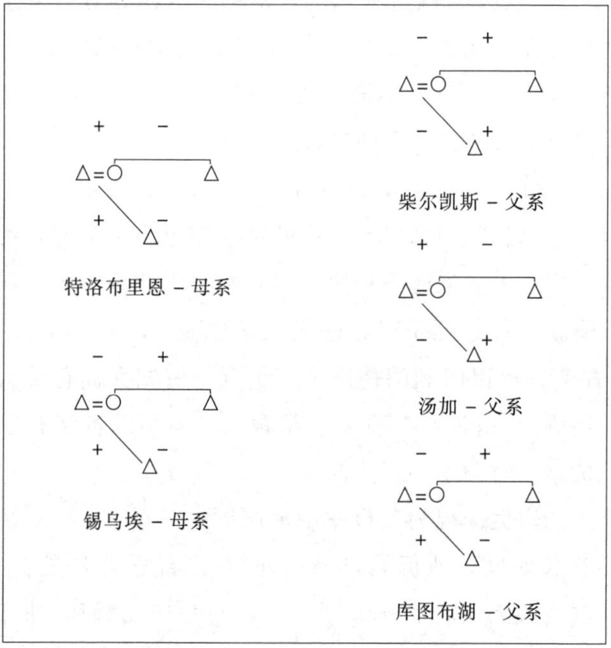

图 1

图 1 显示的关联性的共时规律可以从历时方面得到证实。如果把霍华德曾经阐述过的家庭关系在中世纪的演变情形做一概括，那么我们就会得到如下这个大略的概念：兄弟对姐妹的权力减弱了，未来的丈夫的权力增强了。与此同时，父子之间的联系减弱了，舅甥之间的联系增强了[39]。

这种演变看来可以从雷昂·戈提耶（L. Gautier）所搜集的文献中得到证实，因为在那些“保守的”篇章里（《康布雷的哈乌勒》、《洛林武功歌》①，等等），正面的关系应当说建立在父子之间，后来才逐渐向舅甥之间转移[40]。

因此[41]，我们看到，要理解舅甥关系，就必须把它看成系统内 56
部的一种关系，而且应当把系统本身视为一个整体才能把握它的结构。这一结构的基础是四个词项（兄弟、姐妹、父亲、儿子），它们被互为关联的两组对立关系以如下方式联系在一起：这两代人当中的每一代都既有一种正面的关系，又有一种负面的关系。现在的问题是：这究竟是一种什么样的结构？它的理由何在？答案如下：它既是人们所能想象的，又是可能存在的一种最简单的亲属关系的结构。确切地说，它是一个**亲属关系的原子**。

我们可以采用一个逻辑上的论据来支持这个断言：一种亲属关系的结构的存在必须同时包括人类社会始终具备的三种家庭关系，即血缘关系、姻亲关系、继嗣关系；换言之，它们是同胞关系、夫妻关系和亲子关系。不难看出，基于最省力原则，我们正在考虑的结构正好能够满足这三方面的要求。不过，上述观察有点抽象，我们的阐述可以提出一个更加直接的证据。

我们所阐明的亲属关系的原子带有原始的和无法省约的特点，这个特点实际上直接来自于世界上普遍存在的乱伦禁律。这条禁律

① 《康布雷的哈乌勒》(*Raoul de Cambrai*)，12 世纪法国的系列武功歌《马阳斯的杜恩》(*Doon de Mayence*) 中的诗篇之一。《洛林武功歌》(*Geste des Loherains*) 四部诗篇出现于 13 世纪初叶，用法国洛林方言写成。此类中世纪英雄史诗因根据更早期的传说加工而成，故被视为研究早期家庭和社会关系的史料。——译者注

不外乎是说，在人类社会里，一个男人只能从另一个男人那里得到妻子，后者是以女儿或姐妹的形式向他出让的，除此以外别无他
57 途。于是，我们就无须再解释舅父何以出现在亲属关系的结构里：他并非出现在那儿，而是那个结构的直接给定物，那个结构的存在条件。传统社会学跟传统语言学一样，错就错在只看到了词项，却没有看到各个词项之间的关系。

在进一步阐述之前，先让我们很快地清理一下可能出现的几条反对意见。首先，如果说“姻兄弟”① 关系是建立亲属关系结构时的一个无法避开的轴心，那么，为什么基本结构里依然非得有婚生子女不可呢？这里应先讲清楚，我们所说的子女可以是已经出生的，也可以是将要出生的。即使如此，由于我们的最初步骤是让亲属关系以婚姻为基础并通过它实现，为了证明这一步骤所具有的动态和目的论的性质，子女仍然是不可或缺的。亲属关系并不是一种静止的现象，它是为了延续才存在的。我们这里的意思并不是那种延续种族的欲望，而是指这一事实：在大多数亲属关系的系统里，就特定的一代人而言，那种一开始就发生在一个女人的出让者及其接受者之间的失衡现象，只能靠后代人做出补偿才能重趋稳定。一个亲属关系的系统，哪怕是最基本的，也是同时存在于共时和历时两个方面的。

其次，能否设想存在着一种对称的结构，同样简单但性别却是颠倒的呢？也就是说，这个结构有一个姐妹、她的一个兄弟、她的兄弟的妻子和他们两人的婚生女儿。这么想大概是可以的，然而这

---

① 原文 beaux-frères 一词实际上涵盖了汉语“姐妹之夫、大伯、小叔、内兄弟、连襟”等义，此处译为用意宽泛的“姻兄弟”，不局限于书面语里的“姐妹之夫的兄弟”或“妻子的表兄弟”的意思。特此说明。——译者注

一理论上的可能性立即就在实验的基础上被否定了，因为人类社会只有男人才交换女人，而不是相反。至于是否有些文化曾经倾向于把这种对称结构的某种虚构图景付诸实施，尚有待搜寻。这种情形只能是凤毛麟角。

我们现在面临一条更有分量的反对意见。确实，我们也许只不过绕开了问题。传统社会学努力解释舅甥关系的起源，而我们却把 *58*
舅父视为最简单的家庭结构的直接给定的成分，不作为一个外在的成分处理，从而把这项研究推卸掉了。可是，舅甥关系为什么不是随时随地都能见到？这一关系虽然分布极广，但绝不是一种普遍的关系。先是避开解释为什么有它，然后又说不清为什么没有它，那将是一种毫无意义的做法。

让我们首先指出，亲属关系的系统在不同文化里并不具有同等的重要性。它给某些文化提供了调节全部或大部分社会关系的积极准则。在其他一些群体里，例如我们所处的社会，这一功能不是不存在就是大大削弱了；在另外一些群体里，例如密西西比河流域以西的大平原地区的印第安人社会，这一功能仅仅部分地发挥着作用。亲属关系的系统是一种语言行为；但不是一种普适的语言行为，别的表达方式或行为方式可能更受重视。从社会学家的观点出发，这一点意味着，当我们面对一种特定的文化时，总是要提出一个初步的问题：这个系统是否系统化？这个问题听起来有点荒唐，实际上只有就语言而言这个问题才是荒唐的，因为语言才是名副其实的表意系统，语言不可能不表达意义，它的存在完全以表达意义为旨趣。相反，随着我们逐渐脱离语言去观察同样以表达意义为任务的其他系统，这个问题就应当得到更加严谨的对待。表意的价值在这些系统里只是部分的、零散的或者主观的：例如社会组织、艺术等。

再者，我们是把舅甥关系当作基本结构的一个特点来诠释的。我们以为，这一产生于4个词项之间的确定关系的基本结构乃是真正的**亲属关系的原子**[42]。低于这个基本要求便无法想象或者给出任
59 何存在。另一方面，它是构成其他更复杂的结构的唯一材料。原因在于，另外确实还有更复杂的结构；或者更准确地说，建立任何亲属关系的系统都以这样的一个基本结构为基础，或自我重复，或通过吸收新的成分得到扩展。因此应当考虑两个假设：一是我们所研究的这个亲属关系的系统全靠基本结构的简单并列得以运行，舅甥关系因而始终显而易见；二是设想这个系统的整体构筑活动本身便是更复杂的事情。在这种情况下，舅甥关系虽然出现，但可能会隐没在一种不同的环境里。例如，可以设想一个以基本结构为出发点的系统，然而在舅父的右侧又加上了他的妻子；在父亲的左侧，先是加上了父亲的姐妹，然后又多出了后者的丈夫。我们可以轻而易举地证明，这一发展在下一代人当中会引起平行的分裂：子女必须区分男女，每个人都在一种对称而相反的关系中跟其他位于结构边缘上的词项结合［姑母在波利尼西亚群岛的举足轻重的地位；南非的恩兰普萨①（nhlampsa）以及舅母继承权］。在这一类结构里，舅甥关系虽然依然明显，但已经不起主导作用了。在其他一些甚至更为复杂的系统里，它可能会淡出，或者跟其他关系混同。不过，正因为舅甥关系属于基本结构，所以每当我们所观察的系统显示出某种危机的时候，舅甥关系就会清楚地显现，而且趋于加强。这些危机包括系统状态：（1）处于急剧的变化当中（太平洋的西北海岸）；

① 在南非一些部落里，恩兰普萨主要指妻子的兄弟之女，可被娶为地位较低的“妾”。详见如瑞士传教士朱诺（1863—1934）对南非部落的描写（Henri-Alexander Junod，*Life of a South African Tribe*，*Social Life*，1926）。——译者注

(2) 处于迥然不同的文化的结合部或冲突点上（斐济、印度南部）；(3) 正在经历生命攸关的危机（中世纪欧洲）。

最后，还应当补充一点，我们在上文图 1 中使用的正负符号代表一种过于简单的处理方法，因而只能作为阐述的一个阶段而使用。实际上，最基本的态度系统至少包含四个词项：亲情、温情和 60
率直的态度；来源于馈赠与回赠的互惠性交换的态度；除了这些涉及双方的态度以外，还有两种单方面的态度：其一相当于债权人的态度，其二相当于负债人的态度。这就是说：互助（=）；互惠（±）；权力（+）；义务（—）。我们可用如下方式来表示这四种基本态度之间的关系（图 2）：

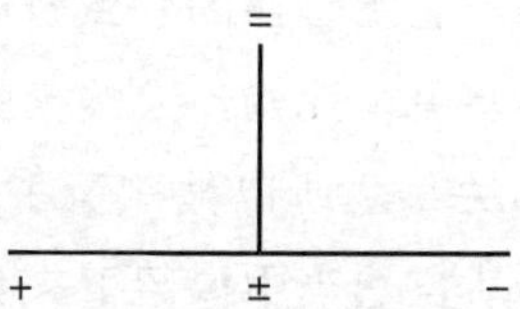

图 2

在许多系统里，表达两个人之间的关系往往并不是一种态度，而是几种态度，从而可以说形成了一束态度（例如，特洛布里恩群岛的夫妻之间便可以看到互助加互惠）。这就使得基本结构更难发现了。

我们已经尝试说明以上分析在哪些地方得益于原始社会研究的当代大师们。可是也必须强调，这一分析在最基本的一点上脱离了他们的教导。让我们援引拉德克利夫-布朗的话为例：

> 亲属关系赖以建立的那种结构单位是一种我称之为“基本家庭”的组合，它包括一个男子、他的妻子和他们的一个或多个子女……基本家庭的存在造成了三种特殊的社会关系：父母

> 61 与孩子的关系、同一父母所生的子女之间的关系（同胞），以及作为这些子女的家长的夫妻关系……存在于基本家庭内部的这三种关系构成了我所说的第一亲等。第二亲等的关系依赖于两个基本家庭之间通过一个共同成员发生的联系，例如父亲的父亲、母亲的兄弟、妻子的姐妹，等等。第三亲等的关系包括父亲的兄弟的儿子，母亲的兄弟的妻子，等等。因此，如果有家谱资料，我们就能够追踪到第四亲等、第五亲等，乃至第 n 亲等的关系。[43]

这段话的意思是说，天然家庭是任何一个社会建构它的亲属关系系统的出发点。这并不是这位英国名师一个人的见解；当今几乎没有什么想法能够获得比它更普遍的一致赞同了。同样，我们觉得比它更危险的想法也不多见。无疑，天然家庭在人类社会里存在并且延续着，但是，亲属关系之所以被赋予了一种社会现象的特点，原因并不在于它必然会从自然当中保留下来什么，因为这其实是它用来使自己区别于自然的主要方式。一个亲属关系的系统的本质并不在于那种人与人之间在继嗣上或血缘上的既定的客观联系；它仅仅存在于人的意识当中，它是一个任意的表象系统，而不是某一实际局面的自然而然的发展。这当然不意味着自动地摒弃这种实际局面，或者根本无须理睬。在今日已成经典的几篇论文里，拉德克利夫-布朗指出，哪怕是表面上看来最严苛、最多人为性质的系统，例如澳大利亚的等级婚姻的系统，也小心地照顾到天然的亲属关系。但是，连他这种无可辩驳的观察也没有考虑到我们视为具有决定意义的一个现象：在人类社会里，亲属关系必然依赖并且通过明确界定的婚姻方式才会得到承认、建立和延续。换句话说，拉德克利夫-布朗按照“第一亲等关系”处理的那些关系取决于并且依赖于那些被视为第二亲等和派生的关系。人类亲属关系的首要特点便是要求

他所称为“基本家庭”的单位之间发生联系，这是它们存在的条件。 62
所以，真正“基本的”东西不是家庭，（它们只是独立的词项）而是这些词项之间的关系。没有任何别的方法能够解释乱伦禁律何以如此普遍，而舅甥关系，就其最一般的方面而言，只是它的一个时隐时现的关联项。

由于亲属关系制度属于象征系统，所以它们为人类学家提供了一个得天独厚的场所，在这里，他的努力基本上（我们要强调“基本上”这三个字）可以跟社会科学当中最先进的学科即语言学的努力会聚起来。我们可以期待双方这一场相遇能够产生有关人的最好的知识，但条件是永远不能忘记，无论是社会学研究还是语言学研究，我们都是在跟象征的手段打交道。然而，如果说，为了理解象征思维的兴起而求助于自然主义的诠释方法是理所当然的，在某种意义上也是无法避免的做法，那么，这种思维方式一旦形成，解释方法便需彻底改变性质，以便使新出现的现象有别于先前的和曾经为它铺平道路的现象。从这一刻起，任何对自然主义的让步都可能危害语言学已经取得的、在家庭社会学中开始浮现的巨大进步，而且会把后者丢弃给一种既无灵感又无前途的经验主义。

注释

［1］本文曾以同一标题发表于纽约语言学协会会刊 *Word*，vol. I，n°2，August 1945，pp. 1-21。

［2］Rapports réels et pratiques，etc.，In：*Sociologie et Anthropologie*，Paris，1951.

［3］O. Schrader：*Prehistoric Antiquities of the Aryan People*，tr. F. B. Jevons（London，1890），见该书第 12 章第 4 部分。

［4］O. Schrader，同上；H. J. Rose：On the Alleged Evidence for Mother-

Right in Early Greece，*Folklore*，22，(1911)。另见 G. 汤姆逊关于这个问题的最近著述，汤支持母系残余的设想。

［5］A. M. Hpcart：Chieftainship and the Sister's Son in the Pacific，*American. Anthropologist*，n. s.，vol. 17 (1915)；"The Uterine Nephew，Man，vol. 23 (1923)，n° 4；The Cousin in Vedic Ritual，*Indian Antiquary*，vol. 54 (1925)；etc.

［6］P. K. Benedict：Tibetan and Chinese Kinship Terms，*Harvard Journal of Asiatic Studies*，6 (1942)；Studies in Thai Kinship Terminology，*Journal of American Oriental Society*，63 (1943).

［7］L. Brunschvicg：*Le Progrès de la Conscience dans la Philosophie occidentale*，2 (Paris，1927)，p. 562.

［8］从 1900 年到 1924 年期间，现代语言学的创立者索绪尔和梅耶都毫不犹豫地把自己置于社会学家的庇荫之下。按照经济主义者的说法，这种局面直到 1920 年以后才开始被马歇尔·莫斯扭转。

［9］N. Troubetzkoy：La Phonologie actuelle，In：*Psychologie du langage* (Paris，1933).

［10］同上，第 243 页。

［11］同上。

［12］同上，第 245 页。R. Jakobson：Prinzipien der historischen Phonologie，*Travaux du Cercle linguistique de Prague*，vol. 4；另见同一作者的另一篇文章 Remarques sur l'évolution phonologique du russe，同上，第 2 卷。

［13］W. H. R. Rivers：*The History of Melanesian Society*，2 (London，1914)，*Passin*；*Social organization* ed，W. J. Perry (London，1924)，第 4 章。

［14］在同一方向上，可参阅 S. Tax：Some Problems of Scocial organization，In：*Social Anthropology of North American Tribes*. F. Eggan，ed. (Chicago，1937)。

［15］R. Jakobson：Observations sur le classement phonologique des consonnes，Loc. cit.

［16］DAVIS，K. and WARNER，W. L.：Structural Analysis of Kinship，*American Anthropologist*，n. s.，vol. 37（1935）.

［17］于是，两位研究者对于“丈夫”这一称谓的分析最终达到了下列公式（出处同上）：

$$C^{2a}/^{2d}/^{0}SU^{1a\,8}/\text{Ego}\ (\text{loc. cit.})$$

此处不妨一提另外两个新近的研究工作，它们所使用的逻辑手段远为更加精细，而且在方法和结果两方面都极为有趣。它们是（1）F. G. Loungsbury：A Semantic Analysis of the Pawnee Kinship Usage，*Language*，vol. 32，n°1，1956；（2）W. H. Goodenough：The Componential Analysis of Kinship，出处同上。

［18］读者在本书第五章将会看到，我目前使用的提法更为审慎。

［19］A. L. Kroeber：Classificatory Systems of Relationship，*Journ. of Royal Anthropol. Insttitute*，vol. 39，1909。

［20］我们必须把沃纳（W. L. Warner）的出色论文排除在外，即 Morphology and Functions of the Australian Murngin Type of Kinship System，*American Anthropologist*，n. s.，vol. 32-33（1930—1931）。虽然在基本观点方面尚有可议之处，他对态度系统的分析应当说为亲属关系问题的研究开辟了一个新阶段。

［21］A. R. Radcliffe-Brown，Kinship Terminology in California，*American Anthropologist*，n. s.，vol. 37（1935）；The Study of Kinship Systems，*Journal of the Royal Anthropology Institute*，vol. 71（1941）.

［22］M. E. Opler，Apache Data Concerning the Relation of Kinship Terminology to Social Classification，*American Anthropologist*，n. s.，vol. 39（1937）；A. M. Halpern，Yuma Kinship Terms，ibid.，n. s.，vol. 44（1942）.

［23］D. F. Thomson，The Joking Relationship and Organized Obscenity in North Queensland，*American Anthropologist*，n. s.，vol. 37（1935）.

［24］The Study of Kinship Systems，第 8 页。在我们看来，拉德克利夫-

布朗的这一最终提法比起他 1935 年的说法，即态度“跟称谓语的分类之间具有程度相当高的关联”（*American Anthropologist*，n. s.，1935，p. 53），要令人满意得多了。

［25］S. Hartland，Matrilineal Kinship and the Question of its Priority，*Memoir of American Anthropology Association*，4（1917).

［26］W. H. R. Rivers，The Marriage of Cousins in India，*Journal of the Royal Asiatic Society*，July，1907.

［27］同上，第 624 页。

［28］R. H. Lowie，The Matrilineal Complex，University of California Publications in American Archaeology and Ethnology，16（1919），n°2.

［29］R. Jakobson，*Kindersprache*，*Aphasie und Allgemeine Lautgesetze*（Uppsala，1941).

［30］A. R. Radcliffe-Brown，The Mother's Brother in South Africa，*South African Journal of Science*，vol. 21（1924).

［31］新几内亚的蒙都哥摩人正是如此，虽然嗣承关系有母系和父系的交替之分，但是舅父和外甥之间总是有亲密的关系。参阅玛格丽特·米德：*Sex and Temperament in Three Primitive Societies*（New York，1935），第 176～185 页。

［32］B. Malinowski，*The Sexual Life of Savages in North-Western Melanesia*（London，1929），第 2 卷。

［33］Dubois de Monpereux（1839），引自 M. Kovalevski：La Famille matriarcale au Caucase，*l'Anthropologie*，vol. 4（1893）.

［34］同上。

［35］E. W. Gifford，Tonga Society，*B. P. Bishop Museum Bulletin*，n°61，Honolulu，1929，pp. 16-22.

［36］F. E. Williams，Natives of Lake Kutubu，Papua，*Oceania*，vol. 11，1940—1941，以及 vol. 12，1941—1942，第 11 卷的第 265～280 页；Group Sentiment and Primitive Justice，American Anthropologist，vol. 43，n° 4，part

I，1941.

［37］Douglas L. Olivier，*A Solomon Island Scoiety. Kinship and Leadership among the Siuai of Bougainville*，Cambridge，Mass.，1955，散见书中各处。

［38］Reo F. Fortune，*The Sorcerers of Dobu*，New York，1932，pp. 8，10，45，62-64.

［39］G. E. Howard：*A History of Matrimonial Institutions*，3 vol.，Chicago，1904.

［40］L. Gautier：*La Chevalerie*，Paris，1890. 关于这一题目，读者亦可查阅下述论著，必有裨益：F. B. Gummere：The Sister's Son，In：*An English Miscellany Presented to Dr. Furnivall*，London，1901；W. O. Farnworth：*Uncle and Nephew in the Old French Chanson de Geste*，New York，Columbia University Press，1913.

［41］以上几个段落写于 1957 年，并且取代了原先的文章。这是为了回应我的同事布鲁塞尔自由大学的 L . D. 鄂施（Luc de Heusch）先生的正确意见，他指出我引用的一个例子与事实不符。在此谨向他表示感谢。

［42］强调以下这一点也许是多余的：我们批评过的里弗斯的原子主义是个属于古典哲学的概念，它跟现代物理学关于原子结构的观念无关。

［43］A. R. Radcliffe-Brown，*The Study of Kinship System*，*op. cit.*，p. 2.

第三章　语言和社会[1]

63 在一部对于社会科学的未来有着难以估量的重要意义的著作里[2]，维纳（N. Wiener）提出了把用于预测的数学方法推广到社会科学中去的可能性问题。这些数学方法已经使大型电子计算机的制造成为可能。他的最后结论是否定的，并且运用两条理由来证明这个结论。

首先，他认为社会科学的本身性质意味着它们的发展会影响考察对象。观察者与被观察的现象之间相互依赖，这是现代科学理论所熟知的一个概念。它在一定意义上表明了一种普遍的情形。但是，在那些已经向最先进的数学研究开放的领域里，这种相互依赖性是可以忽略不计的。例如天体物理学，观察者无从对巨大的研究对象施加影响。又如原子物理学，研究对象固然要微小得多，不过因其为数众多，所以我们只能掌握一些统计学意义的或者平均的数值，观察者的影响从而以另一种方式消弭了。与此相反，在社会科学当中却依然可以感觉到这种影响，因为它引起的变动跟被研究的现象**幅度类同**。 64

其次，维纳注意到，纯属社会学和人类学的现象是依据我们的自身利益获得定义的，因为它们关系到同我们一样的一些人的生活、教育、职业和死亡。因此，我们所掌握的那些用于研究某种现象的成串统计数字总嫌过于单薄，无法合理地形成归纳的基础。他总结说，社会科学中的数学分析只能给专家带来一些无意义的结果，正像对于某种气体的统计分析之对于一个大小如同分子的生物那样。

如果跟他所谈论的研究——一些专题论文和应用人类学的著述——联系起来看，维纳的反对意见是难以驳斥的。那是一些由单个的观察者所做的关于个人行为的研究，或者是针对某种文化、某种“民族性格”、某种生活方式的研究，然而观察者本人无法彻底摆脱自己所属的文化，或是他从中借入工作方法和工作假设的那个文化——这些工作方法和假设本身也属于某种特定的文化类型。

不过，至少在社会科学的一个领域里，维纳的反对意见是不太中肯的。在语言学，尤其是从音位学来看的结构语言学当中，他提出的运用数学研究所需的条件看来全都具备。语言是一种社会现象。在所有社会现象中，语言最明白无误地显示出适合科学研究的两个基本特征。首先，语言行为大都处于无意识思维的层面。我们说话时并没有意识到句法和形态变化的规则。而且，我们对于用来表达不同意义的音位并不具备自觉的知识；对于那些可以把每个音位分解为区别性元素的音位对立，我们就更缺乏意识了——就算有 65
时候我们可能有。再者，即使在阐述我们的语言的语法或者音位的规则的时候，我们仍然缺乏直觉的理解。因为这种阐述活动仅仅出现在科学思维中，而语言却只能作为一种集体的设计而存在和发展。连学者也永远做不到把理论跟他本人作为说话者的经验完全融为一体，因为他解说语言的方式对他如何说话产生不了什么影响，那是属于另一个层次的事。所以，我们可以肯定，在语言学上，观察者对被观察现象的影响可以忽略不计，因为现象不会由于观察者对其有所意识而改变。

语言在人类发展史上出现得很早。但是，即使只从书面文献对从事语言的科学研究的必要性考虑，人们也会承认文字的历史悠久，而且可以提供数学分析所需的足够长的系列。可供印欧语系（indo-européenne）、闪米特语系（sémitique）和汉藏语系（sino-tibétaine）的语言学利用的系列有四五千年的历史。在缺少历史维度的情形下——例如那些所谓的“原始”语言，我们往往可以通过比较多种现代形式做出补救；这些形式不妨说是以一种空间维度有效地顶替了缺少的东西。

所以说，语言是一种社会现象，是一个独立于观察者的对象，而且我们拥有很长的统计学系列可供使用。因此，我们有双重理由认为它能够满足维纳所说的数学家的那些要求。

大量的语言学问题可以交给现代计算机处理。如果对任何一门语言的音位结构和支配着辅音与元音组合的规则有所了解，便可以利用一台机器，在一张总表中轻而易举地把词汇中的所有能够构成
66 有 n 个音节的词语的音位组合，以及跟预先确定的语言结构兼容的全部其他组合统统列入。一台计算机，只要输入了规定音位学上已知的结构类型的方程式，人的发音器官所能够发出的全部语音，以及（在最为接近的音位的总表及其分析的基础上）事先根据心理—生理学方法确定的这些语音之间的最小区别值，就能提供一份穷尽

了包含 n 个对立的音位结构的总表（n 的数值可以依照需要规定）。这样一来，我们就能够建立起一份在某种意义上是语言结构的周期表，它可以跟现代化学得之于门捷列夫的那一份元素周期表相比拟。我们那时所需做的事情，不过是在表上为已经研究过的语言找到所在位置，标注出那些直接研究尚不足以提供理论知识的语言的地位及其与其他语言的关系，甚至可以为那些已经消亡的语言、未来的语言，或者仅仅是可能的语言找到它们的位置。

最后一个例子：雅各布逊最近提出了一个假设，他认为一门语言可以拥有数个不同的音位结构，每一个都分别用于一种特定的语法操作[3]。在同一门语言的这些不同的结构模态之间，肯定存在着某种关系，某种“元结构”（métastructure），它可以被视为模态结构的组合规则。语言的这种结构虽然往往复杂得不可能凭借经验的研究方法获得，我们通过要求计算机对每一种模态做出分析，却应该可以利用已知的数学方法把它还原出来。

于是，这里提出的问题可以定义如下：在所有的社会现象当中，如今看来只有语言才适宜做出名副其实的科学分析，从而可以
解释它是如何形成的，并且预见它后来演变的某些样式。这些结果 67
是靠音位学获得的，因为音位学能够透过语言的那些始终处于表面的有意识的和历史的表现，触及客观的现实性。这些客观的现实性是关系组成的系统，本身也是精神的无意识活动的产物。这就引出一个问题：这种简约的做法能不能运用到其他类型的社会现象上去呢？如果回答是肯定的，那么，同一个方法能够产生同样的效果吗？最后，如果我们对第二个问题的回答是肯定的，那么，我们是否可以认为，不同的社会生活形式在本质上都是相同的？例如行为体系，它们在有意识的和社会化的思维方面，每一个都是支配着精神的无意识活动的普遍法则的一种投射。这些问题显然无法一蹴而

就地全部解决。因此，我们在下文中将只指出几个参照点，并且勾勒出对研究工作不无益处的主要方向。

我们先把克鲁伯的几项研究提出来，这对我们的讨论有相当重要的方法论意义。克鲁伯在关于妇女服装风格的演变的著作里专门研究了时尚问题，即一种跟精神的无意识活动联系最深刻的社会现象。某一种服式为什么会让我们喜欢或者为什么会过时，对此我们很少有清楚的了解。可是，克鲁伯指出，这种表面上看起来任意的演变其实有规律可循，但这些规律单靠纯粹的经验观察是得不到的，单靠对各种时尚现象的直觉理解也不行。只有当我们对服装的各种构成元素之间的一组关系做出了评估的时候，这些规律方可彰显。这些关系可以通过数学函数的形式得到表达，针对特定时期计算出来的函数值可以为预测时尚提供一个基础[4]。

所以，时尚——一个可以认为是社会行为当中任意性和偶然性
68 最强的方面——是应当能够接受科学研究的。况且，克鲁伯所描述的方法不仅类似于结构语言学方法，我们还可以把它拿来跟一些自然科学研究做出有益的对照，特别是现代生物学家泰西埃（G. Teissier）关于甲壳类动物的生长状况的研究。泰西埃指出，只需考虑到肢体（例如钳爪）的构成成分的相对体积，而无须考虑其表面形状，就有可能把生长的规则建立起来。只要能够确定这些关系，就可以获得建立生长的规则所需的参数[5]。所以说，科学的动物学并不以描述可凭直觉感知的动物形态作为研究对象，最要紧的是说明那些抽象而恒常的关系的性质，我们所研究的现象的可以理喻的方面就出现在这些关系里。

笔者在关于社会组织，特别是关于婚姻法则与亲属关系的系统的研究里，一度使用过一种与此相似的方法。例如我们曾经确定，就人类社会的可观察到的婚姻规则而言，它们在整体上不应该像人

们通常所做的那样，被划分成混杂而名目繁多的范畴：乱伦禁律、优先婚姻的类型，等等，它们都反映着保证妇女在社会群体内流通的不同方式；也就是说，它们都是一些用社会学意义上的联姻系统取代源自生物学的血缘关系的系统的方式。这一假说一经提出，剩下的事情就是要着手对 n 个伴侣之间的所有可以想象的交换类型做出数学研究，从而推算出现存社会中切实运行着的婚姻法则。与此同时，我们还可以发现与可能存在的社会相适应的另外一些婚姻法则。最后，我们就会理解这些法则的功能、运行方式及其不同形式之间的关系。

不过，最初的假说是从以下纯粹得之于演绎的阐述获得确认的：古典人类学所了解的所有互惠性机制（其基础是二元组织和通 69
过数目为 2 或 2 的倍数的伴侣之间的交换完成的婚姻）其实是一种更为普遍的互惠性形式——可以发生在任一数目的伴侣之间——的一个特殊案例。这种互惠性形式一直没有受到注意，因为伴侣彼此并不给予什么（也不接受什么）：不从给予的对象那里接受什么，也不因从后者那里有所受而对其有所予。在一个仅为单向运行的互惠性循环圈子内，每个人都对一个伴侣有所付出，再从另一个伴侣那里有所接受。

此类跟二元制度同等重要的结构有时曾经得到注意和描写。理论分析得出的结论使我们警觉起来，所以我们把显示系统的众多的分散资料加以汇总和编纂。同时，我们还对婚姻规则的大量的共同特点做出了解读；例如两方的旁系兄弟姐妹所享有的优先权，或者某种时而为父系时而为母系的单方面的优先权。一些曾经让民族学家难以理解的婚姻习俗，一旦被归结为交换法则的不同样式便可豁然明朗。后者本身也可以归结为居所形式和继嗣形式之间的某些根本性关系。

以上不过是重提一场阐述的几个关键之处，整个阐述之所以能够顺利完成，是因为具备了一个条件，那就是把婚姻法则和亲属关系制度视为一种语言，也就是视为一套操作，其目的在于保障个人之间和群体之间的某种形式的沟通。尽管“信息”此处指的是流通于氏族、世系或家庭之间的群体内部的妇女（并非是语言内部的个人之间流通的群体内部的词语），但这一点丝毫也没有改变分别在两种情形中考察的这些现象之间的一致性。

能不能走得更远一点呢？如果把沟通的概念扩大到包括外婚制和起源于乱伦禁律的法则，我们就可以反过来为解决一个始终是神
70 秘莫测的问题带来一缕希望：语言的起源问题。跟语言相比，婚姻规则构成一个类型相同的复杂系统，但较为粗糙，而且无疑地保留下来两者都有的许多原始特征。众所周知，词语是一些符号，然而，词语也一度是一些价值，这一点我们当中只有诗人最了解。反过来说，社会群体把妇女看作一种核心类型的价值，然而我们却难以理解这些价值也是能够归入表意系统里去的，即我们初步断言的亲属关系的系统所具备的那种品质。有趣的是，时而针对《亲属关系的基本结构》（*Structures élémentaires de la parenté*）一书的批评界也有这种模糊性。有些人指责这本书“反女权主义”，理由是妇女在书中被当作一些客体对待。人们可以有理由对妇女被赋予某一符号体系的成分的角色感到惊讶。不过，让我们谨记，如果说音位和词语丧失了价值的特点（其实只是表面上而非实际上如此），仅仅变成了符号而已，这种变化却不能够在妇女身上完整地重演。词语与妇女不同，它们是不会说话的。妇女既是符号，也是符号的制造者；因此，她们不能被简化为象征或筹码一类的东西。

但是，这一理论上的困难却带来了一条好处。在用婚姻规则与亲属称谓语构成的这个男人之间的沟通体系当中，妇女所处的这种

歧义的地位为了解人类很久以前跟词语属于何种关系提供了一幅图景，虽嫌粗糙却可以利用。借助这一迂回的办法，我们可以达到能够大体上反映语言行为之初的某些有代表性的心理和社会的侧面。正如在妇女问题上那样，难道不应当从某种一分为二的表象中去寻找那种促使男人们“交换”词语的初始冲动吗？这种表象本身产生于初次浮现的象征性功能。一个语言客体一旦具备了被说与听两方同时领悟的即时的价值，立刻就带上了一种矛盾的性质，只有这种 71
互补价值的交换才能消除它，而且整个社会生活都可以归结为这种交换活动。

以上推测也许会被认为过于大胆。可是，如果我们的原则可以被接受，那么从中至少可以得出一个可以交付检验的假说。我们实际上便有这样的疑问：社会生活的方方面面（包括艺术和宗教）——我们已经知道可以借助语言学方法和概念来研究它们——是否就是一些内在性质与语言相同的现象？怎样验证这一假设呢？无论是针对一个特定的社会还是数个社会，对社会生活各个方面的分析都必须深入到一个可能实现它们之间的过渡的层次，也就是要建立起一套具有普遍意义的、能够将分属每个方面的特殊结构的共同特点表达出来的代码；这套代码的运用必须既适合单个系统，也适合被拿来比较的所有的系统。这样，我们便能够了解是否达到了它们的最深层的性质，以及它们是否属于同一现实。

让我们照着这个路子进行一场实验。人类学家面对世界各地的亲属制度的基本特征时，不妨试着把它们转译成一种连语言学家也看得懂的一般的形式；也就是说，语言学家也可以运用同样的形式化表述去描写相应地区的语言谱系。这一初步的约简工作完成之后，人类学家与语言学家就可以提问：可在同一个社会里观察到的不同的沟通样式——亲属关系为其一，语言为其二——是否可以归结为相似的无意识结构。如果答案是肯定的，我们就能够对获得一种真正的根本性的表达方式有把握了。

因此，我们提出，语言结构与亲属制度之间存在着一种形式上
72 的对应关系；如果这一假设是持之有故的，我们就应当在世界下述地区验证一下是否存在一些结构与下文所规定的亲属制度相似的语言：

（1）**印欧地区**。现代社会的婚姻法规看来建立在以下原则之上：以颁行为数极少的负面性禁规（禁婚的旁系亲等）为条件，人口的密度和流动性本身足以造成一种其他社会需用大量正负面兼备的法则才能达到的结果，即通过双方亲属关系疏远得甚至无法追溯的配偶之间的婚姻，形成一种社会内聚力。这种统计式的解决办法似乎可以在大多数古老的印欧亲属制度的特征中找到渊源。按照我们的说法，这些制度是一种有关**一般交换的简单程式**。然而，这个程式在印欧地区并非直接应用于单个世系，而是用于世系的复合体，即布拉兹沃型（bratsvo）家庭组合；这些组合体是一种名副其实的纠结，其中每个世系跟那些严格地在组合体本身的层次上运行的一般交换相比，都享有一种相对的自由。因此，可以说印欧亲属关系结构的一个特征得之于如下事实：这些结构以简单的方式提出了社会内聚力的问题，同时尽力为自己保留了采用多种解决办法的可能性。

如果说，语言结构类似于亲属关系结构，那么就可以认为语言结构具备以下特性：语言使用的成分众多，但结构简单。一方面是**简单的结构**，另一方面是**多样的成分**，两者的对立体现在这个事实上：同一位置上永远有好几个成分可用（仿佛相互竞争似的）。

（2）**汉藏地区**。这里的亲属制度表现出另一种不同的复杂性。它们全都属于或来源于一般交换的那种可以想见的最单纯形式，即
73 与舅父的女儿优先通婚。不过，笔者在别处指出过[6]，这种婚姻形

态以最小付出的方式保证了社会内聚力，同时又可以无限地扩展到任一数目的伴侣。

我们是以最一般的形式表达上述命题的，为的是语言学家也能够利用它们，因此现在我们可以说：结构复杂，成分有限。此外，这种提法看来十分适合于表达声调语言的一个特有的侧面。

（3）非洲地区。这里的亲属制度的一个普遍倾向是“订婚聘金”制度，佐以常见的针对与妻子的兄弟之妻结婚的禁律。其结果是出现了一个一般交换的体系，它比以母方的旁系姐妹优先通婚为唯一基础的制度更复杂；同时，在某种程度上，财产的流通所造成的社会内聚力接近于我们自己的社会里存在的统计型的内聚力。

因此，应当认为，非洲语言提供了介于上述（1）和（2）之间的不同样式。

（4）大洋洲地区。波利尼西亚的亲属关系制度有着为人们所熟知的特点，它们在语言学上的对等物是：结构简单，成分有限。

（5）北美地区。亲属关系在世界这一地区的特殊发展是所谓克劳—奥马哈型制度（crow-omaha），必须小心地将其区别于同样表现出不在乎辈分的态度的其他类型[7]。仅说不同辈分之间有两种单方面的旁系兄弟姐妹通婚还无法说明克劳—奥马哈型的特点，因为 74
这种婚姻的区别性特征［跟米沃克（miwok）亲属制度恰好相反］的实质在于将旁系兄弟姐妹跟父母辈等同，而不是跟联姻者等同。不过，米沃克型在旧大陆和新大陆均属常见的制度，而纯粹的克劳—奥马哈型制度却只能在新大陆见到，除了极少数例外。[8]克劳—奥马哈型制度可视为打破了有限交换和一般交换之间的分际，通常它们被认为是互不相容的。这样一来，同时运用两套简单方式便可以导致较疏远的辈分之间的通婚，而非此即彼的单独运用只能导致不同类型的旁系兄弟姐妹之间的通婚。

若采用结构语言学的说法，上述情形不外乎意味着一些美洲语言可以拥有相对较多的成分，而且恰好适用于相对简单的结构，其代价则是结构不得不呈现出不对称现象。

对于上述重构活动的脆弱性和假说性，怎么强调它都不算过分。人类学家在这一工作中经历的是一个从已知进入未知的过程（至少就跟他有关系的方面而言）。他熟悉亲属关系的结构，但对与其对应的语言结构却不甚了解。上文列举的那些差异是否对语言学有意义，要由语言学家说了才算数。笔者是社会人类学家，对语言学是门外汉，所以仅仅限于按照粗略的设想把那些可能有的结构性特点跟亲属关系制度的一些特征联系起来。关于我在这些特征上面所做出的取舍，我已在别处做过详细的说明，读者不妨参阅我的一
75 部其结论已经知晓于世的著作[9]。限于篇幅，本文仅简略地提及这本书。我至少做到了将世界几个地区的亲属制度的一般特征指出来。至于是否可以用大致相同的办法表述这些地区的语言结构，则应由语言学家们决定。果真可以的话，那将意味着我们对社会生活的根本特征的了解获得了长足的进步。

这是因为，一条新路将会开通，从而可以对各种习俗、制度以及由群体规定的行为从事比较的和结构的分析。我们将能够理解那些看起来相距较远的社会生活的各种表现——例如语言、艺术、法律和宗教——之间的一些根本的类似之处。我们于是最终有希望克服存在于集体性质的文化和体现它的个人之间的二律背反现象，因为在这一全新的视野之内，所谓“集体意识”将还原为普遍法则在个人的思想行为层次上的若干时间样态，即精神的无意识活动。

注释

［1］根据英文原稿修订；原题为 Language and the Analysis of Social Laws（语言和社会法律的分析），*American Anthropologist*，vol. 53，n°2，avril-juin 1951，pp. 155-163.

［2］N. Wiener，*Cybernetics，or Control and Communication in the Animal and The Machine*，Paris-Cambridge-New York，1948.

［3］R. Jakobson，The Phonemic and Grammatical Aspect of Language in their Interrelations，*Actes du VIe Congrès international des linguistes*，Paris，1948.

［4］J. Richardson and A. L. Kroeber，*Three Centuries of Women's Dress Fashions. A Quantitative Analysis*，*Anthropological Records*，5：2，Berkeley，1940.

［5］G. Teissier，La Description mathématique des faits biologiques，*Revue de Métaphysique et de Morale*，Pairs，janvier 1936.

［6］C. Lévi-Strauss，*Les Structures élémentaires de la parenté*，pp. 291-380.

［7］也就是说，我们完全反对默多克提出的把克劳—奥马哈类型与米沃克类型合并为一类的做法。参见 G. P. Murdock：*Social Structure*，New York，1949，p. 224，340.

［8］Ceci n'est plus exact. On connaît aujourd'hui（1974）des systèmes de ce type ailleurs，notamment en Afrique.

［9］*Les Structures élémentaires de la parenté*，op. cit.

第四章　语言学与人类学[1]

77 人类学家和语言学家出于对各自学科进行比较的共同目标而会聚一堂，这也许是第一次。这个课题确实不简单，在我看来，我们在讨论中遇到的困难可以从几个方面解释：我们并没有满足于对语言学和人类学进行空泛的比较；我们一度不得不从几个不同的层次上同时展开讨论，而且我觉得，在同一场讨论中，我们曾经不知不觉地屡次从一个层次滑入另一个层次。所以，让我们首先对这些层次作一番耙梳清理的工作。

首先，我们关注于**一门**特定的语言和**一种**特定的文化之间的关系。研究一种文化，有必要了解它的语言吗？何以见得？了解到什么程度才算了解？反过来说，了解语言是否意味着必须同时了解文化，至少是文化的某些方面呢？

我们也在另外一个层次上进行了讨论，提出的问题不再是一门语言与一种文化的关系了，而是语言行为跟一般意义上的文化之间的关系。然而，难道我们不是多少忽略了这个方面吗？在讨论过程中，我们从来没有考虑一种文化对待自己的语言的具体态度所引起的问题。举例来说，在语言的运用上，我们所在的文明可以说是肆 78
无忌惮：我们随时随地在说话，任何事端都可以被我们拿来当作自我表达、提出疑问、品头论足的良好借口。可是，语言的这种滥用绝不是一种放之四海、概莫能外的情形，就连常见也算不上。在使用语言的时候，大多数被我们称作原始的文化可谓精打细算：他们不会不分时机和话题地讲话。话语只限于表现在某些确定的场合里，超出这些场合，人们便谨言慎词。我们的讨论提到了这一类问题，但跟第一个层次上的问题相比，并未给予同样的重视。

第三组问题我们注意得更少。我这里指的不是一门语言或语言行为本身和一种文化或一般意义上的文化之间的关系，我是说被视为科学的语言学跟人类学之间的关系。在我们的讨论中，这个依我看十分关键的问题仍旧停留在不起眼的位置上。那么，这种不平衡现象如何解释呢？语言和文化的关系是最复杂的关系之一。首先，语言可以被视为文化的产品，一个社会所使用的语言是整个文化的反映。但在另外一种意义上，语言也可说是文化的一部分，是它的众多构成成分之一。让我们回忆一下泰勒关于文化的著名定义：文化是一个内容丰富的复杂体，例如工具、制度、习俗、信仰，当然还有语言。按照我们所采取的观点，我们所提出的问题并不相同，而且也远非全部问题所在。因为，语言行为还可以被视为文化的一个条件，而且这要从两个方面来说。第一，它是历时性的，因为我们主要通过语言学习我们自己的文化——辅导和教育孩子靠话语，

斥责和夸奖孩子也靠话语；从另一个较为理论化的观点来看，语言行为同样表现为文化的一个条件，因为文化的建构跟语言的建构十
79 分相似。两者都是通过对立的关系和关联建立起来的，换句话说，都是靠逻辑关系建立起来的。因此，我们可以把语言视为一座地基，专门用来承受那些虽然有时比它更复杂，然而跟它的自身结构同属一个类型的结构，这些结构正好对应于我们从不同侧面看待的文化。

以上意见侧重于我们的课题的客观方面。然而，这个课题还包含一些同样重要的主观方面的后果。在我们的讨论过程中，我感到使人类学家与语言学家能够走到一起来的动机似乎性质不同，甚至彼此矛盾。语言学家不断地告诉我们，他们对他们的学科的目前趋势感到忧心忡忡。尽管他们忙于运用一些概念进行分析，但那些概念抽象得让他们的同事们觉得越来越难以把握，他们于是担心跟其他有关的科学失去接触。以结构语言学家为首，语言学家们提出的问题是：我们正在研究的是什么东西？这个似乎跟文化、社会生活、历史脱了节，甚至跟大众也脱了节的语言学的玩意儿，它究竟是个什么东西？说话者是谁？语言学家之所以十分愿意跟人类学家聚在一起，不正是因为他们指望能够在我们的帮助下，找回那种对于现象的贴切的领悟感吗？看来，他们所使用的方法导致他们远离了这些现象。

对于他们的做法，人类学家采取了一种很特殊的欢迎态度。面对语言学家，我们感到处于一种十分微妙的境地。我们跟他们多年来都是并肩工作的，突然一下子我们感到他们引身而退，眼睁睁地看着他们跨过了把精密和自然科学与人文和社会科学分隔开的界限，转入另一边去了，而这条界限一直被认为是无法逾越的。仿佛是对我们耍了个诡计似的，语言学家现在堂而皇之地运用起严谨的

方法来了，我们一直不甘心承认那是自然科学所把持的特权。我们心中因而感到有点苦涩，甚至——坦率地说吧——妒火中烧。我们期盼从语言学家那里学到成功的秘诀。亲属关系、社会组织、宗教、民俗、艺术——那些语言学家每天都在证明其高效率的严谨方 80
法，我们为什么就不能运用到我们研究的这些复杂的领域里去呢？

请允许我在这里插入几句题外话。在本次闭幕会议上，我本人的角色是表达人类学家的观点。因此我想告诉语言学家们，我从你们那里获益匪浅，不仅在全体会议上，或许更多地是在参加同时举行的语言学研习班期间，我亲眼得见语言学者在那些跟人类学一样仍属人的科学的研究中达到了何种精确、细致和严谨的程度。

岂止如此。在过去的三四年里，我们看到的不仅是理论语言学的蓬勃发展，还看到语言学跟一门新学科的工程师实现了技术合作，这门学科就是所谓的信息工程学。当他们研究一个问题时，他们已经不满足于运用一种在理论上比我们的方法更严谨的方法，他们找到工程师并要求他制造出某种实验装置，专门用来证实或者否定他们的假设。所以说，在一到两个世纪的时光里，人文科学和社会科学都不得不仰视自然科学和精密科学的世界，将其视为永生无从涉足的天堂。可是现在，语言学在这两大世界之间成功地打开了一扇小门。假如我没有搞错的话，促成人类学家到此的动机是跟语言学家的动机奇怪地矛盾的。语言学家之所以向人类学家接近，是因为希望使他们的研究更为具体；人类学家向语言学家求助，则是因为语言学家就像向导，能够让他们摆脱看来是由于过于熟悉具体的经验现象而造成的困惑。所以，这次大会有时让我觉得像是一座骑木马游戏的转台，人类学家在语言学家的身后紧追不舍，语言学家则紧跟人类学家接踵而至，而每一方想从另一方得到的不是别的，恰好是对方希望摆脱的东西。

81 我想这一点值得再赘言几句。为什么会出现这种阴差阳错呢？首先大概是由于我们打算达到的目标具有内在的难度。会议期间，玛丽·哈斯（Mary Haas）试图在黑板上用公式来分析如双语现象这种看起来十分简单的问题，我对此印象特别深刻。问题不过涉及两种语言，然而可能出现的组合却为数巨大，况且越讨论数目越大。除了大量组合之外，我们还不得不引入其他一些维度，问题从而更趋复杂了。这次会议教会我们的首先就是，任何试图用一种共同语言来表述语言问题和文化问题的努力都会立即把我们置于一种异常复杂的局面之中。忘记这一点就会导致谬误。

其次，我们的做法造成了似乎只有两位主角登场的印象：一个是语言，另一个是文化；而且，似乎我们面对的课题可以从因果关系上获得整体上的定义：是语言影响文化呢？还是文化影响语言？对于语言和文化都是一个更带根本性的活动的两种样态这一事实，我们却没有充分意识到。我此处指的是我们当中的一位嘉宾：人类的心智，尽管没有人想过邀请它参加我们的讨论。心理学家奥斯古德（C. E. Osgood）屡次感到不得不介入我们的讨论，此事本身就证明了这位以第三者身份不请自到的幽灵的存在。

我觉得，即使从理论角度出发，也可以肯定语言和文化之间存在着某种关系，语言和文化的发展都经历了数千年，而且这一演变过程是在人类的心智当中平行地进行的。显然，我这里暂时不考虑外国语被原本操另一种语言的社会所接受的常见情形。说到这里，我们可以把自己限定在那些语言和文化在一段时期并行发展，未受外界因素的显著干扰的特殊情形当中。那么，我们所设想的是否就
82 是一种风雨不透的孤立的人类心智呢？在回答这个问题之前，首先必须解决两个问题。第一，当我们寻找两个不同范畴之间的关联时，我们的眼光应当放在哪一个层次上；第二个问题则跟我们能够

建立起这些关联的研究对象本身有关。

关于头一个问题，我们的同事隆斯伯瑞（F. G. Lounsbury）提供了一个令人注目的例子，他告诉我们，奥内达人（Oneida）用两个不同的前缀表示阴性形式。尽管在田野调查过程中，隆斯伯瑞极为注意伴随着每个前缀的社会行为，可是他并没有发现态度方面的任何重要的差异。不过，问题难道不是原本就提错了吗？在社会行为的层次上怎么可能建立起关系呢？社会行为跟思维的无意识范畴根本不是在同一个层次上形成的；若想了解两个前缀的不同功能，首先得通过分析回溯到这些范畴。社会态度属于经验性观察的范围，不属于语言结构所在的层次，但属于另一个比较表面的层次。

不过，在我看来，在母权已被推至顶峰的易洛魁人（Iroquois）这样的社会里，很难把阴性形式所特有的两项对立视为一种纯粹的巧合。可否认为，这是让妇女获得一种在别处全遭否决的重要地位所必须付出的代价？在这里，这个代价就是妇女不能被视为一个内容单一不变的范畴。与世界上大多数文化的做法不同，一个承认妇女的全部能力的社会反而不得不把一部分女性——例如尚未具备担当其角色的能力的幼女——归入动物，而不是人。我这样解释，并非提出语言行为与态度之间存在某种关联，而是说，关联存在于在语言结构与社会结构的那些已经具形的匀质的表达方式之间。

再举一个例子。一个真正的最根本的亲属关系的结构——即一个亲属关系的原子，如果不妨这样叫的话——是由一个丈夫、一个妻子、一个子女和丈夫从中娶到妻子的那个群体的一个代表所构成的。乱伦禁律实际上不允许用单一血亲家庭构成一个亲属关系的成 83
分。这个单位必须来自两个家庭或两个血亲群体的结合。以此为基础，让我们试试能否把基本结构内部的所有可能的态度的组合一一搞清楚。为表述方便起见，我们使用一正一负两个符号来表示个人之间的关系的性质。读者将会看到，有些组合符合民族志学家在这样或那样的社会中观察到的实际情况。当夫妻关系为正、兄弟与姐妹的关系为负的时候，我们可以看到两种关联的态度：父子关系为正，舅甥关系为负。我们也得到了一个对称的结构，其中所有的符号都是颠倒的。于是常常可以遇到“$\begin{pmatrix} + & - \\ + & - \end{pmatrix}$”型和“$\begin{pmatrix} - & + \\ - & + \end{pmatrix}$”型的布局，即两种置换。反过来，“$\begin{pmatrix} + & - \\ - & + \end{pmatrix}$”型和“$\begin{pmatrix} - & + \\ + & - \end{pmatrix}$”型也属常见，只是往往含糊不明；至于“$\begin{pmatrix} + & + \\ - & - \end{pmatrix}$”型和“$\begin{pmatrix} - & - \\ + & + \end{pmatrix}$”型的布局则实属罕见，或许根本不可能以剖开的形式出现，因为它们会招致基本结构从历时方面或共时方面发生分裂[2]。

那么，这种形式化的处理办法能够移植到语言学领域里去吗？我看不出如何才能做到。不过有一点是清楚的，人类学家的上述研究方法十分接近语言学家的方法。两者都致力于把结构成分按照系统组织起来。不过，如果试图进一步深化两者的平行关系，那倒是徒劳无益的；例如到被观察群体的态度结构和音位系统，甚至语言的句法之间去搜寻某种关联，那是毫无意义的做法。

让我们进一步靠近这个问题的核心。这次讨论经常提到沃尔夫
84 （B. L. Whorf）的大名和他的观念[3]。沃尔夫致力于揭示语言和文化之间的关联，但并没有做到让人彻底信服。个中原因，难道不就是因为他对待文化没有像对待语言行为那样一丝不苟吗？他是以语言学家的身份从事文化研究的（其工作优劣并非由我评判）；换句话说，他的研究对象不是通过针对现实的经验的和直觉的理解所给定的，因为他经过步骤严谨的分析和大量的抽象工作才把握了这个对象。可是，被他拿来与之进行比较的文化实体不过初具形态，而且是被粗糙的观察丢给他的。无论从对两者的观察的质量来看，还是

从分析的细致程度来看，沃尔夫所努力揭示其彼此关联的对象都分属两个相距遥远的层次。

现在让我们完全转入沟通体系。关于沃尔夫研究过的那些社会，我们可以作两点陈述。首先，用二维模式无法建立豪比人的亲属制度的模式，非得三维模式不可。其实，这也是一个在所有克劳—奥马哈型的亲属制度上业已得到验证的条件。理由何在？豪比人（hopi）的亲属制度运用三种时间维度。第一种维度对应于（对于女性己身而言）母方继嗣世系。这是一种有时序的、渐进的、连续不断的时间，其中“外祖母、母亲、（己身）、女儿、外孙女”前后接续。所以说，这是一个世系的连续体。展现另外两种继嗣世系的连续体具有不同的特点：在父亲的母亲的世系当中，所有分属不同辈分的人是用同一个称谓语来称呼的；例如，一个女子永远是“父亲的姐妹”，不论她是一位母亲、母亲的女儿，还是女儿的女儿。连续体是一副空架子，里头什么也没有出现或发生。（对于男性己身而言的）母方世系则在第三种连续体当中展开，其中人们总是在“嫡亲兄弟姐妹”和“甥侄辈”这两个亲等之间交替（见图 3）。 85

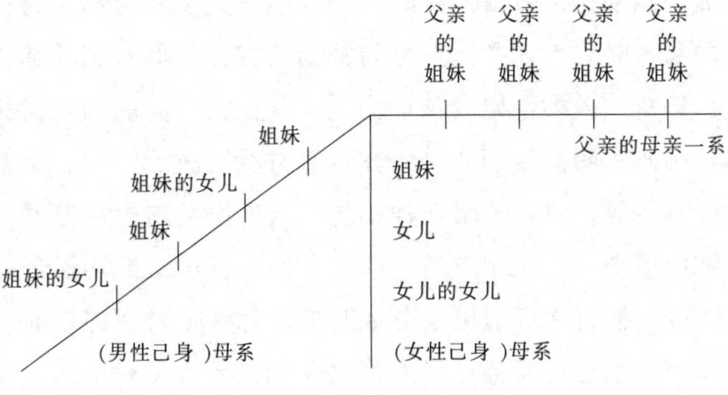

图 3

这三种维度在祖尼人的亲属制度中也可以找到，但是形式弱化了，甚至可以说多少已经夭折。值得注意的是，母系的直线连续体让位于一种环形连续体，其中只有三个称谓语：第一个不加分别地既可表示“祖母”，又可表示“孙女”；第二个表示“母亲”；第三个表示“女儿”。

现在看看普韦布洛人的第三个系统，即阿柯玛人（Acoma）和拉古纳人（Laguna）的系统。这两个群体属于另一个语族，即凯里斯语族（keresan）。这两个系统的特点是所谓“交互性”称谓语取得了显著的发展。相对于第三者来说，处于对称位置上的两个人用同一个称谓语相称。

因此，从豪比人直到阿柯玛人，我们看到了亲属制度的许多变化，三维模式被二维模式所取代。一个可以表现为时间连续体的带有三个横坐标的参照系统，在祖尼人（Zuni）那里发生了质变，并且在阿柯玛人那里变成了一个时空连续体。的确，作为系统的一
86 员，一个观察者如果缺少了必然同时给定的第三个成员的媒介，便无法设想他与第二个成员的关系。

然而，当我们比较豪比人的神话与祖尼人及阿柯玛人的相同神话的不同版本时，上述变换正好与神话研究让我们看到的那些变换相吻合。以有关人类创始的神话为例，豪比人对此的构想模式是一种谱系：诸多神明被设想为一个家庭，分为丈夫、妻子、父亲、祖父、女儿，等等，跟古希腊众神相仿。这种谱系结构在祖尼人那里远没有如此清晰，与之相应的神话是按照一种历史的和循环的方式组织起来的。换言之，历史被分成时期，每一个时期都是前一时期的大致不离的重复，而且登场人物之间的关系也是对等的。在阿柯玛人的神话里，那些在豪比人和祖尼人的神话里的独立角色，大多都分裂成寓意相反的成对人物。于是，被豪比人和祖尼人明显置于

前台的人类创始的场景，到了阿柯玛人的神话里却退居另一场景的幕后：上下两股力量联手创造了世界。神话不再是一种连续不断的或周期性的发展进程，而是表现为与构成亲属制度的那些结构相仿的一组两极结构。

我们从中能够得出什么样的结论呢？如果在分属亲属关系和神话这两大看上去相距甚远的领域的系统之间可以找出某种关联，那么，如果说与语言系统之间存在同样的关联，那就不是荒诞不经的设想了。是什么样的关联呢？这得让语言学家去决定了。从人类学家的角度看，如果说不管以何种形式出现的任何关联都找不出来，那倒是令人惊讶的。拒不受理的态度将意味着当我们比较像神话和语言这一类相距显然较近的领域时，存在于相距较远的领域——亲属关系与神话——之间的显著的关联反倒销声匿迹了。

问题的这种新提法使我们更接近语言学家。的确，语言学家研究他们称之为体貌的东西，其中特别涉及时态问题。他们因而很关 87
心时态的概念可能在一种语言里的各种不同的表现。这些表现在语言学上和亲属关系上的时间样态，我们能不能加以比较呢？尽管我们不对讨论的结果预下判断，看来我们至少是有权开启这场讨论的，而且我们提出的问题本身就已经包含着一个答案，不论它是肯定的还是否定的。

我们现在再举一个例子。这个例子更为复杂，可是假如人类学家打算走在语言学家的前头并在同一地点与之会合，这个例子倒是能够更好地说明他们应该如何进行分析。我们将考察世界上两个相距甚远的地带的社会结构，头一个地带大致横跨从印度至爱尔兰之间的区域，第二个地带自阿萨姆（Assam）至满洲。我的意思绝不是说，这两个地带各自显示了一个单一的社会类型，而将其他类型完全排除在外。我只想指出，在这两大地域内能够看到反映每个系统的数量最多、界定最明确的例证。虽然我们并不详细划定上述两大地域的疆界，但是它们分别与印欧语系地区和汉藏语系地区大致吻合。

我们采用以下三个标准来说明上述结构。一是婚姻法则，二是社会组织，三是亲属制度。

	印欧语系地区	汉藏语系地区
婚姻法则	循环制，直接或间接地来自于明确的法规，因为择偶是被概率规律所规定的。	循环制，与对称的交换制度并存。
社会组织	社会单位众多，组织结构复杂（大家庭型）。	社会单位为数较少，结构简单（氏族或宗族）。
亲属制度	（1）主观性强； （2）称谓语不多。	（1）客观性强； （2）称谓语丰富。

88 先看婚姻法则。我们在印欧地区见到的大多数婚姻制度表面上迥然不同，但可以归结为一种简单的类型，我在别处曾经称之为循环式制度，或者叫做一般交换的简单形式，因为这种形式能够把若干群体串联起来。这种制度的最佳例子是优先与舅父的女儿通婚的制度；即群体 A 从群体 B 娶妻，群体 B 从群体 C 娶妻，而群体 C 又回过头来从群体 A 娶妻。于是，寻觅伴侣是以一种循环的方式进行的；整个系统的运行不在乎有多少个群体，因为新的伴侣随时可以被引进这一循环当中。

我们并非要提出，凡是操印欧语系某种语言的社会在某一远古时期都实行过与舅父的女儿通婚的制度。我们的假设丝毫没有重建历史的意思，而仅限于证实，在同属印欧语系的地域之内，可以观察到的婚姻法则大多直接地或间接地属于同一类型，上面所说的婚姻法则为它提供了最简单的逻辑模式。

至于社会组织的情况，看来大家庭是印欧地区最常见的形式。众所周知，大家庭由数个以开发一个共同领域为目标的旁系组成，同时在通婚方面保留一定的自由。这后一个条件十分重要，因为假如在一种通婚制度中（例如家庭 A 仅从家庭 B 获得配偶，家庭 B 仅从家庭 C 获得配偶），所有大家庭都**原封不动**地成为伴侣，大家庭就会等同于氏族了。

印欧亲属制度通过许多不同的方式在大家庭内部区分旁系。某些在印度总是可以见到的制度规定了一条仅用于长房一系的优先通婚法则，其他旁系则得以享受较大的自主权，甚至可以自由选择， 89
当然，这不包括亲等禁律的限制。在可能重构的范围内，古代斯拉夫人的亲属制度所具有的一些特别的特征显示，“示范世系”（即大家庭中的唯一必须遵从婚姻法则的继嗣世系）相对于父方一系而言曾经为斜叉式，而满足优先性法则的任务每一代人都被交付给不同的世系。无论采取何种方式，有一个共同点始终不变：在建立在大家庭基础上的社会结构中，构成一个家庭的各个世系并不拘泥于同一条法则。换句话说，一条法则一旦建立起来，它本身便包含着大量的例外。最后，印欧亲属制度所使用的称谓语数目极少，而且是围绕着主观性组织起来的。也就是说，亲属关系相对于主体设想出来，而且亲属离主体越疏远，称谓语就越趋于含糊和稀少。父亲、母亲、儿子、女儿、兄弟和姐妹一类的亲属关系仅仅具有相对准确的含义，至于对伯舅与姑姨一辈的称谓语就已经有很大的弹性了。涉及更远的亲属关系，则基本上全无称谓语可用。所以，印欧亲属制度都是以自我为中心的制度。

现在让我们看看汉藏语系地区。我们在这里看到并列的两类婚姻法则。一类跟上述印欧语系地区的亲属制度相当，另一类可以根据其最简单的形式定义，如同一种交换婚姻，即上述类型的一种特殊情形。第二个类型并不是包含任意一个数目的群体，而是只包含偶数群体：二、四、六、八，交换者永远是成对的组合。

至于社会组织的特点则是氏族形式，可简单也可复杂。不过，复杂性从来都不是有机地实现的（如大家庭那样），而是由进一步分解成世系的氏族机械地造成的；换句话说，成分的数目可以增加，但是结构本身保持简单。

90 其亲属制度往往带有大量称谓语。譬如中国的亲属制度，亲属称谓语数以百计，并且可以利用已有的称谓语无休止地制造出新的称谓语。所以，一种亲等关系无论多么疏远，永远可以跟最近的亲等一样得到准确的称谓。从这个意义上看，这种亲属制度具有彻底的客观性质。正如克鲁伯早已指出过的，世界上再也找不出比中国与欧洲区别更大的亲属制度了。

于是我们可以从中得出以下结论。印欧地区的社会结构（婚姻法则）简单，然而注定出现在这一结构里的成分（社会组织）众多而复杂。汉藏地区的情形正好相反：并列或合并两类婚姻法则导致结构十分复杂，但属于氏族型或相当于氏族型的社会组织仍然简单。另一方面，无论从架构上看（主观与客观之别），还是就项目本身（多与寡）而言，结构和成分之间的对立都因其相反的特点而在术语中有所反映（即已经处于语言学层次）。

当我们利用这些称谓语描写社会结构时，我们难道不是至少可以跟语言学家展开对话吗？在先前的一次会议过程中，雅各布逊曾经扼要地提出印欧语系诸语言的基本特征。他说，人们可以从中看到形式与本质之间的差异、规则的大量例外，以及在选择表达同一思想的手段时的极大自由。跟我们在社会结构方面留取的特征相比，这些特征难道不是十分相像吗？

在我看来，要恰当地说明文化与语言的关系，就必须果断地排除两种假设：其中一种认为两者之间不可能有任何关系；另一种则相反，认为两者在任何层次上都有关联。在第一种情形下，完全没有关系意味着必须面对这样一幅图景：人类的心智散乱无章，分解为互不相干的部分和层次，彼此间不可能有任何沟通；然而，这种怪诞的局面跟我们在人类的心理活动的其他方面所看到的情形毫不相干。可是，假如两者之间的关系是绝对的，那么语言学家和人类 91
学家肯定早就有所了解，我们因而也就不会跑到这里来讨论它了。我本人的工作假设因此介于以上两种之间：我们有可能揭示某些方面和层次上的某些关联，而我们的主要任务就是确定这些方面是什么，以及在何处可以找出这些层次。此时，语言学家和人类学家可以携手合作。不过，我们可能取得的成果的最主要受益者将不是语言学，也不是人类学，而是综合了各种方法和各个学科的一门有关人的知识。终有一天，这门知识会把激励着人类心智——本次讨论中不请自到的客人——的原动力的奥秘大白于天下。

注释

[1] 根据英文原文翻译并修订。原系作者 1952 年在印第安纳州布卢明顿举行的“人类学家与语言学家”会议上宣读的论文。首次发表于根据录音整理的 *Supplement to International Journal of American Linguistics*，vol. 19，n°2，April 1953，Mem. 8，1953.

[2] 参见本书第二章里的例子和更详细的分析。

[3] Benjamin L. Whorf：*Collected Papers on Metalinguistics*，Washington，1952；*Language*，*Thought*，*and Reality*（ed. John B. Carroll），New York，1956.

第五章　第三章和第四章的跋语[1]

93 《社会学国际学刊》（*Cahiers internationaux de sociologie*）刊登了古尔维奇（G. Gurvitch）先生撰写的一篇论文，其中部分内容是针对我的。同一期还刊登了欧德里古尔（Haudricourt）和格拉奈（Granai）两位先生合写的一篇论文，内容更为翔实可靠，思想更为细腻[2]。如果他们在下笔之前知道我那两篇关于语言与社会的关系问题的论文，而不是只谈其中第一篇的话，那么我们之间就会比较容易取得一致意见。那两篇文章是一个整体，因为第二篇是对第一篇发表后在美国本土引起的一些诟病的答复。出于这个理由，本书把两篇都收入了[3]。

同时，我还应该向欧德里古尔和格拉奈承认，由于那两篇论文一篇是用英文撰写的，另一篇是用英语宣读之后根据录音整理的，因此有时表达得不十分贴切。就我的思想所招致的鄙视而言，我本人所应担负的责任也许比我的论敌还要多一些。但是，总的说来，我对于他们的主要责备是他们的立场过于畏首畏尾。

看来，他们对结构语言学的迅猛发展感到忧虑，从而试图把有关语言行为的科学与语言学区别开来。他们说，前者“比语言学更 94
广泛，但不包括后者，它在不同的层次上取得进展，使用与语言学不同的概念，因此方法跟语言科学也不相同”。这在某种程度上是不假的；然而这种区分却使得民族学家在研究（正如两位作者出色地表达的那样）“真实的或可能的沟通体系的未定集合”的时候，有权直接求助于有关语言行为的科学（我们不清楚该文是否质疑这种权利）。这些沟通体系是一些“语言系统以外的象征体系”，包括“神话、仪式和亲属关系等领域，它们其实均可视为特殊的语言行为”[4]。两位作者接着说：“根据这个道理，而且在不同程度上，这些系统都应能够接受某种跟用于语言系统的类似的结构分析。我们知道，在这种精神指导下，列维-斯特劳斯关于‘亲属制度’的著名研究毫无疑问地深入并澄清了一些高度复杂的问题。”[5]对于这个评价，我除了接受别无选择，因为我从未试图做过其他事情，也从未试图将这种方法扩展到跟上述不同的领域里去。

不过，这两位作者试图把用一只手交出去的东西，再用另一只手拿回来，办法是凭揣测质疑我的意图。按照他们的说法，“利用一部关于沟通的一般理论来解读社会整体”不外乎是“隐含地（有时是直言不讳地）把社会或者文化归结为语言”（第 114 页）。此话没有点出抱怨的对象，下文则直指我本人：“克洛德·列维-斯特劳斯明确地提出了语言和社会之间的同一性问题，而且看来他的回答是肯定的。”（第 126 页）不过，我用的英语形容词 inmost 意为“最

深刻的”，但这并不排斥解释力相对较弱的其他方面。欧德里古尔
95 与格拉奈在这里犯的是与古尔维奇一样的错误。他们都把运用到民族学中的结构方法想象成怀着取得全面的社会知识的野心。那其实是十分荒唐的。我们只是希望从观察和描述那些永远无法囊括无遗的丰富多彩的经验事实当中，把反复出现在不同时间和不同地点的一些恒常量提取出来。我们的这种工作方式跟语言学家相似，而人们研究中，试图在个别语言和语言行为之间维持的那种区分看来是相当脆弱的。“我们发现的法则不断增多，从而更加凸显了那些作为……世界上的……语言的音位系统的基础的普遍法则的问题，因为它们的区别性成分的所谓多样性在很大程度上是虚妄的。”实际上，“无论从静态的还是动态的观点来看，同样一些隐性的法则都构成世界各种语言的内在基础。”[6]所以说，研究一门语言，不仅不可避免地必然走向普通语言学，而且会在后者之外，促使我们同时去考虑沟通的一切形式：“正像音乐阶程那样，音位构型（phonemic patterning）是文化对自然的一种干预，是把逻辑的规则强加在音响连续体上的一种人为的创造。”[7]

即使不把社会或文化归结为语言，我们也能够启动这一场“哥白尼式革命”（依照欧德里古尔和格拉奈所说），即依据有关沟通的理论从整体上解读社会。从今天开始，这种尝试便可在三个层次上进行，因为亲属关系与婚姻法则保障妇女在群体之间的流通，正像经济法则保障商品和服务的流通、语言学法则保障信息的流通一样。

96 这三种沟通形式同时也是交换形式，它们之间肯定存在着某些关系（因为婚姻关系总是伴随着经济上的馈赠，而语言行为则渗入任何一个层次）。因此，研究某些关系是否存在同一性、每个单独考察的类型具备哪些形式特点，以及此类型向彼类型的转换过程，都是完全合理的做法。

这样阐述问题——我本人一直是这么做的[8]——显示出古尔维奇先生对我的驳难缺乏根据。按照他的说法，我认为，“沟通活动被视为社会生活的共同源泉，它首先就意味着‘说话’。”（前引第16页）然而，从语言行为中找到一个有助于了解其他沟通形式的逻辑模式——因其更完善和更知名——并不等于将这个模式当作其他沟通形式的源泉。

但是，除了婚姻、经济和语言的交换以外，社会还有许多别的东西。我们同样看到了艺术、神话、仪典和宗教等我以前和最近分别研究过的语言行为[9]，欧德里古尔与格拉奈承认它们存在，以及它们和语言本身的相似性。此外还有不少成分目前仍然未能结构化——或者本身性质使然，或者由于我们对之认识仍然不足。他们提出来的恰恰就是这些成分，以服务于某种莫名其妙的神秘主义，因为无论表面上如何，我相信两位作者受到了某种形而上学的历史观的束缚。我认为，把上文提到的那些战略性层次作为研究的直接对象可以带来更多的成果，这倒并非由于它们是唯一存在的层次，或者其他层次与它们混同，而是因为在科学的当前状况下，只有它们才能将严谨的推理方法引进我们的学科。

因此，我反对两位作者提出的以下两难命题：要么，社会不是作为一个整体存在的，而是由一些无法省约的系统堆列而成，要 97
么，所有被考察的系统都是等值的，各自用自己的语言表达社会整体性（同上，第128页）。我的批评者并未读过我在1953年撰写的那篇文章，其中已经预先对这个两难命题做出了回答：“在我看来，要恰当地说明文化与语言的关系，就必须果断地排除两种假设：其中一种认为两者之间不可能有任何关系；另一种则相反，认为两者在任何层次上都有关联……我本人的工作假设因此介于以上两种之间：我们有可能揭示某些方面和层次上的某些关联，而我们的主要任务就是要确定这些方面是什么，以及在何处可以找出这些层次。”[10]

倘若打算在语言和被视为特定社会的数据总和的文化之间建立起一系列一一对应的关系，那么我们就会犯一个逻辑错误，从而授人以柄，提供一条比欧德里古尔与格拉奈的论据更为简单有力的论据。的确，整体不可能等于部分。这个推理错误是否有时候正是欧德里古尔与格拉奈不无偏见地把我同它联系起来的美国元语言学的做法呢？这是可能的。但是，如果我没有记错的话，自从1949年我在纽约举行的国际美洲文化学者大会上发表演讲以后[11]，元语言学这个字眼连带其内容便在美国大行其道了，然而那篇演讲的灵感来自别处[12]。从1952年起，我对所谓元语言学的批评带有较强的技术性，所以属于另一个方面的问题。沃尔夫及其追随者所犯的错误，根源在于他们把预先分析好的非常细致的语言学资料拿来同民族志的观察结果进行比较，但后者属于经验层次上的东西，或者说属于必然对社会现实做出主观剪裁的意识形态分析。因此，他们其实是在比较性质不同的对象，这样做的风险是重复陈词滥调，或者提出站不住脚的假设。

98 同样的错误又一次出现在欧德里古尔与格拉奈的如下文字当中：“语言学的对象是语言（就这个词的通常意义而言，如法语、英语等）。在社会学上，可以与之比拟的对象是我们所说的社会或者整体结构（民族、人民、部落，等等）。实际上，我们打算研究其性质的对象必须在最大限度上独立于其他对象。”[13]在这一点上，我们确实输了，他们的批评毫不费力地赢了。在本书第三章和第四章里，我提出的是完全不同的东西。结构的比较分析并不以法语或英语为对象，而是语言学家可以从经验对象当中获得的若干结构，这些经验对象包括例如法语的音位结构、语法或词汇结构，甚至语篇结构——后者并非完全没有确定下来。我并没有像古尔维奇想象的那样，把法国社会拿来跟这些结构进行比较，也没有拿法国社会的结构跟它们比较（他设想一个社会本身就拥有一种结构），而是一组我仅仅要到它们可能存在的地方去寻找的结构：亲属制度、意识形态、神话、仪典、艺术、礼仪“代码”，乃至——为什么不呢？——厨艺。这些结构都是被称作法国的、英国的或任何其他社会的整体性的一种部分的表达——但大受科学研究的青睐，我恰恰是在它们当中寻找共同的特点。这是因为，即便如此，问题也不是用一种独特的内容取代另一种内容，不是要把此内容还原为彼内容，而是要弄清楚那些形式化的特点之间是否存在一致性和存在什么样的一致性，是否存在矛盾和存在什么样的矛盾，或者是否存在着一些能够以变换的形式表达的辩证关系。最后，我并没有断言这样的比较永远都会带来成果，我只是认为有时候是会有的；并且我认为，要理解一个社会相对于其他同类社会所处的地位，以及理解支配 *99*
着它在时间中的演变规律，这种对比将具有十分重要的意义。

让我们举一个例子，它与在我们提到的文章里可以找到的那些例子不同。我觉得一个社会的烹饪艺术也可以像语言那样被分解为构成成分，姑且称之为“烹饪要素”（gustèmes），它们是按照某些对立和关联的结构组织起来的。譬如，我们可用三组对立来区分英国烹饪和法国烹饪：土生/外来（即自产原料对引进原料），中心/外缘（即主要食品对佐餐食品），带标记/不带标记（即鲜美可口对味道寡淡）。随后便可以制出一张表，分别用正号和负号表示每组对立是否适用于被考察的系统：

	英国烹饪	法国烹饪
土生/外来：	+	−
中心/外缘：	+	−
带标记/不带标记：	−	+

也就是说，英国的烹饪使用本地原料制成寡淡无味的主要菜肴，佐以一些本属外来的、其全部区别性价值均带有强烈标记的佐餐食品（茶、水果糕点、橘子酱、波尔图葡萄酒）。相反，对法国烹饪来说，“土生/外来”这组对立变得十分微弱甚至消失，而且，无论是中心还是外缘位置，同样带标记的烹饪要素都组合起来了。

这张表是否同样适用于中国烹饪呢？仅就上述各组对立而言，它是适用的。可是，如果再引入一些在法国烹饪中互相排斥、在中国（或德国）烹饪中可以兼容的其他对立（譬如甜/酸），或者考虑到法国烹饪是历时性的（同样的对立不会在一餐中的不同时刻同时出现；法式冷盘便是按照**深加工**对**浅加工**的对立制作的，例如熟肉
100 食品/生菜一类；这种对立不会在随后的各道菜中同时出现），那么这张表就不适用了。然而，中国烹饪却是根据共时性设计的，即相同的对立适用于一餐中的所有部分（出于这个原因，一桌饭菜可以一次摆出）。为了完整地说明某个结构的全部性质，也许有必要诉诸别的对立；例如，在巴西内地的乡村厨艺里有重要作用的烤与煮之间的对立（就制作方式而言，烤肉重口味，煮肉重营养，相互排斥）。最后，还有一些具有规范作用、社会群体对之具有充分意识的互不兼容性：热食/冷食，奶类饮料/酒类饮料，鲜水果/发酵水果，等等。

一旦确定了这些区别性结构，那么，追问它们是否严格地属于研究范围，是否同样存在于该社会或不同社会的其他领域当中（往往有所变化），就没有丝毫不妥之处。再者，如果我们发现许多领域都存在此类结构，我们就有理由下结论说，我们获得了能够反映一个或数个社会的无意识态度的一种有重要意义的价值。

这个粗浅的例子是我们故意选用的，因为它取自现代社会。可是，欧德里古尔和格拉奈两位先生似乎时而愿意承认我的方法用于

所谓原始社会的价值，同时又竭力将后者与较为复杂的社会截然分开。他们认为，不可能做到全面理解更复杂的社会。可是我已经证明，问题从来就不是如何把握整个社会（严格地说，那是做不到的事情），而在于区分出一些可供比较，因而能说明问题的层次。至于跟小规模的原始部落相比，这些层次在我们的庞大的现代社会中为数较多，而且逐个研究起来困难更大，对此我倒是赞同的。然而这种区别只是程度上的，不是性质上的。在现代西方世界，语言疆界很少有与文化疆界完全吻合的，这一点也是不假的，但是这个困难并非不可克服。我们将在两个要么同操一种语言，要么共享一种 *101*
文化，而非两者兼有的社会或亚社会中，对语言和文化的那些区别性方面进行比较；我们不会把语言的某些方面和文化的某些方面拿来比较。譬如，当我们比较瑞士或比利时社会的独有特点和我们社会的相应特点时，我们便可以追问，瑞士法语或比利时法语与它们的社会的那些特点之间是否存在关联。至于那种认为社会现象具有某种空间维度，而语言却不受使用者数目的影响的说法，我也是不敢苟同的。相反，我倒是认为可以先验地提出，“大”语言和“小”语言在它们的结构和演变的节奏当中，不仅必然会展现它们所覆盖的区域的范围，而且在它们的交界处，也必定会展现其规模属于不同范畴的一些语言区域。

欧德里古尔和格拉奈的文章充满了各种误解，但都可以归结为两大谬误。一是过分强调历时角度与共时角度之间的对立；二是把语言同其他社会现象完全割裂开来，似乎语言在任何层次上都是任意的，而社会现象不可能具有同样的特征。令人吃惊的是，两位作者为了展开上述论断，有意忽略了罗曼·雅各布逊的论文“历史音位学原理”[14]，以及同样重要的埃米尔·班维尼斯特（Emile Benveniste）的论文[15]，后者对索绪尔关于语言符号的任意性原理提出了质疑。

就第一条谬误而言，两位作者认为，结构分析把语言学家和民族学家禁锢在共时性当中，从而导致“为每一个阶段建立起一个无法还原为其他系统的系统”，因而“否认语言的历史和演变”。单纯
102 的共时性观点会导致站不住脚的设想，即对同一个语音现实的两种音位学解读都应当被视为同等有效。

这种批评不妨拿去责备一些美国的新实证主义者，而对于欧洲结构主义者却不适用。欧德里古尔和格拉奈在这里完全混淆了是非。在科学研究的某些阶段，根据当前的认识水平，相信可以对于同一事实做出两种解读是一种健全的态度。物理学直至 20 世纪都处于这种状况——并且也许今天仍然如此。承认这种状况并无不妥，错误是满足这种状况而不寻求超越。可是，由于采纳了唯一解决办法的原则，结构分析已经提供了摆脱这种自满的途径；雅各布逊——还有其他一些人——从物理学家那里把这一原则移借过来，此后便常常运用它，这就是 Frustra fit per plura quod fieri potest per pauciora（无解于纷繁者，必当解之于简括）。这个原则引导我们走向与实用主义、形式主义和新实证主义相反的方向。因为，在经过斟酌的各家说法当中，最简练的解释同时也是最接近真理的解释。这一看法的基础，归根到底，是万物的法则与人类思维的法则之间存在着人们所说的一致性。

最要紧的一点是，雅各布逊的论文让我们明白，共时与历时的对立在很大程度上是虚幻的，仅仅适用于研究的初始阶段。这一点只需引用他的一段话便可说明：“把静止与共时混为一谈乃是严重的失误。静止的剖面是虚设的：它只是科学的一种权宜之计，而且不是一种特殊的存在方式。我们既可以历时地，也可以共时地感知一部电影，然而一部电影的共时层面不等于一个从中截取下来的孤立画面。运动是可以从共时的方面感知的。语言也是同一个道理。”

再如下面这段话，它直接针对两位作者关于法语口语的演变的看法——那种看法本身倒是十分有趣："一方面试图将共时、静止与目的论的应用领域等同起来，另一方面试图把历时、动态和机械因果论等同起来，这些做法不合理地压缩了共时性的范围，使历史语言学变成了一些互不相干的现象的堆砌，造成一种既肤浅又有害的幻觉，似乎共时性问题与历时性问题之间存在着一条鸿沟。"[16] 103

欧德里古尔和格拉奈的第二条谬误是把语言跟社会生硬地对立起来：前者"向我们展现了一种双重的任意关系"——词语与能指之间的任意关系，概念的含义与被指称的具体对象之间的任意关系；社会则"在大量的情形中都……与自然……保持着直接的联系"[17]，从而限制了这种联系的象征作用。

我或许可以对"在大量情形中"这一限定语感到满意，进而回答说我所关心的恰好是另外一些情形。但是，既然两位作者此处隐而未发的论点在我看来是最危险的论断之一，我还是要略谈一下这个问题。

自 1939 年起，班维尼斯特就在思考，有朝一日，语言学家是否能够富有成果地研究有关心智与世界的一致性的形而上学问题。如果说，暂时搁置这一课题对他来说是更为适宜的，他至少必定了解"对于语言学家来说，把这种关系说成是任意的，乃是在这个问题上得以明哲保身的一种手段"[18]。欧德里古尔（他是论文的两位作者中的语言学家）继续在这一防守立场上踏步不前。可是，作为一位民族志学家与技术专家，他十分清楚，技术并非如他所声明的那样自然，语言也并不是那么任意的。

连被用来支持这种对比的语言学论据也不是令人满意的。Pomme de terre（土豆）一词果真产生于某种"指一种既非苹果也非出自土壤的物体"的任意的契约吗？当我们注意到英语称这种东西为

104 potato时，这个概念的任意性质是否就显豁了呢?① 其实，法语之所以选用这个词，在很大程度上是由于考虑到它容易被接受，这反映出这种食物最终为法国所接受时的特殊的技术与经济条件，同时也反映了进口这种植物的那些国家所使用的语言形式。最后，采用pomme de terre这个词，即使不是非它莫属，起码也算是一个适当的名称。因为pomme的本意是指任何带核或种子的圆形果实，此前早已大量使用；例如pomme de pin（松果）、pomme de chêne（橡子）、pomme de coing（木瓜）、pomme de grenade（石榴）、pomme d'orange（橘子），等等。那么，选用一个体现着历史、地理和社会现象，以及纯属语言学趋势的字眼，确实应该被认为是任意的吗？毋宁说，pomme de terre并不是硬塞给法语的，而是作为解决办法之一而存在的（并且衍生出pomme de l'air这个厨师常用的字眼，以取代古法语常用于表示苹果树的果实的pomme vulgaire，因为后者含有较强的粗俗意味）。这个解决办法是在预先存在的各种可能性当中做出取舍的结果。

除了观念方面，语言在词语方面似乎也是任意的："在词语的发音与其代表的概念之间……不存在任何可以理喻的关系。例如，pomme这个词的念法要求开头和结尾必须闭唇，这一点跟它所表示的圆形水果之间能有什么关系呢?"[19]

仅就语言学描写而论，两位作者所征引的索绪尔的原理是毋庸置疑的。这一原理从自然主义的形而上学的解读中把语言学解放出来，因此在语言科学中发挥了重大的作用。不过，它仅仅反映了语言学思想在发展当中的某一时刻，当我们试图从较为广泛的角度进

---

① 因为"土豆"在法语里是个复合词，由pomme（苹果）和terre（土壤）组成。——译者注

行观察时，其影响所及就变得有限，甚至有欠准确了。

简洁地说，我认为，**先验地**说，语言符号是任意的，但若由果 105
溯因地看却并非如此。在某些以发酵牛奶为基础的加工当中，［没有任何先验的东西必然导致音响形式 fromage（奶酪），抑或 from——鉴于后缀-age 同样用于另外一些词语］只需把语义内容完全不同的法语词 froment（小麦）跟英语词 cheese（奶酪）稍加比较就能说明问题：后者表示的事物虽然跟 fromage 相同，使用的语言材料却不一样。语言符号至此为止表现出任意性。

反之，无人有丝毫把握地肯定，这些相对于被指称对象（designatum）而言是任意的语音选择一旦完成，就不会以难以察觉的方式对它们在词义环境中的地位产生影响——尽管或许不影响词汇的基本意义。这种**由果溯因**的规定性发生在两个层次上：语音和词汇。

在语音方面，联觉（synesthésie）是经常被描述和研究的一种现象。事实上，所有的儿童和不少成年人——虽然成年人大多否认这一点——都自发地把音素或乐器的音色一类的音响同颜色和形状联系起来。在词汇层次上，这种联想也存在于高度结构化的领域，譬如日历中的时间段，等等。虽然每一个音位所联系的颜色可能并不总是相同的，但是看来人们通过不同名称，以类推的方式，在另一个层次上建立起一个跟特定语言的音位结构的性质相对应的关系体系。譬如，一个母语为匈牙利语的人会用以下方式看待各个元音：i，í：白色；e：黄色；é：暗黄色；a：浅褐色；á：深褐色；o：深蓝色；ó：黑色；u，ú：血红色。“这种渐次变化的色差跟从高元音至低元音的过渡平行，颜色的深浅与前后元音的对比也是平行的，除了显示一种反常的知觉的元音 u 以外。圆唇前元音的模糊性特征也表现得十分清楚：ö，o̎：深蓝的底色上散布亮点；ü，u̎：殷 106
红的底色上带着粉红色的斑点。”[20]

因此，这些特点用个人经历和每个人的偏好是解释不通的。正如上面这段话的作者指出的，研究这些现象不仅可以“把语言学当中的一些从心理学和理论方面来看极为重要的方面揭示出来”[21]，而且将直接把我们引向语音系统的“自然基础”，即人类的大脑结构。在同一杂志的随后一期里，戴维·梅森（M. David Mason）重新提出了这个问题，他的分析的结论是：“……从拓扑学的角度来看，人类大脑中可能有一幅颜色的分布图，至少跟必定同样存在于人脑中的音频分布图部分地类似。如果像马丁·约斯（M. Joos）所说的那样，人脑中确实存在着一幅显示口腔形状的图形……那么后者看来必然跟音频图和颜色图在某种意义上形成颠倒……”[22]

因此，即使我们遵守索绪尔的原理，承认没有任何东西能够先验地决定某些音群必定表示某一对象，然而看来极有可能的是，它们一经被采用，便使与之结合的词义内容发生特殊的细微变化。已经有人指出，在英国诗歌中，高频元音（从 i 到 e）大多表示暗淡朦胧的色彩，而低频元音（从 u 到 a）则适合于表达丰富或者深沉的色彩[23]。马拉美（Mallarmé）曾经抱怨说，jour（光亮）和 nuit（黑暗）的语音价值跟它们的意义相悖。就在法语和英语将不同的
107 语音价值赋予同一种食品的名称的那一刻起，这个称谓的语义地位便不完全相同了。我本人在生命的若干时期内只说英语——虽然并未因此而成为双语人士，我觉得 fromage 和 cheese 虽然意思相同，但还是有一些细微的差别。fromage 唤起的是一种厚重感，某种油腻而不易破碎的质料和厚味。这个词儿特别适合表达奶制品制造者所说的 pâtes grasses（肥膏）。cheese 则较为清淡、新鲜，有点酸味，不耐咀嚼（参见口腔形状），它使我想起法语 fromage blanc（软干酪）。所以，根据我是用法语还是用英语思考，所谓“奶酪的原型”对我来说并不是同一样东西。

由果溯因地考虑词汇，即等到它们建立起来之后再对之观察，词语便会失掉不少任意性，因为我们赋予它们的意义不再仅仅依赖于约定俗成，而是取决于每一种语言如何切分词语所属的意义世界，取决于是否存在着表达相近意义的词语。例如，time 和 temps 在法语和英语中之所以意思不同，完全是因为英语另有一个词儿 weather，而我们没有。反之，追究起来，chair 和 armchair 的语义环境比法语 chaise 和 fauteuil 要狭窄。词语还会受同音词的影响，尽管意义不同。假设我们请很多法国人对下列词汇作自由联想、quintette（五重奏）、sextuor（六重奏）、septuor（七重奏），假如他们的联想只跟乐器的数目有关，quintette 的意义不受 quinte（de toux）（一阵咳嗽）的某种程度上的影响，sextuor 的意义不受 sex（性）的影响[24]，那反倒奇怪了。由于 septuor 的第一个音节发音时有一个滞缓的变化，随后被迟来的第二个音节所取代，仿佛代之以一个庄严的和弦，从而造成一种持续感。米歇尔·莱利斯在他的文学著作中已经开始对词汇的这种无意识构成进行研究，尽管还没有形成一门科学的理论；如果把它看成一场诗歌游戏，而不是对某些 108
现象的一种犹如通过望远镜一般的知觉，那就错了。尽管离清晰的意识和理性思维依然很遥远，但这些现象对于更好地理解语言现象的本质却起到了关键作用[25]。

所以，语言符号的任意性只是临时的。一个符号一旦被创造出来，它的用途便渐趋明晰，这一方面取决于大脑的生物结构，另一方面也是相对于所有其他符号，也就是相对于必然走向系统化的整个语言世界而言。

同样，交通规则把不同的语义价值任意地赋予了红色和绿色的交通信号。相反的选择本来也是可能的。不过，红色和绿色所唤起的情绪和象征性联想却不会因此就简单地颠倒过来。就目前的系统而言，红色唤起危险、暴力和鲜血，绿色则与希望、宁静和自然过程的平静展开相联系，例如植物的生长。然而，假如红色是自由通行的符号，绿色是止步的符号，情况将会如何呢？红色无疑将被理解为表示人类的热情和可沟通性，而绿色则象征着冷漠和恶意。所以，红色将不仅仅是绿色的替代物而已，反之亦然。符号的选择可以是任意的，然而符号却带有一种自身价值、一个独立的内容，这种内容同表意功能结合，从而对这一价值做出调整。如果把红/绿两色的对立颠倒过来，其语义内容就会发生可以觉察的移位，因为红色之所以是红色，绿色之所以是绿色，不仅是因为各自都是带有固有价值的感官刺激物，而且因为它们形成了一套传统的象征方法的依托，这套方法自存在于历史的某一时刻起，就不可能任凭人们随意摆弄了。

109 当我们从语言转入其他社会现象时，令人惊讶的是，在关于地理环境与社会的相互关系上，欧德里古尔听任经验主义和自然主义观念的摆布，然而对于这种关系的人为性质，他本人曾经做出过那么多的论证。我刚才已经指出，语言并不是那么任意的，自然与社会的关系反而比我们所讨论的这篇文章试图使我们相信的更为任意。所有神话思想和全部仪典都是感性经验在一种语义系统中的重组，这难道还需要我提醒吗？不同的社会之所以对某些自然产品做出取舍，以及一旦采用后如何运用，不仅取决于这些产品的固有性质，而且取决于它们被赋予什么样的象征价值，这些难道还需要我提醒吗？用不着列举充斥于任何一本教科书中的例子，我只援引一个唯一没有唯心主义之嫌的权威：卡尔·马克思。在《政治经济学批判》一书中，他探讨了造成人类选用贵金属作为价值基准的原因。他列举了许多与金银的“自然属性”有关的因素：匀质、质量均衡、可任意分割又可随时熔合、大比重、稀有、携带方便和不变质。他接着说：另一方面，金银不只是消极意义上的过量或剩余的东西，它们的美学特性使它们成为奢侈、装饰、华服盛装的天然材料，总之成为剩余和财富的积极形式。在某种程度上，它们是人们从地下世界发掘出来的固定的光芒，银反射出一切光线的原始的自然混合，金这一最为强烈的颜色则反射出红色。然而，颜色感通常是最普遍的美感形式。雅科布·格林便指出过印度—日耳曼语系的各种语言把贵金属名称与颜色联系起来的词源关系。[26]

因此，正是马克思本人鼓励我们去揭示语言背后以及人与世界的关系背后的象征体系：生产的社会关系采取了一种客体的形式，只有日常生活的习惯才使我们以为这是稀松平常的事情。[27] 110

但是，例如经济语言等社会生活的诸多形式一旦表现为一些关系，一条大道便开通了，它通向一门被视为有关各种关系的一般理论的人类学，也通向根据区别性特征做出的社会分析，这些特征是规定着这样或那样的社会的关系体系所特有的。

注释

［1］本文撰写于1956年，这是首次发表。

［2］A. G. Haudricourt et G. Granai：Linguistique et Sociologie，*Cahiers internationaux de Sociologie*，vol. 19，cahier double，nouvelle série，deuxième，année. 1955，pp. 114-129. 关于古尔维奇的文章，见本书第十六章。

［3］见本书第三章和第四章。

［4］前引，第127页。

［5］同上。

［6］R. Jakobson and M. Halle：*Fundamentals of Language*，S-Gravenhage，1956，第27页、28页、17页及其他各页。

［7］同上，第17页；文中稍远有以下文字："研究一门语言的音位模式中的不变因素必须以研对语言行为的音位模式中的普遍的不变因素为补充。"（同

上，第 28 页）

［8］见本书第十五章，第 326～327 页。

［9］关于艺术，见本书第十三章；神话见本书第十章和第十一章；仪典见本书第十二章。

［10］见本书第四章，第 90～91 页。

［11］即本书第三章。

［12］例如在萨丕尔的某些文章。参见 E. Sapir：*Selected writings*，etc，1949.

［13］同上，第 126 页。

［14］R. Jakobson，同前，载 N. Troubetzkoy：*Principes de phonologie*，trad. française，Paris，1949，pp. 315-336.

［15］E. Benveniste：Nature du Signe linguistique，*Acta Linguistica*，1，i，1939.

［16］R. Jakobson，同前，第 333～334 页、335～336 页。

［17］Haudricourt et G. Granai，同前，第 126～127 页。

［18］E. Benveniste，同前，第 26 页。

［19］Haudricourt et G. Granai，同前，第 127 页。

［20］Gladys A. Richard，Roman Jakobson and Elizabeth Werth，Language and Synesthesia，*Word*，vol. 5，n°2，1949，p. 226. ［21］同上，第 224 页。

［22］D. I. Mason，Synesthesia and Sound Spectra，*Word*，vol. 8，n° 1，1952，p. 41。该文援引了马丁·约斯（Martin Joos）的论文：Acoustic Phonetics，suppl. to *Language*：Language Monograph，n° 23（april-june 1948），II，p. 46.

［23］同上，第 40 页，转引自 M. McDermott，*Vocal Sounds in Poetry*，1940.

［24］这一点完全属实，我之所以很难避免使用 sextette 一词（英语外来词），也许正是因为这个词有个阴性词尾。

［25］M. Leiris，*la Règle du Jeu*：t. I，*Biffures*，Paris，1948；t. II，*Four-*

bis, Paris, 1955.

[26] K. Marx, *Critique de l' économie politique*, trad. Léon Rémy, Paris, 1899, p. 216.

[27] 同上，第 14 页。

第二部分

社会组织

第六章　民族学中的远古性概念[1]

“原始”这个词虽有不少缺点，而且受到了应有的批评，但是由于没有更好的选择，看来它已经在现代民族学和社会学的语汇里站稳了脚跟。我们研究的因而就是“原始”社会。那么，什么是“原始”社会呢？这个词的意思总的来说是比较清楚的。我们知道，“原始”首先是指一批没有文字的民族，它们并因此而超出了纯粹的历史学家的研究方法的范围。其次，机械文明的扩张活动直到晚近时期才问津这些民族；由于它们的社会结构与世界观的原因，它们对于那些被经济学和政治哲学视为构成我们社会的基础的概念是完全隔膜的。可是，区分的界限在哪里呢？古代墨西哥符合第二个标准，却不完全符合第一个标准。古埃及和古代中国均适合进 113

行民族学研究，当然不是因为缺乏文字，而是因为保存下来的大量资料不足以使其他方法成为多余。而且，两者都不在工业文明的区域之外，而只是在时间上早于后者。反过来，民俗学家研究当前的情况，并且在工业文明的区域内工作，但这个事实无法使他们隔绝
114 于民族学家。近十年来，我们在美国看到了一场轰动一时的演变，它的意义大概首先在于揭示了当代美国社会陷入了精神危机（开始自我怀疑，而且只有通过这种日益加剧的怪异感觉才能理解自己的社会）。随着工厂、国家和市镇的公共机构，有时甚至是军事参谋机关纷纷向民族学家敞开大门，这场演变也暗示民族学与其他有关人的科学在研究对象方面是一致的，区别只是方法上的。

不过，我们这里只打算考察一下研究对象。这是因为，一个令人瞩目的事实是，由于对属于自己的对象丧失了感觉，美国民族学听凭自己的研究方法——这种虽失之褊狭的经验主义，却很精细的方法一度是它的创立者的武器——逐渐消失殆尽，让位于一套往往简单化的关于社会的形而上学，以及一些并不牢靠的调查手段。一种方法除非能够对特定的对象、对象的特点及其特殊的成分取得日益准确的认识，否则是不可能巩固的，遑论推广。我们离那一步还差得很远。固然，“原始”一词看来可以避免词源意义所隐含的、被某种陈旧的进化论延续下来的混乱。原始民族并不是落后或者停滞的民族；在不同领域内，它们会表现出一种创造和实施的精神，把文明民族的各种成功之处远远甩在后头。例如，有关澳大利亚诸社会的家庭组织的研究所显示的那种名副其实的“社会学规划”，美拉尼西亚群岛上的那种将感情生活整合到一套权利与义务的复杂系统里的做法，以及那种几乎无处不在的对宗教感情的利用，旨在为综合个人追求与社会秩序打下基础的那种切实可行——即使并非永远融洽和谐——的做法。

再有，原始民族的历史发展尽管往往不为人知，但它们绝非没有历史。塞利格曼（Seligman）有关新几内亚土著的著作表明[2]， 115
一个表面上极为系统化的社会结构历经战争、迁徙、对抗和征服等一系列随机事件，如何能够做到有时保持超脱，有时维持原状。斯坦纳（Stanner）描写了颁行有关亲属关系和婚姻的立法在一个现代社会里激起的辩论：皈依了相邻民族的教义的改革派“青年土耳其人”成功地使一种精妙得多的制度取代了简单的旧制度；离乡多年的土著人在返回部落的时候，已经无法适应新的秩序了[3]。在200年以前，北美洲的豪比民族在人数、分布和部落的相互关系方面都跟今天不一样[4]。所有这些情况我们都了解，可是我们从中得出了什么呢？仅仅是一条在理论上尴尬、实践上也行不通的区别：一方面是惯例所称的“原始居民”（其实包括民族学家研究过的几乎所有民族），另一方面是马歇尔·莫斯在授课大纲里所说的一些罕见的“地道的原始居民”[5]，仅限于澳大利亚人和火地岛人。上文刚刚说过应当如何看待澳大利亚人。那么，是不是只有火地岛人（还有被几位作者拿来与之相提并论的其他几个南美部落[6]）——加上若干俾格米人的群体——才能享受虽无半点历史却得以延续的超级特权呢？这个怪诞的说法有两条论据。其一，我们对这些民族的历史毫无了解，而且由于口传文献与考古遗存的缺乏或者罕见，我们对它们的历史永远不得而知。可是，从这一点不能得出它们从来就没有历史的结论。其二，由于工艺技术和制度十分古老，这些民族使人想到，哪些东西有可能让我们再现经历了一两万年时光的极为古
老的民族的社会状况。“他们远古时期是什么样子，今天就仍然是 116
什么样子”的结论正是这样得出的。至于为什么在某些情形下发生了一些事情，在这种情形下却什么都没有发生，我们把这个问题留给哲学去解释。

讨论一旦进入哲学层次，看来是不会有什么结果了。所以，我们不妨按照一种理论可能性来对待下述说法：人类的发展进程实际上是不平衡的，其中某些种族分支会停滞落后。个中原因，要么是它们的演变进程迟缓得难以察觉，以至于至今仍然保留着大部分原始遗风；要么就是它们的演变势头过早地夭折了，它们于是被冻结在一种难以改变的惰性状态当中。但是，真正的问题不是这样提出来的。我们今天考察某个看起来十分古老的民族时，能否找到几条标准，根据它们是否被满足做出判断呢？当然，这种判断不是正面的——我们已经看到，假说因意识形态化而无从证明——而是负面的。如果对于每个已知的和被提到的个案都可以运用这种负面的阐述，那么问题即便不是在理论上，也将在实际上获得解决。不过，此时又会出现一个必须解决的新问题：如果排除对过去的考察，那么，有哪些涉及结构的形式特征能够把所谓原始社会区别于所谓现代或文明社会呢？

以上就是我们希望提出的问题，同时我也打算讨论一下几个南美洲社会的情况，因为关于它们具有原初的远古性的假说最近又被重新提出来了。

自马齐乌斯[7]（Martius）之后，民族学家已经习惯于将热带美洲的本土文化划分成两大类型。海岸文化与奥里诺科河—亚马逊河（Orénoque-Amazone）流域文化均具备以下特征：居所处于森林内或森林旁的河岸上；农业技术落后；大片的林中开垦地；多种栽培
117 植物；分化的社会组织勾勒出或者肯定了明确的社会等级制度；表明土著人的工艺水平和社会整合程度的集体居住地。阿哈瓦克人（Arawak）、图皮人（Tupi）和加勒比人（Carib）在不同程度上都

有这些特征，同时又有不同的地方特点。与此反之，巴西中部的民族的文化较为初级。他们有时是游牧性的，不懂得建造永久性住所，也不会制陶，并且依赖采集食物生活；当他们定居时，依赖个人或集体狩猎而不是稼穑；他们认为稼穑是一种辅助性职业。马齐乌斯认为，这些在语言和其他文化方面实际上殊异的民族可以组成一个文化和语言的大家庭，统称格族人（Gé）。他认为，他们就是16世纪的旅行家描写过的塔普亚（Tapuya）蛮族，即海岸图皮人的宿敌。塔普亚人据说是被图皮人赶入内地的，中间经历迁徙，最终据有了海岸地区和亚马逊河谷。我们知道这种迁徙直到17世纪才结束，更晚近的例子甚至也有。

最近20年，已故的库尔特·尼缅达居（C. Nimuendaju，1883—1945）针对几个所谓格族人的部落的调查使得这种颇具吸引力的构拟产生了动摇。这些人生活在巴西东部和东北部自海岸至阿拉瓜里（Araguaya）河谷之间的热带草原上。在朗廓卡梅克兰人（Ramkokamekran）、卡亚波人（Cayapo）、谢伦特人（Sherenté）和阿比纳耶人（Apinayé）当中，尼缅达居首先发现了一种比人们曾经推断的更为独特的农业：其中有些部落种植一些别处所不了解的植物（Cissus，一种白粉藤属植物）。然而，更重要的却是社会组织，这些所谓的原始人设计出复杂得令人吃惊的制度：跟竞技和仪典的半族完全一致的异族通婚制半族、秘密社会、男子社团和年龄阶层。此类结构通常伴随着层次高得多的文化。我们可以得出结论，要么这些结构并非为较高层次的文化所独有，要么所谓格族人的远古性不像表面上那样无可争议。对尼缅达居的发现做出解读的 118
人都倾向于赞成第一种解释，特别是罗维和库珀（Cooper）。例如罗维曾经写道："卡内拉人（Canella）和博罗罗人（Bororo）当中出现了母系半族，这说明这种制度能够出现在局部地区的狩猎与采集民族当中，或者顶多可以认为，它能够出现在停留在初级的园圃种植的民族当中。”[8]然而，格族人及其西部高原上的同裔博罗罗人与南比夸拉人（Nambikwara）是否可以毫无保留地符合这个定义呢？是否同样可以把他们看成一个从较高层次的物质生活和社会组织倒退，但保留了往日遗迹的民族呢？针对这个设想，罗维在一次私人通信中的回答是，这种替代说法并非不可想象，但是，在把“一个能够证明卡内拉人和博罗罗人的社会组织为其弱化的版本的精确模型”[9]建立起来之前，这种提法仍然是值得怀疑的。

满足这一要求有许多不同方式，其中第一种方式无疑因其简单而令人迷惑。不过，哥伦布到来以前的秘鲁和玻利维亚的高级文化曾经有过某种类似二元组织的现象：当时，印加人（Inca）的首都的居民分成两个部分：上库兹科人（haut Cuzco）和下库兹科人（bas Cuzco）。这一区分不仅有地理含义，因为在仪典过程中，祖先的木乃伊按照对应的两排庄重安葬，类似中国周朝的做法[10]。在这一方面，当罗维本人对我们描写的一座其平面图反映着复杂社会结构的博罗罗村落做出评论时，他提到了邦德利耶（A. Bandelier）所复原的蒂亚胡安娜科（Tiahuanaco）的建造布局[11]。上述二元现
119 象，或至少它的基本主题，一直延伸到美洲中部，见于阿兹台克（Aztèques）排序中的鹰与美洲豹的仪式性对立。从图皮人到其他南美部落，这两种动物在神话里都有它们的角色，“天豹”之说、欣古河和马察朵河的土著村落里的“鹰鹫”入笼的仪式性做法均为证明。此外，图皮人与阿兹台克人之间的这些相似之处在宗教生活的其他方面亦有所表现。这个具体模式——热带草原的原始文化已经提供了一个弱化的版本，难道不能在安第斯高原上找到吗？

答案非常简单。高原上的强大文明与热带草原上和森林里的野蛮人之间无疑存在着接触：有贸易，有军事侦察，也有发生在前沿

的小摩擦。查科（Chaco）的土著人了解印加的存在，并且借助道听途说的知识向第一批旅行家描述了这个声名显赫的王国。在亚马逊河中游，奥列腊纳（F. de Orellana）遇到过用金子制作的物品，源于秘鲁的金属斧头远在圣保罗海岸亦有出土。不过，安第斯文明的迅速扩张与急剧衰落只带来了零星的和为时短暂的交换活动。另一方面，通过那些陶醉于自己的发现的征服者的记述，而且带有这一发现本身也许并不具备的系统化特征，我们对阿兹台克人或印加人的社会组织有所了解。在这两种情况下，我们都看到了十分不同的、往往非常古老和异质的文化的昙花一现的联盟。一个部落在众多部落当中暂时拥有优越地位，仅凭这一点还不能得出它的特殊习俗在其影响所及的整个地区内得到遵守的结论，即使它的头面人物曾经故意对尤其是刚从欧洲来的人散布这种虚假印象。秘鲁也好，墨西哥也好，从来都没有真正存在过这样一个帝国：被它殖民化了的人民——无论是客户还是简直看花了眼的见证人——曾经利用微不足道的手段力图照搬它的模式。高层次文化与低层次文化之间的 120
相似性是由更深刻的理由决定的。

实际上，二元组织只是这两种文化类型所共有的许多特征之一。这些特征的分布错综复杂。它们的出现与消失跟地理距离及人们所考虑的文化水平无关，它们似乎是漫无规律地散布在整个大陆之上。时而浮现，时而告缺，时而聚合，时而孤立，或蓬勃发展于某一强大的文明之中，或吝啬地苟存于最为低下的文化里。每一次这样的出现用传播怎么能解释得通呢？因为那就必须给每一个个案设想一次历史接触，确定发生的日期，勾画出一条迁徙的路线。这项任务不仅不可能完成，而且不符合实际情况；实际情况仅仅为我们提供了一种整体性的估测，而且理当照这样去理解。我们面对的是一种广阔的融合现象，其历史和局部的肇因均远远早于我们所说的前哥伦布时代的美洲历史，一种健全的方法要求我们把它看作初始的局面，由此诞生并发展起墨西哥和秘鲁的高度文化。

有没有可能在现存的热带草原上的低下文化中发现这一起始点的映像呢？那是不可能的。在格族人的文化层次与玛雅文化的开端之间，或者墨西哥谷地的各个远古层次之间不存在可以设想的过渡，没有一个可供重新构拟的阶段。因此，所有这些文化都源于一个基础，无疑是一个共同的基础，但是必须在处于现存的热带草原文化与古代高原文明之间的层次上去寻找。

这一假设得到大量事实的支持。考古学首先发现了一些遍布热带美洲的文明中心，它们直到不久以前还相对地比较发达：安得列斯群岛、马拉若岛、库纳尼河、下亚马逊河区、托坎廷斯河口、莫霍斯平原以及圣地亚哥—德尔埃斯特罗省。此外，还有以集体劳动
121 的存在为前提的奥里诺科河谷和另外一些地区的巨幅岩壁雕刻；我们今天在塔比拉贝人的垦荒活动与园圃种植中仍然可看到这种劳动的令人印象深刻的实践[12]。在历史的起始阶段，奥列腊纳曾经十分欣赏亚马逊河沿岸大量茁壮成长的各类作物。我们能不能设想，在其鼎盛时期，那些落后的部落至少在一定程度上也曾具备刚才提到其种种表现的那种生命力？

二元组织本身并不是热带草原居民的一个特征。有人早已指出，森林里的巴林津津人和蒙都鲁库人也有这种组织；党卑人和图库纳人也很可能有；可以肯定地认为巴西的两端也有，就在巴利库尔人和黛雷诺人等高品质的阿哈瓦克文化当中，在上马察朵地区的图皮—卡瓦希伯人当中，我们自己也发现了处于残存状态的二元组织，从而能够勾画出一个从托卡廷斯河右岸伸展至马戴拉河的二元组织的区域，有时为母系，有时为父系。南美最原始的部落跟享受高得多的文化的林中邻居、园圃种植行家和人头猎取者共同拥有二

元组织。因此，不可能把它定义为最原始的部落的典型特征。

热带草原的居民跟与之相邻的森林谷地和河岸的居民，两者的社会组织不应当截然分开。相反，文化其实非常不同的部落有时被硬行划入所谓的远古层次。博罗罗人是这种生搬硬套的做法的一个显著例子。为了把他们划归或者拉进“地道的原始人”之列，人们援引冯·登斯坦（von den Steinen）的一段文字：“妇女们已经习惯于在丛林中挖取野生植物的根茎；为了找到可食根茎，她们一边小心地翻土，一边挖断幼嫩的木薯类植物。这个狩猎部落根本不懂农业，尤其缺乏等待块茎长大的耐心。”[13]人们由此得出结论：博罗 122
罗人在与征服他们的远征军团发生接触以前，仅靠狩猎和采集食物过日子。可是，这个说法忘记了一个事实：登斯坦这篇评论谈的不是土著人的园圃，而是巴西士兵的园圃；而且这位作者又说：“博罗罗人丝毫不把来自文明的礼物当作一回事。”[14]只需把这些评论放到上下文里——那是一幅博罗罗社会在所谓安抚者的影响下分崩离析的生动画面——就可以明白它们的轶事闲文的特点。这些评论告诉了我们什么呢？博罗罗人那时尚未从事土地耕作吗？可是，50多年当中，他们被殖民主义者无情地驱赶杀戮。再不然就是土著人觉得劫掠军事据点的园子比自己开垦土地好处更大？

几年之后的1901年，库克（W. A. Cook）注意到蓬蒂特培德拉河（圣洛伦索河的一条当时不太知名的支流）的博罗罗人有“矮小的黄玉米田”[15]。1905年，雷丁（P. Radin）曾经就依旧保持独立的韦尔梅柳河的村落写道：“博罗罗人基本上不在德莱撒·克里斯蒂纳殖民地耕种。只见过他们被强制耕种的冯·登斯坦教授认为，他们从来就不是农耕民族，也许就是出于这个原因。可是，在这些仍然处于野蛮状态的民族那里，费利契先生却发现了多个精心经营的种植园……”[16]更妙的是，这位作者还描写了一个农耕仪式的场面，“这是一场祝福初次收获物的仪式，在仪式之前食用初次收获物会招致死亡”。半熟的玉米棒子被洗净，然后置于 aroetorrari（即萨满巫师）面前。此君不停地载歌载舞，长达数小时，不断地吸烟，从而进入一种迷幻状态。他浑身肌肉都在颤动，“嘴里一边啃
123 玉米棒子，一边不时发出尖叫。每逢捕捉到什么大型动物……或者鱼……的时候，类似的仪式就会重复。博罗罗人坚信，任何人若接触了尚未献祭的肉类或玉米……他和他的所有亲属都将遭到灭顶之灾。”[17]考虑到从 1880 年至 1910 年期间，除了韦尔梅柳河（Vermelho）沿岸的村落以外，整个博罗罗社会已经彻底解体，我们很难接受这种说法：难道这些土著人在如此悲惨和短暂的这段时期内会花费时间和自找麻烦，利用一种复杂的农耕仪式给他们新近学会的农业戴冠加冕吗？除非是他们早已拥有这种仪式，但那将同时意味着他们拥有源远流长的农业。

因此，接下来的问题在于，能否谈论南美洲曾经有过名副其实的畋猎民族和采集民族？某些部落在今天看来是极为原始的，例如巴拉圭的瓜雅基人（Guayaki）、玻利维亚的锡里奥诺人（Siriono）、塔帕若兹河发源地的南比夸拉人，以及奥里诺河科河谷的食物采集民族。但是，对于园圃种植一无所知的部落却十分罕见，并且它们都夹在较高层次的群体之间，处于与世隔绝的状态。比起那种把它们视为某种远古层次的遗存的假设，它们各自的历史——假如我们有所了解的话——反倒能够更好地说明每个部落所处的特殊条件。以最常见的情形而论，这些部落均从事低水平的园圃种植，并未达到完全取代狩猎、捕鱼和采集的程度。鉴于他们面临全新的生存条件的压力，这一点并不足以证明他们一定就是稼穑新手，而不是退化了的耕种者。

已经作古的库珀（J. M. Cooper）神父提出，热带美洲的部落可

划分为两大群体，他分别称之为“森林群体”和“边缘群体”。边缘群体又进一步分成“热带草原的”和“森林内的”两类[18]。我们这里将只考虑主要的划分；这一划分也许有实际的用处，但如果认为它切实反映了事实，那就错了。没有任何东西可以证明甚至仅仅暗示，热带草原在远古时代就已经有人居住了。正相反，看来在今 124
天的聚居地之内，属于“热带草原群体”的那些部落仍然在努力保留一些森林生活方式的残迹。

在南美土著居民的心目中，热带草原和森林是他们最清楚和记得最牢的一种区别，没有任何其他地理分际可与之相提并论。热带草原不仅不适宜园圃种植，而且不适宜采摘野果，因为那里的植物生长和动物生命都十分匮乏；与此相反，巴西的森林果实丰盛，猎物众多，而且只要限于采摘活动，土壤便依然肥沃高产。森林耕种者与热带草原狩猎者的区分可能具有某种文化意义，因为它没有自然基础。在巴西的热带地区，森林和河岸是园圃种植、畋猎、捕鱼的最佳环境，**同时也是**采摘的最佳环境。热带草原之所以贫瘠，是因为它从所有上述这些方面来看均如此。我们无法将热带草原民族保持的前园艺时代的生活方式与以刀耕火种的园圃种植为基础的较高文化截然分开，因为森林民族不仅是第一流的园圃种植家（且不说别的方面），而且也是第一流的采集者（别的方面依然暂且不提）。原因十分简单：就可供采集的东西而言，森林里比森林外要多得多。园圃种植与食物采集在两种环境中并存，然而这些生活方式同样在一种环境中比在另一种环境中发展得更好。

森林社会较好地驾驭了自然环境，这一点既表现在野生植物方面，也表现在栽培植物方面。热带草原的植物环境有东部与西部之别，然而生存方式却没有被人们运用的物种的变化那么大。箩筐可用不同种类的棕榈叶编制，编箩筐的手艺却并无二致。仪式上使用的麻醉品可以用不同植物制造，但效用不变。物产变化，用途依旧。另一方面，热带草原的决定作用仅仅施加了一种负面的影响；它不开拓新的可能性，而限制了森林原本具备的可能性。根本就不存在“热带草原文化”这回事。人们以为这个名字能够指称的东西，其实只是森林文化的一个淡化了的复制品、一声削弱了的回
125 响、一件苍白无力的赝品。跟园圃种植民族一样，采集食物的民族原本也可以选择森林作为居所；或者更确切地说，假如做得到的话，他们本来是可以留在森林里不走的。他们之所以不在林子里，并非由于他们本来就属于某种所谓的“热带草原文化”，而是因为他们被撵出了森林。塔普亚人正是这样被图皮人的大迁徙赶入内地的。

这一点一经澄清，下面这一点就会容易接受得多：在这样或那样的一些具体案例中，新的居住地有可能产生积极的影响。博罗罗人娴熟的狩猎技术无疑得力于他们经常出没于巴拉圭河中游的沼泽地带；捕鱼在欣古河流域的经济中占据的地位肯定要比在北方地区更为重要，奥约托人和卡玛育拉人正是来自那里的。然而，只要有机会，热带草原部落就一定会朝森林和森林生活条件靠拢。所有的园圃种植都发生在沿着主要河流分布的狭窄的森林走廊地带，即使是在热带草原上也依然如此。事实上，耕作在别处是无法进行的，巴凯利人（Bakairi）因而嘲笑一只传说中的黄角鹿愚蠢地把木薯栽种在灌木丛里[19]。土著人经历长途跋涉来到森林，为的是寻找他们的工业所必需的物产，例如粗壮的竹子、贝类和种子。令人印象更为深刻的是他们在利用野生植物方面的一些特点，对此森林部落拥有极为宝贵的知识和技术；例如从棕榈树的木髓中提取淀粉，用青贮种子发酵制酒，将有毒植物变为食品。所有这些轮到热带草原民族便化为随手采集和立即消费，仿佛一种本来均衡的摄食制度突然不见了，现在非得把它弥补起来不可似的。即便是采集技术在他们

那里也是十分简陋和有限的[20]。

以上观察仅仅限于热带美洲。不过，假如这些观察是准确的，126
它们将使我们能够建立起效力更加广泛的标准，适用于我们在阐述有关真正远古性的假说时将要提到的每一种情形。我们在任何情形当中都会取得相同的结论，这一点看来是没有疑问的，那就是：真正的远古性是考古学家与史前史学家的领域，但是投身于研究活生生的现代社会的民族学家不应该忘记，它们必然存在过、延续过并因此发生过变化，否则不成其为活生生的现代社会。然而，如果一个变化所产生的生活条件和组织十分低级，只能显示某种远古状态而已，那么这个变化就只能是一种倒退。有没有可能通过某种内部分析，把这种假远古性与真远古性区别开来呢？

通常，一个社会的原始性问题是基于该社会同（无论远近的）相邻社会的反差而提出的。人们在这个社会和那些最容易与之比较的社会之间看到了某种文化层次上的不同。它的文化由于欠缺或者没有以下技术而较为贫薄：固定居所、园圃种植、畜牧、石器打磨技术、编织和制陶。这些技术的普遍使用——如果不都是发明创造的话——往往被追溯到新石器时代。人们通常会把某种区别性的社会组织与这些特征联系起来，尽管这种归纳在后一种情形中不是那么确定无疑的。不错，世界上有些地区存在着这样的反差，甚至延续至今。但是，就我们看到的假远古性的情形而论，这种反差不具 127
有排他性。这么说的意思是，这些社会跟其他进化程度较高的邻居并非在所有方面都不一样，仅仅某些方面不同；在其他方面我们却看到大量的相似之处。

我们已经注意到，二元组织是其中最突出的例子。在南美洲，这种制度（或者更确切地说，这种组织的概念程式）是许多社会所共有的一种成分，包括从最原始的到最进步的社会，以及一系列处于中间状态的社会。博罗罗人和南比夸拉人的语言与这些部落所在区域以外的方言还拥有确定的亲缘关系，以及一些较高文明才具备的特征。这两个群体的样态类型却如此不同，一个起源于南方，另一个起源于北方。社会组织也一样，一些亲属制度、政治制度和神话都显示出一些其最佳表现应当到域外去寻找的一些特征。因此，如果远古性问题是由某些社会之间的反差引起的，那么我们马上就要指出，就假远古社会而言，这种反差从来没有扩大到整个社会，对立被依然存在的一部分相似性抵消了。

现在让我们来研究一下所谓的“远古”社会，我们将从内部结构而不是与其他社会的关系入手。一幅奇妙的图景摆在我们面前：这种结构充满了不协调和矛盾。在这方面，南比夸拉人的例子尤其能够说明问题，因为这个语言家族（散居地域相当于半个法国）是世界上目前所能见到的最原始的文化之一。他们当中至少有一些团体仍然完全不知道建造固定居所为何物，也不会制作陶器；编织和园圃种植简单得无以复加；在一位没有真正权威的首领的率领下，这些由五到六个家庭组成的游动群体的生活似乎完全被采集野生食
128 物的要求和只求不饿死的考虑占据了。不过，与人们可能从如此初级的技术和粗糙的组织中指望看到的美好的简朴性相反，南比夸拉文化充满了谜团。

我们还记得博罗罗人的一种反差：发达的农耕仪式与表面上不存在的、只有更深入的调查才能揭示的农业活动。与之相邻的地区（以木薯为食物，食品与毒药并不相互排斥的热带美洲）的南比夸拉人显示了一种与之相似、然而却是颠倒的情形。南比夸拉人擅长使用毒药。箭毒是他们炮制的毒药之一，也是出现在最南部的箭

毒。南比夸拉人炮制箭毒不与任何仪式、巫术或秘密程序相联系，这一点跟任何其他地方都不同。箭毒的配方只包含基本原料，炮制过程纯属一种世俗行为。不过，南比夸拉人拥有有关毒药的理论，它求之于各种各样的神秘观念，而且以一套有关大自然的形而上学观念为基础。可是，这种理论并不干预炮制真正的毒药的过程，而仅仅用于说明其效力。于是形成了一个特妙的对照。虽然在土著人以同一名字相称，并且认为效力相同的其他一些产品的制造、加工和使用中，这一理论具有头等重要的意义，那却是一些无害的物质，而且带有纯粹的巫术性质。

这个例子值得我们驻足观察，因为它富于教益。首先，它包含着我们提出的测定假远古性的两个标准。箭毒的出现距离它目前的分布区域十分遥远，而且是在一个文化发展程度远远低于通常发现箭毒的民族的群体当中，这一点构成了一种**外部巧合**。但是，炮制箭毒的积极意义——而且是在一个同时使用巫术毒药、所有毒药混用同一名称、其效力有形而上学的解读方法的社会里进行的——在于它反映着一种意义更为深远的**内部矛盾性**。因为这种被还原为基本原料的、炮制过程排除任何仪式的箭毒出现在南比夸拉人当中， 129
这就令人印象深刻地提出了一个问题：表面上的远古特点是否确实是他们的文化的原初面貌？抑或是一种衰落的文化的残存物？在解读制造毒药方面存在的理论与实践之间的矛盾时，如果说在更趋北部的地区跟炮制箭毒紧密相连的复杂仪式在此地失落了，这种说法要比解释一部关于超自然灵感的理论如何建立在某种纯属实验的处理马钱子根茎的方法之上，更显得符合实际情况。

这还不是唯一的矛盾之处。南比夸拉人一直拥有技艺出众的打磨石斧匠。虽然他们至今仍然会安装斧柄，却已经不会制造斧头了。他们偶尔制造的石器只是一些不规整的、粗加打磨的石片。至于食物，一年当中的大部分时间他们都靠采集过活；但是，他们对野生物产的利用却缺少我们在森林居民那里看到的精细技艺；他们只了解这些技术的一些粗糙的形式。所有南比夸拉人的群体都在雨季期间从事少量园圃种植，都会编制箩筐，有些人还会制造不成形但耐用的陶器。可是，尽管整个旱季期间食物非常匮乏，为了将收获的木薯储存起来，他们不过是把薯瓤制成的糕饼埋入地下；几周或几个月后挖出食用的时候，这些东西实际上多半已经烂掉了。游动生活的约束和没有固定居所妨碍了他们把陶罐和箩筐用于这方面的目的。一方面，前园艺型的经济本身不具备任何适合这种生活方式的技术；另一方面，对于各种容器的知识也未能使农业变为一种稳定的职业。我们还可以举出另外一些社会组织方面的例子，例如，阿比纳耶人（Apinayé）的社会组织仅仅表面上与澳大利亚人
130 的制度相似[21]，但是，外表的极端复杂性掩盖着十分简单的差异，实际上这个制度没有多大功能方面的价值。

因此，当我们所说的外部巧合与内部矛盾同时出现的时候，鉴别假远古性的标准便找到了。不过我们还可以走得再远一点，因为在那些假远古的文化中，协调与矛盾的对立是通过一个附加特征实现的——它这一回倒是纯属被单独考察的每一种形式本身。

让我们再来看看南比夸拉人的例子，并且很快地审视一下他们的全部外部巧合。这些巧合并不是相对于某一个单独的毗邻文化发生的。假如是那样的话，我们就会接受以下说法：由于地理相近，或者由于某种技术、政治或心理方面的压倒性优势，一个奇迹般保存下来的远古的孤岛会受到影响。南比夸拉人与远近各处的整个一系列民族之间都有对应点，文化层次上与之相仿者有之，极为先进者亦有之。南比夸拉人在体型上属于古代墨西哥人，特别是大西洋沿岸的古代墨西哥人；他们的语言跟巴拿马地峡和南美洲北部的一

些方言有亲缘关系；家庭组织和主要的宗教主题，连同有关的词汇，使人想到南方图皮人；炮制毒药与征战的习俗（不过后者属于不同的东西，因为箭毒只用于狩猎）则令人想起圭亚那地区。最后一点，他们的婚姻习俗跟安第斯地区的婚俗相互呼应。这些同样适用于博罗罗人：南方人的体型和西部的政治组织；但就其现今的居住区域而言，生活方式却是东部的。

巧合之处的分布可见是零散的。矛盾反倒集中于文化的核心部分，触及它的最核心的结构，影响到它的独特本质，赋予它个性的似乎正是这种矛盾性。在南比夸拉人那里，可以见到差不多所有的新石器复合体的成分：园圃种植、棉纺、织布带、纤维编织、黏土造型。然而，这些因素并没有结合起来：因为缺乏的恰恰是综合。131
无独有偶，甚至对采集食物的热衷也未能形成专门的技术。因此，土著人由于无法做出取舍而无计可施。生活方式的双重性无处不渗透在他们的日常生活中，并且扩展到他们的所有心态、社会组织，以及形而上学的思维当中。一方面是男人的活动，以狩猎和园圃种植为其内容，均为有酬的和间歇性的活动；另一方面是女人的活动，以采集食物为基本内容，收获微薄而稳定。这一对立变成了以下几组对立：性别对立，其后果是女子得到实际上的钟爱和公开的轻视；季节对立，游动季节与定居季节；两种生活方式的对立，其一不妨称之为暂时栖身加篮筐不离手，其二是乏味的重复性的农业劳动。前者充满考验和冒险，后者带来一种枯燥单调的安全感。在形而上学的层次上，这一切最终表现为不平等的命运，等待着男女灵魂们：男人的灵魂永远能够再生，犹如主人在长期休耕之后将火耕地一次次地反复投入稼穑那样；女人死后，灵魂便飘散在风雨雷电之中，就像她们从事的食物采集活动那样，命中注定地飘忽不定[22]。

有关远古社会的残存的假设，依据是发现这些社会和相邻社会的文化之间有外部矛盾。于是，这种假设在假远古性问题上面临两个障碍。首先，外部矛盾永远不会多得可以抵消同属外部的那些巧合；再说，那些外部巧合是**非典型**的，也就是说，它们并不同有明确文化定义和地理位置的某一个或某一组社会一道建立起来，而是
132 漫无方向的，令人想到互为异质的不同的社会。其次，把一个假远古的文化当作独立的系统进行分析，这样做能够暴露出它的内部矛盾；而这些内在矛盾此番却是**典型**的了；换句话说，它们涉及社会本身的结构，而且无可挽回地破坏社会本身的平衡。原因在于，假远古的社会是遭受谴责的社会；人们还应当意识到在力求自保的环境中，它们面对迫使它们屈服的邻居时所处的脆弱地位。

不难理解，这些隐私特征可能会从专治文献的历史学家和社会学家的眼皮底下溜掉。一个优秀的田野工作者却不可一无所知。我们的理论结论的基础建立在通过直接观察得到的南美洲的资料之上。当研究马来西亚和非洲的专家们遇到相同的问题时，就得由他们来告诉我们，他们的经验是否能够进一步确认我们的结论。假如可以取得一致意见，那将是民族学在界定研究对象方面的一个长足的进步。因为，这种研究要求具备一整套调查手段，与其说是某些社会的自身条件要求这些手段，毋宁说，就不受任何特殊厄运威胁的社会而言，是**我们身处**的特殊条件使然。从这个意义上说，倒也不妨将民族学定义为一门有关如何脱离家乡的技巧。

当前，要紧的是帮助民族学摆脱“原始”这个字眼所拖带的哲学余味。因为在某种意义上，它将是一个独立自在的社会。与此相反，我们看到，世界上很大一部分在诸多方面十分有利于我们的研究的地区，即那些或许是最纯正的原始社会，都呈现着一副四分五裂的怪相，并且暴露出一个无法视而不见的标记：**事件**。

时光的破坏力只留下数不清的裂痕，它们永远无法使人在一度回荡着和声谐韵的旧地，心领神会那最初的音色了。

注释

［1］本文曾以同一题目发表于 *Cahiers internationaux de Sociologie*，vol. 12，1952，pp. 32-35。

［2］C. G. Seligman，*The Melanesians of British New Guinea*，Londres，1910.

［3］W. E. H. Stanner，Murinbata Kinship and Totemism，*Oceania*，vol. 7，n° 2，1936—1937.

［4］R. H. Lowie，Notes on Hopi Clans，*Anthropology Papers of American Museum of Natural History*，vol. 30，p. 6，1929.

［5］Marcl Mauss，*Manuel d'ethnographie*，Paris，1947. p. 1. n. 1.

［6］J. M. Cooper，The South American Marginal Cultures，*Proceedings of the 8th American Scientific Congress*，Washington，1940.，vol. Ⅱ，p. 147，p. 160.

［7］C. F. Ph. von *Martius*，*Beiträge zur Ethnographie*... Leipzig，1867.

［8］R. H. Lowie，A Note on the Northern Ge of Brazil，*American Anthropologist*，n. s.，vol. 43，1941，p. 195.

［9］Ibid.

［10］Garcilasso de la Vega，*Histoire des Incas*，trad. franç.，1787，t. I，p. 167；H. Maspéro：*La Chine Antique*，Paris，1927，pp. 251-252.

［11］C. Nimuendaju et R. H. Lowie，The Dual Orgamzation of the Ramkokamekran (Canella) of Southern Brazil，*American Anthropologist*，n. s.，vol. 29，1927，p. 578.

［12］H. Baldus，Os Tapirapé，*Revista do Avquivo Municipal*，São Paulo，1944—1946.

［13］K. Von den Steinen，*Unter den Naturvölkern Zentral-Brasiliens*，2e éd.，Berlin，1897；见该书的葡萄牙文版，第 581 页，São Paulo，1940。

［14］同上书，第 580 页。

［15］W. A. Cook，The Bororo Indians of Matto Grosso，Brazil，Smithsoman Miscellaneous Collection，vol. 50，Washington，1908.

［16］V. Frič and P. Radin，Contributions to the Study of the Bororo Indians，*Journal of the Royal Anthropological Institute*，vol. 36，1906，pp. 391—392.

［17］Ibid.，p. 392.

［18］J. M. Cooper，同前。

［19］K. Von den Steinen，出处同前，p. 488。

［20］C. Lévi-Strauss：On Dual organization in South America，*America Indigena*，vol. 4，Mexico，1944；*The Tupi-Kawahib*，In：*Handbook of South Amercican Indians*，Smithsonian Institution，vol. V，Washington，1948.

这种重构受到了德·盖洛兹小姐的巧妙批判。她举出谢伦特人神话和礼仪里的几个显示这些土著已经在热带草原上生活了相当长时间的重要因素。我承认这里的确存在着一个问题，尽管仅凭一个特定部落的经济史就去解释分布在从加拿大到秘鲁的新大陆上的某些神话主题——像谢伦特人自己所做的那样——是要冒点风险的。参见 Maria Isaura Pereira De Queiroz：A noção de arcaismo em etnologia e a organização social dos Xerenté，*Revista de Antropologia*，vol. I，n°2，São Paulo，1953，pp. 99-108.

［21］C. Nimuendaju：The Apinayé，*The Catholic University of America Anthropological Series*. n°. 8，Washington，1939；C. Lévi-Strauss：les Structures socials dans le Brésil centralet oriental，*Proceedings of the 29th Congress of Americanists*，New York，1949，即本书第七章。

［22］C. Lévi-Strauss：*La Vie familiale et sociale des Indiens Nambikwara*，Société des américanistes，Paris，1948；*Tristes tropiques*，Paris，1955.

第七章　巴西中部和东部的社会结构[1]

最近几年，我们的注意力已经被引到巴西中部和东部的一些部落的制度上面。这些部落低水平的物质文化导致它们被归入极为原始的社会。这些部落的特点是拥有高度复杂的社会结构，包括相互交叉并具有专门功能的各种半族系统、氏族、年龄阶层、竞技和仪式的团体，以及其他形式的集团。这方面最突出的例子是谢伦特人。较早的观察者以及后来的高尔巴契尼（P. A. A. Colbacchini）、尼缅达居和我本人都描写过他们。谢伦特人有分成氏族的外婚制父系半族；其次是卡内拉人（Canella）和博罗罗人，他们具有外婚制的母系半族和其他类型的群体；再次是拥有非外婚制的母系半族的阿比纳耶人；另外还有一些更为复杂的类型，例如进一步划 133

分为氏族的双重半族制度和无进一步划分的三重半族制度，分别在博罗罗人和卡内拉人那里可以看到。

观察者和理论家们一度倾向于在二元组织的基础上解读这些复
134 杂的制度，二元组织似乎代表着最简单的形式[2]。其实这是跟在土著报告人的描述后面亦步亦趋所致，因为他们把这些二元形式置于最突出的地位。在这一点上，笔者跟同行们没有分歧。然而，一种久已有之的怀疑曾使我把考察区域内的二元结构的特点设想为遗存。读者在下文会看到，这个假设应当被证明不够充分。

的确，我们这里打算说明实地考察者（包括我们自己）所提交的描述无疑正好符合土著人头脑中的他们自己的社会的形象，但这一形象不过是关于性质截然不同的现实的一种理论，甚至可以说是一种改变。这一至今只在阿比纳耶人那里隐约看到的现象导致两个重要后果：巴西中部和东部民族当中的二元组织不仅只是一个附带现象，而且往往是虚幻的。尤其重要的是，我们被引导把社会结构设想成一些独立于人的意识的客体（尽管这些结构制约着人的存在），似乎它们有别于人们对之形成的印象，正如物理现实之有别于我们对它的感性表象以及针对它提出的假想。

我们将从尼缅达居所描述的谢伦特人的例子开始。这个民族属于中部格语族，分布为村落，每个村落由两个外婚制的父系半族组成，再进一步分为四支氏族，其中三支被土著人视为正宗谢伦特人，传说剩下的一支额外的氏族属于一个被“俘获”的外来部落。这八支氏族——每个半族各有四支——在仪式功能上和特权上互有区别，但是，无论是氏族还是两支竞技团队，或者是依附于他们的四个男子团体和一个女子团体，抑或是六个年龄阶层，其中没有一
135 个会干预完全取决于半族系统的婚姻法则。于是，二元组织的一些照例会出现的关联项便似乎可以预期了：兄弟姐妹有堂亲与表亲之

分；父方与母方的旁系兄弟姐妹彼此混同；父母两方的旁系兄弟姐妹之间优先通婚。不过，这种情形并非毫无例外。

我们在另一部著作里——下面将简单回顾一下它的结论部分[3]——把婚姻交换分为三种基本的表现形式，它们分别是：父母两方的旁系兄弟姐妹之间的优先通婚，姐妹之子与兄弟之女之间的通婚，以及兄弟之子与姐妹之女之间的通婚。我们把第一种形式叫作有限交换，这个名称含有一个群体分成两个部分或者二的倍数的意思；一般交换这个术语则包括其余两种表现形式，它们指通婚可以在任一数目的伴侣之间发生这一事实。因此，母系通婚和父系通婚的区别来源于下述事实：前者代表着婚姻交换的最完整最丰富的形式，因为伴侣们一劳永逸地面向一种整体性的和无限开放的结构。与之相反，父系通婚是互惠性的“极端”形式，这种婚姻从来就只把群体成对地两两联系起来，并意味着每一代人的所有婚姻循环都发生一次彻底的颠倒。其结果导致母系通婚通常伴有一套我们叫作“连贯的”亲属称谓，因为继嗣群体的相对位置并无发生改变之虞，这些位置的先后占据者因而在同一称谓之下趋向一致；辈分之间的区别也趋于被忽略。另一方面，父系通婚则伴有一套“交替的”称谓。这套称谓所反映的事实是，由于上下两代对立与隔代之间一致，儿子的婚姻取向跟父亲相反（但与姑母的取向相同），跟爷爷相同（却又与爷爷的姐妹相反）。女儿所处的相应局面则是完 136
全颠倒的。接下来还有第二个后果。在母系通婚当中，我们看到两种分别表示两类联姻关系的不同称谓，从来不混用，即“姐姐或妹妹的丈夫”和“妻子的兄弟”。在父系通婚当中，这一两分法在继嗣世系的内部转而用于按照性别区分第一亲等的旁系亲属：兄弟和姐妹两方的婚姻道路永远是相反的，他们的区别在于那种在威廉斯（F. E. Williams）对美拉尼西亚的出色描述里被称为“性别从属”

（sex affiliation）的现象；从他们照搬或补充其婚姻命运的前辈那里，每一方都享有继承一小部分地位的特权。这就是说，根据不同情况，儿子从母亲那里继承，女儿从父亲那里继承——或者颠倒过来。

把这些定义应用于谢伦特人，马上就可以看到一些反常现象。亲属称谓也好，婚姻法则也好，全都不符合二元的或有限交换的制度的要求。况且它们本身是彼此对立的，因为每一种形式都同一般交换的两种基本形式之一发生联系。例如，亲属关系的词汇提供了好几个连贯称谓的例子，例如：

姑母的儿子 ＝ 姐妹的儿子
舅父的儿子 ＝ 妻子的兄弟
姑母的丈夫 ＝ 姐妹的丈夫 ＝ 女儿的丈夫

旁系兄弟姐妹的两种类型也区分了出来。然而，只允许跟父方旁系姐妹通婚，与母方旁系姐妹结婚被禁止，这一点理应意味着存在一套交替的称谓，而不是连贯的称谓，这个个案正好属于这种情形。与此同时，分属不同半族的个人的好几种称谓之间的趋同化（母亲和姨母的女儿之间；同胞兄妹和舅父的子女之间；姑母的子女和兄弟的子女之间；等等）显示，半族的划分并不反映社会结构的最本质的方面。因此，只要对亲属称谓和婚姻法略加审视，哪怕只是浮光掠影地，也会启发我们做出以下观察：无论是婚姻词汇还是
137 是婚姻法则，它们都不符合一种外婚制的二元组织。再者，亲属称谓和婚姻法则分属两种彼此排斥的形式，这两种形式与二元组织也都不相容。

然而，我们却发现了母系通婚的一些迹象，正好与唯一获得证实的父系形式相互矛盾。这些迹象是：（1）和一个妇女及其与另一

个男人所生的女儿的多偶婚，这种一夫多妻形式通常跟连带着母系继嗣的母系通婚结合在一起（虽然如今是父系继嗣）；（2）姻亲之间有两个交互的称谓：aimapli 和 izakmu，它们使人想到姻亲之间保持着一种总是单义的关系（不是“姐妹的丈夫”就是“妻子的兄弟”，两者不可同时兼具）；（3）最后一个迹象，也是最重要的，是未婚妻的舅父扮演着对于一个半族制度来说是反常的角色。

二元组织的特点是半族之间存在着一种互惠性服务，两个半族既协作又对立。这种互惠性体现在外甥与舅父之间的一系列特殊关系上，无论继嗣关系表现为何种形式，两人都分属不同的半族。然而，在谢伦特人当中，此类关系的典型形式限于各种“纳尔夸”（narkwa）之间的特殊关系，而且似乎转移到了以丈夫或未婚夫为一方，以未婚妻的舅父为另一方的关系上面。这一点值得我们驻足细看。

未婚妻的舅父有以下各项功能：作为婚姻的前奏，筹划并实施劫持未婚夫；一旦外甥女离婚，予以收留并保护她不受丈夫的侵害；如果外甥女的丈夫亡故，便要求外甥女的叔伯迎娶她；如果外甥女遭到强奸，就同其丈夫一道为她报仇雪恨；凡此种种。换句话说，舅父跟外甥女的丈夫同为外甥女的保护人，必要时还可以针对她的丈夫对她实施保护。可是，半族制度如果确实具有一种功能性价值，那么未婚妻的舅父似乎就应该是未婚夫的一位分类意义上的“父亲”，然而这使得他的抢婚者的角色（同时也保护他的“儿子”之一的妻子，跟她的丈夫敌对）变得绝对无法理解。所以，必须始终有至少三个不同的继嗣类型：已身的世系、已身之妻的世系、已身之妻的母亲的世系。这一点跟纯粹的半族制度是不相容的。 138

与此相反，同一半族以内的成员经常相互提供服务。女子命名的时候，在姑娘们的交替半族与她们的分属主持仪式的半族的舅父之间要举行仪式性交换。男孩子的成丁礼是由属于同一半族的伯叔们主持的。女子团体专享的唯一特权是把两个男孩命名为 Wakedi，此时，男孩的舅父积攒起来的猎物被交替半族的妇女们抢走，这个半族因此就是舅父同时所属的半族。概括地说，一切都似乎证明存在着一个二元组织，不过情形刚好是颠倒的。或者更确切地说，半族的作用取消了。服务并不是发生在半族彼此之间，而是同一半族的内部，恰逢另一半族举行特殊活动之时。因此，永远有三个参与者，而不是两个。

以此为条件，意味深长的是，可以在社团层面看到一种跟一般交换的法则完全对应的形式结构。四个男子社团组成一种循环。当一个男子变换社团的时候，他必须遵守一个已经规定好的固定不变的次序。这个次序跟主导着转让女子姓名的次序相同，而且是男子社团的专利。该次序如下：

克拉拉（krala）→ 克列列克姆（Krieriekmū）→ 阿凯姆哈（akemhā）→ 阿诺罗娃（annōrowa）→（克拉拉）（krara）

它跟这些社团的神秘的创制次序相同，但方向相反，跟社团之间轮流举办巴蒂（Padi）仪典的次序也相同，但方向相反。

当我们转到神话上来的时候，等待我们的是又一个令人惊讶的现象。在神话里，社团表现为依照先后次序（从最年幼到最年长）产生的**年龄阶层**。然而，对于面具的制作来说，这四个社团又结成了两对，通过彼此提供互惠性服务相联系，仿佛形成了半族；而且，组成这两对社团的是交替的而非连续的年龄阶层，仿佛每一个这
139 样的半族都由属于一般交换的两个婚姻阶层组成似的，如图 4 所示。这种次序也见于叫作 aikemā 的有关已故名人的纪念活动的规则里。

因此，对于只能择要阐述的这一番论辩，我们将它概括为以下几点：

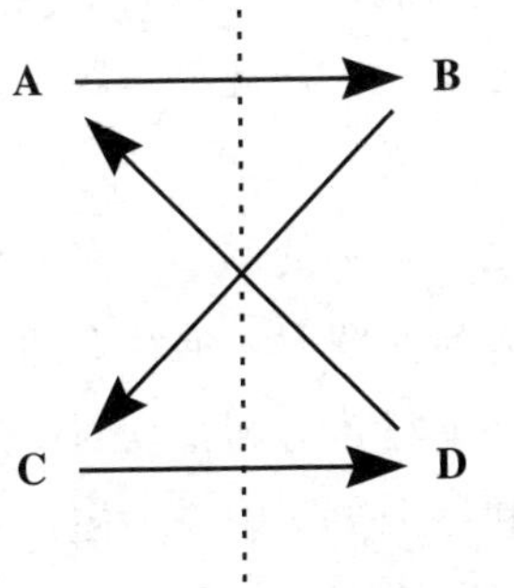

图 4

（1）外婚制半族、社团以及年龄阶层之间并非壁垒森严。社团的功能类似于婚姻阶层，它们能够比半族更好地满足婚姻法则和全套亲属关系称谓的要求。在神话传说方面，社团是以年龄阶层的面目出现的；在仪式方面，它们在一种理论性的半族制度当中分为群体。只有氏族置身于这一有机的整体之外，似乎与它毫无关系。一切迹象都显示，半族、社团和年龄阶层似乎都是一种隐藏未露的现实的笨拙和不完整的表现。

（2）唯一能够说明这些矛盾特征的历史进化过程是：

▲起初，曾经有过三个父系的和从父而居的继嗣世系，它们实行一般交换（与舅父的女儿通婚）；

▲母系半族被引进，这就要求：

▲形成第四个从父而居的世系（每一个现存半族中的第四个氏族，即“俘获来的部落”，有关社团起源的神话也证实最初有三个世系），

▲（母系）继嗣的规则与（从父）栖居规则发生冲突，从而导致：

▲半族向父系继嗣转变，与此同时，

▲世系同时丧失了功能性角色，它们因“男性的反抗”现象开始发挥作用而转化为社团。这种现象是跟引进原始形式的母系半族一起出现的。

140 我们将更快地浏览一下别的例子，名列榜首的是博罗罗人。首先应当指出，谢伦特人与博罗罗人的社会组织之间存在着显著的对称性。两个部落都呈环形村落分布，均对半地分成外婚制半族，每个半族都有四个氏族和一个男子中央大屋。尽管由于两个社会各自的父系和母系特征造成各个项次之间的对立，这一平行现象却更为深入了：博罗罗人的男子大屋对已婚男子开放，谢伦特人的男子大屋只对单身汉开放。这里是博罗罗人性杂交的场所，谢伦特人在这里则必须保持童贞。博罗罗单身汉把少女和与之有婚外性关系的妇女强行拖入屋内，谢伦特少女闯入大屋则只为寻得丈夫。由此可见，在这两个部落之间进行比较是合理的。

近来发表的一些研究提供了关于社会组织和亲属关系的新信息。在亲属关系方面，阿尔比塞蒂（P. Albisetti）神父发表的丰富文献表明，虽然确实存在着“表亲”与“堂亲”的二分现象（正像我们可以在外婚制半族中预见的），但是它并未产生半族之分，而仅仅印证了它，因为两个半族都有一致的称谓语。我们将只举少数几个突出的例子。对于分属不同半族的兄弟和姐妹的子女，己身是等同地看待的。如果说，就孙辈子女而言，我们可以毫不费力地预期存在着“儿子与女儿”（理论上仅指己身所在的交替半族的孙辈子女的两个称谓）与“女婿与儿媳”（理论上仅指己身所在的半族中的孙辈子女的两个称谓）的分别，但是这些称谓的实际分布却跟半族的划分并不对应。我们知道，对于其他部落来说，譬如加利福尼亚的米沃克人（Miwok），这类反常现象恰恰证明一些不同于半族而且更为重要的组合方式。另一方面，我们也注意到博罗罗制度中有一些引人注目的等同现象，例如：

舅父的儿子的儿子被称为：女儿的丈夫，孙子； 141

姑母的女儿的女儿被称为：妻子的母亲，祖母；

尤有甚者：

母亲的舅父的儿子，母亲的母亲的舅父的孙子被称作：儿子。

这倒立即让人想起班克-安布里姆-复活节岛（Bank-Ambrym-Pente côte）类型的亲属关系结构。在这两种情形中，与舅父的女儿的女儿通婚都是可能的，这一点肯定了两者的比照是可行的[5]。

在社会组织方面，阿尔比塞蒂神父明确指出，每一个母系半族均由四个氏族组成，而且通婚不仅是在某些氏族之间优先而已，而且必须是在这些氏族的某些分支之间。按照他的说法，每个氏族实际上分成高、中、低三个分支，它们跟氏族一样属于母系。两个氏族既然已经被优先通婚联系起来，那么婚姻只能发生在高对高、中对中、低对低的各分支的成员之间。如果这个记述正确无误（且不说慈幼会神父们的信息一向是可信的），博罗罗制度的传统程式便站不住脚了。无论把某些氏族联结起来的优先通婚是什么样的，纯粹意义上的氏族本身都将失去所有的功能性价值（我们已经看到，谢伦特人的情形相仿），而且博罗罗社会因此而还原为高、中、低三个内婚制群体，其中每一个又分成两个外婚制的分支。同时，实际上是三个亚社会的三大核心群体之间并无任何亲属关系（图 5）。

既然亲属称谓的系统只能依据最终分裂为六个世系的理论上的三大继嗣世系，即妻子的父亲、母亲、女儿的丈夫，而且三者在一 142
般交换的制度下是相互联结的，那么我们就可以像在谢伦特人那里一样，提出一种被外加的二元制打破了的原始三分制。

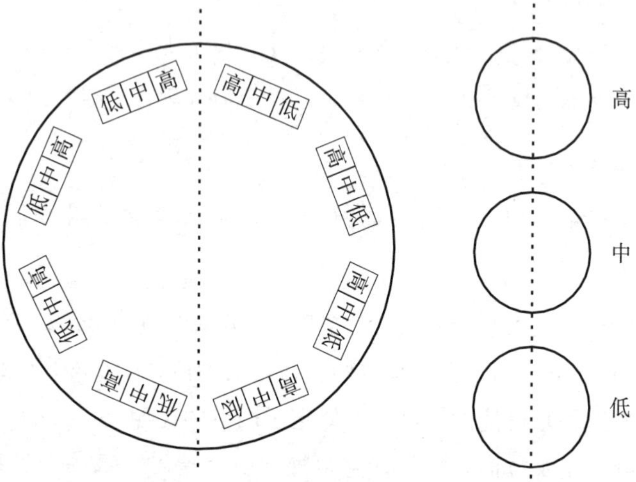

图 5　博罗罗村庄的传统程式　　　　实际情形

把博罗罗社会视为内婚制社会会令人十分惊讶，假如三位作者没有依据尼缅达居的资料针对阿比纳耶人独立地得出了相似的结论，我们甚至对是否应当这样考虑问题都会感到迟疑。我们知道，阿比纳耶人的半族不是外婚制，他们的婚姻受制于将整个群体分为四个 kiyé 的划分，方式如下：男子 A 娶女子 B，男子 B 娶女子 C，男子 C 娶女子 D ，依此类推。男孩子从属于他们的父亲的 kiyé，女孩子从属于她们的母亲的 kiyé，这四个表面上的外婚制群体掩盖着四个内婚制群体的实际区分：A 组男子和 B 组女子之间有亲属关系；B 组男子和 C 组女子之间有亲属关系；C 组男子和 D 组女子之间有亲属关系；D 组男子和 A 组女子之间有亲属关系。与此同时，
143 每个 kiyé 内部的男女之间却没有任何亲属关系。我们根据目前掌握的信息描述的博罗罗人正好属于这种情形，唯一的区别在于，博罗罗人只有三个内婚制群体，而不是四个。有迹象表明，塔比拉贝人

的情形也不外于此。这样一来，我们便可以自问：禁止旁系兄弟姐妹之间通婚的阿比纳耶婚姻法则，以及某些博罗罗氏族的内婚特权（虽属同一半族，但是可以订婚）是不是通过反其道而行之的办法，要么是例外的乱伦行为，要么是因为亲级疏远而不那么容易发觉的违法婚姻，以寻求对群体的分裂进行弥补呢？

令人颇为烦恼的是，尼缅达居关于东部丹比哈人（Timbira）的著述里的缺漏及其晦涩的文笔使我们无法深入分析。不过，毋庸置疑，我们此处面对的是整个文化区域所共有的一个复杂体当中的一些相同成分。丹比哈人拥有一整套系统化的连贯式的称谓语，其中包括：

姑母的儿子 ＝ 父亲
姑母的女儿 ＝ 姑母
舅父的儿子 ＝ 兄弟的儿子
女儿的女儿 ＝ 姐妹的女儿

以及旁系兄弟姐妹之间通婚的禁律（跟阿比纳耶人一样）——尽管存在着外婚制半族；未婚妻的舅父所起的作用——保护外甥女免受其夫的伤害，这种情形我们已经在谢伦特人那里见过；年龄阶层的交替循环——这跟谢伦特人的社团和阿比纳耶人的婚姻阶层的循环相似；

最后，年龄阶层在体育竞技中组成隔级交替的对子——如同谢伦特人社团在仪式性功能中结成对子一样。这一切都使我们认为，丹比哈人所提出的问题将不会过于特殊。

从以上阐述可以得出三条结论，请读者原谅它们仍嫌比较粗略：

（1）对巴西中部和东部民族的社会组织的研究应该重新进行田野调查。这首先是因为这些社会的实际运转情况与迄今所仅见的那 144

些表面现象极为不同；其次，也是更重要的，是因为这项研究必须在比较的基础上进行。毫无疑问，博罗罗人、卡内拉人、阿比纳耶人和谢伦特人都以各自的方式将一些实在的制度系统化了，这些制度既十分相似，又比它们的外表样式简单得多。再有，我们在这些社会里看到了不同类型的组织方式：三种形式的二元组织、氏族、亚氏族、年龄阶层、社团，等等，可是它们并不都是具有功能意义的结构，这一点跟澳大利亚的情况不同。它们毋宁是同一深层结构的一系列体现，每一个都是部分的和不完整的。它们把这个深层结构不断地翻版，但从未表达出或者穷尽它的现实性。

（2）田野调查工作者应当习惯于从两个不同的方面考虑他们的研究。把土著人关于他们的社会组织的理论（以及为了适应理论框架而赋予这些制度的表面形式）与这个社会的实际运转情形混淆起来的风险总是存在的。两者的区别之大，可能如同伊壁鸠鲁的或笛卡儿的物理学与我们得之于现代物理学的发展的知识之间的不同。土著人的社会学描述不仅只是他们的社会组织的某一部分或某种反映，正如照样可能发生在较为发达的社会里一样，有可能完全跟他们的社会组织抵触，或者忽略了其中某些成分。

（3）我们在这一方面已经看到，巴西中部和东部土著人的表述方式和体现后者的制度性语言形成了一种努力，即拼命突出某种结构类型：半族的或阶层的外婚制，其真正的作用是十分次要的，尽管并非纯属虚幻。我们猜测，在二元现象和社会结构的表面对称性
145 的背后，存在着一种三等分的、非对称性的和更为基本的组织[7]，二元现象这一提法本身给这种组织的和谐运转带来了一些或许无法克服的困难。为什么一些被高系数的内婚制所玷污的社会如此迫切地需要将自己神秘化，把自己设想成受制于自己并无半点直接了解的传统外婚制呢？这个我们在别处也曾寻找过解答的问题属于普通

人类学。在像本文这样的技术性讨论中，针对一个有限的地理区域提出这个问题，这本身至少证实民族学研究的当前趋势，而且表明今后在社会科学中，理论和实际经验是不可分割的。

注释

[1] 原文以此为题发表于 *Proceedings of the 29th Congress of Americanists*，univ. of Chicago Press，1952，载：Sol Tax ed. Indian Tribes of Aboriginal America，pp. 302-310。

[2] 不过，从1940年起，罗维就告诫千万不可与澳大利亚的一些制度错误地相提并论。

[3] *Les Structures élémentaires de la parenté*，1949.

[4] 不过，对于博罗罗人来说，与舅父的女儿结婚依然是可能的，这表明比较不应过于绝对。

[5] 梅特罗（A. Métraux）已经指出阿维科马人有这种三方组织，但是受到争议，理由是那将意味着它是"仅巴西才有的"组织。（本章所引用的书目见于本文所摘自的论文集，亦见本书末尾的文献目录）

第八章　有二元组织这回事吗?[1]

147　接受本刊这一期祝贺的乔斯林·德·荣格（Josselin de Jong）教授是一位既关注美洲又关注印度尼西亚的学者。也许正是这种两地并举的做法使他能够提出大胆和丰富的理论观点。在我看来，荣格教授所开辟的道路为民族学理论展现了无可限量的前景。这部理论遇到的难题之一是如何给比较研究打下和界定一个基础：要么，人们拿来进行比较的现象在地理上和历史上极为接近，以至于总是难以肯定是否在跟好几种现象打交道，而不是表面上多变的同一个现象；要么，这些现象之间大异其趣，从而因为事物本身不能相提并论而造成比较的方法违背情理。

美洲和印度尼西亚提供了摆脱这一两难境地的

办法。致力于研究这两大地区的信仰和制度的民族学家直觉地感到，那里的现象同属一种性质。有些调查者致力于找出一个能够说明这种亲缘关系的共同基础。我这里将不讨论他们那些令人困惑而大胆的假说。在我看来，问题也许在于一种对一系列制度方面的可能性做出了相似的选择的社会之间在结构上的相似性。这些可能性 148
的范围当然并非没有限度。无论从一个共同起源去解释，还是从来源于支配着这两个地区的社会组织和宗教信仰的结构性原则之间的偶然的相似性去解释，这种亲缘关系总之还在。而且我认为，对荣格教授的最好的褒扬莫过于采纳其著作所蕴含的建议：阐明某些制度形式的比较分析如何能够说明社会生活中的某个基本问题。众所周知，通常被叫作二元组织的现象分布极为广泛。在这里，我想通过美洲和印度尼西亚的一些例子，针对这一类型的组织提出一些思考。

我将把保罗·雷丁（Paul Radin）在他的经典论文里提出的一项观察作为出发点[2]。这篇研究论文是关于五大湖地区的温内巴戈人部落的。我们知道，温内巴戈人（Winnebago）以前曾经分成两个半族，分别叫作 wangeregi（上分支）和 manegi（地上的）（为方便起见，我们将后者简称为“下分支”）。这些半族实行外婚制，而且有定义明确的相互权利与义务。每个半族都必须为对方的死者举行葬礼。

雷丁在考察半族的划分对于村落结构的影响时，注意到充当报告人的老人之间发生了莫名其妙的争执。他们大多描述了一座环形 149
的村落，两个半族被一条自西北方向到东南方向的理论上的直径线隔开（图 6)。可是，不少报告人坚决否认这种分布，他们描绘的是另一种设置：半族的酋长的茅屋处于圆心，而不是在边缘（见图7)。据雷丁说，第一种配置似乎总是反映着隶属“上分支”半族的报告人的看法，第二种设置则出于属于“下分支”半族的报告人之口（同前书，第188页）。

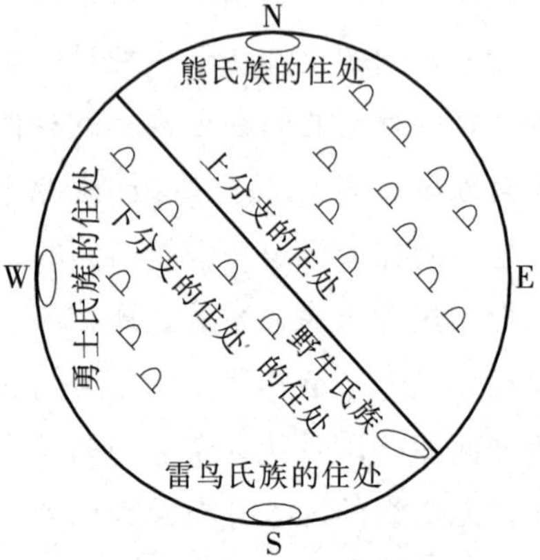

图6　依据上分支半族的报告人所说绘制的温内巴戈人村庄的草图

资料来源：d'après P. Radin。

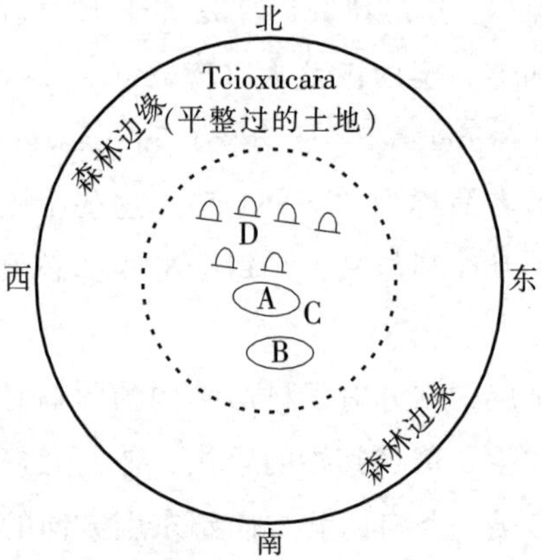

图7　依据下分支半族的报告人所说绘制的温内巴戈人村庄的草图

资料来源：同图6。

由此可见，村落在一部分土著人看来是环形的，茅屋分布在对半分开的环形的整个幅员之内。在另一些土著人看来，圆形村落依然分成两大部分，但是有两条重要的区别：不是一条直径线把圆环分割成两个半圆形，而是大圆环套小圆环；不是把混居的村落划分开来，而是小圆环使所有茅屋跟平整过的土地形成对立，后者又与环绕整个村落的森林形成对立。

雷丁并未强调这项争执，他只惋惜自己掌握的信息不够，无法在两种设置之间断然做出取舍。在此，我想表明，问题并不一定是二者必居其一，因为人们讲述的那些形式并不一定是两种不同的设置，它们可能是同一种组织的两种描述方式。由于这一组织太复杂，用单一的模型说不清楚，所以每个半族的成员都倾向于根据自己在社会结构中的位置去设想它，有人这样想，有人那样想。这是 150
因为，即使在二元组织这一类呈现表面对称性的社会结构当中，半族之间的关系也从来不是一成不变的，或者像人们倾向于想象的那样是完全互惠性的。

温内巴戈报告人之间的争执有一个特别之处，那就是两种描述形式都符合实际的设置。我们知道，有些村落确实是按照这样或那样的模式分布的（或其理想的分布如此）。为论述简便，我将把图 6 所显示的设置称为直径结构，把图 7 的设置称为向心结构。

直径结构不乏其例。首先，北美洲除了温内巴戈人以外，几乎所有的苏人都按照这种方式安营扎寨。至于南美洲的格族部落，尼缅达居的著作已经证明直径结构在那里屡见不鲜。此外，出于地理的、文化的和语言的理由，我们还应当加上由高尔巴契尼和阿尔比塞蒂两位神父和笔者本人都研究过的、居住在马托格罗索州中部的博罗罗人。直径结构甚至在蒂亚胡安娜科和库兹科可能也存在。美拉尼西亚的不同地区也提供了一些例子。

至于向心结构，一个突出的例子是由马林诺夫斯基发表的特洛布里恩群岛的奥马哈卡纳（Omarakana）村子的平面图。现在让我们来看一看（图 8）。这是一个可以使我们对马林诺夫斯基对形态问题视而不见表示惋惜的绝好机会。一个意义深远的结构被他在匆忙中一笔带过了，假如能够对之做出进一步分析的话，本来是能够大有斩获的。奥马哈卡纳村的设置呈现两个同心圆。中央是一个广场，“公共和节庆活动的场所”（同前书，第 10 页）。周围是一些贮藏薯蓣的仓库，性质是神圣的，并且有许多禁忌。贮仓被一条甬道所环绕，已婚夫妇们的茅屋沿着走道的外缘建造。马林诺夫斯基称
151 此为村子的凡俗部分。但是，对立不仅存在于中央与周边、神圣与凡俗之间，而且延伸到其他方面。位于内圈的贮仓储藏生的食物，烹煮食物是不允许的：“两个圆环形的主要区别在于烹饪禁忌”（同前书，第 71 页），理由是“烹煮对甜薯不利”。烹煮和食用食物只能在位于外圈的住宅的周边进行。薯蓣贮仓的建造和装饰比住屋讲究

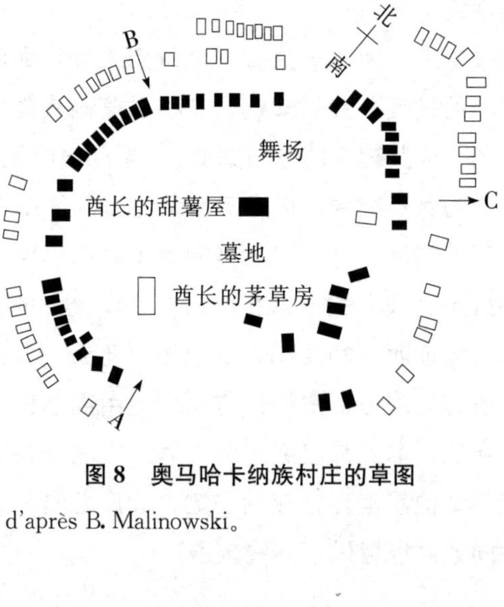

图 8　奥马哈卡纳族村庄的草图

资料来源：d’après B. Malinowski。

得多。附带提一下，只有单身汉才可以住内圈，已婚夫妇必须住在周边。这一点使人马上想起一个被雷丁记录下来的温内巴戈人的意义含糊的现象：“在距离他们的村落稍远的地方安家，这对年轻夫妇们来说是一种惯例。”[3] 更令人奇怪的是，在奥马哈卡纳村里，只有酋长才可以将住处修建在内圈里，而且在那些对向心结构采取赞同态度的温内巴戈报告人的描述中，整个村子只剩下重要酋长的茅 152
屋。那么其他人住在哪里？最后一点，奥马哈卡纳的两个同心圆在性别方面对立：“假如不对下面这个提法进一步深究的话，便可以说，村子的中央广场部分属于男性，街道部分属于女性。”[4] 然而，马林诺夫斯基曾多次强调，薯蓣贮仓和单身汉的住屋皆可视为神圣广场的附属物或延伸，这一点跟家居茅屋与环形道路之间的关系相仿。

因此，我们在特洛布里恩群岛上看到了一个由神圣与凡俗、生食与熟食、独身与婚姻、男性与女性、核心与周边这些对立组成的复杂系统。如有必要，生食和熟食在结婚礼物中的既定作用——在整个太平洋地区，结婚礼物本身就有男女之分——将成为其中所包含的观念在社会上的重要性及其地理分布的佐证。

我们将不做如此广泛的比较，而只限于指出特洛布里恩的村庄结构与印度尼西亚的某些现象之间的相似性。核心与周边的对立，或者说内与外的对立，一下子便使人想起爪哇岛（Java）西部的巴杜伊人（Baduj）的组织：他们也分成被视为高尚神圣的内巴杜伊人和被视为低俗的外巴杜伊人[5]。按照梵德克罗夫（Van der Kroef）的提议，不妨把这种对立同东南亚不对称婚姻制度中的“嫁妇者”与“娶妇者”的对立联系起来[6]。在那里，“嫁妇者”在社会地位和巫术法力两个方面都比“娶妇者”优越。这一点也许还会使我们走得更远一些，直至中国的堂表亲之分。把巴杜伊人看成三项式系统

153 与二项式系统之间的一种过渡，这种处理还可以使人联想到奥马哈卡纳人，他们的村子同时分为两个圆形和三大部分。这三大部分分别属于酋长的母系氏族、酋长的配偶（即联姻氏族的代表）以及平民。后者本身又划分为村里的二级有产者和没有产权的外来户。无论如何，我们不可忘记巴杜伊人的二元组织在村落的层次上实际上并无作用，而是规定着由许多村落组成的各块领土之间的关系。这个事实本身就可以使人们采取极大的保留态度。不过，乔斯林·德·荣格从另一个角度提出了跟巴杜伊人有关的合理概括。他指出，他们当中的那些对立使人联想到爪哇和苏门答腊的其他一些对立："标价的亲戚"与"标高价的亲戚"（后者极具中国味道）。他拿这种对立来比照聚居地和偏离地之间的对立，也就是米南喀堡人（Minangkabau）那里的 kampung（村内建筑区）和 bukit（环村岗坡区）[7]。因此，这是一种向心结构，但也是发生在村中广场上的一场模拟的冲突主题，一方为"水手"，另一方为"战士"，分别代表两个群体。他们届时沿着一条直径线列阵（东西两方）。这本书的作者间接地提出了两种结构之间的关系问题，他指出："kampung 和 bukit 的对立是否与 Koto-Piliang 和 Bodi-Tjianiago 之间的对立一致呢？了解这一点也许更令人感兴趣。"（同前书，第 80～81 页）后者即他所说的米南喀堡人的两个半族的古老划分。

若从我们在本章所提出的观点来看，这种区别的意义就更重要了。很清楚，村落中央与周边之间的对立与上述美拉尼西亚的结构基本上对应。但是它同温内巴戈村落的向心结构的相似性令人瞩
154 目，因为温内巴戈报告人在描述中情不自禁地引进了一些生态方面的特征，这一点有助于他们想象此处的对立，正如印度尼西亚的情形一样：外圈称 tcioxucara，即平整出来的区域，它是与村内建筑

区对立的，同时又同环绕着所有这一切的森林相对（图 7）。我们怀着极大的兴趣注意到，乔斯林·德·荣格在马来半岛的尼格里—桑比兰人中发现了同样的结构。那里遍布“海岸”（上等）与“内陆”（下等）之分，这一对立在大陆和各个岛屿上的翻版是以稻田和棕榈树为一方（即作物），以山脉和河谷为另一方（即未开发土地）的对立[8]。整个印度支那地区也有同一类型的划分。

上述如此复杂的社会组织的类型显示出一种奇怪的反差，荷兰籍的作者都竭力强调这一点。要研究这些反差，印度尼西亚无疑是一个得天独厚的场所。让我们紧随这些作者，试着把这些反差概括一下。我们首先看到了一些二元组织的形式，有些学者猜想它们是一种古老的半族制度的痕迹。加入这场讨论是无益的。对我们来说，重要的是，二元组织本身也是一种双重的现象：有时候它似乎来源于社会群体之间、物理世界的各个方面之间、道德的或形而上学的特征之间的一种平衡而对称的二分现象；也就是说——如果上文提出的概念可以推而广之的话，一种被直径线对半切开的结构；有时候却相反，二元组织是按照某种同心圆的观念设想的，唯一的区别在于，就社会的或宗教的威信而言，两个彼此对立的项次必须是不对等的。

我们当然明白，属于一个直径结构的诸成分之间也照样会不对等。这甚至是最常见的现象，因为我们看到，“尊卑”、“长幼”、 155
“贵贱”、“强弱”等词语被用来称呼这些成分。可是，在直径结构中，这种不平等并非总是存在，况且它并不是由这些充满互惠性的结构的根本性质造成的。正如我以往指出过的[9]，这种不平等是一种神秘的现象，本文的目的之一就是对它进行解读。

那些半族既然负有互惠义务，而且实行对等权利，怎么又会划分成阶层呢？不平等在向心结构的情形下是不言而喻的，因为我们可以说，两种成分是相对于同一个参照点即村庄的中心排列的，一个环形离中心很近——其实已经被包含进去了，另一个环形偏离中心。这是第一个观点，从它出发会引起三个问题：直径结构的性质，向心结构的性质，以及为什么大多数前一种结构都表现出一种显得违反自身性质的非对称性，从而形成既不属于颇为少见的那些完全对称的、按直径线划分的形式，也不属于永远是非对称的向心形式，而是介于两者之间。

其次，无论以什么样的面目出现（是按直径还是按向心划分），印度尼西亚的二元结构似乎总是跟一些成分为奇数的结构同时存在，其中最常见者有三种成分，也有五种、七种或九种成分的情形。这些看起来难以省约的类型靠什么相互连接起来呢？这个问题尤其跟婚姻法则有关，因为双系婚姻与单系婚姻是互不相容的，前者通常与属于外婚制的半族制度一起出现，后者在范·伍登（Van Wouden）的著作发表之后，在印度尼西亚已被屡屡证实。确实，姑母的女儿和舅父的女儿，这两位表姐妹之间的区分至少涉及三个不同的群体，绝不可能只跟两个群体有关。不过，在安汶地区似乎
156 存在着一些与不对称交换的制度结合得很好的半族。在爪哇、巴厘和其他一些地方，我们发现了与别的类型相联系的二元性对立的遗迹，带有五个、七个或九个范畴。不过，如果说不可能做到把后者归结为前者，即按直径划分的结构，那么只要用向心的形式去构想二元组织，问题便可以在理论上得到解决。因为，根据向心的观点，被添加的那个成分将会处于中心位置，其他成分则对称地置于周边。关于这一点，乔斯林·德·荣格教授讲得很清楚，一个奇数系统只要按照“核心与紧邻的周边之间的对立”的形式处理，任何

奇数系统均可以还原成偶数系统。可见，第一组问题和第二组问题彼此至少从形式上是有联系的。

在以上几个段落里，我借助一个北美洲的例子提出了有关二元性结构的类型说，以及把它们连接起来的辩证关系。讨论的这一最初阶段采用了美拉尼西亚和印度尼西亚的例子予以充实。当进入第二个阶段时，我想表明，通过考察一个新的例子，问题至少将会接近于解决。这个例子取自一个南美民族：博罗罗人。

让我们再次简述一下博罗罗人的村落结构（图 9）。村子正中央是男子之家，这是单身汉的住所和已婚男子的聚会场所，妇女严禁入内。周围是一圈宽阔的未经耕种的开垦地带。村子中央紧挨着男子之家的是跳舞的广场，夯土筑成，光秃秃的，以木桩环绕作为标

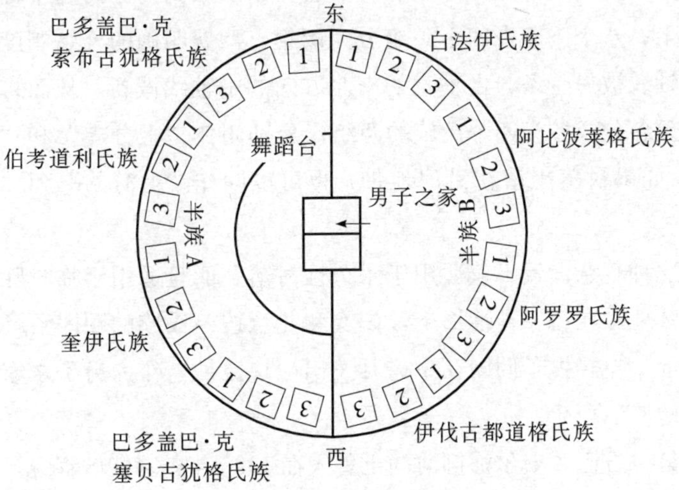

图 9　博罗罗村落的平面图

资料来源：P. C. Albisetti。

志。其余各处均被荆棘覆盖，荆棘丛中辟有一些通向家居茅舍的小径，这些呈环形分布的茅舍直达森林的边缘，里面住着已婚夫妇和他们的子女。继嗣关系为母系，实行从母居住。因此，中央与周边的对立同样也是男（集体住房的主人）女（周边家庭茅舍的主人）之间的对立。

157 我们这里面对的是一种向心结构，土著人对之有充分的意识；中央与周边的关系表达两组对立：一组是我们刚才看到的男女之间的对立，另一组是神圣与凡俗之间的对立。包括男子之家和舞蹈广场的整个中央区域是仪典活动的舞台，周边地区则留给妇女从事家务活动，她们生来就被排除在宗教的神秘之外（响板因此是在男子之家内制作和摆弄的，妇女连看一眼都不行，否则便有被处死的危险）。

但是，与这种向心结构并存的还有不少其他结构，都属于按直径划分的一类。首先，博罗罗村落被一条从东到西方向的中轴线分成两半；八个氏族按四个一组分为两组，均属明确的外婚制度。这条中轴线被另一条与之垂直的南北方向的中轴线截断，从而将八个氏族重新分成各为四个氏族的两组，分别叫作“上分支”和“下分支”；如果村落坐落在沿河地带，也可以叫作“上游的”和“下游的”。

这种复杂设置不仅适用于永久性村落，而且适用于临时驻扎一夜的营地。在后一种情形下，妇女和儿童按照氏族的顺序沿环形边缘住下，年轻男子们则在中央开发出一块空地，作为男子之家和舞蹈场地[10]。

158 另一方面，韦尔梅柳河的土著人在1936年曾对我解释说，以前村落人口更为稠密的时候，茅舍的设置方式也是一样的，不过那时不是只有一个同心圆，而是有好几个。

正当我落笔写下这几行文字的时候，我被告知在路易斯安那州，位于下密西西比河谷的波弗蒂角的考古发掘情况[11]。请允许我在这里对此插入一段说明，由于这个其历史可以追溯到公元前1 000年的奥普韦尔镇跟博罗罗村落往日可能具有的面貌十分相似，所以令人很感兴趣。平面图呈现八边形（不妨联想博罗罗人的八个氏族），住宅排成六行，整体上形成六个同心的八边形。两条互相垂直的中轴线将村落分割开来，一条是东西向的，一条是南北向的。两条轴线的两端以飞鸟形状的土堆为标志[12]，其中北端和西端的两个已被找到。另外两个极有可能毁于阿肯色河的改道。我们注意到，在（西端的）土堆旁发现了焚尸的遗迹，这无疑会让人想起博罗罗人的两个“死人村”，它们分别位于半族中轴线的东西两端。

可见，我们正在讨论的是美洲的一种可以追溯到相当遥远的古代的结构；较为晚近时期，与之类似的结构在玻利维亚和秘鲁被发现，而且在距今更近的时期，在北美的苏人（Sioux）、南美的格人（Gé）及其相近民族的社会结构当中也都发现了类似的现象。这些都是颇值得我们注意的题目。

最后一点，博罗罗村落显示出第三种形式的二元组织，这种形 *159*
式是隐性的，至今尚无人注意。要阐述它，就必须首先考察一下社会结构的另一个方面。

我们在村落的设置方式当中已经区分出一个向心结构和两个按直径线划分的结构。二元组织的这些不同表现还会让位于另外一种三重的结构。八个氏族当中的每一个正是这样细分成我称之为高、中、低的三个阶层（在下文的示意图里分别用s、m、i表示）。根据阿尔比塞蒂神父的观察[13]，我曾经在另外一篇文章里证明[14]，按照法规，一个半族的高等人必须跟另一个半族的高等人通婚，中等人只能跟另一个半族的中等人通婚，低等人只能跟另一个半族的低等人通婚。这样一来，博罗罗社会表面上的二元外婚制就变成了事实上的三重性的内婚制，因为我们面对的是高、中、低三个亚社会，每一个亚社会的成员都不跟另外两个亚社会的成员发生亲属关系。在那篇文章里，我把阿比纳耶人、谢伦特人和丹比拉人等中部和东部的格族社会拿来跟博罗罗社会做了一番简单的比较，从而认为所有这些部落的社会组织都属于同一类型。

如果说，博罗罗人的外婚制显示了一种附带现象的特点，我们就不会对慈幼会神父们的下述报告感到那么吃惊了：半族外婚制法则有一个例外，即允许两个半族之一的内部的两对氏族享有通婚的特权。不过这样一来，就可以区分出二元组织的第三种形式。这就是说，一个半族内的氏族为 1、2、3、4，另一个半族内的氏族为 5、6、7、8，均按在村中的环形空间位置排列；外婚制法则对氏族 1 和
160 2、氏族 3 和 4 不再适用。于是，我们必须区分出八种邻域关系：其中四种包含婚姻关系，四种排除婚姻关系。那么，跟表面上的半族划分相比，这种新的外婚制法则的二元表述同样可以反映实际情况：

按邻域关系配对的氏族：	可能通婚（+）或不可能通婚（−）：
1，2	+
2，3	−
3，4	+
4，5	+
5，6	−
6，7	−
7，8	−
8，1	+

共为四“正”四“负”。

这样一来，我们会看到博罗罗人的村落结构有两个引人注目的反常现象。第一种反常现象与s、m、i三个阶层在两个假外婚制半族中的排位有关。这种排位仅仅在每个半族内部才是规则的，我们（根据慈幼会教士的说法）看到按照三个一组排列起来的一连串茅草房子：s、m、i；s、m、i；等等。不过，s、m、i在一个半族中的的排列顺序与另一个半族是相反的。换句话说，阶层与半族之间的对称性呈现为一种镜像，一头是两个s，另一头是两个i把两个半圆形连接起来了。如果不考虑弧形的村落，就会得到如下图所示的配置：

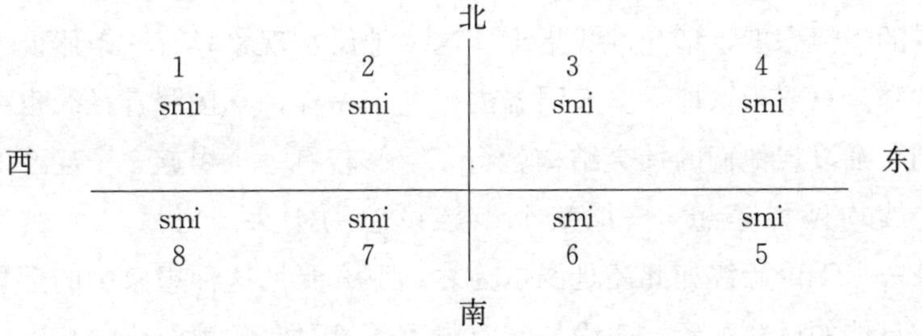

图中数字1至8代表氏族，字母s、m、i代表组成每个氏族的 161
阶层。东西方向的水平线相当于将假外婚制半族划分开的轴线，南北方向的垂直线则相当于有高低之别的半族的中轴线。

这种引人注目的配置方式似乎可以导致这样一个结论：虽然村落是圆环形的，但是土著人并没有把它想象为单独一个可分成两个部分的对象，而是把它想象为两个不同的并联的对象。

再看第二个反常现象。在从氏族1到4、氏族6到8的每个半族当中，都有两个氏族占据一种特殊的地位，即在社会意义上代表着博罗罗众神当中两个被神化了的大英雄巴柯罗罗和伊杜勃里，他们分别护佑着西方和东方。在上面的示意图中，氏族 1 和氏族 7 代表伊杜勃里，氏族 4 和氏族 6 代表巴柯罗罗。分据东西两端的氏族 1 和氏族 4 是没什么问题的。可是为什么是氏族 7，而不是氏族 8？为什么是氏族 6，而不是氏族 5？一个最先能够想到的答案是，肩负这些功能的氏族还必须跟两条中轴线之一毗邻，不是东西向的中轴线，就是南北向的中轴线。氏族 1 和氏族 4 跟东西向的中轴线毗邻，位于两端并处于同一侧；氏族 6 和氏族 7 与南北向的中轴线毗邻，位于该轴线的同一端，但是在两侧。既然氏族 1 和氏族 7（根据定义）属于西部，氏族 4 和氏族 6 属于东部，那就没有别的方法来满足毗邻性的条件。

但是，带着对一个经验性问题做出高度理论化处理时所必须秉持的谨慎态度，请允许我指出，这两种反常现象只有一条假说可以解释。只要承认博罗罗人同温内巴戈人一样，既按照直径线也按照同心圆设想他们的社会结构就行了。假若有一个半族——甚至两个半族均做如是想——把某个半族设想为中央，把另一个视为边缘——无论始终如此还是偶尔为之，那么要把这种想象中的配置变成具体的村落配置，心中便需有如下筹算过程：第一步，从南面打开内圈并移至北面；第二步，从北面打开外圈并移至南面（图 10）。方向一经颠倒，每一个半族就都能够随意地把自己或者另一个半族
162 看成中央的或者边缘的了。这种自由绝非无关紧要，因为塞拉（Cera）半族目前高于图嘎列（Tugaré）半族，尽管这跟神话传说里提到的情形相反。此外，也许认为塞拉半族比图嘎列半族更神圣是不正确的说法，但是看来至少每一个半族都对某种神圣事物保持着一种特殊的关系；简略地说，这种神圣事物在塞拉半族不妨称为宗教神圣，在图嘎列半族不妨称为巫术神圣……

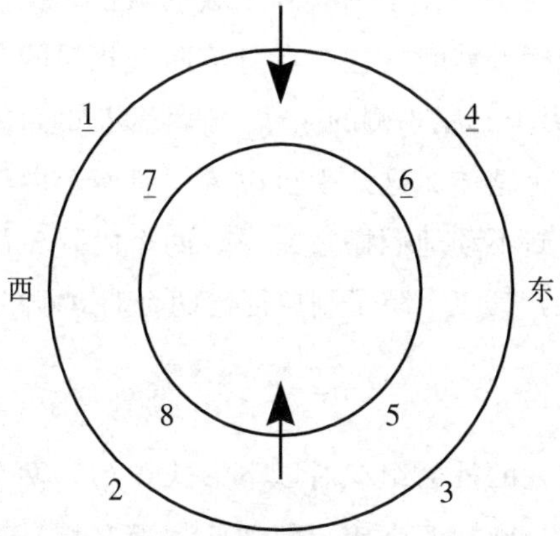

图 10　从同心结构到直径结构的过渡

现在我们回顾一下博罗罗社会的主要特征。我们已经找出三项特征，分别为：(1) 在按照直径线划分的数种二元组织之内存在着：(a) 一条东西方向的假外婚制的中轴线；(b) 一条表面上不起作用的南北方向的中轴线；(c) 氏族之间的毗邻关系在外婚制上的二分现象。(2) 在几种向心结构式的二元组织当中存在着男女之间、独
身与婚姻之间、神圣与凡俗之间的对立；直径结构也可以按照向心 163
式设想，反之亦然——这一现象此处仅稍带提及，下文将会从东部丹比拉人那里验证它的实施情形。(3) 在一个三联体的结构当中，所有氏族按照三个内婚制阶层再次分布（每个阶层都分成两个外婚制的半族，共六个阶层，恰如我们将在丹比拉人中看到的六个男性阶层）。

从上述取自北美洲、印度尼西亚和马来西亚的例子中可以看出，我们面对的是一种为二元组织本身所固有的复杂性。这一点来自另一条补充观察。博罗罗村落的神圣中心由三个部分组成：一半

属于切拉半族，另一半属于图嘎列半族的男子之家，因为它被一条东西向的中轴线拦腰截断（这一点可从两个相对的门的名字获得证明），以及位于男子之屋东侧的叫作“博罗罗”的舞蹈广场，全村在这里重新形成一个整体。这几乎可以说把有两个内院和一个外院的巴厘岛的庙宇原封不动地照搬过来了。两个内院象征着普遍意义上的宇宙两分现象，第三个院子则象征着两个对立项的调和[15]。

东部丹比拉人的社会组织有以下形式：（1）两个母系外婚制半族。分别称为东半族和西半族，但彼此都没有相对于对方的优先地位。不过，婚姻法则却超出了简单的半族外婚制，因为所有第一旁系的表亲都被禁止通婚。（2）父名阶层。妇女有两个，男子有 3×2=6 个。对于男女两性来说，不管叫什么名字，结果都是归入两个
164 不同的群体之一，一个叫作 Kamakra，意即“村中广场上的人”，另一个叫作 atukmakra，即“外来人”。（3）对于男子来说，父名阶层还有另外一项额外的功能，即这个阶层把他们分为六个“广场上的人”的群体，三个一组地构成东西两个非外婚制半族，而且在构造上不同于以上（1）中描述的半族。（4）四个年龄阶层，以十年为限，按照接续的阶层配对，形成了四个分部，成为另一个半族系统（第四个），与上述那些半族不同，但仍然有东西之别。

这个复杂的组织需要做出进一步说明。继嗣关系有两条规则。外婚制半族是母系继嗣关系，至少在原则上如此，因为从形式分析的角度来看（因为无法保证实际情形确实如此），可以把禁止第一旁系兄弟姐妹通婚的补充法则视为隐性的父系继嗣跟显性的母系继嗣彼此交错的结果。

这就导致一种双重的半族制度。继嗣关系的第二条规则适用于

父名阶层。妇女的名字从姑辈传给侄女，男子的名字则由舅父传给外甥。

上文所列举的四个半族系统，有三个是按照直径线划分的（东西各半），一个是按照向心结构划分的（中央广场和周边）。后者可以作为一种更为普遍的两分现象的模式：

Kamakra	atukmakra
东部	西部
太阳	月亮
日	夜
旱季	雨季
火	取暖木柴
土	水
红色	黑色

从功能方面看，系统（3）仅在举行成丁礼时发挥作用。系统 165
（1）对广义的外婚制施行调节。系统（2）和系统（4）规定了两个竞技和劳动的团体，一个在雨季活动，另一个在旱季活动。

为了使我们的阐述完整，我们还必须补充最后一个男性半族的群体，它们的功能纯属礼仪性的，并且局限于若干节庆活动。

尼缅达居的著作里存在的缺漏（以上所有观察都取自这本著作）[16]使我们无法全面地阐述这一制度，但是在这个由各种建制组成的迷宫里，我们显然看到了本文希望读者注意的那些基本特征。这些基本特征包括以下几点：

首先，直径结构跟向心结构并存，甚至存在着用此类型体现彼类型的倾向。确实，东部兼为东部与中央，西部则兼为西部与周边。另一方面，如果说中央与周边之分对于妇女跟对于男子确实同等重要，但是六个广场群体却只能由男子组成。跟美拉尼西亚的情形极为相似，这几个广场群体的炉灶不能用于烹煮食物，厨房必须 166

建在毫无疑问属于女性的周边的茅舍的后面（在某些仪式中在前面）[17]（图 11）。

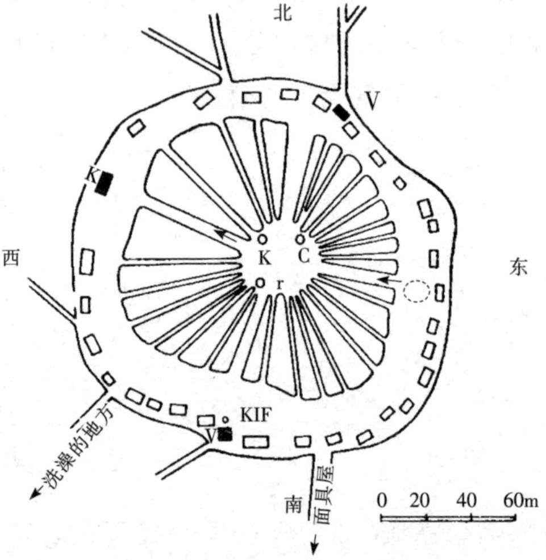

图 11　丹比拉族村庄的草图

资料来源：Curt Nimuendaju。

尼缅达居甚至指出，仪典活动逢旱季在“大道”（即紧贴着周边茅舍前缘的环形小路）上举行，雨季则严格限制在中央广场上[18]。

其次，所有这些二项形式都以两种不同方式跟一些三项形式结合起来。这些半族履行三种功能。系统（1）调节婚姻，系统（2）和（4）按照季节的进度调节集体劳动和娱乐：

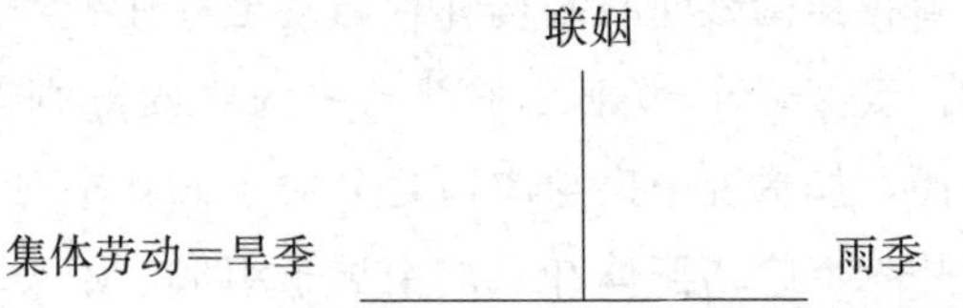

此外，男子们的“广场”群体中再次出现了三联体，共有六个群体，东部三个，西部三个。

我们现在触及问题的核心。按直径线划分的二元现象、向心的二元现象、三联体这三种表象之间是一种什么样的关系？而且在许多（也许是所有的）例子当中，人们通常说的“二元组织”为什么都表现为这三样夹杂的混合物呢？看来有必要把问题分开来看：先看二元现象与三联体的关系，然后再看两种二元现象之间的关系。

我这里不打算讨论上述第一个问题，那会把我们拖得太远。只须指出应当在哪个方向上解决问题就足够了。我在《亲属关系的基 167
本结构》[19]里区分了两种类型的互惠性，我把它们分别叫作有限交换和一般交换。有限交换只能发生在偶数的群体之间，一般交换则适合于任何数目的群体。这种区分在我今天看来失之幼稚，因为它仍然过于接近土著人的分类法。从逻辑的观点来看，更为合理也更富于实效的做法是把有限交换看成一般交换的一种特殊情形。如果本文阐述的看法可以从其他例子得到证实，也许我们就应该得出结论说，连这种特殊情形也从来没有在经验当中实现过，除非是以某种把系统合理化的不完整形式，终究难以归结为二元现象的系统在二元性的各种表象下展现自己的尝试是徒劳的。

如果这一点可以被人接受，哪怕是仅仅作为一个工作假说，那么三联体和二元现象顺理成章地就是不可分割的，因为二元现象从来就没有按照二元设想，而仅仅被视为三联体的一种极端形式。于是，我们可以触及问题的另一个方面，即二元现象的两种形式——直径结构和向心结构——的共存问题。答案立即就有了：向心结构的二元现象是直径结构的二元现象与三联体之间的协调者；由于它的媒介作用，后两者才能够彼此转换。

让我们依照我们已经举例说明的村落结构的实际情形，尽可能简单地试着对直径结构的二元现象做一番几何学描述。这只要把村落的平面图设想为处于一条直线之上就可以办到。直径结构的二元现象可以用两段直线表示，它们各自位于对方的延长线上，并且共有一个端点。

可是，当我们以同样的办法表示向心结构的二元现象时，情形便不同了。圆环形依旧可以置于一条直线之上（此时为一条连续的
168 直线，而不是分成两段），但中心将外在于这条直线，用一个点表示。因此我们得到的并非两段直线，而是一条直线加一个点。再者，既然这条直线中有意义的成分是两个起始点，整个示意图可以按照有三个极点分析（图 12）。

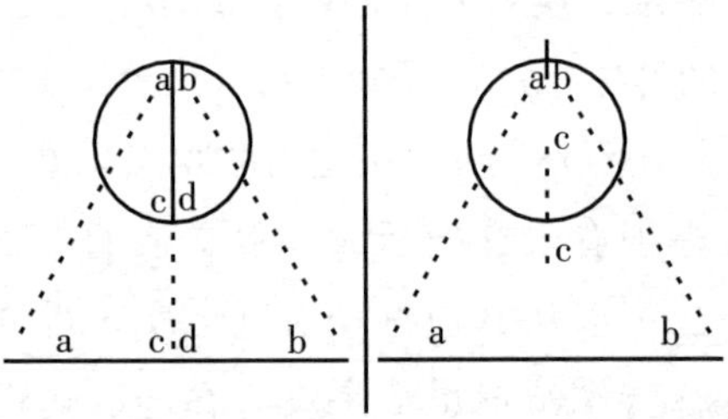

图 12　一条直线上的直径结构（左）和同心结构（右）

可见，直径结构的二元现象与向心结构的二元现象之间区别很大。前者是静止的，是一种无法超越自我的二元性；无论形态如何变换，除了回到起始的二元现象以外，它产生不了其他样态。向心结构的二元现象却是动态的，本身包含一个隐性的三联体。更准确地说，任何从不对称的三联体转入对称的二联体的努力都要求具备向心结构的二元性，后者既像前一个那样是二联的，又如后一个那样是不对称的。

向心二元现象的三项式性质还有另外一个来源。它不是一个本身自足的系统，必须以周围环境为参照。已开垦的土地（中央圆

环）与空地（边缘圆环）之间的对立要求有一个第三项——灌木丛或森林，也就是荒地。后者既界定了二项式整体的范围，同时也延长了它，因为已开垦的土地与空地的关系，正如空地与荒地的关系一样。然而，在一个直径结构的系统中，荒地是一个不适切的因素；半族是靠彼此之间的对立得到规定的，它们的结构的表面对称性造成了一个封闭系统的错觉。

对于上述这一大概有人会认为理论性过强的论证，我们可以提出好几组观察结果予以支持。

首先，博罗罗人那里发生的一切似乎都显示，两个半族对于南 *169*
北向的中轴线都不知不觉地各自使用了不同的投射。代表东西两位神明的两个塞拉氏族确实处于村落的西部与东部。但是，如果图嘎列氏族用向心结构的观念思考，那么把村落圆环设想成处于一条出自南北轴线的直线之上的投射就会形成一条跟东西轴线平行的直线，两个起始点于是将对应于分别为西方和东方的守护者的氏族 7 和氏族 6 原来的位置（图 12 右，a 点和 b 点）。

其次，把向心系统处理为一个点跟一条直线之间的对立[20]的表述方法出色地显示了多次重复见到的二元现象所具有的特异性（向心的也好，直径结构的也好）。我指的是一些用来表现半族对立的象征所带有的异质的特点。这些象征当然也可以是匀质的，例如冬夏、水土、天地、上下、左右、红黑（或别的颜色）、贵族和贱民、强弱、长幼，等等。但是，有时候我们也能够看到一种不同的象征手法，即对立出现在逻辑上异质的词项之间：稳定与变化、状态（或行为）与过程、存在与变异、共时与历时、简明与含糊、单义与多义；所有这些对立的形式看来都可以归并到一组单一的对立中去，即连续性与非连续性的对立。

有一个过于简单的例子（简单到不符合上述定义的程度）将被当

作排除法的第一步。这就是上文谈到过的温内巴戈人的例子。他们有一种表面上按照直径线划分的二元现象，即“上分支”和“下分支”，
170 这跟一个有三个极点的系统极不吻合，因为“上分支”可以用一个极点表示：天；“下分支”却非得用两个极点表示不可：地和水。

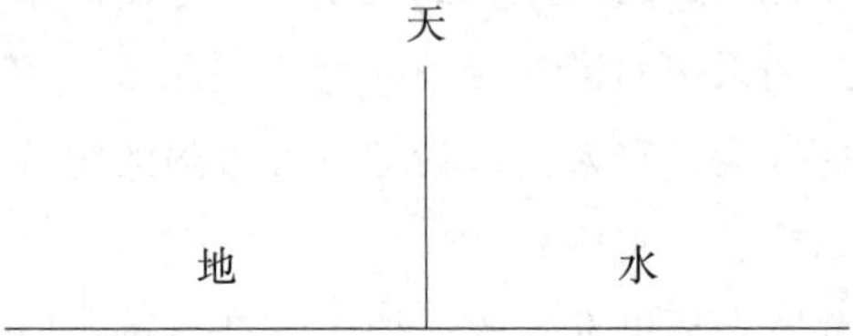

同样常见的是，半族之间的对立往往表达一种更加微妙的辩证关系。例如，温内巴戈人当中的两个半族被赋予不同角色：战争和治安是下分支半族的事，和平与调解活动则分属上分支半族。这就意味着，跟后者的恒常功能相对应的是前者的歧义性功能，防卫和强制兼有[21]。在其他领域，两个半族分别承担着创造和守护宇宙的责任。这是两种不同的运作，一个发生在绵长的时间的某一时刻，另一个跟它是同广延的。我们在美拉尼西亚和南美洲注意到的食物的熟与生的对立（此外还有总是与之平行的婚姻与独身的对立）便蕴含着状态与过程、稳定与变化、同一性与转换之间的同一类型的某种不对称性。因此，我们看到，用来表达二元现象的各种反命题其实分属两个不同的范畴，有些是真对称的，有些是假对称的。后者不是别的，正是一些伪装成二联体出现的三联体，它们靠玩弄逻辑花招，把实际上由一个极点加一根轴线组成的整体按照两个对等的成分处理。其实它们是两个性质不同的对象。

171 我们尚需完成最后一步论证。只要我们下决心把通常按照二项

式描写的社会组织形式视为三项式系统，它们的反常特点马上就会无影无踪，而且有可能把它们全部归纳到同一种形式化处理之中。我们只保留本章中讨论的众多例子里的三个。实际上，关于丹比拉人的婚姻法则，以及他们是如何整合到一个非常复杂的社会结构当中的，我们拥有的信息对于进行形式化研究来说过于零碎和含混。温内巴戈人和博罗罗人的情形较为清楚，我们可以增添一个印度尼西亚的模式。不过，应该注意到，印度尼西亚的社会结构往往是重新构拟的，而非出自实际观察，原因是正当有可能进行研究的时候，它们却已经处于解体状态了。在印度尼西亚，一个不对称的婚姻制度（优先与舅父的女儿通婚那一种）与二元组织的结合看来一度有过非常广泛的分布。我们此处将用一个简化的模型来表述它：它包括两个半族、三个通婚阶层。同时必须了解的是："三"这个数目不一定符合某一经验数据，它代表任何一个不等于"二"的数目；在这种情况下，婚姻确实变成了对称的，我们也就脱离了这项假设的条件了。

如果这种做法可以获得认可，我们的三个模型——温内巴戈、印度尼西亚和博罗罗——便可以在下述三个示意图中得到形式化处理。它们属于同一类型，每个都显示出相应系统的全部特性。三个示意图的结构相同，即：(1) 三个小圆环一组；(2) 三足鼎立；(3) 一个大圆环。不过，这三种成分在每个示意图里的功能并不一样。所以我们得逐个研究。

温内巴戈村落由 12 个氏族组成，分为三个群体。下分支半族分为两个群体（分别代表"地"和"水"），各有四个氏族。上分支半族为一个群体，包含四个氏族（天）。三足鼎立代表根据半族的外婚制法则发生通婚的可能性。大圆环正好等于村子的周长，它包拢 172
着整个村落，使其成为一个居住单位（图 13）。

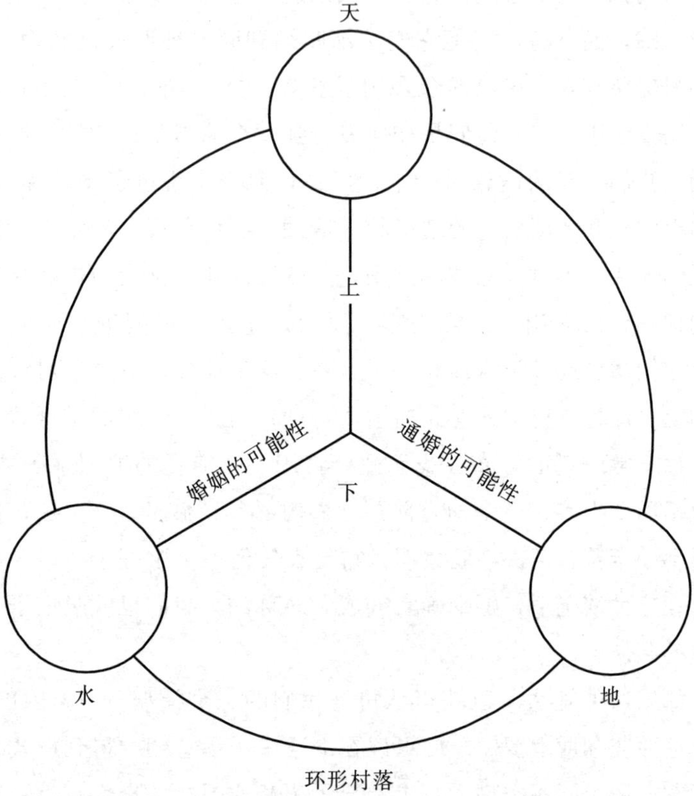

图 13　温内巴戈人社会的结构图

印度尼西亚模型更为复杂一些。我们现在不是跟类聚的氏族，而是跟非定居的——其成员可以散居在许多村落中——婚姻阶层打交道。这些阶层之间的不对称的婚姻法则属于下述类型：男子 A 与女子 B 结婚，男子 B 与女子 C 结婚，男子 C 与女子 A 结婚。这就意味着：（1）每个阶层内部都有性别的二分现象（兄弟与姐妹的婚
173 配命运各有不同）；在示意图中，这种功能性的二分现象用三足鼎立表示，从而把每个阶层都分成两组：一边是男子，另一边是女子。

（2）在这一系统中，居所的位置并不重要，大圆环因而具备另一项功能，即反映出分属不同阶层的男女之间通婚的可能性；这一点从图 14 便可一眼看出。

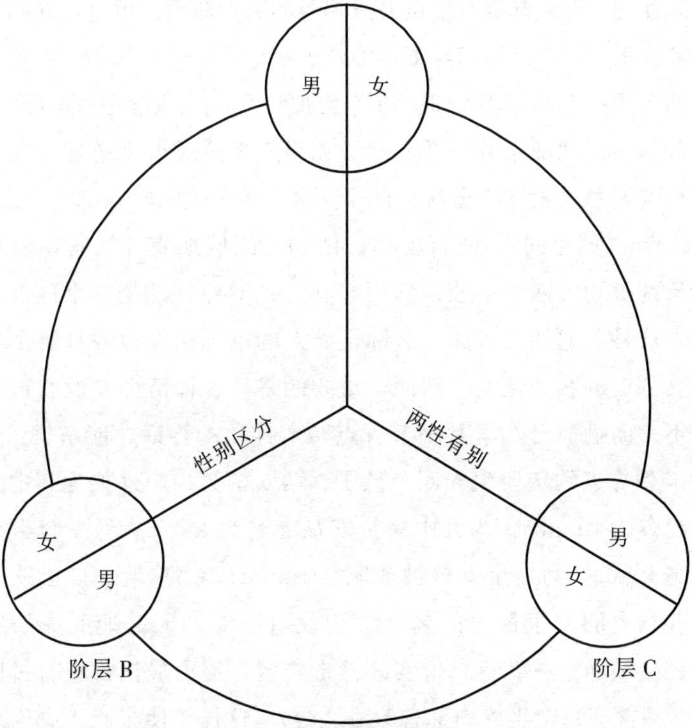

图 14 印度尼西亚型的社会结构图

让我们在这里稍事停留。我们对印度尼西亚模式的形式化表述突出了不对称婚姻的一个引人注目的特点。它的各项条件一旦具备之后，也就是至少有了三个阶层以后，二元现象的二分法原则便立 *174*
即显现，其基础是男女两性的对立。在我们看来，系统本身固有的这种对立之所以能够给印度尼西亚提供一个建立起二元组织的模式，是基于这样一个事实：在印度尼西亚，两个半族向来就被想象成一个雄性、一个雌性。印度尼西亚人对下面这个事实似乎并没有感到有什么别扭之处：从实际施行情况看，半族既可以是雄性的，也可以是雌性的，可是却拥有数量大致相等的男女成员。可是，在同一类型的社会里（即二元组织与不对称婚姻相结合）——我指的是加利福尼亚的米沃克人，土著人却感到确实遇到了一个难以解决的问题。

像印度尼西亚半族一样，米沃克半族无论对事物还是存在都运用一种普遍意义上的二分法。两个半族分别被称作 kikua（属水的）和 tunuka（属土的）。所有动物、植物、区域地貌、气候现象和天文现象都被划归两个半族，然而男女之别的原则却是一个例外，没有归入这种普遍的二分法，仿佛土著人的辩证法无力解释每个半族里男女都有的客观现实。然而，重要的是，这种情形并没有被认为只是不言而喻而已，需有一个有点转弯抹角的神话才能解释：“郊狼姑娘和丈夫约定要生养四个孩子，两女两男……郊狼为其中一个男孩起名为 tunuka，为其中一个女孩起名为 kikua。另一个男孩被他取名 kikua，另一个女孩被他取名 tunuka。郊狼就这样创造了半族，并给人们起了最早的名字。”[22] 仅有一对开天辟地的夫妇还不够，还必须通过一套货真价实的神奇魔术，提出最初曾经有过四个阶层（暗含着每个半族内部有雌雄之分），这样才使半族不必像对待其他事物那样把两性之分明确表达出来，正如印度尼西亚虽然认可这种区分，却与经验情形相矛盾那样。

175 现在让我们看第三个示意图（图 15）。此处，我们对博罗罗人的社会组织的形式化表述完全依照同另外两个一样的模式。小圆环并不表示氏族的群体（这一点跟温内巴戈人不同），也不代表阶层（这一点跟印度尼西亚的情形不同），而是表示一些**阶层的组合**。

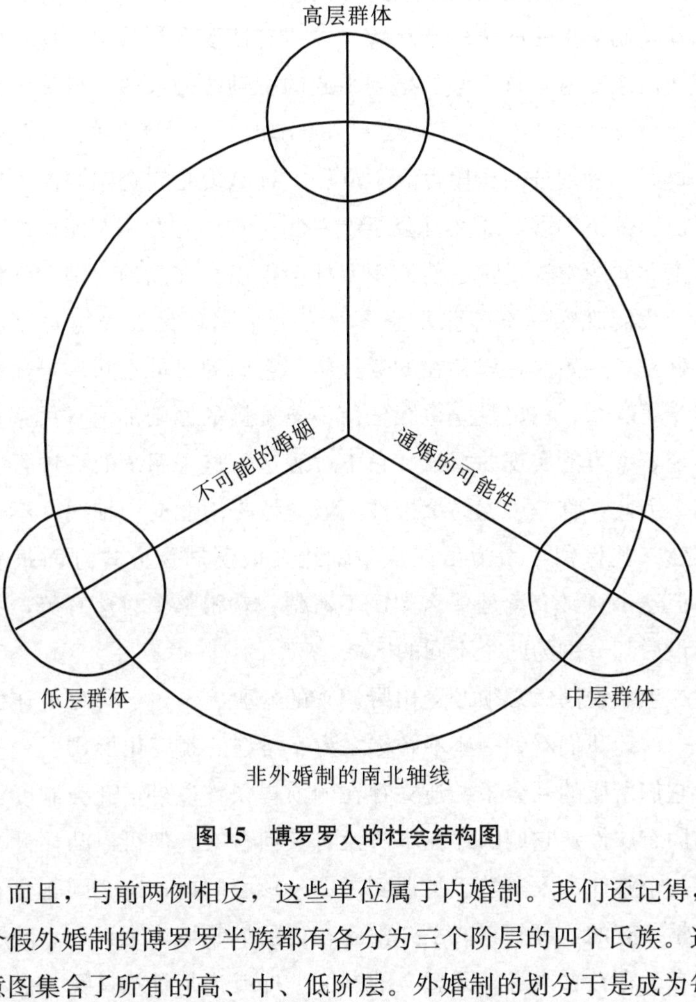

图 15　博罗罗人的社会结构图

而且，与前两例相反，这些单位属于内婚制。我们还记得，每一个假外婚制的博罗罗半族都有各分为三个阶层的四个氏族。这张示意图集合了所有的高、中、低阶层。外婚制的划分于是成为每个阶层组合之内的事情，依照如下原则：一个半族的高等人必须跟另一个半族的高等人通婚，中等人须跟另一个半族的中等人通婚，依此类推。三足鼎立此时的功能是表示每个阶层所不可能实现的婚姻。 *176*

大圆环的功能此处是什么呢？它与三个小圆环（阶层组合）和

三足鼎立（不可能实现的婚姻）的关系丝毫不容怀疑，因为它正好跟非外婚制的南北向中轴线相应；在所有博罗罗村落中，这条中轴线都使氏族沿着垂直于假外婚制半族的中轴线分成两个群体，分别叫“上分支”和“下分支”，或者“上游的”和“下游的”。我常常指出这后一种划分的作用含混不清[23]。这么说是完全正当的，因为如果以上分析不谬，那么就会导致一个（乍看上去令人惊讶的）结论：南北向的中轴线除了使博罗罗社会得以存在以外，别无任何功能。让我们观察一下这张示意图。三个小圆环代表着内婚制的群体，这是一些始终并肩存在的亚社会，它们的成员之间从未建立过任何亲属联系。三足鼎立也跟任何一条统摄的原则都没有关系；既然体现着不可能实现的婚姻，它不过表达了这个系统的一种否定的价值。因此，唯一可能的统摄性因素应该是南北向中轴线，不过我们仍然有些保留，因为虽然这条轴线在说明居住方式方面很有意义，但这个意义究竟是什么却还不清楚：它跟整个村落有关，不过村落最后却分割为两个不同的区域。

这项假说固然必须经受田野调查的检验。不过，研究工作已经不止一次让我们看到一些不妨称之为**零类型**的制度化形式了[24]。除了为它们所属的社会系统建立存在的前提条件以外，此类制度没有别的固有属性；它们的存在本身没有任何含义，但可以凸显社会系统是一个整体。人类学于是遇到了一个核心问题；这个问题是它与
177 语言学共有的，可是它似乎并没有在自己的领域内意识到。问题的实质在于存在着本身却无意义的制度，抑或把某种意义赋予拥有它们的社会。

这个问题已经超出本文范围，因此我们不再过多地讨论，而是回到我们的三个系统上来。这三个系统的属性可以归纳为五组二项对立。

我们研究的是阶层或氏族。这些成分或者是以群组的形式（氏族组合、阶层组合），或者是孤立地给定的（阶层）；联姻的法则是以或肯定或否定的方式表达的；性别或有区分（在不对称的婚姻中），或被混同（在对称的婚姻中，即兄弟和姐妹的婚配命运相同）；最后一个方面是居所，它的意义可有可无，依被研究的不同系统而定。我们于是可以建立起下面这张示意图，图中任意规定了正号“＋”代表每一组对立中的前项，负号“－”代表后项。

	温内巴戈人	印度尼西亚人	博罗罗人
1. 阶层/氏族	－	＋	＋
2. 群体/单位	＋	－	＋
3. 获准的联姻/遭禁的联姻	＋	±	－
4. 性别纷殊/性别混同	－	＋	－
5. 居所有意义/居所无意义	＋	－	±

由于婚姻的不对称性质，第三组对立（婚姻）在印度尼西亚具有双重含义：对任意两个阶层来说，X 阶层的男子与 Y 阶层的女子之间的婚姻法则是对称的，并且跟 Y 阶层的男子与 X 阶层的女子之间的婚姻法则相反。出于前文所述的原因，第五组对立（居所）在 *178*
博罗罗人中也兼有两种相反的情形：南北向中轴线既意味着共同居住地，同时也把居住地依据这条中轴线分隔开来。

读者只要仔细看一下这张示意图便可知道，我们采用的模式把被考察的社会结构的二项式的和三项式的特征都包括进去了。还应当注意到，按照这些二项对立所派给的象征的不同性质，看来在它们是采取直径划分还是向心形式这一层次上也存在着某种联系。在印度尼西亚，按直径划分的层次表达雌/雄之间的对立，向心的层次用于表达高/低之间的补充性对立（这一对立带来了一个高/中/

低三联体）。博罗罗人则相反（温内巴戈人无疑也是如此），那里的高/中/低，或天/水/地的三联体把表达雌/雄对立的任务交给了向心的层次。假如能够借助其他例证，研究一下这种相关性是否也能在别处得到验证，即高/低对立所表达的向心式二元组织是否必然导致由雌雄对立表达的按直径划分的二元组织，抑或是情形相反，弄清楚这一点将是十分有趣的。

通过以上阐述，看来已经十分清楚，最具普遍意义的对立（二项式与三项式之间的对立）在南美洲和印度尼西亚获得了对称而相反的运用。印度尼西亚有一个跟一般交换结合起来的半族制度，也就是外婚制的一种不对称形式。因此，三项式结构规定联姻亲属，二项式结构分别规定男性和女性的两个流通方向。换言之，前者跟**阶层**有关，后者则跟这些阶层之间的**关系**有关。与此相反，南美洲（而且似乎格族的所有部落都是如此）的二项式结构用于规定群体，三项式结构规定流通的两个方向——不是男女的流通方向，而是获准的和遭禁的婚姻的方向，不分男女（既然按照一种对称的内婚制形式，交换是有限的）。所以，二项式结构此时涉及的是**阶层**，三项式结构反倒涉及它们之间的**关系**。

179 最后再简略地谈几点情况，权当结论。本文试图证明，我们对人们所说的二元现象的研究揭示了许多对流行理论来说是反常和矛盾的现象，所以这种理论最好还是摒弃不用；至于二元现象的表面形式，最好把它们视为一些真实性质不同于二元现象，而且更复杂的结构的表面畸变。不过，这些反常现象绝对没有逃出二元理论的发明者的视野，我这里指的是里弗斯（Rivers）及其学派。这些现象并没有使他们感到困惑，因为他们认为（而且是从反常现象本身出发），二元现象是两个在种族、文化甚至实力方面都不同的民族之间的联合的历史产物。按照这种设想，我们研究的社会结构可以既是二元的，也是不对称的；甚至可以说，它们非这样不可。

马歇尔·莫斯在先，拉德克利夫-布朗和马林诺夫斯基在后，三个人都用一种以互惠性概念为基础的心理—社会学诠释取代了历史诠释，进而引发了民族学中的思想革命[25]。但是，正当这些大师们创立学派的时候，各种不对称现象由于很难被纳入新的视野中而降至次要地位。半族之间的不平等现象逐渐被当成系统的不规则现象看待。更为严重的是，此后被发现的一些显著的反常现象完全被忽视了。正如科学史上常见的那样，研究对象的根本属性最初总是以个别情形的面目出现的；而且，研究者担心更严格的论证会破坏已经取得的结论。

互惠理论并未受到质疑。对于民族学的思考来说，这一理论依 *180*
然宛若引力理论之对于天文学那样稳固可靠。不过，这个比喻本身可以带来另一条教益：民族学在里弗斯身上获得了它的伽利略，而莫斯便是它的牛顿。因此，我们只有心存一个希望，那就是，在这个比一度使巴斯卡尔恐惧的死寂无声的无亘宇宙更为麻木不仁的世界上，那些依然活跃的极少数所谓的二元组织——它们可比不上安享庇护的行星——能够在下一轮宣告解体的丧钟响起之前，盼来属于它们的爱因斯坦。

注释

［1］本文曾以同一标题发表于 Bijdragen tot de taal-，land-en Volkenkunde，*Deel* 112，2e，Aflevering，1956，pp. 99-128（献给乔塞林·德·荣格教授的专刊）。

［2］Paul Radin，*The Winnebago Tribe*，*37th Annual Report*，*Bureau of American Ethnology*，(1915—1916)，Washington，1923.

［3］Paul Radin，The Culture of the Winnebago：as Described by Themselves，*Special Publications of Bollingen Foundation*，n°1，1949，p. 38，n°13.

［4］B. Malinowski，The sexual Life of savages In North-Western Melanesia，New York-London，1935，vol. 1，p. 10；可参见他的另一本书 *Coral Gardens and their Magic*，London，1935，vol. 1，p. 32。

［5］N. J. C. Geise，*Badujs en Moslims*，Leiden，1952.

［6］Justus M. Van Der Kroef，Dualism and Symbolic Antithesis in Indonesian Society，*American Anthropologist*，n. s.，vol. 56，p. 1，1954.

［7］P. E. De Josselin De Jong，*Minangkabau and Negri-Sembilan Socio-Political Structure in Indonesia*，Leiden，1951，pp. 79-80 et. pp. 83-84.

［8］Ibid.，P139，P165，P167.

［9］C. Lévi-Strauss，Reciprocity and Hierarchy，*American Anthropologist*，n. s.，vol. 46，n°2，1944.

［10］P. A. Colbacchini et P. C. Albisetti，*Os Bororos orientais*，Sâo Paulo，1942，p. 35.

［11］James A Ford，The Puzzle of Poverty Point，*Natural History*，vol. 64，n°9，New York，Nov. 1955，pp. 466-472.

［12］博罗罗人相信最终化为飞鸟的轮回说。

［13］P. C. Albisetti，Contribucōes missionarias，*publicaçōes da Sociedade Brasileira de Antropologia e Etnologia*，Rio de Janeiro，1948. n°2，p. 8.

［14］C. Lévi-Strauss，Les Structures sociales dans le Brésil central et oriental，即本书第七章。

［15］见前引梵德克罗夫（Justus Van Der Kroef）一书第 856 页。该书援引了 Swellengrebel，*Kerk en Tempel op Bali*，La Haye，1948.

［16］C. Nimuendaduj，*The Eastern Timbira*，Univ. of California Publ. in Amer. Archaeol. and Ethnology，vol. 41，1946.

［17］Ibid.，pp. 42－43.

［18］Ibid.，p. 92.

［19］巴黎，1949（n. éd.，1967）。

［20］有人向我提出反对意见，说向心结构可以用两条直线，而不是用一条直线加一个点来表述。我认为一开始就可以采用后一种表述，因为它是前一种表述的简化。因为，我已经说明，向心配置是对更为深刻的中心与周边之间的对立的经验实施。即使用较复杂的表述，每个系统的二元或三元的特点也是一目了然的。

［21］单义项与多义项之间的这种对立，在鲍尼人的礼仪中每一步都能见到。参见我们的研究报告：Le Symbolisme cosmique dans la structure sociale et l'orgasation cérémonielle de plusieurs populations nord et sud-américaines，In：le Symbolisme cosmique des monuments religieux，*Série Orientale Roma*，*Rome*，1957.

［22］E. W. Gifford，*Miwok Moieties*，Univ. of Calif. Publ. in Amer. Archaeol. and Ethnol. vol. 12，n°4. pp. 143-144.

［23］C. Lévi-Strauss，*Tristes Tropiques*，éd. Plon，Paris，1955，p. 231.

［24］我们若干年以前就是这样定义"超自然力"的。见 C. Lévi-Strauss：Introduction *à* l'œuvre de Marcel Mauss，in：Marcel Mauss：*Sociologie et Anthropologie*，Presses Universitaires de France，Paris，1950，pp. XLI-LⅡ.

［25］实际上，里弗斯这位当今遭到忽视的天才，当年曾经同时运用两种诠释；而且从那个时候以来，没有人说出任何东西能够超出这位伟大的理论家的预测。不过，本文的说法仍然是正确的，因为里弗斯的同代人和继承者主要承认他的历史的和地理的诠释，他的教义当中的心理学和逻辑学方面则被莫斯、拉德克利夫-布朗和马林诺夫斯基悄悄地吸收和弘扬，这是众所周知的。

第三部分

巫术与宗教

第九章　巫师与巫术[1]

由魇魔法或迷幻术引起的死亡究竟有什么样的心理—生理学机制？自坎农的著作问世以来[2]，我们对这个问题有了更清楚的了解。世界上许多地方都有这方面的事例。当一个人意识到自己成为巫术的对象时，他内心里绝对相信，根据所属群体的最庄严肃穆的传统，自己是命中注定如此的。亲友们对此也确信不疑。整个社区从这个时刻起便退避三舍：大家远远躲开受诅咒的人；从人们的行为方式看，仿佛这个人不仅早已死掉，而且似乎会殃及周围所有的人。只要有机会，而且通过所有行为举止，整个社会都会向这个不幸的牺牲者暗示死亡的来临，他自己也认为在劫难逃而不思逃避。神圣的仪式不久将会举行，以便引领他前往幽灵们的王国。遭咒 183

者首先被蛮横地割断一切家庭和社会联系，目的是将其排除在他得以获得自我意识的一切功能和活动之外；随后，他发觉那些专横的力量再次密谋，以便把他从活人的世界扫地出门。在强烈的恐怖感、群体合谋提供的多个参照体系急剧和全面的撤离，以及人们的态度的决定性大转弯的联合作用之下，他屈服了；这个在世时是权
184 利和义务的主体被宣告死亡，成了恐惧、仪式和禁忌的对象。肉体的完整抵挡不住社会人格的分崩离析[3]。

这些复杂的现象在生理学上如何体现呢？坎农（Cannon）曾经指出，恐惧跟发怒一样伴随着极为强烈的交感神经系统的活动。这种活动通常是有益的，因为它导致一些机能的变化，使人能够适应新的境况。但是，如果人体对于异常局面——或者是他认为如此的局面——不具备任何本能的或者习得的反应，交感神经的活动就会加强，从而产生错乱，有时候竟会在数小时内使血液流量减少，伴随着血压降低，结果会造成循环系统遭受到无可挽救的损坏。如果病人拒绝饮食——常见于极度焦虑的患者——这一演变过程就会加速。由于脱水刺激交感神经，血液流量因毛细血管渗透力的增强而进一步减少。在因轰炸或者战场行为，甚至由外科手术引起的许多起创伤现象里，这些假设得到了证实。人死了，尸体解剖却找不到任何病变。

因此，没有理由怀疑某些巫术实践的实际效力。同时，我们也看到，巫术的效力是以信以为真为条件的，而且它有三个互为补充的方面：首先，巫师相信他的技术的效力；其次，巫师所治疗的病人——或者说受其迫害的无辜者——也相信它的威力；最后，犹如一个引力场那样时刻发挥着作用的公众舆论的信念和要求，巫师及
185 其巫术的施行对象之间的关系受到这一引力场的规定，而且身处其中[4]。显然，这三个方面没有任何一个能够清楚地交待交感神经系

统的活动，以及坎农所说的“生理常数的稳定性”的失调。巫师宣布从病人体内吸吮出能够解释致病的异物，随后亮出他预先藏于口中的一块石子。这一全过程此时在他自己的心目中是什么道理呢？既然施行巫术属于一种获得了**共识**的现象，在众口一词的谴责下，被指控为妖邪的无辜者又如何能够洗清自己的罪名呢？再有，被群体视为掌握着非凡的能力的那些人，既被赋予了相应的特权，又被要求必须使人们获得适当的满足，在群体对这些人的态度当中，信任和怀疑的成分各占多少呢？让我们从考察这后一个问题谈起吧。

时值 1938 年 9 月，我们和一小群南比夸拉印第安人在塔帕若斯河的源头附近活动。我们在此地安营扎寨已经几个星期了。这些土著人一年当中大部分时间都在这片巴西中部的荒凉的热带草原上游荡，采集种子和野果，捕捉小哺乳动物、昆虫和爬虫，总之一切可以使他们免遭饿死的东西。居无定所的生活使他们三十几个人会聚在一起。他们以家庭为单位，用树枝搭成简陋的栖身所，勉强抵挡白天的烈日、夜间的寒意和风雨的侵袭。像大多数群伙一样，这个群伙也有一位世俗首领和一位巫师；巫师的日常活动方式与群体的其他成员并无区别，同样打猎、捕鱼和从事手工劳动。此人年纪在 *186*
45 岁上下，身体强壮，富有朝气而且很乐天。

有一天晚上，他没有按时回到营地。夜幕降临，篝火燃起，土著人毫不掩盖他们的担心。丛林中危机四伏：奔腾咆哮的河流，遭遇如美洲豹、食蚁兽一类大型野兽的危险——也许未必发生，或者遇上南比夸拉人立即就会想到的一种野兽，外表无害却是水流和森林的邪恶精灵的化身。尤其是一个星期以来，我们每天晚上都发现一些神秘兮兮的营火，时而退而遁形，时而趋前逼近。且不说任何陌生的群伙都可能对我们怀有敌意。空等了两个小时以后，土著人都相信他们的伙伴已经死于一场伏击。死者的两位年轻的妻子和他的儿子为死去的丈夫和父亲放声大哭，其余的土著人则说起这位要人的失踪必定会带来的灾难性后果。

当晚十点左右，人们焦虑地等待迫近的灾难。更多的妇女开始长吁短叹，男人们躁动不安，这一切形成了一种令人实在难以忍受的气氛。于是，我们决定同几个多少还保持着平静的土著人前去侦察。刚走了不到200米，我们就被一个一动不动的东西绊了一下。这正是我们要找的人。他默默地蜷缩在那里，在黑夜的寒冷中颤抖，头发蓬乱，腰带、项圈和臂圈都不见了（南比夸拉人不穿别的衣服）。他顺从地跟着我们返回了营地。经过大家长时间的劝说和家人的恳求，他才终于打破沉默。我们于是一点一点地挖出了他的经历的细节。这天下午曾经下过这个季节的第一场暴雨，雷击把他送到了几公里以外的一个地方，他还说出了那个地方的名字；他被剥得精光，最后被带回了我们找到他的那个地点。大家一边议论着
187 这件事，一边睡觉去了。第二天，那个遭雷击者快乐如常，而且他的身上的饰物恢复如故。这后一个细节看来并没有让谁感到惊奇，生活又回到了正常的轨道。

然而，几天以后，一部分土著人开始传播这件怪事的另一个版本。须知作为故事舞台的这个群伙实际上是由来自不同地方的人组成的，在一些颇为晦暗不明的情形下融合为一个新的社会单位。其中一组土著人是几年前发生的一场瘟疫的幸存者，由于所剩人数太少而无法独立维持生活；另一组土著人是从原来的部落中分离出来的，处于相同的困境。这两组土著人究竟何时和在什么情况下相遇并决定协作，而且一个为新团体举荐世俗首领，另一个举荐宗教领袖，这一点我们不得而知。不过，融合的时间肯定不会很长，因为

我们遇到他们时，这两个群体之间尚未通婚，尽管两个群体之间的孩子们通常被订下婚约。虽然共同生活，每个群体仍然保持着自己的方言，两方的交流必须通过为数不多的几个会两种方言的土著人。

一经交待了这些必不可少的解释，现在便可以看一看土著人口耳相传的说法：他们有充分的理由认为，那些穿越热带草原的不明群伙必定来自巫师原先所属的那伙分离派的部落。这个巫师僭越了他的同事作为政治首领的职权，一定早就想跟旧日的乡亲们接触，或许为了要求重返老巢，或许打算怂恿他们对他的新伙伴发动攻击，甚至也许是为了让原先的部落相信这些新伙伴的友善态度。不管目的究竟如何，总之巫师需要找到一个失踪的借口；被雷电挟持和其后的表演都是为了这个目的制造出来的。不用说，散布这种说法的是另一组土著人，他们对此还暗自坚信不疑，而且这种说法也使他们充满忧虑。可是，这一事件的正式说法从来没有公开讨论过，而且直到我们在事件发生之后不久离开时，它显然仍然是所有 188
人都接受的说法[5]。

虽然怀疑者曾经运用细致入微的心理学方法和政治敏锐性对其中种种缘由做出了分析，从而质疑他们的巫师的良好动机和效力，但是，假如有人说，这完全是一场貌似真实的骗局，那也会使他们大吃一惊。不错，他并没有乘着雷电的翅膀飞往阿那纳兹河，一切不过是表演了一出戏。可是，这一类事情却是有可能发生的，在别的场合下也确实发生过，这种事情是属于经验领域的。至于一个巫师跟超自然力保持着密切关系，这一点是确定无疑的。至于在某种特定场合，他假借自己的能力遮掩某种世俗的活动，那属于推测方面的事情，而且是运用历史批评的机会。重要的是，这两种可能性并不相互排斥；这就如同谈到战争的时候，既可以把它解释成为了民族独立而最后一搏，也可以解释成军火制造商翻云覆雨的结果。

这两种诠释在逻辑上互不相容，但是我们承认其中任何一种都可能是正确的，这全视具体情形而定。正是由于它们听起来都说得通，我们才能够做到根据不同的场合和时间，毫不费力地从一种诠释转入另一种诠释；而且两者在许多人的意识里都能够以晦暗不明的方式同时存在。无论这些不同的诠释的学术起源如何，它们在个人意识里不是作为一场客观分析的结果出现的，而是作为非常模糊的、未经推敲的态度所要求的补充数据出现的。对于我们每个人来说，这些态度都有经验的特征。不过，这些经验在理智上依然不成形，在情感上难以忍受，除非是能够把群体文化里这样或那样的游移的概念模式吸纳进来。只有这种吸纳才可以使主观的状态客观化，使难以表述的印象得到表述，将零碎的经验归入系统。

189 如果借用出色的田野工作者斯蒂文森（M. C. Stevenson）关于新墨西哥州祖尼人[6]的看法，上述那些机制可以变得更加清晰。有一位 12 岁的女孩子，当她被一位男少年拉过手以后，随即陷入了精神恐慌。这个青年于是被指控滥施巫术，并被拖到祭司（prêtres de l'Arc）的法庭上。他用了整整一个小时否认自己拥有什么玄妙的知识，可是白费口舌，辩护体系无效。而且对那个时代的祖尼人来说，巫术罪要以处死为惩戒。被告因此改变了策略，随口编了一个故事，解释他在何种情形下探得了巫术的堂奥，并说他从师傅那儿得到了两种药品，一种可使女孩子陷入精神错乱，另一种能救治她们。这个说法对于事情后来的发展是一个高明的预防措施。他被勒令出示那种药物，于是他被押解着去住处取回两条树根，随即在一套复杂的仪式当中使用。在仪式过程中，他吞下一种药之后便装出与神灵接通；再吞下另一种药，然后装出恢复了正常状态。最后，

他把解药给那个病女灌入并宣布她得救。这个过程一直延续到次日才能结束。然而这个所谓的巫师却趁半夜溜之大吉了。但他很快又被抓回来，女孩子的家这回成了临时法庭，继续对他审判。他的新审讯者不愿意接受先前的说法，这个少年于是又另编了一套。他告诉他们说，他的亲戚和祖先全都是巫师，他的神奇力量就是从他们那儿继承下来的。比方说，他能变为一只猫，只需喷出满嘴的仙人掌刺就能诛杀受害者——包括两个婴儿、三个女童、两个男童；只要把他们想象成受害者就能办到。全套法术都来自几根羽毛的魔力，他和他的家人都能够靠羽毛脱离人的形貌。这最后一个细节犯了策略上的错误，因为审判员们此时要他出示羽毛，以便证明新故 190
事之不虚。他提出各种遁词推托，均一一遭到驳斥，他万般无奈地把审判员们带到了他的家里。他先是声称羽毛藏匿在板壁的覆盖层后面，而他无法毁掉墙壁。但人家仍然迫令拆墙。他拆毁了一面墙板，仔细地翻检了全部泥灰但仍没找到；他于是又借口说羽毛是两年前藏进去的，已经记不起确切位置了。人们命令他继续找，他只得又拆毁了另一面墙。这样又干了一个小时，泥灰中终于出现了一根旧的羽毛。他急切地抓起它，把它当成那个魔法的工具呈现给审判员。人们让他详细地说明它的用法。最后，他被拖到公共广场上，逼着他复述一遍他的故事——这回他又添枝加叶地做了一番渲染，并以一通痛心疾首的长篇大论结束，同时痛惜自己已经丧失了超自然的力量。这居然使得听众大感释怀，同意将他开释。

尽管我们不得不遗憾地加以缩简，并删去了所有心理学方面的细枝末节，但这段叙述却在许多方面仍然富有教益。首先，我们看到，这个因为被控滥施巫术差点掉了脑袋的小伙子之所以获得开释，并不是由于洗清了罪名，反而是由于主动承担了所谓的罪名。而且，他通过一次又一次提出不同的说法加强了他的立场，而且每次都比前一次的细节更丰富（按原则说，罪名本应该更大）。与我们这里不同的是，辩护的过程并不是通过控罪和否认，而是通过指控和详述进行的。审判者并不期待被告针对某一论点提出异议，更不期待他反驳事实。他们要求被告证明一个他们自己只了解只言片语的系统；他们要求他以恰当的方式把其余的部分重建起来。正如我们这位田野工作者就审讯的某个阶段所说的："执法者们的注意力被那个小伙子的叙述深深地吸引住了，几乎完全忘了他为什么出庭。"当神奇的羽毛终于出土时，作者深刻地写道："执法者们惊骇
191 声四起，异口同声地大叫：'这究竟是怎么回事啊？'他们现在相信，这个少年说的是实情。"他们感到的居然是惊骇，而不是胜利地找到了第一手罪证！这是因为，与其说审判者致力于惩办罪行，毋宁说是力图证明使犯罪成为可能的那个系统的现实性（利用适当的感情表达来确认这种实在性的客观基础）。忏悔行为在审判者的支持甚至是共谋之下，把有罪的被告人变成了控罪的合作者。借助后者，巫术以及各种相关观念才得以在意识里摆脱了它们那种困难的存在方式，即从分散的情绪和含糊的表象的集合转变为经验性存在物。作为见证人的被告最终让众人获得一种得知真情后的满足感，这远比将其处死所带来的那种正义获得伸张的满足感更加强烈和丰富。最后，由于被告的巧妙辩护，听众逐渐意识到验证他的系统才是关乎轻重的（因为问题并不在于选择此一系统或彼一系统，而是在巫术系统的有与无——即混乱状态——之间进行选择）；这位少年起初威胁到群体的本身安全，最后反而能够为群体在精神方面的内部一致性提供保障。

但是，他的辩护只是巧妙而已吗？看来一切都使人相信，经过寻找一套遁词的试探以后，被告以虔敬的，甚至是热情的——这么说并不过分——态度投身于这一幕上演于他和审判者之间的闹剧中

去。他被宣布为巫师，因为巫师总是有的，他可能就是一位。那么，他如何预先就了解那些显示其使命的各种征兆呢？也许这些征兆已经在此，就在这场考验当中，就在被抬到法庭上的小女孩的抽搐状态里。同样，对于这个小伙子来说，系统内部的一致性以及为了建立这个系统而被指派的角色，两者的重要价值绝不亚于他在这场奇遇中所冒的生命危险。于是我们看到，此君狡诈与诚意并用，逐步把人们强加给他的那个人物建构了起来：他主要靠在知识和记忆里搜肠刮肚，也靠临时拼凑，更重要的是实践他的角色，在拟定的招数和七拼八凑起来的仪式当中寻找完成使命的经验，这种使命 192
至少是每个人都有可能承担的。当这场奇遇结束的时候，起初的欺骗伎俩还留下了什么呢？这位主人公在何种程度上并未上他所扮演的角色的当？尤其重要的是，为什么他并没有真正成为巫师呢？我们被告知，在他的最后忏悔中，"小伙子越说越投入，完全沉溺在自己的话题里，不时由于能够左右听众而满足地容光焕发"。就已经得到这个群体承认的超自然力最终被这位可怜的持有者和盘托出而言，女孩被施用解药后治愈，经验在经历这场不寻常的考验中渐趋精细和条理化，这些显然已经是绰绰有余的了。

我们应当更重视另一份似乎迄今仅仅被认为具有语言学价值的文献。它是用（加拿大温哥华地区的）夸扣特尔（Kwakiutl）语写成的一份自传的残篇，博厄斯觅得之后添加了逐行对照的译文[7]。

一个名叫奎萨立德（Quesalid，这个名字至少是当他成为巫师之时得到的）的人一度不相信巫师——更确切地说，不相信萨满（Chaman）——的威力，因为萨满的名字用来称呼这些人在世界上某些地区从事的那种专门活动更为恰当。在好奇心和戳穿那些把戏的欲望的驱使下，奎萨立德开始同萨满们来往，直到一位萨满提出让他成为他们当中的一员。奎萨立德被传授了奥义，很快便当了萨满。不用过多的恳求，他就详细地叙述了他的初步训练课程，那是一种手势、戏法和经验性知识的奇特的混杂，其中融合着佯装昏厥
193 和大发神经的技巧，学唱魔咒歌谣、自我诱发呕吐的技巧，有关听诊方法和妇产科的相当准确的概念，利用“梦中人”即窃听别人私下谈话的间谍，以便把跟某某人的病痛的起源和症状有关的点滴信息偷偷传递给萨满。特别是他把太平洋西北海岸某一萨满教派的绝活（ars magna）学到了手：萨满口中暗藏一小撮绒毛，待咬破舌尖或者搞得牙龈渗血后，适时把带血的绒毛吐出，一本正经地展示给他的病人和目击者看，好像是利用吸吮和其他手法取出了一块导致病痛的异物。

心中的疑团一经证实，奎萨立德便打算继续调查下去，可是他已经失去了自由。他在萨满中间学艺的事情被外面的人知道了。于是有一天，一个病人梦见奎萨立德能挽救他的性命，这家人就把他召去了。初次出诊居然大功告成（这次他没有收费，以后的几次也没收，因为四年学徒尚未期满）。从此以后，奎萨立德以“大萨满”闻名，然而他没有丧失批判精神。对于已经取得的成功，他用心理学理由来解释：“因为病人坚信梦到与我有关的事情。”用他自己的话来说，那种本来应当让他变得“犹豫和思考”的事情是一次更复杂的奇遇，使他面对不同形态的“虚假的超自然物”，从而导致他得出了有一些形态不那么虚假的结论。那当然是指那些涉及他切身利益的形态，同时包括在他头脑里开始悄悄建立的系统。

在一次造访附近的柯斯基摩（Koskimo）印第安人期间，奎萨立德观摩了大名鼎鼎的外族同行们的祛病过程。他大为惊讶地看到他们之间的一个技术上的不同。柯斯基摩人的萨满不用那种用藏好

的绒毛假充带血的虫子把疾病吐出去的办法，他们不过是往手掌心吐了口唾沫，然后就敢于宣布此即“病患”。这种方法有什么价值？ 194
相应的理论是什么？为了发现“这些萨满的法力，他们的法力是否属实，还是像在自己的部落里那样，只是自称萨满”，奎萨立德趁着从前的方法被证明无效的机会，请求并且获准试试他自己的方法。经过试验，女病人果然痊愈。

我们的主人公此时第一次犹豫了。虽然他对自己的技术很少抱有幻想，他现在发现了一种更虚假、更神秘和更不诚实的技术。他自己至少还给病人拿出了点什么：他们的疾病以某种看得见摸得着的形式摆在那里，而外族同行们却什么也没有拿出来，只是声称掌握了病患。而且，他的方法奏效了，他们的方法却没有带来任何结果。我们的主人公于是被一个问题所纠缠（这个问题在现代科学的发展中也许不无对等现象）：两个已知同样不适当的系统，其中一个相对于另一个却表现出了差异性价值，而且无论从逻辑的角度还是从实验的角度来说都是如此，那么，应当根据什么样的参照系判断它们孰优孰劣呢？根据事实吗？可是两者在这方面半斤八两。根据它们本身吗？可是这些系统在理论上和实践上的价值都不相同。

在此期间，丧失了部落成员的信任的那些“满脸羞愧”的柯斯基摩萨满们同样满腹疑窦。他们的同事已经以实物把病患吐了出来，而他们却一向认为病患是属于精神性质的，连想都从来没想过能够使它让人亲眼见到。他们派出一位使者，邀请奎萨立德在一个洞穴里秘密会晤。奎萨立德去了。异族同行们说明了他们的系统：“每一种疾病都好比一个人：疖子和毒痈、疥疮和痂、脓包和咳嗽、结核和瘰疬；这次也是一样：尿泡窄小和胃疼……我们一抓获疾病的像一个人似的灵魂，那么像一个人似的疾病就死了。它的躯体就会在我们体内消失。”如果这一理论正确，还有什么必须昭示的呢？ 195

而且，当奎萨立德做法的时候，为什么“女患者会把身体紧贴在他的手掌上”？不过，恪守行规的奎萨立德避而不答，因为行规禁止在四年学徒期满以前从事传授。柯斯基摩的萨满们为了用女色引诱他说出秘密，给他送去了他们的几位据说仍然是处女的女儿，可是他的态度始终坚定不移。

那个时节，奎萨立德刚刚回到位于鲁珀特堡的村庄，就听说相邻氏族有一位最出名的萨满，因为担心奎萨立德的声望与日俱增，已经向所有的同行发出挑战，邀请他们跟他一道治疗几个病人，一决高下。奎萨立德出席并观看了这位前辈的数例疗法。跟柯斯基摩人一样，这位萨满也没有将病患昭示出来，只不过把“他声称的病患”即一个看不见的物件时而放进树皮做成的头发造型里，时而放进雕成飞鸟形状的用于仪式的拨浪鼓里。由于“病患有咬住房子支柱和萨满的手掌”的力量，这些物件于是能够悬浮在半空中。这套表演按照以往惯例继续进行。人们恳求奎萨立德在已经被前辈断定无望的一些病例中施以援手，而且他凭着带血毛虫的技术赢得了胜利。

这个故事至此发展到了真正悲壮之处。这位老萨满因为名落千丈和治疗技术不中用而感到羞愧和沮丧，他派女儿乞求奎萨立德进行一次面谈。奎萨立德找到这位坐在一棵树下的同行时，这位老者开口说道：“朋友，我们之间是不会谈什么坏事情的，我只希望您高抬贵手救我一命，使我免于羞愧而死。您那天晚上的作为已经让我成了族中的笑柄。我请您发发慈悲，求您告诉我那天晚上您放在手心里的究竟是什么东西，真的是病患呢，还是只是冒充的东西？我求您慈悲为怀，把办法告诉我，好让我能够模仿。可怜可怜我吧，朋友。”一阵沉默之后，奎萨立德首先要求解释头发造型和拨浪
196 鼓的壮举。这位同行给他看了藏在头饰中的一根钉子，它能呈直角钉入一根柱子，而且表演了如何把鸟形拨浪鼓的一端夹在手指关节

之间，这样这只鸟仿佛单凭附于手掌上的鸟嘴就能悬空。他无疑是在扯谎行骗；他模仿萨满仅仅出于捞取物质利益和“对病人财产的贪图心”；他完全清楚，灵魂是无法捕捉的，“因为我们都拥有灵魂”，所以他才用油脂来冒充，声称“我手里的这块白色的东西就是灵魂”。他女儿也加进来为父亲求情：“发发慈悲，让他活下去吧。”奎萨立德仍然沉默不语。这次悲剧性的谈话以后，那位萨满当晚就“伤心地”要带着全家逃遁了。众人都害怕他可能忍不住要报复。其实这是完全不必要的：一年以后他又回来了。他和他女儿都疯了。又过了三年，他死了。

身怀各路秘诀的奎萨立德继续从事他的职业，揭发骗子，而且对这一行当非常蔑视。“我只见过一个萨满用吸吮办法治病，可是我从来没弄清他究竟是真正的萨满，还是冒牌货。只有一个理由可以使我相信他的确是萨满：他不让被治愈的人付给他酬金。而且，老实说，我一次也没见他笑过。”所以，他最初的态度发生了相当大的改变。自由思想家当时的彻底否定的态度变得微妙起来了。如果说真正的萨满还是有的，那么他本人的情况又如何呢？直到这段故事的结尾，我们还是不明白。不过有一点十分清楚：他在自觉地从事他的行当，为自已取得的成就而骄傲，而且针对所有敌对教派积极地捍卫他那块带血绒毛，看来他已经彻底忘记了这种他起初多方嘲弄的技巧的骗人性质。

由此可见，巫师的心理并不单纯。为了分析这种心理，我们先来考察一下那个老萨满的情况。他恳求他的年轻对手告诉他实情， 197
那个像红色的虫子一般粘在他掌心的疾病究竟是真是假；当他得不到解答时，他便陷入了疯狂。在这场悲剧发生之前，他手中掌握着两条数据：一方面，他坚信病态一定有一个肇因，而且肇因是可以找到的；另一方面，某种诠释系统或者个人虚构所起的作用很大，决定着从诊断直到治疗的疾病的各个阶段。这种对于本身已属未知的现实性的胡编乱造纯粹由一些操作程序和表象组成，而且从三个方面的经验得到保障：首先是萨满本人的经验，假定他的使命不是虚假的（即使不真实也罢，鉴于他确实在躬行实践），他会体验到某些本属心身失调性质的特殊状态；其次是病人的经验，他对某种好转可能有所察觉，也可能没有任何察觉；第三是公众的经验，他们也参与治疗；他们接受相关的训练，从中取得一种理智与情感上的满足感，这些都造成了整个集体信奉不疑，并且标志着一个新的循环的开始。

这三种属于不妨称为“萨满情结”的成分是不可分割的。不过，我们看到，它们是围绕着两个极点会聚起来，一个极点是萨满的内心体验，另一个极点是群体的共识。确实，没有理由怀疑巫师们——至少是那些最虔诚的巫师——对他们的职责坚信不疑，信念的依据是体验到某些特别的状态。他们经受的艰难困苦往往足以激励他们，即使人们不承认这些艰难困苦可以当作严肃而炽热的使命的证明。此外还有一些语言学证据，此类证据正因其是间接的而更有说服力。在加利福尼亚的温图（Wintu）方言中，动词有五种语式，分别对应于从视觉、肤觉、归纳、论证和道听途说等不同途径获得的知识。这五种语式构成了一个与揣度对立的知识的范畴，而揣度是以不同手段表示的。有趣的是，人与超自然世界的关系是通
198 过跟知识有关的语式表达的，特别是肤觉（即最直觉的经验）、归纳和论证这三种语式。这样，当一个土著人经历了精神危机而成为萨满的时候，他就会从语法上把他的状况设想为一种必定是从一个事实归纳出来的后果，以一次直接经验的形式表现出来；这个事实

就是他获得了某位神明的训诫，这就导致了一条推断性的结论，即他必定前往冥界旅行过一次，他本人在旅行结束时——即直接经验——又回到了同伴们中间[8]。

病人的体验是这个系统中最不重要的一个方面，除非考虑到这个事实：一个得到了萨满的成功治疗的病人，本人也最有可能成为一名萨满，正如我们今日在心理分析当中看到的情形一样。无论如何，我们应该记得，萨满并非不具备丝毫实证知识和实验技术，这些可以部分地解释他们的成功。至于其他方面，那些目前被称为属于身心医学的病患——它们在安全系数较差的社会里构成了常见病的很大一部分，往往应当归心理疗法收治。总之，实际情况似乎是这样的：正如他们在文明社会里的同行一样，那些原始社会的医生至少治愈了他们所收治的病人当中的一部分人；而且若无此类相对成功的事例，巫术的运用便不可能在时间和空间中传播得如此深入广泛。不过，这一点还不是主要的，因为它从属于另外两点：奎萨立德并不是由于治愈了病人才成为大牌巫师的，而是由于成了大牌巫师才去医治病人的。我们于是触及了这个系统中的另一个极点：集体经验。

奎萨立德的对手们垮台的真正理由不应从成与败的节律中寻找，而应当从群众的态度里寻找。他的对手们抱怨自己已经成为众人的笑柄，他们重视羞愧这种典型的社会情感，这都说明他们自己也在强调这一点。失败反倒在其次，我们在他们的所有各种说法里 199
看到，他们把失败视为受制于另一种现象，即社会共识的消失；对他们不利的是，这一共识围绕着另一位巫医、另一个系统重新建立起来。可见，根本问题在于个人与群体所结成的关系；或者更准确地说，在于某种类型的个人与群体的某些要求之间的关系。

在治疗病人的同时，萨满也在面向观众表演。什么样的表演呢？冒着对某些观察材料做出草率概括的风险，我们要说，这种表演始终不外乎萨满对“召唤”行为的一种重复，即终于将他的状态昭示出来的那次最初的发作。不过，不应受“表演”一词的迷惑，因为萨满并不满足于将某些事件加以复制和模仿；他是实实在在地重新体验它们的，连同其原有的生动性、原创性和暴烈程度。鉴于他在装神弄鬼之后能够恢复常态，我们不妨借用心理分析的一个关键术语，说他正在从事心理宣泄（abréagit）。我们知道，在心理分析学上，心理宣泄作用是指治疗过程中的一个关键时刻：病人此时强烈地重新体验作为病患之源的最初情境，这是最终彻底克服心理失调的前奏。从这一点看，萨满是正宗的疏导员。

我们曾经在别处寻找过必须阐明的理论假设，以便使下述想法能够被接受：每个萨满——或至少每个萨满教派——所特有的宣泄方式都可以通过象征的方式诱发病人宣泄自身的失调[9]。不过，如果萨满与群体之间的关系才是根本性的关系，那么问题也就必须从另一个角度提出，即正常思维与病态思维之间的关系。然而，从任何非科学的观点来看（没有一个社会能够吹嘘这一点也不关它的事），病态思维和正常思维不是对立的，而是互补的。正常思维面对着它亟盼了解却无法掌握其机制的宇宙，总是不断叩问事物的意义，但又总是遭到拒绝。另一方面，所谓的病态思维里充满各种诠
200 释性和情绪化的回声，并且随时准备将它们的重荷追加到一种更为亏缺的现实之上。前者有经验所无法证实的因素，也就是“可索求”之物。后者则有着缺少对象的经验，也就是“可资利用”之物。借用语言学的提法，我们不妨认为，正常思维往往缺少所指，所谓的病态思维（至少就其某些表现而言）则能指过剩。集体参与萨满教的治疗可以在这两种互补的局面之间建立起一道仲裁机制。遇到正常思维搞不清的疾病，群体便要求心理病态者接受注入其本

身毫无用途的大量丰沛的情感。于是在一种千真万确的心理的供与求的关系之间出现了平衡。不过，这有两个条件。第一，必须通过群体传统与个人发明之间的合作，建立起一种不断修正的结构，即用对立和关联组成的一个能够整合整个情境中的全部因素的系统，其中巫师、病人、公众以及表象和程序各得其所。其次，公众应当像病人和巫师那样，至少在某种程度上一道参加宣泄活动，那是对于充溢着象征的世界的一种心理体验，因为病人因其而为病人，巫师因而其为心理病态者——也就是说，彼此都拥有非此便无法整合的经验——能够让公众从远处依稀得见“启迪”。在缺乏任何实验手段的监控的情况下——其实并不是非有不可，也无人提出要求——只有这种经验本身及其在每个病例中的相对丰富性，才能使人在数个系统之间做出取舍，并导致皈依某一教派或者巫医[10]。

因此，与科学解说不同，问题不在于把那些零散和无组织的状态、情绪和表象统统归结到一条客观原因上去，而是要把它们以一个整体，或者说一个系统的形式融会贯通起来。这个系统的意义恰恰在于能够让零散的状态发生沉积或融合（它们的非连续性也使它们难于对付）。这后一种现象是通过一种从外部无法把握的独特经验在意识当中被证实的。对于群体来说，巫师与病人之间通过互补性的紊乱状态使得两人生动而具体地体现着任何思维都必然具备的一种对立关系，只是其正常的表达方式依然含糊不明。病人体现着被动性和自我异化，正如无法言说乃是思维的病态；巫师则体现着主动性和自我流露，正如情感性孕育了象征。治疗过程把这两个对立的极点联系起来，保证了两极之间的过渡，并且在一种全面的经验当中展示心理世界的一致性，后者本身又是整个社会的一种投射。 201

于是，通过考察宣泄的概念在不同于心理分析的心理治疗法当中的意义，我们看到了把这一概念加以扩展的必要性；心理分析的功劳在于重新发现和强调了宣泄的概念的核心价值。会不会有人说，心理分析只讲一种宣泄，即病人的宣泄，而不是三个方面的宣泄？这倒并不是那么确定无疑的。不错，在萨满教的治疗术中，巫师为了保持沉默的病人而说话和进行宣泄，心理分析则是病人面对倾听的医生说话和进行宣泄。医生的宣泄也是必需的，哪怕不跟病人的宣泄同时进行，因为要分析别人，必须自己先被分析过。这两种技术给群体留下的角色是个更难界定的问题，因为巫术通过病人使群体重新适应事前已经界定好的问题，心理分析则通过引入解决
202 办法使病人重新适应群体。但是，几年以来，一种令人担心的演变显示，心理分析体系从一套可以在若干特定和有限的案例中得到验证的科学假设，改变为一套向集体意识渗透的弥散性神话（这种客观现象在心理学家那里表现为一种主观倾向，即把按照病态思维构想的诠释体系扩大到正常思维，把仅仅适用于个体心理的研究方法运用到属于集体心理学的现象上）。这种倾向可能会迅速重新落入平行论的窠臼。那样一来，体系的价值基础将不再是一些人可以从中获益的真正治疗——在某些国家也许情形已经如此——而是治疗术的背景神话所带给群体的某种安全感，以及在此基础上，群体相应地赖以建立它的世界的民间体系。

从现在起，在心理分析与那些更古老、传播更广的心理治疗方法之间进行比较，可以促使前者重新思考它的方法和原理。由于可以解释得通的案例的搜罗范围不断扩大——从起初的典型失常者逐渐变成代表着某个群体的样品，心理分析把治疗变成了劝人皈依的活动，因为只有病人才能被治愈，一个适应不良或不稳定的人却只能被说服。这样，我们就看到了一个相当大的危险：这种治疗（当然是在医生没有察觉的情况下）不仅远远不能为一个永远以具体情境

为转移的特定的失调症找到解决办法，而且沦为病人依照心理分析的诠释重新组织自己的世界。这就是说，最终结果反倒是陷入了为我们所分析的巫术—社会体系提供出发点和理论可能性的那一种局面。

如果我们的分析不错，巫术活动就应当被视为一种回应，针对那种因外露情绪而昭示给意识、但深层性质却是理智的情境。这是因为，唯有一部象征性功能的历史才能说明人类的这种智能状况，即世界所表达的意义从来就不够充分，思维所掌握的意义总是多于它能够将其与之挂钩的对象的数目。人类被夹在能指和所指两个参 203
照系统当中左右为难，于是要求巫术思想为他们提供另一个新的参照系，这个新的参照系能够整合那些迄今仍互相矛盾的给定物。但是，我们知道，建立这一系统会妨碍知识的进步，因为它要求只保留和深化这两个系统之一，直至另一个系统被完全吸收（这种情形我们尚未哪怕是模糊地看见）。我们不应让个人去重复这种集体的不幸，不论他是神经症患者还是正常人。对精神疾病患者的研究告诉我们，每个人多多少少总要参照一些矛盾的系统并领受它们之间的冲突之苦；要说明某种形式的整合是正确的，仅凭其可能性和实际上有效是不够的，而且也不足以使人相信，相对于已经存在的冲突而言，这样完成的调适过程一定不是绝对的倒退。

除了那些非这样做不可的临界性情形以外，利用正常的心理综合把反常的局部心理综合彻底纳入一般性的却是任意的心理综合，这样做的结果将是满盘皆输。对于一个医师来说，一套基本的假设可以具有一定的工具性价值，理论分析不必非得看到现实的最终图像不可，也不必充当中介，将病人和医生在一种神秘的沟通中联系起来，因为这种神交对双方来说意义并不一样，并且只能把治疗过程化为一种虚构活动。

退一步说，我们只会向这种虚构活动要求一套语言，仅此而已。这种语言在获得社会的授权以后，将被用来转译那些其深层性质对集体、病人和巫师都同样将重新变得晦涩难懂的现象。

注释

［1］本文曾以同一标题发表于 *Les Temps modernes*，4e année，n°41，1949，pp. 3-24.

［2］W. B. Cannon："Voodoo" Death，*American Anthropologist*，n. s.，vol. 44，1942.

［3］1956年4月间，一位濒临死亡的澳大利亚土著人被带到达尔文医院，他看上去就是这类咒语的牺牲者。经过吸氧和输液，他慢慢恢复了过来，并且确信"白种人的巫术最厉害"。参见 Arthur Morley，Doctors Save Man《Sung to Death》，London *Sunday Times*，22/4/1956，p. 11.

［4］我们的研究目的更多地着眼于心理学方面而不是社会学方面，所以我们认为，宗教社会学严格区分的不同巫术操作模式和不同类型的巫师此时不是绝对必要的，因此可以不予考虑。

［5］C. Lévi-Strauss，Tristes tropiques，Paris，1955，Chap. ZZIZ.

［6］M. C. Stevenson，The Zuni Indians，23rd Annual Report of the *Bureau of American Ethnology*，Smithsonian Institution，Washington，1905.

［7］Franz. Boas，*The Religion of the Kwakiutl*，Columbia University Contributions to Anthropology，vol. Z，New York，1930，part Ⅱ，pp. 1-41.

［8］D. Demetracopoukou Lee：Some Indian Texts Dealing with the Supernatural，*The Review of Religion*，Mai 1941.

［9］参见本书第十章"象征的效力"。

［10］此处这种将巫师跟心理病态者等同的简单化做法曾受到米歇尔·莱利斯的及时批评，从而使我得以在"马歇尔·莫斯著作导论"一文中明确我的想法，该文收入莫斯《社会学和人类学》（*Sociologie et Anthropologie*，P. U. F.，Paris，1950），第18～23页。

第十章　象征的效力[1]

不久以前，霍尔迈（Holmer）和瓦森（Wassen）两位先生发表了目前已知的第一部关于南美洲的巫术-宗教文化的鸿篇巨制，它对萨满治疗术的某些方面做出了全新的阐述，提出了一些涉及理论释读的问题；仅靠两位编写者撰写的出色的注释，这些问题显然是无法穷尽的。我们打算对这篇文章重新进行一番考察。该文已经从语言学或美洲文化学的角度着重进行了研究[2]，因此我们着眼于发掘它的更为一般性的意义。 205

这篇祓咒长卷的土著文本共 18 页，分为 535 小节，是库纳（Cuna）印第安人奎勒莫·哈亚（Guillermor Haya）从他的部落的一位年长的报告人那里得到的。众所周知，库纳人生活在巴拿马共和国境内。已故艾尔兰德·诺登斯基奥德（Erland Nordenskiôld）曾经特别注意库纳人，他甚至成功地在这些土著人当中培养了一些合作者。就涉及本文的情况而言，诺登斯基奥德死后，哈亚设法将这篇咒语转交给了他的后继者瓦森博士。文本用原文编写，附有西班牙文翻译。霍尔迈先生显然对译文进行过仔细的校订。

206 唱词用于救助妇女难产，但是难得派上用场，因为跟西方社会的妇女比起来，中、南美洲的土著妇女生孩子更顺当些。萨满因此很少介入，除非分娩遇到麻烦，接生婆请求干预。唱词开头描写接生婆如何手忙脚乱，拜访萨满，再叙萨满前往临产妇女的茅屋，抵达后的准备工作，包括用烧煳的可可豆熏烟、祈祷、制作叫作奴楚（nuchu）的圣像。这些能够产生效力的木雕形象代表佑护神灵，萨满拿它们当助手，攥着它们的头，把它们一直领到魔乌（ Muu）的住处。魔乌是专司胎儿成形的妖魔。当她滥施职权并且把未来的母亲的蒲尔巴（purba）即“灵魂”劫走时，就会发生难产。因此，整篇唱词描写的就是一场搜寻过程：搜寻丢失了的蒲尔巴，待寻回之日，那已经是在历尽各路劫难之后：例如摧毁障碍、战胜猛兽，以及最终由萨满及其保护神灵向魔乌及其女儿们挑起激烈争斗，其间得助于沉重得压得她们受不了的魔帽。战败的魔乌允许病人的蒲尔巴露面，并将病人释放。分娩于是完成。全部唱词以叮嘱人们小心，别让魔乌跟在来访者身后溜掉作为结束。战斗并非针对魔乌本人发动，因为生殖活动缺少不了她；战斗仅仅针对权力的滥用。一旦错误被纠正，关系就变得友好起来。魔乌向萨满告别的话几乎相当于邀请：“朋友奈利，你几时再来看我？”（第 412 节）

至此我们把奈利（nele）这个名称译成了“萨满”，似乎不太恰当，因为治疗过程看来并没有要求仪典主持者进入癫狂状态，或者过渡到另一种心理状态。然而，用可可豆制造烟雾的主要目的就是要“加固他的外衣”和增强他本人，“使他勇敢地面对魔乌”（第65～66节）。而更主要的是，库纳人把医生划分为几种的做法表明，奈利的力量具有超自然的来源。土郎中分为恩奈利（'nele）、伊纳度莱蒂（inatuledi）、阿波索莱蒂（absogedi）三种。后两种功能意 207
指具备唱词和药剂方面的知识，这些知识通过研习获得，通过考试证明。但是，奈利的本事被认为出于天赋，具备一种能够立即发现病源的洞察力，即发现被妖精掠走的生命力的具体位置，不论这生命力是特殊的还是一般的。因为奈利能招安这些妖精，把它们变成他的保护者或帮手[3]。可见，尽管他对分娩过程的介入并未表现出所有那些惯常伴随这种功能的特点，但他实际上就是一位萨满。而守护神奴楚则在萨满的召唤之下化身为他雕刻的圣像，并且从他那儿获得了一些尼加（niga），即能够隐身和具备透视力的“精气”、“抵抗力”[4]，这种东西把他们变成了奈利甘（nelegan，nele 的复数），即“服务于人类的”，或具有非比寻常的威力的“与人类相仿的存在物”（第235～237节）。

按照我们的扼要叙述，唱词似乎出自一个相当平淡无奇的模式：病人生病是因为失掉了魂魄，或者更准确地说，失去了共同组成他的生命力的特殊的魂魄之一（这一点我们回头还要谈到）。萨满得到保护神的襄助，到超自然世界里走了一趟，夺回了被妖怪掠走的魂魄；就在把魂魄交还给它的主人的当口，治疗成功了。这篇文本特别令人感兴趣之处倒不在于这个形式框架，而在于我们发现——不消说是从阅读当中发现的，但文本能被卒读，首功当推霍尔迈和瓦森——在土著人心目中，魔-伊嘎拉即“魔乌的道路”以及魔乌的厅堂不是一条神秘的旅程和一处神秘的寓所，它们确凿地代表孕妇的阴道和子宫，萨满和奴楚在其中探索，在其最深处发动了必胜的战斗。

这种诠释首先根据对蒲尔巴这个概念的分析。蒲尔巴是一条心

208 灵原则，它跟上文已经说明的尼加不同。尼加不像蒲尔巴，它无法从它的所有者那里被夺走，而且只有人和动物才拥有它。植物或者石头只有蒲尔巴，没有尼加，尸体也是一样。在小孩子身上，尼加只能随着年龄的增长而发展。因此，我们似乎可以把尼加译为“生命力”，把蒲尔巴译为“魂魄”或“灵魂”而不至于太离谱，条件是我们必须明白，这些译名并不意味着有生命的和无生命的区别（库纳人把一切都视为有生命的），而是大致相当于柏拉图的“理念”和“原型”的概念，一切存在和物体都是它们的感性实现。

然而，这篇唱词中的病妇不止丢失了她的蒲尔巴；唱词还让她发起烧来，“疾病的炽热的外衣”（第1及其他各节），视力丧失或者减退，“迷失和……沉睡在魔乌·普克立普的路上”（第97节）。更有甚者，她对问话的萨满说道：“魔乌·普克立普来到了我身边。她打算永远拿走我的尼加蒲尔巴利利。”（第98节）霍尔迈建议把尼加译为肉体的力量，把蒲尔巴（利利）译作灵魂或本质，“她的生命的灵魂”的说法即由此而来[5]。对于作为生命体的一种属性的尼加，如果建议把它视为源自该生命体中存在的好几个而非一个在功能方面结合起来的蒲尔巴，那也许失之鲁莽。然而，身体的每一部分都有它自己的蒲尔巴，而尼加似乎在精神方面恰好跟机体的概念对等。正如生命产生于各个器官之间的协作那样，“生命力”也只能是各司一个器官的职能的所有蒲尔巴的通力协作。

实际上，萨满找回来的不仅是尼加蒲尔巴利利。就在这一发现之后，同一方面的其他发现也接踵而至：心脏的、骨髓的、牙齿的、头发的、指甲的和双足的（第401～408节，第435～442节）。人们也许会惊讶，这份名单上唯独缺少司掌受影响最大的器官——生殖器官——的蒲尔巴。正如文本编者所强调的，这是因为子宫的蒲尔巴并没有被视为受害者，而被视为应当对病理失调负责。魔乌和他
209

女儿即魔乌甘们——这一点诺登斯基奥德已经指出过——是主宰胎儿发育的力量，并且把库尔精（kurngin）或曰能力赋予胎儿[6]。不过，唱词中没有一处提到这些正面的属性，其中魔乌以病理失调的制造者出现，是一个攫取别的特殊“灵魂”并使其陷于瘫痪的特殊“灵魂”，她因此把保持“主干”（西班牙语 cuerpo jefe；第 430 节、435 节）完整的协作破坏了，从中提取出她的尼加。与此同时，魔乌必须停留在原处，因为解救蒲尔巴的讨伐行动可能会逼得魔乌沿着临时开放的道路出逃！所以唱词的最后一部分全是一些要求谨慎从事的叮咛。萨满动员百兽之神把守道路，搞乱路径以迷惑魔乌，并且收紧金网银网；奈利甘们一连四天彻夜未眠，一边敲击着棍棒（第 505～535 节）。因此，魔乌并非骨子里邪恶，她只是一股误入歧途的力量。难产被解释为子宫的“灵魂”迫使身体的所有其他部分的“灵魂”改变方向。一旦这些灵魂得到解救，子宫的灵魂就能够、也必然会重新合作。让我们现在就强调指出，土著人的观念体系能够极为精确地把生理失调的感情内容——依照其未经雕琢的出现时的原样——跟病妇的意识结合起来。

为了接近魔乌，萨满及其助手们必须遵循一条道路前行，那就是文本多处暗示可以同样的方式确定的那条“魔乌的道路”。当巫师蹲缩在病妇的吊床下雕刻完奴楚以后，奴楚们就“在道路的入口处”挺立起来（第 72 节、83 节）。萨满于是用这样的话语予以勉励：

> 病妇躺卧在吊床上，就在你们的眼前；
> 铺展开她的白色衣衫，白色衣衫微微颤动。
> 羸弱的病体伸展开来；
> 当他们把魔乌的道路照亮，道路便涌出细流，犹如鲜血； 210
> 涓涓细流在吊床下流淌，就像鲜血那样殷红；

白色内衫飘落大地深处；

就在妇人的白衫之间，降临了一个生灵。（第84～90页）

最后两句的意思译者们颇觉可疑；不过他们同时又参照了另一个土著文本。在“贴身的白衫”等于阴户这一点上，由诺登斯基奥德发表的这一篇没有留下丝毫疑问：

白衫敞开了，

白衫伸展了，

…………

白衫当中的胎儿降生了。[7]①

由此可见，这条被难产的血污覆盖、奴楚们只能借助服饰和魔帽的光亮辨认的意义晦涩的“魔鸟的道路”，毫无疑问就是病妇的阴道。而“魔鸟的厅堂”、“麻烦的根源”即她的住所则正好跟子宫相对应，因为土著报告人认为，这个叫作“阿姆卡皮雅维拉”的住处也是“奥美甘浦尔巴”，即“女人的捣乱的月经”，又叫作“深邃阴暗的源泉”（第250～251节），或者是“阴暗的腹地”（第32节）[8]。

因此，这篇文本的独特之处使它应当在通常描述的萨满治疗术

---

① 法文原著这一段直引土著语言本文，并附有西班牙语译文，现照录如下（斜体字为西语译文）：

sibugua molul arkaali

blanca tela abriendo

sibugua molul akinnali

blanca tel extendiendo

……

sibugua molul abalase tulapurua ekuanali

blanca tel centro feto caer hacienda——译者注

当中占有特殊地位。这些治疗术有三种不同但不相互排斥的类型。其一，对生病的器官或者肢体施行某种摆布或者吸吮，以便抽取致 211
病的肇因——不外乎一根刺、一块晶体或一根羽毛，并在适当时机昭示于众（见于热带美洲、澳大利亚和阿拉斯加）。其二，就像在阿劳堪人那里一样，治疗过程围绕一场模拟的战斗展开：发动于室内，酣战于户外，以此对抗害人的妖精。其三，就像在纳瓦霍人那里一样，主持治疗的人口中念诵祓咒，下令施行一些操作（例如将病人摆放到用沙粒和各色花粉在地上绘成的一幅画的不同部位上），人们看不出此类摆弄跟需要治疗的特定疾患有什么直接关系。在所有这些情况下，对治疗方法做出诠释绝非易事（我们知道治疗方法往往是有效的）。当直接处理不健康器官时，它往往具体而粗野（总的来说，纯粹是欺骗），所以看不出它有什么内在价值。当治疗只是重复那些常常是高度抽象的仪式时，我们又很难理解它与疾病有什么直接的关系。比较方便的做法是说我们讨论的是心理治疗术，以便回避这一困难。可是，除非我们能够说明特定的心理表象是如何与同为特定的生理疾患做斗争的，否则心理治疗术仍然将是一个空洞的提法。不过，我们所分析的这篇文本对解决这个问题有极大帮助。唱词构成了一种纯粹的心理治疗，因为萨满既没有接触病妇的身体，又没有下什么解药。与此同时，他却直接而明确地举出了病状及其部位。所以我们愿意说，唱词对于生病器官是一种**心理操作**，而且人们正是从这种操作中期待治愈的。

让我们从证明这种操作的现实性及其特征开始。然后，我们再去探究它的目的是什么，效力如何。首先，我们惊讶地发现，这部唱词虽然以作为援军的神灵与妖怪为争夺“灵魂”而展开的一场戏

212 剧性战斗为主题，却对战斗本身花费篇幅极少。在总共18页的文本中，关于战斗的内容只有不到1页；与魔乌·普克立普的会晤占去恰好2页。另一方面，开场白却获得大力铺陈，准备工作、奴楚的装备、路线和地点的叙述也都极尽详细之能事。唱词开头关于助产婆拜访萨满的描写就是如此：病妇与接生婆的对话，以及后来接生婆和巫医的对话都出现过两次，因为每个人在回答对方的问题之前，要先把对方的话准确地重复一遍：

> 病妇对接生婆说："说实话，我穿着一件滚热的病衣。"
>
> 接生婆向病妇答道："说实话，你穿着一件滚热的病衣，我就是这样听你说的。"（第1～2节）

可能有人会指出[9]，这种文体风格在库纳人中很常见，原因是仅限于有口述传统的民族有靠记忆把已经说过的话记牢的必要。然而这种文体此处不仅用于记述话语，而且用于描写行动：

> 接生婆在茅屋里转了一圈；
> 接生婆在寻找念珠；
> 接生婆走了一圈；
> 接生婆跨出一只脚；
> 接生婆用脚触着了地面；
> 接生婆跨出另一只脚；
> 接生婆推开屋门，屋门吱嘎作响。
> 接生婆走出门去……（第7～14节）

这种对于一趟出诊场景的细致描写反复出现于到达萨满那里、返回病妇身边、萨满起程以及到达等场景里；有时，同一描述会以相同的词语重复两遍（第37～39节、第45～47节均为第33～35节

213 的重复）。因此，治疗过程是以重提前面发生的事件作为开始的，

而且有些看似次要的情节（“到达”和“出发”）写得不厌其详，宛如电影的慢镜头。这类技巧在整个文本中比比皆是，不过没有一处像开头那样巨细无遗，而且只为描述一些仅有回顾意义的事件。

一切都显示，萨满似乎正在诱导一位病妇极为准确和强烈地重新体验一场最初的情景，让她在心里重拾其中的细枝末节；病妇对现实的注意力无疑因痛苦而削弱，敏感性却增强了。确实，这种情况能够带出一系列以病妇的身体和体内器官作为预定舞台的事件。于是，从最稀松平常的现实便可进入幻想，从物理世界进入生理世界，从外部世界进入身体内部。而且，在体内展开的幻想必须保持同样的活力，同样的心理体验的特点；萨满则借助病理状态，利用适当的强迫性技巧把心理体验的具体条件规定下来。

接下来的 10 页以令人应接不暇的节奏显现出幻想主题和生理学主题之间的摇摆，速度越来越快，仿佛是要在病妇的头脑里取消两者的区分，造成无法区别彼此的特点。几幅病妇躺卧在吊床内或采取土著人的分娩姿势的图景：面朝东方，双膝岔开，呻吟不止，失血，外阴肿胀和蠕动（第 84～92、123～124、134～135、152、158、173、177～178、202～204 各节）；接下来，萨满轮番呼唤各路精灵的名字：酒精饮料之精灵，风之精灵、水之精灵、树木之精灵，甚至——这是一条这种幻想具有灵活性的珍贵证据——“白种人的银色邮轮”的精灵（第 187 节）。不同的主题汇合在一起：奴楚们也像病妇一样滴血和淌血；病妇遭受的痛苦的程度扩大到宇宙：“她的白色内衫伸展至大地深处……她的渗漏物在大地深处聚成一汪，像鲜血那样殷红。”（第 89、92 节）同时，每个精灵在出现时都得到仔细的描写，它们从萨满那里接受的魔具也被一一列举出来：黑色的 214
念珠、光灿灿的念珠、暗色念珠、念珠串、美洲豹骨、圆形骨头、喉骨，以及许多别的骨头、银项链、犰狳骨、凯克托利鸟的骨头、啄木鸟骨、用来制作笛子的骨头、银念珠（第104～118节）。仅有这些保证似乎还不够，一切为病妇已知与未知的力量似乎必须集结起来才能从事侵犯（第119～229节），总动员于是重新开始。

可是，我们在幻想的王国里绝不能有丝毫懈怠，闯入阴道的举动虽然属于幻想，但还是用具体而熟悉的词语向病妇提出来了。此外，“魔乌”在文本中有两处直接指谓子宫，而不是指支配子宫活动的精神原则（“病妇的魔乌”；第204、453节）[10]。为了钻进魔乌的道路，奈利甘们此处表演着阴茎勃起的样子和动作：

> 奈利甘的帽子闪亮，奈利甘的帽子发白；
> 奈利甘变得又平又低（?），就像突头，笔管条直；
> 奈利甘开始变得可怕（?），奈利甘全都变得可怕（?），
> 为的是病妇的尼加蒲尔巴利利。

稍后一点，还有这样的说法：

> 奈利甘摇摇晃晃地向吊床上部移动，他们就像奴苏帕奈一样向上部移动。（第239节）[11]

可见，这种叙事技巧是为了再现一次真实的经验，幻想不过变换了其中的主角。奈利甘进入了天然的洞穴，我们可以想象，在这些心理全部准备完毕以后，病妇便会真切地感到它们进入了自己的
215 身体。她不仅感觉到了它们，而且它们也把已经准备要走的道路“照亮”了——无疑是为了让它们自己辨明道路，但也是为了病妇，使她那难以言状的痛觉的位置“清楚地”进入她的思维意识：

> 奈利甘使得病妇人眼清目明，奈利甘让病妇人睁开了明亮的眼睛……（第238节）

如果将文本中的提法稍加改写，“眼目清明”使它们能够了解

一段复杂路程的细节；这是一张真正的幻想式的解剖图，与其说它恰好对应于生殖器官的实际结构，不如说是某种情感方位图，它一一标明着受阻的地点和跃进的地点：

> 奈利甘们上路了，奈利甘们沿着魔鸟的小路鱼贯前行，路像那矮山一样遥远；
>
> 奈利甘们（同上略去），路像那短山一样遥远；
>
> 奈利甘们（同上略去），路像那长山一样遥远；
>
> 奈利甘们（同上略去），Yala Pokuna Yala（无译文）；
>
> 奈利甘（同上略去），Yala Akkwatallekun Yala（无译文）；
>
> 奈利甘（同上略去），Yala Ilamisuikun Yala（无译文）；
>
> 奈利甘们（同上略去），直到平山的中央；
>
> 奈利甘们上路了，奈利甘们沿着魔鸟的小路鱼贯前行。（第241～248节）

同样的诠释方法也可以用于充斥着各路怪物和猛兽的子宫世界的图景，而且获得了土著报告人的证实。他说："那些动物加重了妇人生产时的痛苦。"也就是被人格化了的病痛本身。在这里，唱词的主要目的看来是向病妇描述这些痛苦和为它们命名，用一种能够被有意识或无意识的思维所理解的形式向她展示这些痛苦。例如，鳄鱼大叔爬来爬去，眼睛鼓凸，躯体扭曲，色彩斑驳，蜷卧在地，尾巴扭动；鳄鱼大叔梯伊克瓦利利，闪光的躯体，移动着闪光的四肢，四肢所犯之处，推倒一切，拖走一切；名叫基克基尔巴纳 216
利利的那位奈利，大章鱼，黏糊糊的触须翕张自如；岂止如此而已，还有软帽子、红帽子、杂色帽子等；还有起保佑作用的兽类：黑虎、红色兽、双色兽、土色兽；各个均用铁链系住，耷拉着舌头，伸着舌头，淌着涎水，嘴角挂着唾液，尾巴光彩华丽，充满恫吓的利齿能够咬碎一切，“像鲜血那样殷红”（第 253～298 节）。

为了进入这个杰罗姆·博什①式的魔窟，见到它的主人，奈利甘们还必须克服此番为物质性的其他一些障碍：纤维，浮动的绳索，绷紧的线，连续不断的窗帘：有彩虹色的、金色的、银色的、红色的、黑色的、栗色的、蓝色的、白色的、蠕虫似的、“像领带似的”、黄色的、扭曲的、厚实的（第 305～330 节）；为了达到这个目的，萨满呼唤蛀木虫蠡之王前来增援，它们必须“咬断、聚拢、缠绕和清理”那些被霍尔迈和瓦森视为代表子宫内壁黏膜的线绳[12]。

随着这些最后障碍的崩溃，奈利甘的入侵接踵而至。此时发生了帽子之间的竞赛。不过，讨论这个题目会使我们脱离本文的直接目的太远。释放了尼加蒲尔巴利利以后，降落的过程便开始了，然而这同爬升的历程一样危险，因为整个事情的目的就是引导分娩，准确地说，也就是一次困难的下降历程。萨满清点了一番他的将帅并对手下加以鼓励，可是他还得呼唤其他增援，即“清道夫们”，诸如犰狳之类的掘地兽之王。萨满鼓励尼加向洞口夺路而行：

> 你的身体躺在你面前的吊床上；
> 她的白衫展开了；
> 贴身的白衫缓缓飘动；
> 你的病妇躺在你面前，以为她已经失明。
> 他们把她的尼加蒲尔巴利利又一次放进她的身体……（第 430～435 节）

217 接下去的情节含混不清，病妇似乎尚未治愈。萨满与村民们一

① 杰罗姆·博什（Jérôme Bosch，1453—1516），荷兰画家，作品多用地狱等基督教题材。20 世纪超现实主义者认为其作品出色地表达了潜意识的活动。——译者注

起上山采草药，然后以不同的方式再次发起进攻。这回是由他本人来模仿阴茎插入“魔乌的孔穴”，在里头运动，“就像奴苏帕奈那样……把里面彻底揩弄干净”（第 453～454 节）。不过，使用止血药暗示分娩已经发生。最后，在提到那些我们已经描述过的谨防魔乌逃跑的措施之前，萨满招呼一群弓箭手来帮忙。他们的任务是扬起满天尘土，“以便搞乱……魔乌的道路”（第 464 节），并且把守魔乌的所有逃路，包括迂回的道路和近路（第 468 节）。这些人的介入无疑属于结局的一部分。

上述情节也许是指第二种治疗技术，即操纵器官和服用药物；也许相反，在同样为隐喻的形式下，这个情节与在我们的版本里发展得更充分的第一次旅行形成对称。因此，为挽救病妇曾经发动了两场进攻：一场从一套心理—生理学神话获得依据，另一场从向村民求助所显示的一套社会—心理学神话获得依据，尽管后者仍属初创阶段。无论如何，应当注意到唱词开始于治疗之前，结束于分娩以后，午后发生的事件于是无一遗漏地得到报告。问题正是要建立起一个完整的体系。治疗之所以运用细致手段“关起门来进行”，并非只是针对魔乌的逃避意向，因为假如治疗未在人们等到结果出现之前就向病妇预示某种结局，那么治疗的效力就会打折扣。这是一个对立的角色各得其所的结局，而且返回到一种没有任何威胁的秩序。

因此，治疗术的本质在于使某一既定局面首先从情感方面变得能够被想象，使肉体难以忍受的痛苦变得可以被思想所接受。至于萨满的那一套幻想与客观现实是否一致反倒没什么要紧。因为病妇 218
相信它，而且病妇属于信奉这套幻想的那个社会的成员。那些保佑人类的精灵和邪恶的精灵、超自然的妖怪和魔兽都属于一个协调一致的体系，土著人在此基础上建立了他们对世界的看法。病妇接受了它们，或者更准确地说，她从来没有对它们产生过疑问。她所接受不了的是怪异的和强加给她的疼痛；这些是她的体系当中的异己因素，同时也是萨满在幻想的帮助下重新置于一个协调一致的整体当中的因素。

可是，病妇一旦理解了，便并非仅仅听任摆布，她居然痊愈了。可是，当我们用分泌活动、细菌或病毒等概念向我们这里的病人解释病因时，这种情形却从来没有在他们身上发生过。如果我们回复这个问题说，原因在于有细菌，而妖怪却是没有的，那么我们也许会被指责为自相矛盾。不过，细菌和疾病之间的关系外在于病人的思想，这是一种因果关系；而妖怪和疾病的关系对于病人来说却是内在的，无论她对此有意识还是无意识；因为这是一种象征与被象征物之间的关系，或者借用语言学家的话来说，是能指与所指的关系。萨满为病妇提供了一套**语言**，无法表述的或用其他方式难以表述的种种状态从中能够得到直接的表达。这场向语言表达的过渡开启了一次生理过程，也就是说，把病妇承受其展开过程的那个序列在有利的方向重新加以组织（这一过渡也使人能够以有序的和可以理喻的形式亲历一次实在的经验；无此，这种经验就会混乱无序，难以表达）。

从这个方面看，萨满治疗术处于我们的有关器质的医学与例如心理分析学等心理治疗方法的中间地带。它的独特之处来自于把某种跟心理治疗法相似的方法运用于某种机体的失调。怎么会这样呢？更加仔细地在萨满教和心理分析学之间进行比较，可以让我们搞清这一点（这绝不意味着我们有丝毫冒犯心理分析学的企图）。

219 在这两种情况下，我们都要把一直处于无意识层次的冲突和抗拒提升到意识的层次上。造成那种局面的原因或者是由于其他心理力量的压抑作用，或者是——例如分娩——由于本身的性质，并非心理方面的，而是器质的，甚至干脆是机械方面的原因。同样在这两种情况下，冲突和抵抗之所以能够得到化解，不是由于病妇逐渐获得了有关这些冲突和抵抗的知识——无论真实的还是假定具备的知识，而是因为这种知识能够引起一种特别的体验；在这种体验的过程中，冲突在某种秩序当中展开，在某种允许它们自由发展并导致它们得到化解的层次上展开。这种心理体验在心理分析学上被称为宣泄。我们知道，它的前提条件是分析师的介入必须是非诱发性的，是作为一个有血有肉的角色，借助移情的双重机制进入病人的冲突；病人从而能够面对分析师做出重建，明确讲述一直没有得到系统表述的初始情境。

所有这些特点，萨满治疗术也都有。它也是要诱发一种体验，而且只要这种体验被动员起来了，主体所无法控制的那些外在的自然机制就会自动开始发挥调节作用，进而达到有序地运行。萨满跟心理分析师一样扮演着双重角色：第一个角色——在心理分析师为倾听者，在萨满则为演说者——是同病人的意识建立起直接联系（同他的无意识建立起间接联系）。这就是咒语的严格意义上的功能。但是，萨满不仅仅是念诵祓咒，他也是其中的主角，因为他率领着由超自然的精灵组成的队伍，闯入遭遇危险的器官内部，把被俘虏的灵魂解放出来。在这个意义上，跟心理分析师一样萨满充当了移情活动的对象，从而借助于病人头脑中诱发的表象，成为病人在机体世界与心理世界之间所体验的冲突当中的一个真正的主角。精神病患者面对一位活生生的心理分析师的时候，他个人的幻想便消融殆尽了；土著产妇则跟一位通过幻想而产生移位的萨满认同，从而战胜了一次器质性失调。

220 这种平行现象并不排除某些差异。如果注意到需要治疗的病患在前一种情况下具有心理性的特点，在后一情况下具有器质性的特点，那么我们对这些差异就不会感到惊讶了。事实上，看来萨满治疗术恰恰是心理分析治疗术的对等物，只是所有的项目都颠倒了过来。两种治疗术都以诱发某种体验为目标；为了达成这一目标，两者都利用重建一种病人必须体验或重新体验的幻想。不过，第一种情况是病人利用从以往经历中得出的因素建构个人的幻想；在第二种情况下，病人却从外部获得一种社会的幻想，与个人的以往状态不是一回事。为了给一场此时已变成“内宣泄”（adréaction）的宣泄铺平道路，心理分析师洗耳恭听，萨满则滔滔不绝。更妙的是，当移情活动开始组织起来时，病人通过把预设的情感和意图寄托在心理分析师身上，让他开口讲话；念诵祓咒的情形刚好相反，萨满代替病人说话。他追问病妇，并借她的口做出应对，这些应对恰好是对她应当进入的状态的一种诠释：

> 我的视觉恍惚，它在魔鸟·普克立普的道路上沉沉入睡；
>
> 魔鸟·普克立普来到了我身旁，她想永远拿走我的尼加蒲尔巴利利；
>
> 魔鸟·牟尔亚提来到了我身旁，她想永远占有我的尼加蒲尔巴利利；
>
> 等等（第97～101节）

不过，如果我们把萨满的方法与最近出现的一些自称心理分析的治疗法做一比较，上述相似性会更加明显。德索瓦耶先生在他对白日梦所做的研究中早就强调[①]，心理—病理疾病只有通过象征语

① 法文原著未标明来源。英译本注出处为“*R. Désoille*：*Le rêve éveillé en psychothérapie*”（Paris，1945），可供参考。——译者注

言才能理解。因此，他利用象征与病人交谈，不过这些象征仍然只是一些语言的隐喻。施蔼鄂太太在一部较为晚近的著作里走得更远[13]——我们着手本文的研究时对此书尚不得而知。我们认为，上 221
文所说有关心理分析与萨满教的关系的观点，被她通过治疗一例被判为绝症的精神分裂症所取得的成果完全证实了。施蔼鄂太太发现，无论多么富有象征性的话语都会在意识上碰壁，只有借助行动她才触及了隐藏极深的情结。于是，为了化解某一断奶期的情结，这位分析师不得不扮演母亲的角色。这倒并不是要实际再现那种行为，而是通过一些断续的动作进行，每个动作都象征着那种情况下的一个基本要素。例如，让女病人的脸颊跟分析师的乳房发生碰触。这些动作所包含的象征性内容足以使它们形成一种语言。实际上，治疗者与病人的对话并不是通过说出来的话语进行的，而是通过一些具体的操作；这些动作是一些能够顺利穿透意识的帷幕的真正的仪式行为，从而把它们的信息直接传递给无意识。

我们在此处又遇到了操纵（maniputlation）这个概念，我们曾经认为它是理解萨满治疗术的关键，不过它的传统定义应当大大拓宽。它有时指观念的操作，有时又指器官的操作，两者的共同条件依然未变：操作必须借助象征进行，也就是说，通过分属另一个范畴的现实的所指的表意对等物。施蔼鄂太太的举动在精神分裂症病人无意识的精神中发挥作用，这正像萨满所提示的，表象规定着产妇的有机的功能发生变动。分娩在唱词的开头遇阻，在唱词结尾发生，分娩的进展反映在幻想的前后相继的各个阶段中：奈利甘们第一次进入阴道时排成印第安人纵列（第 241 节），而且因为这是一场攀升活动，所以借了威名远播的魔帽为它们廓清和照亮道路。当他们开始原路返回时（这相当于幻想的第二阶段；由于要把孩子生下
来，所以又相当于生理过程的第一阶段），注意力投向了他们的双 222

足，因为文本称他们是穿着鞋的（第494～496节）。当他们闯入魔鸟的住所时，已经不再排成纵队了，而是“四人一组”（第388节）；当他们重返自由空间时，“全都走在前排”（第248节）。幻想细节的这种变化大概是想诱发机体的相应反应，可是如果这种变化没有伴随着实际的阴道的逐步扩张的话，病妇也无法以一种体验的形式把它充分吸收。正是象征的效力保证了幻想与行动的协调和同步发展。而且，神话和行动结为一对，其中始终存在着病人和医生的二元性。在精神分裂症的治疗中，医生完成行动，病人产生幻想；在萨满治疗术中，医生提供幻想，病人完成行动。

如果人们同意，恰如弗洛伊德似乎两次提出的那样[14]，终有一天，面对生理学乃至生物化学的观念，关于神经症和精神病的结构的心理学描述必将销声匿迹，那么上述两种方法之间的相似性就更加彻底了。这种可能性也许会实现得更早，因为瑞典人的新近研究已经根据多核苷酸的丰富程度，证明正常人和精神变异者的神经细胞有化学差异[15]。如果从这一假设或任何相似的假设出发，萨满治疗术和心理分析疗法就会变得极为相似；两者都是让病人高强度地亲历一场幻想，从而诱发一种主要表现为结构性重组的机体方面的
223 变化；这场幻想或者由病人接纳，或者由他本人产生；这种幻想在无意识心理阶段的结构类似于我们在器官的阶段打算确定其形态的那种结构。象征的效力恰恰在于形式上彼此对等的结构所具有的这种“诱导性质”；这些结构可以用不同的质料在生命的不同阶段形成：有机过程、无意识心理现象、成熟的思维。诗歌中的隐喻就是这种诱导手法的一个耳熟能详的例子，可是它的通常用法使它无法超越心理现象。我们由此可以懂得韩波（A. Rimbaud）的直觉，他

曾说诗歌中的隐喻同样有助于改变世界。

通过跟心理分析进行比较，我们已经搞清了萨满教医疗术的一些方面。反过来说，如果说将来人们会求助于这方面的研究，以便说明弗洛伊德理论当中的晦涩之处，这并非是不可能发生的事。我们特别想到幻想和无意识这两个概念。

我们在两种方法之间看到的唯一差异——它在精神病的生理学基础被发现以后依然存在——关系到幻想的起源。在其中一种情况下，幻想被当作个人的宝藏重新发现；在另一种情况下，它是从集体传统传承下来的。事实上，许多心理分析师都拒绝承认重现在病人意识当中的分散的心理现象构成幻想。他们说，那些都是真实的事件，它们的时间有时是可以确定的，它们的真实性可以从亲戚和佣仆那里得到验证[16]。我们对事实并没有疑问。应当提出疑问的是，这种治疗术的医用价值是否完全取决于被回想起来的情境的真实性，或那些情境造成精神创伤的力量是否来源于下述事实：它们一出现，主体就以体验过的幻想的形式直接体验它们。我们这样说的意思是，任何一种造成精神创伤的情境，它的力量不可能从其本身固有的特征当中产生，而是产生于某些出现在适当的心理、历史 224
和社会背景中的事件所具备的引发一场情感的凝聚活动的能力，这一活动受到一种预先存在的结构的模型的制约。相对于事件或者秘闻而言，此类结构——或更准确地说，这些结构的法则——是不折不扣地非时间性的。在神经症患者的身上，一切心理生活和一切后期经验都是在初始幻想的催化作用下，围绕着一个唯一主导的结构组织起来的。然而，这个结构，包括其他一些在神经症患者身上退居附属地位的结构，在正常人身上重新出现了，无论他是原始人还是文明人。这些结构合为一处就是我们所说的无意识。这样一来，萨满教理论和心理分析理论之间的最后一条区别便消失了。无意识于是不再是一个难以名状的个体特殊性的庇护所、一间贮藏室，里头存放着一部使我们每个人都变成一个无法替代的存在的独特的历史。无意识于是还原为一条我们用于称谓某种功能的术语：象征性功能，它无疑是人类所特有的，但它在一切人身上发挥作用时都遵守同样的法则；归根结底，它实际上是这些法则的总和。

如果这一看法不谬，那么，看来就极有必要在无意识与潜意识之间重建一条比心理学已使我们习惯了的更为显豁的区分。这是因为，作为在每一个生命过程中积累起来的记忆和意象的贮藏室[17]，潜意识变成了记忆的一个方面。它在确认自己的恒久性的同时，也蕴含着自身的局限性，况且潜意识这个字眼关涉到被保留的记忆并非随时可供取用这一事实。其实相反，无意识总是虚空的；或者更确切地说，它外在于意象，恰如肠胃外在于穿肠而过的食物。无意识是一个具有特殊功能的器官，它仅仅止于把结构性法则——这些法则已经穷尽了它的现实性——强加给来自别处的无序成分：冲动、情绪、表象、记忆等。因此，我们不妨认为，潜意识是一部个人的
225 词典，我们每个人都从中积累起自己的历史的语汇，不过，对我们自己和其他人而言，只有当无意识根据它的法则把这些词汇组织起来，并把它们变为一套话语的时候，这些词汇才获得意义。鉴于这些法则在任何发挥作用的场合对任何人都是一成不变的，所以上一段文字中提出的问题就可以轻而易举地得到解决了。词汇没有结构那么重要。幻想无论是个人重新创作的，还是取自于传统，它仅仅从它的——个人的或集体的——资源当中（两者之间永远会产生各种诠释和交流）提取出那些被它运用的意象，然而结构不会改变，而且象征性功能是通过结构完成的。

让我们再补充一点。这些结构不仅对任何人和运用上述功能的任何质料都相同，而且它们为数不多。我们由此便能理解象征作用

的世界为什么内容无限多样，但法则总是有限。语言有许多种，但音位法则寥寥可数，而且对于所有的语言都有效。如果把知名的故事和神话汇编起来，其卷帙之浩繁将会令人瞠目。但是，我们可以从不同角色的背后找出一些基本功能，从而把它们约减为少数几个简单的类型。至于心理情结——也就是个人的幻想——照样可以还原成数个简单类型，这些模型对于流动的多样性恰好形成一种约束。

鉴于萨满对病人不做心理分析，我们可以得出结论：追忆逝水年华虽然被一些人视为心理分析治疗法的关键，但其实它只是另一种更基本的方法的一种表现形式（其价值和成果固然不可低估）。要确定这种基本方法，不应诉诸幻想的个人来源或集体来源。这是因为，幻想的形式领先于叙述的内容。这一点至少看起来是对一篇土著文本的分析已经明白昭示给我们的。但是在另一个意义上，我们也知道，任何幻想都是对往事的追忆。所以，作为萨满技术的现代版，心理分析学的特殊性来源于以下事实：除了人类自身以外，工业文明再也没给幻想时代留下什么空间了。 226
按照这个观察，心理分析学不但可以接受对于它的有效性的认可，也可以看到对它所寄的希望：深化理论基础；把它的方法和目的与萨满和巫师这些伟大的先行者们做出比较，以便把这种效力的机制搞得更清楚。

注释

[1] 这篇文章是为纪念雷蒙·德·索绪尔（Raymond de Saussure）撰写的，曾以同一标题发表于 *Revue de l"Histoire des religions"*, t. 135, n° 1, 1949, pp. 5-27.

[2] Nils. M. Holmer et H. Wassen, *Mu-Igala or the Way of Muu, a Me-*

decine Song from the Cunas of Panama, Göteborg, 1947.

［3］E. Nordenkiöld, An Historical and Ethnological Survey of the Cuna Indians, edited... by Henry Wassen (Comparative Ethnographical Studies, 10), Göteborg, 1938, p. 80 sq.

［4］同上，第360页下；以及前引霍尔迈（Holmer）和瓦森（Wassen）的著作，第78～79页。

［5］同上，第38页，注44。

［6］见E. 诺登斯基奥德（Nordenkiöld）的论文，前引，第364页下。

［7］同上，第607～608页；另见前引霍尔迈和瓦森的著作，第38页，注35～39。

［8］把土著文本用字“ti ipya”译成“漩涡”似显牵强。正如在伊比利亚语言里一样（参见葡萄牙语的olho d'agua），对于某些南美土著来说，所谓“水眼”即指泉水。

［9］参见霍尔迈和瓦森的著作，第65～66页。

［10］见霍尔迈与瓦森的著作，第45页，注219；第57页，注539。

［11］问号为霍尔迈和瓦森所加。“奴苏帕奈”（nusupane）源自“奴苏”（nusu），“虫子”之义，通常用于指阴茎（见霍尔迈和瓦森的著作，第47页，注280；第57页，注540；以及第82页）。

［12］霍尔迈和瓦森，第85页。

［13］M. A. Sechehaye, La Réalisation symbolique (supplément n°12, de la *Revue suisse de Psychologie et de Psychologie appliquée*, Berne, 1947.

［14］参见英文版弗洛伊德的《快感原则之外》第79页，以及《关于心理分析学的新演讲》第198页，转引自E. Kris, The Nature of Psychoanalytic Propositions and their Validation, in: *Freedom and Experience*, *Essays presented to H. M. Kallen*, Cornell University Press, 1947, p. 244.

［15］根据凯斯波森（Caspersson）与海顿（Hyden）在斯德哥尔摩卡洛林斯卡学院所说。

［16］Maire Bonaparte, Notes on the Analytical Discovery of a Primal

Scene，dans *The Psychoanalytical Study of the Child*，vol. I，New York，1945.

［17］由于有了潜意识和无意识的明确分野，这一曾经遭人诸多诟病的定义又获得了新的意义。

第十一章　神话的结构[1]

227 似乎命中注定，神话世界刚刚形成就被打得粉碎，使得新的神话世界能够从它的碎片残屑当中诞生。

——博厄斯

为杰姆斯·泰伊特著《英属哥伦比亚地区汤普逊河印第安人的传统》一书所写的序言，《美国民俗协会回忆录》第6卷，1898，第18页。

大约20年以来，尽管出现过零星的尝试，人类学还是逐渐脱离了对宗教现象的研究。一些出自不同背景的业余研究者趁此机会插足宗教民族学的领域。这些人在被我们丢下的荒芜的田地里大玩他们的幼稚游戏；我们已经患有先天不足，他们的种种过分做法更使我们事业的前途雪上加霜。

这种局面的根源在哪里呢？从泰勒到弗雷泽（J. G. Frazer），再到迪尔凯姆，宗教民族学的创立者全都关注心理学问题；但是，由于他们并非专业心理学家，所以他们未能紧跟心理学思想的迅速发展，更不用说有所预见了。他们的诠释方式随着这些方式所蕴含的心理学公设的陈旧而很快地过时了。不过，他们懂得宗教民族学问题属于某种跟心智有关的心理学，这一功绩我们是应当承认的。我 228
们同意霍卡特在最近出版的一部遗著的开头所指明的：现代心理学往往漠视心智现象，重视研究感情生活："于是除了心理学学派的固有缺陷……再加上错误地以为从混乱的感情当中可以诞生清晰的概念。"[2]本来应该扩大我们的逻辑框架，才能够容纳表面上跟我们不同、但实际上同样也是智力活动的心智活动。人们不仅没有这样做，反而把心智活动缩减为无形的和难以言说的情感。这种以宗教现象学知名的方法已经多次被证明是毫无结果和乏味的。

在宗教民族学的各个部分当中，受这种局面之害最甚者当属神话学。人们可能会举出戴密微（P. Dumézil）和格雷高尔（H. Grégoire）两人的著述，但是它们并不真正属于民族学。50年以前，民族学依然在混乱局面中苟且自娱。老旧的诠释方法被翻新：集体意识的梦呓，历史人物的神化或者相反。无论如何看待神话，它们似乎全都沦为随便玩玩的游戏，或者一种形式粗劣的哲学思辨。

要理解什么是神话，难道我们只能在枯燥无味和诡辩之间做出选择吗？有些人声称，每一个社会都利用神话表达一些例如爱情、仇恨和复仇等人类共通的基本情感。另一些人则认为，神话是在尝试解释天文、气象等方面的一些费解的现象。然而，社会并非跟积极的诠释无缘，即使它们接受的诠释是错误的。为什么它们突然间229 会偏爱一些晦涩复杂的思维方式？此外，心理分析家以及某些民族学家希望用借自社会学和心理学的不同诠释来取代宇宙论的和自然主义的诠释。然而这样一来，事情就变得再简单不过了。假如有一个神话系统赋予某种人物重要的地位，譬如说一位坏心肠的外祖母，人们就会对我们解释说，这个社会里的外祖母对孙辈全都不怀好意；神话因而被认定是社会结构和人与人之间的关系的一种折射。假如观察结果跟这种假设不符，人们马上就会变换说法，说什么神话的真正对象是为真实而受压抑的情感提供一次分流。无论真实情况究竟如何，一套怎么说都有理的辩证法总是会找到获取含义的办法。

让我们承认，神话研究引导我们看到了一些与此相反的情形。在一部神话里，一切都可能发生；看来前后相继的事件并不遵循任何逻辑的或者连续性的规则；任何主语后头都可以跟着任何一个谓词；任何能够设想到的关系都可能出现。可是，这些出现在世界上不同地区的看上去很随意的神话总是带有同样一些人物，而且细节也往往相同。问题于是就来了：如果说，神话的内容完全是随机的，那么五湖四海的神话为什么如此相似呢？只有在意识到这种根本性的二律背反现象——它跟神话的性质有关——的条件下，我们才有望解决这个问题。事实是，这种矛盾与最早对语言感兴趣的哲学家所发现的那种矛盾十分相似，而且，为使语言学能够成为一门科学，首先就必须解决这个假设。昔日的哲学家思考语言如同我们一直思考神话一样。他们注意到，在每一种语言里，有些语音群与一些特定的意义相对应，他们于是殚精竭虑地力图弄懂什么样的内在必然性能够把这些**意义**和这些**声音**联系在一起。这种努力是徒劳的，因为相同的语音同样出现在别的语言里，但跟完全不同的意义

联系起来。所以，只有当人们终于意识到语言的表意功能并非直接 230
跟语音，而是跟语音之间的组合方式相联系时，这个矛盾才得到了化解。

许多有关神话的新理论都产生于与此类似的混淆。按照 C. G. 荣格的意见，有些特定的意义是同若干神话主题即他所谓的原型相联系的，而这正是语言哲学家们的思考方法：他们曾经长期认为不同的语音跟此一意义或彼一意义之间存在着自然的亲缘关系[3]；例如，“流音型”半元音的任务是表示质料的流动状态，开元音被优先选择用于表示那些大、阔、重、响亮的物体，凡此种种。索绪尔关于语言符号的任意性的原理或许有必要重新检讨和修改[4]，可是任何一位语言学家都会承认，从历史角度来看，索绪尔标志着语言学思考的一个必不可少的阶段。

仅仅让神话学家把他所处的尚不稳定的局面与前科学阶段的语言学家所处的局面进行比较是不够的。假如一定要那样做的话，我们就极可能会从一个困境陷入另一个困境。把神话跟语言相提并论解决不了任何问题，因为神话其实是语言的一部分。人们通过言语了解神话，神话是一套话语。

如果打算搞清楚神话思维的特点，我们就必须能够证明它既存在于语言当中，又超越了语言。这个新的困难对于语言学家仍然不是陌生的东西。语言本身不就包含着不同的层面吗？通过把语言和言语区别开来，索绪尔说明了语言行为具有两个互相补充的侧面：一个是结构性的，另一个是统计性的；语言属于可逆性时间的领域，言语属于不可逆性时间的领域。如果说我们已经做到了在语言 231
行为中区分这两个层面，那么没有理由不可以再区分出第三个层面。

我们刚才根据时间参照系统把**语言**和**言语**区分开了。神话的性质同样可以用一个时间系统获得说明，这个系统结合了另外两个系统的属性。神话永远涉及过去的事件：不是“开天辟地之前”，就是“人类最初的年代”。总之是“很久很久以前”。但是，人们赋予神话的内在价值植根于这一事实：被视为发生在某一时刻的事件同样形成了一种长期稳定的结构。后者跟现在、过去和将来同时都有联系。这一带有根本性质的歧义现象可以通过一番比较得到进一步的说明。没有比政治意识形态更接近神话思维的了。在我们的现代社会里，也许神话思维只不过是被政治意识形态所取代了。可是，当历史学家提到法国大革命的时候，他在做什么呢？他在指一连串过去的事件，其深远后果通过一系列不可逆转的中间事件至今还能感觉到。但是，对于政治家及其听众来说，法国大革命属于一种不同范畴的现实性：它既是一连串过去的事件，也是一个效力长远的模式，它让我们能够诠释今日法国的社会结构，活跃其中的各种角色，还可以让我们隐隐约约地看出未来演变的雏形。譬如，政治思想家兼历史学家米舍莱是这样说的：“那一天……没有不可能的事情……将来变成了现在……也就是说，时间已不复存在，永恒闪过了一道电光。”[5]这一既是历史的又是非历史的双重结构能够解释为什么神话可以既属于言语（并且按言语那样被分析），又属于语言（在其内部得到表述），同时在第三个层面上又表现出同样的绝对客体的特点。这第三个层面依然具有语言的性质，但有别于其他两个
232 层面。让我们在此插入一段简短的评论，以便说明神话相对于所有其他语言现象的独特之处。我们不妨把神话定义为一种话语方式，对此，“翻译即叛徒”这个说法的价值基本上为零。从这一方面来看，神话在一系列语言表达方式当中的位置正好跟诗歌各执一端，无论为将两者拉近的人们可能说什么。诗歌是一种极难翻译成外语的语言形式，任何翻译都会引起许多扭曲变形。神话则相反，它的价值哪怕是在最糟糕的翻译中也始终存在。无论对于我们采集神话

的那个民族的语言和文化如何缺乏了解，全世界的读者仍然把神话当作神话。神话的本质不在于文体风格，不在于叙事手法，也不在于句法，而在于它所讲述的故事。神话就是语言行为，然而是一种在极高层面上发挥作用的语言行为；不妨说，神话的意义此时能够从它最初赖以启动的语言跑道上起飞。

我们概括一下本文至此所取得的暂时的结论。一共有三点：(1) 如果说神话有某种意义的话，那么这种意义不会是那些进入组合的孤立成分，它只能存在于这些成分的组合方式当中。(2) 神话属于语言的范畴，是语言的组成部分之一。但是，神话所运用的语言显示出特殊的性质。(3) 这些性质只能到语言表达的通常层面之上去寻找，也就是说，它们的性质比我们在任何一种语言表达方式里所见到的都更加复杂。

承认上述三点——哪怕仅仅作为一种工作假设——会导致两个极为重要的后果：(1) 同语言的其他部分一样，神话由构成成分组成；(2) 这些构成成分意味着通常会出现在语言结构里的那些构成成分也会出现：音素、语素和义素。但是，它们与后者的关系犹如后者相对于语素的关系，以及语素相对于音素的关系一样。每一种 233
形式都因为复杂程度更高而跟前一种形式不同。基于这一理由，我们把那些纯属神话的成分叫作大构成单位（它们也是所有成分当中最复杂的）。

怎样识别和分离出这些大构成单位或者说神话素呢？我们知道，它们不可跟音素、词素和义素等量齐观，而只能在一个更高的层面上找到；否则神话就会跟任何其他的话语没有区别了。所以应当在语句的层面上寻找它们。在寻找的初步阶段，我们将从排他法入手，通过试验和纠正偏误，同时利用作为任何形式的结构分析的基础的几个原则当作指导：解释的简洁性；解决办法的完整性；利用片段复原整体的可能性，以及根据当前数据推断其后发展的可能性。

这种我们至今一直使用的技术是：独立地分析每一个神话，利用尽可能精简的语句反映事件之间的接续情况。我们把每个语句都誊写在一张卡片上，标注出与其在叙事当中的位置相应的号码。这样，每张卡片实际上都给一个谓语派定了一个主语；换言之，每一个大构成单位的性质都是一种*关系*。

上述定义仍然不令人满意，理由有二。首先，结构主义语言学家都了解，任何构成成分都表示关系，无论它是在哪一个层面上被分离出来的。那么我们的*大*单位和其他单位之间究竟有何不同呢？其次，我们刚刚所说的方法永远处于一种不可逆的时间之内，因为卡片的编号是与叙事的顺序一致的。可是，我们在上文中认定的神话时间的特殊的双重性质——既可逆又不可逆，既是共时的又是历时的——还是没有得到说明。

这些意见导致一个新的假设，而且将把我们引向讨论的核心。
234 实际上，我们认为真正构成神话的成分并不是一些孤立的关系，而是一些*关系束*，构成成分只能以这种关系束的组合的形式才能获得表意功能。如果我们从历时性的角度看待它们，同束之内的关系能够以较大的间隔出现；可是，如果按照“自然的”组合把它们重建起来，我们同时就可以根据一种新型的时间参照系重组神话，而且这一时间参照系符合最初的假设的要求。这一体系其实有两个维度：它既是历时的，又是共时的，而且汇集了“语言”和“言语”的两方面特征。不妨用两种比较来说明我们的想法。让我们想象一下将来有那么一天，所有人类生命已经从地球上消失了，几位来自别的星球的考古学家在我们留下的一个图书馆的遗址上展开发掘工作。他们一点也不懂我们的文字，但试着破译它。这项工作首先要求了解我们的字母是从左到右、从上到下阅读的，正如我们在印刷文字时那样。然而，有整整一类的书卷无法照这个样子读通。那是一些保留在音乐类图书里的乐谱。我们的考古学家自然一部接着一部地努力阅读谱表，从每一页上端开始，连续地读下去；不久他们发觉，有些相同的音符每隔一段就重新出现，不是原封不动地再现，就是部分地重复，还有一些调式虽然相隔甚远，却显示出相似性。于是，他们就开始琢磨：或许这些调式不应依次地连续读下去，而应当视为一个整体的组成成分，从整体上把握吧？此时，他们就掌握了我们所说的**和声**：因为一部交响乐曲必须沿着一条中轴线（即一页接一页，从左到右地）历时地阅读，但同时又必须沿着另一条从上到下的中轴线共时地去读，方才有意义。换句话说，写在竖行里的全部音符组成一个大的构成单位，一个关系束。

另一种比较其实跟上一个差不多。假设有一位不知道我们玩的 *235*
扑克牌为何物的观察者，他长时间倾听算命先生的话，同时把他所看到的前来求访的各色人等加以分类，预测他们的性别、年龄、外貌、社会地位，等等。这个情形有点像对于被研究的神话所属的社会多少有所了解的民族学家。正如我们跟土著报告人在一起时所做的那样，这位观察者也倾听那些咨询，甚至把它们用录音机录下来，以便当方便的时候进行研究和比较。如果这个人足够聪明，并且搜集到的材料又相当充分，那么他就应该能够把人们玩的这种游戏的结构和组成情况重建起来；也就是说——不管这副牌有 52 张还是 32 张，它分成了由相同的构成成分（扑克牌）所组成的对等的四组，区别性特征只有一个：颜色。

现在到了举例说明我们的方法的时候了。让我们以俄狄浦斯神话为例，这个例子的好处在于它是一段人们熟知的神话，用不着把故事整个重复一遍。大概这个例子不那么容易用于一场演示。俄狄浦斯神话是以零散和后起的撰写形式流传至今的，全部经过文学性的修订，这些修订更多地出于美学和教化方面的考虑，跟宗教传统和仪典习俗的关系较少——假若确曾有过这方面的考虑的话。但是，我们并不打算对俄狄浦斯神话做出某种似真可信的诠释，更谈不上提出一种可以被专家们接受的解释。我们仅仅希望用这个办法说明一种技术，不打算为这一办法本身得出什么结论。由于上文提到的那些不确定因素，这种技术运用在这个特殊的例子里也许并不合理。因此，“演示”这个字眼不应从科学家所使用的那个意义上去理解，它最多不过是像流动商贩那样，目的不在于取得某种成果，而是要尽快地解释一下他向看热闹的人兜售的小玩意如何工作。

我们将按照对待交响乐的乐谱那样对待神话：某位神经兮兮的业余爱好者把它誊写下来，一部谱表接着一部，以一个连续调式的
236 形式，而且我们还要把它起初的配置方式找出来。这有点像有人给我们展示出一组整数，例如：1，2，4，7，8，2，3，4，6，8，1，4，5，7，8，1，2，5，7，3，4，5，6，8。我们的任务是把所有的1放在一起，所有的2放在一起，所有的3放在一起，依此类推；结果便如下表所示：

1	2		4			7	8
	2	3	4		6		8
1			4	5		7	8
1	2			5		7	
		3	4	5	6		8

我们把同样的做法运用到俄狄浦斯神话上，办法是不断尝试神话素的几种不同配置方式，直到找出符合前文第233页所列举的条件的那种配置。让我们任意地假定最佳的配置方式就是下表所列的

那一种（再说一遍，我们自然不是要把它强加给谁，也并非向希腊神话的专家学者推荐，他们肯定会加以改动，甚至否定它）：

卡德摩斯寻找被宙斯掠走的妹妹欧罗巴			
		卡德摩斯杀死凶龙	
	斯巴达人自相残杀		
	俄狄浦斯弑其父拉伊奥斯		拉布达科斯（拉伊奥斯的父亲）＝跛足（?） 拉伊奥斯（俄狄浦斯的父亲）＝左脚站立（?）
		俄狄浦斯祭杀斯芬克斯	
			俄狄浦斯＝“肿足”（?）
俄狄浦斯娶其母伊俄卡斯特			
	厄忒俄克勒斯弑兄波吕尼克斯		
安提戈涅不顾禁令安葬其兄波吕尼克斯			

我们于是有了四个纵栏，每一栏都把属于同“束”的几项关系归并在一起。假如我们的任务是讲述神话，那我们就不会考虑这种纵栏式的配置，我们只会从左到右、从上到下地逐行阅读。但是，只要我们必须理解神话，历时范畴的一半（从上到下）就会丧失功能性价值，阅读就应从左至右逐栏进行，把每个纵栏当作一个整体。 237

根据假设，所有归入同一纵栏的关系都具有一个需予点破的共同特点。例如，左边第一栏内的所有事件都涉及血缘亲属，他们之间的亲密关系可以说被夸大了，因为这些亲属均得到了超过社会法规所允许的亲密程度的对待。所以我们说，第一纵栏的共同特点是被高估的亲属关系。第二纵栏显然表现同样的关系，却是以相反的符号为标志：被贬低或贬值的亲属关系。第三个纵栏与杀死怪兽有关。至于第四个纵栏，有几点需要澄清。人们经常提到，俄狄浦斯的父系当中的人名有值得注意的含义。然而语言学家对此一直未予重视，因为他们认为，要确定一个词项的意义，唯一的办法是把它放回所有它能够出现的语境中去，然而人名理所当然地是脱离语境使用的。按照我们提出的方法。这个困难会小的多。因为经过重组的神话本身便构成语境。有说明力的不再是个别名字所可能具备的意义，而是三个名字共同具有一个特征这一事实，也就是：它们都带有臆测性的含义，而且都与难以直立行走有关。

在进一步阐述之前，让我们先看看右侧两个纵栏之间有什么样的关系。第三个纵栏跟怪兽有关。凶龙是来自地狱的神怪，只有杀
238 掉它，人类才能从大地上孳生；随后是斯芬克斯，由于同样跟人类本性有关的谜语作祟，它专取无辜人类的性命。所以第二个词项是第一个词项的复制，而后者指人类是原地孳生的。既然这两只怪兽最终被人类所征服，我们便可以说，第三个纵栏的共同特征是对人类的原地孳生性之否定[6]。

上述假设有助于理解第四个纵栏的意义。神话中常见这种情形：作为大地之子的人类往往表现为在创始初期尚不会行走，或者只能蹒跚而行。普韦布洛人的神话就是如此，例如参与创始过程的
239 舒迈阔利、莫英乌[7]等阴间神灵都是跛足（文本里管他们叫“淌血的脚”、“受了伤的脚”、“软绵绵的脚”）。夸扣特尔人神话里的柯斯

基摩人的情形相同：在被一个叫作查基什的土怪吞食以后，他们重返地面的时候，"趺趺撞撞、踉踉跄跄地前行"。因此，第四个纵栏的共同特征是固守人类的原地孳生性。由此还可以看出，第四栏与第三栏的关系正好跟第一栏与第二栏的关系相同。由于各自都与自身发生矛盾，所以两种相互矛盾的关系是相同的。这一点一经肯定，无法为两组关系建立联系的难题就克服了。虽然这样表达神话思维的结构只能做到近似，但就此刻而言已经足够。

俄狄浦斯神话经过用"美国式"的方法如此诠释之后，它的含义是什么呢？它表达了一种不可能性：一个宣扬人类孳生于原地（鲍萨尼亚斯①就是这样说的，第 8 卷，第 29 章，第 4 节：植物乃人类之胚胎）的社会无法从这种理论过渡到承认我们每个人其实都产生于一男一女之结合这一事实。这个困难是没法克服的。然而，俄狄浦斯神话在某种意义上提供了一个逻辑工具，它可以在初始问题——"我们是生于一，还是生于二？"——跟派生问题之间搭起一座桥梁，后者大致可以这样表述："同与同相生，还是同生于异？"通过这个办法，某种关联性于是显露出来了，即过高估价血亲之对于低估血亲，正如逃避原地孳生性的努力之对于不可能成功逃避一样。经验可能会与理论发生抵触，但是，只要两者能够透露出同一个矛盾的结构，社会生活就能够验证宇宙秩序。所以，宇宙秩序是真实的。这里让我们再插入两点说明。

在上述诠释当中，我们跳过了一个专家们曾经十分关切的问题：俄狄浦斯神话（按照荷马史诗所说的样子）的最早版本里缺少一些基本的动机，例如伊俄卡斯特自杀、俄狄浦斯自戕双目。但 240

① 大概指古希腊旅行家和历史作家鲍萨尼亚斯（Pausanias）的十卷本著作《希腊描述》。——译者注

是，这些事件改变不了神话的结构，而且它们可以轻而易举地在这种结构中找到自己的位置：头一个事件就像一个新的自我毁灭的例子（第三个纵栏），第二个事件可以充当有关残疾的另一个主题（第四个纵栏）。这些增补只会有助于说明神话，因为从足到头的过渡显示出与另一种过渡颇有意味的关联：从否定原地孳生转入自我毁灭。

这个办法让我们得以摆脱一个迄今妨碍着神话研究进展的障碍，即寻找真正的或原始的版本的问题。与这种做法相反，我们建议对每一个神话定义需根据全部版本。换言之，一个神话只要被视为神话就仍然是神话。这个原则可以从我们对俄狄浦斯神话的诠释得到说明，这个诠释可以拿弗洛伊德的说法当作依据，而且对它肯定是适用的。弗洛伊德借用“俄狄浦斯神话”一语所提出的问题无疑已经不是原地孳生而是两性繁殖的问题了，但是，问题仍然是“一何以产生于二？”凭什么我们不是只有一个生育者，而是一位母亲外加一位父亲？因此，我们会毫不犹豫地把弗洛伊德归入我们所拥有的有关俄狄浦斯神话的依据之列，紧排在索福克勒斯后面。跟那些更古老的、显得更“真实的”版本相比，他们的说法同样值得我们重视。

于是，由此产生了一个重要的后果。既然一个神话由它的所有不同变体组成，结构分析便应当对这些变体一视同仁。我们在分析过底比斯版本当中的所有已知的不同变体之后，也应该考察一下其他变体：首先是关于拉布达科斯旁系的故事，其中包括了阿卡维、邦多斯和伊俄卡斯特本人；还有底比斯版本里关于吕科斯的不同变体，其中安菲翁和泽忒斯扮演着城邦的创建者的角色；另外就是更为久远的涉及狄俄尼索斯（俄狄浦斯的表兄弟）的版本；以及雅典
241 传说中底比斯指派给卡德摩斯的角色被塞克罗普斯所取代；等等。

我们将为每一种这样的变体绘制一张表，罗列出每一种成分，以便跟其他图表中的对应成分做出比较。例如，塞克罗普斯杀死毒蛇之举便与卡德摩斯的那一段平行的故事相似；狄俄尼索斯之遭弃与俄狄浦斯之遭弃相似；“肿足”与狄俄尼索斯的走路踉踉跄跄（loxia）相仿；寻找欧罗巴与寻找安提俄佩相似；创建底比斯城之功时而归于斯巴达人，时而归于安菲翁和泽忒斯两兄弟；宙斯诱拐欧罗巴或是安提俄佩，以及色墨蕾变成牺牲品的类似故事。底比斯版中的俄狄浦斯和阿耳戈斯版中的佩尔修斯；凡此种种，不一而足。于是，我们得到了好几份两维的图表（图 16），每份用于一个变体。然后将它们当成平行的平面图并列起来，成为一个三维的组合。这个组合可以有三种不同的“读”法：从左到右，从上到下，从前到后（或从后到前）。这些图表从来都不是一模一样的，但经验证明，它们之间无法视而不见的差别显示出一种有意义的相互关联，使我们能够对整体进行逐步简化的逻辑操作，最后达到神话在结构上的规

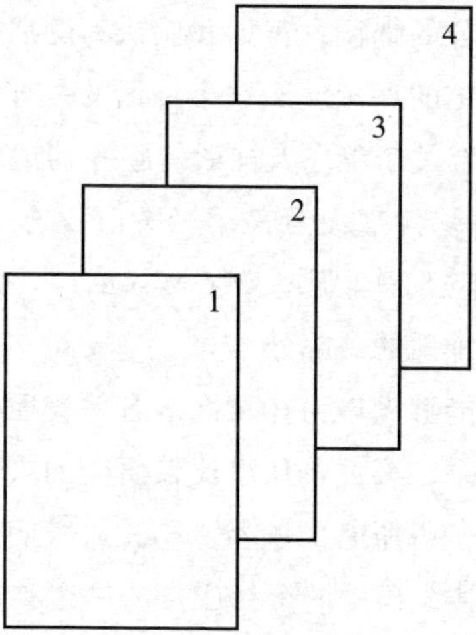

图 16

律性。

有人也许会反对说，这套操作不可能最终完成，因为我们依据的只是目前所知的说法。如果一个新说法打破了已经取得的成果，情形又会怎样呢？当我们所掌握的版本为数甚少时，这的确是个实际的困难；可是，随着版本增多，它很快就化为一种理论上的困难
242 了。经验将告诉我们已知版本的数目大致为多少；这个数目不会太大。假如我们借助安装在对面墙壁上的两面镜子去了解一个房间内的全部家具，那么会出现两种情况。如果两面镜子是严格平行的，镜像在理论上就会是无限多的。反之，如果有一面镜子相对是斜置的，镜像的数量就会随着角度的不同迅速减少。不过，即使在后一种情形下，四五个这样的镜像也就足够了，因为这个数目即使不能提供全部信息，毕竟可以担保我们不会遗漏任何一件重要的家具。

与此相反，凡是能够搜集到的各种变体都不应遗漏，这种绝对必要性从未得到充分的强调。正如我们认为的那样，如果说弗洛伊德对于俄狄浦斯情结的评论属于这个神话的一部分，那么，提出库欣（F. H. Cushing）关于祖尼人神话的起源的记录是否足够忠实而值得保留一类的问题就毫无意义了。所谓仅有一个版本才是唯一“真实”的，其他不过是翻版或变了形的回声，其实没有这么一回事。每个版本都是神话的一部分。

这样，我们就能够懂得为什么许多有关普通神话学的研究都得出了令人沮丧的结果。第一，从事比较研究的人们只想选用他们偏爱的版本，而不去考虑所有的版本。第二，我们已经看到，针对取自一个部落（有时甚至只是一个村庄）的一个神话的一种变体所做的结构分析最终达到了一个二维的概念程式。然而，一旦我们分析同一个村庄或部落的同一个神话的数种不同变体，概念程式就变成

三维的了；而且，当我们试将比较的范围加以扩大的时候，所需维度的数目就会增加，其速度之快，单凭直觉的办法已经无法把握了。所以，普通神话学之所以往往导致混乱和陈词滥调，正是不了解对多维参照系的实际需要使然。人们天真地以为用二维或三维的参照系代替便可万事大吉。其实，比较神话学如果不求助于一套受到数学启发的、适合于传统实证方法所把握不了的、复杂的多维系 243
统的象征手段，取得进展就没有多大希望。

为了检验以上几页概述的这种理论，我们从 1952 年至 1954 年间对祖尼人有关起源和创始期的神话的所有的已知说法试做了穷尽式分析[8]，这些版本包括：库欣 1883 年和 1896 年的两篇论文；斯蒂文森（M. C. Stevenson）1904 年的论文；帕森斯（E. C. Parsons）1923 年的论文；邦泽尔（R. L. Bunzel）1932 年的论文；本尼迪克特（R. Benedict）发表于 1934 年的论文①。作为对此番分析的补充，我们还比较了从西部和东部的其他普韦布洛部落的类似神话中得出的结果。此外，我们还对密西西比河以西的大平原地区的神话进行了一次初步调查。每一种情形都证实了假设的有效性。不仅北美的神话通过实验得到了新的解说，而且我们也隐约看到——有时甚至能够确定——一些逻辑操作，它们所属的类型此前不是往往遭到忽略，就是仅在与我们不同的领域里被人观察到。这里难尽其详，我们只介绍几项成果。

下页的一张表格无疑是过分简化的，但它能够展示有关创始期的祖尼神话的大致情形。

① 法文原著书后所附“参考文献”在斯蒂文森名下仅列 1905 年的论文一篇；邦泽尔名下仅列 1930 年论文一篇。——译者注

244

变化			死亡
植物的机械运用（摆脱低矮世界的阶梯）	孪生兄弟“众爱所归”领导的创始期	兄妹乱伦（水的起源）	诸神杀死人类的子女（将之淹死）
野生植物的食用	两位纽威克维（仪典中的丑角）领导的迁徙		与“露水”民族比赛巫术（采食者对种植者）
		（为取得胜利而）祭献一个兄弟和一个姐妹	
农作物的食用			
		（以交换谷物为条件而）收养一个兄弟和一个姐妹	
农业活动的周期性			
			与柯亚纳克维人作战（种植者对狩猎者）
猎获物的食用（狩猎）			
	两位战神发动的战争		
战争的不可避免性			部落得到拯救（发现了世界的中心）
		（为战胜大洪水而）祭献一个兄弟和一个姐妹	
死亡			永久

只要稍加过目便可看出这张图表的性质。这是一件用于调和生与死的逻辑工具。两者之间的过渡在普韦布洛人的头脑里很难想象，因为他们是按照（破土而出的）植物界的样子看待人类生命的。这种解读方式跟古希腊一般无二，而且我们选择俄狄浦斯神话作为第一个例子并不是完全随意的。就这里所说的北美而言，植物的生命是从最简单到最复杂的顺序、按照前后相继的方面得到分析的，其中农业占据最高地位，但有周期性；也就是说，农业在本质上是生与死的一种交替，跟初始论点恰相抵牾。

让我们先把这个矛盾搁在一边，况且它出现在表中偏下的部分：农业是食物的源泉，从而也是生命的源泉。不过，狩猎也可以提供食物，同时也跟战争相似，而后者意味着死亡。这个问题因而 245
有不同的处理方式。库欣的版本围绕着一组对立的活动展开，一种是跟食物有关的、效果立现的活动（采摘野菜），一种是到期才见效的活动。换言之，生命必须把死亡包括在内，否则农业不可能存在。

帕森斯的说法是从狩猎过渡到农业，而斯蒂文森的说法则是从农业过渡到狩猎。这三种版本之间的所有其他差别都可以跟这些基本的结构发生关联。例如，这三个版本都描写了祖尼人先祖针对传说中的柯亚纳克维人发动的大规模战争，故事里同时引入了一些颇具意味的变化；这些变化主要出现在以下方面：（1）与诸神结盟或者采取敌视态度；（2）某一营地被获准取得最后胜利；（3）柯亚纳克维人被赋予象征性功能，时而被描绘成猎人（此时他们使用兽筋制成的弓弦），时而被描绘成种植者（弓弦用植物纤维缠裹）。

库欣的说法	帕森斯的说法	斯蒂文森的说法
诸神，柯亚纳克维 {盟友，弓弦采用 植物纤维绳索	柯亚纳克维人，独处，弓弦采用植物纤维绳索	诸神，人类 {盟友，弓弦采用 植物纤维绳索
战胜了	战胜了	战胜了
人类，独处，（在用植物纤维代替之前）弓弦采用兽筋	人类，诸神{盟友， 弓弦采用兽筋	柯亚纳克维人，独处，弓弦采用兽筋

纤维弓弦（农业）总是优于兽筋弓弦（狩猎），也由于（在较次的程度上）与神结盟比遭神敌视更为可取，因此人类在库欣的版本里处于双重的劣势（与神交恶，使用兽筋弓弦），在斯蒂文森的版本里则拥有双重的优势（与神相善，纤维弓弦），帕森斯的版本显
246 示的是一种中间状态（与神相善，但使用兽筋弓弦，因为原始人类靠狩猎为生）。

对立项	库欣的说法	帕森斯的说法	斯蒂文森的说法
神/人	—	+	+
纤维/兽筋	—	—	+

邦泽尔的版本提出的结构与库欣的版本相同，但与后者（以及斯蒂文森的版本）的不同之处是：这后两个版本都把人类的创始期说成是努力摆脱在大地腹地的悲惨处境的结果，而邦泽尔的版本则把它表现为一种召唤，是更高级的地区的力量向人类发出的。这样一来，以库欣和斯蒂文森为一方，以邦泽尔为另一方，将人类的创始期所调动的手段按照对称而相反的顺序排列。库欣和斯蒂文森是从植物到动物；邦泽尔则是从哺乳动物到昆虫，从昆虫到植物。

在西部普韦布洛人的所有神话里，问题所采取的逻辑形式始终

不变：思考过程的起点和终点均明确无误，歧义性出现在中间阶段：

生命（＝增长）	
植物的（机械式的）使用仅顾及生长	起源
植物的食用仅限于野生植物	采集
植物的食用包括了野生植物和栽培作物	农业
动物的食用仅限于动物（但此处有一矛盾，因为否定生命等于毁灭，所以：）	狩猎
动物界的毁灭扩展到人类	战争
↓ 死亡（＝减少）	

在整个辩证过程中出现了一个对立项，它跟各为一对的两个系 247
列的出现有关。这两个系列的功能在于调和两极：

(1) 神的两位遣使　　两位仪式丑角　　两位战争之神

(2) 同质的一对：

孪生兄弟	同胞	配偶	异质的一对
（两兄弟）	（兄与妹）	（夫与妻）	（祖母与孙子）

即一系列在不同语境中完成相同功能的组合式变体。我们于是便能够理解，为什么在普韦布洛人仪典上丑角能够被赋予战争方面的功能。只要我们承认，就食物的生产而言，丑角（因为他们都是肆无忌惮地挥霍农产品的贪食的家伙）完全可以具备跟战神（在辩证过程中表现为狩猎的一种滥用，因为他们捕猎人类，而不是人类所消费的动物）一样的功能，那么这个长期以来悬而未决的问题就可以获得解决。

中西部普韦布洛人的一些神话采取了另一种方式。首先，农业和狩猎被归并为根本性质相同的一件事情。这种划一性来自于例如有关玉米的起源的神话：玉米得之于把鹿的悬蹄当作种子播种下去的“百兽之父”。人们于是试图把生与死从一个总项同时推演出来。

并非是极点上的项简单，中介项发生裂分（照西部普韦布洛人的做法），而是极点本身发生裂分（例如东部普韦布洛人神话里的两姐妹），同时强调一个简单的中介项例如孜亚人（Zia）神话里的波霞燕娜（Poshaiyanne），但后者被赋予多义的特征。有了这个概念程式，我们就能够依照不同版本，把在神话过程中出现的这位“救世主”在不同时刻所具有的一些特征推断出来；例如，他在神话开头时乐善好施（参见库欣有关祖尼人的论文），在神话中间模棱两可
248 （中部普韦布洛人的神话）；到了结尾处便心存恶意（孜亚人神话）。唯一的例外是邦泽尔的版本中的祖尼神话，其中整个排序是颠倒过来的。这一点上文已经提到了。

只要系统地运用这种结构分析方法，我们就能够做到将一个神话的所有已知变体归入一个系列，形成某种意义上的一组置换，其中位于这个系列的两个极点的变体相对地形成了一种对称而相反的结构。这样一来，我们就在原本是一片混沌当中引进了一点点秩序；另一个附带的好处是可以提取出若干逻辑运作，它们本是神话思维的基础[9]。我们从现在开始便可以区分出三种这样的运作。

北美神话中有个通常叫做“小骗子”（trickster）的形象，很久以来就是一个难解之谜。在几乎整个北美地区，这个角色都被分派给郊狼或者乌鸦充当。如何解释？如果我们承认，神话思维总是从对某些对立有所意识，然后发展到对这些对立逐步进行调和，那么这一选择的理由就显露出来了。我们可以假设两个看来彼此难以过渡的对立项，两者首先被两个接受第三项即中介项的等值项所取代；然后，极点上的两项之一和那个中介项被一个新的三联体所取代，依此类推。我们于是得到一个如下类型的中介性结构：

初始对立	三联体之一	三联体之二
生命	农业	草食性动物
	狩猎	食腐肉动物
死亡	战争	捕食性动物

这个结构代表着隐含的思考方式，因为食腐肉的动物既像捕食性动物（以动物为食物），又像植物食品的生产者（不杀死它们所吃的东西）。对于认为农业比狩猎更“有意义”的普韦布洛人来说，他们用略微不同的方式表达了相同的思考：乌鸦之于园圃的关系正好相当于捕食性动物之于草食性动物的关系。不过，把草食性动物当作中介项对待已经有可能了，因为它们实际上就像采集者（素食者），而且提供某种动物食品，尽管它们自己不是猎人。这样一来，我们就有了第一级、第二级、第三级……的中介项，因为每一项都通过对立关系和关联关系产生下一项。 249

在大平原地区的神话中，这一连串的运作是显而易见的。它们可以按照下述系列排列：

↓
天与地的（不成功的）中介项：（“星辰丈夫”的配偶）
一对异质的中介项：（祖母/孙子）。
一对半同质的中介项：（寄宿男孩/被撵走者）

与此相对应，（祖尼）普韦布洛人那里的系列为：

↓
天与地的（成功的）中介项：（波霞燕娜）
一对半同质的中介项：（兀尤叶韦与玛才勒玛）
一对同质的中介项：（两位阿海尤塔）

此外，同属一类的关联也可以出现在一根水平轴线上（即使在语言学上也是如此。帕森斯所说的德瓦语词根 pose 有多种附带含义：郊狼、雾、带发头皮[①]，等等，即属于此种情形）。郊狼（一种食腐肉的动物）之介于草食性动物与食腐肉动物之间，**恰恰相当于**雾气之介于天地之间，带发头皮之介于战争与农业之间（带发头皮是战争的一种“收获”），黑穗病之介于野生植物与栽培作物之间（它以前者的方式在后者身上发展），衣服之介于“自然”与“文
250 化”之间，垃圾之介于人居的村庄与荒郊野外之间，以及灰烬（和烟炱）之介于（埋入地下的）炉灶和（象征天穹的）屋顶之间。这根用中介项构成的链条——如果可以这样称它的话——提供了一系列逻辑衔接点，从而能够解决北美神话当中的许多不同的问题：为什么露水之神同时又是百兽之主？为什么拥有大量衣服的神往往是个男性“灰姑娘”（Ash-boy）？为什么带发头皮能够产生露水？为什么“百兽之母”是与黑穗病联系在一起的？等等。

我们还可以提问：照这个办法做下去，我们是否终会发现某种把日常感性经验中的数据组织起来的普遍方式？试比较法语形成之前的几个例子：法语 nielle（黑穗病）这个词在拉丁语里是 nebula（雾）；在欧洲，人们认为垃圾（旧鞋子）、灰烬和烟炱都是带来幸运的力量（参见亲吻除烟炱工人的习俗）。再比较一下美洲的灰小伙的故事和印欧地区的“灰姑娘”的故事。这两个人物都是男性生殖器的形象（两性的媒介）。还有露水和野生动物的掌司；华服美饰的拥有者以及社会学意义上的媒人（权贵与百姓、穷人和富人之间的婚姻）。可是，这种平行现象用转借是解释不通的（正如人们有时声称的那样），因为灰小伙的故事和灰姑娘的故事哪怕在最微

---

① 旧时印第安人习俗：从战败的敌人的头上割下一块带发头皮作为证物和战利品。——译者注

末的细节上都是对称和颠倒的；不过，灰姑娘的故事移入美洲后却依然没有脱离原型（祖尼人所说的“照管火鸡的姑娘”）。于是就有了下面的示意图：

	欧洲	美洲
性别	女	男
家庭	双重家庭（父亲续弦）	无家可归（孤儿）
面貌	漂亮的姑娘	丑小子
态度	无人怜爱	单相思
变化	借超自然力之助穿上了华美的衣服	借超自然力之助将丑陋的外表褪去

所以，小骗子如同灰小伙和灰姑娘一样，也是一个中介项。这 251
一功能可以解释为什么他保持着某种两面性，他的功能便在于战胜这种两面性。他的歧义性和多义性特征恰好来源于这一点。但是，小骗子的形象并不是唯一可能的中介形式。有些神话似乎完全在致力于寻找能够沟通两重性和单一性的所有中介形式。例如，如果我们对祖尼人有关创始期的神话的所有不同版本加以比较，就可以得出一系列中介手段，其中每一个都通过对立和关联关系产生下一个中介手段：

救世主 〉 孪生兄弟 〉 小骗子 〉 阴阳人 〉 一对同胞兄妹 〉 已婚夫妻 〉 祖母-孙子 〉 四联体 〉 三联体

在库欣的版本中，这一辩证过程伴随着从某一空间环境（天与地的调和）到某一时间环境（夏季与冬季，即生与死的调和）的过渡。然而，尽管过渡是从空间向时间进行的，最终的表述（三联体）却重新引进了空间，因为此时的三联体正是与救世主一道同时给出的一对孪生兄弟；反过来说，如果始发点的表述是以空间形式表达的（天与地），那么时间的概念就仍然隐含不露：救世主发出恳求，在此之后孪生兄弟才从天而降。由此可见，神话的结构逻辑要求功能的一种双重置换。待我们对另一种操作做出观察后，再回过头来谈这一点。

有了小骗子的歧义特征，神话形象的另一个特点便可以得到解释了。我们此处想到的是同一位神明本身所具有的双重属性：时而善，时而恶，全视具体场合而定。我们比较了豪比人神话中成为夏拉科仪典的基础的那些变体，发现可以按照下列结构把它们排列起来：

（麦绍乌：x）$\simeq$（莫英格乌：麦绍乌）$\simeq$（夏拉科：莫英格乌）$\simeq$（y：麦绍乌）

252 其中 x 和 y 代表两个任意值，不过应当认为代表着两个“极端的”版本。这两个版本里的天神麦绍乌是单独出现的，不跟别的神发生联系（版本之二），也不是根本没有现身（版本之三），但它仍然被赋予了具有相对意义的功能。第一个版本里的（单独的）麦绍乌可以对人类施以援手，尽管并非绝对如此；第四个版本里的麦绍乌心怀敌意，甚至可能不只如此。所以说，同另一种可能的而不明确的、此处用 x 和 y 代表的角色比较而言，他的角色是规定好了的——至少是隐含地规定下来的。与此相反，在第二个版本里，相对而言，莫英格乌比麦绍乌更乐于帮助人类；而在第三个版本里，夏拉科相对来说比莫英格乌更乐于帮助人类。

克莱森人神话的一些相似的变体也可以按照同一形式的系列排列：

（波霞燕基：x）$\simeq$（利亚：波霞燕基）$\simeq$（波霞燕基：蒂亚莫尼）$\simeq$（y：波霞燕基）

这种结构类型值得我们特别注意，因为社会学家已经在另外两个领域内遇到过它了：首先是关于鸡或其他动物啄食时的次序问题（pecking-order），其次是亲属关系系统——我们给它起的名字是一般交换。由于我们在另一个方面即神话思维中再次确认了这种结构，可以预期，我们有能力更好地评估它在社会现象当中的真实角色，并且对它做出意义更广泛的理论解读。

最后，如果说我们已经做到了以一组置换的形式把一整套变体加以组织，我们就能够期望找出这个组合当中的规律。就现阶段的研究而言，我们还只能满足于非常近似的指标。无论下面的表述今后必须如何精确化和改动，现在看来我们就可以认为，任何一种神话（作为所有变体的集合）都可以还原为一条标准关系式：

$$F_x(a):F_y(b)\simeq F_x(b):F_{a-1}(y)$$

这条关系式由于同时给定了 a 和 b 两项以及它们的两个函数 x 253
和 y，所以我们假定，在两个条件下，在由项次和关系的颠倒所分别规定的两种情况之间存在着一种等值关系。这两个条件是：(1) 某一项被其对立项替换（即上述关系式里的 a 和 a-1）；(2) 两个成分的函数值和项值之间发生了关联性颠倒（上述 y 和 a）。

联想到弗洛伊德的说法：本质为神经症的个人幻想必须以两种创伤作为产生的条件（并非像人们倾向于认为的那样只需一种），上述公式于是便可展示它的全部意义了。通过试把这个公式用于分析这些创伤（假定它们分别满足上述条件 1 和条件 2），我们无疑能够为神话的发生法则提出一种更精确更严格的表述。特别是我们将能够做到让有关神话思维的社会学和心理学研究得到平行的发展，甚至像在实验室里处理那样对待神话思维，把工作假想放到实验里接受监控。

法国的研究条件十分薄弱，令人愤懑不平。目前不允许进一步推进这项工作。神话文本本来已属汗牛充栋，成分分析则要求团队工作和一组技术人员。一篇中等长度的神话变体会产生数百张卡片。要为这些卡片找到一种纵横排列的适当方式，就需要一些2米×1.5米的立式卡片夹，上面带有可供插入并随时移动卡片的格子。如果要建立能够供人比较不同变体的三维模型，那么有多少变体就需要多少张这样的卡片夹，外加足够的空间，才能自由地移动和摆放。再有，一旦参照系统多于三个维度（就像我们在第242页所表明的，这种情形可能很快就会出现），那就必须求助于穿孔卡片或机器处理。眼下我们连找到建立一支工作队伍的地点都不抱希
254 望，我们只能谈三点意见，权当本文的结论。

首先，我们曾经常常纳闷，神话以及更广义上的口头文学为什么会如此频繁地一而再、再而三地反复运用同一个序列？如果我们的假设能够被接受，那么这个问题的答案就简单了：重复有一种凸显神话结构的功能。实际上，我们已经指出，显示神话特点的共时—历时结构使得我们可以把神话的成分按照历时序列排列起来（即我们的图表中的横行），但又应当从共时角度去阅读这些成分（纵栏）。这样一来，在重复过程中，并且通过重复——如果可以这样说的话——任何神话便都具备一种“多层面的”、透过表面可以看到的结构。

不过（这是第二点），神话的各个层面并非一模一样。如果说，神话的目的是提供一个逻辑模式，以便解决某种矛盾（如果这种矛盾是实在的话，那么这项任务是无法完成的），就会产生一组理论上数目无限的层面，每一个都与前一个稍有不同。神话将会螺旋式地发展，直到为它催生的智能冲动耗尽为止。神话的增长因而将是连续不断的，而它的结构却仍然是断续的。假如可以打一个大胆的

比喻，神话就像一个词语生命体，它在言语领域里的地位可与物理质料世界里的晶体相比拟。左有语言，右有言语，它的地位确实跟晶体相同，因为它是介于统计意义上的分子聚合体与分子结构本身之间的一个客体。

最后一点，社会学家曾经提出所谓“原始”思维和科学思维之间的关系问题，解决的办法通常是提出人类精神在各地的工作方式在质的方面存在差异。可是，他们从来没有质疑过，人类精神是否始终用于相同的对象。

以上几页文字促使我们考虑另外一种构想。在我们看来，神话思维的逻辑与实证思维所依赖的逻辑同样严谨，而且本质上没什么 255
区别。这是因为，与其说区别在于智力运作的品质，不如说在于这种运作所施加的事物的本身性质。这一点其实也是工艺学家长期以来在他们的领域里所意识到的情形：铁斧并不因为比石斧“造得好”就更为优越。两把斧头都造得好，只是铁与石头不是一码事罢了。

或许有一天，我们能够发现神话思维跟科学思维一样，从中起作用的是同一种逻辑，而且人类一直思维得同样好。所谓进步——如果此时这是个贴切的字眼——的舞台并不是在人的意识之内，而是在大千世界当中。在这个世界里，人类的恒常的禀赋在漫长的历史中永远必须跟不断翻新的对象打交道。

注释

［1］根据原稿修订。原文标题为 Sructural Study of Myth，In：Myth，A Symbosium，*Journal of American Folklore*，vol. 78，n°270，Oct.-Déc.，1955，pp. 428-444。译成法文时略有增改。

［2］A. M. Hocart：*Social Origins*，London，1954，p. 7.

[3] 这种设想至今依然有支持者，佩吉特爵士的文章便是一例：sir R. A. Paget，The Origin of Language...，*Journal of World History*，1，n°2，Unesco，1953。

[4] 参阅 E. Benveniste，Nature du Signe linguistique，*Acta Linguistica*，1，i，1939；及本书第五章。

[5] Michelet，*Histoire de la Révolution française*，IV，1。此处转引自 M. Merleau-Ponty，*Les Aventures de la dialectique*，Paris，1955，p. 273。

[6] 我们并不打算跟专家们争论，那样会显得过于自负，甚至是无的放矢，因为俄狄浦斯神话在这里只是作为一个任意处理的例子提出的，斯芬克斯被说成具有地下界的特征也许会使某些人感到惊讶，但我们要援引玛丽·戴尔古夫人的话："在远古传说里，他们肯定是从大地本身孳生的。"（Marie Delcourt，*Oedipe ou la légende du conquérant*，Liège，1944，p. 108）。无论我们的方法与戴尔古的方法相差多远（也无论我们的结论将会与她的结论有多么不同，假如我们有能力深入研究这个问题的话），在我们看来，她的方法成功地揭示了斯芬克斯在远古传统中的特征：一个进攻和强奸青年男子的女妖；换言之，这是一个符号颠倒的女性的化身。这就能解释为什么在戴尔古编入其著作的结尾部分的出色插图中，男人和女人永远处于一种颠倒了的"天/地"关系中。

我们下文将要指出，我们之所以挑选俄狄浦斯神话作为第一个例子，是要强调古希腊神话思想的某些方面与普韦布洛印第安人的神话思想看来很相似。下面的例子便借自于后者。关于这一点，我们想指出，按照戴尔古夫人所重建的样子，斯芬克斯这个人物刚好跟北美神话里的两个人物吻合（也许就是同一个人物）。一方面是一个 old hag（老丑妇），面目可憎的老巫婆，她的外貌向年轻的男主人公提出了一个谜：如果他猜破谜底——即回应那个鄙俗的造物的求爱表示，那么他一觉醒来就会在自己的床上发现一个美丽的妙龄女子，此人将让他获得最高的权力（这也是凯尔特神话中的一个主题）。再者，斯芬克斯还使我们想起豪比印第安人的 child-protruding woman（腆着肚子的妇女），一位能使男性再振雄风的无与伦比的母亲。这个年轻女人在一次艰难的迁徙中被她的部落抛弃，当时她正要分娩。从此她便在沙漠里到处游荡。作为百兽之母，她不让猎人捕杀动物。有个猎人遇上她，见她身穿沾满血迹的衣服，“惊恐万分，竟至于一时勃起”。她趁此机会强行与他性交，后又用狩猎无往不胜来犒赏他。（参见 H. R. Voth，The Oraibi Summer Snake Ceremony，*Field Columbian Museum publ.* n° 83，*Anthropol. Series*，vol. Ⅲ，n° 4，Chicago，1903，pp. 352—353 et p. 353，n. 1）

［7］莫英乌应写为 Muyingwû，本文的英文原稿里的 Masauwû 是打字时的误拼。

［8］参阅 *Annuaire de l'Ecole pratique des Hautes Etudes*，*Section des Sciences religieuses*，1952—1953，pp. 19-21 et 1953-1954，pp. 27-29。

［9］关于这种方法的另一次运用，见拙文“关于四则温内巴戈神话”。该文当于 1958 年发表在《保罗·拉丹 75 岁寿辰纪念论文集》内。［该文及出处见《结构人类学》(2)，第十章及其章后注 1。——译者注］

第十二章　结构与辩证法[1]

257 从朗格（Lang）到马林诺夫斯基，中经迪尔凯姆、列维-布留尔（Lévi-Bruhl）和范·德·利厄（van der Leeuw），所有对神话和仪典的关系感兴趣的社会学家和民族学家都把这种关系想象成一种同言重复，有的人还把每个神话都看成一种习俗在意识形态上的投射，用处是给这种习俗提供依据。另外一些人则反过来看待这种关系，他们把仪式看成神话的一次演示，一幅行动起来的画面。在这两种情形下，人们都认定神话与习俗之间存在着某种有序的对应关系，换言之，某种对等性。神话与习俗二者无论何为源，何为流，总是相益相生的，一个属于行动的层面，另一个属于观念的层面。有待解答的问题是：为什么并不是所有的神话都有与之对应的习俗，为什么并非所有的习俗都有与之对应的神话？为什么能够证实这种相符性的情形为数十分有限；最后一点，也是最重要的一点，为什么会存在这种奇怪的复制？

我打算用一个具体的例子说明这种相符性并非总是存在的；或者更准确地说，即便这种相符性存在，它很可能是神话和仪式之间以及各种仪式本身之间的一种更一般的关系的一个特殊情形。这种一般性的关系确实意味着，在礼仪的表面上不同的成分之间，或者在任何一种仪式或神话的各个成分之间存在着一一对应的关系，但 *258*
是这种对应关系不能被视为相符性。在本文将讨论的那个例子当中，重建相符性要求进行一系列事先操作：置换或转换，重新来过的理由也许就在其中。如果这个假设是正确的，那就意味着应当放弃在某种机械因果论里找寻神话和仪式之间的关系，而应当从某种辩证关系出发去构想两者的关系；而且只有首先把两者都还原成它们的结构成分之后，才能进入这种辩证关系。

我觉得这样一场演示也是对罗曼·雅各布逊的著作和方法表达敬意的一个适当的办法。他本人曾经多次关心神话学和民俗学，对此我们仅需提醒一下他为方克和瓦格诺编写的《民俗学正典》第一卷（Funk and Wagnall，*Standard Dictionary of Folklore*，vol. 1，New York，1950）撰写的有关斯拉夫神话的条目，以及他针对《俄罗斯仙女故事》（*Russian Fairy Tales*，New York，1945）一书所写的宝贵的评论就够了。再有，我运用的方法实际上显然只是结构语言学向另一个领域的扩展而已，而雅各布逊的名字是与结构语言学联系在一起的。最后一点，他始终十分关心结构分析和辩证方法之间的内在联系。他的那本著名的《历史音位学原理》（*Principes de phonologie historique*）是这样下结论的："静态和动态之间的关系是决定着语言观念的最基本的辩证的对立概念之一。"所以，我在力图深入了解结构的概念与辩证思维之间的相互蕴含关系时，其实只是沿着他所指出的一条道路前行罢了。

在多尔赛（G. A. Dorsey）关于北美大平原鲍尼族（Pawnee）印第安人的神话的著作中（G. A. Dorsey，The Pawnee：Mythology，part I，Washington，1906），编号 77 至 116 之下有一组神话，能够说明萨满教威力的起源。有一个主题反复出现若干次（参见第 77、86、89 号及其他各处）；为了简便起见，我把这个主题叫作怀孕的男孩。让我们先看第 77 号神话。

259 一位无知少年发现自己拥有治病救人的神奇力量。一位已经功成名就的老巫师对他与日俱增的声望产生了妒忌，在妻子的陪同下数次前往造访。老巫师把自己的技术教给了少年，却没有换来什么秘密，一怒之下——并非全无缘由——他给了少年一只装满神奇草药的烟斗。少年被迷醉之后发觉自己怀了身孕。他满怀羞辱地离开了村子，跑到野兽中间去寻死。野兽们可怜他的不幸遭遇，决定把他治愈。它们从少年的体内拔出胎儿，并把神力传授给他。少年返乡之后，凭这种神力杀死了那位恶毒的巫师，成为名重一时的乡村郎中。

在多尔赛的著作里，仅这篇神话的版本之一便占去 13 页的篇幅；我们仔细分析了神话的文本，发现它是围绕着很长的一系列对立建构起来的。其一，入道的萨满/未入道的萨满，也就是练就的威力与天赋威力之间的对立。其二，童/叟，因为这个神话强调敌对者一个年幼，一个年长。其三，无分性别/区分性别，实际上，鲍尼印第安人的全部形而上学思想都是以下述观念为基础的：创世之初，对立的成分是一团混沌，诸神的第一步工作便是将它们区分开来。那位少年本无性别，更准确地说，男女之别的原则在他身上是共存的。相反，这一区别在那位老巫师身上却不可更改。这个观点在神话中表达得十分清楚：巫师与妻子总是相伴出现；与之对照的是少年总是孤身一人，但雌雄两性兼备（男人怀孕）。其四，小孩有生育力（虽为童贞）/老年人不育（虽然不断被提醒是已婚的）。其五，不可逆转的“子”从“父”受精的关系与一种同样不可逆转的关系形成对立：“父”向“子”袒露秘密，却因为没有得到交换（他本无秘密）而向后者实行报复。其六，一种三重的对立，植物的魔力相对于来自动物的魔力：前者因老人利用草药孕育了婴孩而是真实的，不过这种魔力尚可救治；后者是象征性的（摆弄一副头颅骨），少年凭它得以诛杀老巫师，而且没有复活的可能。其七， 260
两种魔力一靠体内注入，二靠从身体剥离。

这种运用对立面的构造在细节方面也可以看到。有两个原因使得各路野兽见到少年而生怜悯之心，这在文本中有很清楚的说明：他将男女的特点集于一身，这一结合表现在他的瘦小身躯（多日未进食）和隆起的腹部（怀孕所致）之间的对立。为了让他成功地堕胎，草食动物呕出碎骨，肉食动物剥离鲜肉（三重对立）。最后，少年有死于胀破肚皮的危险（在第 89 号神话里，胎儿换成了一个不断增大的泥巴球，直到胀破怀孕者的肚皮），而巫师却真的死于腹部痉挛。

在第 86 号神话里，上述的某些对立既被保留，也得到了复制。凶手将受害者拴在绳索的一端，缒入地下（一些身怀魔法的哺乳动物的住所），让他捡拾老鹰和绿色啄木鸟的羽毛，也就是作为空中居民的鸟类的羽毛，特别是老鹰与苍穹有关联，绿色啄木鸟与暴风雨有关联。世界体系的这种颠倒伴随着食腐肉动物与食草动物之间（在第 77 号神话的“正常”系统里遇到过）的一组相关对立，两者此时似乎“再正常不过地”一个分管胎儿的骨头，另一个分管胎儿的血液。我们于是看到了单凭对神话内容的结构分析本身就可以得到的东西：即通过与代数相似的运算，能够出入于各个变体之间的转换规则。

不过，我在这里希望引起人们注意的其实是问题的另一个侧面。有关怀孕男孩的神话符合鲍尼人的什么习俗呢？乍看起来毫无相符之处。这个神话强调两代人之间的对立，而鲍尼人根本没有建立在年龄段基础上的萨满教团体。进入这一类团体也不以考验和缴纳费用为条件。缪利（Murie）曾经见证说，在鲍尼人那里，“成为医
261 师的正常途径是在师傅死后继承他的地位”[2]。相反，我们这个神话却完全依赖一个双重概念：法力既是天赋的，又恰恰因此而遭到师傅的反对。师傅并没有把法力传授给拒绝成为自己的接班人的那个人。

那么，是否可以认为，鲍尼人的神话反映着一个跟鲍尼仪典中的主导体系相关联，却是对立的体系呢？这种看法只有一部分是正确的，因为这一对立在这里并不适合；更准确地说，对立的概念在这里不具启发性，因为虽然它能够解释神话和仪式之间的某些差异，但也留下了另外一些没有得到解释的方面。它尤其忽略了怀孕的男孩这个主题，而我们认为这个主题在被考察的一组神话里占有中心地位。

可是，如果我们不把这个神话跟鲍尼人的相应仪式进行比较，而是同北美大平原上的那些部落的对称而相反的仪式进行比较——后者在构想萨满教团体以及加入这些团体的规则方面恰好跟鲍尼人相反——那么这个神话的全部成分就都可以各得其所。按照罗维的说法，“鲍尼人的与众不同之处是他们发展出了与年龄段无关的最精密的社会团体”[3]。就这方面而言，他们不同于黑足人和像曼丹人和希达查人那样最明确地体现着另一类型的村居部落。通过阿里卡拉人的中介，鲍尼人与这些部落不仅有文化上的，也有地理上和历史上的联系。阿里卡拉人直到 18 世纪上半叶才从斯基第鲍尼人（即多尔赛收集神话的那些部落）中分离出来。

在上述这些部落中，社团形成一些年龄等级。等级之间的过渡通过买卖实现，买卖双方的关系是按照“父/子”之间关系设想的。

而且候选人总是在妻子的陪同下露面，这场交易的中心题旨是将“儿子”一方的妻子移交给“父亲”一方，后者与之完成一次交媾； 262
交媾活动无论是实施还是象征性的，永远象征着一次孕育行为。于是，我们又看到了已经在神话的层面上分析过的全部对立，每一组对立被赋予的价值是颠倒的：入道者/未入道者，年幼和年长，无性别和有性别，等等。事实上，在曼丹人、希达查人（Hidatsa）和黑足人的仪式中，“儿子”是由妻子陪伴的，正如鲍尼神话中的妻子陪伴着“父亲”。不过，鲍尼神话中的妻子只是一个跑龙套的角色，在这里她却扮演主角：她从“父亲”受孕并孕育了儿子，从而将鲍尼神话所赋予儿子的所有双性特征囊括于一身。换言之，语义价值并没有变，它们仅仅在作为依托的表达符号方面进行了一次等级的置换。在这方面，比较一下两个系统中被指定具有孕育力的肇因将是有趣的：在鲍尼神话中，它是父亲和妻子传递给儿子的一只烟斗，在黑足人的仪式中，它是先由父亲递给儿子之妻，然后再传给儿子的一根野生萝卜。然而，空心管状的烟斗是天空和现实世界的中介物，因此它跟大平原地区神话分派给野生萝卜的角色既是对称的，又是相反的，正如在叫作“星辰丈夫”的系列故事的无数变体中，萝卜像一个实心的瓶塞，起到把两个世界隔绝开的作用。每当成分的顺序被颠倒过来的时候，它们的符号也会跟着改变。

与鲍尼神话相呼应的，还有希达查人在极不寻常的用肉干铺顶的棚子内进行的女子的酬赠仪式（就我所知，尚无人指出它与中国古代仪典的相似性）。这些肉干有些是支付给掌握魔法和具备生育力的父亲们的，有些是付给扮演非父亲（即为人堕胎者）角色的掌握魔法的动物的。不过，肉类在第一种情况下表现为容器（用肉干覆顶的草屋），在第二种情况下被明确规定必须呈现为内容（塞满肉的手提袋子）。我们甚至可以进一步追踪此类平行现象，它们会导

致相同的结论：鲍尼神话展示了一种颠倒的仪典制度，并非是对这
263 一部落的主导制度的颠倒，而是对一种他们并不使用的、其仪典的组织方式与他们相反的相似部落的制度的颠倒。此外，这两种制度之间的关系带有一种对位法的特点：如果一个被视为一种进步，另一个就显得是一种退步。

这样一来，我们就把鲍尼神话置于与一个异族仪式的关联和对立的关系当中。值得注意的是，在这一神话和另一种仪式之间还可以看到一种类型相同但更为复杂的关系，那种仪式并不是鲍尼人所独有的，而且是一个得到特别仔细的研究的课题：哈科仪式（The Hako）[4]。

哈科是两个群体之间的一种联姻仪式。这些群体跟在社会结构中地位固定的鲍尼人社团不同，它们之间可以自由地互相选择。不过，在按照这种形式运作的同时，他们也把自己放入父/子关系中去了，这种关系也规定着把村居部落的年龄级组连接起来的固定关系。正如霍卡特曾经深刻说明的那样，不妨把作为哈科仪式的基础的父/子关系看成是父母双方亲属之间的联姻关系的一种置换[5]。换言之，怀孕的男孩的神话、曼丹人和希达查人在一系列年龄级组中的晋级仪式以及哈科仪式，全都是一组又一组的置换，其规则是父/子对立和男/女对立之间的等价性。我本人则想进一步提出，这一等式的基础是叫作克劳-奥马哈亲属制度的区别性特征；在这种亲属制度里，联姻群体之间的关系正是依照前辈与后辈的关系获得形式化的。限于篇幅，问题的这个方面此处无法进一步阐述。

264 因此，我只限于对哈科仪式的最后几个阶段——即弗莱切划分的第 16 至 19 段——做一扼要的考察。这几个阶段最为神圣，而且提供了值得注意的一系列与怀孕男孩的神话的相似之处。父亲所属的群体来到儿子的村庄，象征性地抓来一个幼童（男女均可，所以

儿童无性别，或更准确地说，无性别标志。参见前引第 201 页）。父亲所属的群体给他涂上一层层圣油，目的是把他变成蒂哈瓦，也就是最高的天界神灵。然后裹在一床被子里的儿童被抬起来，两腿向前伸出来。在这个体位上，他被按照男性生殖器的样子摆弄来摆弄去，与世界作一次象征性的交媾。地上画出的一个圆圈代表世界。他必须把一个黄鹂鸟巢像丢蛋卵似的丢下来。土著报告人明确说明："孩子的双脚踏进圆圈就意味着新生命降临了……"（前引第 245 页）最后，地上的圆圈被抹去，孩子身上的圣油被擦干，并被打发回到伙伴中间玩耍去了。

很清楚，所有这些操作都可以视为对怀孕男孩的神话中的成分的一种置换。在这两种情形下都有三个角色：

神话系列：	儿子	父亲（或丈夫）	父亲的妻子
仪式系列：	儿子 （妻子的置换）	父亲 （丈夫的置换）	幼童 （儿子的置换）

两种情形又都有两个有明确性别标记的角色，一个无性别标记的角色（儿子或幼童）。

在神话系列里，无标记可以让儿子变成半男半女；在仪式系列里，他又变成完整的男人（交媾者）和十足的女人（把一个象征着蛋卵的鸟巢生在象征着巢穴的圆圈里）。

哈科的全套象征手法意味着父亲能够借助幼童的亦男亦女的功能使儿子受孕，正如神话里的那对巫师—妻子夫妇的双重功能够使少年受孕一样。同样，村居部落仪式中的父亲能够借助儿媳妇的双重功能使儿子受孕。某个角色的性别歧义在上下文里经常得到强 265
调。这一方面不妨比较一下：孩童伸出脚来的那件盖袍（哈科仪式）、大腹便便的男孩（鲍尼神话）、口中衔着一根外露的萝卜的女人（黑足人的背景神话，与通过典押妻子进入软毛狐社团的接纳仪式有关）。

我曾经在另一篇论文里[6]试图说明，神话的发生模型（产生神话，同时又赋予其结构的模型）的本质在于运用带有三个象征的四种功能。这四种功能在这里是由两组对立规定的：长/幼，雄/雌，从中产生父、母、儿、女等功能。在有关怀孕男孩的神话里，父亲和母亲每人都运用一个不同的象征，儿子和女儿的功能则在第三个象征即少年当中合并起来了。在曼丹—希达查人仪式里，父亲和儿子是分开的，而儿子之妻则兼具母亲和女儿的功能。哈科仪式的情形更为复杂一些，因为象征的数目永远是三个：在父亲和儿子之外，又引进了一个新的人物：儿子的孩子（或男或女）。这是因为，若想把功能运用于象征，就必须把象征理想地分裂为二项对立；正如我们已经看到的，父亲既是父亲又是母亲，儿子既是儿子又是女儿，而幼童这个人物则从另外两个象征那里借入它们的半个功能：授精者（父亲）和受精者（女儿）。值得注意的是，象征之间的这种更为复杂的功能分配表明了三个系统中的唯一一个诉诸互惠性的系统的特点。因为，如果说问题始终是要建立联姻关系，那么这种关系在第一个系统中遭到了拒绝，在第二个系统中是被索求的，而只有在第三个系统中才得到商榷。

神话和仪式之间的辩证关系必须考虑到结构，我们在这里无法阐述这个结构，只能请读者去阅读上文援引过的那篇文章。不过，我们希望已经指明，要理解这种关系，神话和仪典的比较是必不可
266 少的，这种比较不限于某一社会，还应当与相邻社会的信仰和实践进行比较。如果说，一组鲍尼神话体现着不仅是同一部落的，而且也是其他部落的某些仪式的一种置换，那么我们就不应满足于一种纯粹的形式分析。这种分析只是研究的初步阶段，它之所以多产，是因为它让我们运用比通常更严谨的方式阐述地理的和历史的问题。所以，结构的辩证法并不与历史决定论相抵牾，而是需要后

者，并给后者提供一个新的工具，从而对它有所促进。其实雅各布逊曾经多次证明，自梅耶（A. Meillet）和特鲁别兹柯伊（Troubetzkoy）以来，地理相近的语言区域之间的相互影响的现象就不可能不涉及结构分析。这就是著名的有关语言的亲缘关系的理论。通过将这一理论运用于另外一个领域，我尽力为它做出一点绵薄的贡献，即强调这种亲缘关系不仅表现在某些结构性特点从发源区域向外传播，也不在于对这种传播的抗拒；亲缘关系照样可以通过反命题产生，而且可以滋生出一些带有应答、补救、托词以至懊悔等特点的结构。无论在神话学还是在语言学方面，形式分析都立即提出了意义这个问题。

注释

［1］原文曾以此标题收入雅各布逊六十寿辰的纪念文集：*For Roman Jakobson*，*Essays on the occasion of his sixtieth birthday*，The Hague，1956，pp. 289-294.

［2］J. R. Murie，*Pawnee Societies*（Anthropol. Papers of the *American Museum of Natural History*，vol. Ⅺ，part Ⅶ，1914，p. 603）.

［3］R. H. Lowie：Plains-Indian Age-Societies：Historical and Comparative Summary（Anthropol. Papers of the *American Museum of Natural History*，vol. Ⅺ，part ⅩⅢ，1916，890）.（这句话在原著里直接引自英文。——译者注）

［4］A. C. FLETCHER and J. R. MURIE，*The Hako*：*a Pawnee Ceremony*，22nd Annual Report，Bureau of American Ethnology，part. Ⅱ，Washington，1900—1901（1904）.

［5］A. M. Hocart，Covenants，In：*The Life-Giving Myth*（London，1952）.

［6］即本书第十一章。

第四部分

艺 术

第十三章　亚洲和美洲艺术中的裂分表现方法[1]

当代民族学家对于原始艺术的比较研究表现出某种厌恶感。他们的理由不难理解，因为这方面的研究迄今为止几乎完全集中在证明文化之间的接触、传播现象以及转借上面。一个装饰性细节，一个特别的图形只需来自世界上的两个不同地区，就会有热心人不顾两种表现之间通常十分明显的地理距离和历史间隔，立即宣布这两种其实舍此绝无可比之处的文化起源相同，有着无可置疑的史前联系。撇开某些影响深远的发现不论，我们很清楚，这样“不惜一切代价”地寻找相似之处的仓促做法曾经导致了什么样的弊端。为了使我们免于犯此类错误，研究物质文化的专家学者们有必要首先确定，就一种或一组可能会独立地反复出现的特征或风格而言， 269

究竟是哪一条特殊的区别造成它们有别于那些非转借便无法重复的性质和特点。

所以，当我打算给一份被热烈和合理地讨论过的档案再追加几
270 篇文献的时候，心中是颇为踌躇的。这些卷帙浩繁的资料涉及北美西北沿海地区、中国、西伯利亚、新西兰，甚至可能还包括了印度和波斯。此外，我们提到的这些资料分属几个不同的时代：有 18、19 世纪的阿拉斯加，公元前 2000 年至公元前 1000 年的中国，阿穆尔河地区的史前艺术，以及从 14 世纪至 18 世纪的新西兰。很难想象还有比这更难办的事了。我在别处[2]已经提到过，关于阿拉斯加和新西兰在哥伦布时代之前曾经有过接触的假设遇到了几乎不可克服的困难。如果我们把西伯利亚和中国跟北美进行比较，问题也许会简单一些，因为两者的距离比较容易理解，只需跨越一两千年的障碍便可。即使在这种情况下，无论人们怎样直觉地确信不疑，仍须找出多少事实才能建立看起来稳妥牢靠的对比啊！在一部独具匠心和杰出的著作里[3]，亨泽（Carl Hentze）不得不充当美洲文化学的“拾荒佬”，他从各种不同文化里一点一滴地搜集证据，过分强调了一些有时毫无意义的细节。他的零碎散乱的分析并没有说明印象的依据是什么；对于被两种艺术的整体接触所充分激发的两者之间有亲缘关系的深刻感觉，他的那些“诗意的零碎材料”（membra disjecta poetae）当中没有任何东西能够说明。

可是，北美洲西北沿海地区与古代中国艺术之间的相似性不能不令人印象深刻。

271 与可从分析两种艺术得出的基本原理的相似性相比，这些物品之间的外表相似性并没有那么显著。这项分析工作已经由利昂哈德·亚当（Leonhard Adam）完成[4]，现将他的结论部分扼要叙述如下。这两种艺术通过以下方式进行：（1）浓重的刻意风格；

(2) 程式化或象征性，反映在强调反映特征的线条或者追加有含义的表征上（例如，在西北沿海地区的艺术中，用双爪执一根小棍来表示海狸）；(3) 以“裂分的形象”（split representation）表现躯体；(4) 从整体任意分割出细部，使其脱离原位；(5) 用两个侧面形象表现某一个体的正面；(6) 高度精致的对称性，但往往运用细部的不对称性；(7) 不合逻辑地将细部转变为新的成分（例如，爪子变成嘴巴，用眼睛的图案表现接合部，或者相反）；(8) 偏重于智能而非直觉的表象，例如骷髅和脏器，更重于身体的表象（一种在澳大利亚北部同样令人瞩目的手法）[5]。可是，这些艺术手法不仅仅属于西北沿海地区。正如利昂哈德·亚当所说：“中国和美洲西北部两地展现的多种工艺和艺术原理几乎一模一样。”[6]

这些相似之处被人注意到以后，有趣的是，出于完全不同的理由，古代中国的艺术与美洲西北海岸地区的艺术曾经被分别拿来与 272
新西兰的毛利人（Maori）艺术进行比较[7]。这个事实将会因为以下情况而更加引人注意：按照一些学者的说法，阿穆尔河（Amour）地区的新石器时期艺术——它的某些主题（如腹部装点成有一张太阳脸的展翅的鸟）与西北沿海地区的几乎一模一样——呈现出“一种出人意料地丰富和采用曲线的装饰手法，既与阿伊努人（Ainu）和毛利人的同一手法有联系，又与中国新石器时期文化（仰韶文化，Yangshao）和日本的新石器时期文化（绳纹文化，Jomon）的同一手法有联系；特别是那种以例如织网、螺旋和回形纹等复杂图案为特色的带状装饰便完全不同于贝加尔人文化中的长方形几何图案装饰。”[8] 所以说，每一种虽属极为不同的时代和地区，却表现出明显的相似性的艺术形式都依据不同的理由，向我们暗示它们是彼此接近的，尽管违背地理和历史的要求。

那么，我们是不是陷入了一种两难的困境呢？困难在于要么必须否定历史，要么必须对已经被多次证实的相似性视而不见。人类学家中的传播学派曾经毫不犹豫地逼迫历史批评界就范。我无意捍卫他们的那些大胆的假说，不过，应当说比起他们那些玄虚的主张来，他们的态度谨慎的反对者——在消极的意义上——也并不就较为令人满意，他们只是做法与之相反罢了。原始艺术的比较研究无疑受到了研究文化接触和转借的学者的激情的影响。可是，干脆说吧，这种研究受到迂夫子们的连累更甚：仅仅由于他们的科学尚未提出适合他们的令人满意的诠释方法，这些人便宁可全盘否定显而易见的关联。从
273 知识进步的角度来看，仅仅由于难以理解就否认事实，这种做法肯定比提出假说更无裨益。假说即便不能被接受，以它们的缺憾之砖正可引来批评和研究之玉，而且后者终有一日会把假说甩在后头[9]。

我们因而保留把美洲艺术跟中国或新西兰的艺术进行比较的权利，尽管大量证据证明，毛利人未能把他们的武器和装饰物带到太平洋沿岸。对于那些用偶然性无法解释的复杂的相似之处来说，文化接触论显然不失为一种最方便的假说。但是，当历史学家断言不可能有过接触的时候，这本身并不能证明相似之处全属虚幻，而只能说明必须另寻其他解释的途径。传播学派的努力之所以富有成果，正是因为他们系统地挖掘了各种历史可能性。如果我们不懈地向历史求助（首先就应当求助于它），而历史告诉我们“此路不通”，那么就让我们转而求助于心理学或者对形式的结构分析吧。让我们试问，本属心理或逻辑性质的内在关联是否有助于理解那些同时发生的反复出现的现象，这些现象的频率和凝聚力都不可能出自一场概率游戏。本着这一精神，我现在对这场争论提出自己的看法。

博厄斯是这样描述北美西北沿海地区艺术的这种裂分方法的：“动物在想象中被从头至尾分割成两半……两只眼睛之间有深深的凹陷，一直延伸到鼻子。这就说明头部肯定未被当成动物的正面，

而是在口鼻处衔接起来的两个侧面形象，然而眼睛和前额部位却不发生接触……动物要么被表现为一分为二，两个侧面形象在中间对 274
接，要么就展示一个头部的正面形象，连带两个相连的侧面形象。”[10]对于此处复制的两幅绘画（图 17 和图 18，即该文图 222 和图 223），博厄斯做出了如下分析：

图 17　海达人绘画中的熊的形象

资料来源：Franz Boas。

“图 222（海达人绘画）展示了以这种方式获得的一种设计。它描绘的是一只熊。我们在此类图案里看到的熊的阔嘴产生于构成头部的两个侧面形象之连接。在同样表现一只熊的图 223 里，头部的这种切分显示得最为清楚。那幅画画在一座钦西安人（Tsimshian）的房屋正面，图案正中的圆洞就是房门。这个动物被从后至前切分开来，所以只有头的前部是连贯的，下额的两半互不接触。黑色粗线条表现熊的背部，细线条表现背部的皮毛。钦西安人称这种图案为‘两熊相会’，好像有两只熊似的。”[11]

图 18　左：钦西安人画在正面屋墙上的熊
右：海达人画在木头帽子上的硬骨鱼的形象

资料来源：Franz Boas。

让我们把博厄斯的分析与顾理雅（H. G. Creel）的分析作一比较。顾氏针对中国上古艺术里的类似手法说道：“商代装饰艺术的最为突出的特点之一是：它用一种特别的方法把动物表现为平面或
275 圆形层面。这就好像是拿起动物，从尾巴尖开始将其纵向剖开，一刀剖至鼻尖，但并不豁开。然后将两个半扇摊开，再把这一分为二的动物平铺在器物表面上。两个半身仅在鼻尖处连接。”[12]顾理雅看来并不知道博厄斯的工作，在使用了与博厄斯几乎一模一样的词语以后，他又补充道：“在研究商代的设计的过程中，我始终觉得这种艺术与西北沿海地区印第安人的艺术极为相似，神似是可以肯定的，细节上的形似也是可能的。”[13]

这种独具特色的技术不仅在上古中国艺术和西伯利亚原始居民中以及新西兰可以看到，它同样出现在美洲大陆另一端的卡杜维奥
276 印第安人当中。我们在这里复制的图 21 上画着一张脸孔，这是这个位于巴西南部的小部落的妇女们的传统习惯。该部落为一度兴盛的瓜伊库鲁（Guaicuru）民族的余部。关于这些图画的绘制方法及其在土著文化里的功能，我曾经在别处描述过[14]。这里只需提醒一

下，早在17世纪，我们刚刚与瓜伊库鲁人发生接触时就知道这些图画了，而且它们迄今好像并没有发生变化。这些不是文身图案，而是每隔数天便需重新来过的绘画，用木片蘸着野果和树叶的浆汁画成。妇女们互相画（从前也给男人画）。她们并无模型可依，而是 277
在一个传统的复杂主题下即兴发挥。在我1935年间搜求到的400幅本地原作中，我一张重样的也没看到。这些画作之间主要靠不断重新排列基本成分得以区别，而不靠这些成分本身的翻新，例如单螺旋形和双螺旋形、影线、涡形纹、希腊式回文、缠结纹、十字形和火花等。鉴于这种精巧的艺术的最早报道已经十分久远，所以西班牙人影响的可能性应当排除。目前尚能掌握这门古老绝技的只剩下几位老婆婆了，绝迹之日看来已是近在眼前了。

图19　中国安阳出土的青铜器

中间的面板上有一个分裂为两半的无下颌的饕餮面具。这副面具的上头有以两耳构成的第二副面具，上面的每只眼睛也可以解释为属于用主面具的每只耳朵表现的小龙。两条小龙以侧面和面对面地展现，跟上部面板上的图案一样。后者本身也可解释为一个公羊面具的正面，羊角用龙身表现。顶盖上的图案可用类似方式解释。

资料来源：W. Perceval Yetts，*An-Yang*：*A Retrospect*。

图Ⅷ是这些图画的一个极好的例子。整个造型按照两条轴线对称分布，一条轴线是垂直的，从脸的正中线通过，另一条是水平的，将脸孔齐着眼部划分成两半。两只眼睛以提示性的线条按缩小的比例表现，同时也是两个方向相反的螺旋形的起点，其中一个螺旋形在右脸颊上，另一个在前额左侧。图画的下方有一个弓形的复合图案，饰以缠结纹，它表现上嘴唇，而且正好画在上嘴唇上。这一图案在所有面部图画中都可以看到，尽管有详略之别和形状的变化，它似乎构成一个不变的成分。由于整个造型的表面不对称性，对它做出分析并非易事；然而这种不对称性掩盖着一种复杂而真实的对称性。两条在鼻子上端相交的轴线把面部分为四个三角区：左前额、右前额、鼻右翼加右脸颊、鼻左翼加左脸颊。两个对立的三角区有互相对称的造型。不过，每个三角形区域本身又是一个双重的造型，而且在对立的三角区内逆向重复。这样一来，在右前额与左脸颊上首先有一个希腊式回文三角形，然后以一条空白的斜条为间隔，有两个紧挨着的双螺旋形，饰以缠结纹。左前额和右脸颊画有一个饰有缠结纹的大的单螺旋形，其上有一鸟状或火焰状的花
278 纹，令人想到与之对称的整体中的空白斜条。因此，主题有两对，每一对都对称地重复两次。不过，这种对称性有时靠纵横两条轴线之一得到确定，有时靠被轴线切分的三角形区域得到确定。样式愈加复杂就愈令人想到扑克牌中的花牌。图Ⅳ、Ⅴ、Ⅵ都是这方面的例子，显示出其实是围绕着同一手法的一些变化。

然而，在图Ⅷ中，值得注意的不仅是绘画图案。画家（一位年纪 30 岁上下的妇女）同样打算表现脸孔乃至头发。显而易见，她是用裂分表现法来完成的，因为脸孔不是真正正面的，而是由两个并联的侧面构成的。因此它才格外宽阔并呈现心形的轮廓，将前额分为两半的凹陷仍然属于用双侧面表现的手法，后者只是从鼻根直到

下巴这个部分才合并起来。图 17 和图 18 跟图Ⅷ之间的比较更加凸显了这种手法与北美西北沿海地区艺术家之间的一致性。

南北两个美洲的艺术还有其他一些共同点。其中之一就是我们已经强调过的使主体产生错位，变为构成成分，然后按照与自然无关的传统规则予以重组的方法。这种方法在卡杜维奥人的艺术里并非不太突出，只是采取了间接方式。博厄斯曾经细致入微地描述过西北沿海地区艺术中的身躯和脸部的错位现象：这回被割裂开来的是器官和四肢本身，然后利用它们重组一个任意的个体。例如，在海达人的图腾柱上，“图像必须……这样解释：动物经过两番拧绞，尾巴翘起搭在背上，头部耷拉至胃部以下，然后被一分为二，朝外摊开。”[15] 在夸扣特尔人的一幅逆戟鲸（orca sp.）图画中，“鲸鱼沿着整个背部被向前剖开。头部的两个侧面相连……脊鳍按照此前描 279
述过的方法（裂分表现法）本应出现在鲸体两侧，在鲸鱼被剖开之前已从背上割下，现在被置放在头部两个侧面结合处的上方。鲸的两鳍被摆在鲸体两侧，仅靠一点与鲸体相连。尾巴的两半向外撇，图案的下部于是形成一条直线。”[16]（见图 20）此类例子俯拾皆是。

卡杜维奥人的艺术将错位发展得既更远又更近。之所以说更近，是因为可供艺术家施展身手的是有血有肉的脸孔和身躯，它们是无法分离和重组的，除非经过某种实在难以想象的手术。真实的脸孔的完整性于是得到了尊重；不过，彻底的不对称性依然使它发生错位，这种不对称性颠覆了脸孔的自然的和谐性，有利于画面上的人为的和谐性。但是，恰恰由于这幅画并不是表现一张畸形的脸孔，而是让一张真实的脸孔发生畸变，所以我们说，这里的错位比上面提到的那种发展得更远。另外，除了装饰价值以外，这里还混入了一种性施虐狂的微妙成分，它至少可以部分地解释为什么卡杜维奥女人的（在面部绘画中得到表达和体现的）色情魅力曾一度将

图 20　夸扣特尔人画在正面屋墙上的一条逆戟鲸

资料来源：Franz Boas。

280 一些江洋大盗和冒险家吸引到巴拉圭河两岸地区。他们当中好几位跟土著人结婚定了居，现在已步入老年，他们哆哆嗦嗦地向我细述了那些既淫邪又微妙的少女裸体，上面画满了交织的花纹和阿拉伯式图案。西北海岸地区的文身和人体绘画似乎不带这种性因素，他们那种往往抽象的象征手法较少装饰性，然而同样不在乎人脸是否对称[17]。

我们还注意到，卡杜维奥人的图画是围绕着水平的和垂直的两条轴线布局的，并且利用——如果可以这么说的话——双重的裂分法把脸部对半分开，即画面不是把脸孔按照两个侧面进行重组，而是分成四个等份（图 21）。因此，不对称性具有一种形式上的功能，即保证四个等份的区分，因为如果四个等份不是在端点处形成对
281 立，而是对称地左右重复的话，那么它们就会合成两个侧面。错位和裂分在功能上是相互联系的。

如果我们继续追踪西北沿海地区和卡杜维奥印第安人之间的艺

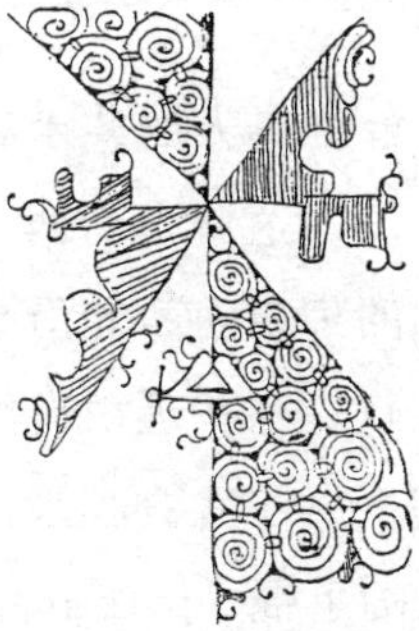

图 21　卡杜维奥人：一位土著妇女在纸上绘出的面孔

作者收藏。

术平行性，那么还有几点值得注意。在这两种情形下，雕刻和绘画都是基本的表达方式。在这两种情形下，雕刻都表现出现实主义的特点，而绘画则较具象征性和装饰性。卡杜维奥人的雕刻也许局限于吉祥物或表现一些体积不大的天神（至少历史上如此），不同于阿拉斯加和加拿大的那些巨大壮观的艺术，但是两者的现实主义特点以及肖像化和风格化的双重倾向却是一模一样的，勾勒或者绘制的主题所具有的主要的象征价值同样并无二致。在这两种情形下，男性艺术集中于雕刻，并且显示出表现性意向，而女性艺术——限于西北沿海的织造品和编制品，包括巴西南部和乌拉圭的土著人的图画——是一种非表现性的艺术。就两种情形下的纺织图案而言，这一点是确实的，然而我们对于瓜伊库鲁人的面部绘画的原始特点却十分陌生。虽然它们的题旨的含义今天已经无从知晓，但极有可能一度具有某种现实的意义，或者至少是象征的意义。这两种艺术都利用某种花样模板从事装饰，从而通过基本图案的不同配置创造出不断翻新的组合。最后一点，这两种艺术均与社会组织密切相关，因为图案和主题表达着地位、贵族特权和声望等级方面的差别。这两个社会都同样等级森严，它们的装饰艺术起到反映和肯定等级制度下的级别的作用[18]。

行文至此，我想把卡杜维奥人的艺术和另一种同样使用裂分表
282 现法的艺术很快地比较一下。这就是新西兰的毛利人艺术。首先让我们回想一下，出于不同的理由，西北沿海的艺术曾经被频繁地拿来与新西兰的艺术加以比较。这些理由有的貌似有理，例如两地使用的编织盖毯看起来相同；另一些看起来比较站得住脚，譬如从阿拉斯加的大头棒与毛利人的手棍（patu mere）的相似性得出的一些理由。我在别的地方提到过这个谜团[19]。

毛利人与瓜伊库鲁人的艺术之间的平行性还基于其他一些近似之处。除了这两个地区之外，没有任何地方的面部图案和人体图案如此发达，如此精致。毛利人的文身已经是广为人知的了。我这里复制的四张图片（图Ⅶ和图Ⅻ，见本书插图，下同）可以用于跟卡杜维奥人的脸部照片做出有益的比较。

它们之间的相似之处令人印象深刻：运用影线、希腊式回文和螺旋纹（后者在卡杜维奥艺术里常常被希腊式回文所代替，从而证实了安第斯山民族的影响）的复杂的图案；将整个面部画满的同一倾向；在最简单的类型中，图案被密集地画于嘴唇四周。两种艺术的不同之处也应当注意。毛利人的图案用刺青，卡杜维奥人的图案用绘画，这个事实带来的区别可以忽略不计，因为刺青也是南美洲的原始技术，这一点没有什么疑问。巴拉圭的阿比蓬人妇女直到18世纪仍然“脸、乳房和手臂布满各种形状的黑色图形，以至于看上去像土耳其地毯似的”[20]。按照老传教士记录下来的她们的原话，这样做可以让她们变得“比美丽本身还要美丽”[21]。与此相反，人们对毛利人文身图案的严谨不苟的对称性留有深刻印象，这跟某些卡杜维奥图画的肆无忌惮的不对称性恰好形成对照。不过，卡杜维奥
283 图画并非总是不对称。我已经指出，这种不对称性是裂分原则的一

种逻辑发展。因此，它仅仅是看上去如此，并非确实如此。然而，从划分类型的观点出发，卡杜维奥人的面部绘饰无疑介于毛利人和北美西北沿海地区之间。它们具有后者那种不对称的外观，同时也具备前者的那些以装饰为主的特点。

这种连续性从心理和社会含义的考虑中得到了再次肯定。毛利人跟巴拉圭边境地区的土著居民一样，面部与人体的绘饰活动都是在一种半宗教的气氛当中进行的。文身不仅是装点，它们不仅是高贵的地位和社会等级的标志与象征——正如我们在西北沿海地区所注意到的那样，新西兰亦不例外——同时也是一些承载着精神的和目的性与教喻的信息。毛利人文身的目的不仅在于把一幅图画刺进肉身，同时也为了把种族的全部传统和哲学都刻到头脑中去。卡杜维奥人也是如此，耶稣会传教士桑切斯·拉布拉多（Sanchez Labrador）描述过土著人花费整整几天文身时的那份严肃认真的态度。他们说没有文身的人“傻乎乎的”[22]。像卡杜维奥人一样，毛利人也运用裂分表现法。在图Ⅶ、Ⅸ、Ⅹ、ⅩⅢ里，我们再次看到了一分为二的前额，两半对拼起来的嘴，似乎从上至下从背后剖开的身躯，以及摊开在一个平面上的两个部分；一言以蔽之，所有那些至此已为我们所熟悉的手法，我们又看到了。

这种反复出现在时空上相距遥远和不大自然的表现方法，我们 *284*
将怎样解释呢？最简单的假设就是历史上曾经发生过接触，或者是起源于同一文明的独立的发展进程。即使这种假设被事实否定了，或者——看来这样说更为妥当——这种假设缺乏一组足够的证据，这并不意味着诠释的尝试必然失败。我还想进一步说：即使传播学派的雄心勃勃的重构可以被验证并非虚妄，我们依然面临一个根本性的问题，而且是一个不属于历史的问题。一个文化特征，在一个很长的历史时期内经历了转借或传播之后，为什么依然能够保持完好无损呢？这是因为，稳定性跟变化性两者同样神秘。把裂分表现法的唯一源头揭示出来以后，仍会留下一个问题：那些在其他方面的发展路线极为殊异的文化为什么单单保留了这种表现方法？外在的关联性固然能够解释传播现象，但唯有内在的关联性才能解释为什么会持久不变。这是两个分属不同范畴的问题，仅仅关注一个问题丝毫无助于预先判断另一个问题的答案。

不过，我们可以立即从毛利人和瓜伊库鲁人的艺术平行性中得出一条观察结果。在这两种艺术中，裂分表现法看来都是这两种文化重视文身的一个后果。让我们再看一下图Ⅷ，并问，为什么脸部轮廓用两个毗邻的侧面表现？不消说，这位艺术家打算描绘的并不是一张脸，而是一幅面部绘画，并且在后者上面倾注了全部精力。甚至两只简略交待的眼睛也仅仅是充当参照点而已，即作为两个反向的大螺旋纹的起始点，而且融入了设计整体当中。艺术家用现实主义的方式画出了面部绘画，也就是说，尊重真实的比例，仿佛是画在一张脸上，而不是一个平面上。她在纸上作画时恰如她已经习
285 惯在脸上作画那样。因为对于她来说，纸就是一张脸，她感到无法用一页纸表现一张脸，至少不加改动是做不到的。要么必须根据障眼法准确画出一张脸孔而歪曲图案，要么尊重图案的完整性而表现一张裂分的面孔。我们甚至无法认定这位艺术家选择了后一种解决办法，因为她对此连想都没有想过。我们已经说过，在土著人的想法里，图案即脸孔；或者更准确地说，图案创造脸孔。正是图案把社会存在、人的尊严和精神意义赋予了脸孔。所以说，被视为一种图画手段的面部双重表现法其实表达着一种更深刻更核心的分裂，即“傻乎乎的”生物学意义上的个人与社会角色之间的分裂，而裂分法的使命便是体现后者。我们说过，裂分表现法与一部关于人格分裂的社会学理论有关。

在毛利人的艺术中，同样可以看到这种存在于裂分的图像和文身之间的关系。只需比较一下图Ⅶ、Ⅸ、Ⅹ、ⅩⅢ便可以看出，裂分为两半的前额不过是对称的刺青图案在立体维度上的一种投射。

从以上观察可见，有必要进一步阐发和补充博厄斯在研究西北海岸艺术时提出的对裂分表现法的诠释。他认为，绘画和图案中的裂分表现法不过是把自然适用于三维物体的手法延伸到平面上而已。例如，如果要把一个动物描绘到一个长方形的盒子上，就必须改变动物的形貌，使之适应盒子的带棱角的形状："对银手镯进行装饰遵循相似的原则，但问题与装饰一个方形盒子多少有所不同。后者的四条棱边对动物的四个面做出了自然的划分——正面和右侧面、后面和左侧面，而圆形的手镯没有这么显著的区分线条。把四
个面艺术地结合起来会遭遇极大的困难，两个侧面却没有这样的困 286
难……动物被想象成从头到脚剖成两半，仅在鼻尖和尾端相连。手从这个孔穿过，动物于是环绕着手。它在这个位置上被手镯所体现……从手镯转入平面描绘或动物雕刻并非难事。运用的是相同的原则……"[23]这样，从有棱物体到圆形物体，又从圆形物体到平面，裂分表现法的原则在转换过程当中逐渐浮出。头一种情况有错位和偶尔出现的裂分；在第二种情况下，裂分法被系统地运用，但动物的头尾部分仍然完好无损；最后，在第三种情况下，尾部的联系被割断，而已经分离的两半身躯——现在可以自由活动了——在跟脸部相同的平面上被左右摊开。

这位现代人类学大师对这个问题的处理具有优雅而简洁的特点。不过，这主要是一种理论上的优雅简洁。如果我们把平面和曲形面的图案当作有棱表面的图案的一种特殊情况，那么后者反倒并没有得到有价值的说明。更重要的是，*先验地说*，并没有一种必然的联系，它要求艺术家在从有棱物体向圆形物体，再到平面的转换

过程中必须死守同一个原则。在许多文化中，装饰盒子的人物或动物的形象并没有发生裂分或错位。装饰一只手镯可以用雕花或者其他众多方式。因此，在西北沿海地区的艺术（以及瓜伊库鲁人艺术、
287 毛利人艺术和中国古代艺术）当中，一定存在着某种基本的成分，它能够解释为什么裂分表现法在这些艺术里得到了持续而严格的运用。

我们很想在这里所说的四种艺术当中，从那种把造型成分与图解成分联系起来的极为特殊的关系里找到这一基础。这两种基本成分不是彼此独立的，一种双重的关系把两者联系起来；这一关系既是对立的又是功能性的。说它是对立的关系，是因为图案本身的要求施加于结构之上，使之发生变化，裂分和错位便来源于此。它同时又是一种功能性的关系，因为对象总是从造型和图解两个方面被想象的。一只瓶子，一只箱子，一堵墙，都不是一些预先已经存在、只需加以装饰的独立的物体。它们在整合了装饰与实用功效之后才获得了确定的存在。例如，西北沿海地区的箱子不仅仅是用画出来或雕刻出来的动物作为装饰的一些容器。它们就是动物本身，因为它们积极地守护着那些托付给它们照管的礼仪性装饰物。结构改变了装饰，但装饰是结构的终极原因，结构也必须符合装饰的要求。最终的结果是*一个*：器皿—装饰品，物件—动物，会说话的箱子。西北沿海地区的生活船可以在新西兰的对应关系中找到它们的准确的对等物[24]：生活船与妇女之间、妇女与汤匙之间、器皿与器官之间，等等。

这样一来，我们就把我们不得不越来越注意的一种二元性追踪到了它的最抽象的阶段。我们在分析时已经看到，表现艺术和非表现艺术之间的二元性转变为另外一些二元性：雕刻和绘画，脸和装
288 饰，人和社会角色，个人存在和社会功能，群体和级次性体系。所

有这些加起来使得我们看到了一种双重性，它同时也是存在于造型表达与图解表达之间的一种关联，并且为我们提供了裂分表象的原则的各种表现的一个真正的“公分母”。

归根结底，我们的问题是这样表述的：在何种条件下，造型成分和图解成分必然发生关联？在何种条件下，两者不可避免地被某种函数关系联系起来，以至于其中一种表达样态总会带动另一种表达样态发生改变？我们对毛利人的艺术和瓜伊库鲁人的艺术的比较已经为这后一个问题提供了答案。的确，当造型成分为脸部或人体，图解成分为施加于后者的面部或人体图案（绘画或文身）的时候，我们就看到了这样的情形。图案实际上是为脸孔而设想的；不过，从另一方面说，脸孔又注定要以图案装饰，因为只有通过装饰，脸孔才能获得社会尊严和神秘的蕴意。图案为脸孔而设计，而脸孔本身只有通过图案才能存在。二元性归根结底是演员及其扮演的角色之间的二元性，而了解它的钥匙则是面具这一概念提供给我们的。

实际上，此处考察的文化全都是面具文化。面部化妆要么主要通过文身表现（瓜伊库鲁人和毛利人就属于这种情形），要么就是强调名副其实的面具，如西北沿海地区的那种别处无可匹敌的做法。至于上古时期的中国，关于面具的古老作用的提示是大量的，很容易使人想起它们在阿拉斯加的社会里的作用；例如，《周礼》所描绘的有着“黄金四目”的“熊皮”便使人想到爱斯基摩人和夸扣特尔人的多层次面具[25]。

那些折帘式的面具轮流展示出图腾祖先的好几个侧面——时而安详，时而愤怒，时而是人，时而是兽，它们显示出裂分表现法和面部化妆之间的联系，其作用在于提供一系列中间形式，从而保证了从象征到含义、从巫术状态到正常状态、从超自然到社会的过渡。因此，它们的功能在于既可以遮掩，又可以展现。但在展现的 289

同时，面具本身通过在某种意义上反转过来的裂分活动分成了两半，而表演者本人也在裂分中一分为二了——正如我们已经看到的，裂分的目的是以牺牲戴面具者为代价把面具展现给人看。

于是，我们与博厄斯的分析殊途同归了，不过却是在触及后者的基础之后。不错，平面上的裂分表现法是出现在曲形面上的裂分表现法的一种特殊情形，正如后者本身也是出现在三维表面上的裂分表现法的一种特殊情形一样。不过，并非随便一个三维表面都可以：只有在典型的三维表面上，图案和形式才能做到从形体上和社会意义上均不被分离，这就是人脸。与此同时，这里所考察的不同艺术形式之间的其他相当特别的相似之处也得到了说明。

在上述四种艺术当中，我们发现的不是一种装饰风格，而是两种。其中一种倾向于一种表象的或至少是象征性的表达方式，它的最普遍的特点是图案占据主导地位。这也就是高本汉（B. Karlgren）所说的上古中国的风格 A[26]、西北海岸地区和新西兰的绘画与浅浮雕，以及瓜伊库鲁人的面部绘画。可是还有另外一种风格，具有更严格的形式化和装饰性的特点和几何图形化的倾向，此即高本汉所说的风格 B，新西兰的人字形装饰、新西兰和西北沿海地区的编织
290 图案，以及瓜伊库鲁人那里的一种很容易识别的风格：通常可见于彩绘陶器、人体绘画（不同于面部绘画）和绘画皮革制品。这种二元性，特别是它的反复出现，又如何解释呢？其实，第一种风格的装饰性只是表面的；它在这四种艺术里从来没有造型的功能，这一点我们已经看到。相反，这种风格的功能是社会性的、巫术的和宗教的。图案是属于完全不同范畴的现实在图解或造型方面的一种投射，正如裂分表现法源于一只三维面具向一个两维表面的投射（抑或向一个与人的原型不符的三维表面投射），也正如生物个体通过衣装服饰被投射到社会舞台上。所以，一种真正的装饰艺术拥有广

阔的产生和发展的天地，虽然我们可以预见，它将会被社会生活中无处不在的象征性所沾染。

此外，还有一个出现在树雕中的特点，至少为新西兰和西北沿海地区所共有。在树干上雕出层层叠加上去的形象，每个都占据一整段树干。卡杜维奥人遗留的最后的树雕使我们很难对它们的古代形式提出假设。我们对商代雕刻匠处理木头的方法了解也很少，安阳的发掘仅仅提供了几件样品[27]。不过，我想提醒注意亨泽所复制的鲁氏（Loo）收藏品中的一件青铜器[28]。它看上去像是一根缩小了的雕柱，很像用黏土板制造的阿拉斯加和英属哥伦比亚的图腾柱的微缩版。在所有这些情形中，圆柱形的树干担当原型或者“绝对限度”的角色，跟我们对人的脸部和身躯的看法一样。之所以如此，是因为树干被诠释为一个生命体，一根“会说话的柱子”。这就再次证明，造型和风格的表达方式不过是社会角色的统治的一种具体的体现。

然而，如果我们的分析仅仅把裂分表现法定义为面具文化的一种共同特征，那将是不充分的。从纯形式的观点看，人们从来都毫不犹豫地把古代中国青铜器的饕餮图视为一种面具。至于博厄斯本人把西北海岸地区的艺术对鲨鱼的裂分表现法归结为这种动物的典型象征，这从正面更容易看出（见图Ⅲ）[29]。可是，我们并没有就此止步。对于我们来说，裂分表现法不仅是面具的一种图解表象，而且是一种特定的文明的功能性表达方式。并非所有面具文化都运用裂分法。在美洲西南部普韦布洛社会的艺术里，以及新几内亚的艺术当中[30]，我们都没有见到它（至少就这种完美形式而言）。然而，面具在这两种文化中都起着重要作用。面具同样表现了祖先的形象，戴上面具的演员便体现着祖先。那么，区别在哪里呢？与我们这里所考察的几种文明相反，别处没有这根用特权、象征物和威望 291 292

组成的链条；借助面具的媒介，这根链条用继嗣关系中的级别说明了一个社会级次体系的存在理由。超自然物的用途首先并不在于建立起一个种姓和阶级的制度。面具的世界形成了一组神明，但不是一份祖传之物。因此，演员仅逢节庆或礼典等间或出现的机会才充当神的化身。他们并没有因为在社会生活的每时每刻不断地从事创造活动，就从神那里获得等级体系里的名分、级别和位置。所以，我们提出的平行现象从这些例子里得到了证实，而不是被削弱了。造型成分和图解成分的相互独立性跟社会范畴和超自然范畴的更为灵活的相互作用刚相一致，这就像裂分表现法反映出演员对于他的角色的彻底附庸，以及社会地位对于神话、崇拜和谱系（pedigrees）的彻底附庸；这种附庸非常彻底，以至于若要使一个人脱离他的社会角色，就非得把他撕成碎片不可。

尽管我们对上古中国社会毫无了解，单凭对它的艺术进行观察也能看出争权夺势、等级体系之间的斗争和社会与经济特权的竞争；这些均以面具的见证和对门第的推崇作为基础。好在我们了解的情况比这多一些。在分析青铜器艺术的心理背景时，W. P. 叶茨写道：“动机几乎一律都是自吹自擂，甚至那些告慰祖先或加强家
293 族声望的表演也不例外。”[31]他在别处又说：“有一段为人们所熟知的历史，说到一只鼎直到公元前 3 世纪的封建时代末期仍然被当作君权的标志而受到重视。”[32]人们在安阳的墓葬里发现了纪念同一氏族的历代成员的青铜器[33]。在顾理雅看来，已出土的青铜器件在品质方面的差别可以这样解释：“安阳的出产既有极为精致的上乘之作，也有粗制滥造，都是给在权势方面享有不同经济地位的人准备的。”[34]可见，比较民族学的分析同汉学家的结论是一致的，这同时也证实了高本汉的理论。高氏与勒鲁瓦-古尔昂（A. Leroi-Gourhan）[35]以及其他一些人的看法不同，在对图案主题做出统计学和年代学研

究的基础上，他断定表征性面具存在于面具向装饰性成分的分化之前，它们从来都不是从抽象主题的偶然拼凑当中发现相似性的艺术家们的游戏[36]。在另一篇著述里，高本汉证明了古代器物上的动物装饰如何在后起的青铜器上逐渐变为阿拉伯式的火花图案。此外，他还把风格的演变现象同封建社会的解体联系在一起[37]。我们不禁揣想，瓜伊库鲁艺术中的阿拉伯花纹仍然如此强烈地暗示鸟和火焰，是否意味着某种平行的转变过程的最终阶段。巴洛克式的矫揉造作风格或许代表着一种没落或消亡了的社会秩序的形式化和充满矫情的遗存。从美学角度来看，它是后者的临终悲鸣。

本文的结论丝毫不对发现一些迄今无人想到的历史联系预下判断，这种可能性始终是存在的[38]。我们仍然亟待知道的是，那些以 294
声望为基础的等级化社会是不是在世界不同地区独立地出现的？它们当中是否有一些曾在某个地方有一个共同的摇篮？跟顾理雅一样[39]，我认为，我们不得不在思考时始终保留这种可能性，因为上古时代的中国艺术与西北沿海地区的艺术，甚至或许还有美洲其他地区的艺术之间存在着如此明显的种种相似之处。不过，即使求助于传播作用不无道理，那也不可能是某些细节的传播，仿佛有一些独立的特征自行迁移，随意地脱离某一文化，并入另一文化。这样的传播应是一些有机的整体，其中风格、审美习惯、社会组织和宗教生活在结构上都互相联系。在提到上古中国和西北沿海地区的艺术之间极为明显的相似性时，顾理雅写道：“西北沿海地区的图案设计者运用了大量孤零零的眼睛，这使我不得不想起商代艺术中的同一手法，并且使我猜想，是否有某种神奇的原因导致了两个民族都拥有这个东西？”[40]也许有吧；但是，神奇的关联跟视觉上的幻觉一样，仅仅存在于人的意识当中。个中缘由，我们正在要求科学的考察告诉我们。

注释

［1］本文最初以如下标题发表于 *Renaissance*，Revue trimestrielle publié par l'Ecole libre des Hautes Études de New York，vol. 2 et 3，1944—1945，pp. 168-186.

［2］The Art of the Northwest Coast，*Gazette des Beaux-Arts*，1943.

［3］Carl. Hentze，*Objets rituels*，*croyances et dieux de la Chine antique et de l'Amérique*，Antwerp，1936.

［4］Leonhard Adam，Das problem der asiatisch-altamerikanischen Kulturbeziehungen mit besonderer Berückichtigung der Kunst，*Wiener Beiträge sur Kunst und Kulturegeschichte Asiens*，vol. 5，1931. —— Northwest American Indian Art and its Early Chinese Parallels，*Man*，vol. 36，n° 3，1936.

［5］可参阅例如 F. D. McCarthy，*Australian Aboriginal Decorative Art*，Sydney，1938，Fig. 21，p. 38.

［6］Reviw of：Carl Hentze，Frühchinesische Bronzen und Kultdarstellungen，Antwerp，1937，In：*Man*，vol. 39，n° 60.

［7］关于中国与新西兰，可参阅 H. Heine Geldern，In：*Zeitschrift für Rassenkunde*，vol. 2，Sttuttgart，1935。

［8］Henry Field and E. Prostov，*Results of Soviet Investigation in Siberia* 1940—1941，*American Anthropololgist*，vol. 44，1942，p. 396.

［9］帕·凯列曼博士在他的《美洲中世纪艺术》（P. Kelemen：*Medieval American Art*，New York，1943）一书中认为，美洲艺术与东半球的一些高度文明的艺术之间的相似现象不过是一些“光感幻觉”（第 1 卷，第 377 页）。为了证明这个观点，他写道：“创造并发展起前哥伦布时期的艺术的那种心智是与我们完全不同的。”（第 378 页）在整个传播学派的工作当中，我怀疑未必能找到如此随便和肤浅，而且毫无意义的断言了。

［10］F. Boas，Primitive Art，*Instituttet for Sammenlignende Kulturforskning*，*série*，*B*，vol. Ⅷ，Oslo，1927，pp. 223-224.

［11］同上书，第 224～225 页。

［12］ H. G. Creel，On the Origin of the Manufacture and Decoration of Bronze in the Shang Period，*Monumenta Serica*，vol. I，fasc. I，p. 64，1935.

［13］ 同上书。

［14］ *Indian Cosmetics*，VVV，n°1，New York，1942. *Tristes Tropiques*，Paris，1955.

［15］ F. Boas，*Primitive Art*，第 238 页。

［16］ 同上书，第 239 页及图 247。

［17］ 例如斯万顿（J. R. Swanton）复制的特林吉特人的文身图案，*26th Annual Report of the Bureau of American Ethnology*，Fig. XLⅧ至 LVI；另见 F. 博厄斯，同上书，第 250～251 页（人体绘画）。

［18］ 我在《忧郁的热带》（巴黎，1955，第 20 章）一书中重提并且发展了这一分析。

［19］ The Art of the Northwest Coast，出处同前。

［20］ 见 M. Dobrizhoffer，*An Account of the Abipones*，London，1822，vol. 3，p. 20，译自拉丁语。

［21］ 同上书，第 21 页。

［22］ 可与顾理雅所说的这段话进行比较："商代精品都是以真正的宗教精神完成的，包括最微小的细部。并且甲骨文的研究告诉我们，几乎所有商代青铜器上的花纹都可以跟商代人的生活和宗教联系起来。它们是有含义的，而且在某种程度上，青铜器的生产大概是一件神圣的工作。"见其 Notes on Shang Bronzes in the Burlington House Exhibition，*Revue des Arts asiatiques*，t10，p. 21，1936。

［23］ F. 博厄斯，出处同前，第 222～224 页。

［24］ J. R. Swanton，Tlingit Myths and Texts，*Bureau of American Ethnology*，*Bull. 59*，1909，text n° 89，pp. 254-255. E. A. Rout，*Maori Symbolism*，p. 280，London，1926.

［25］ Florance. Waterbury，*Early Chinese Symbols and Literature*：*Vestiges and Speculations*，New York，1942.

［26］ Bernhard. Karlgren，New Studies on Chinese Bronzes，*The Museum of Far Eastern Antiquities*，Bulletin 9，Stockholm，1937.

［27］ H. G. Creel，*Monumenta Serica*，vol. I，p. 40，1935.

［28］ C. Hentze；*Frühchinesische Bronzen*. Antwerp，1937，Fig. 5.

［29］ 出处同前，第 229 页。不过，应当区分两种裂分形式：一种是纯粹的裂分表现法；这种形式将一张脸，有时是整个身躯用两个相连的侧面来表现。另一种如图Ⅲ所示，一张脸夹在两个躯体之间。我们无法断定这两种形式是否出自同一原理；而在本文开头扼要概述的那段文字中，雷昂哈德·亚当十分巧妙地把它们区别了开来。实际上，图Ⅲ所清楚地显示的那种裂分手法让我们想到欧洲和东方考古学所熟知的一种类似的技术，即双身兽。E. Pottier 曾力图找出它的历史（Histoire d'une Bête，in：*Recueil E. Pottier*，*Bibliothèque des Ecoles d'Athènes et de Rome*，fascule 142）。鲍迪埃认为，这种双身兽来源于迦勒底人表现动物的手法：头部为正面，躯干为侧面。另一个同样为侧面的躯干原本是可以后接到脑袋上去的。如果这一假设不错，博厄斯关于鳖鱼的表现法的分析就应当被视为一种独立的发明，或者对于一个亚洲主题的传播的一个最接近东方的证据。这后一种解释可以获得一个反复出现在另一主题中的不容忽视的证据，即欧亚草原和美洲某些地区（特别是芒德维尔）艺术中的“动物漩涡”（A. Roses：Tierwirbel，*Ipek*，1936—1937）。另一种可能性是，亚洲和美洲的双身兽分别来源于一种在近东考古遗址中未能保留，但在中国却留下了遗迹的裂分表现法，并且仍然可以在大洋洲和美洲的一些地区看到。

［30］ 美拉尼西亚艺术拥有裂分法和错位法的一些模糊形式。可参阅例如 Gladys A. Reichard，Melanesian Design：A Study of Style，In：Wood and Tortoise shell Carving，*Columbia University Contributions to Anthropology*，n°18，vol. Ⅱ，1933，vol. Ⅱ；亦可参阅该作者的以下评论：“在塔米人那里，结合部是用一只眼睛的图案来表现的。鉴于毛利人对文身极为重视，而且这一点也表现在雕刻当中，我觉得完全可以认为，经常用于人脸的螺旋纹是用来强调结合部位的。”（同上，卷Ⅱ，第 151 页）

［31］ W. Perceval Yetts，*The Cull Chinese Bronzes*，London，1939，p. 75.

[32] W. Perceval Yetts, *The George Eumorphopoulos Collection Catalogue*, 3 vol, London, 1929, I, p. 43.

[33] W. Perceval Yetts, An-Yang: A Retrospect, *China Society Occasional Papers*, n. s. , n°2, London, 1942.

[34] 同上书，第 46 页。

[35] A. Leroi-Gourhan, L'Art animalier dans les bronzes chinois, *Revue des Arts asiatiques*, Paris, 1935.

[36] 同上书，第 76～78 页。

[37] B. Kalrgren, New Studies on Chinese Bronzes, The Museum of Far Eastern Antiquities, Bull. 13, Stockholm, 1941.

[38] 实际上，关于跨越太平洋的远古联系的课题最近又被提出来了，起因是在台湾东南部的一座省立博物馆中惊见一块可能产于本地的浅浮雕。它表现为三个站立的人。站在两端的两个人的形象属于绝对纯粹的毛利人风格，中间站立者则表现出介于毛利艺术与美国西北海岸艺术之间的风格。参阅凌纯声(Ling Shung Sheng)，“台东的吐舌人像及其在太平洋区的类缘”，载《民族学研究所集刊》第 2 期，1956 年秋季，“中央研究院”，台北市南港区。

[39] 同上书，第 65～66 页。

[40] 同上书，第 65 页。

第十四章　一条体内充满鱼的蛇[1]

295　在一部关于淘巴（Toba）和皮拉卡（Pilagá）印第安人的口头传说的专著[2]里，阿尔弗雷德·梅特洛（Alfred Métraux）指出，至今仍然可以在查科地区搜集到的一些神话与以往作家证实过的安第斯山地区的神话之间有若干重要主题十分相似。例如，阿维拉（Avila）在华罗契里省（Huarochiri）搜集到的“长夜”神话，在淘巴人、维勒拉人（Vilela）和马塔科人（Mataco）那里也有；奇利瓜诺人（Chiriguano）同样述说家用器皿奋起反抗主人的故事，而且这个故事还可以在《玛雅圣书》（Popol-Vuh）中和蒙特西诺斯人（Montesinos）那里的著作里看到。这位我们在这里征引了以上观察的作者补充道，上述这个情节“还被画在一个齐姆人（Chimu）的罐子上”。

梅特洛搜集到的另一个神话尤其能够说明一个独特的主题，我们对后者至少了解两个前哥伦布时期的例子。而且，如果认真研究一下秘鲁几家主要博物馆的收藏，一定还会找到其他例证。这个神话就是关于一条“跟桌子一般大”的蛇的传说。蛇名叫立克（Lik）。有位乐于助人的土著人初见此蛇时还感到惧怕，后来还是一直把它带到了它日前轻率地离开的河里，“蛇问他：‘你愿意带走我吗？’——‘叫我怎么带呢？你太沉了。’——‘不，我身子很轻哦。’——‘可是你个头这么大！’这个人回答说。——‘大是大，可是我很轻。’——‘但是你浑身都是鱼呀’（的确，立克的尾巴下面附着许多条鱼，它就带着这些鱼挪动）。蛇接着说：‘你要是带我走，我就把身体里的鱼都给你。’”这个人后来就讲述他的奇遇，并且这样描述那个玄奥的动物：“蛇的身体里塞满了鱼，都在蛇尾巴里。”[3] 296

故事讲完之后，梅特洛写下了出色的评论，他补充说：“我得到了关于奇妙的立克的以下信息。立克是一个超自然的动物，是尾巴里带着鱼的一条巨蛇。冬天，大多数环礁湖和沟壑都干涸了的时节，运气特别好的人就可以遇到搁浅在硬土里的立克。立克恳求把它带回有水的环礁湖去。尚未被蛇形吓破胆的人通常都会回答说它太沉，带不动，然而立克每一次都运用魔法让自己变轻。它再次游回深水以后就答应救助者，无论什么时候他们想要鱼，要多少它就给他们多少，但有一个条件：不得向任何人透露鱼是怎么来的……”[4]

因此，我们不禁想把这个神话与下文展示的两个陶罐联系起来。第一个陶罐（图 22）出自纳兹卡（Nazca），罐底浑圆，罐体基本上为圆柱形，愈向罐口愈窄，罐口直径 9 厘米，罐高 17 厘米。以白色泥釉为底色，上面的图案使用了五种颜色：黑色、深紫色、深

褐色、浅褐色和浅灰褐色。上面画着一只人身怪兽。头有触须，下颚前伸，牙齿可怖。头部接出一个尾巴似的附属器官，先直后弯，
297 末梢另有一个稍小一点的脑袋。这条曲折的尾巴长满尖刺，有鱼游动其间；整个蛇身部分似乎呈现为剖面，里头充满了鱼。这只怪兽正忙着将一个人吞下，牙齿叼着那个人扭曲的身体，另有一条状似手臂与手掌的外突肢体正准备用矛刺穿那个牺牲者。两条在一旁观望的小鱼好像在等待分一杯羹。整个画面似乎证实了梅特洛从报告人那里得知的一个情节："立克有时候会吃人。如果进入蛇腹的时候仍然带着刀子，他们就能剖开蛇的心脏，挖出一个逃生的豁口；与此同时，他们还可以把蛇尾巴里头的鱼都弄到手。"[5]不过，按照古老的资料里的说法，拥有武器的似乎反倒是蛇。

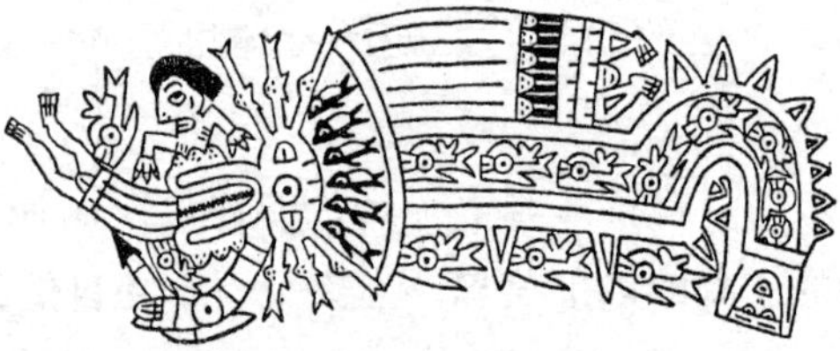

图 22　纳兹卡人的陶器图案

资料来源：拉康博士的收藏。

第二个陶罐（图 23）的例子引自巴斯勒（Bässler），来自巴卡斯玛约地区。我们在图案上再次看到了这种半蛇半人的怪物，弯曲的躯体内同样塞满了鱼。一条带有格式化波浪纹的饰带暗示它泡在
298 河水里。河上有个驾船的人。关于此物，考古资料所记载的一条注释跟现代的叙述令人惊讶地完全一致："齐道斯克的大叔告诉我，他亲眼见过立克。有一天，他正在船上捕鱼，突然听到一声巨响，他明白这是立克发出的声音，就赶紧使足力气向岸边划去。"[6]

这些相似的现象遗留在两个相距遥远又相隔几个世纪的地点，这就让我们希望看到反证，使我们能够利用此处复制的文物跟现代

图 23　巴卡斯玛约人的陶罐

资料来源：Bassler。

土著人关于他们的传说的阐述进行比较。这似乎并非完全不可能。梅特洛便指出，有位淘巴画师就为他画过一幅体内充满鱼的立克图。

然而最要紧的一点是，看来可以肯定，在南美这些高级文化与低级文化一直或断续地长期发生接触的地区，民族志学者与考古学家在阐明一些共同问题的时候可以互施援手。“体内充满鱼的蛇”只是数百个同类主题当中的一个；从北到南，秘鲁的陶器为它们提供了几乎数不清的例子。要对那些仍属十分神秘的众多图案做出诠释，可以从至今流传不息的神话和故事里——均为我们所掌握，可以随手拈来——找到钥匙，这一点难道还有什么怀疑吗？忽略这些 299
方法将导致谬误，因为它们能够让我们透过现在追溯到过去。当造型资料因缺少文字而无法超越自身的时候，唯有这些方法能够引导我们在充斥各路神怪的迷宫内前行。通过把相距遥远的地区之间、不同历史时期之间和发展不平衡的文化之间的联系重建起来，这些方法证实了，而且阐明了——或许有一天还能解释——这一广泛的文化综合状态。倒霉的美洲文化学者在寻找某个特殊现象的历史源流时，总会遇到这种现象[7]。

注释

［1］本文曾以同一标题发表于 *Actes du XXVIIIe Congrès des Américanistes*，Paris，1947（Société des Américanistes，1948），pp. 633-636。

［2］A. Métraux，*Myths of the Toba and Pilaga Indians of the Gran Chaco*，Memoirs of the American Folklore Society，vol. 40，Philadelphia，1946.

［3］同上书，第 57 页。

［4］同上书，第 59 页。

［5］同上书，第 59 页。

［6］同上书，第 69 页。

［7］雅科夫列夫早就在以“纳兹卡的原始神明”为题的一篇文章（Yacovleff，La deidad primitiva de los Nasca，*Revista del Museo Nacional*，Ⅱ，2，1932）里研究过这个问题，并且提出了陶罐所绘怪兽可能是一种可怕的海上猎食动物的假设，即一种身长 4 米到 9 米的鱼，称作“格斗鲸”（Orca gladiator）。如果这一建议不误，那么就应当看看梅特洛搜集的皮拉卡人的传说，从中找出内陆民族对于某一海洋主题的反响。无论如何，现代资料与考古发现之间的关系总是令人十分心动。（读者不妨特别注意雅科夫列夫文中第 132 页上的插图 9，h，m,）

不过，我们也不应忘记，同一神话及其典型的复现主题“‘你太沉重了。’——‘不对，我很轻哦。’”也出现在远在北美的印第安人，尤其是苏人当中。不过，对于这个狩猎民族来说，水怪不是鱼类之母，而是北美野牛之母。令人相当惊讶的是，鱼类之母又出现在易洛魁人中间（然而他们并不以捕鱼为生），并且附带一条补充：“我的鬃发上挂满沉重的鱼。”这就使我们不能不想到博南帕克的玛雅壁画，上面的一些人物便梳着挂满鱼的发型（或头发），同时也让我们想到特别是美国东南部的某些神话：每逢主人公在河里洗头发的时候，鱼的捕获量便会大增。

第五部分

关于方法和教学的问题

第十五章　民族学中的结构概念[1]

不应把我们为了能够进入这个课题所做的研究当成历史真相，而仅仅应看成假设性的有条件的论证；这些研究更适合于解释事物的性质，而并不是指明它们的真正的起源；这跟物理学家在世界如何形成的问题上每天都在做的事情十分类似。 303

——让·雅克·卢梭：《论人类不平等的起源》

社会结构的概念牵扯到很多问题，这些问题跨度极大而且含糊不清，因此在一篇论文的篇幅之内是无法处理的。这一点在本届研讨会的日程安排上也得到了间接的承认：那些跟我们的课题接近的课题已经被分配给其他参加者；例如，专注于“风格”、“文化的普遍范畴”、“结构语言学”等方面的论文都十分接近我们的主题，本文的读者也应当参阅。

此外，在谈到社会结构的时候，我们特别关注的是社会现象的形式方面。我们因而脱离了描写的范围，思考的是一些并不是纯属
304 民族学，却是它打算按照其他一些学科的榜样加以运用的概念和范畴，这些学科长期以来处理它们的一些课题的方式是我们也希望模仿的。就内容来说，它们的课题无疑跟我们的不一样，但是我们感到——对与错姑且不论，只要采取同样的形式化表述，我们自己的课题就可以同它们的相互比拟。其实，结构研究的好处就在于能够给我们带来一种希望：在这方面，比我们先进的一些学科能够为我们提供一些模式和解决问题的方法。

那么，"社会结构"应当如何理解呢？跟所有以广义的社会关系为目标、与人类学本身的对象混同的那些描写、分析和理论相比，有关社会结构的研究究竟有什么不同？著述者们对于这个概念的看法不很一致。甚至在那些为创立人类学做出了贡献的人当中，有的人今日似乎仍为这个概念感到遗憾。例如，克鲁伯在他的《人类学》(*Anlhropology*) 第二版中写道："'结构'的概念大概只是对时髦风气的一种让步，一个定义明确的字眼忽然之间散发出奇特的魅力，持续了十年左右——就像'空气动力学'一词那样——由于听起来悦耳，人们于是开始不分青红皂白地滥用。一种典型的人格无疑可以被视为具有某种结构。然而，某种生理配置、某个机体、任何一个社会或者一种文化、一个晶体、一部机器也都可以作如是观，只要不是完全不具形态，随便什么东西都拥有某种结构。于是，当人们运用'结构'这一术语的时候，除了一种惬意的奇趣以外，没有为我们的思想添加丝毫新的东西。"(克鲁伯，1948，第325 页)[2]

305 这番话的矛头所向，直指所谓的"人格的基本结构"，然而蕴

含着一条更严峻的批评：对于结构的概念在人类学中的运用提出质疑。

一条定义不仅是由于当前存在种种不确定性才非有不可的。从本文理应采用的结构主义观点来看——哪怕只因问题依然存在，结构的概念并非一条归纳性的定义，其基础是人们对于该词通常所使用的所有含义的共同成分做出比较和抽象。社会结构一词要么毫无意义可言，要么这种意义本身已经具备某种结构。首先，必须把握的恰恰是这个概念的这种结构，除非甘愿被一份令人厌倦的罗列所有论及社会关系的书目所淹没，因为单是一一列举那些文献就会超出本章的篇幅。其次，我们将把我们的临时定义跟其他著述者所接受的定义进行比较，无论他们是明确地还是隐含地接受的。这一考察将在专论亲属关系的部分做出，因为结构的概念主要就是在那个语境里出现的。实际上，在亲属关系问题上，民族学者的精力几乎完全倾注在结构上。

一　定义和方法问题

一条根本的原则是，社会结构的概念跟经验现实并无联系，而是跟在后者基础上建立起来的模型发生联系。两个由于近似而经常被混淆的概念于是就显现出区别来了，我指的是社会结构和社会关系。社会关系是用来建立能够显现社会结构本身的模型的原材料。306
因此，社会结构在任何情况下都不可归结为可在一个既定社会里观察到的社会关系的总和。社会结构的研究并不要求在社会现象当中有一个自己的领域。它毋宁说是一种方法，可以应用在各种各样的民族学问题上，而且跟别的领域里的结构分析十分相似。

于是，问题在于搞清楚这些作为结构分析的本身对象的模型究竟是什么。这个问题不属于人类学，而属于认识论，因为以下定义丝毫不依赖我们的工作的原材料。我们实际上认为，模型必须满足下述四个条件，才可被称为结构：

首先，一个结构表现出系统的特征。对于它的某一组成成分做出任何变动都会引起其他成分的变动。

其次，任何一个模型都隶属于一组变化，其中每一种变化都对应于同类模型内的一个模型，以致所有这些变化加起来便构成一组模型。

再次，上述特质使我们能够预见，当模型的某一成分被更改的时候，该模型会如何反应。

最后，构拟一个模型应当使其运行能够解释全部被观察到的事实[3]。

307 **1. 观察与实验**

这两个层面总是有区别的。观察现象和为了利用现象建立模型而制定方法，从来就跟运用模型本身从事实验不是一回事。“针对模型做出实验”指的是一整套程序，它可以让我们了解某一特定的模型面临变动时是如何反应的，或者让我们对一些属于相同或不同类型的模型进行比较。民族志方面的观察总是具体的和个别化的，而结构研究通常被认为具有抽象和形式化的特点，这两者之间是否存在矛盾，以致从前者过渡到后者会遇到争议呢？只要明白这些对立的特征分属两个完全不同的层次，或者更确切地说，分属研究的两个阶段，这个矛盾就会解决了。在观察层次上，核心的规则——甚至可以说是唯一的规则——就是，所有的现象都应当得到准确的观察和描述，不允许任何理论上的先入之见去改变它们的性质和重要性。这条规则还蕴含着另一条作为其后果的规则，各种现象既应当就事论事地研究（导致它们存在的是怎样一个具体的过程?），也应当从它们跟整体的关系上研究（也就是说，任何在某一点上被观察到的变化都将应与它从中出现的整个情境联系起来）。

这条规则及其关联项已经被高尔施坦（K. Goldstein，1951，第18～25页）从心理—生理学研究角度明白无误地提出来了，它们同样适用于其他形式的结构分析。在我们看来，它们能够让人懂得，在民族志描写所特有的细节关注和我们要求根据这种描写构建起来的模型所具备的效力和普适性之间，不但没有矛盾，而且有直接的关联。为了描述和解释某一组现象，人们确实可以出于不同理由，308
构想出许多模型，这些模型各个不同，但运用起来很方便。但是，最优秀的模型永远是那个真实的模型，即那个不仅是最简单的，而且能够满足以下双重条件的模型：只利用被考察的现象，同时又能够说明全部现象。因此，头一件任务是要确定这些现象是什么。

2. 意识和无意识

按照模型发挥作用的不同层次，模型可以分为有意识的和无意识的。享有第一个提出这一区分之功劳的博厄斯曾经指出：当一个社会不具备一个有意识的模型来解释或证明一组现象时，这些现象便更适合于结构分析（1911，第67页）。对于博厄斯被当作结构主义思想的大师之一被征引，读者可能会感到惊讶；有些人宁可视其为对立角色的扮演者。我曾经在另一篇文章里试图说明[4]，从结构主义的观点来看，用不理解或者敌意并不能解释博厄斯的失败。他在结构主义的历史上其实曾是一位先驱者。可是他试图给结构研究施加的条件过于苛刻，其中有些能够被他的后继者所接受，但是其他一些条件极为严厉和难以满足，以致无论在任何领域都会窒息科学的进步。

任何一个模型都可以是有意识的或无意识的，这个条件并不影响它的性质。只能说，一个潜藏在无意识的表层下面的结构使得存在某种模型的可能性更高，这个模型像一道幕布似的把它遮住，使得集体意识看不到它。实际上，那些通常被叫作“常规的”的有意识模型，由于作用在于延续信仰和习惯，而非展现它们的动因，所以属于最贫乏的模型之列。于是，结构分析陷入了一种语言学家耳
309 熟能详的两难局面：表面结构愈清晰，深层结构就愈难把握，原因是一些畸形的有意识的模型横亘在观察者和他的对象之间。

所以，民族学家永远必须区别两种可能身陷其中的局面。他可能必须为一些其系统的特征并没有被他所研究的文化意识到的现象建立一个模型。这种局面最为简单，也是博厄斯曾经强调过的最适合民族学研究的领域。可是，在另外一些情况下，民族学家不仅需要跟未经加工的材料打交道，而且还需跟被他研究的文化通过诠释活动已经建立起来的模型打交道。我曾经指出过，此类模型可能十分不完善，不过情形并非总是如此。许多所谓“原始”文化都有自己的模型，比职业民族学家建立的模型还要好——例如它们的婚姻法则的模型[5]。因此，这些“家庭制造”的模型必须尊重，理由有二：

首先，这些模型很可能相当不错，或至少可以为找出结构提供一条途径。每一种文化毕竟都有自己的理论家，他们的工作值得我们像民族学家对待同行那样给予同等的关注。

其次，即使这些模型带有倾向性或有失准确，它们所包含的倾向和错误的类型也属于需要研究的现象的组成部分，或许它们正好属于那些含意深远的现象之列呢。但是，民族学家在把注意力完全投向这种产生于本土文化的模型的时候，应当切记，文化的规范不会自动地变成结构。它们其实是可用于发现结构的一些重要的凭据：有时是未经加工的材料，有时是跟民族学家本人做出的贡献相仿的理论贡献。

迪尔凯姆和莫斯便充分地理解，土著人的有意识的表象始终比产生于观察者所在的社会的理论——如同有意识的表象一样——更值得注意。前者即使不适用，却为找到土著人思维中的（无意识）范畴提供了一条最好的途径。这是因为，它们在结构上跟那些范畴 310
有联系。尽管我们不想强调这种研究方法的重要性和创新的特点，但应当承认，迪尔凯姆和莫斯并没有将这一方法贯彻得像人们所希望的那么彻底。这是因为，土著人的有意识的表象尽管出于上述理由而令人极感兴趣，但客观上依然可能跟其他表象一样远离无意识的现实[6]。

3. 结构和计量

人们有时会说，结构的概念能够把计量引进民族学。这个说法可能来自于某些民族学近期著作运用了数学公式——或者看起来如此。在某些情形下，结构分析固然可以做到将数值指派给一些常量。例如，如今已经成为结构主义研究的一座里程碑的克鲁伯关于妇女时装演变的研究（Richardson et Kroeber，1940），以及下文将要提到的另外几项研究。

不过，**计量**的概念与**结构**的概念并没有任何必然的关联。结构研究在社会科学中的兴起是现代数学的某些发展的间接产物；这些发展赋予质的观点以愈来愈大的重要性，同时避开了传统数学的量的角度。在数理逻辑、集合论、群论和拓扑学这样一些领域里，人们发觉那些以前没有量化解决办法的问题照样能够得到严谨的处理。只需举出几部对于社会科学极为重要的著作就够了：冯·纽曼和摩根斯坦（J. Von Neumannet O. Morgenstern）的《游戏理论和经济行为》（*Theory of Games and Economic Behavior*，1944），维纳（N. Wiener）的《控制论》（*Cybernetics*，*etc*，1948），商农和魏韦尔（C. Shannon et W. Weaver）的《关于沟通的数学理论》（*The Mathematical*

Theory of Communication，1950）。

311 **4. 机械模型和统计模型**

最后一个区分涉及模型的规模，这是相对于现象的规模而言的。一个模型的构成成分如果在规模上跟现象的规模相等，这个模型便叫作“机械模型”；一个模型的构成成分如规模不一样，便叫作“统计模型”。以有关婚姻的法则为例。在原始社会里，这些法则可以表现为一些将个人按照亲属或氏族实际情况分布的模型。此类模型就是机械模型。我们的社会不可能求助于这种模型，因为各类婚姻取决于一些更一般的因素：未来配偶隶属的核心群体和外围群体的规模、社会流动性、信息量，等等。所以，若想确定我们的婚姻系统的常数（至今尚无人尝试），就必须先把平均值和阈值确定下来：这样的模型将具有统计的性质。

这两种形式之间无疑会有一些中间形式。例如，某些社会（我们的社会为其中之一）运用机械模型来规定遭到禁止的婚姻的程度，但对于可行的婚姻却运用统计模型。此外，按照人们对于相同现象或者不同现象之间的归类方式，现象可能分属两个不同的模型。一个制度如果鼓励旁系兄妹通婚，但这一理想形式在被调查的婚姻结合当中只占某种比例，那就要求机械的和统计的模型兼而有之，不然得不到令人满意的解释。

如果结构不能被转换成可以不依赖构成成分，仅就其形式特点进行比较的模型，那么结构研究就丧失了意义。结构主义者的任务在于从现实中甄别和分离出他认为具有战略意义的层次，也就是说，可以用模型表示的层次，无论模型的性质如何。

312 但是，这样的情形也是有的：同样的数据可以同时从各具战略意义的不同的角度进行考察，尽管与每一个角度相应的模型有时是机械的，有时是统计的。在精密和自然科学上就有这样的情形。例如，假如被观察物体为数甚微，那么关于运动物体的理论便属于力学。可是，假如这些物体的数量增加并超出了一定的规模，那就应当求助于热力学，即用某种统计模型取代机械模型，虽说在两种情况下现象的性质不变。

人文和社会科学也常常有同样的情形。仅以自杀现象为例，我们可以从两个不同的方向进行观察。个案分析能够建立起一些不妨称之为有关自杀的机械模型，其构成成分来自死者的个性类型、本人历史、他所隶属的核心群体和外围群体的特点，等等；不过，根据一个或数个社会，或是不同类型的核心群体和外围群体内部在一定时期内的自杀频率，照样可以建立起统计模型。无论选取哪一个方向，这样做都能够分离出一些层次，从而使得有关自杀的结构研究能够说明问题；换句话说，这样就可以建立起一些模型，从而可能在（1）自杀的不同形式，（2）不同的社会和（3）各种类型的社会现象等方面做出比较。所以，科学的进步不仅在于揭示出代表每一层次的特点的新的常量，同样在于分离出迄今尚未找到的、对特定现象的研究具有战略意义的层次。心理分析的兴起所造成的正是这样的情形：心理分析找到了建立起对应于一个全新的勘查领域的模型的办法，即从整体上得到把握的患者的心理生命。

以上看法有助于理解结构研究的两重性（甚至可以说是矛盾性）。我们首先要把能够说明问题的层次分离出来，这就意味着对 313
现象做出切分。按照这种观点，每一种结构研究都要求自主性，要求独立于所有其他类型的研究，包括针对同一现象但运用不同方法的研究。但是，我们的研究的意义只有一个，即建立起一些这样的模型：从做出比较和解释的角度来看，这些模型的形式特点应当可以还原为分属战略意义不同的层次的其他模型的特点。这样一来，我们便能够期待推倒分隔相邻学科的壁垒，促进它们之间的真正合作。

这一点可以用一个例子说明。近来，关于历史学和民族学的关系问题已经成为大量讨论的焦点。尽管存在着针对我的批评[7]，我仍然坚持认为，时间的概念并不是争论的核心。然而，既然将这两个学科区别开来的并不是纯属历史学的时间视角，那么两者的区别究竟在哪儿？要回答这个问题，就必须回到上面一段话的内容，而且让历史学和民族学回归到其他社会学科的行列中去。

首先，民族志和历史学不同于民族学和社会学，原因在于前两者是以资料的采集和组织作为基础的，而后两者则研究利用这些资料建构出来的模型。其次，民族志和民族学分别属于同一研究中的两个不同的阶段，这一研究的最终结果是把机械模型建立起来，而
314 历史学（及其通常被称为“附属”的学科）最终要达到统计模型。因此，这四门学科之间的关系可以归结为两组对立：一组为经验观察和建立模型之间的对立（代表着研究的初级阶段），另一组是从研究的结果来看的模型的统计特点和机械特点之间的对立。例如，如果我们任意地以正号（＋）表示每组对立当中的第一项，以负号（－）表示第二项，那么便可得出以下图表：

	历史学	社会学	民族志	民族学
经验观察/建立模型	＋	－	＋	－
机械模型/统计模型	－	－	＋	＋

因此，不难明白为什么所有社会科学都无一例外地必须接受一个时间视角，但通过两种不同的时间范畴相互区别。

民族学求助于一种“机械的”即可逆的和非累积性的时间。譬如，一个父系亲属制度的模型本身并不包含表明该制度是否始终如此的任何标志，或是否以前曾经有过某种母系的制度，或是否有过介于两种制度之间的一系列摇摆。与此相反，历史学的时间是“统

计性的”，是不可逆的，而且有一个明确的方向。无论是提出一种可使现代意大利社会重返罗马共和国的演变，还是提出热力学第二定律所支配的过程具有可逆性，两者都是无法想象的。

以上的讨论进一步澄清了弗思（R. Firth，1951，第 40 页）曾经建议过的两个概念的区分：时间不起任何作用的社会结构和有时间介入的社会组织，同时也有助于理解博厄斯的反进化论学派与莱斯利·怀特先生（Leslie White，1949）之间的长期争论。博厄斯及其学派关心的主要是机械模型，进化的概念对于他们来说并不具备启发意义。假若移足历史学和社会学领域，这一概念当可大行其 *315*
道，条件是与之有关的成分不可用一种“文化主义”的类型学的语言提出，因为后者只运用机械模型。反之，这些成分应当在一个相当深刻的层次上去把握，从而保证它们始终不发生变化，无论它们介入的文化环境如何（就像基因那样，一些可以出现在不同组合中的相同成分，从而导致人种的类别，即一些统计模型）。最后，建立一长串统计级数也是必不可少的。因此，博厄斯及其学派摒弃进化的概念是有道理的：在仅为他们所运用的机械模型的层次上，这一概念不能说明任何问题。莱斯利·怀特错误地声称重新纳入了进化的概念，因为他一直使用的模型跟他的论敌的同属一类。假如进化论者同意使用统计模型——即构成成分独立于实际组合——取代机械模型，而且在相当长时期内保持不变[8]，那么，他们本来是会较容易地重新站稳脚跟的。

区别机械模型与统计模型还有另一方面的意义：它能够澄清比较的方法在结构研究中所扮演的角色。拉德克利夫-布朗和罗维两人曾经对这种方法估计过高。例如，前者写道（1952，第 14 页）：“人们通常把理论社会学当作归纳性科学。所谓归纳，实际上是可以从对特殊事例的考察中推论出一般命题的一种逻辑手段。看来埃文斯-

普利查德教授……有时认为，运用比较、分类、概括的归纳性逻辑方法不可用于人类现象和社会生活……我却以为，对于众多社会做
316 出系统的和比较的研究才是民族学的基础。”在此前发表的一篇研究中，拉德克利夫-布朗曾就宗教说过这样的话（1945，第1页）：“用于宗教社会学的经验方法……教导我们，必须把自己的假设放到足够数量的不同宗教或个别的宗教迷信当中去检验，并且把每一种宗教或迷信都跟它们所出现的个别社会做出对比。这项工作不是一位研究人员能够单独胜任的，它要求许多人的协作。”在同一宗旨之下，罗维从一开始就强调（1948a，第38页）：“民族学文献中充斥着没有丝毫经验作基础的矫饰的关联”，他坚持必须为我们的概括“扩大归纳性的基础”（1948a，第68页）。所以说，还给民族学一个归纳的基础，这是两位论者一致同意的。在这个问题上，他们俩背离了迪尔凯姆，因为迪氏曾说过：“一条法则一旦通过一次成功的实验的检验，这条法则便是放之四海而皆准的。”（1912，第593页）不仅如此，他们也背离了高尔施坦。我们提到过，高氏从一个相当综括的观点出发，对于不妨叫作“结构主义方法的规则”做出了最为清晰无误的阐述，以致即便超出他最初构想时的有限的领域之外，这些规则也仍然有效。高尔施坦注意到，如果非得对每一个案例都做出详细的研究不可，其结果必然是循此方法做出研究的案例的总数微乎其微。这岂不会造成拘泥于过于特殊的案例，而无法在有限的基础上提出适用于其他所有案例的有效结论吗？他的回答是（1951，第25页）：“这条异议完全不了解实际情况：首先，如果积累事实的方法不完善，那么即使是建立大量的事实也终归枉然，它们永远不能达到符合事物的实际情况的知识……应当只选择那些可以让我们做出决定性判断的案例。这样一来，能够在某一案例中成立的东西对于其他案例将同样有意义。”

民族学家很少会支持这个结论。不过，如果对高尔施坦所面临的两难处境缺乏充分的认识，结构主义研究便毫无意义：要么总是 317
浮皮潦草、成果平平地研究大量的案例，要么毅然决然地精研少数案例，并且以此证明，一次成功的实验比一场演说强。

钟情于比较法的民族学家如此众多，如何解释？是否又是因为他们把分别用于建立机械模型和统计模型的不同技术搞混淆了？就建立机械模型而言，迪尔凯姆和高尔施坦的见解无懈可击；反过来，没有统计显然也谈不上建立统计模型；换言之，不搜集大量的事实就无法建立统计模型。不过，即使在这种情况下，这种方法也不能称之为比较法，已经搜集到的事实只有同属一类才有意义。因此，我们面临的依然还是那个选择，即深入研究某**一个案例**，唯一的区别在于如何切分“案例”，其构成成分（依所采图样之不同）跟预计的模型的规模一致，还是跟另一种不同的度量相符。

至此，我们试着澄清了几个原则性的问题，这些问题均与社会结构这一概念的性质有关。这就方便了下一步我们对研究的主要类型做出概括和对于若干成果的讨论。

二　社会形态学或群体结构

在这一小节里，“群体”不是指社会群体，而是在更一般的意义上，指现象之间组合起来的方式。此外，从上一小节可见，结构研究的对象是借助模型进行的对于社会关系的研究。

可是，没有一个共同的环境，社会关系是无法设想的，它是社会关系的参照系。时间与空间就是可以让我们思考整体的或逐个的社会关系的两个参照系。这两个维度不可跟其他科学所使用的时空 318
维度混为一谈。它们是由一个“社会的”空间和一个“社会的”时间构成的；这就意味着，除了那些充实它们的社会现象以外，它们不具备任何其他性质。人类社会依照自身的特殊结构，是以极为不同的方式设想这些维度的。所以，民族学家大可不必担心是否非得使用不习惯的类型不可，甚至是否出于临时需要而必须有所创造。

我们已经指出，依照人们在当下研究中必须选取的具有最大策略价值的不同层次，时间连续体表现为或是可逆的，或是定向的。其他可能性也可能显现；譬如独立于观察者的时间维度，而且是无限的；又如取决于观察者本人的（生物学意义上的）和有限的时间；再如可分解为部分的或不可解析的时间，而且它们之间既可以是对等的，也可以是特殊的，等等。埃文斯-普利查德（Evans-Pritchard）曾经指出，观察者在本人的时间和属于其他范畴的时间——历史、传说或神话等——之间，从表面上看到的数量上的杂糅性都可以还原为此种类型的形式化特点（1939，1940）。这项分析受到一个非洲社会的启发，但同样适用于我们所在的社会（Bernot et Blanca，1953）。

说到人们必须承认的空间的多变性，最早做出描写的是迪尔凯姆和莫斯两人（1901—1902），这样才能够对众多的所谓原始社会的结构进行诠释。不过，他们是从库欣——人们今天却摆出一副看不起他的样子——那里汲取最初的灵感的。库欣的眼光和在社会学上的原创性本来应该使他成为堪居摩尔根之右，跻身于结构研究的伟大先驱者之列。至于从他的叙述当中找到的缺失疏漏之处，甚至那些针对他曾经对自己的观察做出过“过了头的诠释”的非难，只要理解他的目标并非是做出具体入微的描写，而是要建构一个模型
319 （他那著名的七分法），以解释祖尼社会的结构和运作机制，那么这一切便可以获得恰如其分的位置。

社会的时间和空间同样应当根据不同的计量予以区别。民族学

家使用一种“宏观时间”和一种“微观时间”，以及一种“宏观空间”和一种“微观空间”。结构研究具备充分的理由既从史前史、考古学和传播理论借入它的范畴，也从勒温（K. Lewin）所创立的心理类型学说和莫雷诺（Moreno）的社会测定学说（sociométrie）借取范畴。因为同一类型的结构完全可能反复出现在十分不同的时空层次上，再说没有任何东西能够排除下述可能性：在建立一个适合于文明通史的类似模型时，某一统计模型（例如社会测定学所建构的模型）比另一个直接得之于该领域本身现象的模型看来更有用。

因此，那种认为历史学和地理学的观察对结构研究毫无价值的说法——以“功能派”自命者至今依然这样确信——与我们距离甚远。其实正好相反，一方面，一个功能主义者完全可以是结构主义者，马林诺夫斯基就是一个很有说服力的例子。另一方面，G. 戴密微的著作[9]和 A. L. 克鲁伯本人的例子（充满结构主义精神，虽然他长期致力于空间分布的研究）都证明，历史学方法跟结构主义态度丝毫也不矛盾。

不过，共时现象却展现出一种相对的匀质性，使得它们比历时现象更容易研究。所以，最容易入手的研究，即形态学研究，都涉及社会空间的质和难以度量的属性，也就是社会现象在地图上的分布方式以及隶属该分布情况的常数。在这一方面，被称为“芝加哥学派”的城市生态学的研究曾经带来极高的期望，然而过快地让人失望了。鉴于本论文集所收入的另一篇论文专门讨论与生态学有关 320
的问题[10]，我这里只顺带谈谈存在于生态学和社会结构之间的关系。这两种情形都涉及社会现象的空间分布。但是结构主义研究只关注具有社会学性质的空间框架，也就是说不受诸如地质学、气候学、自然地理学等方面的自然因素所影响的空间框架。因此，所谓城市生态学方面的研究可以使民族学者特别感兴趣：城市的空间相当拘狭，而且较为匀质（从社会以外的所有其他角度看），从而使得城市的质的特点均可直接归因于其内部的植根于形式和社会两方面的因素。

与其研究外界影响和内部影响颇难截然划分的复杂社会，更聪明的做法也许是像马歇尔·莫斯那样，先把自己限制在对于那些民族学家最常见的小型和相对孤立的群体的研究上（1924—1925）。这方面的研究我们知道一些，不过它们罕有超出描述阶段的；即便有，也是羞答答的。至于空间配置与属于社会生活其他侧面的形式特点之间可能存在什么样的关联，尚无人认真研究过。

可是，大量的资料证实了这种关联的现实性和重要性，主要涉及社会结构方面，另一方面是人类营造的空间配置，即村落和营地。仅以美洲为例，我记得大平原印第安人营地的形状是根据每个部落的社会组织而变化的。在巴西东部和中部的格族人村落里，茅舍也出于同一道理呈环形分布的。在这两种情形都涉及语言和文化
321 都相对匀质的地区，也可以看到一连串共生的变体。当我们比较那些与不同的社会结构相辅相成的不同的地区和营筑形式时，会产生另一些问题。例如，格族人的环形村落和普韦布洛人的互为平行的街道配置。对于后者，我们甚至可以借助考古资料进行历时研究。这些资料证实存在过极有意味的变体。一方面是从古代半环形结构向平行结构的过渡，另一方面是村落从山谷底部向高原地区转移，两者之间是否存在着某种关系？再说，不同民族之间的居住状况在分布上的变化是如何发生的？这些变化曾被神话描述的非常系统化，而当今却显得纯为产生于偶然的事实。

我并非打算说明，村落的空间配置总是像镜子一样反映着社会组织，似乎前者完整地折射出后者。这一类说法对于许多社会毫无意义。可是，在所有这些社会当中——且不说它们如何殊异，我们

在空间配置与社会结构之间看到了某种（尽管是模糊的）关系，难道不存在某种共通的东西吗？再者，在那些空间配置“反映着”社会结构的社会之间——犹如画在黑板上的一张曲线图所能够表示的那样，难道就没有某种共通的东西吗？实际上，事情往往没有表面上显示的那么简单。我在别处已经试图说明[11]，博罗罗人村落的平面图所反映的并非是一种真正的社会结构，而是一个存在于土著人意识里的模型，尽管它的性质纯属虚幻，而且与事实不吻合。

于是，我们便拥有了根据以外化的和——姑且这样说——结晶化的形式出现的客观表现去研究社会的和精神的现象的手段。不过，机会不仅是例如村落的平面图一类的稳定不变的空间配置所提供的。对于那些不稳定然而反复出现的配置照样可以做这种分析。 322
例如我们在舞蹈、仪式等等当中看到的配置[12]。

只要考察群体的数量特点，此时我们就已经接近做出数学表达了。这是人口学的传统领域。不过，近几年来，一些出身于不同领域——人口学、社会学、民族学——的学者尝试协力为一门新型的人口学奠定基础，我们不妨称之为量化人口学。它所关注的，不再是出于经验方面的理由从人类群体内部任意分离出来的连续的变体，而是在被当作整体看待，而且依照非连续性界分的群体之间的那些有意义的非连续性。这门恰如雷特朗日小姐（M. de Lestrange）所称的“社会人口学”早就与社会人类学平起平坐了[13]。很可能有那么一天，它会成为我们一切研究工作的必要出发点。

因此，民族学家们应当关注受结构主义启迪的人口学研究，而且应比他们迄今所做的更为积极。譬如，李维有关能够存活下去的最小孤立群体的特点的研究[14]，以及与之类似的达尔伯格（G. Dahlberg）的研究工作。我们正在研究的人口的实际数目可能跟李维的最低人口非常接近，有时候甚至更低。此外，在一种社会结构的运行方式和持久性与实际人口之间，肯定存在着某种关系。那么，这些群体岂不是具备一些直接取决于绝对数目，而不依赖任何其他考虑的形式的特点吗？如果这样说不错的话，那就必须从确定这些特点的性质着手，并且确定它们处于何种地位，然后再寻找别的诠释。

323 以下再考察那些不属于被当作整体看待的群体，而是属于群体内部的次集合及其关系的数量方面的特质，因为两者表现出颇有意思的非连续性。在这一方面，民族学者可以遵循两条极有意义的研究路线：

第一条路线跟声名远播的所谓“等级规模”（rank-size）法则有关，根据这项城市社会学法则，就某一特定的集合体而言，在城市的绝对规模（根据人口数目计算）和每个城市在一个有序的集合体里享有的地位之间可以建立起关联，甚至看来还可以根据一个成分推断出另一个成分[15]。

第二条路线是一些法国人口学家最近的工作。这些工作依据的是达尔伯格（Dahlberg，1948）的说法：一个孤立群体的绝对规模可以根据近亲婚姻的频率计算出来。萨代尔和塔巴（J. Sutter et L. Tabah，1951）照此计算出我国所有行省内的孤立群体的平均规模，同时又使民族学者得以窥见一个复杂的现代社会的婚姻制度。法国孤立群体的“平均规模”处于从低于1 000人到略高于2 800人之间。我们于是可以看出，即使是一个现代社会，借助内婚制的关
324 系确定下来的人与人之间的网络的规模也比原本预期的要小得多。跟最小的所谓原始群体相比，差不多大十倍；也就是说，两者的规模属于同一数量级。那么，是否可以下结论说，内婚制网络的绝对规模对于所有人类社会都基本相同呢？回答如果是肯定的，一个社会的复杂性就并非产生于原始的孤立群体的扩张，而毋宁说以其他

类型的社会联系（经济的、政治的、智能的）为其特点。

萨代尔和塔巴还指出，最小孤立群体并非仅仅见于例如山区等落后地区，在大都会及其周边地区照样可以见到（甚至更多）。罗纳河省（含里昂市）、吉龙特省（含波尔多市）和塞纳河省（含巴黎市），便因为孤立群体的人口分别为740人、910人和930人而屈居末位。塞纳河省与大巴黎市实际上是重合的，它的内婚制的比例高于周围15个农业省当中的任何一个省。

所有这些都十分重要，因为民族学者可以借助这些工作，期待在一个复杂的现代社会里找到更小的、跟他经常研究的性质相同的单位。不过，应当从民族学的角度充实人口学的方法。孤立群体的绝对规模并不是问题的全部；我们仍需确定婚姻循环圈的长度。比较而言，一个小型孤立群体可以含有一个延长的婚姻循环圈的网络（与该孤立群体本身的规模一致）；一个大型孤立群体则可能是较短小的循环圈造成的（宛如一副锁子铠甲一般）[16]。可是，此时便有必要建立系谱；也就是说，即使是属于结构主义一派的人口学家也无法脱离民族学家的合作。

这种合作有助于澄清另一个问题。这是一个涉及文化这一概念 *325*
的范围及其有效性的理论问题。过去的几年里，这个问题曾经在英美民族学者当中引起过热烈的讨论。极为注重文化研究的大西洋彼岸的民族学者们不是正像拉德克利夫-布朗所写的那样，“将一种抽象活动物质化”了吗？在这位英国人看来，“所谓欧洲文化的提法属于一种抽象，正如谈论某个非洲部落的文化一样。”人类是唯一的存在者，他们被无穷无尽的一系列社会关系相互连接起来（拉德克利夫-布朗，1940b）。对此，罗维回答“这是一场虚妄的争论”（1942，第520～521页），其实并非那么虚妄，因为这种争论每隔一段时间就会再次出现。

由此看来，我们完全有理由把文化的概念放在跟孤立群体这一遗传学和人口学的概念相同的地位上。我们所说的“文化”，是指从调查的观点出发，任何一个相对于其他集合体表现出有意义的偏差的民族志集合体。假如你打算确定北美洲和欧洲之间的有意义的偏差，那么你就得把它们当作两种不同的文化对待。可是，假若你想关心——譬如说——巴黎和马赛之间的有意义的偏差，那么这两个都市型集合体就可以暂时构成两种文化。由于结构研究的最终目标是跟这些偏差紧密相关的常量，我们看到，文化的概念能够跟某种客观现实性一致，尽管仍然取决于准备采取何种形式的研究。一个由人组成的集体，只要是在时间和空间中给定的，便同时隶属于多种文化系统：世界性的、大陆的、国家的、外省的，以及家庭的、职业的、宗教教派的，等等。

然而，这种唯名论在实践上却无法贯彻始终。其实，文化这个字眼被用来聚纳经验已证明一大堆有意义的偏差，其界限基本上是相互吻合的。至于这种吻合从来不是绝对的，从来就不会同时发生
326 在所有的层次上，这一点并不应妨碍我们使用文化这个概念。这是民族学的一个非常基本的概念，而且享有如同“孤立群体”之于人口学那样的启发性价值。两个概念逻辑地属于同一类型。再者，鼓励我们保留文化的提法的恰恰是物理学家。尼尔斯·玻尔（N. Bohr）说过：“人类文化在许多方面的传统差异跟那些能够描述物理实验的方式很相像：虽然互有区别，却是等值的。”（1939，第9页）

三　社会静力学或沟通结构

一个社会是由相互沟通的个人和群体组成的。可是，是否存在沟通却无法绝对地确定。沟通并不因社会有疆界而就此止步。与其

说这是一些僵化固定的边界线，毋宁说是一道道栅栏，其标志是沟通导致削弱或发生变形，但它并没有消弭，而是降低到一个最低的水平。这种局面之重要足以使（边界内外的）人民都对其有所意识。然而，界定一个社会并不意味着这种意识一定十分清楚，它是一个仅仅在相当精确和稳定的情况下才会实现的条件。

就任何一个社会而言，沟通活动至少发生在三个层次上：女人的沟通、货物和服务的沟通、信息的沟通。出于这个原因，亲属关系的研究、经济学研究和语言学研究三者之间存在若干共通之处。三者都隶属同一种方法；三者之间的区别仅仅在于它们在同一世界之内各自选择落脚的战略层次。我们甚至可以补充一句：亲属关系和婚姻制度规定了第四种沟通，即生物表现型态（phénotypes）之间的那种基因的沟通。所以，文化并非仅仅由纯属它自身的种种沟通形式构成的（例如语言），而且——或许更为要紧——包括适用于各种各样的“沟通的游戏”的规则，无论这些游戏是在自然的还 327
是文化的层次上进行的。

上文所断言的那种存在于亲属关系社会学、经济学和语言学之间的相似性却给分属它们的三种沟通形式之间留有一条区别：规模不同。如果把族内婚和信息交换放在一个特定的社会内，再从沟通比率的角度观察，那么两者在规模级数方面的差异便类似于两个巨大的黏性液体分子渗透一面密闭的隔层的运动与阴极管发射的电子运动之间的差异。从婚姻到语言，需经历从慢节奏沟通到极为快速的沟通的变化。这里的差别很容易解释：婚姻里的沟通主体与客体具有相同的性质（女方和男方），而语言里的说话者及其词语从来就不是一码事。因此，我们面对的是一种双重对立：人与象征，价值与符号。我们因而更能理解介于另外两种形式之间的经济交流处于何种地位，因为货物和服务都不是人（例如女人），但跟音素不同，它们仍然具有价值。不过，尽管它们既非完整的象征又非完整的符号，但是，经济体系的复杂性一旦达到了某种程度，为了交换，我们就依然需要象征和符号。从我们关于社会沟通活动的结构的设想可以得出三个方面的观察。

第一，经济学与社会结构之间的关系可以进一步得到确定。民族学者至今对经济学一直持有怀疑态度，而且全然不理睬每当我们比较这两门学科的时候，就会在两者之间显现出来的那种紧密联系。自莫斯的开创性工作（1904，1923—1924）算起，直到马林诺夫斯基专论库拉贸易（1922）的那本著作①——他的杰作，所有的研究都显示，多亏了对经济学现象的分析，民族学理论才发现了可以充当依据的极为漂亮的规律性。

可是，经济学取得长足发展的大气候也应该是导致民族学者裹
328 足不前的原因。学派之间充斥着尖刻的相互攻讦，弥漫着傲慢和密授的态度。所谓经济学特别标榜抽象的印象盖出于此。一方面是确实可以见到的人类群体的具体存在，另一方面是价值、效用、利润一类概念，两者之间可能存在什么联系呢？

与此相反，冯·纽曼和摩根施坦（Von Neumann et Morgen-Stern，1944）所建议的问题的全新的提法促使经济学家和民族学家开始合作。首先，尽管经济学通过其著述者们寻求一种严谨不苟的表达方式，但它的研究对象已经不再是先前的那种抽象概念，而是表现在或者合作或者竞争的经验关系当中的具体的个人和群体了。这种形式上的特点于是跟马克思的思想的某些方面不谋而合，尽管这样比较会让人感到惊讶[17]。

---

① 库拉或“库拉贸易圈”（the kula trade ring）是马林诺夫斯基在《西太平洋的航海者》一书中探讨过的一种南太平洋土著人的贸易形式。——译者注

再者，并且出于同一理由，我们在这里头一次看到了一些属于民族学和逻辑学所使用的那种类型的机械模型——当然运用的领域迥然不同，而且它们正好适合充当两个学科之间的中介。冯·纽曼的模型来自博弈理论，但是跟民族学家处理亲属关系时使用的模型很相像。克鲁伯就曾经把社会建制同“应用型的儿童游戏”加以比照（1942，第 215 页）。

老实说，社会博弈与婚姻法则区别很大。前者的宗旨在于使得每个博弈者借助一开始就规定下来的统计规则，力争为自己获取最大限度的偏差。婚姻法则的目的相反：建立起超然于个人和辈分之间的差异性价值的统计规律性。我们不妨认为，后者构成了一种 *329*
“倒过来玩的游戏”；不过，这一点并不妨碍仍然可以用同样的办法说明它们。

此外，在这两种情形下，规则一旦确定，每个个人和群体就都会以同样的方式尝试从事这种游戏；也就是说，以牺牲别人来扩大自身利益。以婚姻而论，这就意味着依照审美的、社会的、经济的标准迎娶更多的妻子或令他人艳羡不已的配偶。这是因为，形式社会学并非在艳遇的大门口便止步不前了，它照样往门里闯，并不担心陷入情感和品行的迷津。关于其精妙性和——姑妄听之——主观性可与扑克牌着数媲美的那种品行，冯·纽曼难道不是已经提出了一部数学理论了吗（冯·纽曼和摩根施坦，1944，第 186～219 页）？

第二，假如可以设想，社会人类学、经济学和语言学终有一日会结合起来，建立起一个有关沟通的科学的共同学科，那么我们必须认识到，这一学科将主要以**规则**为其内容。这些规则制约着博弈活动，但独立于参加博弈者（个人或群体）的性质。正如冯·纽曼所说（上引第 49 页）：“游戏就是那些描述它的规则的总和。”我们另外可以引入其他一些概念，例如博局、出牌、选择和策略等[18]。

从这个观点来看，博弈者的性质无关紧要，重要的是应当知道游戏者何时能够做出选择，何时不能。

第三，我们于是能够把产生于沟通理论的一些设想引进有关亲属关系和婚姻的研究。一种婚姻制度的“信息”取决于观察者为确定某个人相对于一位特定的追求者的婚姻状况（即有关可行的、遭禁的或指定的配偶的状况）而拥有多少种不同的选择。就一个半族外婚制度而言，这种信息相当于整体。而按照一种澳大利亚的分类
330 法，这种信息随着婚姻阶层的数目的对数增长。一个有关泛交配群体（即每个人都可以跟任何人婚配）的理论体系将不带任何“冗余信息”，因为每一个婚配选择跟所有其他的都不相干。反过来，婚姻规则对于这种制度却构成了冗余信息。此外，我们还可以计算婚姻人口中的“自由”选择的百分比（并非绝对自由，而是相对于某些假设的条件而言），而且可以为它的或绝对的或相对的“熵”确定一个数值。

这样一来，就出现了另外一种可能性：统计模型可以转换为机械模型，机械模型也可以转换为统计模型。这将意味着人口研究和民族学之间的鸿沟会被填平，而且我们会为做出预见和采取行动取得一个理论基础。以我们所在的社会为例：自由地选择配偶受以下三个因素的限制：（1）有关亲疏等级的禁律；（2）孤立群体的规模；（3）能够在孤立群体内部遏制某些选择的出现频率的公认的行为准则。掌握了这些资料之后，我们就可以对系统的信息做出计算，也就是说，把一个组织松散的以平均值为基础的婚姻制度转换为一个机械模型，它完全可以类比一系列有关比我们简单的社会的婚姻法则的机械模型。

同理——而且我们特别是指上述社会，针对一个拥有相当人数的群体的婚配选择，统计学研究能够解决一些人们至今争论不休的

问题。例如，澳大利亚的被误称为摩恩金人的部落，依著述者的不同，他们那里的婚配阶级的数目曾被估算为 32 个、7 个、低于 7 个、4 个、3 个，等等。这种情况一直持续到最近：调查发现，3 个婚级才是最可信的[19]。

至此，我已经试着为几种数学研究可能为民族学做出什么样的贡献做出了评估。我们看到，我们可以期待的主要益处在于获得一个具有统摄作用的概念——沟通的概念；我们可以利用这个概念，把十分殊异的研究门类统合为单一学科，而且可以获得一些为在这 331
一方向上取得进步所不可或缺的理论上和方法上的工具。我现在要提出另外一个问题：社会人类学是否有能力运用这些工具，如何运用？

社会人类学在过去几年里主要关心亲属关系方面的现象。它因而承认了刘易斯·摩尔根（Lewis Morgan）的天才；他的《血亲体系和人类家庭的相似性》（*Systems of Consanguinity and Affinity of the Human Family*，1871）双管齐下，一举奠定了社会人类学和亲属关系研究的基础，同时也说明了前者为什么必须如此重视后者的道理。凡属社会现象，只要涉及亲属关系和婚姻都极为清晰地表现出此类恒久不变的特点；甚至在发生变化的时候，这些特点依然表现出系统性和连续性，这就为科学分析提供了机会。我们还想给摩尔根的这些看法补充一点：亲属关系恰恰是民族学的研究领域之一，而且处于宏大的沟通活动的王国的心腹地带。

尽管亲属关系的研究近年来取得了进展，我们拥有的资料的数量却仍微乎其微，我们不应对这一事实熟视无睹。如果不考虑历史，只看目前的情况，人类世界至今拥有大约3 000到4 000个迥然不同的社会。然而，按照默多克（G. P. Murdock）的估计，我们顶多能够说明其中的 250 个；这个数字我看仍然过于乐观。是不是我们的工作做得不够呢？或者说，这是上文所揭示的那种推论性的幻想的一个后果？我们对大量的文化采取了蜻蜓点水的态度，我们致力于搜集大量的，然而却是浮皮潦草的信息，最终发现好多都是没用的。在这种局面下，不应对每一位专家学者均按照个人气质做出了不同的反应感到大惊小怪。因信息量相当密集的理由而喜欢研究少数地区者有之，愿意扩大自己的研究范围者有之，寻找中间道路者亦有之。

普韦布洛人的情形十分引人注目：它们在世界上的分布区域为数不多，然而有关资料却如此丰富，质量同样如此令人怀疑。有时
332 候，面对着由沃思（H. R. Voth）、菲克斯（Fewkes）、道尔赛（G. A. Dorsey）、帕森斯（E. C. Parsons）以及——在某种程度上——斯蒂文森（M. C. Stevenson）等人搜集的汗牛充栋的材料，我们甚至会因它们没有什么用处而感到无可奈何。这是因为，这些著述者狂热地投身于信息搜集，但并没有去琢磨它们的意义何在，尤其是没有考虑建立假设，而只有借助后一种做法才有可能把握这些材料。多亏有了罗维和克鲁伯，这种局面发生了变化；但有些缺漏是无法弥补的。例如，我们缺少关于婚姻的统计数据，而在过去的50多年当中，这些数据原本应当可以搜集起来。不过，弗莱德·埃根的著作（F. Eggan，1950）很好地说明了我们从密集而穷尽式的研究中可以期待什么样的成果，然而，这是针对一个有限的领域而言的。他分析了一些近似的形式，虽然它们彼此之间显示出一些非连续现象，其中每一种却都保持着某种结构方面的规则性；一旦我们把后者拿来跟与分属氏族组织、婚姻法则、仪典、宗教信仰等领域的对等的非连续现象进行对照，它们就深具意义了。

这种名副其实的“伽利略式”的方法[20]可以使我们有希望达到一种分析的层次，社会结构在那里将与其他类型的结构平起平坐，

例如精神结构，尤其是语言学结构。我们只举一个例子。豪比人的亲属制度诉诸三种不同的时间模型：第一，一种“虚空的”、静态的、可逆的、通过父亲的母亲的和母亲的母亲的世系表明的维度，同一称谓语历经各个世代机械地重复。第二，一种渐进的、不可逆的时间，出现于（女性）己身的世系中，并有如下序列：祖母＞母亲＞姐妹＞孩子＞孙辈。第三，一种波动的、循环性的、可逆的时间，出现于（男性）己身的世系中，被两个称谓语之间的一种持续不断的交替所规定：它们各为“姐妹”和“姐妹的孩子”。

这三种维度都是直线形的。作为一个整体，它们与祖尼人的（女性）己身世系的环形结构相反。祖尼人那里的三个称谓，即母亲的母亲（或女儿的女儿）、母亲、女儿呈现为一种封闭式的指环形状。与这种“关闭”的体系相应，祖尼人关于其他世系的称谓语 333
十分贫乏，无论就家庭圈子，还是就家庭内部的种种区分而言都是如此。时间样态的研究同样属于语言学，于是立即凸显出它们的语言形式和谱系形式之间的关系问题[21]。

假如人类学家对于结构这一概念的含义、用途及其所蕴含的方法等能够取得一致意见，人类学本来会取得更大的进步。可惜，实际情况并非如此。不过，现在至少可以理解有哪些分歧之处并搞清其影响所及，只要看到这一点，便可找回对将来有利的安慰和鼓舞。所以，在此让我们简略回顾一下那些流传最广的观念，并且把它们跟本章开头提出的那些工作假设加以比较。

提到“社会结构”这个字眼，立刻让人想到 A. R. 拉德克利夫-布朗的名字[22]。他的著述并未囿于亲属关系制度的研究，选择这个领域是为了能够表达他在方法论方面的设想，而他使用的术语是每一个民族学者都乐于接受的。他指出，我们在研究亲属关系的时候为自己规定了如下目标：（1）做出系统的分类；（2）了解每个系统的独有特征，办法是或者（a）把每一个特点归纳入一个有组织的整体，或者（b）把它当作业已得到甄别的某一类现象的一个特例确认下来；（3）做出适合人类社会的本质的概括。他的结论是："分析的任务是要把（二三百个亲属关系制度所表现出来的）多样性归纳为某种条理，不管是什么样的条理。实际上，在这种特殊性的背后，我们是可以辨认出为数不多的几条普遍原则的，尽管其应用和组合的方式极富变化。"（1941，第 17 页）

334 这份清晰的提纲没有任何需要补充的东西，除非是强调一下，拉德克利夫-布朗恰恰是丝毫不走样地将它运用到对澳大利亚亲属关系制度的研究上的。搜集数量巨大的信息；在原先的一片混沌之处引入某种条理；确定一些基本概念，例如周期、配对和夫妇等的定义。他在明确的地区内发现的卡里拉人的制度，连同那些他在亲赴澳大利亚之前便已提出的特征，将作为一篇成功的演绎推理永垂结构主义思想的史册（1930—1931）。他提出的《非洲的亲属制度和婚姻制度》（*African Systems of Kinship and Marriage*）另有其不同的功绩：这是一篇名副其实的浓缩型的"亲属关系论"，它努力将西方的亲属关系制度（从其最早期的形式着眼）纳入一部具有普遍意义的理论。至于拉德克利夫-布朗的其他一些思想（特别是关于亲属称谓语跟态度之间的类同性），我们下文还要提到。

在回顾了拉德克利夫-布朗的荣誉称号之后，我们仍需强调的是，在许多方面，他对社会结构的构想与本文开头所阐述的构想有所不同。在他看来，结构的概念介于社会人类学和生物科学之间："有机结构和社会结构之间存在着实实在在的、深具意义的相似性。"（1940b，第 6 页）拉德克利夫-布朗根本没有像笔者所提出的那样，把亲属关系的研究提高到沟通理论的层次，而是把它归结为形态学和描写生理学（1940b，第 10 页）。因此，他依然未能脱离英国学派的自然主义倾向。当克鲁伯和罗维早已点明关于亲属关系和婚姻法则都具有人为的特点的时候，拉德克利夫-布朗仍然（跟马林诺夫斯基一道）坚持认为，生物学联系既是所有家族联系的根源，又是后者的模型。

这种涉及原则的态度导致两种结果：

首先，拉德克利夫-布朗的经验主义立场能够解释为什么他不愿意把社会结构和社会关系明确地区分开来。事实上，他的全部著作都把社会结构归结为存在于某一特定的社会中的社会关系的总和。诚然，他也曾轻描淡写地谈到过结构和结构形式之间的区别，但他 335
认为结构形式的作用完全在历时方面。在拉德克利夫-布朗的理论思想中，结构形式所起到的作用属于最微弱的一种（1940b，第 4 页）。这一区分本身亦曾遭到福特斯（M. Fortes）的批评，后者在将另外一组对立引进我们的研究方面贡献颇大，这就是拉德克利夫-布朗从未提到过的、我本人——读者已经看到——认为十分重要的模型与现实之间的对立。福特斯说：“在具体的现实中不可能直接看到结构……当我们专注于给一个结构下定义的时候，就可以认为转入了语法和句法层次，而不是口语的层次了。”（M. Fortes，1949，第 56 页）

其次，拉德克利夫-布朗提出的把社会结构等同于社会关系的做法，促使他把前者分解为一些成分，其形式完全模拟人们所能想到的最简单的关系，即两个人之间的关系：“任何一个社会的亲属结构都是由一组数目不定的双项关系组成的……一个澳大利亚部落的全部社会结构可以归结为一个此类关系的网络，其中每一种关系都将一个人跟别人联系起来……”（1940b，第 3 页）此类双项关系确实构成了社会结构的原料吗？它们本身难道不是——通过理想的分析工作取得的——某种性质更为复杂的预先存在的结构的残留物吗？

在这一方法问题上，结构语言学可以教给我们许多东西。贝特森（G. Bateson）和米德（M. Mead）两人曾在拉德克利夫-布朗所指出的方向上做了很多工作。不过，贝特森的《纳文仪式》（*Naven*，1936）[①] 一书超越了单纯的双项关系的水平，因为他致力于把后者区分为不同类别，同时也承认社会结构并非仅有关系而已。如果这个另外的东西不是某种先于结构之物，那还能是什么呢？

最后，拉德克利夫-布朗设想的双项关系其实是一根可以通过追加新的关系而无限延伸的链条。他之所以讨厌把社会结构处理为一
336 个系统，其原因就在这里。所以，在这个关键点上，他与马林诺夫斯基的意见相左。他的哲学建立在连续性的基础之上；非连续性对他始终是个陌生的概念。我们于是可以理解上文提到过的他对文化这一概念的敌视，以及他对语言学的教学所采取的冷漠态度。

作为观察者、分析者和分类学者，拉德克利夫-布朗无人可与之比肩，而一旦转向理论，他却往往令人失望。他在一些松散含混的提法中止步不前，连预期理由[②]都难以满足。仅仅说婚姻禁律有助于使相应的亲属关系制度长期不变地存在下去（1949），就确实能够解释它吗？克劳—奥马哈人制度的那些引人注目的特点，仅凭世系的概念就能够得到完整的说明吗（同前，1941）？我下面还有机会举出其他疑点。但是，上述这几个疑问已经可以说明，为什么具有重要的内在价值的拉德克利夫-布朗的著作会招致尖锐的批评。

默多克便认为，拉德克利夫-布朗的诠释方式可以归结为"被拔高到首要原因的地位的词语抽象"（1949，第 121 页）。类似的话罗

---

① 贝特森的这本书专注于新几内亚群岛上的伊亚特穆尔（Itatmul）文化中被称为"纳文"的仪式：每当外甥取得某种业绩时，舅父便表演这种仪式。——译者注

② 原文 pétitions de principe，又译"丐词"。——译者注

维也说过（1937，第224～225页）。最近发生在拉德克利夫-布朗（1951）与劳伦斯（W. E. Lawrence）和默多克（1949）之间的争论仅仅留下历史意义，却可以说明他们在方法论方面的不同立场。1949年前后，劳埃德·瓦尔纳（Lloyd Warner，1930—1931，1937a）为我们撰写了一部优秀的描写性著作，是有关当时仍被称为摩恩金制度[23]的澳大利亚亲属关系制度的。不过，尤其在这个假想所提出的该制度如何"关闭"的问题上（该制度被说成是非外涉的①），仍然留下了几处未获澄清，却几乎无从核证的疑点。

令人惊讶的是，拉德克利夫-布朗认为问题根本就不存在。如果说任何社会组织都可以还原为人与人之间的一堆关系，那么系统本身就是可以无限扩展的。因为，至少从理论上看，任何一个男子都 337
会有一个女子处于其舅父的女儿的关系当中（即摩恩金人制度所规定的配偶类型）。可是问题发生在另一方面：因为，土著人选择通过一个婚级制度表达人与人的关系，而瓦尔纳的描述（正如他本人也承认的那样）无法解释为什么至少在某些情形下，某一特定的个人如何能够同时满足等级制度和亲属关系制度两方面的要求。换句话说，如果这个人代表着必要的亲属等级，他就不可能同时符合相应的婚姻等级；反之亦然。

为了克服这一困难，劳伦斯和默多克发明了一种制度，既符合优先婚姻的规则，又经过一些转换之后符合瓦尔纳所描述的婚级制度。可是，这不过是一场无偿的游戏，人们很快就意识到，他们的这个制度所带来的新问题比它能够解决的老问题还要多。瓦尔纳所重建的制度早已遇到了一个巨大困难，因为它意味着土著人清楚地

---

① "非外涉的"（intransitive）与"外涉的"（transitive）构成一对概念。两者也可以译成"内动的"、"外动的"，"内在的"、"外在的"。读者可以参考。——译者注

了解一些十分疏远的亲属关系，从而使得这个假想本身变得在心理上令人难以置信。劳伦斯和默多克提出的解决办法其实要求的比这些还要多。这样一来，我们倒想问，纯粹为了解释有意识的但是笨拙的模型，摩恩金人从拥有十分不同的婚姻法则的邻居那里新近借入了的这种或隐藏的或不为人知的制度，但它是否应当比后者更简单，而不应更复杂呢[24]？

338 默多克的系统化和形式化的态度跟拉德克利夫-布朗的经验主义和自然主义的态度恰好对立。可是，几乎与其对手一样，默多克仍然沉浸在心理学，乃至生物学的精神之中，从而使他转向例如心理分析和行为心理学等边缘学科。那么，他能够摆脱拉德克利夫-布朗的诠释中的那种如此沉重的经验主义吗？人们对此大可怀疑，因为这种求助于外界的努力迫使他没有彻底完成自己的假想，要么就是借用外物去完善它们，这样做却使这些假想带上了杂糅不纯的特征，有时甚至违背最初订立的民族学的目标。默多克并没有把亲属关系制度当作用于履行某种社会功能的社会性手段，而是最终把它们视为一些生物学和心理学前提所导致的社会后果。

默多克对于结构研究所做的贡献可以从两个方面观察。首先，他打算更新统计学方法。泰勒（E. B. Tylor）曾经尝试过利用这种方法验证一些假定存在的关联，并且发现新的关联。在这一方面，运用现代技术使默多克取得了实实在在的进步。

人们常常提到在民族学中运用统计学方法的困难（Lowie，1948b，第三章）。既然默多克如同任何其他人一样，心中十分清楚困难所在，我这里只想提到一种陷入恶性循环的危险：即使已经有令人印象深刻的某种统计学频率作为基础，一种关联的有效性最终仍须依赖人们为规定互为关联的现象而采取的划分方法。反过来，在揭示那些被错误地接受下来的关联时，这种方法始终颇有成效。从这个负面的和批评性的观点来看，默多克的某些结论可以被视为确定的成果。

默多克还致力于重建亲属关系制度的历史沿革；或者至少可以 339
说，他致力于把几条不同于其他路线的、可能的或者高概率的演变路线确定下来。他于是得出了一条令人惊讶的结论：较之人们一般所相信的（自从罗维1920的著作批评了摩尔根的类似假想以来），“夏威夷”型的亲属关系更经常地反映了一种原始的形式。不过，请小心，默多克的论述并非针对被放入历史和地理背景中考察，而且被视为有组织的整体的真实社会，而是针对抽象，甚至是针对——假如可以这么说的话——晦涩难懂的抽象。这是因为，他首先把社会组织从文化的其他方面剥离出来，有时候甚至把亲属关系制度从社会组织当中剥离出来；然后，按照民族学理论的传统范畴所启示的原则，而不是根据对每个群体的真正分析，他把社会组织（或者亲属关系制度）武断地切分成零头碎块。产生于这些条件下的历史重建只会停留在意识形态上，因为这一工作要求抽取为每一个阶段所共有的成分，以便规定紧接着它的前一阶段，并照此逐个办理。显而易见，这种方法只能达到一种结果：差异最微弱的形式看上去是最古老的形式，复杂形式将被指定一种愈来愈晚近的地位，越复杂就越晚近。这种做法好比是将现代马的起源归结为脊椎动物目，而不是追溯到三趾马一样。

以上谈到了种种保留，这并不意味着试图贬低默多克的功绩。他搜集到大量的往往被人忽略的资料，提出了一些课题。可是，正因为如此，他使用的技巧看来更适合于发现和甄别问题，而不是解决问题。他的方法中依然浸透着“亚里士多德式”的精神。或许，任何科学都必须经历这一步。默多克所得出的以下断言至少证明了他是亚里士多德的好学生：“文化的种种形式证明，社会组织方面存在着某种程度的规律性和符合科学思维的要求的一致性；深具意

义的是，这一点跟所谓自然科学让我们习惯了的东西没有什么不同。”（1949，第259页）

340 只要略加回顾本文开头提出的那几项区分，读者便可以看出，拉德克利夫-布朗倾向于混淆观察与实验之间的区别，默多克则对机械模型与统计模型区分得不够清楚，其原因在于他企图通过统计方法建立一个机械模型，而这是根本无法做到的事情——至少就他的那种直接的方式而言。

无独有偶，我们不妨把罗维的工作[25]概括为一种为了回答下列问题而付出的不懈努力：什么是事实？我们说过，即使对于结构主义者来说，这个问题也是头一个必须答复的问题，先于所有其他问题。在罗维开始进行田野考察和研究理论的时代，民族学界充满了哲学的偏见，笼罩着一种社会学的神秘主义的气氛。有人曾经批评他对于这种局面的反应完全是负面的（克鲁伯，1920）。但是，当时非这样做不可。指明哪些东西不属于事实才是当时的首要任务。于是，罗维勇敢地着手拆散主观臆断的体系和那些所谓的关联。于是——如果可以这样评价的话——他把一种智力创造的能量解放了出来，而且我们至今依然从这种能量中获益。由于他在表述自己的思想时极为审慎，而且不喜欢从事理论建树，他的积极贡献也许并不那么容易识别。他不是把自己定位为一位“积极的怀疑者”吗？然而，自1915年以来，正是罗维本人用最为现代的方式阐明了关于亲属关系的研究：“有时候，可以依照亲属和联姻关系的分类方法，对社会生活的本质做出严谨的分析。”（1915，1929c）在同一篇文章中，他打破了狭隘的历史主义倾向，这种倾向当时曾经限制了民族学的视野，使人无法看到普遍起作用的结构因素；他早就从遗传学方面把外婚制定义为一种效果无处不同的建制性观念程式，从而无须诉诸历史—地理方面的考虑，就可以理解相距遥远的社会之间的亲缘关系。

此后数年，罗维通过一种方法把“母系结丛”（1919）批驳得体无完肤，这种方法导致他取得了对于结构主义者来说十分重要的两项成果。首先，他否定了所谓每个表面上的母系特征都必须按照该“结丛”的残余或遗迹予以诠释的说法，从而可以把它分解为一些变量。其次，被解放出来的成分于是可以用于建立一些图表，以便显示亲属关系制度的差异性特征之间的置换情形（罗维，1929a）。他以同样具有创建性的另外两种方式，开启了结构研究的大门：一是在亲属称谓语系统方面，二是在态度系统与称谓语系统之间的关系方面。这后一个方向不乏后继者（拉德克利夫-布朗，1924；列维-斯特劳斯，1945）[26]。 341

还有其他一些发现，我们应当归功于罗维。他大概是头一个说明几个被以为是单传世系的制度其实具有双传世系的特点的人（1920，1929b）。他阐释了居住形式对于继嗣关系产生何种类型的影响（1920）。他区分了保留和敬重等居家行为，以及乱伦禁律（1920，第104～105页）。由于他始终注意从双重角度观察社会组织：一是建制性的规则，二是个人心理反应的普通表达方式（就其有时违反规则，但总是能够左右规则而言）。依然是这位罗维，他给文化所下的闻名遐迩的定义“百衲衣”却为我们引出了一批最具真知灼见、在民族学文献当中最公允持平的论文（1935；1948a，第15、16、17章）。在推动南美洲研究方面，罗维扮演的角色也是众所周知的。在为民族学开辟一个棘手而被长期忽略的领域方面，他通过直接和间接的建议或鼓励做出了自己的贡献。

四　社会动力学：从属结构 342

1. 社会结构里的成分（个人和群体）的次序

这里已经没有必要阐述我对于前述问题的个人立场。虽然我们努力保持客观态度，但是这一立场早就在本章的展开过程当中显露出来了。在本文作者看来，亲属关系制度和有关婚姻和继嗣的规则形成了一个协调的整体，其首要功能就是如同织布那样，使血亲关系和姻亲关系交织在一起，从而保障群体的长期延续。我们希望这样做有助于说明社会机器是如何运转的：它不断地使妇女脱离她们的血亲家庭，重新分布到同样多的家庭群体当中去，后者本身再变为血亲家庭，由此循环往复[27]。

假如没有外来影响，这个机器或可无限运转下去，社会结构也可以保持一种静态的特点。不过，情形并非如此。我们于是必须为理论模式注入新的因素，它们的介入将可以解释结构的历时性变化，同时也能够说明一种社会结构为什么永远不会省约为一套亲属关系制度。这一双重问题可以用三种不同的方式回答。

按规矩，我们首先要找到事实。自从罗维感叹人类学研究缺乏政治组织方面的资料以来，好几年过去了。我们在这方面可以记录
343 一些进展。罗维本人对此功不可没，这见于其最近的著作，至少是关于北美地区的著述（1927；1948a，第 6、7、12～14 章；1948b）；以及埃文斯-普利查德（1940）主持撰写的一部有关非洲的鸿篇巨制。罗维对于社会阶层、“社会性”等范畴的明确阐述是十分有用的。

第二种方法是在那些属于已经建立起来的层次——即亲属关系——的现象与那些属于高一个层次的现象之间建立起关联，只要能够做到将两者联系起来即可。这里出现了两个问题：（1）那些基于亲属关系的结构本身能够表现出动态的特点吗？（2）**沟通结构**与**从属结构之间**如何相互作用？问题（1）同教育有关；也就是说，就某一特定的时刻而言，每一代人实际上都跟上一代和下一代人结成一种或是从属性的或是主导性的关系。玛格丽特·米德和另外一

些人正是选择这一角度提出了问题。

另外还有一种比较理论化的处理方式，即在（简化为一套称谓语的）亲属关系结构中的某些（静态的）位置与相应的动态的行为之间寻找关联性；后者表现在例如权利、责任、义务以及特权、禁律等方面。

在拉德克利夫-布朗看来，在态度系统和亲属称谓语系统之间可以找到一一对应的关系。每一个称谓词都跟一种规定好的、或积极或消极的行为相符；每一种不同的行为都由一个称谓词表示。还有人则认为，这样的对应关系事实上是无法验证的，要不然就仅仅是一种大而化之的粗略说法而已。

我本人提出了一种不同观点，它基于称谓词和态度之间的辩证关系。亲属之间的差异性行为的组织模式与亲属称谓语趋同，但构成了解决和克服产生于亲属称谓语内部的困难和矛盾的一种手段。因此，对于任何一个社会而言，亲属之间的行为准则反映出一种努 344
力，目的是解决产生于称谓语系统和联姻法则的矛盾。只要亲属之间的差异性行为有形成系统的倾向，新的矛盾就会显现，并且引发称谓语的某种重组活动，而后者会依照态度而放慢速度，依此类推，除非遇到了很快受到威胁的罕见的平衡时期[28]。

当我们转而观察那些亲属关系制度的平等成员之间没有婚姻制 345
约的社会时，出现了另一个问题。如果婚姻交换的伙伴是等级群体——确实是或理当是，那么会发生什么样的经济或政治情况呢？因此，我们将顺理成章地考察各种制度：首先是多偶制婚姻，我已经指出它获得了两种形式的保障：一是集体的和政治的，二是个人的和经济的[29]。其次，我们将考察超婚姻（或亚婚姻）。最后，这个一直被人忽略的问题值得仔细研究，因为关于种姓制度——间接地乃至一切以尊卑贵贱之分为基础的社会结构——的一部缜密的理论必然仰仗这种研究。

第三种即最后一种方法比前面两种具有更形式化的特点。这种方法要求对所有可以想见的、产生于随意出现的从属关系或主导关系的结构类型进行*先验*的研究。在这一方面，拉帕波特（A. Rapoport，1949）对于群鸡啄食时的循环现象所做的数学处理开辟了有趣的前景。诚然，看起来那些循环的和非外涉的链条跟人们有意比较的社会的秩序并不相干。社会秩序（例如波利尼西亚群岛的卡瓦茶循环①）永远是外涉的、非循环的，即位于最底部者理所当然地与安坐最顶端者无缘[30]。

346 反过来说，对于亲属关系制度的研究表明，在某些条件下，并非不可设想外涉的和非循环的秩序朝着非外涉的和循环的秩序转变。这种情况在实行一个男人跟舅父的女儿优先通婚的超婚姻制的社会里就可以看到。这样的体系形成了一根链条，一端是一位地位优越无比的女子，也就是说，她找不到一个地位不低于她的丈夫；另一端是个永远找不到配偶的男子（因为该群体里的所有女子都比他的地位优越，除了他自己的亲姐妹）。其结果，上述这种社会要么被自身的矛盾所拖垮，要么，暂时的或局部的，其外涉的和非循环的体系变成了一个非外涉的和循环的体系[31]。

这样一来，一些如外涉性、秩序、循环等可以形式化处理的概念便走进我们的研究里来了，社会结构的概括性分析从而成为可能，这种分析能够容纳沟通和从属的层次。那么，我们是否还可以走得更远一点，把现实的和潜在的秩序都囊括进来呢？例如，就大

---

① 卡瓦（Kava）是产于波利尼西亚诸岛和夏威夷的一种植物，据称用作饮料可祛病安神，常用于婚丧等社会和宗教活动。饮者围坐轮流饮用，故称卡瓦（茶）循环。——译者注

多数人类社会而言，我们所说“社会秩序”实际上属于一种外涉的和非循环的类型，例如，如果 A 高于 B，B 高于 C，那么 A 必然高于 C，而 C 不可能高于 A。但是，大部分基本上服从这些规律的 347
人类社会同样会构想出可以称之为“潜在的”或“观念上的”其他类型的秩序，而且无论是在政治、神话还是在宗教方面，这些秩序都是非外涉的和循环的。例如那些关于国王迎娶村姑的故事，司汤达对于美国民主制度的批判，以及那种绅士需听命于杂货商的制度。

2. 秩序之秩序

在民族学家看来，一个社会包含着与不同秩序相应的一组结构。亲属关系制度提供了可以根据某些规则安排个人位置的一种手段；社会组织是另一种手段；社会阶层或经济阶层的区分则提供了第三种手段。只要阐明将这些秩序的结构联系在一起的是什么关系，以及它们在共时层次上如何相互作用，那么所有这些秩序的结构本身也可以有序化。例如梅耶・福特斯（1949）的尝试便相当成功地建立起一些将各种特殊模型（亲属关系、社会组织、经济关系等）的特点尽行囊括的归纳式模型。

这种为某一社会提出一个整体的模型的尝试使得民族学家不得不面对一个本文开始就提到的困难：对于本身各种结构的秩序和将它们联系起来的方式，一个社会所做出的构想在何种程度上符合实际情况？我已经说过，这个问题的答案不止一个，需视手上掌握的资料而定。然而，迄今我们仅仅考察了一些“体验过”的秩序，也就是说，一些本身随某种客观现实而变化的、可从外部接近的、独立于人们所提出的表象的秩序。我们现在注意到，此类“体验过”的秩序总是蕴含着另外一些必须予以重视的秩序，否则不仅无法理解前者，而且无法理解每一个社会尝试将其纳入一个有序整体的方

式。这种“构想的”，而非“体验过”的结构跟任何一种客观现实
348 都不直接对应；它们与后者的区别在于它们不受经验的节制，因为它们自称是一种特殊的经验，有时跟后者就是一码事。所以，我们为了能够分析而让它们接受的唯一节制属于前一种范畴，即“体验过”的范畴。“构想的”秩序跟神话和宗教的领域相对应。我们完全可以提出疑问，现代社会的政治意识形态是否恰恰同样属于这个范畴[32]？

继迪尔凯姆之后，拉德克利夫-布朗出色地证明了宗教应当作为社会结构的一个组成部分得到研究。他认为（1945），民族学家的任务是去发现各种宗教和各种社会组织之间的关联。如果说他的社会宗教学最终归于失败，原因看来有两个。首先，他把仪式和信仰径直跟情感状态挂钩。其次，在宗教和社会结构的关系的问题上，他想一蹴而就地达到一种综括的表达，而我们其实更需要具体而微的研究工作，以便建立起一些能够解释同步变化的有规律可循的系列。他的做法的结果是造成一种不信任感，使得宗教民族学不堪重负。然而，神话、仪式和宗教信仰一起形成了一个将可供结构主义研究大显身手的领域，而且看来近来的研究尽管还不太多，但成果特别丰富。

近来有好几位研究者把宗教体系当作结构化整体进行研究。如雷丁的《生死之路》（P. Radin，1945）和伯恩特的《库纳皮皮人》（R. M. Berndt，1951）等专题论文就是从这种观念取得灵感的。道
349 路于是向系统化研究开放了，雷查德的《纳瓦鹤人的宗教》（G. Reichard，1950）就是一个极好的例子。不过，我们不应因此而忽视那些对于细枝末节的分析，这种分析是针对某一民族在相对短促的时间内的宗教表象当中的恒常或非恒常的成分进行的，这正是罗维所设想的。

也许到了那个时候，我们就可以为宗教民族学建立起这些“用来……对同步变化做出比较研究的小尺度模型……一些任何以解释社会现象为目的的研究都必须运用的模型”（S. F. Nadel，1952）。这种方法只能带来缓慢的进展，然而在社会组织这个课题上却能够提供一些我们所能期望的最稳妥、最有说服力的结论。纳德尔已经证明，萨满教的建制与有关社会的某些特有的心理态度之间存在着关联（1946）。戴密微通过比较获自冰岛、爱尔兰和高加索等印欧地区的资料，对一直是谜团般的一个神话人物做出了成功的诠释，而且在其角色和表现方式与有关民族的某些社会组织方面的特点之间建立起关联（1948）。魏特福格尔和戈德弗兰克则把普韦布洛印第安人的某些神话主题的一些意义重大的变体分离了出来，并将它们同每个群体的社会和经济的基础联系起来（K. A. Wittfogel et E. S. Goldfrank，1943）。莫尼卡·亨特证明，对于巫术的信赖直接取决于社会群体的结构（Hunter-Wilson，1951）。所有这些成果——以及限于篇幅在此无法逐一列举的其他一些成果——带来了希望，即我们终有一日会把让宗教信仰能够履行在社会生活中的功能的那些机制搞清楚，即使不是这种功能本身（这一点自卢克莱修以来已经做到了）。

再谈几句，权当结论。本章以分析“模型”的概念开始，现在仍然以这个概念作结。社会人类学是一门年轻的科学，它自然以比较先进的科学所展示的最简单的模型为样板，以期努力建立自己的 350
模型。这一点可以解释为什么经典力学对它很有吸引力。可是，在这一方面，我们是否曾经成了某种错觉的牺牲品呢？正如冯·纽曼所说（见冯·纽曼和摩根施坦，1944，第 14 页）：“为一种包含 10 个自由运动粒子的气体建立一部几乎精确无误的理论，比起建立一部有关由 9 个主要天体组成的太阳系的理论来，要容易得多。”不过，正在寻找模型的人类学所处的局面介于以上两者之间，因为我们的研究对象——社会角色和纳入一个特定社会的个人——既比牛顿力学所处理的对象要多得多，又不足以纳入统计学和概率计算。所以，我们脚下是一块杂糅的、模棱两可的地带：我们面对的现象对于某种方法来说过于复杂，对于另一方法来说则数量不足。

恰好，沟通理论所开辟的崭新前景来源于为了研究对象即符号而必须建立的独创性方法，这些对象可以置于严谨的分析之下，尽管它们远远高于经典力学所要求的数量，对运用热力学的原理来说又嫌太少。组成语言的是大约数千个词素，而且不太复杂的计算便可统计出音位频率当中的主要规律。

于是可以将人类学中的结构研究的目前状况概括如下。我们已经成功地分离出一些现象，它们跟那些早就被策略理论和沟通理论认真研究过的现象属于同一类型。在规模方面，人类学现象跟这些不同的现象相当接近，所以有希望对两者做出类似的处理。正当人
351 类学自觉比以往任何时候都更接近成为一门真正的科学的时候，却失去了曾经被认为十分坚实的地盘，这难道不令人惊讶吗？现象本身也在溜走：不是数量太少，就是在使人无法做出牢靠的比较的条件下搜集起来的。这虽然并不是我们的过错，我却发现我们就像业余植物学家那样，随手拈来一些杂乱无章的标本，存入植物标本簿时又经我们的粗暴对待，被弄得残缺不全。现在，我们忽然间却被要求整理出完整的系列，确定原来的细微差别，还得测定已经破损了的细小部分，只要还没有彻底毁坏。

当人类学家提到有待完成的工作和所有他应当能够完成的事情时，他会感到十分沮丧：仅凭手头的资料如何能够完成呢？这情形类似于要求仅凭巴比伦时代的观察结果把宇宙物理学建立起来。不过，各种天体始终在那里，为我们提供资料的土著文化却在迅速消

失，或者变成了新的东西，使我们无法期待获得同样的信息。调整观察的技术，使之适应一个比这些技术先进得多的理论框架，这是一种科学史上罕见的两难局面。现代人类学肩负着接受这一挑战的任务。

注释

［1］本文据英文发言稿翻译并修订。原题为 Social Structure，*Wenner-Gren Foundation International Symbosium on Anthropology*，New York，1952，后发表于 A. L. Kroeber（ed.），*Anthroplogy To-Day*，Univ. of Chicago Press，1953，pp. 524-553.

［2］试比较出自同一作者的另一个提法："……'社会结构'这一术语有取代'社会组织'的倾向，然而，无论内容还是含义看来均了无新意。"（A. L. Kroeber，1943，p. 105）

［3］试比较冯·纽曼的说法："（像游戏那样的）模型是一些理论架构，它们要求一种精确详尽和不太复杂的定义，而且所有那些对进行中的研究十分重要的方面必须与真实情况相仿。如果回过头来概括一下，那就是定义必须精确和详尽，以便做出数学处理。这种架构不可徒劳地复杂得使数学处理越出表述阶段而导致完整的数字结果。若使模型的功能具有意义，跟真实情况相仿是必需的。并且这种相似性通常可以被限制在数个暂时地被认为是主要的方面——否则以上列举的那些条件就会自相矛盾。"（J. von Neumann and O. Morgenstern，1944）

［4］Histoire et ethnologie，即本书第一章。

［5］关于例证和详细的讨论，参见列维-斯特劳斯（1949b，第 558 页等）。

［6］关于这一点，参见本书第七章和第八章。

［7］关于这些讨论，参见列维-斯特劳斯：《历史学和民族学》（本书第一章）；《种族与历史》（*Race et histoire*，Paris，1952）。这些著述引起了来自以下各方的批评和评论：C. Lefort：L'Échange et la lutte des hommes，*les Temps modernes*，février，1952；Sociétés sans histoire et historicité，*Cahiers internationaux de Sociologie*，vol. 12，7e année，1942；J. L'œuvre de Claude Lévi-Strauss，*les Temps modernes*，12e année. n°126，juillet 1956；R. Bastide，Lévi-Strauss ou l'ethnographe "*à* la recherche du temps erdu"，*Présence africaine*，avril-mai 1956；G. Balandier：Grandeur et servitude de l'ethnologie，*Cahiers du Sud*，43e année，n°337，1956.

［8］其实现代生物进化论就是这样发展起来的，见于阿尔丹（J. B. S. Haldane）、辛普森（G. G. Simpson）以及其他人的工作。

［9］见他在 1949 年的著作里所作的概括。

［10］即贝特森（Marston Bates）为 *Anthropology To-Day* 一书撰写的一章，题为“人类生态学”，见前引第 700～713 页。

［11］即“巴西中部和东部的社会结构”和“有二元组织这回事吗?”两篇论文，分别为本书第七和第八两章。

［12］例如，可以参看一种仪式的进行过程中的不同阶段的那些“形象”，正像弗莱彻所绘制的那样，见 A. C. Fletcher，The Hako：A Pawnee Ceremony，Bureau of Amer. Ethnology，22nd Annual Report（1900—1901），Washington，1904。

［13］1951 年。

［14］1940—1941 年和 1949 年。

［15］一位戏剧专家最近告诉我，路易·儒维一向对于每个剧场几乎夜夜满座感到惊讶：一个能容纳 500 人的剧场坐满大约 500 位观众，而一个能容纳 2 000人的剧场也有大约2 000人，同时最小的剧场从未拒绝很多人入场，而最大的剧场也从来没有 3/4 的空位。如果每个剧场的所有座位都相同的话，这种预估的平衡将会实在无法解释。但是既然最差的座位很快就会令人生厌，于是就产生了一种调节性的效果：如果剩下只有差的座位，戏迷们便宁可改天再看演出，或者去另一家剧场。研究一下这种现象是否跟**等级规模法则**同属一回事将是有趣的。一般来说，从定量角度进行的剧场现象的研究——剧院的数目和每个剧院相对于城市规模和票房收入等的剧场容量之间的关系——将提供一种

便当的、迄今一直被忽视的手段，可以从历时和共时两方面澄清社会形态学的一些基本问题，几乎像在实验室里进行那样。

[16] 这两种情况分别与母方类型婚姻（长循环）和父方类型婚姻（短循环）相对应。关于这个题目，参见拙著《亲属关系的基本结构》第 27 章。这个例子清楚地说明，单从数量方面考虑是不够的，还应当加上结构的研究，而结构的性质是各不相同的。

[17] 本文的原稿里并无此一比照，但是却在发言之后的讨论中被提出来了。我随后在一篇文章中阐发了这一点："人类的数学"，该文系《国际社会科学公报》的"社学与社会科学"特刊撰写的序言（Les Mathématiques de l'Homme，*Bulletin international des Sciences sociales*，vol. 6，n° 4，1955，UNESCO. Paris）。

[18] 我们曾经在别处试着这样做。参见《种族与历史》(*Race et Histoire*，*Paris*，UNESCO，1952)。

[19] 参阅下文第 336 页。

[20] 也就是说，力图确定有关共生变化的法则，而不是像亚里士多德那样，专注于简单的归纳性关联。

[21] 参阅本书第三章和第四章对这一问题的更为宽泛的处理。

[22] 拉德克利夫-布朗于 1955 年去世。

[23] 关于本文初次发表以后的这个问题的最新研究状况，参见 R. M. Berndt，"Murngin"（Wulamba）Social Organization，*American Anthrologist*，vol. 57，n°1，pt. I，1955。

[24] 瓦尔纳提出的制度包括 7 种世系，刚好与 7 个婚级相对应。劳伦斯与默多克用一个包括 8 种世系和 32 个婚级的制度取而代之。那个时候（见《亲属关系的基本结构》第七章），我建议将瓦尔纳的制度减少到 4 种世系，其中有一种是模糊的。1951 年，英国民族学家 E. R. 利奇重提我的这个观点，用来反对我本人，而且为了这样做的需要而把另一个他临时拼凑起来的观点强加于我。（参见 E. R. Leach，The Structural Implications of Matrilateral Cross Cousin Marriage，*Journal of the Royal Anthropological Institute*，vol. 81，

1951）在上一个注解所征引的论文中，伯恩特将世系的数目限为3种。他在撰写那篇论文时受到利奇的任意滥用的影响，但是，在此后的私下谈话和通信中他都承认，在纯粹的推演的基础上，我得出了在迄今提出的所有结论当中最接近他在田野考察中亲自证实的结论。

关于我对摩恩金人制度的诠释，乔斯林·德·荣格教授曾经写过一篇极为清晰精辟的分析：Lévi-Strauss's Theory on Kinship and Marriage，*Mededelingen van het Rijksmuseum voor Volkenkunde*，Leiden，n°10，1952。

[25] 罗维于1957年去世。

[26] 参见本书第二章。

[27] 关于这一点，可参见本人撰写的（本书未收）The Family，In：H. L. Shapiro（éd.），*Man*，*Culture and Society*，Oxford University Press，1956，Chapter Ⅻ。

[28] 郝曼斯和施耐德两位先生在一本反驳《亲属关系的基本结构》的小册子里，试图把有关优先通婚的法则归结为态度体系。他们反对《亲属关系的基本结构》一书所提出的原理：母系或父系通婚与父系或母系继嗣之间没有必然的联系。他们的说法是母系通婚取决于父系继嗣。为了支持这种解释，他们援引了一些统计性关联，但说明不了什么问题。实际上，实行父系继嗣的社会远远多于实行母系继嗣的社会。此外，母方通婚本身也要比父方通婚更常见。因此，假如分布是随机发生的，那么本可预期以父系继嗣加上母方通婚为特征的社会将比其他类型的组合为多，我的批评者所主张的那种关联将因此而变得毫无意义。在提到蕴含着这种关联的一项重要得多的案例（564个社会）时，默多克的结论是："世界上此类关联的分布如此松散，使得我们怀疑这种理论诠释是否可信。"（G. P. Murdock，World Ethnographic Sample，*American Anthropologist*，n. s.，vol. 59，1957，p. 687）

我仍然坚持认为，按照我最先使用的提法，跟单方旁系姐妹的通婚与继嗣方式没有必然的关联；换言之，在所有可以想见的组合当中，没有一种蕴含着矛盾。不过，从经验上看，两种类型的婚姻确有可能——甚至十分可能——与此种或彼种类型的继嗣世系发生更多的组合。如果事实确实如此，那么这种静态的关联（勿与逻辑关系混淆）就需要加以解释。我倾向于从母系社会的不稳定性本身当中去寻找这种关联（这一想法在《亲属关系的基本结构》中已经有所阐述）。这种不稳定性导致这些社会难以接受长期的互惠性周期，而父系通婚的极短周期能够更好地适应那些母系社会司空见惯的冲突。在我看来，郝曼斯和施耐德的理论诠释是完全不能接受的，因为他们采用心理学方面的理由来解释父系社会何以优先对待母亲。例如某位少年的眷恋之情转向舅父的世系一类。如果真的如此，母方通婚就会更常见；然而这种婚姻便无须被规定了。在一个个别案例上，郝曼斯和施耐德干脆转向了魏斯特马克为解释乱伦禁律而提出的心理学理论。我们还以为民族学早已摆脱了这种老毛病了。（参阅 G. C. Homans and Schneider, *Marriage, Authonty and Final Causes, a Study of Unilateral Cross-Cousin Marriage*, Glencoe, Illinois, 1955)

［29］参见《忧郁的热带》一书第 29 章（Tristes tropiques, Paris, 1955）。该文再次提到此前撰写的一篇论文“原始部落之首领的社会和心理侧面”（The Social and Psychological Aspects of Chieftainship in a Primitive Tribe: The Nambikuara, *Transactions of the New York Academy of Sciences*, 2, 7, n°1, 1944）当中的议题。

［30］这种保留在今天（1957 年）看来完全不必要了。确实有一些社会，从中可以看到一些级次性和非外涉的循环，完全可以比类啄食次序（pecking order）。例如直到 20 世纪初期，斐济诸岛的居民的组织依然遵从领地制，靠臣属关系统一起来。因此，在某些情形下，领地 A 是领地 B 的臣属，B 是 C 的臣属，C 是 D 的臣属，而 D 又是 A 的臣属。霍卡特曾描写并解释了这个乍看上去难以理解的结构。他指出，斐济有两种臣属关系形式：习惯上的臣属关系和依靠征服的臣属关系。领地 A 因而按照传统可以是 B 的臣属，B 是 C 的臣属，C 是 D 的臣属，同时领地 D 作为一场不幸的战争的后果，可能不久前刚刚成为 A 的臣属。如此实现的这个结构不仅同群鸡啄食的秩序是一样的，而且民族学理论领先于数学解释好几年，因为后者的基础在于区分两个依赖某种差异起作用的变量，而这一点恰好跟霍卡特（身后发表）的描述不谋而合（见 A. M. Hocart, The Northern States of Fiji, *Occasional Publications*, n° 11,

Journal of the Royal Anthropology Institute，London，1952）。

［31］关于一种类型转变为另一种类型的一个显著的例子，参见 K. Gough，Female Initiation Rites on the Malabar Coast，*Journal of the Royal Anthropology Institute*，vol. 85，1955，pp. 47-48。

［32］法国读者一定会看出，这一段文字是用盎格鲁-萨克逊人类学家所熟悉的语言来阐述马克思对基础结构与上层结构的区分。顺便一提，这一点也说明古尔维奇先生对我的批评是缺乏根据的（载 *Cahiers internationaux de Sociologie*，vol. 19，2e année，1955）。针对我的这段文字，他指责我打算把某种关于社会秩序的武断的构想纳入社会学研究。对此，可参见本人对古尔维奇的答复，即本书第十六章。

第十六章　第十五章的跋语[1]

必须承认，每次捧读古尔维奇（G. Gurvitch）先生的大作，我都感到越来越难以理解[2]。他批评我对社会结构这一概念的分析[3]，然而他的论证大多不过是在大胆地改写我的文字之后，再添上一个惊叹号而已。不过，让我们还是直接进入这场争论的核心吧。 353

古尔维奇有一个新鲜的提法，并且自以为是一个发现："心理学上的格式塔理论与社会学中的结构主义……两者之间存在着明显的亲缘关系，就我们所知，这一点迄今尚无人强调。"（第 11 页）。古尔维奇言过其实了。任何一位服膺结构主义的人类学家、社会学家和语言学家对于将他们与格式塔心理学联系起来的关系都很清楚。自 1934 年起，露丝·

本尼迪克特（Ruth Benedict）就通过征引寇勒（Köhler）和考夫卡（Koffka）做出了这方面的比照[4]。

354 这种亲缘关系，正是我本人一直坚持阐明的。所以，早在1947年，我就在《亲属关系的基本结构》一书的序言的末尾向格式塔心理学表达了敬意："差不多20年之前，寇勒在援引埃丁顿的'物理学正在变成'对组织的研究'这个论断之后写道：'沿着这条道路……它将与生物学和心理学汇合。'假如读者读完眼前这本书后，觉得还应当加上'还有社会学'这样一句话，那么本书的目的就算达到了。"[5]

克鲁伯在他的《人类学》一书中亦有相似的说法："就其本质来说，一个系统，或者一个构形，永远是一个别的东西，大于各个部分的简单相加之和。例如，各部分之间的衔接网络就是一个多出来的深具意义的成分。这一点在格式塔理论或称形式心理学中早已被认识了。由此，一种文化的'形态'（pattern）便可从它的构成成分之间的关系获得定义。"[6]

再有，另一位挪威社会学家斯维尔·霍尔姆（M. Sverre Holm）也指出，"很久以来，有关文化的科学就从格式塔心理学发出的讯息里汲取灵感"，而且他还更深刻地试图把结构主义跟歌德的自然哲学即格式塔思想的深远源头之一直接联系起来[7]。

355 至于结构语言学学者，特鲁别茨柯伊和雅各布逊经常承认他们得益于格式塔理论，尤其是布勒（K. Bühler）的工作。

无论古尔维奇跟我的想法多么悬殊，两者偶尔也有交叉的地方。下面这段话摘自他的文章，可为证明："如果打算研究整体上的社会类型（有别于微观社会学的类型，或者社会性的形式，以及特殊的集合类型），那么这种类型学只能从它们的结构出发才能建立。实际上，与个别群体不同的是（更不用说那些无结构的社会性的形式），任何社会从整体上都毫无例外地拥有某种结构（着重号为古尔维奇所加），而研究结构是建立和重构整体社会现象的类型的唯一手段。我们甚至曾经在《社会决定论和人类自由》一书里断言，整体上的社会与整体上的社会结构是一回事。对于整体上的社会类型而言，这样说是正确的，然而论及一个具体的整体上的社会时，对此则需打很大的折扣，因为很明显，这个社会比它的结构无可比拟地要丰富得多，无论这个结构有多么复杂，它只不过是全部社会现象的一个方面、一个片断或一种不完整的表达。不过，当社会现象属于整体性的时候，为了完整地把握它，我们除了以一个构造的类型作为开端之外，还没有找到别的途径，而眼下这个类型只能是整体上的社会结构的一个特殊类型……”[8]

如果读者注意到，古尔维奇所说的整体性社会指的就是被民族学家当作研究对象的那些社会，他的“构造的类型”跟我本人用“模型”所说的意思出奇地相似，那么就很难看出他究竟在指责我什么。其实此处我刚好从他的立场后退了一步，因为我绝不相信他所说的：“整体上的社会与整体上的社会结构是一回事。”我仅仅认为后者有助于我们去认识并区分前者。

但是，古尔维奇在上文所引用的那段话里反对说，对于类型来说是正确的东西，放在一个具体的社会里就不再如此了。他根据什么权利，以什么身份充当我们的审查官呢？他对具体的社会又有多少了解？此君的全部哲学可以化为一种对于具体事物的崇拜（赞美其丰富性、复杂性、流动性、永远无法言传的特点及其富于创造的自发性），然而这种诚惶诚恐的敬意的感受者从未斗胆对任何一个具体社会做出描述或者分析。 356

民族学家们把生命的许多年头投入了特殊的社会的具体存在当中，他们现在可以静候古尔维奇在他们身上找到对具体事物的麻木态度，这种态度与古尔维奇本人的麻木态度不相伯仲，因为他把数千个社会的多样性和特殊性缩减为四种类型（原文如此）时，把所有南美部落混同于整个澳大利亚社会，把美拉尼西亚混同于波利尼西亚，把北美洲和非洲各当成一个均质的板块[9]。

作为一位纯理论家，古尔维奇只关心我们的工作的理论部分。而且由于他不喜欢我们的理论——因为不利于他的理论，所以他要求我们从事描述性的民族志研究。他从这种角色分工里可以得到双重的好处：既可以让他一人独霸理论界，又可以让他为了支持他自己的思辨，安享不受惩罚地胡乱征引大批描述性研究之便，而他对后者的随心所欲的运用证明他往往没有认真阅读。

古尔维奇所批评的那些民族学家并没有坐等他的劝告，就已经把他们的科学生涯的大部分投入了观察、描写和分析“社会性的形式”、“群体”和群体生活之间的细微差别，而且带着一种有时惹人烦恼的细致态度。这些东西，加上结构——即不可能跟其他个体混同的个体性存在，构成了他们所经历的社会。我们中间从未有谁考虑过用一个固定的类型或结构取代这种栩栩如生的现实。结构的探
357 索是在第二个阶段发生的，即在看到有哪些东西存在之后，我们便尝试把那些唯一稳定的——然而始终是部分的——成分提取出来，以便能够比较和分类。不过，与古尔维奇不同，我们不是从一个对于何者可以成为结构，何者不能成为结构的先验的定义出发的。结构分析在何处、在哪一个观察层次上起作用，是根本无法预知的事情，这一点我们最清楚不过。我们在具体事物上的经验告诉我们，往往是文化的那些最富流动性的、最飘忽不定的方面才通向结构。正是出于这个原因，我们才如此投入地，仿佛有怪癖一般地注意细枝末节。我们心中牢记着自然科学的榜样，它们之所以能够取得从一个结构到另一个（更全面更切合解说的）结构的进步，从来就是

因为懂得利用琐细的现象去发现更佳的构造活动，而此类现象恰恰是被先前的假设视为“无结构”而忽略了的。例如，在牛顿体系中，水星在近日点上的异常现象被认为是“无结构的”，却为借助相对论发现一个更好的结构提供了基础。民族学作为一门彻头彻尾的关于残余现象的科学——因为它的任务是研究那些传统的人文科学所不屑一顾的社会“残余现象”（正因为它们视这些现象为“无结构的”），自身使命所系，它不能运用跟残余现象无关的其他方法。

不过，我们知道，一个具体的社会从来就不能缩减为它的那个结构，或者更确切地说，不能缩减为它的那些结构（因为这样的结构有许多，分布在不同的层次上，而且这些特殊的结构至少部分地本身也“处于结构当中”）。1949 年，我在批评被称为功能主义的原始形式的结构主义时写道：“说一个社会具备功能，这是不言自明之理；如果说一个社会中的一切都具备功能，那便是无稽之谈了。”[10]

像大多数民族学的反对者一样——这样的人不在少数[11]，古尔维奇的错误的根源在于他把我们这门学问想象成企图获得有关被研究的社会的周详完备的知识[12]。这种企图与我们可资利用的手段之 358
间如此不成比例，以至于人们完全有权利把我们当成江湖骗子。仅仅在一个陌生的社会中逗留数月，不了解它的历史，对它的语言往往也只是一知半解，怎么可能深入探究它的原动力呢？当人们看到我们急于用一些程式取代那种我们无从把握的现实时，这种疑虑还会增加。可是，我们的终极目的其实并不是要揭示我们所研究的社会究竟各自是什么样子，而是要发现这些社会如何互相区别。跟语言学一样，**区别性特征**才是人类学的真正对象。对于那些怀疑我们何以能够确定尚未完全了解其性质的存在物之间的关系的人，我想用一位伟大的博物学家的话作为反驳：“形态学上经常出现这种情形，主要任务是比较那些邻近的形式，而不是为每一种形式准确地定义；而且，一个复杂形象的形变可能属于容易理解的现象，尽管该形象本身仍是未被分析的、未被定义的。”[13]

不过，这位作者马上补充说——从而为我们提供了一个对古尔维奇的抱怨的答复：“这种比较的工作完全撇开对于初始‘类型’的任何准确而贴切的了解，在一种给定的形式里识别出另一种形式的确定的变换或者形变，这是一件直接属于数学的工作，而且它通过初步地运用某种数学方法取得解决办法。这种方法就是坐标法，在这个基础上建立起变换理论。”而后者又是群论的一个组成部分[14]。

359 至此，我已经进入了古尔维奇先生的评论的细节，其中最主要的批评指向我认为的某些数学方法在民族学理论中起到的作用。

按照古尔维奇的说法，我在那篇被他当作靶子的文章里，试图“综合所有那些将社会结构和数学联系起来的诠释”[15]，结果搞出了“一本名副其实的日课经书，罗列着我们所讨论的概念当中大部分已经甚至有可能犯下的错误”，而且，这些错误可以归咎于他方才指出的每一个“招致偏差或误用的四大根源”。接着，古尔维奇继续批评我说：“他不仅把这些根源都变成了他本人的观点，而且可以说，由于被纳入了他本人的结构理论，他还拔高了它们，为它们辩解……”[16]

为了声称他所说的这篇论文有做出综合的企图，用不着读完它，或者说无须弄懂它。可是，读者可以在那篇文章里轻而易举地看出，我极为小心地尽力把我的概念与拉德克利夫-布朗和默多克的概念区别开来[17]。所以，古尔维奇针对后两位的批评，我完全感觉不出对我有什么影响，尤其是关于统计学方法的批评，因为我从来没有运用过这种方法；至少，针对默多克有时运用这种方法的方式，我曾清楚地强调过这种方法的危险性。

此外，尽管我绝无自我标榜为结构人类学的“奠基者”的意图，我依然想指出，关于社会结构的设想，我在论亲属关系的书中就提出来了，此书完成于1947年年初，也就是说，早于或同时于福特斯、默多克及其他一些著作，然而依照古尔维奇的说法，我不过是为他们的著作做出评论和辩护而已。相当值得注意的是，恰逢第二次世界大战期间的数年之间，好几位民族学家都各自独立地转向了结构的概念，当时的环境逼得我们在某种程度上索居幽处。这一殊途同归的现象表明，这个概念对于解决使我们的前人感到十分棘手的那些问题是多么不可或缺。它赋予了我们所共同采用的办法以 360
某种推定的正当性，不管我们之间存在什么样的分歧。

依古尔维奇之见，哪些偏差和误用的后果被我照单全收了呢？

头一个根源据说是我打算在“计量的运用……和社会结构的问题之间”[18]建立人为的联系。也就是说，我有一种“把社会结构的概念与数学测定联系起来”的倾向[19]。古尔维奇在文章里总是能够找到他可以吹毛求疵的东西，他读得到底是太粗心还是太仔细了？我不仅从来没有过那样的表示，反而多次说过相反的话。还是请读者自己去看这本书里的另一篇题为“结构和计量”的章节好了。那里头写道：“人们常说，结构的概念可以把计量引进民族学……不过，计量的概念与结构的概念并没有任何必然的关联……那些以前没有量化解决办法的问题照样能够得到严谨的处理。”[20]在另一篇为支持他的指控竟然列出了文献出处的文章里，古尔维奇又说：“我们的研究领域里无疑有许多东西是可以计量的……但绝对无法肯定它们是最要紧的东西……人们发现（社会）现象的量化处理与发现它们的意义绝不可同日而语。”当我们过于关心计量而不顾其他的时候，我们就不会注意到“新式数学……在严谨的概念与计量的概念之间引进了一种独立性……新式数学告诉我们……必然性的支配性角色并不一定非得跟计量的支配性角色混为一谈不可。”[21]

古尔维奇对计量、测量和量化等术语的运用（似乎它们是可以互换的）颇令人怀疑他对我们当下研究的问题是否真正心中有数。
361 无论怎样，民族学对某些数学方法的运用并不是一个学院式的讨论题目[22]。我在一位数学家的帮助下，已经把这些方法运用到一个具体的课题上面，而且仍在继续运用于其他课题。这里唯一的问题是，这些方法是否使我们更接近问题的解决。

跟结构民族学相比，古尔维奇对结构语言学较为尊重，但他仍然竭力限制它的理论影响。但是，跟他所认为的恰好相反，数学统计（它在语言学上的角色完全是合法的）绝不仅仅限于音位的研究，而同样适用于言语和语篇，正如目前正在建立中的机器翻译理论所证明的那样；而且，它的重要性已经在文体学和文学批评当中得到了证实。至于说结构主义只有在音位学中才有地位，在语言的层次上则完全失去意义，这就等于完全不顾结构主义在语法、句法甚至词汇方面的诸多成果，班维尼斯特（Benveniste）、叶姆斯列夫（Hjelmslev）、雅各布逊（Jakobson）等大师们赋予了这些成果绚丽多姿的色彩。雅各布逊在一部近著里探讨的正是与音位学相去甚远的修辞格的问题[23]。此外，从事机器翻译理论的专家们目前正在为一套既属于数学又属于结构主义的语法和词汇分析奠定基础[24]。

古尔维奇指责我“令人遗憾地……把结构所指称的东西和可从外部感触到的社会现实的表面混为一谈，这一混淆发生在方法论领域里的观念延伸当中。”[25]读者可能不会马上明白（那又有什么不可
362 原谅呢），他指的是那些具有空间分布的现象，以及人类对于空间的量化表象。不过，跟古尔维奇转弯抹角地暗示的相反，这一“令人遗憾的混淆”远非美国学派所为，而是法国社会学派的主要发现

之一，后者遗泽于我们的远非仅止于“一些一闪而过的……暗示”[26]。这是迪尔凯姆和莫斯合著的《论几种原始的分类形式》，以及莫斯独立撰写的《爱斯基摩社会的季节变化》[27]两部传世之作的中心论点。即使过了几乎半个世纪以后，这种方法依然保持着它的丰产性，这一点只需读一下——依然在法国——雅克·苏斯泰尔的《古代墨西哥人的宇宙论思想》[28]一书就完全清楚了。

但是，无论在法国还是在美国，从来没有人像古尔维奇所强加之于我的那样，认为应当把这个层次从其他层次分离出来，或者认为空间结构和社会结构是一回事。让我们从以下两点意见说起：

（1）许多土著社会都有意地把它们对自身制度的观念投射到空间布局里。采取这种做法的土著人包括例如苏人宿营地的环形分布，巴西中部的格族人村落，或古代秘鲁的城镇布局、道路网络以及庙宇圣殿的坐落位置。对这些分布现象进行研究可以让我们深入理解土著人自己关于社会结构的观念；而且通过考察空缺和矛盾之处达到现实的结构，而后者往往跟土著人的社会结构十分不同。本书第八章“有二元组织这回事吗?”便提供了一个运用这种方法的例子。

（2）即使一个社会对空间或者某一类型的空间毫不在意（例如未经规划过的都市空间），一切迹象表明，无意识结构便会利用——如果这么说无妨——这种无所谓的态度乘虚而入，或者象征 363
性地，或者事实上在此站稳脚跟。这个情形有点儿像无意识的焦虑利用睡眠的“空无状态”，以梦的形式表达自己，正如弗洛伊德所教导的那样。这第二点意见既适用于那些表面上对于空间表达无所谓的所谓原始社会，也适用于提倡这种态度的较复杂的社会。例如，大部分现代都市均显露出一些可归结为少数几种类型的空间结构，而且隐含的社会结构也有一些标记。

现在，是否有必要答复古尔维奇先生对我的抱怨呢？他认为，在我的著作里，“除了一种独特的现实性，即‘整体社会现象’或者宏观社会学的集体单位，此外没有剩下任何东西”[29]。我把一生中最美好的一段时光用于研究几个“宏观社会学的集体单位”，可是提到它们的时候我并不需要一个刺激耳朵和人类的粗暴字眼；我是凭着记忆直呼其名的：卡杜维奥人、博罗罗人、南比夸拉人、孟戴人、图皮-卡瓦希伯人、莫格人和库基人，每一个名字都使我想起地球上的某个地方、想起我自己的和世界历史上的某一时刻。加在一起，它们使我靠近了我所喜爱或者畏惧的男男女女，他们的面容长存于我的记忆里；它们让我重温疲倦、喜悦、困苦，时而还有危险。这些就是我本人的见证，它们已经足以表明我的理论观点与现实的联系，足以用来反驳古尔维奇先生了。

最后，至于指责我“经过种种努力之后，半遮半掩地倒退到传统的‘社会秩序’的观念上去了”[30]，如果不是别的作者看来对于秩序的秩序感到困扰——那是出现在我的关于民族学中的结构的文章的结尾的一个概念，我本来是不会在这上面耗费笔墨的[31]。

364 的确，我的批评者们以为，我所设想的秩序的秩序的本质，要么是我起先致力于按照结构进行分析的具体社会的整体重建（从而使得这种做法没有毫无用处），要么就是断言，就一个给定的社会而言，所有的结构都是一致的；也就是说，每一个社会都构成一个单子，既有完美的内部连贯性，又彻底地自我封闭。这两种假设离我的想法差之岂止千里。

秩序并不是对那些提供分析的现象重新做出扼要的说明。对于能够进行结构分析的各个层次来说，秩序是它们之间所保持的关系的一个最抽象的表达方式，抽象到了对于历史和地理十分不同的社会有时必须做出一样的说明的程度。这个情形有点像——如果允许这样比较的话——化学结构中不同的分子，虽然有的简单，有的复杂，可是同样都可以有一个“左”结构或一个“右”结构。

所以，我所说的秩序的秩序，是指一个由次集合构成的集合体 365
的形式特点，其中每一个次集合都对应于一个特定的结构层次。我完全同意让·布庸用来转述我的思想的那些提法；正如他所说，问题在于是否能够建立“一个由差异构成的体系，它既不会导致罗列差异，也不会人为地抹杀它们”[32]。

我并没有假设不同的结构层次之间预先就存在某种和谐。它们反倒可能——而且往往如此——是相互完全矛盾的，但矛盾的样式却全都属于同一个类型。其实，历史唯物主义正是这样教导我们的：它断言，经济或社会结构始终有可能经过转变而进入法律、艺
术或宗教的结构。可是，马克思从来未声言这种转变只有一种形式 366
而已；譬如，意识形态只能像一面镜子那样反映社会关系。马克思认为这些转变是辩证的，而且殚精竭虑地找出哪些转变在一些情形下是不可缺少的，哪些似乎一开始就是无法分析清楚的[33]。

按照马克思的思路，如果我们承认基础和上层建筑包含多个层次，而且层次之间的转变有多种类型，那么同样可以设想，归根结底而且不考虑内容，用转变的法则概括不同类型的社会的特点是可能的，因为这是一些固定的说法，它们能够表明那些应当——假如可以这样说的话——删除的畸变的数目、能量、方向和次序，以期在结构化的不同层次之间（从逻辑上，而不是从道德上）找到一种理想的对等性。

这是因为，这种省约活动同时也是一种批判。以一个在逻辑上收益更大的简单模型取代一个复杂模型，这样做可使人类学家能够揭示每个社会为了解决或至少掩盖其固有矛盾而诉诸的迂回手段和把戏，不管后者是有意识的还是无意识的。

以上所做出的澄清，我在以往的著作里提到过[34]，想必古尔维

奇先生也考虑到了。这些澄清是否会使我遭到另一轮批评呢？如果说，每一个社会都带有由于逻辑上欠协调和社会不公正两方面造成的相同缺陷，为什么那些头脑最清醒的社会成员还要如此艰难地力图去改变它呢？改变的结果是以一种社会形式取代另一种，假如这些形式没有优劣之分别，那又何苦呢？

为了支持这一论点[35]，罗丁生（M. Rodinson）先生从《忧郁的
367 热带》一书中摘引了一段话："没有一个社会从根本上是好的，但也没有一个是绝对坏的；任何一个社会都给社会成员提供一些好处，虽然不公正的残余仍然存在，重要性看来基本上始终不变……"[36]不过，罗丁生在这里不无偏颇地把我的论证过程中的一个步骤单独拿出来，而我当时正试图解决思与行之间的表面对立。实际上，

（1）在罗丁生所批评的那段话中，那条相对性的论据仅仅是针对一种**根据彼此关系**把远离观察者的社会加以分类的做法而言的；例如从我们的观点来看，一个美拉尼西亚人群和一个北美部落。我仍然认为，对于那些处于社会学世界的边缘和从相互关系方面看待的社会，我们尚无任何可供合理运用的参照系。

（2）另外，我把上述第一种情况小心地区别于另一种情况，即要区分的不是相距遥远的社会，而是我们自己的（或者统而言之，观察者的）社会在发展过程中从历史上相比照的两种状态。参照系一旦发生了这种"内化"，情形就完全不同了。这第二个步骤使得我们可以在不从任何社会留取任何东西的条件下，"把所有的社会都利用起来，以便找出社会生活的原则，用以改良我们自己而非异国的社会习俗。由于有了跟前者恰好相反的一种特权，我们隶属的社会才是我们有能力加以改造的社会，而不用冒着摧毁它的风险；因为，这种改变来自社会内部，是我们引进的"[37]。

因此，跟罗丁生正确地批评一些美国人类学家不同（不过他把

我也错误地跟他们等同起来了），我不仅不满足于静态的相对主义，还要揭露其危险性，这是民族学家永远需防落入的一道“深渊”。我的解决办法是建设性的，因为它构成了基于相同原则的两种表面 368
上矛盾的态度：尊重与我们迥然不同的社会，积极地参与改变我们自己的社会。

这当中有什么东西能像罗丁生声称的那样，会使比扬谷地区[①]感到“失望”呢？同类相食的比扬谷自有其食人的方式（而且比原始的食人者更残酷，因为这是一种精神上的同类相食），如果为了确保智力与道德安全无虞而必须让巴布亚诸族只配当穷光蛋，那么比扬谷便没有什么值得我们感兴趣之处。幸好，人类学家的理论在工会组织的诉求里没有那么重要的作用。可是，在一位思想颇为先进的科学家笔下，竟会出现一个我们在取向完全不同的思想家那里见到过的论据，这让我感到惊诧。

无论在《种族与历史》还是在《忧郁的热带》里，我都没有贬低进步的意思。相反的，我把这个观念从人类发展的普遍范畴的地位变成了我们的社会（也许另外还有几个）——当它愿意思考自己的时候——所独有的一种特殊的存在方式。

进步被每一个社会内化并且失去了超验性，那种认为这种观念会令人失望的看法，在我看来，就如同把那种认为假如个别人不再相信自己的灵魂不朽，整个道德观念都会因之受损的形而上学论点移植到历史的语言中和群体生活方面。无神论数百年来早已备受罗丁生先生的论点的责难。他本人照样使人“失望”，特别是使劳工

① 比扬谷（Billancourt）是大巴黎西部最大的工业区，19世纪末开始工业化，20世纪30年代以后达到高峰。雷诺汽车制造厂即坐落于此。法国左派在该地十分活跃。——译者注

阶层失望；他担心的是，缺少了来世的报应，劳工阶层会感到工作索然无味。

可是，个人的延续时间受到尘世生命的延续时间的限制，持有这种看法者不可谓不多（尤其在比扬谷地区）。他们并没有因此而丧失道德观，以及为了改变自己和子孙的命运而努力工作的意志。

对于个人是真实的东西，放到群体上就不真实了吗？一个社会
369 用不着陶醉在如下信念当中也能够生存、行动和改变：此前千万年间，所有社会都不过是为它铺平道路，所有同时期的社会——哪怕是处于对立面的社会——都在合谋努力追上它，而且直至世界末日来临以前，那些后继的社会将只关心如何紧步其后尘。这种看法天真得如同那种把地球视为宇宙中心、把人类当作天地造物的制高点的人类中心观。然而，这一仅仅出于维护我们的社会的目的而大肆宣扬的人类中心观，在今日却令人难以容忍。

岂止仅此而已。罗丁生先生借马克思主义的名义对我进行攻击，殊不知，比起他来，我的观念不知更接近马克思的思想多少倍。首先我想提醒一下，我在《种族与历史》① 里阐发了静止的历史、波动的历史与累积的历史，这一区分可以从马克思的若干文章里找到依据，譬如：那些自给自足的、不断以同样的形式再生产的、遭到意外破坏时会以同一名称原地重建的社会，它们的生产组织的简单性为揭开亚洲社会的不变状态的秘密提供了一把钥匙，这种不变状态与亚洲社会的不断解体和重建，以及无休止的改朝换代形成了鲜明对照。[38] 实际上，马克思和恩格斯多次提出过，那些原始的或被认为是原始的社会是受“血缘关系”（即近日我们所说的亲属关系的结构），而不是受生产关系支配的。在没有遭受外力破

① 可参阅《结构人类学》(2)，第十八章同一小标题下的段落。——译者注

坏的条件下，这些社会能够无限地延续下去。适用于它们的时间范畴跟我们用于理解我们自己的发展的时间范畴完全是两回事[39]。

这种观念与《共产党宣言》中的著名论断“至今，一切社会的 370
历史都是阶级斗争的历史”丝毫不矛盾。按照黑格尔的国家哲学的思路，这句话的意思并不是阶级斗争与人类并存；它的意思是，在马克思所赋予它的完整意义上，历史和社会的概念只有在阶级斗争出现以后才适用。马克思在致魏德迈的信中清楚地确立了这一论点，他写道：“我所加上的新内容就是证明了……**阶级的存在仅仅同生产发展的一定历史阶段相联系**……”[40]

所以，马克思为《政治经济学批判》所写的据说未曾发表的导言里有下述一段思考，罗丁生先生不妨仔细读一下：所谓历史演变通常基于这样一个事实：最后的社会形态永远把以往的形态视为朝着自己发展的阶段，而且总是用片面的角度观察它们，很少而且只有在特定的条件下才会进行自我批判。[41]

笔者刚刚写毕本章，让-弗朗索瓦·勒维尔（M. Jean-François Revel）先生的那部充满冷嘲热讽、富于才情的著作就问世了[42]。鉴于这本书的第八章有些地方涉及我，以下拟作一简单答复。

勒维尔虽然对我做出了批评，却不无尴尬之处。这是因为，他是依照我所从事的工作肯定我的：一个一度从事田野调查的民族学家，而且在发表了自己的观察结果之后，从自己和同事们的观察出发，着手深究他所从事的学科的原理。既然如此，他就应当放弃对我说长道短。于是，他从把我变成社会学家入手，以我曾经接受过哲学的训练为由，拐弯抹角地说我的社会学不过是伪装起来的哲
学。于是乎我们成了同行，勒维尔便可以对我为所欲为了。殊不知 371
他对民族学所做的，恰恰就是该书通篇所指责的哲学家对待其他实证科学的态度。

然而，本人并非社会学家，我对我们的社会只怀有兼涉旁猎的兴趣。我希望弄懂的首先是民族学家所关心的所谓原始社会。我从社会性馈赠的角度对法国南部饭店里的换酒习俗所做的诠释曾让勒维尔感到极为不快，然而我的首要目的并非是用古老的制度解释现代的风俗，而是帮助作为现代社会成员的读者从自己的经验当中，从那些其实既是残余又是胚胎的习俗出发，去重新发现那些不这样做就仍然难以理解的制度。因此，问题并不在于换酒习俗是不是印第安人的波特拉赤（potlatch）① 的残余，而在于能否借助这样的比较，更准确地理解参加社会性馈赠圈的土著人的情感、意向和态度。能够就这个问题发表意见的，只有那些曾经跟土著居民共同生活过，作为观察者或参与者亲历这类仪式的民族志学家。勒维尔不够格。

再者，出于一种莫名其妙的矛盾，拒不承认原始社会的范畴可能适用于我们的社会的勒维尔，反倒坚持把我们的范畴用于原始社会。“完全可以肯定的是，”他说，“最终使社会财富在其中消耗殆尽的”社会馈赠“……反映着某种生产方式和社会结构”。他进而说道：“而且极有可能的是，在每一个这种类型的社会里，社会馈赠掩盖着其中一些成员受到另一些成员的经济剥削的事实。除非历史上唯一存在的例外，对之应当另有解释。”[43]

勒维尔如何能够“完全可以肯定”呢？他又如何知道例外情形
372 是“历史上唯一存在的”呢？他有没有实地考察过美拉尼西亚人和

① 美洲西北部印第安人中流行的一种节庆活动。potlatch 在契努克人中有“纳赠”之意，在特林吉特人中则指一个包括美肴和歌舞等活动的冬季节庆。另参见第十二章，作者谈到希达查印第安人将本族妇女交给外族为妻的酬赠仪式。

美洲印第安人的习俗制度？那些有关库拉[①]及其从 1910 年到 1915 年的演变，或者从 19 世纪初至 20 世纪的印第安人的馈赠节庆的众多著作，他仔细研究过没有？假如他这样做过，他首先就会了解，以为一个社会的全部财富会在这种交换中耗尽是荒唐的；其次，他对于这里涉及的财物的种类和比例——就某些情形和某些时期而言——本来会有更准确的了解。最后，也是最重要的一点，他会发现，即使从他所感兴趣的角度来看——即人与人之间的经济剥削，他想到的那两个文化区域其实是不可比的。就其中之一而言，这种剥削的特点顶多可以被称为是前资本主义的。然而，甚至在阿拉斯加和英属哥伦比亚，这种剥削也是作为外部因素起作用，因为它只是为一些制度提供了更大的活动余地，这些制度没有它照样能够存在，其总的性质需采用别的方法予以定义。

请勒维尔先生先不要忙于抗议，以上不过是换个方式重复恩格斯的话而已。在这个问题上，恩格斯刚巧发表过意见，并且有些也涉及勒维尔所说的那些社会。恩格斯写道：为了搞清塔西陀时代的日耳曼人与美洲红种人之间的相似性，我从你的班克罗夫特的著作的第 1 卷里作了几段简单的摘录。实际上，鉴于生产手段如此不同，这种相似性就越发令人惊讶。一方是没有畜牧业和农业的捕鱼者和狩猎者，另一方是正在转入田野耕作的游牧业。这就正好说明，跟古老的血缘纽带以及部落中古老的性别互惠群体的解体程度相比，生产方式在这一阶段上的决定意义要小一些。否则，前俄属美洲的特林吉特人便不会跟日耳曼人如此对等。[44]

某些日耳曼和凯尔特制度与拥有印第安人馈赠节庆的社会之间存在着明显的相似性，恩格斯的这种直觉必须等到马歇尔·莫斯的 373

① 参见本书第十五章（第 324 页）。——译者注

《论馈赠》一书——且不说勒维尔对它的评论很差劲——发表才得到证明和发挥。而这样做并不需要顾虑其背后的“某种生产方式的特定条件”，恩格斯早已懂得寻找这种条件是毫无用处的。可是，跟今日的勒维尔相比，马克思和恩格斯在近100年前对民族学的了解无可比拟地要多得多。

因此，我完全同意勒维尔所说：“哲学传授给社会学的最严重的缺点也许是……痴迷于一下子做出全面的解释。”[45]因为，他实际上是在指控自己。恰恰是他本人指责我未能提出解释，好像我确信“一个社会采用这一套制度，另一个社会采用那一套制度根本就是没有什么理由的”。恰恰是他本人要求民族学家回答以下问题：“为什么社会有不同的结构？为什么每一种结构都会演变？……制度之间和社会之间为什么会有差别？这些差别意味着对于哪些条件的什么反应……”[46]这些问题相当切题，我们当然愿意能够回答。可是，根据我们现有的了解，我们的答复只能限于一些确定的和有限的情形；而且，即使如此，我们的解释也依然是零散的和孤立的。勒维尔先生尽可认为这项工作易如反掌，因为他觉得“完全可以肯定”，自大约50万年前人类社会开始进化以来，一切都可以用经济剥削来解释。

可是，正如我们已经看到的，这并不是马克思和恩格斯的观点。他们认为，在非资本主义或前资本主义社会里，亲属关系的作用比阶级关系重要得多。因此，我不认为，时过70年以后，当我尝试重操他们深为赞赏的刘易斯·H·摩尔根的旧业时，我的表现违背了他们的教导；这个工作就是借助从那时以来我和其他人实地获
374 得的新知识，建立一种关于亲属制度的新的类型学[47]。

我只要求对我的针砭应当针对这种类型学进行，而不是根据勒维尔抓在手中的那些心理学或社会学的假设，似乎它们并非是对民

族学家有用的临时脚手架，用于清理他的观点、杷梳类别和排定他的那些类型。如果我的某一位同事说，我对摩恩金人或吉尔亚克人的亲属关系制度的分析与他的观察不符，或者我在田野调查工作中错误地解释了南比夸拉人的酋长地位、艺术在卡杜维奥社会中的地位、氏族在博罗罗社会结构或图皮-卡瓦希伯人当中的性质，我会抱着认真和尊重的态度听取他的意见。可是，对父系继嗣关系、两系婚姻、二元组织或非调和亲族制度均不屑一顾的勒维尔，连我的目的只是描述和分析客观世界的某些方面都没有弄懂，便指责我“把社会现实弄得干瘪无味”。在他来看，任何东西只要不能够用一种也许对谈论西方文明是适合的、其发明者明确拒绝另派用场的语言立即得到表达，那么一切都会变得平淡无味。现在，轮到我朝他大喝一声了：“对啊，没错，要哲学家做什么？”

如果按照勒维尔和罗丁生两位先生的方法去思考，那就等于把 375
人文科学拱手交给蒙昧主义。如果有这样一些建筑承包商和建筑师，以重力定律为名义对宇宙物理学大加挞伐，并借口说建立在各种弯曲空间基础上的几何学将使拆屋建屋的传统技术毫无用处，人们对他们会怎么想呢？拆毁房屋的工匠和建筑师完全有理由只相信欧几里得几何学，但是他们并不企图将这一点强加给天文学家。而且，假如在改造天文学家的住房时必须求助于天文学家本人，那么他在了解宇宙时所运用的那些范畴不会自然而然地造成他摆弄不了十字镐和铅垂线。

注释

[1] 本文撰写于 1956 年，这次是首次发表。

[2] 但是我以往曾经尝试过，并且不无同情之处。参见 Lévi-Strauss, French Sociology, In: G. Gurvitch and W. E. Moore (ed.), *Twentieth Century*

Sociology，New York，1945，chapter 17.

［3］G. Gurvitch，Le Concept de structure sociale，*Cahiers internationaux de Sociologie*，vol. 19，n. s.，2ᵉ année，1955. 看来这篇文章经古尔维奇修改后，重新发表在 *Vocation actuelle de la Sociologie*，2ᵉ edition，Paris，1957。本文写于 1956 年，是针对古氏原先那个版本撰写的。

［4］R. Benedict，*Pattern of Culture*，Cambridge，Mass.，1934，pp. 51-52，p. 279. 不久前，古尔维奇声称又有一项“发现”，并曰“急不可耐地欲将它介绍给《国际社会学手册》的读者，权当作写给我（他）的《社会结构的概念》一书的跋文”，那就是斯宾塞乃是“‘社会结构’、‘社会功能’和‘建制’等概念的一个被遗忘了的创始者”（见 *Cahiers internationaux de Sociologie*，vol. 23，cahier double，1957，pp. 111-121）。可是，除了古尔维奇本人，我们看不出有谁“遗忘了”斯宾塞以及他对这些概念所享有的归属权。总之，运用结构的概念的现代学者们绝不会如此健忘。参阅 D. Bidney，*Theoretical Anthropology*，New York，Columbia U. P.，1953，第 2 章和第 4 章；以及英国的 E. E. Evans-Prichard，*Social Anthropology*，Glencoe，Ⅲ，1951，p. 17；特别是拉德克利夫-布朗为他的论文集 *Structure and Function in Primitive Society*（Glencoe，Ⅲ，1952）所写的导言。书中屡次提及斯宾塞，然后做出结论：“（我的）理论可以借助三个基本的和相互联系的概念加以表述，即‘过程’、‘结构’和‘功能’。它们来自于一些早期作家，例如孟德斯鸠、孔德、斯宾塞、迪尔凯姆，因而延续着一个长达 200 年之久的文化传统。”（第 14 页）

［5］同前，第 14 页。

［6］A. L. Kroeber，*Anthropology*，n. éd.，New York，1948，p. 293.

［7］Sverre Holm，Studies towards a Theory of Sociological Transformations，*Studia Norvegica*，n° 7，Oslo，1951，p. 40 及其他各页。

［8］见前引，第 11～12 页。

［9］G. Gurvitch，*Déterminismes sociaux et Liberté humaine*，P. U. F.，Paris，chapter Ⅱ，pp. 200-222.

［10］见本书第 17 页。

[11] 参见 Brice-Parain，Les Sorciers，*le Monde nouveau*，mai 1956。

[12] 这是古尔维奇所使用的语言。他同时误解了莫斯的思想。这个提法我们得之于莫斯：理解整个社会现象。

[13] 达尔西·温特沃斯·汤普森：《论生长和形式》，剑桥大学出版社，新版，第Ⅱ卷，第1 032页。

[14] 同上，及附注†。

[15] G. Gurvitch，Le Concept de structure sociale，同前，第14～15页。

[16] 同上，第19页。

[17] 参见本书第316、334～336、348页。

[18] 同前，第14页。

[19] 同上，第17页，第19页也出现了同样的话。

[20] 见本书第310页。

[21] Les Mathématiques de l'Homme，*Bulletin international des Sciences socials*（de l'UNESCO），vol. 6，n° 4（后来收入*Esprit*，24e année，n° 10，1956，pp. 529-532）。

[22]《亲属关系的基本结构》，第14章。

[23] R. Jakobson and M. Halle，*Fundamentals of Language*，S-Gravenhage，1956.

[24] V. H. YNGVE，Syntax and the Problem of Multiple Meaning，In：W. N. Locke and A. D. Booth（ed.）：*Machine Translation of Languages*，New York，1955；Sentence for Sentence Translation，*Mechanical Translation*，Cambridge，Mass.，vol. 2，n. 2，1955；The Translation of Language by Machine，Information Theory，第三届伦敦研讨会，日期不详。

[25] 同前，第17页。

[26] 同前，第17页。

[27] 分别载于*Année sociologique*，vol. 6，1901—1902；vol. 9，1904—1905。

[28] Paris，Hermann，1940。

[29] 同前，第19页。

[30] 同上，第 21 页。

[31] 参见本书第 347 页。我此处特别想到麦克西姆·罗丁生的两篇文章："种族主义和文明"，载《新批评》，第 66 期，1955 年 6 月；"民族志与相对论"，载《新批评》，第 69 期，1955 年 11 月。《新批评》在发表罗丁生的第二篇文章的同时，编辑部曾多次致函笔者，表示"本杂志各页永远向您敞开"，于是我回复了以下这封信：

总编辑先生：

仅在几个月之内，麦克西姆·罗丁生在《新批评》上已经是第二次发表文章，文中很大篇幅是针对我的。鉴于作者似乎更热衷于掘深我们两人之间的沟壑，而不是强调彼此接近之处，我要说的话也许会让他失望：他的文章在我看来很有力量，构思得很好，而且在整体上我觉得我同意他的意见。我顶多只想表达一个遗憾：由于人们把那么多的注意力放在我身上，其实更有益的做法本应是研究一下我是如何致力于将近 50 年来所取得的人类学成果纳入马克思主义的主流的。看来罗丁生先生决心一股脑地否定这些成果。但是，如果把严格意义上的科学发现区别于政治和意识形态经常在美国及其他地方对它们的过分运用，这样做难道不是更好吗？罗丁生先生的态度无疑跟一种很光彩地确立下来的正统相吻合，它涉及语言学、物理学、生物学和控制论。然而就在不久前，所有这些都产生了变化。罗丁生先生大概很快就会明白他已经落伍了。此外，我还想指出，在一个与罗丁生所研究的问题在某些方面很相像的问题上——即量子力学的目前趋势问题，最近一期的《新批评》表现出远为审慎细腻的态度，这种态度可以不无益处地扩展到民族学的理论问题上去。

罗丁生先生指责我不了解结构的概念，以为这个概念是从包括马克思和恩格斯在内的别人那里借来的，以便赋予它一种我常常为之倍遭批评的关键性角色。至于他对文化的概念的批评，或者更确切地说，对于这个概念的几种理解的批评，我倒是同意的。克鲁伯的贡献——对此我完全乐于承认——并不在于那次不成功的文化统计，而在于他的其他著作里（尤其是那部令人激赏的《加利福尼亚印第安人手册》）。罗丁生先生的批评在本质上是正确的，但与真正的问题失之交臂。这件外表上荒唐的工作总还是有些令人感兴趣之处，因为它是在十分特殊和多方面得天独厚的加利福尼亚的地理框架内完成的。那里的多样性和族群密度之大，让我们真想亲往验证，看看那些有意义的因素是否会自发地排列，尽管有过一次完全机械的和绝非聪明的文化特征的普查。从那以后，这种尝试是由格特曼在心理学领域做出的，并且并非毫无成果可言。

最后，罗丁生先生劝我用社会的概念代替文化的概念。尽管我并不拒绝社会的概念，我并没有等待有了它以后才把两个概念放入一个与马克思主义的原理相一致的视角。如果他读完了我的书，而不是仅仅自满于几个月前发表的一些只言片语，那他原本可以看到，除了关于文字起源的马克思主义的假说以外，我还有两项探讨巴西部落的研究（卡杜维奥人和博罗罗人），那两篇论文均以辩证唯物主义为基础，试图解释土著人的上层建筑。在西方民族志文献中，这种新的做法也许值得给予更多的注意和同情。

在当代批评家当中，认为靠断章取义便可驳倒一位作者属于正常做法者，罗丁生先生肯定不是唯一的一位，可使用别的随心所欲的做法却实为罕见，尤其是那些虚讹不实的征引。然而罗丁生先生在第二篇论文里（第 61 页）正是这样做的，文中有三行文字以斜体印出并括入引号，那完全是无中生有的东西，况且脚注中还注明了它们的出处（即我的《种族与历史》，第 40 页）。但请读者留意：那些话在该书里从未出现过，我也想不起来在何处写过。

顺祝编安，等等。1955 年 11 月 25 日

《新批评》在下一期中纠正了这段子虚乌有的征引，但我的信却从未刊出。

［32］J. Pouillon，L'œuvre de Claude Lévi-Strauss，*les Temps modernes*，12e année，n° 126，juillet 1956，p. 155.

［33］例如，《政治经济学批判》的那篇据说未发表的“导言”有一段关于希腊艺术的著名论述；又如出自不同角度的《路易·波拿巴的雾月十八日》。

［34］参阅本书第一章和第七章。

［35］见前引罗丁生文，第 50～51 页等。

［36］见《忧郁的热带》，出处同前，第 417 页。

［37］同上，第 424 页。

［38］K. Marx，*Capital*，Paris（马克思，《资本论》），罗伊（Roy）译，巴

黎社会书局，1950—1951，第Ⅱ卷，第48页。

[39] 这些论点常见于《资本论》里涉及印度和古日耳曼社会之处。这些社会是马克思当时所了解的“最原始的”社会。这些论点后来恩格斯在《反杜林论》和《家庭、私有制和国家的起源》中做出了概括。

[40] 转引自 M. Rubel，*Karl Marx*，*Essai de biographie intellectuelle*，Paris，1957，p. 257。

[41] 摘自 K. Marx，*Pages choisies*，M. Rubel (ed)，Paris，1948，p. 67。

[42] J. F. Revel，*Pourquoi des philosophes*? Paris，1957。

[43] 同上，第138页。

[44] “1882年12月8日致马克思的信”。

[45] 同前，第147页。

[46] 同前，第141页。

[47] 勒维尔的这种偏离，以及罗丁生的同样的偏离，在马克思主义的历史上并不新鲜。这可以追溯到考茨基，而且恩格斯自1883年起就不得不对此进行揭露。跟后来的勒维尔和罗丁生一样，考茨基实际上也企图以历史唯物主义的方法来解释原始社会，他使用的仅仅是一些经济概念，例如恩格斯曾附议刘易斯·H·摩尔根对“野蛮状态”的定义：人类饲养家畜、从事农耕、学会增加自然产品的生产的方法的时期［参见恩格斯：《家庭、私有制和国家的起源》，法文版译者施登（Stern），巴黎，1954，第32页］。对此恩格斯是这样答复的：能够证实原始特征的并不是野蛮状态，而是部落中的古老的血缘联系的完整程度。在每一个个案当中，必须首先建立起这种血缘联系，然后才能从一些孤立的现象中对这样或那样的部落得出结论。（《致考茨基的信》，1883年2月10日，出处同前，第301～302页）。如果我在《亲属关系的基本结构》一书里不是在“每一个个案当中”证明“这样或那样的部落”的“古老的血缘联系”究竟为何物，那我又是在做什么呢？

第十七章　人类学在社会科学中的地位及其教学问题[1]

一　本文目的

在某种意义上，人类学研究目前的组织状况本身就是向这本文集的作者们发出的一个挑战。按理说，他们本应预料到会有一份关于社会人类学的教学情况的综合性报告，因为这门学科的名称便将其置身于社会科学当中，而且它似乎自有与众不同的内容。然而，问题随之而来了。除了英国以外，还能在哪一个地方看到社会人类学具有独立和有机的形式，被放在一个独立的科系里进行教学的呢？所有其他国家（也包括英国的各类不同机构）都在谈论人类学这个字眼，要么就是文化人类学，要么就是民族学、民族志、民间传统，等等。可是，这些名称固然包括社会人类学（以及归入社会人类学名下的其他课题），但同时也包括了许多其他的东西。工艺、史前史、考古学、语言学的某些方面、体质人类学等是否也可以视为社会科学？我们在接近问题的时候，反而好像偏离了它。

378 然而，情况甚至比这还要复杂。如果说，社会人类学倾向于跟一系列与社会科学没有明显从属关系的研究混同，作为一种奇特的矛盾现象，那些研究却常常在另一方面跟社会科学纠缠不清：特别是美国的许多大学都有“人类学与社会学”系，或者“人类学与社会科学”系，甚至叫别的什么类似的名字。正当我们以为抓住了人类学与社会科学的联系时，它却溜掉了；它刚一消失，我们却在一个新的层次上又看到了它。

整个情形似乎是，出现在科学发展的舞台上的社会和文化人类学远非一个正在索求在其他学科当中的位置的独立的实体，它像星云团一样逐渐成形，逐步地将迄今仍然散漫或具有不同分布的质料收拢起来，而且通过这种凝聚本身，规定研究课题在所有人文和社会科学当中的总的重新分布。

因此，从一开始就必须坚信一条真理：人类学并不是没有自己独占的研究课题，能够使之区别于其他人文和社会科学。历史要求它从一开始就对所谓“野蛮的”或“原始的”社会发生兴趣，个中原因且容下文再做探讨。可是，这一兴趣逐步为其他学科所分享，特别是人口学、社会心理学、政治学和法律学，而且兴趣愈来愈浓。另一方面，我们看到一种怪现象：人类学的发展正逢这些社会走向消亡，或者至少在丧失它们的显著特征。人类学因而不完全与石斧、图腾、多妻制或多夫制相依为命。近几年以来，它已经有力地证明了这一点，一些人类学家在此期间已经转而研究所谓“文明”社会去了。那么，什么是人类学呢？就目前而言，我们只能说它基于某种世界观行事，或者说有提出问题的独特方式，而这两者 379
都是趁着研究社会现象的机会发现的，这些社会现象不一定比出现在观察者本人所属的社会的舞台上的那些现象更简单（人们往往倾向于如此认为）；由于与后者迥然不同，所以它们能够凸显社会生活的某些一般性特征，而这些恰恰是人类学家的研究对象。

这个观察是通过几种不同的途径取得的。在一些情形下，它得自于民族志的研究成果；在另一些情形下得自于语言学分析；再有就是对考古发掘的发现试作诠释。人类学尚属一门年轻的科学，所以这方面的教学不能不反映出局部的和历史的环境因素，它们是每一个个别的进展的基础。例如，一所大学可能由于那里的语言学研究很早就带上了人类学的特征，从而把文化人类学和语言学放在一个单独的系里合办；另一所大学则可能做出不一样的组合，但依据却一样。

在这些条件下，这本文集的作者们完全有理由怀疑：硬将一个虚假的“系统化”特征强加给每一个都要求单独解释的不同个案，是否行得通，甚至是人们希望见到的做法。一份关于人类学教学情况的综合报告注定会由于生搬硬套条条框框而扭曲事实，要么就会消融在因国家而异，甚至往往因学校而异的历史概述里。人类学是一门成长中的科学，自主性还没有得到普遍承认，所以它显然必须另走一条不同的道路。陈述现象必须从真实情况出发；再者，既然在绝大部分情况下，社会人类学总是与其他学科相关联，而且在社会科学当中，社会学是它最常见的伙伴，所以，对于这两门学科被放入同一份综合性报告，我们未予置喙。不过，另一方面，这是一种暂时的局面，并非产生于深思熟虑的计划，而是一种偶然的和临时的应对办法。所以，仅仅说明整体的特点还不够——人类学教学

380 正在从中浮现，我们还必须努力把握它目前的走向，以及在这里或那里形成的一场演变的主要轨迹。社会学和人类学教学的综合报告是对前一种考虑的回应，本文则回应后一个考虑。

二 目前局面之一瞥

从综合报告所汇集的现象可以得出以下一些观察。

无论局部差别和地方上的原创性如何，我们都可以区分出人类学教学的三种主要方式。这种教学时而通过分散设立的讲座进行（可以是一所大学之内的某一讲座，也可以是附属于不同系科和机构的数个讲座）；时而通过系科进行（可以是纯属人类学的系科，也可以是把人类学和其他学科结合起来的系科）；再有就是通过有系科内部或跨系科特点的研究所和学校进行，也就是说，重新划分不同系科在别的名目下教授的既定的教学内容，或者重新组织分属不同系科的教学内容，何况这两种办法还可以并举。

1. 设立分散的讲座

这种方式很普遍，但似乎从来都不是经过深思熟虑之后采用的。一个国家或一所大学决定教授人类学，通常都从设立一个讲座起步。如果学科的发展受到缺少生源或就业前景不佳的影响（后者往往可以解释前者），教学便就此止步了。如果情况较为顺利，其他讲座便会接踵而来，并且向组建研究所或系科发展。这种倾向在美国十分明显。只要看看那里从最小到最大的一系列教学机构，所
381 有的发展阶段便可一览无余：从要求某位相邻学科的教员讲授单独一门人类学课程，直到拥有一批教师并能够授予博士学位的人类学系；介于两者之间，还有那种因系科混合以及人类学系无权颁发学士和硕士学位而划归别的系科的独立讲座。但是，形成一个完整的

系科始终是人们追求的目标。

另外，还有一种演变也有助于设立分散的讲座。譬如，讲座设立之初与人类学相去甚远，却被起初无法预见的学术发展带入人类学。法国在这方面有两个显著的例子。在组建国立现代东方语言学院的时代，人们仍然以为世界各种语言的研究将会沿着与古代文献学发展相一致的路线发展；然而，经验证明，关于一些非书面语言的知识受到使用非正统方法的节制，这些方法得力于人类学远甚于传统语言学。高等实验研究院也是一样，那些跟罕有甚至全无书写传统的民族的宗教有关的讲座趋于一个与众不同的方向，而且人类学特征越来越明显。在这种情形下，人类学不时——如果可以这样说的话——污染着其他学科，并使管理人员和教员面临着未曾预料的难题，在传统的分科框架内，这些难题很难解决。

最后，还应当提到一种混合情形，英国为最佳例证。那时候，东方研究逐渐带上了人类学的色彩，而迅速发展的非洲研究则隐约表明有必要在这个领域中引入文献学、历史学和考古学方面的考虑。这样就提供了一次重新划分学科的机会，其标志是东方研究院几年前改名为东方与非洲研究院。人类学于是与社会科学和人文科 382
学都紧密地结合起来了。就我们所说的世界上的这些地区而言，这种局面在任何传统的学术架构下一直都是不可能做到的。

2. 系科

系科看来是理论上最理想的体制。上文已经提到，美国的大学就是朝着这个方向发展的。在人类学研究正在全面蓬勃发展的其他国家，例如英国、澳大利亚和印度，人类学系不是正在建立，就是正在增多。人类学系确实能够满足两个方面的学术需要：提供满足不同方面和阶段的研究所需的成套课程；而且为从基础考试直至博士学位循序渐进地取得文凭做出准备。不过，我们必须强调仍然存在的一些困难。在学术结构刻板和传统的国家里，例如那些把“文学院”与“人文学科”严格区分开来的国家，人类学系意味着必须在两个专业之间做出取舍。因此出现了两种人类学系的考虑：一个是社会或文化人类学系，另一个是体质人类学系。两个分支固然各自都有志于朝专业化发展，但是，凡是人类学家都不能不具备体质人类学方面的基本知识，无论专业方向如何。同时，体质人类学如果不始终切记各种决定论——它研究的正是它们在体质方面的后果——的社会学根源，也会失去意义。这一点下文还要谈到。

至于在人类学研究中死板地区分文学院和理学院所造成的不正常局面，不妨举出法国的例子。巴黎大学颁授三种人类学文凭：文学院颁发的民族学证书（文科类）；理科类的同一证书可由两个系科联合颁发；最后一个是理学院单独授予的（体质）人类学证书。
383 毋庸讳言，无论从学生人数不足，还是从不够专业化（这些文凭只要求学习一年）来看，都不能证明这种复杂性是有道理的。

另一方面，连在最乐于采用它的国家里也能够感觉到系科体制的不便之处。在英格兰本土，牛津大学宁愿采用研究所制（即其社会人类学研究所）。美国则正产生越来越多的犹豫，因为系科体制常常造成专业化失之仓促，随之而来的必然是一般教育的不足。这方面的一个典型的例子是芝加哥大学。为弥补上述不足，人类学系先被纳入社会科学部，然而改动刚刚完成，一些远见卓识者便感到有与人文学科发生类似接触的需要。第三种体制的发展于是应运而生，即学院或研究所体制。

3. 学院或研究所

在这些院所当中，最著名的例子是墨西哥的国立人类学学院和巴黎大学的民族学研究所。前者提供综合性的职业训练，将此前的大学学业结束并且专业化。后者的目的其实是重新整合和充实现有的大学学业。民族学研究依附于三个学院：法学院、文学院和理学院。为了准备一项大学考试——通过者即可获得文科或理科学士学位的民族学证书——它要求学生修完这三个学院开设的课程，再外加它负责开设的、得到校方批准的其他课程。这种“跨学院”的办法在海外的民族研究的学士学位的课程设置中同样可以见到：同样要求由法学院和文学院颁发的证书，甚至有时还要求理学院的证书。

我们将在下文解释为什么我们认为这种体制看来最令人满意。 *384*
此处我们只想指出，它也有自身的问题：跟按照更传统的路子设计的教学相比，研究所的自主性往往是以被迫自贬地位为代价的。这个办法有点儿像非法走私，于是很难引进充分的学习期限，连同可与专业学院的文凭平起平坐的文凭，以期获得认可。巴黎多亏有另外一个专门提供专业课程和实践活动的学校——民族学培训中心，我们最终部分地做到了让最优秀的学生学习期限延长为两年。然而，这个办法也有问题，因为它造成人类学的教学远离传统路线，而不是更靠近；研究水平虽然提高了，但是无法为此而获得最高级别的认可。

通过这几个例子可以看出，按照已经取得的经验去解决人类学教学上的问题有多么困难。“已经取得的”一语其实并不适合于任何经验，因为经验无处不在发展当中，它们的意义和结果都尚未显露出来。那么，我们是否应当换一种方式提出问题呢？由于缺少经过归纳法分析的、从中可以提取常量的事实，我们还是从人类学本身寻找答案吧。让我们不仅努力揭示人类学目前所达到的境地，而且找出它的发展方向。较之静止地看待一个不明朗的局面，对其中喧腾的生活和高昂的企图错误地视而不见，这种动态的观点也许能够更好地帮助我们找到指导人类学教学的原则。

三 关于体质人类学

首先，这里有一个能力问题。人类学的建立曾经把社会科学搅
385 得天翻地覆，但是，它本身是一门社会科学吗？是的。大概没错，既然它研究的是人类的群体。可是，从定义出发，既然是一门"关于人的科学"，它会不会跟所谓的人文科学是一回事？再说，从这一几乎普遍被称为体质人类学的人类学分支来看（有几个欧洲国家干脆就叫它人类学），它难道不属于自然科学吗？人类学的这种三重性是无人否认的。在此类"三合一"的科学特别发达的美国，各个人类学学会都拥有加盟三大科学委员会的权利——它们分管刚才划分的那些领域。不过，我们似乎还是可以细究一下这种三重联系的性质。

先说体质人类学。它关心的是诸如人从动物形态进化而来的过程，以及目前如何根据解剖学和生理学特点划分种族群类这一类问题。据此，我们可否说，体质人类学是对人的一种自然的研究呢？如果这样认为就是忘记了至少在人类演变的最后阶段，即区分出智人的阶段，甚至包括导致智人产生的阶段，其发生的条件是与支配着其他各种生物发展的条件极不相同的。人类自获得语言能力之日起（一些展现史前生产特点的相当复杂的技术，加上明显的形态规则性，都暗示着人类已经拥有语言，从而能够从事传授和交流），就决定了自身的生物进化的过程，尽管不一定对此有所意识。事实上，出于改变自身的自然延续的条件的需要，所有人类社会都会运用一整套复杂的规则，例如乱伦禁律、族内婚姻制、异族通婚制、施行于某些亲属之间的优先通婚、多配偶制、一夫一妻制，再就是在不同程度上系统地运用道德、社会、经济和审美的标准。一个社

会在遵守这些法则的同时，也在促进某些类型的联姻关系，排斥另外一些类型的联姻关系。如果一位人类学家仅仅试图按照解释自然 386
环境的产物那样去解释人类种族及亚种族，那么他就跟一位只靠纯生物学或环境因素去解释狗与狗之间的实际差别，而不考虑人为因素的动物学家一样，钻进了一条死胡同。也许，这位动物学家可以形成某种了不起的构想，但是可能性更大的情况则是陷入一团乱麻。人类造就自身的程度绝不逊于他们造就家畜的品种。唯一的区别在于，头一个过程没有第二个过程那么自觉自愿。因此，体质人类学尽管求助于来自自然科学的知识和方法，但它与社会科学有着特别密切的联系。广义地说，对于某个生物物种而言，体质人类学的研究对象是社会生活、语言和价值体系——即通常所说的文化——的出现所导致的解剖学的和生理学的变化。

四　民族志、民族学和人类学

所以说，人类文化的某些方面（工具、服饰、制度、信仰）曾经一度被当成从体现着人类群体之间的差异的体质特征延伸出来的部分，或者其附属物；我们距离那个时代已经十分遥远了。看来把这种关系颠倒过来更能接近真理。带有这一古老含义的“民族学”一语仍旧零星存在，特别是在印度，那里的种姓制度以内婚制和技术性区分为这种关联姗姗来迟地注入了一些浅层次的内容。法国的十分刻板的学术结构具有让一套传统术语安然长存的倾向（例如，国立自然史博物馆所设“现代人类与化石人类的民族学”讲座，让人觉得原始人的解剖学结构及其使用的工具之间似乎存在着某种重要联系，好像现代人的民族学在质疑他们的解剖学结构似的）。但 387
是，即使这些混乱能够消除，我们在读过综合报告之后仍然感到被五花八门的术语弄得稀里糊涂，它们都需要定义和限制。民族志、民族学和人类学之间究竟有什么联系和区别？社会人类学与文化人类学之间（令各国报告者感到如此困窘的）区别何在？再有，人类学和常常与它并存于一个系科之内的那些学科——社会学、社会科学、地理学，有时甚至还有考古学和语言学——之间保持着怎样的关系？

第一个问题的答案相对比较简单。看来，所有国家对民族志的理解都是一样的。它是研究的初级阶段：观察和描写，田野工作（field-work）。一部专题论文，只要是针对一个小到可使作者能够通过个人的观察收集主要材料的社会群体的程度，便属于典型的民族志研究。这里只需补充一点，民族志还包括跟田野工作以及对特殊的文化现象（无论武器、工具、信仰还是制度，均包括在内）的分类和描写有关的方法和技术。对于具体物品来说，这些工作通常是在博物馆内进行的。就这一点而言，不妨把博物馆看作田野工作的延伸（我们下文还要回到这个重要观点上来）。

相对于民族志，民族学是走向综合的第一步。在不排斥直接观察的前提下，它尽量做出宽泛的结论，宽泛得足以使这种结论很难单凭第一手资料做出。这种综合可以有三个不同的取向。第一，如果打算把涉及相邻群体的观察结合进来，可采用地理取向；第二，如果目的是再现一个或数个民族的往事，便可采用历史取向；最后，如果选取某种技术、习惯或者制度，以期引起特别的注意，便
388 可以采用系统化取向。史密松尼学会所属的美国民族学研究署、《民族学杂志》和巴黎大学的民族学研究所便都是在这个含义上使用民族学一语的。在所有这些情形下，民族学都把民族志作为起始点，自己是它的延伸。

在相当长的一段时期内，而且至少在好几个国家里，上述双重

性都被视为完满无缺；特别是那些看重历史和地理因素的地方，人们更认为综合不能够超出确定文化传播的发源地和中心。另外一些国家——例如法国——亦持同样的看法，但出于不同的理由：它们认为最后阶段的综合应当留给其他学科，譬如（法国式的）社会学、人文地理学、历史学，有时甚至是哲学。好几个欧洲国家之所以把人类学这一术语搁置起来，让它局限于体质人类学，原因看来就在这里。

与此相反，无论我们在什么地方遇到社会人类学或文化人类学这两个术语，它们总是跟第二个和最后的综合阶段相联系的，并以民族志和民族学的结论为基础。英语国家的人类学以获取关于人类的全面知识为目标，它从历史和地理的整个外延上把握这个主体；它追求一套可用于人种的全部进化过程的知识，可以说包括从整个人科直到现代种族，从现代大都市到最小的美拉尼西亚部落；它希望得出放之全部人类社会而皆准的结论，无论这个结论是肯定的还是否定的。因此，在这个意义上，可以说人类学与民族学之间的关系跟上述民族学与民族志的关系是一样的。民族志、民族学和人类学不是三个不同的学科，也并非是对于同一研究的三种不同的构想。它们实际上是同一研究的三个阶段或三个时刻；对于三者当中任何一个的偏爱只意味着将主要注意力投向其中某一类型的研究，但从来不可排斥另外两者。 389

五　社会人类学和文化人类学

如果说，社会人类学和文化人类学的目标只是把某些研究领域区别于体质人类学的领域，那就不会招致什么问题。可是，英国人对于前者的偏爱，美国人对于后者的偏爱，以及在最近的一场争论中，美国人默多克和英国人弗思对这种差异所做出的澄清[2]，这些全都表明，双方各取一个术语是有着明确的理论方面的考虑的。特定名称的取舍在许多情况下无疑出于偶然（决定大学讲座的名号时尤其如此）。甚至连英国采用“社会人类学”这一术语也似乎是由于反正要找出一个名称，才能使新讲座区别于那些已经把全套传统术语都用光了的讲座。假如非要找出“文化”和“社会”两个词语本身的意义不可，两者的区别仍然不大。“文化”的概念起源于英国，泰勒首先把它定义为“包括知识、信仰、艺术、道德、法律、习俗，以及作为社会成员的人所习得的任何其他能力和习惯的复杂整体”[3]。因此，文化跟人和动物之间的显著区别有关，并且由此导致一对已成经典的对立：**自然**与**文化**。从这个角度来看，人类主要是作为“制作人”（homo faber），或者用盎格鲁-萨克逊民族的话来说，“工具的制造者”（tool-maker）出现的。风俗、信仰和制度于
390 是成了各种技术当中的一种，其智能性质更高，这自不待言。因为，它们都是服务于社会生活，并使其成为可能的技术，正如农业技术能够满足人对食物的需要、制衣技术能够让人抵御多变的气候那样。社会人类学可以归结为对于社会组织的研究，这是一个重要的篇章，但也仅仅是构成文化人类学的众多篇章之一。这种提出问题的办法似乎是美国科学的特点，至少在它发展的早期阶段如此。

在英国，社会人类学被用来称呼由弗雷泽（J. G. Frazer）爵士担纲的头一个讲座大概并不是偶然的；此君对技术兴趣不大，远不如对信仰、风俗和制度的兴趣浓厚。不过，点明这个字眼的深刻含义的却是拉德克利夫-布朗，他把**社会关系**和**社会结构**确定为自己的研究对象。这样一来，摆在我们眼前的不再是制作人了，而是群体，被视为群体的群体，即作为社会生活的基础的所有沟通形式的集合体。我们要强调说，这两种看法之间不存在丝毫矛盾，连对立

也没有。法国社会学思想的发展就是最好的见证。迪尔凯姆曾经指出，应当把社会现象当作事物研究（这也是文化人类学的观点，只不过表达的语言不同罢了）；此后没过几年，他的外甥和门生莫斯便与马林诺夫斯基同时提出了一个补充观点，即事物（制造物、武器、工具和仪式用品）本身就是社会现象（这与社会人类学的视角相同）。所以，我们不妨认为文化人类学和社会人类学涵盖了完全相同的一套程序，只是一个从技术和实物出发，以求达到社会和政治活动这一“超高技术”，从而使得社会性生活成为可能并对之进行调节；另一个从社会生活出发，深入到烙有它的印记的事物和体现它的社会活动中去。两者都包含相同的篇章，尽管各章的顺序也 391
许有所不同，每个篇章的页数也可能不一样。

然而，即使坚持认为存在这种平行性，依然可以看出一些更微妙的区别来。社会人类学产生于以下发现：经济、技术、政治、法律、审美和宗教等社会生活的所有方面构成了一个有意义的集合体，其中任何一方面如果不是被置于其他方面当中便无法理解。因此，社会人类学的运作趋向于从整体到局部，或者至少给予整体以逻辑上优先于局部的地位。一种技术不仅只有一种使用价值，它同样履行某种功能，而功能意味着仅有历史、地理、机械或者物理-化学方面的考量还不够，必须有一些社会学方面的考量才会被理解。各种功能合在一起，呼唤着一个新的概念，即结构。社会结构的观念在当代人类学的研究中的重要性已经是人们耳熟能详的了。

差不多与此同时，文化人类学确实也形成了一个类似的观念，尽管所循途径不同。将文化人类学引向一条完全相同的结论的，不是那种视整个社会集团为一个系统或者一个星座的静止的观点，而是一种动态的考虑，即文化是如何世代相传的。这就是说，在文化传承的过程中，较之上述各方面当中的每一个单独看待的方面，统合社会生活各个方面的关系的体系起到了更重要的作用。正因其如此，假道这条始料未及的途径，被称为“文化与个性”的研究（其源头在文化人类学的传统中可上溯至博厄斯的教诲）便与“社会结构”的研究不期而遇了——后者源自拉德克利夫-布朗，并可以通过他追溯到迪尔凯姆。不管人类学自命为“社会的”还是“文化的”，它永远冀图认识完整意义上的人，只是在此一情形下必须从他的生产来考虑，而在彼一情形下必须通过其表象。我们于是便能理解，
392 “文化主义的”取向可使人类学贴近地理学、工艺学和史前史，而“社会学的”取向则为它创造出一些与考古学、历史学和心理学之间的亲缘关系。这两种情形同语言学均有极为密切的联系，因为语言既是典型的文化现象（将人与动物区别开），又是社会生活的所有形式借以建立和长期存在的中介。所以，综合报告所分析的学术分类系统往往不愿意把人类学单列，而宁愿把它跟一个或几个学科放在一起，排列成“星座”。这一做法是合乎逻辑的。如图所示：

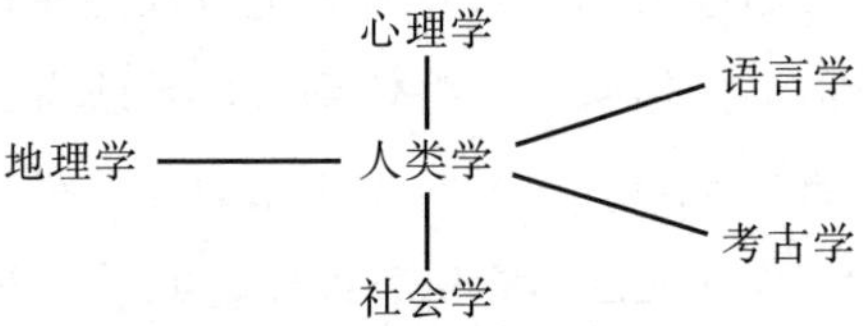

上图中的“水平”关系主要代表文化人类学的视角，“垂直”关系代表社会人类学的视角，斜线则两者兼具。事实上，这两个视角在今日的研究人员那里往往是混同的。除此以外，务必不要忘记，即使就最极端的情形而言，两者之别也仅仅涉及观点的纷殊，并非研究对象有何不同。这样一来，术语的标准化问题就不那么重要了。目前，世界上似乎已经取得了基本一致的意见，可以用“人类学”取代民族志或民族学，因为这个字眼最适合称谓三个研究阶段的集合体。不久前发表的一份各国调查报告便是明证[4]。因此，

我们不妨毫不犹豫地向从事有关教学研究的系科、研究所和院校建议采纳人类学这个名称。不过，用不着走得太远，因为那些肩负着 393
教学和指导研究工作的大师们各有其性情和考虑。在社会和文化这两个修饰语里，这种永远有益于产生成果的差异一定会找到表达它们之间的微妙差异的办法。

六 人类学和民俗学

还得就民俗学简单说几句。我们不打算涉及这个术语的十分复杂的历史，但我们知道，它大致上是指那种其调查方法和观察技术与研究极为遥远的社会相同的研究，尽管这种研究属于观察者的社会。我们这里无须深究造成这种局面的原因。不过，无论如何解释，不管是根据被研究的现象的古老性质（因而即使不是在空间上，也是在时间上十分遥远）[5]，还是根据所有的社会——包括我们自己的[6]——中的某些社会和心智活动的形式所带有的集体的和无意识的特点，民俗学研究或者在课题上，或者在方法上（也许两方面都有）都从属于人类学。如果说，有些国家，尤其是斯堪的那维亚国家，似乎喜欢把民俗学当作一个部分独立的学科，那是因为它们开始从事人类学问题的研究相对较迟，但是对于跟它们本身的传统有关的问题的研究却开始得相当早。所以，他们的演变是从特殊到一般。法国则被相反的局面所主导。我们从跟人类本质有关的理论思考开始，然后才逐渐地转向现象的研究，以便奠定或限制理论思辨。最理想的局面当然是两种观点同时出现并取得发展， 394
如同在德国和盎格鲁-萨克逊国家里那样（每一种情形各有不同的原因）；这种局面也能够解释人类学研究从中获益的这些国家的历史优势。

七 人类学和社会科学

从上述思考当中可以得出一个初步的结论——假如以为这些思考纯属理论，那就错了，因为无论在什么情况下，人类学都不能接受与自然科学（通过体质人类学与之发生联系）截然分离，也不能接受与人文科学截然分离（地理学、考古学和语言学使它们之间结成千丝万缕的联系）。假如一定要人类学选择宣誓效忠的对象，那么它会宣布自己是一门社会科学，不过这并不是从这个字眼可以界定一个分离的领域的意义上而言；与此相反，它强调的是一个所有学科的共同特征。这是因为，当今甚至生物学家和物理学家对于他们的发现所蕴含的社会意义——不如说是人类学含义——也越来越有意识了。人类不再满足于仅仅获得知识而已；知之愈多，就愈发现自己在求知。日复一日，真正的研究对象在一点点变大，即这个无法分割的一对——人类既在改变世界，也在从事这些改变的同时改变自己。

所以，当社会科学要求拥有自己的大学结构时，人类学欣然赞同。不过，它并非没有自己的小算盘。它很清楚，独立性将有利于社会心理学、政治学和社会学的进步，有利于改变法律和经济学一方的一些常常被认为太保守的观点。但是，就人类学而言，在目前
395 尚无社会科学系科的地方把它们建立起来，无济于解决它本身的问题。因为，放在这种系科之内的人类学仍然会感到不舒服，就像在科学系或文学系里一样。它事实上同时属于三个不同学科，它希望其中每一个都在教学中得到均衡的体现，从而不必忍受不平衡带来的苦果，因为不平衡的后果无法彰显它同时归属三个学科。对于人类学来说，唯一能够让人满意的办法是在一个有创意的综合性体系

之内建立研究所或者院校，它们将以本身的教学为中心，组织起由三个系科分别提供的教学。

争取在既有架构当中栖身的年轻科学注定要走这条道路。而且，人们从来没有充分地强调：人类学是这些年轻的科学即社会科学当中最年轻的一门；而且，适用于比它年长的科学的整体解决办法，对它已经显得带有传统特色了。不妨这样说，人类学仿佛双足在自然科学里，背靠着人文科学，眼睛却盯着社会科学。既然在这本只谈社会科学的书里，这种关系对于获得切实可行的必要结论特别重要，请读者谅解我们在这一关系上多费一些笔墨。

这种支配着人类学和社会学的关系的含糊性，即本文集[7]所收入的文章经常提及的含糊性，其根源首先在于社会学本身的地位目前不清楚。社会学，顾名思义，应当是一门典型的关于社会的科学，也就是说，一门总括——或者归纳——所有社会科学的科学。但是，由于迪尔凯姆学派的雄心壮志的落空，它在任何地方都已经不是这样的一门学科了。在一些国家里，尤其是在欧洲大陆，有时也在拉丁美洲，社会学依附于社会哲学的传统，其中对于出自他人之手的具体研究的知识（得之于第二手或第三手材料）仅仅用来为思辨提供证据。与此相反，在盎格鲁-萨克逊国家里（它们 396
的观点逐步为拉丁美洲和亚洲国家所接受），社会学成了一门与其他社会科学平起平坐的专门学科。它在大量实验的基础上，研究同时代的人类群体内部的社会关系；而且，从它的方法和对象来看，或许除了对象的规模跟所谓原始社会不一样（都市化中心、农业组织、民族国家以及其构成群体，甚至包括国际社会），并且更为复杂以外，它看起来跟人类学并没有什么区别。不过，鉴于人类学对复杂的社会形态越来越有兴趣，明确区分两者是十分困难的。

可是，社会学的确在任何情形下都与观察者密不可分。这一点从我们刚才所举的那个例子看得很清楚，因为无论都市社会学，还是有关乡村、宗教、职业等的社会学，全都是拿观察者本人的社会或者类似的社会当作研究的对象。另一个例子，即综合性的或者哲学式的社会学，同样反映了这种态势。在那里，社会学家显然把他的调研范围扩大了，跨入人类经验的更宽广的部分；他甚至可能力图对人类经验做出整体性的诠释。他的对象不再限于观察者，而总是力图将观察者的观点加以扩展。当他试图做出诠释和找出含义的时候，他力图解释的永远首先是他自己的社会；他运用到整体上的是他自己的分类逻辑和历史观。当一位 20 世纪的法国社会学者试图建立一套关于社会生活的普遍理论时，他的理论将永远而且合情合理地（因为这种区分的尝试不会引起我们的任何批评）以一位 20 世纪法国社会学家的作品出现。然而，一位面临同一任务的人类学家将十分乐意并且自觉地（并无成功的任何把握）努力构建一个不仅
397 让他的国人和同代人能够接受，而且让相距遥远的土著人也能够接受的体系。

社会学致力于有关观察者的社会科学，人类学则致力于建立有关被观察物的社会科学：它要么希望在描写陌生和遥远的社会时，能够找到土著人自己的观点；要么扩大它的对象，以便把观察者的社会也包括进来，此时他就得找到一种基于民族志的经验，一个既独立于观察者，又独立于研究对象的参照系。

我们于是可以懂得，社会学之所以（均出于正当理由）既可视为人类学的一种特殊情形（美国便具有这一倾向），又可视为雄踞社会科学之首，原因在于，根据人们熟知的几何学史上的理由，它无疑同时也是一种独享特惠的情形：较之那些要求把同一视角扩大到其他可能的观察者的办法，从观察者的角度出发，便可以发现一

些看来更为准确和严格，运用起来无疑也更方便的特质。因此，不妨把欧氏几何学视为一门元几何学的一种特殊情形：它同样包含着对于结构不同的空间的考虑。

八　人类学本身的任务

让我们再次暂时停下这些考察，以便说明情况并且提出一个问题：分析至此，如何构想人类学本身所传递的信息，即人类学的教学组织在最理想的条件下所传递的信息呢？

1. 客观性

人类学的第一条雄心壮志是达到客观性，灌输对于客观性的兴趣，传授达到客观性的方法。不过，客观性的概念应当得到仔细的 398
阐明。它不仅仅是一种可以让实行者摆脱个人信仰、偏好和成见的客观性——那是每一门社会科学都具备的客观性，否则它们就称不上是科学了。我们在上面几个段落里所说的已经表明，人类学要求的客观性走得更远：问题并不在于要求观察者超乎自己的社会或群体所普遍接受的价值之上，而在于他的思想方法，在于提出一套不仅对于某一位诚实客观的观察者，而且对于所有可能的观察者都有效的提法。因此，人类学家并非只把自己的感情抛开了事，他要创制出新的思维范畴，帮助引进时空的概念、对立的概念和矛盾的概念，一些传统思想闻所未闻的概念，正如当今可以在自然科学的一些分支里见到的那样。这种由看起来极为不同的学科提出同样的问题的方式，被伟大的物理学家尼尔斯·玻尔令人钦佩地觉察到了，他写道：“（人类文化）的传统区别……在许多方面类似于用来描述物理实验的那些不同的对等方法。”[8]

不过，对客观性的这种不懈追求只有在某个层次上才行得通——即当现象对人有意义，而且对于某一个人的意识来说，能够从思想和感情上均得到理解。这一点非常重要，因为它能够把人类学所追求的客观性与其他社会科学所追求的客观性区别开来。后一种客观性可以顺乎情理地被认为同样严格，但它所在的层次有别。经济学和人口学追求的现实性同样是客观的，然而我们并不要求它
399 们在主体的亲身体验方面具备什么意义。主体本人在历史变化过程中从来不会遇到例如价值、收益、边缘生产率、最大人口值一类的对象。那些都是抽象的概念，社会科学在运用它们的时候可以更接近精密或自然科学，但是方式大不相同；因为在这一方面，人类学与人文科学的联系其实更为紧密。人类学的目标是成为一门符号科学，它毅然决然地置身于含义的层次。对于人类学来说，这是它与语言学保持紧密接触的一条额外理由（其他众多理由不计）。对于本身就是一种社会现象的语言来说，同样要避免把语言的客观基础即语音方面同它的表意功能即意义割裂开来[9]。

2. 整体性

人类学的第二个雄心是追求整体性。它把社会生活视为各方面有机地联系起来的一个系统。它乐于承认，只有采取社会心理学家、法学家、经济学家和政治学家的那种把一个整体掰开揉碎的做法，才能加深对一些现象的了解。而且，它对于运用模型的方法所怀有的兴趣之大（并且在例如亲属关系等一些领域试着运用），使得它不会不认可那些个别模型的合法性。

不过，人类学家在致力于建造模型的时候，他念念不忘的是如何揭示社会生活的各类表现的某种共通形式。无论是马歇尔·莫斯提出的整体社会现象的概念，还是过去几年里，在盎格鲁-萨克逊国
400 家的人类学中扮演了众所周知的重要角色的“形态”的概念，两者的背后都有这种倾向。

3. 含义

人类学研究的第三个特色比另外两个更难定义，也无疑更为重要。我们过于习惯于用负面特征来区别民族学家关心的社会类型，所以很难发现民族学家是出于正面的理由才对它们有所偏爱的。我们愿意承认，人类学的领域（那些讲座的名称也可以证明这一点）是那些未开化的、没有文字的、机械化之前的或者非机械化的社会类型。可是，这些修饰语掩盖着一个正面现实：在甚至比其他社会更重要的程度上，此类社会是建立在个人关系、具体的个别人之间的关系的基础之上的。证明这一点必须得花费较长篇幅；但我们姑且不去深究细节，这里只需着重指出下面一点就够了，即那些（通过运用另一条负面标准而）被叫作“原始的”社会，其不大的规模通常允许上述关系存在，即使在此类社会幅员过大或极为分散的情形下，在彼此最为疏远的个人之间，这种关系也建立在最直接的关系的基础上；亲属关系通常提供了可以显示这种关系的模型。关于这种扩展情形，拉德克利夫-布朗举出过今日已成为经典的澳大利亚的例子。

九　判断真实性的标准

在这一方面，现代社会反倒应当用否定性词语做出界定了。我们与他人之间的关系已经不再——偶然和零星的情形除外——建立在整体性经验的基础之上了，即那种一个主体对另一个主体的切实的把握。在很大程度上，这种关系现在来自于借助书面文献进行的间接的重构活动。我们跟往昔的联系，不再通过口头传统——那将 *401*
意味着与讲故事者、教士、圣贤和熟人等他人的亲自接触——而需依赖图书馆里成堆的书籍，评论界通过这些书籍——费尽九牛二虎之力——努力再现作者的本来面目。当今时代，我们借助各种各样的媒介——书面文件或行政机构——跟我们的同代人沟通，这些媒介无疑扩大了我们的接触范围，同时却把“不真实”的特点赋予此类接触。这种特点早已成为公民和权力机构之间的关系的标志。

我的意思并不是说，我们已经陷入了两难境地而不能自拔，或消极地规定文字的发明所引起的巨大革命的意义。可是，我们必须意识到，文字在给人类带来广泛的好处的同时，也剥夺了人类的某种根本性的东西[10]。不可思议的是，对于间接沟通形式（书籍、照片、报纸、无线电广播等）的扩展所造成的个人自主性的丧失，一些国际组织至今仍缺乏正确的估计，特别是联合国教科文组织。不过，这一评价却名列最现代化的一门社会科学的理论家的首要考虑当中，那就是沟通科学。维纳的《控制论》里的下面这段话可见这一点：“毫不奇怪，较大的社团……所包容的信息比较小的社团要少得多，更别说一切社团所赖以建立的人类成分了。”[11] 如果从社会科学更熟悉的一个领域来看，赞同按政党提名者和赞同按选区提名者之间的争论——法国选举政治学所熟悉的话题——便隐约地把沟通科学可能有助于阐明的这一信息的丧失凸显出来了。对于群体来说，信息的丧失是抽象价值取代选举人及其代表之间的个人契约所造成的。

402 当然，现代社会并非完全“靠不住”。如果仔细考虑一下那些写入人类学调查中的观点，反而会看到人类学对现代社会的兴趣越来越浓厚，同时竭力从中识别和找出一些**真实的层次**。这样一来，当民族学家研究一个村落、一个企业或大城市里的一个街区（即盎格鲁-萨克逊国家所说的 neighbourhood）的时候，他便感到回到了一个熟悉的领域，因为那里人人都彼此熟识，或者大多彼此熟识。同样，如果人口学家在一个现代社会里辨认出规模与原始社会相仿的“孤立族群”[12]，他们便帮了人类学家的忙，因为这使他们又发现了一个新课题。在这方面，联合国教科文组织在法国主持的社团调查很能说明问题。调查者（其中有些受过人类学训练）在一个有500个居民的村庄里有驾轻就熟之感，因为这样的研究不需要对传统方法做出任何改变；然而，他们在一个中等规模的城镇里却感到遇上了难以减轻的困难。为什么呢？因为30 000人组成的社会不可能跟500人的一样。在前一种情况下，主要的沟通活动不是在个人之间建立起来的，或者说不以人与人之间的沟通类型作为依据。“发送者”与“接收者”（借用沟通理论的术语）之间的社会现实躲到了复杂的“代码”和“中继站”[13]背后，失踪了。

有朝一日，人们也许会承认：人类学对于社会科学的最大贡献在于（而且是无意识地）提出了社会的两种生存样态之间的根本区别：一种生活方式从一开始就被视为传统的和古风的，而且首先属于“真实的”社会；另一种是晚近出现的生存方式，其中并非全无第一种方式，但是在第二种方式里，一些不完全靠得住或真实性不 403
彻底的群体被编入了一个有“不真实”之嫌的更大的系统当中。

这个区分可以解释人类学为什么对那些存活于或出现于现代社会里的“真实的”关系类型越来越感兴趣，而且为这种兴趣提供了根据。与此同时，它也表明人类学的探索受到了局限。这是因为，大致说来，一个美拉尼西亚部落跟一个法国村庄固然是属于同一范畴的社会实体，但是当我们超出这个范围，转入较大的单位的时候，这一点就不再是正确的了。那些提倡研究“民族性”的人的错误便在于此，如果他们希望仅仅作为人类学家而工作的话。因为，如果无意识地混淆了不可更改的社会生活的形式，那么只能得到两种结果：要么祖护最糟糕的偏见，要么充实最空洞的抽象观念。

十 人类学研究的组织

因此，读者可以隐约看出，人类学目前处于一个奇怪的学科十字路口。若用一种通用语言说明性质殊异的社会经验，就需要客观性。为了解决这个问题，人类学开始向数学和符号逻辑寻求帮助。我们目前使用的语汇来自我们自己的社会范畴，但用来描述那些极为不同的社会学经验实际上是不敷使用的。我们必须求助于象征，就像物理学家打算找出光的波动理论与粒子理论之间的共同点时所做的那样。在老百姓的语言里，这两种观念是相互矛盾的，可是，由于它们在科学上同为“真实的”，所以我们必须使用一个新型的符号体系，方能从一种观念转入另一种观念[14]。

404 其次，作为一门“符号”科学，人类学有两条理由转向语言学：首先，只有具备语言知识才能够闯入一个不同于观察者本人的逻辑范畴和道德观念的体系；而且，跟其他任何一门科学相比，语言学能够更好地告诉我们，使用什么样的手段才能从观察本身无含义的成分转入观察一个语义系统，并且指明后者是如何利用前者建立起来的——这也许首先是个语言问题，然而也是一个紧跟在语言之后，并且透过语言涉及整个文化的问题。

再次，人类学由于对不同类型的社会现象的相互关系十分敏感，所以主张对这些关系的经济、法律、政治、道德、审美和宗教等各个方面合起来加以考虑。因此，它十分关注其他社会科学的发展，特别是那些跟它一样有全局性考虑的学科，即人文地理学、社会经济历史和社会学。

最后，人类学所主要关心的那些社会生活的形式（所谓原始社会只是其中最容易识别和实践得最彻底的例子）的真实性全凭人与人之间的具体关系的幅度和丰富性来确定。因此，从这个角度来看，人类学感到跟它接触最紧密的是普通心理学和社会心理学。

我们绝不是打算利用所有这些要求所需的大量知识把学生压垮。但至少，意识到上述复杂性将会引起一组实际后果。

（1）人类学已经成为一门多样性和技术性极强的学科，所以无法建议课程仅限于一年。一般称为“人类学导论”的课程（或诸如此类的名称）通常只有关于氏族组织、多偶制婚姻和图腾现象的泛泛之谈。幻想这些肤浅的概念能够为年轻人担当他们未来的角 405
色——传教士、行政人员、外交官、军人等——提供某种训练则更危险，因为这些人必将生活在跟他们本身极为不同的民众当中。一本《人类学导论》无法造就一位人类学家，哪怕是业余爱好者，这就像一本《物理学导论》根本不够造就一位物理学家，哪怕是一位物理学家的助手那样。

人类学家在这方面负有重大责任。在遭到长期忽视和鄙视之后，一旦有人为了完善某种技术性训练而要求他们教授一点人类学的皮毛知识，他们往往会深感不胜荣幸之至。应当最坚定地抵制这种诱惑。问题固然不是把每个人都变为人类学家，特别是在刚才说到的那种情况之后。可是，如果一位医生、一位法学家或者一位传教士必须获得一些人类学概念的话，那么应当着眼于一套技术性很强、十分深入的训练，并且限于人类学研究当中的几个跟他们的专业实践和世界上他们待命前往的地区直接相关的方面。

（2）总之，无论设想几门课程，一年时间绝对不可能培养出人类学家。一套要求学生投入其全部时间的完整教育，看来最少也得三年，就取得某些专业资格而言，这个最低限度还应延长到四至五年。因此，在所有大学里，看来有必要不再只把人类学当成一门补充科目，就像通常所见的那样（尤其在法国）。专门为人类学设置的完整学业应可颁发人类学文凭，直至最高的大学学位。

（3）人类学名下所统辖的内容十分复杂，不能不要求设置一个特殊的专业。一般性的训练自然还是有的，任何人类学者都能够用一个学年的时间获得；同时可让学生对今后的专业化工作做出持之
406 有故的抉择。我们这里不打算提出一份严格的教学大纲，不过，不难想见应有哪些内容：体质、社会和文化人类学纲要；史前史；民族学理论史；普通语言学。

从第二学年开始，应当有不同方面的专业教学：（a）体质人类学，辅以比较解剖学、生物学和生理学；（b）社会人类学，兼修经济社会史、社会心理学和语言学；（c）文化人类学，辅以工艺学、地理学和史前史。

第三学年（也许早在第二学年期间便可开始），这种系统化的专业教学应伴有区域性的专业教学，它除了史前史、考古学和地理学以外，还应当包括对于调查者所选择的地区的至少一种语言的深入训练。

（4）无论普通人类学还是区域人类学都需要广泛的阅读。我们这里想到的与其说是教科书（可以补充面授，但从来不能取而代之）或者理论著作（并不是非得在最末学年之前接触不可），倒不如说是专题论著，即那些可使学生重温现场经验，并且能够让他们积累起大量知识的著作，只有这种书籍才能提供必需的智能方面的修养，并使他们避免做出匆忙的和简单化的概括。

所以，在整个学习期间，课堂教学和实习课必然从每年数千页的必读材料中得到补充；掌握阅读进度可以通过各种教学手段（书面归纳、口头报告等），细节此处无法详细陈说。这样做意味着：（a）每个人类学研究所或学校必须有一个拥有相当藏书量的图书馆，许多书籍应备有两到三本；（b）在目前情况下，学生一开始就必须

充分掌握至少一门在近年出版的人类学著作里使用得最多的外语。

在这方面，是否推荐一项大举翻译的政策，我们确实感到踌 407
躇。人类学的技术性词汇目前处于极为混乱的状况。每位作者都倾向于使用自己的一套术语，关键性术语的意义也尚未得到澄清。因此，几乎可以断言，一个没有用本国语言出版过大批人类学著作的国家，也绝不会拥有一批专业化译者，这些人的本领在于能够保持术语的准确意义和外国作者的思想的微妙之处。这方面，我们不可把联合国教科文组织催得太紧，逼它实施编写国际科学词汇的计划；这个计划一旦实现，人们也许反倒不那么较真了。

最后，我们希望教育机构能够运用诸如幻灯片、纪录影片、语言或音乐录音等传播手段。最近出现的各种各样的创造，特别是世界人类学和民族学联盟的前一届大会（维也纳，1952）决定建立的国际民族志纪录影片中心，这是预示着未来发展的一个吉兆。

（5）如果上述三年理论训练完成之后，接下去能有一年甚至两年的实习，那将会很有用处。至少对于那些将以人类学为职业者（教学或者研究）会有益处。不过，说实话，这又引出了几个极为复杂的问题。

十一　教学与研究

1. 教师的培养

让我们首先考察一下未来的人类学教师的情况。无论跟从事教学所必须具备的大学职称有关的条件如何（通常要求博士学位，或者同等水平的业绩），任何人如果没有实地完成过一项重要的研究，
便不应自认为能够从事人类学教学。我们下文将拿出理论证明，说 408
明为什么应当有这种显得过高的要求。应当一劳永逸地消除那种错

觉，似乎只要手中有一套《金枝》①（往往是缩写本）或者别的什么刊物——其内在价值姑且不论——就可以在卧室里关门传授人类学了。如果有人以那些从未涉足实地的科学家为例，反对这条成规（“愿上帝保佑我免遭此苦!”弗雷泽爵士不就是这样回答向他提出这一问题的人吗?），我们倒想指出，例如列维-布留尔便从未执教任何人类学或带有类似标签的大学讲座（他在世时法国尚无此类讲座），他执教的是一个哲学讲座。纯理论家将来完全有可能担纲例如宗教史、比较社会学或其他与人类学相邻的学科讲座。然而，人类学的讲座应当保留给**见证者**。这一立场没有丝毫唐突之处，事实上（如果不是永远名正言顺的话），在人类学已经取得了一定进步的国家里都可以见到这种做法。

2. 研究人员的培养

说到人类学这一职业的未来成员，也就是研究人员[15]，问题变得更加微妙。要求人家在尚未取得从事研究所需的大学资格以前就已经做过研究工作，这里头是否存在着一种恶性循环？在这个问题上，我们正好可以不无益处地跟以上几页所述联系起来考虑，以便尽量澄清人类学所处的十分特殊的局面。

作为人类学的特点和主要长处，我们在上文中描述了一个事实：人类学寻求从所有的社会生活形式里提取我们所说的**真实性层**
409 **面**，即要么是完整的社会（在所谓“原始”社会里最为常见），要么是社会活动的方式（甚至在现代社会，或者说“文明”社会内部也可以找出来），不过后者却在任何情形下都需按照某种特殊的心理学密度得到规定，而且人与人之间的关系和社会联系的体系合为

① 英国社会人类学家詹姆斯·G·弗雷泽的著作（1922），已成为涵盖民俗学、宗教、巫术等民族学领域的一部经典作品。——译者注

一个整体。这一区别性特征立刻引起一个后果：那些社会生活的形式只从外部是根本无法了解的。为了把握它们，调查者必须成功地再造能够表明其特点的一种综合，换句话说，调查者不可满足于把这些形式解析为成分便罢手，而应当以一种个人经验的方式——调查者本人的——从整体上对待这些形式。

由此可见，人类学家之所以需要田野经验是出于一条十分深刻的理由，这条理由植根于这一学科本身的性质及其研究对象的区别性特征。对于人类学家来说，这条理由既非职业目的，也不是自身文化的完结，何况也不是一场技术学习。它代表着人类学家本身的学养的一个关键时刻，在此之前，他仅仅具备零碎片断的知识，从来不能形成一个整体；而只有在此之后，这些知识才“团成了”一个有机的整体，并且突然间获得了一种此前付诸阙如的含义。这种局面跟主导着心理分析学的局面有很多相似之处：从事分析的职业要求某种专门的和无法替代的经验，也就是分析活动本身。因此，所有的规定都要求未来的分析家本人必须被分析。这已经是当今一条得到普遍承认的原理。对于人类学家来说，实地躬亲便相当于这种独特的经验。跟心理分析一样，经验可能成功，也可能失败，而且成败之间，没有任何检查或者会考能够提供裁定手段。只有富有经验的同行——通过著述证明他们本人已经成功地越过了这一鸿沟——才能决定人类学的从业候选人是否以及在何地完成了这场内 410
在革命，真正地脱胎换骨了。

以上思考引起几个直接的后果。

十二　人类学博物馆的作用

从事人类学的职业充满危险，因为它要求跟一个陌生的团体发生接触——调查者与之打交道的环境因其内部构造和在世界上的地位而特别不稳定和脆弱。从事这一职业，首先要求某种初步的资格，而这种资格只有在实地才能取得。

其次，这种理论上矛盾的情形恰好跟另外两种情形十分类似。一种就是我们刚才看到的心理分析，另一种即一般的医学教学，院外医生制和住院医生制正是通过诊断的实践本身提供诊断方面的训练的。

再次，上面提到的两种方式表明，学生只有通过与一位老师的个人接触才能获得成功；这种接触必须相当密切，时间相当长，才能将一个无法逃避的主观任意性因素带入学习的全过程，即医学上的“主任医师”、心理分析中的“调控”分析师。主观任意性的这些因素可用各种各样的办法加以限制，这里无法一一列举。然而，若打算把此类因素从人类学研究里彻底清除，我们还看不出如何才能够做到。人类学同样需要较年长的专业人员在培养年轻的研究人员时担当一些个人责任。密切接触一位经历过心理变化的人，既是促使学生完成同一变化的手段，同时对于老师来说，也有助于验证自己的徒弟是否已经发生这种变化，以及变化何时发生。

411 现在，让我们琢磨一下，有哪些实用的手段能够保证那些明日的研究员取得“调控下的”田野经验。这样的手段似乎有三种：

1. 实习课

我们所想到的实习课是在高年级教师或助教的指导下进行的。这种办法仅具近似值。我们并不想建议新院校或缺乏适当制度的国家不要这样做，但是必须强调它的临时性。作为一种教学辅助，实习课始终带有一种倾向：要么是做起来苦不堪言，要么仅仅为人提供借口。在一个村庄或者企业里耗费区区三个星期无法带来标志着人类学训练中的决定性转折的心理革命，连一个影子也不能提供给学生。实际上，这种匆匆结束的实习课有时反倒有害无益，因为它们只能提供一些最肤浅的调查方法，因此往往等于一种**反训练**。无论童子军运动对青少年有多少益处，我们也不应把高等教育中的专业训练混同于引导性游戏，即使是高级形式的游戏也罢。

2. 校外培训

我们于是可以预见，会有一些在研究所、机构或院校举行的为时较长的校外培训。这些单位虽然没有具备什么人类学特色，但是它们可以在人与人的关系和总的情境方面起作用——这正是我们所认为的人类学的首选领域，例如，市政管理、社会服务、职业指导中心等。与前一种办法相比，这种办法的巨大优越性在于用不着求助于模拟性质的经验。缺点在于把学生置于一些经理人员的控制和责任之下，这些人却很可能根本没有受过人类学的训练，也就是说，他们无法指明日常经验所蕴含的理论意义。所以，这种办法多 412
少是一种未来的办法；只有等到人类学训练被承认具有普遍价值之日，以及人类学家在这些机构中占有相当比例的时候，这种办法的价值才会显现出来。

3. 人类学博物馆

我们在本文开头提到过，人类学博物馆的作用有如田野工作的延伸。确实如此：与物品的接触；博物馆工作者在清扫、擦拭、维护等各种频繁的分内琐事中养成的谦卑态度；各种收藏品的分类、鉴定和分析工作培养起来的对于具体而微的事物的高度敏感；由于一些工具需要学会使用方能了解而间接地建立起来的与土著居民的沟通，而且这些工具自有其纹理、形态，乃至气味，成千上万次的感知使人不知不觉地对于遥远的生活和活动的形式有所意识；还有，尊重人类禀赋的多种多样的表现——那些看上去毫无意义的物品反复考验着他的趣味和聪明才智，不可能不使他心怀这种尊重。

所以，这一切构成的丰富而深厚的经验是不容轻视的。

以上看法可以说明，为什么巴黎大学的民族学研究所对热情好客的人类博物馆那么重视；它也可以解释，为什么美国方面提交的报告建议，正如已经在美国越来越作为一种正规做法得到普及那样，每个人类学系均应在大学之内设有一个规模适中的博物馆。不过，显而易见，这方面似乎还可以做得更好一些。

在一个相当长的时期内，人类学博物馆是按照其他同类机构的样子设计的，即一组存放展品的陈列室：一些毫无生气的物品和文献仿佛是化石般地摆放在玻璃展柜里，完全与生产它们的社会隔
413 离，两者之间的唯一联系便是不时派往发掘现场去的那些差事，为的是搜集馆藏品，即参观者既陌生也无从了解的那些生活方式的哑巴见证。

可是，作为一门科学，人类学的发展以及现代世界的变化双倍地促使这种观念发生改变。前文已经指出，人类学逐渐意识到了自己的真正的研究对象，即人类社会的若干生存样态；在那些明显不同于观察者本人的社会中，此类样态也许比较容易辨认，区分也更为便捷，不过在观察者自己的社会里也并不少见。随着人类学对于对象的思考逐步加深并且完善它的方法，它就会——正如盎格鲁-萨克逊人所说的那样——愈来愈有**回家**（going back home）的感觉。尽管人类学涉及辨别起来颇为费力的多种多样的形式，可是如果把这种倾向当成美国人类学的一个特点，那却是一个错误。联合国教科文组织在法国和印度从事的社区研究始终是在巴黎的人类博物馆和加尔各答人类学博物馆的指导下进行的。民间艺术与传统博物馆的侧旁就是法国民族志实验室，人类博物馆则荫庇着社会民族志实验室，这个实验室虽有此名称和地点，却并不研究美拉尼西亚或非洲的社会学，而是为大巴黎地区的社会学而设。然而，在所有

这些情形下，都不能仅仅把搜集物品作为自己的仕务，同样而且尤其重要的是，了解什么是人，较之把晾干了的遗存物像植物志那样分类归档，描述和分析观察者亲与其事的生存形式要远为重要。

体质人类学也表现出同样的趋势。它已经不像过去那样仅仅满足于收集测定结果和骨头碎片，而是在活生生的人身上研究跟人种有关的现象，它对骨骼和软组织同等重视；跟纯解剖学结构相比，414
它对生理活动的重视有过之而无不及。所以，它特别关注人类的所有表现的实际分化过程，而不限于从极易与观察者本人区别开来的类型当中采集它们的——在字面和譬喻的双重意义上——骨殖化了的结果。

另一方面，西方文明的扩张，沟通手段的发达，以及作为现代世界的标志的频繁迁徙，这一切都将人类置于不断的运动当中。实际上，当今世界上已经没有自绝于外的孤立文化了。研究其中任何一种文化（例外者实属寥寥），哪怕是其中几种产物，已经无须跨越半个地球和冒充探险家了。像纽约、伦敦、加尔各答和墨尔本这样的大城市，本地居民里就有极为多样的文化的代表。这种情况语言学家十分熟悉：他们惊讶地发现，要研究一些遥远的、有时甚至被认为绝迹了的语言，眼皮底下就有合格的报告人。

以前，人类学博物馆派人外出——这种旅行是单向的——寻找那些反方向旅行的物品。可是，如今人们旅行是全方位的。而且，由于频繁的接触造成清一色的物质文化（这在原始社会却往往体现为消亡），我们可以认为，从某些方面来看，存在着人取代物的趋势。人类学博物馆应当注意这种规模广泛的变化。作为物品的保全之地，它们的使命可以延伸加长，但不应扩大，也不应翻新。可是，如果说弓箭、鼓、颈饰、篮筐、神灵造像等现在愈来愈难以搜集，那么系统地研究语言、信仰、态度和人物反倒更容易找到。仅就巴黎一地而言，哪些人类群体没有他们的代表呢？东南亚的、黑非洲与白人非洲的、中东的，不一而足；他们或为过客，或为常住居民：家居和小规模的团体兼而有之。

415 ## 十三　理论人类学和应用人类学

不过，从这个观点来看，展现在人类学博物馆（而且很大程度上变成了实验室）面前的不仅是一些可能性[16]，还有一些具有实用意义的全新使命正在呼唤它们。因为，无论整合程度如何，那些边缘性文化的代表能够为民族志学者提供的东西可谓多矣：语言、口头传统、信仰、世界观、对待生物和事物所采取的态度，等等。不过，他们往往同样无法摆脱一些烦人的实际问题，例如孤独、怀乡、失业、对于他们被临时或长期安置的环境缺乏了解——这种安置往往在违背其意愿的情况下做出，至少全然不知等待他们的将是什么。还有谁比民族学家更有资格向处于困境中的这些人施以援手呢？这样做基于两条理由——以上所述的所有观点都凝聚于此。首先，民族学家了解他们来自什么样的环境，实地研究过他们的语言和文化，对他们怀有同情。其次，体现着彼此十分不同的文化的代表之间的“间离效果”同样规定着人类学本身的方法。**人类学家是各门社会科学的天文工作者**，因为他们的任务是从这样一些位形（configurations）当中找出某种意义：在规模和距离方面，它们与毗邻观察者的位形极不相同。因此，把人类学家的作用限制在分析
416 和缩小这些外部距离上是毫无道理的，完全可以让他们（跟其他方面的专家一道）参与研究他们自己的社会内的那些带有同一“间离效果”的特征的现象：此类现象或者涉及群体的某一部分而非整体，或者虽然带有整体特征，但植根于最深层的无意识当中。例

如，卖淫和青少年犯罪的现象便属于前者；对于改变饮食或卫生习惯的抵触便属于后者。

如果人类学在社会科学中的地位能够依照以上所述得到更为恰当的承认，如果它的实际作用能够显示得比目前更加清楚，那么显而易见，许多事关重大的问题便有望得到解决：

（1）从实际的观点来看，一项目前极不全面地履行的社会功能可以获得保障。关于这一点，只要设想一下波多黎各移民给纽约市带来的问题，以及北非移民给巴黎市带来的问题就行了：毫无整体性政策可循，经常由不胜任的行政部门徒劳无益地互相踢皮球。

（2）人类学将获得新的就业前景。我们尚未考虑这个问题，但解决办法显然包含在上面所做的阐述当中。为了给出一个恰当的答案，仅靠重提以下显而易见的事实是不够的：任何一个人——殖民地官员、军人、传教士、外交官等——只要他在生活中将接触来自迥然不同的社会的人，均应接受某种人类学方面的培训，如果不是普通人类学，至少是带针对性的培训。我们还应当认识到以下几点：由于世界人口的这种日益增强的流动性的影响，现代社会的某些基本功能不是没有实现，就是未能充分实现；由此造成一些有时十分严重的困境，进而导致误解和偏见；人类学是当前唯一一门具有社会“间离效果”的学科；它拥有一部巨大的理论和实践的机 417
器，使它能够培养出实用的人才；更重要的是，它随时可以参与承担一些其实必须受到人类关注的任务[17]。

（3）最后，就这项研究的更为狭义的方面而言，可以看出为什么在专门培养人类学家的问题上，把人类学博物馆扩大为实验室，用来专门研究那些最难以缩减的社会现象——或借用数学家的语言，那些社会关系的“极限”形式——是最适当的解决办法。因为，如同医学教学所采用的办法一样，这种新型实验室可使最末年度的学业以住院医生制或非住院医生制的形式，在身兼诊所主任医师的教授的指导下完成。学业的理论和实践两方面可从这一职业所展现的全新使命当中证明价值并找到依据。在我们这个病态和充满焦虑的世界里，假如人类学不全力以赴地阐明它是做什么用的，那么，很可惜，人类学要求得到承认的努力将是徒劳的，尽管它的理论探索本应足以使它安享其成。

注释

[1] 本文曾以同一题目发表于联合国教科文组织编辑的《高等教育中的社会科学》(巴黎，1954)。此次发表获教科文组织同意并略有修改。

[2] *American Anthropologist*，vol. 53，n° 4，Part I，1951，pp. 465-489.

[3] E. B. Tylor，*Primitive Culture*，London，1871，vol. I，p. 1.

[4] Sergi，Terminologia e divisione delle Scienze dell'Uomo；i resultati di un'inchiesta internationale，*Rivista di Anthropologia*，t. 35，1944—1947.

[5] 瓦哈纳克先生指导下的“考古文明国际学院”就是这样提出问题的。

[6] 例如，法国民族志实验室、法国国立艺术和民间传统博物馆就是这样看待这个问题的。

[7] 我们想提醒读者，这里指的是最早发表本文的那部文集，并非读者眼前的这本书。

[8] N. Bohr，Natural Philosophy and Human Culture，*Nature*，vol. 143，1939。

[9] 这几行文字刚刚写就，我们就看到了出自一位当代哲学家笔下的相似观点。让-保罗·萨特在批评了一种过时了的社会学之后，又补充道：“……这种批评的对象却不包括研究原始民族的社会学。人们研究那种社会里的名副其实的表意集合体。”(*Les Temps modernes*，8e année，n° 84-85，oct. -nov. 1952，p. 729，Note 1)

[10] 关于这个观点，可参阅列维-斯特劳斯：《忧郁的热带》第 28 章。

[11] 第188～189页。总的说来，这本书从第181页至189页值得全部写入联合国教科文组织的宪章。（原著这段话直接引自英文。——译者注）

[12] 见J. Sutter et L. Tabah，les Notions d'Isolat et de Population minimum，*Population*，vol. 6，n° 3，Paris，1951。

[13] 关于这个课题，参阅N. Wiener，*The Human Use of Human Beings*，Boston，1950。

[14] 读者若有兴趣深入了解社会科学与自然科学之间的这种出人预料的相似性，可以参阅P. Auger的出色著作：*L'Homme microscopique*，Paris，1952。

[15] 关于这方面的问题，读者可能会有较大兴趣参阅《美国人类学家》杂志的一份专刊："专业人类学家的培训"研讨会（*American Anthroplogist*，vol. 54，n° 3，1952）。在那次会议上，我们在这里考察的问题是从北美的角度进行讨论的。

[16] 关于这一方面，不妨提出，自1937年以来，一直庇寓着人类博物馆的那幢建筑倾其2/3的面积于试验室工作，只把1/3的面积用于展览。有了这种当年实属革命性的观念，才有了博物馆活动跟教学活动的紧密结合，人类博物馆和民族学研究所同栖于一幢建筑之内便是明证，上文已经提到。

[17] 这几条建议经常受到批评，因为它们有把人类学变成社会秩序的附庸之虞。即使确有这种危险，我仍然觉得最好的办法是对它采取回避态度。因为，人类学家的参与至少有助于了解事实，而真理自有其威力。我希望读者不会误解上述几页所说。我本人对应用人类学并无任何兴趣，并且怀疑它的科学价值究竟有多大。但是，批评它的原理的人应当切记，《资本论》第一册便是部分地根据英国工厂视察员的报告写成的，马克思在序言中对他们表示非比寻常的赞许："如果我国各邦政府和议会像英国那样，定期指派委员会去调查经济状况，如果这些委员会像英国那样，有全权去揭发真相，如果为此能够找到像英国工厂视察员、编写《公共卫生》报告的英国医生、调查女工童工受剥削的情况以及居住和营养条件等等的英国调查委员那样内行、公正、坚决的人们，那么，我国的情况就会使我们大吃一惊。柏修斯需要一顶隐身帽来追捕妖

怪。我们却用隐身帽紧紧遮住眼睛和耳朵，以便有可能否认妖怪的存在。（出处同前，法文译者 J. Roy，Editions socials，Paris，1950，p. 19）显而易见，马克思并未想责备当时的应用人类学家在为既存秩序服务。不过，从他们所揭示的现象来看，即使它们确实在为既存秩序服务，那又有什么关系呢？（写于1957 年的脚注）

参考文献

ADAM, L.:

1931-Das Problem der Asiatisch-Altamerikanischen Kulturbeziehungen mit besonderer Berücksichtigung der Kunst, *Wiener Beiträge zur Kunst und Kultur Geschichte Asiens*, vol. 5.

1936-Northwest American Indian Art and its Early Chinese Parallels, *Man*, vol. 36, n° 3.

1939-Compte rendu de C. Hentze, Frühchinesische Bronzen und Kultdarstellungen, *Man*, vol. 39, n° 60.

ALBISETTI, Padre C.:

1948-Estudos complementares sôbre os Bororos orientais, *Contribuções missionarias*, *publicações da Sociedade Brasileira de Antropologia e Etnologia* (Rio de Janeiro), n° 2—3.

ARCY WENTWORTH THOMPSON, D':

1952-*On Growth and Form*, Cambridge, Mass, n. éd., 2 vol.

AUGER，P.：

1952-*L'Homme microscopique*，Paris.

BALANDIER，G.：

1956-Grandeur et servitude de l'ethnologie，*Cahiers du Sud*，43e année，n° 337.

BALDUS，H.：

1944-1946 Os Tapirapé，*Revista do Arquivo Municipal*，São Paulo.

BASTIDE，R.：

1956-Lévi-Strauss ou l'ethnographe "à la recherche du temps perdu"，*Présence africaine*，avril-mai.

BATESON，G.：

1936-*Naven*，Cambridge.

BENEDICT，P. K.：

1942-Tibetan and Chinese Kinship Terms，*Harvard Journ. of Asiatic Studies*，6.

1943-Studies in Thai Kinship Terminology，*Journ. Amer. Oriental Soc.*，63.

BENEDICT，R.：

1934-*a*) *Patterns of Culture*，Cambridge，Mass.

1934-*b*) Zuni Mythology，*Columbia Univ. Contrib. to Anthropology*，no. 21，New York，2 vol.

1943-Franz Boas as an Ethnologist，*in*：*Franz Boas*，1858—1942，*Mem. of the Anthropol. Amer. Assoc.*，n°61.

BENVENISTE，E.：

1939-Nature du Signe linguistique，*Acta Linguistica*，I，1.

BERNDT，R. M.：

1951-*Kunapipi*，Melbourne.

1955 - "Murngin" (Wulamba) Social Organization, *Amer. Anthrop.*, n. s., vol. 57.

BERNOT, L. et BLANCARD, R.:

1953-*Nouville, un village français*, Travaux et Mémoires de l'Institut d'Ethnologie. 57, Paris.

BIDNEY, D.:

1950-Review of L. A. White, The Science of Culture, *American Anthropol.*, n. s., vol. 52, 4, Part. I.

1953-*Theoretical Anthropology*, New York, Columbia U. P.

BOAS, F.:

1895-*The Social Organization and the Secret Societies of the Kwakiutl Indians*, Washington.

1898-Introduction to: Teit, J., Traditions of the Thompson River Indians of British Columbia, *Mem. of the Amer. Anthropol. Assoc.*, vol. 6.

1911 -Ed., Handbook of American Indian Languages, *Bureau of American Ethnology*, Bull. 40 (1908), part. I.

1920-The Methods of Ethnology, *Amer. Anthropol.*, n. s., vol. 22.

1924-Evolution or Diffusion? *Amer. Anthropol.*, n. s., vol. 26.

1927-*Primitive Art*, Instituttet for Sammenlignende Kulturforskning, série B, vol. 8, Oslo.

1930-*a*) *The Religion of the Kwakiutl Indians*, Columbia Univ. Contrib. to Anthropol., no. 10, New York, 2 vol.

1930-*b*) Some Problems of Methodology in The Social Sciences, *in*: *The New Social Science*, Chicago.

1936-History and Science in Anthropology: a Reply, *Amer. Anthropol.*, n. s., vol. 38.

1940-The Limitations of the Comparative Method of Anthropology (1896), *in*: *Race*, *Language and Culture*, New York.

BOHR, N.:

1939-Natural Philosophy and Human Culture, *Nature*, vol. 143.

BONAPARTE, M.:

1945-Notes on the Analytical Discovery of a Primal Scene, *in*: *The Psychoanalytical Study of the Child*, vol. I, New York.

BRAND, C. S.:

1948-On Joking Relationships, *American Anthropologist*, n. s., vol. 50.

BRICE PARAIN:

1956-Les Sorciers, *le Monde nouveau*, mai.

BRUNSCHVICG, L.:

1927-*Le Progrès de la Conscience dans la Philosophie occidentale*, 2 vol., Paris.

BUNZEL, R. L.:

1930-Introduction to Zuni Ceremonialism, *Bureau of Amer. Ethnology*, *47th Annual Report*, Washington.

CANNON, W. B.:

1942- "Voodoo" Death, *Amer. Anthropol.*, n. s., vol. 44.

COLBACCHINI, Padre A. A.:

1925-*I Bororos Orientali*, Turin.

1942- (COLBACCHINI, P. A. A. et ALBISETTI, P. C.) *Os Bororos orientais*, São Paulo.

COOK, W. A.:

1908-The Bororo Indians of Matto Grosso, *Smithsonian Miscellaneous Coll.*, vol. 50, Washington.

COOPER, J. M.:

1940-The South American Marginal Cultures, *Proc. of the 8th Amer. Sci-*

entific Congress, Washıngton.

CREEL, H. G.:

1935-On the Origin of the Manufacture and Decoration of Bronze in the Shang Period, *Monumenta Serica*, vol. I, fasc. I.

1936-Notes on Shang Bronzes in the Burlington House Exhibition, *Revue des Arts asiatiques*, 10.

CUSHING, F. H.:

1883-Zuni Fetiches, *Bureau of Amer. Ethnology*, *2nd Annual Report*, Washington (1880—1881).

1896-Outlines of Zuni Creation Myths, *Bureau of American Ethnology*, 13*th Annual Report*.

1920-Zuni Breadstuffs, *Indian Notes and Monographs*, *Museum of the A-merican Indian*, *Heyes Foundation*, 8.

DAHLBERG, G.:

1948-*Mathematical Methods for Population Genetics*, London-New York.

DAVIS, K.:

1935-(DAVIS, K. and WARNER, W. L.) Structural Analysis of Kinship, *Amer. Anthropol.*, n. s., vol. 37.

1941-Intermarriage in Caste Societies, *Amer. Anthropol.*, n. s., vol. 43

1947-The Development of the City in Society; 1st Conference on Long Term Social Trends, *Social Science Research Council*.

DELCOURT, M.:

1944-*Œdipe ou la Légende du Conquérant*, Liège.

DOBRIZHOFFER, M.:

1822-*An Account of the Abipones*, Transl. from the Latin, 3 vol., London.

DORSEY, G. A.:

1906-*The Pawnee*：*Mythology*，p. I，Washington.

DUMÉZIL，G.：

1948-*Loki*，Paris.

1949-*L'Héritage indo-européen à Rome*，Paris.

DURKHEIM，E.：

1901-1902-（E. DURKHEIM et M. MAUSS），De quelques formes primitives de classification，*Année sociologique*，6.

1912-*Les Formes élémentaires de la vie religieuse*，Paris.

EGGAN，F.：

1937-*a*）Historical Changes in the Choctaw Kinship System，*Amer. Anthropologist*，n. s.，vol. 39.

1937-*b*）ed.，*Social Anthropology of North American Tribes*，Chicago.

1950-*Social Organization of the Western Pueblos*，Chicago.

ELWIN，V.：

1947-*The Muria and their Ghotul*，Oxford.

ENGELS，F.：

1954-*L'Origine de la famille*，*de la propriété privée et de l'État*，trad. Stern，Paris，Éditions Sociales.

EVANS-PRITCHARD，E. E.：

1939-Nuer Time Reckoning，*Africa*，12.

1940-*a*）*The Nuer*，Oxford.

1940-*b*）（M. FORTES and E. EVANS-PRITCHARD）*African Political Systems*，Oxford.

1951-*Social Anthropology*，Glencoe，Ill.

FARNSWORTH，W. O.：

1913-*Uncle and Nephew in the Old French Chanson de Geste*，New York.

FEBVRE，L.：

1946-*Le Problème de l'incroyance au XVIe siècle*, 2e ed., Paris.

FIELD, H.:

1942- (FIELD, H. and PROSTOV, E.) Results of Soviet Investigation in Siberia, *Amer. Anthropol.*, n. s., vol. 44.

FIRTH, R.:

1936-*We, The Tikopia*, London-New York.

1946-*Malay Fishermen*, London.

1951-*Elements of Social Organization*, London.

FLETCHER, A. C.:

1904-The Hako: A Pawnee Ceremony, *Bureau of Amer. Ethnology, 22nd Annual Report*, Washington (1900—1901).

FORD, C. S.:

1951- (FORD, C. S. and BEACH, F. A.) *Patterns of Sexual Behavior*, New York.

FORD, J. A.:

I955-The Puzzle of Poverty Point, *Natural History*, vol. 64, n° 9.

FORDE, D.:

1941-Marriage and the Family among the Yako, *Monographs in Social Anthropology*, n° 5, London.

1950-*a*) Double-Descent among the Yako, *in* 1950 *b*).

1950-*b*) (RADCLIFFE-BROWN, A. R. and FORDE, D.) ed. of *African Systems of Kinship and Marriage*, Oxford.

FORTES, M.:

1940-cf. EVANS-PRITCHARD, E. E., 1940 *b*).

1949-Ed., *Social Structure*, Studies presented to A. R. Radcliffe-Brown, Oxford.

FORTUNE, R. F.:

1932-*The Sorcerers of Dobu*, New York.

1939-Arapesh Warfare, *Amer. Anthropol.*, n. s., vol. 41.

FRIČ V.:

1906-(FRIČ, V. and RADIN, P.) Contributions to the Study of the Bororo Indians, *Journal of the Royal Anthropological Institute*, vol. 36.

GAUTIER, L.:

1890-*La Chevalerie*, Paris.

GEISE, N. J. C.:

1952-*Badujs en Moslims*, Leiden.

GIFFORD, E. W.:

1916-Miwok Moieties, *Univ. of Calif. Public*, in *Amer. Archaeol. and Ethnol.*, vol. 12, n° 4.

1929-Tonga Society, *B. P. Bishop Museum Bull.*, 61.

GOLDSTEIN, K.:

1951-*La Structure de l'organisme*, Paris. (*Der Aufbau des Organismus*, traduction française.)

GOUGH, E. K.:

1955-Female Initiation Rites on the Malabar Coast, *Journ. of the Roy. Anthropol. Ist.*, vol. 85.

GRANAI, G.:

Cf. HAUDRICOURT.

GRIAULE, M.:

1938-*Masques Dogons*, Trav. et Mém. Institut d'ethnologie, 33.

1947-Mythe de l'organisation du monde chez les Dogons, *Psyché*, vol. 2.

GUMMERE, F. B.:

1901-The Sister's Son, *in*: *An English Miscellany Presented to D*r*. Furnivall*, London.

GURVITCH，G.：

1955-*a*）*Déterminismes sociaux et liberté humaine*，P. U. F.，Paris.

1955-*b*）Le Concept de structure sociale，*Cahiers internationaux de Sociologie*，vol. 19，n. s.，2e année.

HALLE，M.：

Cf. JAKOBSON.

HALPERN，A. M.：

1942-Yuma Kinship Terms，*Amer. Anthropol.*，n. s.，vol. 44.

HARTLAND，S.：

1917-Matrilineal Kinship and the Question of its Priority，*Mem. Amer. Anthropol. Assoc.*，vol. 4.

HAUDRICOURT，A. G.：

1955-（HAUDRICOURT，A. G. et GRANAI，G.）Linguistique et Sociologie，*Cahiers internationaux de Sociologie*，vol. 19，cahier double，n. s.，2e année.

HAUSER，H.：

1903-L'Enseignement des sciences sociales，Paris.

HENRY，J.：

1940-Compte rendu de：Nimendaju，The Apinayé，*Amer. Anthropol.*，n. s.，vol. 42.

HENTZE，C.：

1936-*Objets rituels，croyances et dieux de la Chine antique et de l'Amérique*，Antwerp.

1937-*Frühchinesische Bronzen*，Antwerp.

HERSKOVITS，M. J.：

1940-*The Economic Life of Primitive People*，New York.

HOCART，A. M.：

1915-Chieftainship and the Sister's Son in the Pacific, *Amer. Anthrop.*, n. s., vol. 17.

1923-The Uterine Nephew, *Man*, vol. 23, n° 4.

1925-The Cousin in Vedic Ritual, *Indian Antiquary*, vol. 54.

1938-*Les Castes*, Paris.

1952-*a*) The Northern States of Fiji, *Occasional Publ.*, n° 2, Royal Anthropol. *Institute*, London.

1952-*b*) *The Life-Giving Myth*, London.

1954-*Social Origins*, London.

HOLM, S.:

1951-Studies towards a Theory of Sociological Transformations, *Studia Norvegica*, n° 7, Oslo.

HOLMER, N. M.:

1947- (HOLMER, N. M. and WASSEN, H.) *Mu-Igala or the Way of Muu, a Medicine Song from the Cuna of Panama*, Göteborg.

HOMANS, G. C.:

1955- (HOMANS, G. C. and SCHNEIDER, D. M.) *Marriage, Authority and Final Causes, a Study of Unilateral Cross-Cousin Marriage*, Glencoe, Illinois.

HOWARD, G. C.:

1904-*A History of Matrimonial Institutions*, 3 vol., Chicago.

HUNTER-WILSON, M.:

1951-Witch Beliefs and Social Structure, *American Journal of Sociology*, 56, 4.

JAKOBSON, R.:

1929-Remarques sur l'évolution phonologique du russe, *Travaux du Cercle linguistique de Prague*, vol. 2.

1931-Prinzipien der historischen Phonologie, *Travaux du Cercle linguistique de Prague*, vol. 4.

1938-Observations sur le classement phonologique des consonnes, *Proc. of the Third Intern. Congress of Phonetic Sciences*, Gand.

1941-*Kindersprache, Aphasie und Allgemeine Lautgesetze*, Uppsala.

1948-The Phonetic and Grammatical Aspects of Language in their Interrelations, *Actes du 6e Congrès international des linguistes*, Paris.

1949-Cf. REICHARD, G. A.

1956- (JAKOBSON, R. and HALLE, M.) *Fundamentals of Language*, 'S-Gravenhage.

JOSSELIN DE JONG, J. P. B. DE:

1952-Lévi-Strauss's Theory on Kinship and Marriage, *Mededelingen van het Rijksmuseum voor Volkenkunde*, Leiden, n° 10.

JOSSELIN DE JONG, P. E. DE:

1951-*Minangkabau and Negri-Sembilan Socio-Political Structure in Indonesia*, Leiden.

KARLGREN, B.:

1937-New Studies on Chinese Bronzes, *The Museum, of Far Eastern Antiquities*, Bull. 9, Stockholm.

1941-Huai and Han, *The Museum of Far Eastern Antiquities*, Bull. 13, Stockholm.

KELEMEN, P.:

1943 -*Medieval American Art*, 2 vol., New York.

KOVALEVSKI, M.:

1893-La Famille matriarcale au Caucase, *l'Anthropologie*, vol. 4.

KRIS, E.:

1947-The Nature of Psychoanalytic Propositions and their Validation, *in*:

Freedom and Experience, *Essays presented to H. M. Kallen*, Cornell Univ. Press.

KROEBER, A. L.:

1909-Classificatory Systems of Relationship, *Journ. Roy. Anthrop. Inst.* vol. 39.

1920-Review of Lowie, Primitive Society, *American Anthrop.*, n. s., vol. 22.

1925-Handbook of the Indians of California, *Bureau of American Ethnology*, Bull. 78, Washington.

1935-History and Science in Anthropology, *Amer. Anthropol.*, n. s., vol. 37.

1938-Basic and Secondary Patterns of Sociat Structure, *Journal of the Royal Anthropological Institute*, vol. 68.

1940- (KROEBER, A. L. and RICHARDSON, J.) Three Centuries of Women's Dress Fashions: A Quantitative Analysis, *Anthropological Records*, 5, 2, Berkeley.

1941-Salt, Dogs, Tobacco, *Anthropological Records*, vol. 6, Berkeley.

1942-The Societies of Primitive Man, *Biological Symposia*, 8, Lancaster, Pa.

1943-Structure, Function and Pattern in Biology and Anthropology, *The Scientific Monthly*, vol. 56.

1948-*Anthropology*, n. éd., New York.

KROEF, J. VAN DER:

1954-Dualism and Symbolic Antithesis in Indonesian Society, *Amer. Anthropol.*, n. s., vol. 56.

LA VEGA, Garcilasso DE:

1787 -*Histoire des Incas*, 2 vol., trad. franç., Paris.

LAWRENCE, W. E.:

1949-Cf. MURDOCK, 1949 *b*) .

LEACH, E. R.:

1945-Jinghpaw Kinship Terminology, *Journal of the Royal Anthropol. Institute*, vol. 75.

1951-The Structural Implications of Matrilateral Cross Cousin Marriage, *Journ. of the Royal Anthropological Institute*, vol. 81.

LEE, D. D.:

1941-Some Indian Texts Dealing with the Supernatural, *The Review of Religion*, May.

LEFORT, C.:

1951-L'Échange et la lutte des hommes, *les Temps modernes*, février.

1952-Sociétés sans histoire et historicité, *Cahiers internationaux de Sociologie*, vol. 12, 7e année.

LEIRIS, M.:

1948-*Biffures*, *la Règle du jeu*, I, Paris.

1955-*Fourbis*, *la Règle du jeu*, II, Paris.

LEROI-GOURHAN, A.:

1935-L'Art animalier dans les bronzes chinois, *Revue des arts asiatiques*, Paris.

LESTRANGE, M. DE:

1951-Pour une Méthode socio-démographique, *Journal de la Société des africanistes*, t. 21.

LÉVI-STRAUSS, C.:

1936-Contribution à l'étude de l'organisation sociale des Indiens Bororo, *Journal de la Société des américanistes*. n. s., 28.

1942-Indian Cosmetics, *VVV*, n°1, New York.

1943-The Art of the Northwest Coast, *Gazette des Beaux-Arts*, New

York.

1944-*a*）Reciprocity and Hierarchy，*Amer. Anthropol.*，n. s.，vol. 46.

1944-*b*）The Social and Psychological Aspects of Chieftainship in a Primitive Tribe：The Nambikuara，*Transactions of the New York Academy of Sciences*，*2*，*7*，n°1.

1945-*a*）On Dual Organization in South America，*America Indigena*，4，n° 1，Mexico.

1945-*b*）L'Analyse structurale en linguistique et en anthropologie，*Word*，vol. I n° 2.

1947-*a*）French Sociology，*in*：*Twentieth Century Sociology*，ed. by G. Gurvitch and W. E. Moore，New York，1945. Trad. franç.：*la Sociologie au XXe siècle*，2 vol.，P. U. F.，Paris，1947.

1947-*b*）Sur certaines similarités morphologiques entre les langues Chibcha et Nambikwara，*Actes du 28e Congrès international des américanistes*，Paris.

1948-*La Vie familiale et sociale des Indiens Nambikwara*，Société des américanistes，Paris.

1949-*a*）Histoire et ethnologie，*Revue de Métaphysique et de Morale*，54，n°s 3—4（cf. chapitre I de ce volume）.

1949-*b*）*Les Structures élémentaires de la parenté*，P. U. F.，Paris.

1950-Introduction à l'œuvre de Marcel Mauss，*in*：MAUSS，M. *Sociologie et Anthropologie*，*loc. cit.*

1951-Language and the Analysis of Social Laws，*Amer. Anthropol.*，n. s.，vol. 53，n°2（法语译文见本书第三章）.

1952-*a*）Les Structures sociales dans le Brésil central et oriental，*in*：*Proceedings of the 29th Congress of Americanists*，New York（见本书第七章）.

1952-*b*）*Race et histoire*，Unesco，Paris.

1955-*a*) *Tristes Tropiques*, Plon, Paris.

1955-*b*) Les Mathématiques de l'Homme, *in*: *Bulletin international des Sciences sociales*, vol. 6, n°4 (reproduit par *Esprit*, 24e année, n°10, 1956).

1956-The Family, *in*: H. L. Shapiro, ed. *Man, Culture and Society*, Oxford Univ. Press.

1957-Le Symbolisme cosmique dans la structure sociale et l'organisation cérémonielle de plusieurs populations nord et sudaméricaines, *in*: le Symbolisme cosmique des monuments religieux, *Serie Orientale Roma*, vol. 14, Rome, 1957.

1960-Four Winnebago Myths, *in*: *Culture and History. Essays in Honor of Pual Radin*, New York.

LEWIN, K.:

1935-*A Dynamic Theory of Personality*, New York.

LING SHUN-SHENG 凌纯声:

1956-Human Figures with Protruding Tongue found in the Taitung Prefecture, Formosa, and Their Affinities found in Other Pacific Areas, *Bulletin of the Institute of Ethnology*, *Academic Sinica*. Nankang, Taipei, Taiwan.

LINTON, R.:

1936-*The Study of Man*, New York.

LIVI, L.:

1940-1941-*Trattato di Demografia*, Padua.

1949-Considérations théoriques et pratiques sur le Concept de "Minimum de population", *Population*, 4, Paris.

LOWIE, R. H.:

1913-Societies of the Hidatsa and Mandan Indians, *American Museum of*

Natural History, *Anthropological Papers*, vol. XI.

1915-Exogamy and the Classificatory Systems of Relationship, *Amer. Anthropol.*, n. s., vol. 17.

1916-Plains Indian Age-Societies: Historical and Comparative Summary, *American Museum of Natural History*, *Anthropol. Pap.*, vol. XI.

1919-The Matrilineal Complex, *University of California Public. in American Archaeology and Ethnology*, 16.

1920-*Primitive Society*, New York.

1927-*The Origin of the State*, New York.

1929-*a*) Notes on Hopi Clans, *American Museum of Natural History*, *Anthropol. Pap.*, vol. XXX.

1929-*b*) Hopi Kinship, *Amer. Mus. of Nat. History. Anthrop. Pap.*, vol. XXX.

1929-*c*) *Art. Relationship Terms*, *in*: *Encyclopædia Britannica*, 14th ed..

1935-*The Crow Indians*, New York.

1937-*The History of Ethnological Theory*, New York.

1940-American Culture History, *Amer. Anthropol.*, n. s., vol. 42.

1941-A Note on the Northern Gé of Brazil, *Amer. Anthropol.*, n. s., vol. 43.

1942-A Marginal Note to Professor Radcliffe-Brown's Paper on "Social Structure", *Amer. Anthropol.*, n. s., vol. 44, 3.

1948-*a*) *Social Organization*, New York.

1948-*b*) Some Aspects of Political Organization among American Aborigines, *Huxley Memorial Lecture*.

MALINOWSKI, B.:

1922-*Argonauts of the Western Pacific*, London.

1927-*Sex and Repression in Savage Society*, London-New York.

1929 -*The Sexual Life of Savages in North-Western Melanesia*, 2 vol., London-New York.

1934-Préface à: H. Ian Hogbin, *Law and Order in Polynesia*, London.

1935-*a*) *Coral Gardens and their Magic*, 2 vol., London.

1935-*b*) *Art*. Culture, *in*: *The Encyclopœdia of the Social Sciences*, New York.

1937-Culture as a Determinant of Behavior, *in*: *Factors Determining Human Behavior*, Harvard Tercentenary Publications, Cambridge, Mass.

1939-The Present State of Studies in Culture Contact, *Africa*, vol. 12.

MARTIUS, C. F. P. VON:

1867-*Beiträge zur Ethnographie und Sprachenkunde Amerikas zumal Brasiliens*, Leipzig.

MARX, K.:

1899-*Critique de l'Économie politique*, trad. L. Rémy, Paris.

1948-*Pages choisies pour une éthique socialiste*, Textes réunis, traduits et annotés..., par Maximilien Rubel, Paris.

1949 -*Le* 18 *Brumaire de Louis Bonaparte*, Éditions sociales, Paris.

1950-1954-*Le Capital*, trad. Roy, Éditions sociales, 5 vol., Paris.

1953 -*Grundrisse der Kritik der Politischen Ökonomie*, Dietz Verlag, Berlin.

MASON, D. I.:

1952-Synesthesia and Sound Spectra, *Word*, vol. 8, n°I, New York.

MASPERO, H.:

1927-*La Chine antique*, Paris.

MAUSS, M.:

1901-1902-Cf. DURKHEIM.

1904-1905-Essai sur les variations saisonnières dans les sociétés eskimo, *Année sociologique*, Paris.

1924-Essai sur le don, forme archaïque de l'échange, *Année sociol.*, n. s.

1924-1925-Division et proportion des divisions de la sociologie, *Année sociologique*, n. s.

1947 - *Manuel d'ethnographie*, Paris.

1950-*Sociologie et anthropologie*, Paris.

McCARTHY, D.:

1938-*Australian Aboriginal Decorative Art*, Sydney.

MEAD, M.:

1935-*Sex and Temperament in Three Primitive Societies*, New York.

1937-ed.. *Competition and Cooperation among Primitive Peoples*, London-New York.

1949-Character Formation and Diachronic Theory, *in*: *Social Structure*, ed. by M. Fortes, Oxford.

MERLEAU-PONTY, M.:

1955-*Les Aventures de la dialectique*, Paris.

MÉTRAUX, A.:

1946-Myths of the Toba and Pilaga Indians of the Gran Chaco, *Mem. of the Amer. Folklore Society*, vol. 40, Philadelphia.

1947-Social Organization of the Kaingang and Aweikoma, *Amer. Anthropol.*, n. s., vol. 49.

MORGAN, L. H.:

1871-*Systems of Consanguinity and Affinity of the Human Family.*

MORGENSTERN, O.:

1944-Cf. VON NEUMANN.

MORLEY, A.:

1956-Doctors Save Man "Sung to Death", *Sunday Times*, London, April 22nd, p. 11.

MURDOCK, G. P.:

1949-*a*) *Social Structure*, New York.

1949-*b*) (LAWRENCE, W. E. and MURDOGK, G. P.) Murngin Social Organization, *Amer. Anthropol.*, n. s., vol. 51, I.

1957-World Ethnographic Sample, *Amer. Anthrop.*, n. s., vol. 59.

MURIE, J. R.:

1916-Pawnee Societies, *Amer. Museum of Nat. Hist.*, *Anthrop. Pap.*, vol. Ⅺ.

NADEL, S. F.:

1946-Shamanism in the Nuba Mountains, *Journal of the Royal Anthrop. Institute*, vol. 76.

1947-*The Nuba*, Oxford.

1952-Witchraft in Four African Societies: An Essay in Comparison, *Amer. Anthropol.*, n. s., vol. 54, n° 1.

NEUMANN, J. VON:

1944-(NEUMANN, J. VON and MORGENSTERN, O.) *Theory of Games and Economic Behavior*, Princeton.

NIMUENDAJU, C.:

1927-(NIMUENDAJU, C. and LOWIE, R. H.) The Dual Organization of the Ramkokamekran (Canella) of Southern Brazil, *Amer*, *Anthrop.*, n. s., vol. 29.

1939-The Apinayé, *The Catholic Univ. of America. Anthropol. Series*, n°8, Washington.

1942-The šerenté, *Public. of the F. W. Hodge Anniversary Publ. Fund*, vol. 4, Los Angeles.

1946-The Eastern Timbira，*Univ. of California Public. in American Archaeol. and Ethnol.*，vol. 41，Berkeley.

NORDENSKIÖLD，E.：

1938-An Historical and Ethnological Survey of the Cuna Indians，ed. by H. Wassen，*Comparative Ethnographical Studies*，10，Göteborg.

OLIVER，D. L.：

1955-*A Solomon Island Society：Kinship and Leadership among the Siuai of Bougainville*，Cambridge，Mass.

OPLER，M. E.：

1937-Apache Data Concerning the Relation of Kinship Terminology to Social Classification，*Amer. Anthropol.*，n. s.，vol. 39.

1947-Rule and Practice in the Behavior Pattern between Jicarilla Apache Affinal Relatives，*Amer. Anthropol.*，n. s.，vol. 49.

PAGET，sir R. A.：

1953 -The Origin of Language...，*Journ. of World History*. 1，2，Unesco，Paris.

PARSONS，E. C.：

1923-The Origin Myth of Zuni，*Journ. of American Folklore*，vol. 36.

POTTIER，E.：

Histoire d'une Bête，*in：Recueil E. Pottier*，Biblioth. des Écoles d'Athènes et de Rome，fasc. 142.

POUILLON，J.：

1956-L'œuvre de Claude Lévi-Strauss，*les Temps modernes*，12e année，n°126，juillet.

QUEIROZ，M. I. PEREIRA DE：

1953-A noção de arcaismo em etnologia e a organização social dos xerenté，*Revista de Anthropologia*，vol. I，n° 2，São Paulo.

RADCLIFFE-BROWN, A. R.:

1924-The Mother's Brother in South Africa, *South African Journal of Science*, 21.

1926-Father, Mother and Child, *Man*, vol. 26, n° 103.

1931-The Social Organization of Australian Tribes, *Oceania*, I.

1935-Kinship Terminology in California, *Amer. Anthropol.*, n. s., vol. 37.

1940-*a*) On Joking Relationships, *Africa*, 13.

1940-*b*) On Social Structure, *Journal of the Royal Anthrop. Institute*, vol. 70.

1941-The Study of Kinship Systems, *Journal of the Royal Anthrop. Institute*, vol. 71.

1945-Religion and Society, *Henry Myers Lecture*.

1949-*a*) A Further Note on Joking Relationships, *Africa*, 19.

1949-*b*) White's View of a Science of Culture, *Amer. Anthropol.*, n. s., vol. 51, n° 3.

1950-(RADCLIFFE-BROWN, A. R. and FORDE, D.) ed. of *African Systems of Kinship and Marriage*, Oxford.

1951-Murngin Social Organization, *Amer. Anthrop.*, n. s., vol. 53, 1.

1952-*a*) Social Anthropology, Past and Present, *Man*, vol. 52, n° 14.

1952-*b*) *Structure and Function in Primitive Society*, Glencoe, Ⅲ.

RADIN, P.:

1906-Cf. FRIČ, V.

1923-The Winnebago Tribe, *Bureau of American Ethnology*, 37*th Annual Report* (1915—1916) Washington.

1945-*The Road of Life and Death*, New York.

1949-The Culture of the Winnebago: as Described by Themselves, *Special*

Publ. of the Bollingen Foundation, n°1.

RAPOPORT, A.:

1949-Outline of Probability Approach to Animal Societies, *Bull. of Mathematical Biophysics*, Ⅱ.

REICHARD, G. A.:

1933-Melanesian Design: A Study of Style in Wood and Tortoiseshell Carving, *Columbia Univ. Contrib. to Anthropol.*, n°18, 2 vol.

1949- (REICHARD, G. A., JAKOBSON, R. and WERTH, E.) Language and Synesthesia, *Word*, vol. 5, n° 2.

1950-Navaho Religion, A Study in Symbolism, 2 vol., New York.

REVEL, J. F.:

1957-*Pourquoi des philosophes*? Paris.

RICHARDS, A. I.:

1932-*Hunger and Work in a Savage Tribe*, London.

1936-A Dietary Study in North-Eastern Rhodesia, *Africa*, 9.

1939-*Land, Labour and Diet in Northern Rhodesia*, Oxford.

RIVERS, W. H. R.:

1907-The Marriage of Cousins in India, *Journ. Roy. Asiatic Soc.*, July.

1914-*The History of Melanesian Society*, 2 vol., London.

1924-*Social Organization*, London.

RODINSON, M.:

1955-*a*) Racisme et civilisation, *la Nouvelle Critique*, n° 66, juin.

1955-*b*) Ethnographie et relativisme, *la Nouvelle Critique*, n° 69, novembre.

ROES, A.:

1936-1937-Tierwirbel, *Ipek*.

ROSE, H. J.:

1911-On the Alleged Evidence for Mother-Right in Early Greece, *Folklore*, 22.

ROUT, E. A.:

1926-*Maori Symbolism*, London.

RUBEL, M.:

1948-Cf. MARX, K., *Pages choisies*, etc.

1957-*Karl Marx*, *Essai de biographie intellectuelle*, Paris.

SAPIR, E.:

1949-*Selected writings of - in Language*, *Culture and Personality*, ed. by D. Mandelbaum, Univ. of California, Berkeley.

SARTRE, J. P.:

1952-Les communistes et la paix (II), *les Temps modernes*, 8e année, nos 84—85.

SAUSSURE, F. DE:

1916-*Cours de linguistique générale*, Paris.

SCHNEIDER, D. M.:

1955-Cf. HOMANS.

SCHRADER, O.:

1890-*Prehistoric Antiquities of the Aryan People*, trad. F. B. Jevons, London.

SECHEHAYE, M. A.:

1947-La Réalisation symbolique, suppl. n°12, *Revue suisse de Psychologie et de Psychologie appliquée*, Berne.

SELIGMAN, C. G.:

1910-*The Melanesians of British New Guinea*, London.

SHANNON, C.:

1950- (SHANNON, C. and WEAVER, W.) *The Mathematical Theory of Communication*, Urbana.

SIMIAND, E.:

1903-Méthode historique et Science sociale. *Revue de synthèse*.

SOUSTELLE, J.:

1940-*La Pensée cosmologique des anciens Mexicains*, Paris.

SPECK, F. G.:

1915-Family Hunting Territories and Social Life of Various Algonkian Bands of the Ottawa Valley, *Canada Department of Mines*, *Geological Survey*, Mem. 70.

SPIER, L.:

1921-The Sun-Dance of the Plains Indians. *Amer. Mus. of Nat. History*, *Anthropol. Pap.*, vol. 16.

SPOEHR, A.:

1924-Kinship System of the Seminole, *Field Museum of Natural History*, *Anthropological series*, vol. 33, n° 2.

1947-Changing Kinship Systems, *id.* vol. 33. n° 4.

1950-Observations on the Study of Kinship, *Amer. Anthropol.*, n. s., vol. 52, n°1.

STANNER, W. E. R.:

1936-1937-Murinbata Kinship and Totemism, *Oceania*, vol. 7.

STEINEN, K. VON DEN:

1897-*Unter den Naturvölkern Zentral-Brasiliens*, 2e éd., Berlin. (Trad. portugaise, São Paulo, 1940.)

STEVENSON, M. C.:

1905-The Zuni Indians, *Bureau of American Ethnology*, *23rd Annual Report*, Washington.

STEWARD, J. H.:

1938-Basin-Plateau Aboriginal Sociopolitical Groups, *Bureau of American Ethnology*, *Smithsonian Institution*, Bull. 120.

STEWART, J. Q.:

1947-Empirical Mathematical Rules Concerning the Distribution and Equilibrium of Population, *The Geographical Review*, vol. 37, n°3.

SUTTER, J.:

1951- (SUTTER, J. et TABAH, L.) les Notions d'isolat et de Population minimum. *Population*, 6, 3, Paris.

SWANTON, J. R.:

1908-Social Condition, Beliefs and Linguistic Relationship of the Tlingit Indians, *Bureau of American Ethnology*, *26th Annual Report*, Washington.

1909-Tlingit Myths and Texts, *Bureau of American Ethnology*, Bull. 59.

TABAH, L.:

1951-Cf. SUTTER, J.

TEISSIER, G.:

1936-La Description mathématique des faits biologiques. *Revue de Métaphysique et de Morale*, janvier.

THOMPSON, L.:

1950-*Culture in Crisis*, *a Study of the Hopi Indians*, New York.

THOMSON, D. F.:

1935-The Joking Relationship and Organized Obscenity in North Queensland, *Amer. Anthropol.*, n. s., vol. 37.

TROUBETZKOY, N.:

1933-La Phonologie actuelle, *in*: *Psychologie du langage*, Paris.

1949-*Principes de phonologie*, trad. française, Paris.

TYLOR, E. B.:

1865-*Researches into the Early History of Mankind and the Development of Civilization*，London.

1871-*Primitive Culture*，2 vol.，London.

VOTH，H. R.：

1903-The Oraibi Summer Snake Ceremony，*Field Columbian Museum publ. n°83. Anthropological Series*，vol. 3，n°4，Chicago.

WAGLEY，C.：

1940-The Effects of Depopulation upon Social Organization as Illustrated by the Tapirapé Indians，*Transactions of the New York Academy of Sciences*，3，n°1.

1948-（WAGLEY，C. and GALVÃO，E.）The Tapirapé，*in*：Steward，ed. Handbook of South-American Indians，vol. 3. *Bureau of American Ethnology*，Bull. n°143，Washington.

WARNER，W. L.：

1930-1931-Morphology and Functions of the Australian Murngin Type of Kinship System，*Amer. Anthropol.*，n. s.，vol. 32 et 33.

1937-*a*) The Family and Principles of Kinship Structure in Australia，*American Sociological Review*，vol. 2.

1937-*b*) *A Black Civilization*，New York.

WASSEN，H.：

1947-Cf. HOLMER，N. M.

WATERBURY，F.：

1942-*Early Chinese Symbols and Literature*：*Vestiges and Speculations*，New York.

WHITE，L. A.：

1943-Energy and the Evolution of Culture，*Amer. Anthropol.*，n. s.，vol. 45.

1945-History, Evolutionism and Functionalism..., *Southwestern Journal of Anthropology*, vol. 1.

1947-Evolutionary Stages, Progress and the Evaluation of Culture, *Southwestern Journal of Anthropology*, vol. 3.

1949-*The Science of Culture*, New York.

WHORF, B. L.:

1952-*Collected Papers on Metalinguistics*, Washington, D. C., Dept. of State, Foreign Service Institute.

1956-*Language, Thought, and Reality*, ed. John B. Carroll, New York.

WIENER, N.:

1948-*Cybernetics, or Control and Communication in the Animal and the Machine*, Paris, Cambridge, New York.

1950-*The Human Use of Human Beings*, Boston.

WILLIAMS, F. E.:

1932-Sex Affiliation and its Implications, *Journ. of the Royal Anthropological Institute*, vol. 62.

1940-1941 et 1941-1942-Natives of Lake Kutubu, Papua, *Oceania*, vol. 11 et vol. 12.

1941-Group Sentiment and Primitive Justice, *Amer. Anthropol.*, n. s., vol. 43.

WITTFOGEL, K. A.:

1943- (WITTFOGEL, K. A. and GOLDFRANK, E. S.) Some Aspects of Pueblo Mythology and Society, *Journal of American Folklore*, vol. 56.

YACOVLEFF:

1932-La deidad primitiva de los Nasca, *Revista del Museo Nacional*, Ⅱ, 2.

YETTS, W. P.:

1929-*The George Eumorphopoulos Collection Catalogue*，3 vol.

1939-*The Cull Chinese Bronzes*，London.

1942-An-Yang：A Retrospect，*China Society Occasional Papers*，n. s.，n° 2，London.

YNGVE，V. H.：

1955-*a*）Syntax and the Problem of Multiple Meaning，*in*：W. N. Locke and A. D. Booth ed.，*Machine Translation of Languages*，New York.

1955-*b*）Sentence for Sentence Translation，*Mechanical Translation*，Cambridge，Mass.，vol. 2，n° 2.

s. d.-The Translation of Language by Machine，*Information Theory*（Third London Symposium）.

ZIPF，G. K.：

1949-*Human Behavior and the Principle of Least Effort*，Cambridge，Mass.

索　引

（所注页码为原书页码，即本书边码）

A

B

F

H

J

K

O

P

T

Y

Z

插图目录

ISBN：2-259-18543-6

欣悉我的著作系列即将在中国人民大学出版社出版，结构主义人类学理论亦将在有着悠久文明历史的中国继续获得系统的研究，对此我十分高兴。值此之际，谨祝中国的社会科学取得长足进步。

克洛德·列维－斯特劳斯
2006年1月13日
于法兰西学院社会人类学研究所

Claude Lévi-Strauss

列维-斯特劳斯文集

1 结构人类学(2)

ANTHROPOLOGIE STRUCTURALE DEUX

[法] 克洛德·列维-斯特劳斯/著
Claude Lévi-Strauss
张祖建/译

中国人民大学出版社
·北京·

克洛德·列维-斯特劳斯

CLAUDE LÉVI-STRAUSS

de l'Académie française

anthropologie structurale deux

PLON

原书封面

献给社会人类学实验室各位同仁：

我们心中常念的朋友啊，

我愿逐一喊出你们的名字。

——奥维德

（《悲歌》卷三，段 4）

目　录

第一部分　展望

第二部分　社会组织

第三部分　神话和仪式

第四部分　人文主义和人文学科

第一部分

展望

第一章　人类学的领域[1]

教务主任先生①、亲爱的同事们， 11

女士们、先生们：

1958 年，即一年多以前，法兰西学院筹划在院内开设一个社会人类学讲座。这门科学极为关注那些我们遇到时管它们叫作迷信的思想形式。有鉴于此，请允许我首先对迷信致以敬意。各种神话在我们的研究中占有重要的地位，它们的真谛难道不正是唤起一个已经遭到毁灭的过去，并且像一副格栅一样被用来比照现时的维度，以求从中破解出某种意义吗？在这种意义当中，历史性和结构性——神

① 法兰西学院的教务主任（administrateur）由教授会议从讲座教授当中选出，指导教学和研究工作。——译者注

话的现实性本身使之与人类形成对立——是两个互相吻合的方面。借着神话的全部特征在我看来均已被罗致无遗的机会，同样请允许我效法它的榜样，找出本人在以往的几件事上所获得的荣誉的意义与教训。其中一件便是各位举行审议的日子，它见证了，亲爱的同事们，由于早就被毕达哥拉斯数学、化学元素周期表和水母对称律
12 证明的数字 8 的神秘再现。1958 年便已提议的社会人类学讲座的创立恢复了一个传统，而本演讲人是无法逃离这个传统的，即便他有此窃想。

就在你们做出最初的决定之前 50 年，在利物浦大学，詹姆斯·乔治·弗雷泽爵士（Sir J. G. Frazer）宣读了世界上第一个以“社会人类学”命名的讲座的就职演说。再上溯 50 年，即 1855 年——不久以前才刚满一个世纪——诞生了两个人：弗朗茨·博厄斯（F. Boas）和埃米尔·迪尔凯姆（E. Durkheim）。即使后世不把这二人尊奉为人类学的创立者，至少也会认为这两位的著述——前者在美国，后者在法国——奠定了我们今日所了解的人类学的基础。

在这里重提这三个年份和这三个名字是恰如其分的，哪怕只是附带一提而已。弗雷泽和博厄斯的纪念日和名字使我有了一个做出见证的机会，既为见证社会人类学所有归功于盎格鲁-美利坚思想的方面，也为见证我个人从中所获取的教益。因为，我最初的工作正是通过与这一思想紧密合作才得以构思和完成的。不过，没有人会对迪尔凯姆在这场教益当中占有更为重要的地位感到诧异。迪尔凯姆体现着法兰西对社会人类学的贡献。他的百年诞辰在许多国家得到了隆重的纪念，尽管在这里几乎全无声息，连个正式的仪式也没有[2]。

对迪尔凯姆的这种不公正应当如何解释呢？这其实也是对我们自己有欠公允，否则只能将其视为这样一种亢奋情绪的一个小小的

后果：这种情绪驱使我们忘记了，甚至——按照查理·德·雷穆萨[①]的说法——“厌恶”我们本身的历史，并且导致社会人类学今日面临着失去迪尔凯姆的危险，正如它已经失去了高比诺和德默涅一样[②]。

然而，亲爱的同事们，久远的回忆把我同你们当中的几位联系起来，他们将不会否认我要提到的一段 1935 年前后的往事：当我们的巴西朋友向我们解释何以选择法国使团协助创立巴西的第一批大学的时候，他们反复提到两个名字：第一个无疑是巴斯德，第二个 13
名字就是迪尔凯姆。

不过，除了保留以上有关迪尔凯姆的考虑以外，我们另外还负有一项义务。没有任何人比马歇尔·莫斯（M. Mauss）更适合接受向他和他的老师同时发出的敬意了：他既是迪尔凯姆的学生，也是迪氏的后继者。从 1931 年至 1942 年，马歇尔·莫斯在法兰西学院主持过一个专门研究社会的讲座。鉴于不幸的莫里斯·哈勃瓦克[③]在这幢楼宇里驻足的时间十分短暂，所以，不妨想象一下——而且不会错失真理——你们创办这个社会人类学讲座正是为了把莫斯的那个讲座恢复起来。本人得益于莫斯的思想既深且巨，因此不能不以这一想象自娱。

---

① 查理·德·雷穆萨（Charles François Marie, Comte de Rémusat，1797—1875），法国作家、政治活动家。——译者注

② 高比诺（Joseph Arthur de Gobineau，1816—1882），法国外交家和作家、种族优劣论的鼓吹者。德默涅（Jean-Nicolas, Démeunier，1751—1814），法国政论翻译家、政治活动家。——译者注

③ 莫里斯·哈勃瓦克（Maurice Halbwachs，1877—1945），法国社会学家。——译者注

莫斯的讲座固然以“社会学”为名，因为莫斯一直跟保罗·里维①戮力同心，促使民族学成为一门名正言顺的科学，然而他在1930年前后并没有完全做到这一点。不过，只需提醒一个事实便足以证明我们两人的教学内容之间的联系：民族学在莫斯的学说中占据的比重逐渐增加。而且，自1924年以后，他就宣告“社会学的位置”应当在“人类学”之内。此外，除非我的记忆有误，第一个把“社会人类学”一语引进法语术语的也是莫斯本人，时在1938年。这个提法即使放在今天，莫斯也是不会否认的。

无论莫斯的有些做法如何大胆，他从未觉得自己偏离了迪尔凯姆的路线。我们也许今天比他本人更清楚，在不违背他屡次申明的忠诚不渝的前提下，他是怎样把他的伟大的先行者的学说变得更加简明、更加灵活的。迪尔凯姆的学说以其宏大的规模、强有力的逻辑构架和它所开辟的前景——仍有那么多事物有待探索——而一直令人惊叹。莫斯的使命在于完成和完善这座当造物主经过时方浮出地面的神奇建筑。那时，必须祛除仍在作威作福的形而上学的幽
14 灵，整座建筑必须一劳永逸地遮蔽起来，使之能够抵御辩证法的刺骨寒风、三段论的雷鸣、二律背反的闪电……不过，莫斯还使迪尔凯姆学派针对别的危险做到了未雨绸缪。

迪尔凯姆大概是把对于专门性的要求引进有关人的科学的第一人。这一要求在20世纪初无疑引起了一场革新，从而使此类科学里的大多数从中获益，特别是语言学。无论人类的任何思维形式或任何行为，人们必须首先对现象做出甄别和分析，并且弄清楚那些把

① 保罗·里维（Paul Rivet，1876—1958），法国民族学家，曾提出南美印第安人来自澳大利亚和美拉尼西亚的观点。1937年创立巴黎人类博物馆。——译者注

这些现象联系起来的关系在多大程度上能够用来解释它们，然后才能提出跟性质和原因有关的问题。如果不首先了解**此为何物**，也就是说，在没有彻底掌握一个对象的全部的内在规定性之前，我们不可能讨论它，也不可能重新构建产生它的历史过程。

但是，今天重读《社会学方法的规则》（*Les Règles de la méthode sociologique*）一书，我们不能不感到，迪尔凯姆在运用那些原理的时候带有某种偏向。他论述这些原理是出于把社会性建成一个独立范畴的需要，但没有注意到这一新的范畴本身包含着各种各样的专门性，即我们理解它所必须凭借的各个侧面。在断言逻辑、语言、法律、艺术和宗教均为社会性投射之前，必须先等专门科学对每一个这样的代码系统的组织方式和不同功能取得深入了解。为了理解它们之间的关系的性质，这样做岂不是更为适当吗？

尽管可能被指责自相矛盾，我们还是觉得，在“整体社会现象”的理论（一部被人如此称道，但似乎从未得到准确理解的理论）中，整体的概念反倒不如莫斯在构想这部理论时所运用的极特殊的方式来得重要。他对这个概念的构想不妨说是多层面的，由各个不同的多重层面连接而成。社会性整体并不是作为一条假设出现的，而是体现在经验即可在观察层次上把握的一项单摆独列的内容当中，时机也是有明确规定的，此时“社会及其各种建制的整体……一齐开动起来”。不过，这种整体性并不排斥现象的特殊性；正如 *15*
莫斯在《论馈赠》一书中所说，这些现象仍然“兼具司法、经济、宗教，甚至审美和形态”的性质。因此，说到底，整体性处于所有这些层面之间的功能性相互关联的网络当中。

莫斯的这种经验论的态度可以解释他何以如此迅速地克服了迪尔凯姆起初对于民族志调查的厌恶感。莫斯说：“这一个或那一个岛屿上的美拉尼西亚人才是最重要的……”跟理论家相比，观察者永远拥有最后的发言权；跟观察者相比，土著人拥有最后的发言权。最后，在土著人的理性化解释的背后——他们常常充当观察者，甚至是自身社会的理论家——人们必须找出“无意识的范畴”，因为正如莫斯在一部早期著作里所说，此类范畴“正像在宗教和语言学里一样，在巫术里”具有决定性的意义。不过，这种深入的分析与迪尔凯姆并不抵触（因为它必然会达到一个崭新的层面），它使莫斯得以重新接通那些时常被轻率地割断的通往有关人的其他科学的桥梁：例如历史学，因为民族志学者正好立足于独特性，以及跟生物学和心理学的联系，只要人们承认社会现象“首先是社会的，但同样既是生理的，又是心理的”。只需把分析推至相当的深度，便可以达到莫斯所说的那个“肉体、灵魂、社会，一切都熔为一炉”的层面。

旅行家和民族志学者曾经为时或长或短地与人们共处过，上述这门活的社会学便是按照他们所描绘的样子对人进行观察的。它把人摆在历史变迁当中、具体的地理空间之内。莫斯说，这门社会学“的原理和目标……是考察整个群体及其全部行为”。

如果说，迪尔凯姆社会学所面临的危险之一是脱离现实，那么莫斯同样成功地使它抵御了另一个危险：以万灵药自命。自迪尔凯
16 姆以后——连一些自以为摆脱了他的说教影响的人士也不例外——社会学仿佛是一哄而起的产物，而且累及历史学、心理学、语言学、经济学、法学和民族志。在这场掠夺的成果里，它只需追加自己的现成处方即可。无论你向它提出什么样的问题，准保会有一张准备好的“社会学”答案递到你手上。

如果说我们今日所处的局面已经远非昔日可比，那在很大程度上应该归功于莫斯。马林诺夫斯基的名字也应当与之并提。理论家莫斯和躬亲实践者马林诺夫斯基，两人在同一时期——而且无疑彼

此支援——表明了民族科学中的证据应该如何提出。他们最早清楚地了解，只有分解和剖析还不够。社会现象无法归结为支离破碎的片段，它们是被人所体验过的；而且，跟社会现象的客观特征一样，这门主观的科学是它们的现实性的一种形式。

马林诺夫斯基开创了民族志学者毅然决然地参与土著人的生活和思想的局面，此时莫斯则断言，最要紧的是“整体的运动，活的侧面，以及对于自身和不同于他人的自身局面，社会和人从情感上意识到的那个稍纵即逝的瞬间”。唯有这种完全经验式的和主观的综合活动才能保证那种深入到无意识范畴的前期分析不会出现任何疏漏。

而且，验证无疑将在很大程度上依然是虚幻的。我们永远无法知道，那位我们毕竟无法混同的“他人”是否根据他的社会存在的因素做出了与我们的完全吻合的综合。不过，我们无须走得那么远。综合即使是近似的，只需得之于人类经验即可——而且凭内心感觉就可以做到这一点。我们必须确信这一点，因为我们研究的是人，而我们本身就是人，所以我们有可能做到这一点。莫斯在《论馈赠》中提出和解决问题的那种方式引导我们看到，在两种主观性的交叉点上，当有关人的科学遇到研究对象的完整性时，它所能够 17
期盼的最接近真理的程度。

千万不要搞错，这些看起来新颖的道理在迪尔凯姆那里早就隐约地出现了。人们常常指责他在《基本形式》[①]（*Formes élémentaires*）的第二部分里构建的宗教理论失之庞杂和笼统，似乎使此前已经出版，而且——人们本来是这样期望的——为之铺路的

① 指埃米尔·迪尔凯姆发表于1912年的《宗教生活的基本形式》一书。——译者注

对于澳大利亚宗教的细腻分析反倒显得多余了。

问题是，假如迪尔凯姆本人没有一开始就致力于给他自身社会的宗教表象追加一些已被历史和地理证明完全属于“其他”人群——而非同伙或无人怀疑的追随者——的宗教表象，那么他是否仍然能够建立起这样一部理论？民族志学者从事田野工作时恰恰就是这样做的，因为不管他打算如何谨慎和客观，他在调查结束时遇到的那个人从来就既不是他本人，也不是他人。通过使自己附着在他人身上，他顶多可以宣称找到了属于莫斯所说的一般性运行的现象，他只是说明它们更具普遍性和现实性罢了。

莫斯正是这样完成了迪尔凯姆的意图，从而把人类学从狄尔泰和斯本格勒[1]等思想家提出的自然科学的解说和人文科学的解说的虚幻对立当中解放了出来。寻找原因的过程以将经验纳入而告结束，但这却是一种既是外部的，也是内部的经验。著名的“把社会现象视为事物”的规则相当于第一步，第二步只需证明第一步即可。我们已经看出社会人类学的独创性所在：它不把解释原因跟理解对立起来，而是要为自己找到一个客观上极为遥远、主观上极为具体的研究对象，有关其原因的解说或可建立在这种对我们来说仅为一条补充证据的理解上面。诸如情感同化（empathie）一类的概念意味着多此一举的非理性主义和神秘主义，所以会招致我们的极
18 大的不信任。当我们追加一条有关补充证据的要求的时候，我们是在按照工程师的榜样设想人类学家；工程师通过一系列理性操作制造机器。可是，仅有逻辑的确定性是不够的，机器必须能够开动才

---

① 狄尔泰（Wilhelm Dilthey，1833—1911），德国哲学家，以人文科学方法论方面的著述知名。斯本格勒（Oswald Spengler，1880—1936）德国社会哲学家，以《西方的没落》一书知名。——译者注

行。为了获得自然科学和人文科学同样需要的最终的经验满足感，把他人的内心体验试用于自己只是可资利用的手段之一，因为它提供的或许更多的是一种保证，而非一场验证。

那么，什么是社会人类学呢？

依我看，最接近于把它的性质界定下来者，非费迪南·德·索绪尔（Ferdinand de Saussure）莫属，虽然他用的是暗示法——当他把语言学作为一门有待诞生的科学的一部分推出的时候，他为这门科学取了**符号学**（séméiologie）这个名字，并且把它的研究对象规定为符号在社会生活中的生命。此外，当他把语言行为跟“文字、聋哑人字母、象征性礼仪、礼貌形式、军用信号等”进行比照时，他不是已经预见到，我们最终也将参与其事吗？人类学本身的领域里至少包括这些符号系统中的某些系统，无人会否定这一点；而且许多别的系统也跻身此列：神话语言、构成仪式的口语符号和肢体符号、婚姻规则、亲属制度、习惯法以及某些经济交换的形式。

因此，我们认为，人类学是这一语言学尚未宣布占领的符号学领域的善意的占有者；同时也有待于人类学内部形成一些专门的科学，至少就这一领域的某些部分而言是如此。

不过，我们应当从两个方面澄清这个定义。

首先，我们要马上承认，刚才提到的一些现象同样属于几个专门的科学，如经济学、法学、政治学。这些科学面对着一些跟我们
最为接近，因而使我们特别感兴趣的现象。我们要说，社会人类学 19
对于这些现象的把握，要么是通过其最久远的表现，要么是根据其最一般的表达方式。从这后一个观点来看，人类学必须同那些专门的社会科学密切合作才能有所作为。反过来，这些科学如果没有人

类学家的帮助，也无法指望达到一般性的概括，因为后者是唯一能够为它们提供调查清册的人，尽管人类学家本人也在努力使其臻于完善。

第二个困难来得严重一些。因为人们可能会纳闷：所有这些社会人类学感兴趣的现象全都确实具备符号的特征吗？这一点在我们研究得最多的那些问题上是相当清楚的。在思考某些信仰体系的时候——例如图腾现象或某些社会组织的形式：单系氏族、两系婚姻——我们提出的问题正是“这一切究竟有什么含义？”为了回答这个问题，我们得把起初在不同语言里给出的规则*翻译*成我们自己的语言。

但是，这个道理是否同样适用于例如工具、技术以及生产和消费的方式等社会现实的其他方面呢？在这里，我们看来是在跟一些事物，而不是跟符号打交道——即皮尔斯（F. E. Pierce）在他的著名定义“为了某人而替代某物的东西”里所说的那个符号。那么，一柄石斧替代了什么？为谁替代呢？

这种反对意见在某种意义上并没有错，而且可以解释为什么有些人不乐意看到一些本属例如地理学和工艺学等其他科学的现象为社会人类学领域所接纳。“文化人类学”这个术语于是应运而生，因为它可以把我们研究的这个部分区分出来，而且强调了它的独特性。

不过，众所周知——莫斯在这一点上跟马林诺夫斯基达成了一致意见，这是他的一大功绩——尤其是在我们所关注的社会里，同时也在其他社会里，这些领域本身含义就很丰富。仅就这一点而言，它们跟我们的关系就已经非同小可了。

最后，激励着我们的研究工作的那种搜求务尽、勿使遗漏的意
20 愿在很大程度上改变了研究对象。孤立地看，工艺技术可被视为一个未经加工的现象、一份历史遗产或者一个人类需求与环境限制之

间妥协的产物。但是，如果把它们放入人类学努力建立的那些社会的一份总的清单之内，它们便获得了全新的意义，因为我们把它们视为每一个社会显然都会做出的众多选择的对等物（这是一种方便的说法，但应剔除其人性化的意蕴），选择所依据的各种可能性我们将一一列举出来。在这个意义上，我们就能把一柄属于某种类型的石斧设想为一个符号。因为，对于能够了解其用途的观察者来说，它在一个规定的环境里替代了不同的社会用于同一用途的别的工具。

这样一来，任何一个原始社会的哪怕是最简单的技术也带有系统的特征，而且可以从一个更为一般的系统的角度对之进行分析。这个系统的某些成分是如何保留下来的，另一些成分又是怎样被排除的？这就使我们能够把每一个局部的系统视为一组有意义的取舍，它们跟其他选择可以是相容的，也可以是不相容的，而且，每一个社会或者社会在每一个发展阶段都不得不做出这样的取舍。

社会人类学提出了研究对象的象征性质，所以并没有割断与现实（realia）的联系之意。既然艺术——其中一切都是符号——运用的是物质的媒介，那么社会人类学怎么会那样做呢？忽视神的形象就无法研究神；不分析祭司制造或摆弄的物件和物质，就无法研究仪典；脱离了与之相应的事物更无法研究社会规则。社会人类学并不在民族学的某一个领域里驻足不前；它并不把物质文化和精神文化截然分开。对于这两者，社会人类学在其所特有的视野当中——我们必须确定其位置——怀有同样的兴趣。人类利用象征和符号从事沟通。人类学是人与人之间的一场对话；在它看来，一切都是象征和符号，它们是出现在两个主体之间的媒介。

21 由于对物件和工艺技术抱有这般尊重，也由于确定地要在含义上做文章，我们关于社会人类学的构想与拉德克利夫-布朗显然差之千里。直到 1955 年猝然离世之前，他曾经为使我们能够独立自主地从事研究做了那么多的工作。

按照这位英国大师的始终极为清晰明了的观点，社会人类学应该是一门归纳的科学。正如其他此类科学一样，它观察事实、提出假说、将假说交付给经验监控，以期发现自然和社会的一般规律。因而它有别于民族学，后者致力于重建原始社会的过去，但使用的手段和方法却不可靠，未能给社会人类学带来任何教益。

这一观念得之于迪尔凯姆的泛流（circumfusa）与流逝（praeterita）的区分，当它在 1920 年前后在社会人类学中被提出来的时候，标志着针对传播学派的泛滥的一种有益的反动。但是，从那时以后，由于地层发掘、统计方法在考古学中开始使用、孢粉分析、碳 14 的运用，特别是民族学家和社会学家之间、考古学家和史前史学家之间的日益紧密的合作，“臆测的历史”——恰如拉德克利夫-布朗不无轻蔑地称呼的那样——获得了改进，并使它的方法更加精细。因此，人们有理由怀疑，拉德克利夫-布朗对历史重构的不信任是否反映了科学发展的一个即将过时的阶段。

关于社会人类学的前景，跟那些受到拉德克利夫-布朗的雄心壮志的鼓舞的观点相比，我们当中的一些人却抱有谨慎得多的看法。在我们看来，社会人类学并不以 19 世纪时人们所想象的那种归纳性科学作为模式，我们宁愿把它视为一门系统分类学，目的在于甄别和清理类型，分析它们的组成部分，建立起它们之间的关系。缺少
22 了这一初步的工作——不可否认它刚刚起步——拉德克利夫-布朗所鼓吹的比较法实际上就可能陷于停滞：要么是准备比较的资料在历史或地理方面过于接近，以至于始终无法肯定是否是在与不同的现

象打交道；要么就是这些资料过于杂糅不匀，以至于比较的方法变得不合情理，因为不可比的事物被硬拉在一起。

直到最近这几年，人们还一直以为波利尼西亚的贵族制度属于晚近才引进的现象，为时仅有几个世纪，而且是少数外来征服者所为。可是，现在来自美拉尼西亚和波利尼西亚的对于有机物遗存的剩余放射性的测定显示，这两个地区的被占领时间之间的差异并没有人们起初所相信的那么大。这样一来，关于封建制度的性质和完整性的看法都非得修正不可，因为，至少就世界上这一地区而言，自从吉亚尔[①]先生的出色研究问世以来，这种制度在征服者到来之前就存在的可能性是无法排除的；而且，即使从事简单的园圃种植的社会也可能产生封建制度的某些形式。

非洲的伊费（Ifé）艺术在精细和讲究的程度方面堪与欧洲文艺复兴时期的艺术媲美，但也许早 3 到 4 个世纪，而且出现在同属非洲的所谓诺克（Nok）文明的艺术之后很久。这种艺术的发现影响了我们对于黑非洲新近的艺术及其相应文化可能抱有的看法。现在，我们倾向于把它们看成较高级的文明和艺术形式的淡化的、有点土里土气的翻版。

旧大陆史前史缩短了，新大陆史前史延长了——全仗碳 14 之功，方可做此设想。这也许能够导致我们断定，在太平洋两岸发展起来的文明一度有过比表面上更深刻的亲缘关系，并且促使我们在分别考察它们时采取不同的理解态度。

这一类事实是我们在着手任何分类或比较之前必须详加审视的。如果匆忙提出社会领域的匀质性，而且陶醉于社会领域在所有

---

① 让·吉亚尔（Jean Guiart，1925— ），法国人类学家，长期研究美拉尼西亚群岛土著文化。曾任巴黎大学人类学博物馆馆长至 1992 年退休。——译者注

23 方面和所有层次上均存在可比性的幻觉，那就会忽略问题的实质。我们将看不到如下事实：我们为规定两个表面上相似的现象所需的坐标并不总是一样的，数字也不相同。当我们自以为正在制定关于社会性质的规律的时候，其实只是在描写一些表面的特点，再不然就是重复一些旧话。

借口缺少评估历史维度的足够手段——除非是近似地进行——而轻视它，这样做的后果是满足于一种肤浅的社会学，现象就会被架空，失去依托。规则和制度、状态和过程都仿佛飘游在虚空里，人们专心致志于从中打开一张精巧的功能关系的网。在竭尽全力从事这项工作的同时，人却被忘得一干二净，而这些关系正是在人的思想中建立起来的，他们的具体的文化遭到忽视，连他们来自何处、是什么人也无人知道。

实际上，现象并不因其能够被称为社会的，人类学就可以匆忙宣布它们为自己所有。埃斯皮纳斯①是另一位被我们心安理得地遗忘的大师。他质疑缺少生物学根源的形成物可以拥有跟其他事物相同的现实性系数。他在 1901 年写道："一个大型铁路公司的管理部门绝对不是一种社会现实……一支军队同样不是。"（第 470 页）从社会人类学的观点来看，他的话无疑是正确的。

这个提法有点过头了，因为行政管理在社会学、社会心理学及其他专门科学中都获得了深入研究。不过，它对于说明人类学与上述学科的区别还有帮助的。我们研究的社会现象出现在每个都是一个**完整的、具体的和缜密的**实体的社会里。我们从来没有忘记，现存的社会全都是发生在史前史上的特定时刻、在地球上的特定地点

① 埃斯皮纳斯（Alfred Espinas，1845—1922），法国社会学家。详见本书"参考文献"。——译者注

的人类巨变的产物，而且，有一根由真实事件组成的连续的链条把这些现象与我们能够观察到的现象联系了起来。

存在于自然范畴和文化范畴之间的这种时间与空间的连续性正是埃斯皮纳斯所大力强调的，虽然他使用的不是我们今天所使用的 24
语言（我们因此有时对他感到难以理解）；这种连续性也是博厄斯的历史主义的基础。它能够说明人类学，甚至社会人类学，为什么会宣称与体质人类学密不可分，可说是时时翘盼着后者的发现。因为，虽然社会现象应当暂时地从其余的现象中分离出来，被视为属于某一特殊的层次，我们仍然非常清楚地知道：只要人类无法在生物学层次上成功地确定大脑的结构与功能的变化规律，那么实际上——而且理应如此，文化的产生对于人来说就永远是个谜。文化既是这种变化的自然结果，又是社会把握变化的方式，同时又创造出为变化能够持续下去所必不可少的主体之间（intersubjectif）的环境；变化固然是解剖学和生理学意义上的，但是如果只考虑个体，变化就是既无从确定、也无法研究的。

以上这一番崇奉历史的宣示可能使人感到惊讶，因为我们时常被指责摒弃了历史，说我们的研究把历史当作一种可有可无的东西。我们并非从事历史研究，但我们尽力给予它应有的权利。我们只是相信，鉴于社会人类学正处在草创时期，最危险的莫过于一种含糊其辞的折中主义，它混淆不同的任务和计划，企图造成这门科学已经确立的虚假印象。

然而，在人类学研究当中，实验刚好既先于观察，也先于假设。我们所研究的小型社会的独特之处在于，由于相对简单以及为解释其功能所需的变量数目有限，它们每一个都构成了一场完备的

实验。但是，另一方面，这些社会是活生生的，我们既无时间也无手段对它们采取什么行动。与自然科学相比，我们既享有一种优
25 势，也遇到一种不便：我们看到自己的实验已经准备就绪，然而它们却难以控制。因此，用模式取而代之便是很正常的了。这就是说，采用一些保留了实验的特点的象征系统，但我们能够操控它们，这是与实验不同之处。

不过，这种大胆的方法可以从人类学家所从事的谨小慎微的观察——几乎可以说是一种奴性——当中得到补偿。人类学家长期背井离乡，面临饥饿和疾病之苦，有时甚至会身陷险境；他们任凭个人习惯、信仰、信念遭受蹂躏；当他们毫无心智上的局限和个人小算盘，接受异族社会的生活方式时，他们自己也成为这种蹂躏行为的同谋。人类学家所躬身实践的是一种全面彻底的观察，一种心无二用的活动，除非——且不说这是一种风险——观察者最终被观察对象彻底吸纳。

这种在演绎法与实验法之间有节奏的方法变换，加上我们以极端的和近乎纯粹的形式去实践这两者的时候所抱有的一丝不苟的态度，造成了社会人类学带有不同于其他知识分支的特点。在所有科学当中，无疑只有它才把最内在的主观性变成了一种从事客观证明的手段。因为，一个明显的客观事实是，当一个人全身心投入实验，而且任由实验去塑造自己的时候，他就变成了一个精神活动可以大显身手的舞台，这些运作并不抹杀以往的精神活动，不过把实验变成了模型，并使其他精神活动也成为可能。总而言之，精神活动的逻辑严密性的基础是一个能够说出下面的话的人所具有的诚恳态度，就像寓言里的那只探险鸟一样：“我当时就在那儿，这事恰好发生在我身上——您一定会以为自己依然如故呢。”而且，这个人确实能够成功地传达这个信念。

但是，在理论和观察之间不断往返还要求把这两个方面始终分别对待。回到历史的主题上，我觉得无论是关注于静态还是关注于动态，关注于结构的范畴还是关注于事件的范畴，这个道理仍然适用。历史学家们的历史无须有人为它辩护，可是如果有人说（正如 *26*
布罗代尔[1]也承认的那样）：短时段的旁边还有长时段，有些现象属于统计性的、不可逆转的时间，另一些现象则属于机械的、可逆转的时间，并且认为一部结构历史学并无丝毫可使历史学家们感到不舒服之处，那么这些也算不上攻击历史学。两者是并行不悖的。再者，如果说，一部有关象征和符号的历史虽然调动起数量有限的结构组合，但仍然孕育着难以预见的发展，这里头也并无矛盾之处。在一只万花筒里，相同成分的组合永远会带来全新的结果。不过，这是由于历史学家的历史就摆在那里——哪怕是因指尖的连续轻触而引起的结构重组，而且同一组合再次出现的几率基本上等于零。

所以，我们并不打算在其最初的形式下重提《普通语言学教程》（*course de linguistique générale*）所提出的共时与历时两大范畴的区分。换句话说，以特鲁别茨科伊（Troubetzkoy）和雅各布逊（Jakobson）为代表的现代结构主义已经毅然决然地背离了索绪尔教义的这个方面。而且，关于这个方面，晚近文献业已证明该书的编撰者有时候是如何把大师的思想扭曲和程式化的。

对于《普通语言学教程》的编撰者来说，有两类现象彼此完全对立：一类包括语法、共时、有意识，另一类包括语音学、历时、无意识。有意识的系统才具有内部协调性，无意识的底层系统是动态的和不平衡的，其中既有以往的遗存，也有尚未实现的未来趋势。

---

① 布罗代尔（Fernand Braudel，1902—1985），法国著名历史学家，社会经济史学派的创立者之一，以《殖民主义和西方的崛起》一书知名。——译者注

这是因为，索绪尔事实上尚未发现隐藏在音素背后的区别性成分。另一方面，他的立场间接地预示了拉德克利夫-布朗的立场，后者确信结构属于经验观察的范畴，实际上，结构是超出经验以外
27 的。对隐蔽的现实缺乏了解导致两人得出了对立的结论。索绪尔看来否认结构可以存在于没有直接给定的地方；拉德克利夫-布朗对此予以承认，但在不存在结构的地方看到了结构，从而抽去了结构的力量和效能。

现在我们知道，无论在人类学还是在语言学中，共时可以跟历时一样是无意识的。从这个意义上看，两者之间的差异已经缩小。

另一方面，《普通语言学教程》认定等值关系存在于语音、历时和个人之间，它们一起构成了言语（parole）的领域；语法、共时和集体则属于语言（langue）的领域。然而，我们从马克思那里得知，历时也可以发生在集体之中；又从弗洛伊德那里得知，语法可以在个人的范围内完成。

《普通语言学教程》的编撰者和拉德克利夫-布朗都未能充分意识到，符号系统的历史包含着跟不同的结构化层次有关的逻辑演变，而且应当首先分离出来。如果说存在着一个有意识的系统，那么它只能产生于大批无意识系统之间的“辩证的平均值”，其中每一个都涉及社会现实的某一侧面或者层次。然而，无论是逻辑结构还是各自的历史属性，这些系统都不相互契合。它们仿佛被投射到一个时间的维度上，后者的厚度造成共时具有坚实性，少了这种坚实性，共时就会溶解为一种稀松的、无从感知的物质，一个现实的幽灵。

如果认为索绪尔的教诲在表述方式上与迪尔凯姆1900年发表的深刻评论（第190页）不应相差很远，那就等于说我们没有取得多少进步。迪尔凯姆的那些话仿佛是今天说的：“在那些涉及结构的

现象里，无疑有着某种比功能性现象更为稳定的东西，但是，这两类现象之间的区别只是程度上的。结构本身存在于变化当中……不断形成，又不断解体。它是达到一定的巩固程度的生活。如果把它区别于它所植根的生活，或者区别于被它规定的生活，那就等于把不可分割的事物强行拆开。”

28

实际上，恰恰是我们所研究的现象的性质引导我们从中区分出哪些属于结构，哪些属于事件。历史的方面固然重要，我们却只能在水到渠成时方可触及——待到耗费时日的研究结束之后，而它们并非总能由我们控制——这一点可由放射性测定和孢粉研究得到证实。可是，人类社会的多样性和数量——19 世纪末仍然有数千之多——却让人觉得它们仿佛是纷纷展现在我们眼前似的。因此，为了回应研究对象的这种呼唤，我们采用的方法不是**微积分**（fluxions）式的，而是**转换**式的，这一点也不奇怪。

转换的概念和结构的概念之间确实存在着非常密切的关系，后者在我们的研究中占有重要的地位。拉德克利夫-布朗从孟德斯鸠和斯宾塞的思想中得到启发，将这种关系引进了社会人类学，用来称谓个人和群体在社会内部彼此长期维系的方式。因此，在他看来，结构属于事实的范畴，它是在对每一个个别的社会的观察当中给定的。这个看法显然来源于自然科学的某种观念，但是在居维叶①的眼中早就是一个无法接受的概念。

今天，没有一门科学会把自己的领域内的结构简单地视为随便一些部件的任意配置。一种配置只有在下述两个条件下才会结构

① 居维叶（Georges Cuvier，1769—1832），法国科学家、科学史学者，脊椎动物古生物学和有机组织比较法的创立者。——译者注

化：本身是一个受内聚力（cohésion）支配的系统；这种内聚力在对孤立系统的观察中难以看到，但对于转换的研究却可以揭示它；转换可以让我们从表面上殊异的系统中看到相似的特征。正如歌德所说：

> 所有的形式都相似，但无一与其他形式完全相同，所以，它们的大合唱导向一条藏而不露的法则。

29 对于包括社会人类学在内的符号科学来说，科学前景的这种趋同现象极为令人鼓舞。因为，符号和象征只有属于在有关蕴含与排除的内在法则支配下的系统，才能够扮演它们的角色；而且，一个符号系统的精髓在于能够通过替换而转变成——或者说*翻译成*——另一个系统的语言。古生物学中能够产生这种观念，已使社会人类学心生憧憬：正如自己的名称所清楚表明的那样，它属于人文科学。它之所以心甘情愿地与社会科学一起接受炼狱的煎熬，是因为它对此没有丧失信心：临到末日审判之时，在自然科学中间仍能独自保持清醒。

让我们试以两个例子说明社会人类学如何工作，以证明其纲领的合理性。

我们已经了解原始社会里的乱伦禁律所履行的功能。这一禁律把姐妹和女儿从血缘群体中转移出去——如果可以这么说的话——并且为她们指定来自其他群体的配偶，从而使这些自然群体之间结成了同盟关系，也就是最早的可以社会性相称的关系。乱伦禁律因而成为人类社会的基础，而且在某种意义上就是社会。

我们在证明这个诠释的合理性时，并没有按照归纳法去做。怎么可能运用归纳法呢？我们面对的现象的关联具有普遍性，但其中不同的社会却发明了五花八门的联系。再说，这不是一个有关现象的问题，而是事关意义。我们给自己提出的问题不是乱伦禁律的真实的或想象的结果，而是它的意义（回到18世纪，可能叫它“精神”）。所以，必须为每一套亲属称谓和相应的婚姻法则确定系统的性征。这一点只有付出额外的努力才能做到，即构拟这些体系之体系，将它们置于一种彼此转化的关系当中。这样一来，当初只是一团混乱的东西便可在语法的形式下组织起来了：即受到所有那些为 30
建立和保持一个互惠性系统所可能设想的方式的制约的一个语段。

我们眼下已经达到了这一步。现在，我们应该怎样回答下一个问题呢？这就是这些法则在包括当代社会在内的全部人类社会中的普遍性问题。即使我们没有以澳大利亚人或美洲印第安人的方式把乱伦禁律规定下来，它在我们中间依旧存在。但是，它的功能是否一样呢？我们有可能出于非常不同的理由才关注这个问题，例如后来才发现的血缘婚姻的有害后果；但是，也可能如迪尔凯姆所认为的，这种制度在我们中间已经起不到积极的作用了，仅仅是一个固执地遗留在集体思维当中的陈旧信念。或者毋宁认为，作为一个更大的范围内的一种个别情形，我们的社会也许像所有其他社会一样，为了维持自身的连贯性和存在而依赖于一个血缘家庭之间的关系网——虽然它在我们这里已经变得极不稳定和极为复杂？如果确实如此，那么是否应当认为这种关系网的所有部分都是匀质的，还是必须承认其结构的类型依环境和地区的不同而异，依局部的历史传统的不同而多变？

这些问题对于人类学来说十分重要，因为问题的答案将决定社会现象的内在性质及其可塑性程度。但是，采用约翰·穆勒（John Stuart Mill）的逻辑是不可能解决这些问题的。在一个现代社会肯定会具备的那些复杂的连接关系当中——在技术、经济、专业、政治、宗教和生物学等方面——我们不能仅仅因为希望发现哪些是社会本身存在所必不可少的，哪些是终究可以不要的，就随心所欲地变动、切断或者重建它们。

但是，在那些互惠性功能建立得最好的婚姻制度中，我们可以挑选出那些最复杂和最不稳定的个案。我们可以建立起它们的实验
31 室模型，以便确定它们在人数逐渐增加的情形下将如何发挥作用；我们还可以改变模型的形态，以期得到虽属同类，但更趋复杂和更不稳定的模型……从而将这样得到的互惠性序列，跟那些可以在田野调查中观察到的最简单的个案进行比较——以小规模孤立族群为特点的地区便为一例。通过从实验室到田野、从田野再到实验室的不断往返，我们将尽力填补已知序列和未知序列之间的空白，插入一系列中间形式。我们最终做到的不外乎建立起一种语言，它的唯一优点是如同所有的语言一样具有内在连贯性，而且能够利用为数很少的规则来说明那些迄今一直被认为是极为迥异的现象。尽管达不到难以企及的事实的真理，我们或可达到一种理性的真理。

第二个例子与同类问题有关，然而是在另一个层次上得到处理的。问题仍然是乱伦禁律，但不是在其条规性的形式下，而是作为神话思想的一个主题看待。

易洛魁（Iroquois）和阿尔冈金（AlgonKin）印第安人都有一个故事，讲到一位年轻的姑娘遭到一个深夜访客的色情调戏，她误以为这个人是自己的哥哥。一切迹象都表明罪犯是谁：外貌、衣着、抓破的脸等都证明女主人公品行端正。被姑娘严正指控的哥哥透露，他有一个相貌酷似他的同伴，更确切地说，一个替身，两人之间密切得任何发生在一个人身上的事情都会自动地传递到另一个身上——衣服被撕破、脸上有伤痕……为了让心存疑虑的妹妹信

服，这个年轻人当着她的面杀死了自己的同伴。但与此同时，他也宣判了自己的死期，因为两人的命运是绑在一起的。

死者的母亲自然希望给儿子报仇。她是个法力无边的巫婆，专司各路猫头鹰。若想瞒过她唯有一法：妹妹嫁给哥哥，后者则伪装
成被诛杀的替身。乱伦行为是如此不可想象，以至于那个老妇丝毫 32
没有怀疑这个骗局。然而猫头鹰却没有被蒙骗，它们揭发了罪犯，可是罪犯却成功地逃脱了。

从这个神话里，西方听众能够毫不费力地看出一个被俄狄浦斯传说固定下来的主题：为了避免乱伦而采取的预防措施实际上使乱伦不可避免。在两种情形中，戏剧性的场面都来源于起先被视为不同的人物的同一化。这是一种简单的巧合吗？也就是说，不同的起因可以说明此处和彼处的同一动机是被任意地刚好放在一起的。也许这种相似现象还有更深刻的原因？当我们将两者加以对比的时候，难道不是触及表意整体的一个片段吗？

如果答案是肯定的，易洛魁神话里的兄妹乱伦就是俄狄浦斯传说里的母子乱伦的变换。那个导致兄妹乱伦不可避免的假设——男主人公具有双重人格——就是俄狄浦斯的双重身份的变换——被认为既是死人又是活人，既是遭受天谴的孩子又是胜利的英雄。为了补足论证，我们还必须在美洲神话里找出斯芬克斯故事的某种变换，因为它是俄狄浦斯传说的唯一尚未找到的成分。

然而，就在这个特殊个案中（所以我们才在许多个案中优先选择了它），证据将具有决定意义，因为正如最早由博厄斯指出的(1891；1925)，在北美印第安人那里，谜语或谜团，连同谚语一样，几乎完全付诸阙如。如果在美洲神话的语义框架中可以看到谜语，那就不可能是出于偶然，反而一定证明存在着某种必然性。

在整个北美洲，只能看到两种确定无疑地源自土著人的“谜一

样”的情景：美洲西南部普韦布洛（Pueblo）印第安人中有一个在仪式里扮演丑角的家族，他们向观众提出谜语，神话中把这个家族描写成一桩乱伦交易的产物。此外，我们还记得刚才简略介绍过的
33 神话，那个威胁男主人公性命的巫婆是猫头鹰的首领；然而，我们恰好知道阿尔冈金人有一些神话，说到猫头鹰——有时是猫头鹰的先祖——会向男主人公提出一些回答不出就得去死的谜语。由此可知，美洲谜语同样表现了一种双重的俄狄浦斯性格，一是通过乱伦，二是通过猫头鹰，在后者身上我们可以看到一个改变了形式的美洲斯芬克斯。

所以，在被历史、地理、语言和文化分隔开来的民族当中，看来同样存在着谜语与乱伦之间的关联。为了方便比较，让我们建立一个谜语的模型，让它把在不同神话里经常出现的特点都尽量表现出来；我们再根据这一观点，把它规定为一个**假定没有答案的问题**。让我们不去考虑这一语段的所有可能的转化形式，而只满足于做一个实验，即把它的词项颠倒过来。结果是：**一个未曾有过问题的答案**。

请看，这是一个表面上毫无意义的语段。但是，引人注目的是，在有些神话或神话的片段里，这种跟另一种结构呈现对称、然而颠倒了的结构却构成了戏剧活力。限于时间，我们无法详说美洲的例子。我将只以佛陀之死为例：佛陀之死全因一名弟子未能问出被期待提出的问题。距离我们更近的则有在圣杯的系列传说[①]中被

---

① 圣杯的传说（le cycle du Graal）是欧洲流传极广的民间故事。有关这个故事的文艺作品始自中世纪法国诗人克雷先（Christien de Troyes）、罗贝尔（Robert de Boron）和德国诗人沃夫兰（Wolfram von Eschenbach）。下一段提到的帕希法即为圣杯故事中的骑士。中文译介可参见冯象：《玻璃岛》，北京，三联书店，2003。——译者注

修改过的古老神话：由于主人公在魔舟面前显露胆怯，不敢发问“这是干什么用的”而导致情节的停滞不前。

这些神话是否是独立存在的？还是本身应被视为一个更大的类别之一种，而且俄狄浦斯型的神话只是其中另外一种？通过重复上述步骤，我们将试图发现，一种组合的代表性成分是否以及在何种程度上能够被归结为另一种组合的代表性成分的一些转换（在这里是倒装）。而且实际上也正是如此：我们从一个滥用性交易的人物——因为他将其推至乱伦的地步——转入一个禁欲的贞节人物；一个通晓所有答案的机敏人物让位于一个连问题也不会问的无辜者。在这第二类美洲变体和圣杯故事当中，需解答的问题是“荒 34
地”（gaste pays）的问题，意即被驱散的夏季。然而，所有的第一类即“俄狄浦斯型”的美洲神话都涉及一个永恒的、靠男主人公破解谜语而被驱散的冬季，进而确定了夏季的到来。经过大量简化之后的帕希法（Perceval）仿佛是一个倒过来了的俄狄浦斯。如果必须把希腊来源跟凯尔特来源做出比较的话，我们原本是不敢考虑这个假说的；但是，在北美洲的语境下，这两种类型在相同民族里都存在，我们就不得不提出这个假说。

不过，我们的阐述还没有结束。在一个语义系统中，一旦证明了贞节与“有答无问”保持的关系等同于乱伦交易与“有问无答”之间保持的关系，我们就必须承认，两个社会生物学的表述本身跟两个语法学的表述也处于一种对等的关系当中。谜语的答案和乱伦行为之间存在着一种联系，并非外在的和事实上的联系，而是内在的和理性的联系，正因为如此，迥异有如古典时期的文明与美洲土著文明却仍然能够各自把两者结合起来。乱伦行为宛如破解的谜语，把一些注定处于分离状态的项次拉近：儿子与母亲结合，兄弟与姐妹结合。*答案正是这样成功地返归问题的*，*尽管完全出乎预料*。

因此，在神话里，俄狄浦斯一俟战胜斯芬克斯之后即娶伊俄卡斯特为妻，这并不是随意安排的。俄狄浦斯型的神话（我们于是给出了明确的定义）除了总是把发现乱伦行为跟破解主人公所体现的一个活的谜团相提并论以外，它们的各种情节还重复出现在不同方面和不同的语言表达当中。此类神话和古老的圣杯神话以相反的形式所展现的其实是一回事，即含蓄的话语或本人全然无知的血亲之间的大胆结合会引发堕落、蠢动和自然力的迸溢——对此不妨想象一下底比斯瘟疫①——正如性无能（以及无法建立对话）会导致动
35 植物的孕育力枯竭。②

面临吸引人们想像力的夏季和冬季的两种前景——虽同为永恒不变，但前者放荡不羁乃至堕败，后者至清至纯乃至寸草不生——人类非得选择平衡而有规律的季节性节奏不可。与社会上为婚姻而交换妇女和交谈中的词语交流相比，这种节奏在自然秩序中履行的功能是相同的，只要两者均出于坦率的沟通意愿，即没有诡计和恶意，尤其是不带私心杂念。

至此，我们仅仅勾勒出一场阐释的大致轮廓，明年课上另行详细讨论[3]。阐释的目的是说明社会人类学寻求同其他科学一道解决的**不变量的问题**；不过，在社会人类学内部，这个问题是以一个它始终关注的问题的现代形式出现的，这就是人性的普遍性问题。

为了找到我们所说的不变量，我们用模型取代经验数据，借此

① 底比斯瘟疫（La peste thébaine）系俄狄浦斯神话里的一个情节，发生在俄狄浦斯娶母生子之后。这场瘟疫造成底比斯王国十室九空。——译者注

② 指圣杯神话中憨直木讷的帕希法（或13世纪以后的传奇中的加哈拉）既无法提问，也不能回答问题。这与俄狄浦斯恰好相反。——译者注

从事抽象操作，就像代数学家研究方程那样。那么，此时我们是不是在回避人性呢？我们不时受到这种指责。然而，且不说这种非难对于躬亲实践者没有多少分量——他懂得如何在快速披览的同时严格忠实于具体的现实——我想提醒说，社会人类学如此行事，只是对迪尔凯姆和莫斯所拟定的规划中的一个被遗忘的部分重新承担起责任。

迪尔凯姆在为《社会学方法的规则》第二版所写的序言中，驳斥了那种认为他过分割裂集体性与个体性的指责。他认为这一区分 36
是必要的，但并没有排除下述可能：将来“我们最终可能设想出一种完全形式化的心理学，它将成为个体心理学和社会学的共同领域……”迪尔凯姆接着说：“真正应当做的事情，是通过对神话主题、传说、民间传统和语言的比较，探索社会表象以什么样的方式彼此呼应或彼此排斥，相互融合或相互区别……”在序言的结尾，他强调说，这种研究在整体上毋宁说属于抽象逻辑的领域。奇怪的是，列维-布留尔①先是故意使神话的表象蒙受逻辑学的冷遇，后来又因为摒弃前逻辑思维而造成两者无可挽救地分离；假如他没有这样做的话，他本来反倒会十分接近这一套计划。然而，他这样做的后果恰如英国人所说，把婴儿连同洗澡水一起倒掉了。他否认“原始精神”具备当初他所承认的认知特点，而且把它一股脑归入情感的范畴。

莫斯却更忠实于迪尔凯姆所说的潜藏在社会现实背后的“朦胧心理学”，他使人类学转入“研究人们所共同具有的东西……人们利用象征来沟通……但是，他们之所以能够拥有这些象征并利用它们实现沟通，是因为他们有相同的本能”。

---

① 列维-布留尔（Lucien Levi-Bruhl，1857—1939），法国人类学家和哲学家，留有多部有关原始民族之精神的著作，《笔记》（1838—1939）即为其一。——译者注

这种看法其实也是我们的看法，它是否很容易遭到另一番批评呢？有人会说，如果说你们的最终目标是找到思维与道德观的某些普遍形式（因为《论馈赠》一书便是以道德方面的结论结尾的），那为什么要把某种优越的价值赋予那些被诸君称之为原始的社会呢？假设地说，无论从任何社会出发，我们不是都会达到同样的结果吗？这就是在结束这次已经足够长的演讲之前，我打算思考的最后一个问题。

鉴于以下情况，这样做显得更有必要：在莅临本次演讲的人类学家和社会学家中间，有些人研究的是处于迅速变化当中的社会，他们也许会反对我对原始社会的似乎隐而未发的观念。他们可能会
37 认为，所谓的社会的区别性特征不过是一些幻觉，产生于我们对真正发生的事情懵懂无知。客观地说，这种看法是不符合真实情况的。

显然，随着我们以前研究过的那些荒蛮的小型部落逐渐消失，融入更大的、其本身的问题趋向于与我们自身的问题相同的群体当中，民族志调查的性质也在不断变化。但是，正如莫斯告知我们的，如果说民族学确实应当是知识的一种独特方式，而非专门知识的一个来源，我们就会得出结论说，当前有两种从事民族学研究的方式：一种是纯正的，另一种是稀松的。如果为了深入民族学研究而专找它的方法跟其他方法、它的对象跟其他对象之间的混同之处，那不是一种健康的科学态度。因此，本讲座将致力于纯正的民族学。这并不意味着它的学说不能运用于别的目的，也不意味着它对当代社会不感兴趣。在某些层次上，当代社会的某些方面是直接隶属于民族学方法的。

那么，为什么我们明显地偏爱那些原始的社会呢？如此称呼那些也许并不那么原始的社会全因不得已而为之——因为缺少更恰当的名称。

让我们坦率地承认，第一个理由是哲学方面的。梅罗-庞蒂先生[①]写道："每当社会学家（其实他指的是人类学家）返回他的知识的活的源头，返回到运行于他内心的、充当了解那些最遥远的文化构成的手段的东西，他就情不自禁地在从事哲学。"（1960，第138页）确实，田野研究——它是任何一项人类学事业的起点——孕育着怀疑，即一种典型的哲学态度。这种"人类学的怀疑"不仅仅意味着明白自己的无知，而且意味着毅然决然地听凭自认为了解的东西甚至自身的无知蒙受羞辱和否定，而这种羞辱和否定来自那些能够在最大限度上与人们所珍惜的想法和习惯相抵牾者。跟表面上刚好相反，民族学与社会学的区别之处恰恰在于，民族学运用的是更严格意义上的哲学方法；社会学家因害怕上当受骗而客观地对待一 38
切。民族学家没有这种担心，因为他所研究的遥远的社会对他没有利害关系，他也并不事先就强迫自己从中提取出所有的细微差别和细节，甚至其全部价值——一句话，凡是观察自己的社会的人都可能被牵连进去的东西。

不过，在选择了截然不同的一个主体和一个客体的同时，人类学也要冒一种风险：取之于对象的知识达不到对象的内在特质，而仅限于表达该主体相对于对象的变动不居的位置。这确实是极为可能的，即所谓民族学知识流于怪异和不恰当，正如一个外国旅游者对于我们的社会的了解那样。博厄斯曾经时常邀请一位夸扣特尔印第安人到纽约去，充当他的信息报告人。这位客人对摩天大楼和车

① 梅罗-庞蒂（Maurice Merleau-Ponty，1908—1961），近代重要的现象学哲学家，曾担任法兰西学院哲学讲座教授。他强调认知在接近现实当中的优先作用，晚年关注语言在认知中所扮演的角色，留有包括《行为的结构》、《认知的现象学》、《符号》在内的多部著作。——译者注

水马龙的街道无动于衷，却把他的全部好奇心留给了当时在时代广场上展出的小矮人、巨人和长胡须的女人，出售预制菜肴的自动售货机，以及装饰底端楼梯的黄铜球。出于一些在此无法详述的理由，所有这些东西都在对他自己的文化提出质疑，而且后者恰恰是他试图在我们的文化的某些方面发现的东西。

当民族学家出于更加适应流行理论的不明言的目的，对土著习俗和制度做出重新解释的时候——他们是常常这样做的——他们难道不是在按照自己的方式屈从于同一种诱惑吗？图腾现象的问题在我们当中许多人看来是显而易见和非实质性的，这个问题多年来对民族学思考的影响很大。我们现在懂得，它的重要性产生于某种对于猥亵怪诞事物的趣味，似乎是一种宗教科学的幼稚病，因为它是对于无法控制的神圣事物的恐惧感的一种消极的投射，这种恐惧感观察者本人也摆脱不了。所以说，图腾理论是“为我们”，而不是“为其本身”而构想出来的。而且，就其目前的形式而言，没有任何东西可以担保它不是出于某种同样的幻觉。

39 我们这一代人类学家都被弗雷泽对于他为之奉献毕生的研究的厌恶搞糊涂了。他写道：“人类过失的悲惨记录：痴狂，空忙，虚度光阴，失望至极。”我们那时刚刚由于从《笔记》中了解到一个叫列维-布留尔的人如何思考神话而从惊讶感中恢复过来。按照他的看法，神话“对我们已经没有任何影响……怪异的……故事，更别说荒诞不经和难以理喻了……得花点气力才能对它们产生兴趣……”诚然，对于异域的生活和思想形式，我们已经获得了一种直接的了解，而且这种知识是我们的先人所没有的。然而，难道这不是同样因为超现实主义——我们的社会内部的一种发展——改变了我们的敏感性吗？我们不是应当感谢它让我们在研究的核心发现了或重新找到了一种抒情、一种诚实吗？

因此，我们必须抵御那种幼稚的客观主义的诱惑，同时认识到，作为观察者，我们所处的临时性地位本身会为我们提供未曾预料的客观性保障。正由于所谓原始社会距离我们的社会极为遥远，我们才能够达到它们里头的那些莫斯所说的“跟普遍功能有关的现象”，这些现象极有可能“更具普遍意义”、“更具现实性”。在这些社会里——让我再次征引莫斯的话——“我们看到了一些人、一些群体和一些行为……我们看到它们仿佛都在机械式地运动，我们看到了民众和制度。”无疑，这种因距离远而优越的观察活动意味着这些社会与我们的社会之间存在着某些本质性的差异。天文学不仅要求天体距离遥远，而且要求时间的推移具有不同的节奏，否则等不到天文学诞生，地球早就停止存在了。

当然，所谓原始社会是处于历史当中的；既然它们的过去可以上溯到人类的起源，它就跟我们的过去一样古老。这些社会在数千年中经历了各种各样的变动，有过盛衰起伏，它们遇到过战争、迁 40
徙和危险。但是，它们所擅长走的道路跟我们选择的不同。也许，它们在某些方面依然非常接近古老的生活条件，但这并不排除在其他一些方面它们比我们距离古代生活还要远。

虽然处于历史当中，这些社会似乎发展出——或者说保留下来——一种特殊的智慧，促使它们拼命抵制内部结构出现可能使历史发生巨变的任何变化。我们认为，维持生存的首要顾虑支撑着那些不久以前还将自身的区别性特点保护得最好的社会。它们开发周围环境的方式既可以保证一种低下的生活水平，又能够保护自然资源。它们施行的婚姻法则多种多样，但人口学家依然能够从中看出一条共同特征：限制过高的出生率并维持其平衡。最后，政治制度建立在意见相符和非意见一致不可做出任何决定的基础之上，这种设计似乎是为了排除集体生活的驱动力，即利用当权者与反对派、多数与少数以及剥削者与被剥削者之间的差异。

一句话，这一类社会——因其内部环境的历史温度为零而不妨称之为“冷”社会——由于人口数量有限和机械的运行方式而有别于“热”社会，后者紧随新石器革命出现在世界上的不同地区，而且不断呼唤种姓和阶级之间的分化，以便从中提取变化和动力。

区分这两种社会的意义主要在理论方面，因为，无论是从整体上还是从每个组成部分来看，一个完全符合这两种类型之一的具体的社会大概并不存在。而且，这种区分在另一个意义上同样也只是相对的，即如果像我们认为的那样，社会人类学有两个动机：第一个是反溯的，因为原始生活方式即将消失，我们必须尽快领受它们
41 的教益；第二个是前瞻的，由于对于一场速度在加快的演变进程有所意识，我们已经感到自己就是曾孙辈的“原始人类”，而且希望通过使自己靠近那些一度存在过的人们——他们依然会存在一个很短的时期——而获得自我肯定，正如我们当中的一部分依然会继续存在下去一样。

另一方面，我称之为“热”的社会也并不是绝对地拥有这一特征。新石器革命之后不久，地中海地区和远东的一些大城邦施行了奴隶制。它们建立了一种能够利用人与人之间的分化——统治者与被统治者——以以往无法想象和从未意料的速度生产文化的社会。相形之下，19 世纪的工业革命与其说代表着同一方向上的演变，不如说是另一种不同的解决办法的草图，因为尽管长期建立在同样的弊端和不公正的基础之上，它同时却把那种史前史革命一度分派给**社会**的动态功能转化为**文化**。

假如人们期待着——但愿不会如此——由人类学家预见人类的

未来，他肯定不会把它设想成现有形式的延续或者超越，而一定会利用一个整合的模型，把冷社会和热社会的各自特点逐步结合起来。他的思考将继续古老的笛卡儿的梦想：让机器像机器人那样服务于人类。这一思考将步 18 世纪社会哲学直至圣西门的后尘。因为当圣西门宣告了“从治理众人向管理事物”过渡之时，他就既预见到文化和社会之间的人类学区分，也预见到信息论和电子学的进步至少已经隐约显示了可能性的这场转化；也就是说，从一种一度开创了历史变迁的文明类型——其代价是把人变成机器——过渡到能够把机器再度变成人的理想的文明。于是，随着文化全面地承担起 42
制造进步的重任，社会将从为了实现进步而不得不把人变为奴隶的千年劫数中解放出来。从这个时刻起，历史将独立闯出自己的道路，而超然于历史之外和高居于历史之上的社会将能够再一次承受一种有规则的、晶体般的结构。那些保存得最好的原始社会告诉我们，这种结构与人类并不相悖。社会人类学将在这一前景中——即便它是空想主义的——发现最高的存在理由，因为它所研究的生活与思想的形式不仅在历史和比较方面有益处，它们还意味着人类的一场长期的机遇，社会人类学的使命就是把握住它，尤其是在最黑暗的时代。

如果不是有人曾经在地球上的一些偏远地区顽强地抗拒历史，并且为我们打算挽救的东西充当活的证据，我们的学科是不可能为上述任务站岗放哨的，甚至连它的重要性和必要性也不会想到。

主任先生，亲爱的同事们，我想略提一下一个人类学家在跨进这幢楼宇时所感受到的非比寻常的心情，以结束本次演讲；这幢楼宇有持续 4 个世纪的传统，可以一直上溯到弗朗索瓦一世在位的时代。这对于一个美洲文化学者来说特别重要，因为有那么多东西把他同那个时代联系在一起，那是一个欧洲接受新大陆的启迪、向民族志知识开放的时代。他甚至希望生活在那个时代，让我怎么说呢？他的思想每一天都生活在那个时代。而且，非常奇特的是，由于巴西的印第安人——我在那里打造了头一批武器——可能接受了“我将坚持下去”的座右铭①，所以对他们的研究具有双重性质：一个是远走他乡，另一个更具神秘感——发掘过去。

43 然而，同样也出于下面这个理由——让我们切记法兰西学院的使命一直是教授发展中的科学——为此我们几乎要感到某种遗憾。这个讲座为什么延迟了这么久才创办？当民族学尚属年轻，各种现象仍然保持着丰富新鲜的特点的时代，为什么民族学未能取得它的地位呢？人们早在1558年就乐于设想创办这样一个讲座，当时让·德·雷利从巴西返国后正在撰写他的第一部著作，安德列·特维出版了他的《法国在南极的独特之处》（*Les Singularités de la France antarctique*）一书。②

诚然，如果社会人类学草创各项计划之时就能够获得正式的承认，它也许会得到更多的尊重，会更有保障。不过，假定事情果真如此，它就不会是今天这个样子了：即永不满足、充满激情的研究提出了各种令研究者穷于应对的疑问，既有道德方面的，又有科学

---

① 欧洲16世纪以来流传很广的一句格言（Je maintiendrai）。语出法国皇室纳索家族，后来荷兰王室也用作座右铭。原意是发誓维护祖宗基业，务使流传下去。——译者注

② 让·德·雷利（Jean de Léry，1534—1613?），法国游记作家。这里指的是他在1578年出版的《在巴西亦称美洲的土地上旅行的故事》。列维-斯特劳斯称之为“民族志学者的日读手册”。安德列·特维（André Thevet，1516?—1592），法国游记作家，方济各教会神父。——译者注

方面的。也许，我们的学科的本质便在于既是一场力求补救延误的努力，又表现为对于造成它的某些基本特征的差异的一番沉思。

如果说社会在人类学当中，那么人类学本身也在社会当中，因为人类学已经做到了逐步扩大它的研究对象，直至囊括所有人类社会；不过，它在社会历史当中出现得比较晚，而且属于人居世界的一个很小的部分。更有甚者，它出现的场合带有一种只有放入特定的社会和经济发展的背景下才能理解的意义。人们于是可以猜想，这种场合是伴随着某种意识的觉醒的——几乎是一种内疚感，即意识到人性在如此漫长的时期中一直遭到异化，尤其是意识到，恰恰是产生了人类学的那部分人类本身曾把众多其他人变成憎恶和轻蔑的对象。“不过是殖民主义的一种延续罢了”，人们有时这样称呼我们的调查。这两者之间大概是有联系的，可是把人类学说成殖民精神的最后托身之所则大错特错，因为那是一种为殖民主义提供苟活机会的可耻的意识形态。

我们所说的文艺复兴时期同时标志着殖民主义和人类学的真正诞生。自这一共同的发端开始，两者便彼此对立，一场含混暧昧的 44
对话持续了 4 个世纪之久。如果没有殖民主义，人类学的兴起就不会来得如此迟缓；可是，也许它同样不会每逢一个案例都不得不追究整个人类的情形——这在目前已经成为它的角色。当西方人开始懂得，只要在地球上还有一个种族或民族被他视为客体，他就永远无法了解自己，那么我们的学科便臻于成熟了。也只有到了这个时候，人类学才能够确定自己为何物：一项再造和补赎文艺复兴之举，以便将人道主义拓展至与全人类相称。

因此，亲爱的同事们，今天一上课我们就向社会人类学的大师们表达了敬意，现在请允许我把最后几句话献给那些野蛮人。他们那种莫名的坚忍不拔的精神依然为我们能够赋予人类现象以真正的含义提供了手段，因为就在此时此刻，远隔千山万水，在丛林野火吞噬的热带草原上，在雨水淅沥的莽莽森林里，那些男男女女正在返回营地的路途上，为的是分享一点可怜的口粮和一道祈唤他们的神灵。这些热带印第安人及其世界各地的同类教给了我他们的粗浅知识，其中包括各位委托我传授的知识的主要部分。遗憾的是，在疾病和我们带给他们的生活方式的冲击下——后者对他们来说要可怕得多——他们不久就要无可挽回地灭绝了。即使在各位所任命的位置上，我可以述说心中对他们的温情和感激，而且可以一如既往地——无论是与他们还是与诸位在一起时，我都不愿放弃这样做——充当他们的学生和见证者，本人对他们欠下的债务也是无法清偿的。

注释

［1］本文为作者 1960 年 1 月 5 日在法兰西学院社会人类学讲座第一堂课上的演讲，最初由法兰西学院发表于《法兰西学院就职演讲集刊》第 31 期。

［2］巴黎大学曾于 1960 年 1 月 30 日在索邦校址举行了纪念活动。

［3］参见我们的 1960—1961 年度教学提要，刊于 *Annuaire du Collège de France 1961-1962*，pp. 200-203。

第二章　关于人的科学的奠基人让-雅克·卢梭[1]

在座各位邀请一位民族学家参加这次庆典，这 45
不仅是给予他的一项莫大荣誉——为此本人十分感激——同时也让一门年轻的科学有机会表达对一位天才的承认，人们原以为用一组已属相当丰富的内容便足以褒扬这位天才的所有方面，其中既已包括文学、诗歌、哲学、历史学、道德、政治科学、教育学、语言学、音乐和植物学，遑论其他。这是因为，卢梭绝不仅仅是农民生活的深刻的观察者、旅行书籍的热心读者、异国习俗与信仰的熟练分析家。我们无须担心异议便可以断言，在民族学出现之前整整一个世纪，卢梭就构想、探索和预告了它，而且一下子就使它跻身于那些业已形成的自然科学和人文科学之列。他连民族学会以什么样的具体形式迈出第一步——是仰仗个人还是团体的支持、帮助——都猜想到了。

这个预言既是一篇辩护词，又是一套纲领，它在《论人类不平等的起源和基础》（*Discours sur l'origine de l'inégalité*）一书中占
46 去了一个很长的注脚。请允许我援引其中几段，哪怕仅仅为了说明我的学科出席今日庆典的理由。卢梭写道："让我难以想象的是，在这个人们沾沾自喜于见识渊博的世纪里，竟然找不出两个人……一个愿意付出两万埃居①的财产，另一个愿意付出 10 年时间，进行一次闻名的环球旅行，目的不是一味地研究石头和植物，而是研究一次人和风俗。"稍后，他解释说："地球上到处散布着一些我们只叫得上来名字的民族，而我们却在肆无忌惮地评论整个人类！让我们设想一下，假如有人出于教益同胞的目的而从事旅行——某位像孟德斯鸠、布封、狄德罗、达朗贝、孔狄亚克那样的人，或者是一些素质相同的人，他们观察并运用自己擅长的生花妙笔描述了土耳其、埃及、柏柏尔诸国、摩洛哥帝国、几内亚、卡夫尔地区、非洲腹地及其东海岸、马拉巴尔海岸、莫高尔王朝、恒河流域、暹罗、贝久和阿瓦王国、中国、塔塔尔地区，特别还有日本，然后是处于另一半球的墨西哥、秘鲁、智利、麦哲伦群岛，以及巴塔哥尼亚（无论真假）、图库曼地区、巴拉圭，如果可能再加上巴西，最后是加勒比海群岛、佛罗里达和所有的蛮荒地区②。这是一次最重要的、也是必须极为小心地进行的旅行。假定这些新海格力斯（Hercules）们从上述值得纪念的旅行归来之后，就其所见信笔写出一部自然的、道德的和政

---

① 埃居，法国古代钱币名，种类相当多。——译者注

② 卢梭时代的一些地名后来已有变化。这里提到的柏柏尔诸国（la Barbarie）原指北非突尼斯和阿尔及利亚等伊斯兰国家；卡夫尔地区（le pays des Caffress）在法属留尼汪岛；贝久（Pégu）和阿瓦（Ava）分别在今巴基斯坦和缅甸；图库曼今为阿根廷的一个省。——译者注

治的历史，我们就会看到一个新的世界从他们的笔端跃然而出，而且我们就会如此认识我们自己的世界……”（卢梭，《论人类不平等的起源和基础》，注10）

我们在此看到的难道不是现代民族学及其纲领和方法吗？卢梭提到的那些鼎鼎大名，难道不也是民族志学家今天依然作为榜样的人吗？民族志学家虽然并不认为能够与之相提并论，但是却相信，要为自己的科学赢得一种长久以来难以争得的尊敬，只有追随他们的榜样才能够实现。

卢梭并非仅仅预见了民族学，而是创立了它。首先是以实践的
方式，因为他写出了《论人类不平等的起源和基础》，提出了自然 47
与文化的关系问题；在此书中可以看到第一篇普通民族学的专论。其次，在理论方面，他以令人赞赏的清晰简洁的方式，把民族学的对象同伦理学和历史学的对象区分开来：“若要研究各色人等，就必须观察自己的周围；若打算研究人类，就必须学会把眼光放远；必须首先观察到差异，才能揭示特质。”（卢梭，《论语言的起源》，第八章）。

卢梭为民族学规定的这条方法论方面的原则标志着后者的兴起，而且可以让我们克服乍看上去会被以为是双重的自相矛盾之处：即卢梭既鼓吹研究距离最遥远的人群，同时又特别致力于研究似乎距离最近的那个个别人，即他自己；再者，跟他人完全认同的意愿与固执地拒绝认同自己，两者在他的全部著作里并行不悖。因为，这两种表面上的矛盾可以化为一种单一的和交互性的蕴含关系，它们是任何民族学者在事业中或早或晚都必须解决的。民族学家从卢梭那里由于以下事实而获益更多：他没有满足于将一门尚未诞生的学科恰当地置于人类知识的图景当中，他更以自己的著作及其表达出的那种气质和特征，他的每一个侧重点，他的人品和他的

存在，为民族学家带来兄弟般的勉励，这种勉励来自一幅可以让民族学家看到自己的映像，有助于他更好地认识自己——并非作为一种沉思式的纯粹的智力活动，而是作为一场变化的非自觉自愿的动因。这是一场借助民族学家进行的变化，整个人类都从卢梭身上学习到如何感受它。

在田野工作中，民族学家每一次都必须面对一个完全陌生的、常常怀有敌意的世界。剩下的只有他依然能够支配的这一自我，才能使他活下去并从事他的研究。然而，这一自我在肉体上和精神上备受折磨：疲劳、饥饿、困苦、已有的习惯导致的碰撞，以及防不胜防的偏见。虽然个人历史中的种种坎坷——一些既对其事业的开
48 端负责，而且影响其后进程的经历——已经把他弄得迟钝衰残，但民族学家在这场怪诞的摸索过程中不断地发现自己。因此，在民族志经验当中，观察者是把自己当成观察工具的。显而易见，他必须学会认识自己，学会从一个*自我*——*不同于*运用它的那个*我*——当中获得一种鉴定，这一鉴定将成为对其他自我的观察的组成部分。每一个民族志研究的生涯都在“忏悔”中找到它的原则，无论这些忏悔是落在文字上的，还是未明言的。

然而，我们之所以能够通过卢梭的经历说明上述经验，不正是由于他的气质、他的特殊的历史和场合自发地将其放入了一个明确呈现出民族志特点的情境中吗？他从这种情境中马上得出了个人的结论，他在谈到同代人时说：“看哪，他们都出现了，异乡人，陌生人，总之对我毫无意义的人，因为他们希望如此！但是，脱离了他们和一切的我本人又是谁？这就是我还要探索的东西。”（《第一次散步》）当民族志学家初次思考他所挑选的野蛮人时，他或许可以套用卢梭的话，喊道：“看哪，他们都出现了，异乡人，陌生人，总之对我毫无意义的人，因为*我*希望他们如此！但是，脱离了他们

和一切的我本人又是谁？这就是我首先必须探索的东西。”

原因在于，一个人要想在他人当中接纳自己——这是民族学家给人类知识规定的目标——首先必须拒绝自己。

这个原则的发现应当归功于卢梭，它是人文科学赖以建立的唯
一原则。但是，上述原则那时必定是难以企及和无人理解的，只因
从“我思故我在”出发的哲学一直占据统治地位，它在关于自我的
所谓证据当中故步自封，甚至只有放弃建立一门社会学乃至生物学
方能憧憬建立一门物理学。这是因为，笛卡儿相信从人的内心出发
可以直接及于外部世界，他没有看到这两极之间横亘着社会和文
明，即众多的人类世界。卢梭如此令人信服地用第三人称谈论自己
（有时甚至到了将第三人称分裂的程度，他的《对话》即为一例），49
从而预告了“我即他人”的著名公式（民族志经验在着手说明他人
即我之前，应当责无旁贷地予以证实），这也说明他是这一彻底的
客观化的伟大发明者，因为他在《第一次散步》里为自己规定的目
标是“阐明我的灵魂的种种改变及其后续情形”。他接着说：“我在
某个方面将对自己施行的操作，跟物理学家为了检验空气的日常状
况而对后者施行的操作一样。”因此，卢梭的意思是——这是一条
令人震惊的真理，尽管心理学和民族学已经让我们很熟悉它——存
在着一个在我当中从事思维的“他”，并且使我首先对思想者是否就
是我产生怀疑。对于蒙田的问题“我知道什么？”（从而引发了一
切），笛卡儿以为可以回答说：既然我在思维，我就知道我是存在
的。卢梭对此用一个没有确定答案的“我是什么？”予以反驳，因
为这个问题是以解决另一个更为本质的问题为先决条件的：“我存
在吗？”然而内心体验所提供的只有卢梭所揭示并清醒地展开探讨
的这个“他”。

我们可别弄错：即使有萨瓦地区主教的调解意愿也掩盖不了这

一事实，即对卢梭而言，个人身份的概念是通过推演得出来的，而且带有明显的模糊性："我存在……这是引起我注意并使我不得不接受的第一条真理（着重号为笔者所加）……对于我之存在，我是否有着恰当的感受？还是仅仅通过我的感官感觉到了它？这是我的第一个怀疑。就目前而言，它是不可能解决的。"不过，这个疑问的基础在卢梭的纯人类学意义的教导《论人类不平等的起源和基础》里才能找到，即那种把他人置于自我之前的有关人的观念，以及那种将生活置于人之前的有关人类的观念。

这是因为，如果可以相信社会的出现引起三重过渡的说法，即从自然到文化，从情感到知识，从兽性到人性——也就是《论人类
50 不平等的起源和基础》所论述的内容，那么就必须同时承认，人类具备一种促使其克服这三大障碍的、在原始状态下便已存在的基本的禀赋。这种禀赋从一开始就具有某些矛盾的、甚至完全内在的属性：它既是自然的又是文化的，既是情感的又是理智的，既是动物性的又是人性的；而且，只有当它变为有意识的的时候，它才能够从一个方面向另一个方面转化。

卢梭一直反复强调，这种禀赋就是恻隐之心，它出自对于某一他人的认同，这个人不仅仅是长辈、亲戚、同胞，而是任何一个人，而且从他成为人的那一刻开始；不仅如此，还包括任何一个从有生命的那一刻开始的生命体（être vivant）。所以，人类开始于与所有同类有相同的感受，而且永远不会忘记这个原初的经验，即使人口的扩张（在卢梭的人类学思想里只扮演着偶然事件的角色，它原本可以不发生，但既然存在着社会，我们就必须认为它已经发生了）迫使他变化生活方式以适应不同的环境；人口的增加迫使他散居到这些环境当中，并且学会了如何使自己区别于他人，不过这只是就某种艰苦的学习过程教会他区别其他人而言，也就是说，按照

物种区分动物，使人性区别于兽性，使本人的自我区别于他人的自我。按照感性存在从整体上把握人类和动物——这本身就是认同活动——先于意识到各种对立：先有共同属性之间的对立，然后才有人类与非人类之间的对立。

卢梭阐述的这种大胆的解决办法宣告了“我思故我在”的终结。因为，到卢梭为止，人是被置于问题之外的，也就是借助人文主义确保一种“内省的超验性”。卢梭固然是有神论者，因为那是他所接受的教育和他所处的时代的最起码的要求，然而，通过再次提出人的问题，他一劳永逸地摧毁了这种企图。

如果我们这个解释是正确的，如果照我们所认为的那样，卢梭从人类学入手，彻底颠覆了哲学传统，那么对于他的多层面的著作的深刻的统一性，对于那些在他看来无法推卸的令人关切的事 51
情——虽说表面上跟哲学家和作家的工作毫不搭界——的真正本质，我们就有了更好的理解。我这里指的是语言学、音乐和植物学。

正如卢梭在《论语言的起源》中描述的那样，语言活动以其自身的方式在语言方面复制了人类活动。第一个阶段是同一化，这是指本义和引申义之间的同一化。从把每个存在物与别的存在物混同起来的隐喻里，逐渐浮现出真正的名称。至于音乐，看来再没有任何一种表现形式比它更适合用于摒弃笛卡儿关于物质与精神、灵魂与肉体之间的双重对立了。音乐是一个用对立和关系组成的抽象系统，音域调式交替活动，它们被调动起来造成两个后果：首先是自我和他人的关系的一种颠倒，因为当我**听到**音乐时，我是在通过它**倾听我自己**。其次，通过灵魂与肉体之间关系的一种颠倒，音乐**活在**自我当中。“一根用关系和组合构成的链条”（《忏悔录》，第12卷），但这些关系和组合却被大自然放在“感性的客体”当中呈现给我们（《遐想集》，“第七次散步”）。最后，卢梭正是根据这些提法规定了植物学的特点，从而从一个侧面证明，他同样期盼能够找到感性与理喻的统一，因为伴随着意识的觉醒的这种统一构成了人的原初状态；除非在一些罕见的情形下，否则它不会在意识觉醒之后依然存在。

所以，卢梭的思想从一条双重原则出发得到了充分的展开：一个是与他人认同的原则，甚至在所有其他人当中与最为“其他”者认同，哪怕那是只动物；另一个原则是拒绝与自我认同，换言之，拒绝能够把自我变为“可接受”的一切东西。这两种态度是互补的，后者甚至是前者的基础：事实上，我并非“我自己”，而是“他人”当中最脆弱、最卑微者。这是《忏悔录》的一个发现……

民族学家除了忏悔以外还写些什么？正如我已经指出的，首先
52 是以他自己的名义写作，这是他的使命和工作的驱动力；其次，在这项工作当中，以他的社会的名义写作——后者借民族学家这位使者之助，为自己挑选其他社会、其他文明，尤其是从那些看来最脆弱、最卑贱的社会和文明当中挑选。但这只是为了验证一下它本身有多么“不可接受”：绝不是以某种安享特惠的形式，而只是作为千百年前后相继的“其他”社会当中的一个；或者说，那些社会的脆弱的多样性仍然证明，即使是集体存在，人类在敢于以“我”自称之前，必须承认自己是一个“他”。

这场卢梭主义革命预先规定并宣告了民族学革命的到来，本质在于拒绝被迫认同，无论是一个文化与另一个文化认同，还是作为文化成员的某个人与同一文化试图强加于他的某个人物或某种社会功能认同。在这两种情形下，文化和个人都要求一种自由认同的权利，这只有超越人才能实现，即通过一切活着的、因而也在受苦受难的事物；这一权利又是先于功能和人物的，即通过一个并非预制的而是给定的存在物。于是，自我和他人摆脱了唯有哲学才会鼓吹

的对抗，找回了两者的统一。重归于好的最初联盟使他们能够一道以我们反制他人，也就是反制一个与人为敌的社会；人们之所以对摒弃这个社会更有准备，是因为卢梭以身作则地教会我们如何避开文明生活的令人难以忍受的矛盾。因为，如果说大自然驱逐人、社会不断地压迫人都是确凿无疑的，那么人至少可以把这个困境的两极颠倒过来，变为对他有利，并寻找本质的社会，进而思考社会的本质。在我看来，这就是《社会契约论》、《关于植物学的通信》和《遐想集》所传达的不可割裂的信息。

更重要的是，千万别以为这是一种以寻找智慧为借口，以便推卸责任的意志薄弱的表现。在这一点上，卢梭的同代人没有搞错，他的后继者更没有。前者注意到这一高尚的思想，这条孤寂的和受伤的生命，它迸发出一股任何社会都从未感受其威力的颠覆力量。 53
后继者将这一思想和这个人生榜样变成了能够动摇道德观、法律和社会的一种手段。

然而，正如卢梭向他的读者所预言的那样，对于我们这些感受到“不幸在你身后活下来的人的恐惧”（《论人类不平等的起源和基础》）的人来说，他的思想时至今日才变得如此恢弘博大，并发挥出其全部影响。在当今这个也许比以往任何时候对人都更残酷的世界上，灭绝、屠杀和酷刑的手段横行肆虐，它们固然从来就无人否定，然而我们却津津乐道于把它们看得无足轻重，只因为它们被留给了偏远地区的人民；有人声称，他们忍受这一切对我们有利，至少是以我们的名义。当今世界已经由于人口更加稠密而变得狭小，人类的任何部分都无法免于可耻的暴力，我们每一个人因而更加紧迫地感觉到社会生活的焦虑。我想说，恰恰是在当前，卢梭的思想揭示了根本无力在人类身上发挥道德作用的那种人道主义的缺陷，从而有助于我们抛弃一个幻想；令人扼腕的是，其致命的影响可以在我们中间和我们身上看到：这就是人类唯我独尊的神话，不是吗？这个神话使大自然遭受第一轮摧残，以后的摧残将不可避免地接踵而至。

首先是把人与自然割裂，让人安享至高无上的统治。这种做法被认为能够消弭人的最不容争议的特点：人首先是一个生命体。而且，对这个共同属性视而不见导致各种弊端的泛滥。待到历史上过去的4个世纪结束之时，西方人方才翻然醒悟：当他僭取了将人性与动物性截然分离的权利，把从后者抽空的一切都赋予前者之时，便是开启一种恶性循环之日。他也意识到，同一道边界线不断退缩将有利于将人们分离，而且为了日益减少的少数人的利益，有利于追求一种人道主义的特权；由于引进了利己之心的原则和观念，这种人道主义自诞生之日起就是腐朽的。

54 只有卢梭一人做到了奋起反抗这种利己主义。在我援引的《论人类不平等的起源和基础》的那个注脚里，他宁愿相信旅行家们拙劣地描述的非洲和亚洲的大猿猴属于种族未详的人类，而没有冒险对那些也许具备人性的存在物提出质疑。第一个错误实际上本来就不是那么严重，因为对他人的尊重只有一个能够免受思辨及其诡辩论的侵害的天然基础，因为它先于思辨，是卢梭在人类“目睹同类受苦时的天生厌恶感”中看到的（《论人类不平等的起源和基础》）；然而，发现这种尊重要求把所有面临苦难的存在物都看成同类，并使其因此而永远享有获得同情的资格。这是因为，对于我们每一个人来说，不被同类当作畜生看待的唯一希望在于所有同类，首先是自己本人，能够立即感到自己就是受苦受难的存在物，并且从良心上修炼这种悲天悯人的禀赋。在自然状态下，这种禀赋实际上代行着“法律、风俗和道德”的功能；当它不起作用时，我们就开始懂得，在社会状态下，既不可能有法律，也不可能有风俗和道德。

因此，从最卑微的形式开始，与所有的生命形式的认同绝不是为人类提供一个怀旧的避风港。通过卢梭的声音，这种认同活动向今日人类提出了一条有关一切智慧和集体行为的准则。在一个人们之间彼此**尊重**愈来愈难以做到、但因此也更有必要的拥挤的世界上，唯有这个准则能够使人们共同生活和建立一个和谐的未来。在远东的伟大宗教里也许已经包含着这种教益，可是，西方传统自古典时期以来就认为人们可以脚踏两只船，可以在下述明白确凿的事实上面弄虚作假：正如其他一切存在物一样，人是一种活的和受苦的存在物，然后才依照次要的标准与它们有所区别。面对这样一种传统，除了卢梭以外，还有谁能够这样教诲我们呢？在致马莱伯（M. de Malesherbes）的第 4 封信里，他写道："我对支配着其他等级的那些等级怀有一种强烈的反感。我憎恨那些大人物，憎恨他们所属的等级。"这个声明难道不是首先适用于曾经自以为支配其他生灵、并独享某种不同状态的人类吗？不是同时给人类中的卑微者 55
留下了在别人面前炫耀同一优越感的余地，并把在这个特殊形式中跟在一般形式中已经同样夸张的推理做出有利于他们的曲解吗？一个有教化的社会不可能宽恕人类的一项无法补赎的罪行，那就是或长期或暂时地自以为优越，把人当作物对待，无论这样做是假借什么样的名义：种族、文化、征服、传教，或只是出于权宜之计。

我们知道，卢梭一生中有那么一分钟——也许只是一秒钟，虽然微不足道，其意义在他看来却是决定其余一切的。这个瞬间之所以在卢梭生命的最后日子里总是萦绕在他的脑际，原因正在于此。他在最后的著作中心怀眷恋地描述了这一时刻，散步时也常常不禁心驰神往这一时刻。如果这不是因跌倒而昏厥之后的常见的苏醒，又是什么呢？然而，生存的感觉是一切感觉当中的一种"珍贵的感觉"，因为它大概是如此罕有和招惹争议的一种感觉："我觉得我用所看到的一切客体充满了我的微末的存在……我对我的个体一点明确的概念也没有……我在整个生命中感到一种令人愉悦的安详，每当我想起它的时候，我在所有跟已知的快感有关的活动中找不出任何一种能与之相提并论的。”《第二次散步》中的这段著名的文字从《第七次散步》中的一段话得到了呼应，而且有解释：“当我融入——不妨这么说——存在物的系统中的时刻，在与整个大自然合为一体的时刻，我感到迷狂和不可言说的愉悦。”

这种原始认同，社会状态拒绝给予人类从事它的机会。对于自己的基本品德已经变得漫不经心的人类对它再也没有丝毫感受，除非是偶尔为之或者是可笑的逢场作戏。但它却让我们触及卢梭著作的核心部分。如果说，我们在人类才能的鸿篇巨制当中为这些著作保留了独特的地位，那不仅仅是由于作者通过认同活动揭示出有关
56 人的科学的真正原则和道德观的唯一基础，也由于他为我们找回了认同的活力；这一活力两个世纪以来并将永远在这个汇合了各类存在物的熔炉里燃烧不息，而政治家和哲学家的私利则竭力在其他一切地方让它们不能相互包容：自我与他人、我的社会与其他社会、自然与文化、感性与理性、人性与生活。

注释

[1] 这是 1962 年 6 月 28 日在日内瓦举行的纪念让-雅克·卢梭诞辰 250 周年庆典上的演讲。首次以法文发表在工人大学和日内瓦大学文学院合编的《让-雅克·卢梭》一书中：*Jean-Jacques Rouseau*，La Baconnière，Genève，1962。

第三章　迪尔凯姆对民族学的贡献[1]

在撰写《社会学方法的规则》一书的时候，迪尔凯姆对民族学是不无怀疑的。他把“旅行家在匆忙之中写成的含糊的观察同历史的准确文本”对立起来。作为古朗日（Fustel de Coulanges）的忠实弟子，他希望用历史学为社会学提供一个实验性基础。他还写道：“社会学家应该把那些其信仰、传统、习俗和法律已经在落笔为实的可靠文献里具形的社会当作归纳的主要原料。他纵然不会轻视民族志提供的情况（科学家不轻视任何事实），但他将给予它们恰当的地位。他不会把它们当成研究的侧重点，而通常只用作他取之于历史之物的一种补充，或至少尽量利用历史加以确认。”[2] 57

数年之后的 1899 年，于贝尔（H. Hubert）和 58

莫斯表达了同样的意见。他们发表在《社会学年鉴》(*Année sociologique*)第二卷上的《论祭献的性质与功能》一文说:“单从民族志里求得原始制度的程式是不可能的。民族志学家记录的事实通常会因操之过急的观察而残缺不全,并且由于我们的语言的精确性而走样,只有把它们拿来跟更准确完整的文献相对照,才会有价值。”[3]

很清楚,从 19 世纪最末 10 年的形成时期,到民族志成为众望所归——其标志是 1912 年问世的《宗教生活的基本形式》(*Formos élémentaires de la vie religieuse*)的导论——其间情况发生了变化。文中已经同时用“历史学的和民族志的”来定义对现象的观察。这是头一次对于两套方法等量齐观。迪尔凯姆在文章中稍后宣称:“民族志学家的观察常常属于名副其实的揭示,从而刷新了人类社会的研究。”他站在跟此前的主张几乎相反的立场上,疏远了历史学家:“因此,再没有比历史学家对民族志学家的工作所表现的轻蔑更不公道的了。相反地,可以肯定,在社会学的不同分支里,意义最深远的革命往往是民族学引发的。”[4]

所以说,在 1892 年至 1912 年之间,迪尔凯姆及其合作者改变了对待民族志的态度。如何解释这个转变呢?

无疑,个中原因主要是《社会学年鉴》基金会逼得迪尔凯姆不得不修改了工作方法和阅读内容。一旦他决定以其学说的名义对世界上所有事实上的社会学文献做出判断和评论,他就需要接触所谓
59 “田野”民族志学家的工作:博厄斯、普罗斯(Preuss)、威尔肯(Wilken)、希尔-图特(Hill-Tout)、费宗和霍维特(Fison et Howitt)、斯万顿(Swanton)、罗斯(Roth)、库欣(Cushing)、赫威特(Hewitt)、斯特娄(Strehlow)、斯宾塞(Spencer)、吉伦(Gillen)以及其他人的名字便被他知晓了,而他起初的疑虑却源于冯

特、曼哈德、哈特兰以及泰勒这样的编辑和理论家的煽动。准确地说，迪尔凯姆并没有改变对民族志的态度。他起先批评的还称不上是民族志，至少跟他将要加盟的那种民族志不一样。他给民族学理论帮的头一个也是最大的忙也许是教会人们，只有当事实本身缺乏的时候，就原始资料做出思考才有价值，而对原始资料必须跟实验人员做实验记录一样，进行一丝不苟和专注的分析。除了纯民族学的著作《乱伦禁忌的性质和起源》（*la Prohibition de l'inceste*）和《论几种原始的分化形式》（*l'Essai sur quelques formes primitives de classification*），迪尔凯姆还以他散见于《社会学年鉴》上的书评对民族学做出了极为重要的贡献。这些书评在选取著作方面所体现的敏锐眼光，其现代精神，使我们至今依然翘望能够将它们合集出版。

然而，迪尔凯姆在接触原始资料时得到了一个发现：在很大程度上，他起初想象的历史学与民族志之间的对立不过是一种错觉，或者更确切地说，他把这一对立摆错了位置。事实上，他并非责备民族学理论家们对历史无知，而是责备他们在制造一种经不起同真正历史学家的方法相比的历史方法。在这一点上，于贝尔和莫斯的《论祭献的性质和功能》一文恰恰在迪尔凯姆学说发展中的一个决定性时刻澄清了他们的老师的思想，两人开始使用两种历史观念之间的潜在对立来取代历史学与民族志的对立。一种观念是历史学家的；另一种是25年以后，对迪尔凯姆的启发忠实不渝的拉德克利夫-布朗所说的“推测的历史”。于贝尔和莫斯写道：“罗伯逊·史密斯（R. Smith）的失误首先是方法上的。他没有就其本身的复杂性分析闪族的仪式体系，而是忙于按照他以为在现象之间看到的相似性，把它们按照谱系分门别类。这其实是英国人类学家的一个共同特 60
点……对于这一类现象，一切纯历史学的研究都是白费力气。报告所称的古老文献或现象，相对于野蛮民族表面简朴的仪典，无一不是靠不住的年代标志。”[5]

所以，真正的对立在于对待历史的两种不同方式。一种是根据“由演员本人用自己的语言写成的”直接文献，亦可根据带有图饰的历史遗迹。另一种在那个时期仍为大多数民族学理论家们所运用，即意识形态的历史，其做法是把观察结果按时间顺序排排座，无论怎么排列都行，只要能够令人满意即可。

但是，关键就在这里。民族志一旦摆脱了那些自负的想法，重新回到观察的特定数据之上，它的真正的本质就会显现出来。因为，如果这些数据不是虚假的历史的反映，不是人类精神的演化过程中的假想“阶段”在当前的散漫反射，同时也不属于事件的范畴，那么它们能够告诉我们什么呢？理性主义使迪尔凯姆免于受到视其为谵妄的产物的诱惑（这种诱惑至少对弗雷泽的最后几部著作产生了影响），从而使他几乎顺理成章地得出了《宗教生活的基本形式》的导论里的诠释：“原始文明因其简单而构成……一些不可多得的案例，各种现象之间的关系也较为明显。”因此，这些文明为我们提供了“区分的手段，用于识别宗教实践与思想的核心形式所依赖的那些始终存在的原因”[6]。

今天，我们也许会问这样的问题——这个问题却不大会烦扰迪尔凯姆：民族志知识的独特之处究竟应当归因于对象所具有的特质
61 呢，还是说，可以从相对简单化得到解释？——后者影响到一切针对极遥远的对象的知识样式。真理很可能介于这两种解释之间。因此，迪尔凯姆的那种选择并非谬误，虽然他提出的论据跟我们将采用的不同。有一点依然是确实的：有了迪尔凯姆，民族志研究的目标和方法发生了巨大的变化。民族志研究从此能够摆脱使它裹足不前的抉择：要么满足古玩家的好奇心而已，用是否怪异珍奇来衡量它的发现有多大价值，要么被要求用一些自鸣得意地挑选出的例

证，事后聪明地解释关于人类起源与进化的一些思辨性假说。要规定民族志的作用，必须采用别的办法，因为它的每一项观察都或者绝对地或者相对地具有经验价值，而且能够让人们得出普遍的真理。

把这一贯穿着拉德克利夫-布朗的全部著作的讯息破解出来是最令人振奋和具有说服力的事情；多亏拉德克利夫-布朗，以及博厄斯、马林诺夫斯基和莫斯，民族学在 20 世纪头 25 年中的转折时期取得了自主地位。他是英国人，并因此是一部混合着民族学本身历史的学术传统的继承者。虽然如此，当青年拉德克利夫-布朗着手把当时仍然仅属历史学或哲学门类的民族学变成一门可与自然科学相比的实验科学时，他把目光投向了法国和迪尔凯姆。1923 年，他就这种观念写道："这一点也不新鲜。迪尔凯姆和伟大的社会学年鉴学派自 1895 年以来就一直在捍卫它。"[7]

如果说，时逢 1931 年，他对新的田野工作的方法不是在法国出现的表达了遗憾，那是因为考虑到"法国为比较社会学的理论研究开辟了发展的道路"这一事实。[8]

在更大程度上，拉德克利夫-布朗所强调的这种反常情形是表面 62
的而非实际的。如果不是在 1914—1918 年战争期间大批遇难，由迪尔凯姆调教出来的第一代人中本来是会产生出田野工作者的。继起的一代人大批投身于直接观察。再者，尽管迪尔凯姆本人并未躬亲实践，但澳大利亚的调研人员始终把《宗教生活的基本形式》作为理论源泉。这是因为，经过按部就班的分析和归类以后，破天荒头一次，民族志的观察结果不再是猎奇与怪异现象的大杂烩，也不是过去时代的古董了，而被人们努力置于一部信仰与行为的系统化的分类学当中。这样一来，民族学从它一度安营扎寨的遥远征途上被领入科学城的中心地带。自这个时候起，所有为它保留这个地位做出了贡献的人都直言不讳地自认为属于迪尔凯姆学派。

注释

［1］本文最初发表在《巴黎大学年鉴》第1期，1960，第40～50页。迪尔凯姆的百年华诞纪念会在推迟两年以后，由巴黎大学筹办，于1960年6月30日在索邦大学的大阶梯教室举行。时任巴黎大学文理学院教授的乔治·古尔维奇先生对我的参加投了否决票，因此我只能作为观察者到场。本文是应乔治·戴维（Georges Davy）院长的要求撰写的，为的是能够在纪念会宣讲以后得到发表。我愿再次感谢他给了我同别人一道向法国社会学派的创立者致敬的机会；为了纪念迪尔凯姆，我在他百年华诞的同年刚刚把《结构人类学》（1）一书题献给他。

［2］E. Durkheim, *Règles générales de la méthode sociologique*, 13e édition, 1956, p. 132.

［3］H. Hubert et M. Mauss, *Mélanges d'histoire des religions*, 2e édition, 1929, p. 8.

［4］E. Durkheim, *Les formes élémentaires de la vie religieuse*, 2e édition, 1925, p. 5, 8, 9.

［5］H. Hubert et M. Mauss, *Mélanges d'histoire des religions*, 2e édition, 1929, p. 7.

［6］E. Durkheim, *Règles générales de la méthode sociologique*, 13e édition, 1956, p. 8, 9, 11.

［7］引自 A. R. Radcliffe-Brown, *Method in Social Anthropology*（遗著）, Chicago, 1958, p. 16。

［8］同上书，第69～70页。

第四章　美国民族学研究署的工作和教训[1]

我对在美国的日子所保有的全部记忆中，极少 63
有像一次偶然发现那样让我印象深刻。那是1941年的一天，纽约靠近百老汇大街的下端有一家书店，专卖二手的官方刊物。每本只需花两三美元，就能在那儿买到大部分美国民族学研究署（Bureau of American Ethnology）的《年度报告》，报告书的破损状况应当说尚且说得过去。我那时为这一发现激动不已，因为我从未料到，这些记载着我们对美洲印第安人的最重要的知识的神圣无比的书册，竟然会与那些同样待售的平庸书籍为伍。在我的头脑里，它们毋宁属于一个声誉卓著的过去，与它们所研究的那些逝去的社会里的信仰和习俗是融为一体的。此时此刻，美洲印第安人文化仿佛猛然间复苏了，

几乎看得见摸得着，这全亏这些赶在它们彻底灭绝之前写成出版的、在它们的时代和我之间建立起实在的可接触的书籍。我那时囊
64 中羞涩，三个美元对于我来说等于三天的全部伙食费。但是，跟它们能够买下的这些出色的插图著作相比，这个数目是微不足道的。我买下了马勒理（Mallery）的《象形文字》（*Pictographs*）、马休斯（Matthews）的《山之歌》（*Mountain Chant*）、菲克斯（Fewkes）的《霍比人的卡奇纳斯神祇》（*Hopi Katchinas*），加上斯蒂文森（Stevenson）的《祖尼印第安人》（*Zuni Indians*）、博厄斯的《钦西安人神话》（*Tsimshian Mythology*）罗斯（Roth）的《圭亚那印第安人》（*Guiana Indians*）、柯廷（curtin）与赫威特（Hewitt）的《塞内卡人的传说》（*Seneca Legends*）……

于是，尽管不无遗漏，我就是这样一卷接着一卷地终于积攒起基本完整的一整套《年度报告》，从第1卷到第48卷。它们代表着美国民族学研究署的历史上最辉煌的时期。我丝毫也没有想到，几个月后，我便被这个研究署请到了华盛顿，参加一个重要项目的编写：七卷本《南美洲印第安人手册》（*Handbook of South American Indians*）。

许多年过去了。尽管光阴流逝，我加盟美国民族学研究署的工作也只是暂时的事情，但它的刊物对我丝毫没有失去魅力。我对它仍然心怀敬意和赞赏，而且我们在全世界的同事们抱有相同的感受。既然詹姆斯·史密松（James Smithson）的200周年诞辰恰逢美国民族学研究署即将不存的同一年（虽然它的活动将会在一个新名字下继续下去），选择目前这个时机同时纪念史密松学会（Smithsonian Institution）创始人和这个卓越的学会的最主要建树之一：民族学研究署，看来是十分适宜的。

研究署创立于1879年，它首先从地理学和地质学的监护下把民族学解放了出来，此前它一直被置于它们的支配之下。不过，研究

署尤其充分利用了从大城市出发只需数日，有时甚至仅仅数小时便可以看到十多个土著部落这一绝妙的机会。有一位现代民族学家就这种做法写道：“与最现代的民族志研究相比，从内容的可靠性与丰富性来看，研究署发表的关于习俗和文化的描述是毫不逊色的。”（莱恩哈德，第 24 页）研究署把研究工作提高到了一个我们一直努 65
力用来衡量自己的水平，尽管很少能够达到。

岂止如此。48 份“主”《报告》以及随后发表的其他报告，大约 200 期《公报》以及《散论汇编》，把一大批如此令人瞠目的土著文献和田野调查的结果汇集起来，以至于这项事业开展以来大约一个世纪了，我们只不过涉及它们的皮毛而已。既然如此，如何理解这些价值无量的资料今日落得无人问津呢？最后一种我们称之为原始的文化从地球上消失之日业已迫近，我们那时将意识到有关人类的知识已经永远失掉了它的经验基础，但为时晚矣。到了那个时候，恰如我们自己的文明在过去遇到过的那样，数不清的学者将在几个世纪当中殚思竭虑地整理、分析和评论美国民族学研究署的出版物。同任何其他已经消亡的文明相比，这些出版物为美洲印第安人文化保留下来的东西要多得多，这还不算划归研究署监管的那些未曾发表的手稿。如果有一天，我们能够做到把我们的狭隘的人道主义拓宽，进而囊括人性可能具备的每一种表达形式——也许那是保证人类有一个不那么晦暗的未来的唯一希望所在，那么我们会把这一点归功于如美国民族学研究署所做出的那一类成就。可是，那种把研究署的工作视为俱往矣的想法同我的看法大相径庭。与继承了研究署的角色和特权的人类学办公室（Office of Anthropology）一道，我们大家反而应当从研究署的主要成就当中获取启迪，从而致力于完成明天的任务。

在某些圈子里，正流行一种显示优越感的说法，似乎人类学是一门走下坡路的科学，因为它的传统研究课题，所谓原始民族，正在迅速消亡。所以，人们说，为了生存下去，人类学应当抛弃基础研究而
66 成为一门应用科学，因为那样它就可以专注于所谓欠发达国家的问题，以及我们自己的社会生活的病态方面。我不想否认这些新型研究的好处，但是我觉得，在目前和未来很长时期内，仍有大量的工作等待我们沿着传统的路线去完成。正是由于，或迟或早，所谓原始民族近期内就要陷入濒临灭绝的境地，所以才绝对应当优先研究它们。

不过，在这条道路上继续行进还不算太迟。早在1908年，詹姆斯·弗雷泽爵士在利物浦大学的就职演讲中就曾经宣告，古典人类学已经接近尾声。然而，从那以后我们看到了些什么呢？两次世界大战加上科学技术的发展一道动摇了世界，而且导致无数土著文化在肉体和精神上都垮掉了。然而，这些惨剧所带来的并非只是一个方面的后果。第一次世界大战迫使马林诺夫斯基不得不生活在特洛布里恩岛人当中，也许比他本人预料的更长久和更亲密无间，从而间接地促使人类学进入了一个新时代。第二次世界大战的一个同样间接的后果是，一个全新的世界展现在人类学家面前：在拥有600万～800万人口的新几内亚的腹地，那里的制度向人类学家提出了新的课题，迫使他们重新考虑许多他们从前以为最牢固不移的理论观点。同样，由于把新的联邦首都迁往巴西中部，并在偏远地区修建道路和飞机场，人们在原以为没有土著生活迹象的地带发现了孤立的小型部落。

这些大概都属于最后的机遇了。特别是，它们丝毫也补偿不了世界各地的原始部落的灭绝——由上述事件直接或间接地招致的灭绝——所引起的震惊与愤怒。19世纪初叶，澳大利亚尚有25万土著人，现在只剩下大约4万人，全部或大多食不果腹、贫病交加，连他
67 们居住的荒漠都受到了矿业开发、原子试验场和导弹靶场的威胁。从

1900年至1950年期间，90多个部落在巴西的版图上被抹掉了。那里现在还有不到30个部落过着得过且过的生活，处于相对孤立的状况。在同一时期内，15种南美语言消亡了。凡此种种，不一而足。

但是，人类学不应该丧失信心。确实，我们的研究资料已经越来越少。但是，跟先驱者们相比，我们拥有更丰富的知识和从过去的教训获得的理论思考，以及更精细的观察技术，所以我们懂得如何更好地运用研究资料。留给我们研究的东西越来越少了，然而对这些剩余的东西的研究却需要花费比以往更多的时间，成果也会更为丰富。我们已经学会寻找和辨认藏有传统知识的文化“巢穴”，在工业文明的冲击下，它们为语言、亲属制度、民族植物学、民族动物学等传统知识提供了暂避一时的栖身之所。

其实，由于最后一批直到灭绝前仍然忠于传统生活方式的社会在肉体上的消亡，人类学当今同样面对着不利于其未来发展的威胁。不过，对它来说，更紧迫的威胁也许来自另一种诸如亚洲、非洲和美洲安第斯山等地区看到的演变，这些地区迄今一直被认为属于人类学的研究范围。这些地区的人口密度一直很高，并且不仅没有降低的迹象，反而仍然在上升。这就对我们的研究产生了另外一个威胁，更多的是质量方面的，而不是数量方面的。因为这些庞大的人口变化迅速，而且文化跟西方文化接近，并因此而不在我们的掌控之内。更有甚者，这些民族越来越不能容忍我们对他们从事民族志调查，因为他们怀疑，我们之所以要研究他们与我们在信仰和习俗上的区别，是为了把一种正面的价值赋予这些区别，是在打算让他们的演变进程刹车，好让他们停滞在目前的状态下。

因此，现代人类学发现自己处于一种矛盾的局面。对于跟我们 68
自己的文化迥然不同的文化所怀有的深刻尊重导致产生了所谓文化相对论。现在，这个学说反而遭到了我们出于敬重他们才建立此学说的那些民族的激烈反对。再者，这些民族认可一种陈旧的单向进化论的说法，好像他们为了尽快分享工业化的好处而宁愿自认暂时落后，而不愿永远自视不同。

这能够解释为什么非洲和亚洲某些地区对于传统人类学怀有不信任感。人们在那里展开双臂欢迎经济学家和社会学家，对人类学家充其量只做到容忍，尽管还没有闭门谢客。那么，为什么一定要让注定死亡的古老风俗习惯长期存在呢，即使只通过落笔为文的办法？它们所受到的关注越少，消失得就越迅速。而且，即便它们不该消失，最好也不要谈论它们，以免外人意识到某个民族的文化不完全与现代文明同步，正如它的某些成员自欺欺人地认为的那样。在我们自己的历史上，不是也有过陷入同样的错觉的时期，后来又加倍努力，试图找回那个我们一度打算把根基切断的过去吗？让我们至少祝愿这一代价不菲的教训不要被其他人忽略。因为，保存自己的过去是每一个民族的责任，这不仅是为了民族本身，而且是为了整个人类。在充分意识到自己的过去所具有的创造性和价值之前，在将它完整地记录备忘之前，任何民族都不应该听任它消失殆尽。这一点一般来说没有错，然而对于这样的民族尤其正确：虽然面临着一个不同的未来，它们仍然能够安享体验自己的过去的优遇。

为了让人类学在它的牺牲者眼里变得较为可以容忍，人们有时建议把角色颠倒一下。在民族志研究中，让我们自己也被那些我们所描写过的人们——假如可以这么说的话——给“民族志一下”
69 吧。彼此这样轮流扮演那个最好的角色。既然没有一方能够永远占据这个角色不放，那就无人会有理由自觉低人一等。我们本身将从中取得额外的收获，即通过他人的眼睛更好地认识自己，这种相互的视角将会使整个学科从中获益。

尽管这个解决办法出自善意，我却认为它显得十分幼稚，而且很难全面推行。因为我们所面对的问题不像爱争吵的小孩子遇到的问题那样简单肤浅。尚未习惯一起玩耍的孩子们懂得运用初级规则来解决争端：“让我玩你的洋娃娃吧，我也让你玩我的。”对于两个不仅出于外貌和各自的生活方式不同，更由于不平等的相互关系而疏远的民族来说，问题是完全不一样的。

虽然人类学盼望取得如同天文学那样的超凡脱俗的科学地位，但它永远做不到，因为天文学的存在本身来源于远距离地静观它的对象。人类学则诞生于一种历史的变迁，在这个过程中，人类的大部分被迫屈从于另一个部分，千百万的无辜者被掠夺了资源，他们的信仰和制度遭到毁灭，随后本身被野蛮屠杀，或者沦为奴隶，或者染上他们的肌体无法抵御的疾病。人类学是一个暴力时代的产物。如果说它能够运用一个从未达到的更客观的视角看待人类现象，那么它在认识论上的这一优势应当归功于一种事态，即一部分人持有把另一部分人当作物对待的特权。

人们不会很快忘掉这种局面，也无法装出似乎它从未发生的样子。人类学之所以产生于西方世界，并不在于后者有特殊的智能，而是因为被我们视为稀松平常的异国文化也能够充当研究的对象。
我们从来没有觉得它们对我们有什么影响，但是，我们今天的行事 70
方式不可能不对它们产生影响，而且是以最直接的方式影响它们。一方面是我们对他们的态度，另一方面是他们对我们的态度，两者之间不仅没有，也不可能有对等的关系。

这就带来了下述后果。若想让人类学在那些直到昨天仍被唤作土著的文化的眼中成为正当的研究工作，而不是殖民时代的或延续殖民时代的经济统治的余波，那么人类学就不能止于照玩旧日的把戏，同时仅仅让当事者调换一下立场。人类学的存在理由就是研究那些由于缺乏成文的资料而难以窥见其历史的文化，假如它打算在这些文化中继续推行它的工作，那么整个人类学本身必须发生深刻的改变。

对待文献的缺乏，过去的办法是利用特殊的调查方法划定它们的范围，现在的问题是要填补它们。被研究的文化的成员所身体力行的人类学将放弃特殊性，向考古学、历史学和文献学靠拢。原因在于，人类学是从外部对文化做出观察的科学，那些取得了生存的独立性并对自身独创性有所意识的民族，通常可以索求亲自观察他们自己的文化的权利，即从内部做出观察。人类学要在经历着如此剧烈的变化的世界上生存下去，只能接受死亡，以便以崭新的面貌复生。

因此，人类学当今面临着一些可能被认为相互矛盾的任务；不过，只有在那些非得一齐实行不可之处，它们才是相互矛盾的。在那些土著文化在精神上至少部分地完好，但很快将从肉体上消失的地方，人类学研究将会沿着传统路线继续推行；而且，鉴于情况紧迫，一切手段都可以运用。反之，在那些人口众多或正在增长，其文化却迅速朝我们的文化靠拢的地方，在当地学者逐步接手以后，人类学所采用的目标与方法应当类似于文艺复兴以来在研究我们自
71 己的文化时被证明有效的、我们也懂得如何运用的那些目标和方法。

然而，自成立之初起，美国民族学研究署就不得不面对这一双重的必要性，这是由于北美印第安人的特殊情况——文化差异悬殊，地理相近，虽然备尝艰辛，但生存意志坚强。研究署一边从事自己的民族志调查，一边鼓励土著人成为他们自己的语言学家、文献学家和历史学家。如若不能追随上述榜样，培养起像奥马哈（Omaha）酋长之子 F. 拉弗莱舍（Framçis La Flesche）、斯奎蒂族（Skidi）鲍尼人詹姆斯·缪利（James Murie）、夸扣特尔人乔治·亨特（George Hunt）这样的一些人的话，便无从拯救非洲、亚洲和大洋洲的文化财富；这一类人物不在少数，其中如拉弗莱舍和缪利等人曾经为研究署旗下的正式成员。这群男人和女人很早就奠定

了美洲文化学的基础，除了努力将他们的教学成果向世界其余地区广为传播以外，我们还能做些什么才能充分表达对于他们的成熟思想和洞察力的敬意呢?

这样做并不意味着只需在已有资料里不断地追加同类资料便万事大吉。需要加以保护的东西仍然那么多，任务那么紧迫，这可能使我们因工作缠身而忽略人类学的演变进程，因为人类学除了正在发生质的变化以外，从量的方面来看，它积累起来的材料也在增加。这种演变本身可以使我们对学科的未来发展具有信心。已经出现的新问题至今没有得到充分的注意，然而却是非解决不可的。例如，热带作物的产量多变的问题，以及对于每一种热带作物来说，产量及其所需劳动量之间的关系问题。实际上，如果不把产量的罕见的变动幅度考虑进去，就很难懂得社会和宗教对美拉尼西亚全境
的薯蓣种植有多么重要。由于农民总要冒收获量低于需要的风险，72
所以必须合理地广种薄收。相反，一场丰收可能大大超过预估效益，无法用尽，因此可以派上别的用场，例如用于展示本领和仪典的酬赠。和在许多别的情形下一样，我们在此类情形下所看到的现象一经同时被移译到数量更大、种类更多的代码当中，意义便更为丰富，而此前只需一种或数种代码便已足够。

这样一来，一方面是人类学能够独立追求的真理，另一方面是沿着与之平行的道路前进的其他学科所达到的真理，这中间出现了一系列等值物。我指的不仅是刚才提到的经济学，还有生物学、人口统计学、社会学、心理学、逻辑学等。因为，恰恰是在那些彼此碰撞和调整的过程中，我们的研究的独到性才会显露无遗。

最近出现了不少争论，目的是弄清楚人类学究竟属于人文科学还是属于自然科学。我觉得这是个不成问题的问题，因为人类学的实质在于针对这种区分的反叛。它的工作材料跟历史学相同，但是

由于缺少时间的观点而不可能运用同样的方法。人类学的方法因此跟那些以共时研究为主，但不一定用于人的科学所使用的方法更为相似。此类方法的目标是努力从表面上特殊和多样的被观察现象的背后找到不变的特质，正如一切想打算成为科学的事业一样。

这个目标会不会使人类学背离人文的和历史的观点呢？绝对不会。在我们这个学科的所有分支当中，体质人类学是最接近自然科学的。所以，很能说明问题的是，体质人类学在完善它的方法和技术的同时，已经更趋接近而非远离了人文的视角。

73 对体质人类学家而言，寻找不变特质在传统上意味着寻找那些不具备适应性价值的因素。唯有这种因素的有无才能告诉我们与种族的分野相关的情况，这种分界线被认为划分了人类。然而，对于此类因素是否真的存在，看来我的同事们越来越没有把握了。镰状红细胞贫血的基因长期被认为是此类因素之一。可是，如果它像目前被普遍接受的那样，能够把相对的免疫力赋予疟疾的某种有害的形式，那么上述特点将会完全消失。列文斯顿（F. B. Livingstone）已经出色地证明，体质人类学在推测性的长期历史学方面放弃了一张有力的王牌之后，在具体的短期历史学方面——恰恰是历史学家所研究的那一种——反而赢得了另外一张有力的王牌。因为，正是由于镰状红细胞贫血的基因具备某种适应性价值，所以它在整个非洲的分布情况才能让我们在某种意义上“读出”演变中的非洲历史，而且使我们能够在这种遗传分布图与语言和其他文化特征的分布图之间找到一系列的关联。从这个例子里，我们可以得出什么样的结论呢？那些人们在表面层次上原以为已经把握的不变特质，在更深的、具有更大功能效益的层次上重新出现了，它们的资讯价值在这个过程中丝毫没有丧失，却进一步赢得了意义价值。

在人类学的领域里，我们到处都看到类型相同的演变。不久以前，福斯特（G. M. Foster）为一个我们不少人都以为已经研究透了的问题又注入了新的生气，即制陶用的轮盘的起源问题。他指出，这样一种发明的意义不仅是一个新的机械装置，也不仅仅是可以客观地从外部加以描述的一件器具，它更是一个动态的概念程式或者一种原理，凭借它可以产生一大批不同的装置，有粗陋的，也有精细的。在另一个完全不同的方面——亲属关系的研究方面，我本人曾试图证明，不应按照外部特征描写这些制度——例如它们使用的称谓语的数目，或者那种为了混同或者区别的目的，将人与人 74
之间的所有可能存在的关系全部加以归类的做法。那样做只能得出一份巨细无遗地罗列类型和亚类型的清单，枯燥无味，而且毫无解释价值。应当做的是，找出这些制度为了以这样或那样的方式把社会群体凝聚起来是如何运作的，从而能够发现，制度的表面多样性其实掩盖着少数几项承载着意义的主要原则。

在宗教和神话方面，同样必须努力抛开外部特征，因为我们只能做到描写它们，而且每一位学者都根据自己的先入为主的观念自由地加以分类。这样，在令人眼花缭乱的众多神话主题的背后，我们就能找到少数将其约分的概念程式。跟神话主题的多样性迥然不同的是，这些概念程式将会彻底地彰显其操作性意义。与此同时，每一种文化的研究都能够得出一系列规则，依据这些规则便可以把曾经被认为完全不同的神话归入到同一组变化之内。

这些例子，加上还可以举出的大量其他例子，表明人类学的传统课题获得了全新的形式，但是没有一个可以认为已经得到解决。在所有的人文科学当中，人类学在对人的探索过程中总是超越人类历史在每个时期为全人类划定的界限，这是它的与众不同之处。就古典时期和中世纪而言，这个界点离得太近，从而无法从事人类学研究，因为每一种文化或社会都把它规定在自己的家门口，从而对左邻右舍拒之千里。大约一个世纪以后，当最后一种真正的土著文化从地球上消失，而我们只能跟电子计算机对话的时候，这个界点将会遥远得使人怀疑这些研究是否仍然配得上称为人类学，尽管它们力求不背离最初的灵感。在这两极之间，人类面临着从未遇到过或可能拥有过的唯一一次机会，那就是通过人类的历史存在的具体形式观察自己，并且解决这些形式所带来的问题以及它给自己提出
75 的问题，同时又确信这些问题其实都是能够解决的，因为我们早就知道，人与人之间的表面差异掩盖着某种深层的一致性。

现在让我们发挥一下想像力：天文学家向我们发出警告，有一个未知的行星正在靠近地球，它将在我们侧旁停留二三十年，然后永远消失。为了把握这一千载难逢的机会，我们将会不惜一切努力和耗费，建造起专门设计的望远镜和卫星。如果说，人类直到昨天尚未得到承认的一半依然十分靠近另外一半，除了研究人员不足（我们现在必须给他们泼冷水）和资金匮乏以外，研究工作已经不成问题，毕工之日已屈指可数，那么此刻不是照样应该加快步伐吗？假如我们从这个观点看待对人类学的未来，不用说，没有任何研究会显得更紧迫和更重要了。因为土著文化的解体速度比放射性物质还要快。月球、火星和金星与地球的距离亘古不移，但其他文明一直面向我们高擎的镜子必将从我们的视野消失，无论那时使用多么精密和昂贵的仪器，我们都将无法检视甚至看到我们自己的形象，因为它仅仅在一段时间内可见，随后将从我们的视野中永远地消失。

注释

[1] 本文原为1965年9月17日在华盛顿特区举行的纪念史密松学会的创始人J. 史密松诞辰200周年庆典上的演讲，移译成法语时并未拘泥于英语原稿。已获西蒙与舒斯特公司的准许（*Knowledge among Men*，© 1966）。

第五章　无文字民族的宗教之比较[1]

1888年10月20日：“未开化民族的宗教”自由课程开设，由雷昂·马利耶（L. Marillier）讲授。 77

1890年3月13日：此自由课程转为由讲师雷昂·马利耶执教的讲座，沿用“未开化民族的宗教”的名称。

1901年10月15日：雷昂·马利耶去世。

12月5日：马歇尔·莫斯被任命为讲师，接替马利耶。

1907年8月20日：马歇尔·莫斯被任命为助理指导教授。

1940年10月31日：马歇尔·莫斯从科研指导教授的职位退休。

1941 年 3 月 22 日：莫里斯·林哈特（M. Leenhardt）被任命为科研指导教授，接替莫斯。

1950 年 9 月 30 日：林哈特退休。

78 1951 年 1 月 25 日：克洛德·列维-斯特劳斯被任命为科研指导教授，接替林哈特。

1954 年 2 月 9 日：讲座更名为目前的名称。

我在 1951 年被召去主持这个讲座以后，几乎立即感到有必要更改讲座的名字，但这并不意味着我对杰出的前任雷昂·马利耶、马歇尔·莫斯和莫里斯·林哈特缺少尊重或者诚意。然而，一个无法让人无动于衷的时代标记是，由我本人或衔命归来的研究员所做的报告招致了海外听众的意见、评论或者批评。这种情况从我执教第一年起就出现了。这些人急于让我们了解，他们自己就是被谈论的民族的成员，而且不赞成这样或那样的解说。

在这种情况下，在一个把我们所研究的宗教归入“未开化民族”的讲座题目下，要想继续如此难得的合作关系，这很让人左右为难，虽然这个提法放在 50 年以前并没有太大关系，因为无论是对是错，当时没有一位有关人士会赋予它一种贬义的色彩，或者仅仅辩护说，规定一个文化的特点不应当根据人们认为它所不具备的，而应当根据人们认为它所独具的值得关注之处。不错，新的讲座名称因为涉及无文字民族而同样有消极的含义。但是，除了这个名称仅为一种事实的表述，不包含丝毫价值判断以外，看来在我们所研究的社会里，没有文字对于必定保持口头性质的传统起到了一种调节作用——这一点甚至是我们思考的一个主要题目。我们自己的传统是随着书本知识的不断积累而加速改变的，相比之下，那种传统更适合于要求研究对象相对稳定的实验性研究。

对于一门已经延续了18年的教学活动而言，无疑可以说它已经 79
有了一部自己的历史。回顾我们的教学，我们可以划分出三个阶
段，每阶段时间差不多一样久。在第一个阶段里，一门将主题公告
于众的课程用去每星期两个课时当中的一个（另一个课时从一开始
就预留给研讨班了，一般是由合作者、学生或来访者做报告，接着
进行讨论）。这些课程使我们能够面对自愿到场的听众逐步建立
起——也可以说尝试——某些分析方法和原则；此后出版的多部著
作都在神话表象和宗教实践的研究中运用了这些方法和原则。第二
个阶段标志着讲座发展成名副其实的研讨班形式，而且论题扩大，
把看起来属于边缘性的问题也包括了进来。但是，在关于人的科学
当中，民族学的地位逐渐提高却不允许对那些热门问题不闻不问，
譬如现代文献处理技术——它们被证明同样是必不可少的——以及
当代哲学的恰当地位。1959年至1962年的大部分时间里，我们仍
然在讨论我们的学科如何运用分析代码、穿孔卡和计算器，以及根
据新近出版的著作讨论民族学与哲学的关系。一些青年才俊所扮演
的关键性角色是不可遗漏的，例如此后不久创立并指导法国国家科
研中心文献自动化部的让-克洛德·卡尔丹、已故的吕西安·瑟巴
格，他的悲剧性去世不会使我们那么快就忘掉这位前途看好的年轻
人。1959年，法兰西学院对我的任命最终使我能够一边把教学本身
的资料集中在我的课程里讲授，一边把高等研究实践学校的课时专
门用于研讨班的工作，这些工作大多是一些任务报告，由隶属社会
人类学实验室（成立于1960年）或相似学术机构的研究人员做出。
这个第三阶段一开始，即1962年前后，我们就决心减少旁听生，使
我们的每周研讨班能够成为一支队伍的一个碰头场所，这支队伍的 80
成员之间早已经有其他联系途径，他们于是能够定期地通报各自的
工作对比成果。不消说，这种合作要求观点方面的某种一致性，但

并不排除学说完全独立。这种一致性来源于下述事实：不管是为了从中获得启发，还是与之争论，参加者都自愿把我们不断在法兰西学院的课上和往往极为活跃的讨论中发展出来的想法当作他们的参照系。因此，总结一下这些论题并非多此一举。

我们在巴西的首批研究使我们摒弃了“原始”这个概念。可是，如果说民族志学家所考察的社会不比别的社会更“原始”，如果它们并未让我们接触到有关人类发展的远古阶段的知识，那么研究它们又有什么用呢？当然，目的并不是揭示文明现象背后的原始现象。可是，由于这些社会给人带来了一幅反映他的社会生活的映像——既是缩小了的（因人口不多），又是平衡的（由人们所说的熵造成，后者源于没有社会阶级，以及这些社会对历史的真实而空想的厌恶感）的映像，所以它们形成了一些极佳的个案。因为在社会现象方面，它们可以使我们透过现实看到一些模型；或者更准确地说，它们能够让我们**从现实出发**，以最省力的方式建立起模型。

不过，与其说这种优越地位来自于所谓原始社会的固有特质，不如说出于我们相对于它们所处的位置。社会之间的差异相对于观察者自己的社会时最为显著。所以说，跟其他有关人的科学相比，民族学家所处的地位类似于天文学家在物理和自然科学中的地位。在很长一个时期内，由于天体遥远，其巨大的体积跟观察者所在的星球又不成比例，观察手段不完善，等等，天文学一度被禁锢在粗浅的知识里。然而，天文学所发现的领域却使各门精密科学跨出了
81 第一步。这不是偶然的。

与之类似，民族学知识遇到的障碍反倒可能提供某种揭示现实的手段。只要承认以下这一点就足够了：我们的最终目标并不在于了解我们所研究的社会是什么样的——就每一个社会的本身特点而言——而是要找出它们的区别在哪里。正如语言学一样，人类学的

研究目标是找出区别性差异。

这里应当再次指出，由于直接相关的现象是由关系构成的，所以它们可能从那种止于对可观察现象的经验性考察中溜掉。因此，在高等研究实践学校和法兰西学院的教学里，我们主要做的是，把运用模型的方法扩展到一个有待发掘的领域，我们的民族志也是以这一领域为取向的，这个领域就是神话学，尤其是南北美洲的神话学。

从第一年起，以及晚些时候（1950—1951，1958—1959），我们就证明，那些以表面上无拘无束为特点的仪式行为在美洲和世界别的地方都是围绕着三个极点分布的，分别以“饕餮”、“疯子”和“食人者”三个角色来代表。然而，每一个这样的功能及其所有的中间形式似乎都同对待死者的某些态度有关。活人社会竭力保持同死人的某种关系，或者是平和的，或者是进攻性的，但全都是理想化的；再要么就是一种实在的关系，但需转入同胞与敌人的关系层次。

此后，在仪式行为的类型学里，我们又添加了一种与灵魂的表象有关的类型学（1956—1957）。这些表象分列于两个极点之间：一个是“社会学”极点，众灵魂在那里仿照活人的社会组成一个社会，通常远避人世，但定期被邀请来恢复与活人的联系；另一个是“自然主义”的极点，从单个的角度看待的灵魂在此被分解为一个由职能性灵魂构成的有机社会，每一个灵魂都专司一项生命活动。这个极点与前一个呈现对称，但却是颠倒的，问题于是在于消除它 *82*
们的不断扩散的趋势。这项把重要的神话概念分门别类的工作促使我们重新考虑跟一些受争议的仪式有关的理论解说，例如拟娩礼（couvade）、成丁礼（initiation）和双重土葬（double inhumation）（1954—1955，1958—1960）。

从1951年到1953年，我们致力于分析美洲西南部普韦布洛部落的众神殿所显示的复杂功能。这些众神殿似乎属于一门能够涵盖可在别处见到的系列的类型学。从比较神话学的观点来看，对于这些系列的研究肯定会获得丰硕的成果。我们于是建立起一个中介人物的前哥伦布时代的特征，一般认为此人是晚近时期的舶来品。这个阳具之神是奉献给灰烬和垃圾的，它司掌野兽、迷雾、晨露和贵重衣物，从墨西哥到加拿大都能遇到它。虽然各个项次都被系统地颠倒了，从而排除了移借现象，可是连细节都显示出它跟灰姑娘——在欧亚舞台上被弱化为小人物——之间存在着极有规律的对应关系。

如果能够一开始就把功能和术语明确地规定下来（这是1959—1961年间课程的主题），结构分析就不但绝不会落入形式主义的窠臼，而且将会在地理和历史领域中开拓新的前景。这个信念一直指引着我们后来针对神话表象的研究，即使是在最抽象的研究阶段里。

最好不要匆忙进行比较和陷入有关起源问题的思辨，而是要有步骤地分析神话，每一部神话的定义都要以全部已经证实的变体为根据，而且要避免任何先入之见。只有这样，我们才有望进入将人类及其建树列入一部实证知识的对象当中的阶段。不过，要做到这一点应当运用一套非常严谨的方法。这套方法可以归纳为三条规则：

（1）一部神话绝不应只在一个层次上诠释。最佳的解释是没有的，
83 因为任何神话在本质上都是在数个解释层次之间**结成的关系**。

（2）一部神话绝不应单独地诠释，而应当放在与其他神话的关系当中，它们合起来构成一组转换。

（3）一组神话绝不应单独地诠释，而应当参照：（a）别的神话组合；（b）有关这些神话的发源社会的民族志研究。这是因为，如果说神话是彼此转换的，那么就会有一种属于同一类型的关系沿着

一个横坐标把不同的层次统一起来，整个社会生活都在这些层次之间演变，从技术—经济活动的形式直至表象体系，中间包括经济交换、政治和家庭的结构、审美表达方式、仪式的实践和宗教信仰。

我们从而可以得出一些相对简单的结构，它们的转换衍生出不同类型的神话。通过这种做法，人类学为建立一种**具体事物的逻辑**尽其绵薄之力，这种逻辑看来是现代思想所关心的主要内容之一，它不会使我们更疏远那些表面上跟我们的思想极为不同的思想形式，而是更加接近它们。

这些思想形式再也不能被描写成前逻辑的了。它们以不同的方式符合逻辑，不过这只是由于西方思想在很长一个时期内受到一种过于狭隘的逻辑所支配。所谓定性数学通过重视严谨胜于重视度量而拓宽了我们的逻辑学，人类学家倒不自诩参与了它的发展，但是，由于能够提供相当独特的材料，所以能够引起逻辑学家和数学家的关注。

根据同一观点，我们还尝试将神话研究与仪式研究加以整合。流行的理论认为，这两个范畴之间存在着一一对应的关系（或者仪式以行动表现神话，或者神话本身为仪式提供解释）。这种理论可以归结为表明一种更一般的关系的个别情形，因为对个别案例的研究显示，神话和仪式是相同要素的不同变体（1954—1955 年度和 1959—1960 年度的课程）。因此，平原印第安人鲍尼（Pawnee）部
落的神话便表现为其仪式的一种对称而颠倒的映像，只有邻近部落 84
的仪式才表现出直接的对称性。

所以，神话和仪式并非总是相互重复。我们倒是能够断定，两者在已经表现出互补性的领域里是互补的。仪式的表意价值似乎局限在工具和姿势当中：它们是一种**泛化的语言**（paralangage），神话却表现为**元语言**（métalangage），因为它充分利用了话语，但同

时把它所独有的表意对立体放在一个比日常运用中的语言所需的更为复杂的层次上。

因此，我们的方法其实就是提出，在不同范畴的社会现象和语言之间存在着结构上的相似性，而语言本身即为社会现象之首。在我们看来，它们全都表现为同一类现象；而且，我们有时会琢磨(1955—1956 年度和 1958—1959 年度的课程)，对于两个毗邻而居的民族来说，他们的亲属制度或神话的表现方法之间的关系正如不同方言之间的关系一样。

在不同层次上进行的与此平行的研究使得一部关于社会的一般理论显现出轮廓。这是一套宏大的、存在于个体与群体之间的沟通系统，其中可以分辨出数个部分。一个是亲属关系部分，通过联姻群体之间交换妇女而持续存在；另一个是经济活动部分，其中物资和服务在生产者与消费者之间流通；再一个是语言行为的部分，它使谈话者得以交换信息。就宗教现象在一个这样的系统中拥有某种地位而言，可以看出，我们的尝试之一就是消除它们的特殊性。

其实，神话和仪式同样可以被视为沟通的方式：神人之间（神话）或者人神之间（仪式）的沟通。不过，区别在于，在同一个沟通系统中，神祇的对话者跟别的伙伴是不一样的。人类把它们表现
85 为这个系统的（完整的或部分的）映像或者投射，这在理论上便造成了一条附加限制，但是并没有改变理论的简洁性或者原则。

当民族志学家在自己的先入之见之外，自以为成功地把握了土著人的思想时，他们便会轻易地感到满足。他们的各种描写此时往往简化为一部现象学。我希望在我们的学科里追加一条要求：除了人类关于自身社会的想法以外，还要发现“真正的”制度的来龙去脉，也就是说，要促使考察超出意识的制约。

我们最终能够做到把同一民族内部的多种社会生活方式，以及

不同民族在同一层次上的方式当成一个巨大的结合体的成分进行处理，这一结合体受到相容性与非相容性规则的制约，允许做出一些配置，排除其他一些配置，而且每当某种变动或者替换对任何一个成分产生影响时，总体的平衡就会发生变化。这项工作在某种意义上可以说是马歇尔·莫斯首创的，因为他自1902年起，直到1940年离开，一直在主持这个讲座。莫里斯·林哈特的工作至少部分地保持了这个方向。这个任务未间断地延续了差不多3/4个世纪，一直在同一栋楼房里，往往就在同一间教室里。鉴于已经取得的成果和尚待完成的工作，我们可以有把握地预见，它在很长时间里依然不会让我们的继任者偷闲。

注释

[1] 本文曾经收入 *Problèmes et méthods d'histoire des religions*, *Mélanges publiés par la section des sciences religieuses àl'occasion du centenaire de I'Ecole pratique des hautes études*，Paris，Presses universitaires de France，1968，p. 1-7。

第二部分

社会组织

第六章　关于模型的概念：意义和运用[1]

在一篇饶有趣味的文章里，梅伯里-刘易斯（D. Maybury-Lewis）先生对我提出了两点批评。按照他的说法，我至少两次随意地使用了人种志资料；从更一般的方面说，他断定我遵循的方法应该受到“道德上”的谴责。第一条指责没有什么确实的根据，或者说，它来源于把经验现实和我尝试提出的模型混为一谈。至于他的价值判断，正因其如此而跟批驳不搭界，我唯一可能做出的答复是回顾一下我的推理过程，以便讲得更清楚一些。 89

先来看看被我简称为“温内巴戈矛盾”的现象吧［见《结构人类学》(1)，第148～150页］。能否说，只要承认，一批属于下分支半族的报告人从他们的角度出发认为无关紧要，从而省略了半族之分，

这一矛盾就能解决呢？然而，他们并非仅止于不提它。就在从古代
90 村庄的描述中把它删除的同时，他们却提到了另外一种二元现象，
这种现象固然不是社会性的，但也不仅仅是生态性的，因为它替代
了另一区分，因而表现为它的一个转型。

所以，重建村落布局不能只把两张图叠放起来就完事，好像每一张虽不完整，却显示了真实景象似的。这样做恰恰是别人非难我的那种做法，即“摆弄”模型。我们手头的唯一的经验材料是两幅古代温内巴戈村庄的绘制图，它们之间的互补关系不是靠有人喜欢提示的那种方式得到肯定的。每一幅图不是表现了整体结构的一个侧面，从而只需用另一幅补足缺失的部分即可，而是彼此对立的，而且这种矛盾关系本身便是一条人种志资料，我们没有权利不把它当一回事。

换句话说，在一幅示意图当中，假如有人居住的村庄与砍伐出的空地之间（以及砍伐出的空地与周边的树林之间）的区分无关紧要，那为什么这一区分在另一幅示意图里变得要紧了呢？我们此处遇到了一个谜，真正的谜底也许永远不得而知。这就使我们更有理由追寻每一条可能会接近谜底的思路了。我所采取的思路至少具有新颖的优点：如果说，一方面有半族之间的社会区分，另一方面有生态上的区分（也是哲学上的）——砍伐出的空地归属文化，野外的树林则归属大自然，两个方面分别指向一套被用来发送同一信息的不同代码，但每一套代码都会使信息发生互补性的畸变。那么，这样一种假设会有什么样的理论后果呢？

让我们简略地回顾一下我们的做法。首先，当一个部落的社会组织和宗教思想强烈地反映出区分半族的原则时，它会显露出另一种形式的二元性，这种二元性已经不是纵剖面式的了，反而可以说是向心式的。其次，向心式二元性明确无误地单独出现在一些像特

洛布里恩群岛那样的社会里。可以看到，它在那里独立于另一种形式而存在。所以，如果对此反驳说，特洛布里恩人没有传统意义上的二元组织，那等于绕开了问题。因为，正是向心式二元性的独立存在才使它能够作为民族志现象得到鉴别和定义。最后，不妨观察一下两种类型明显共存的案例，例如博罗罗人、丹比拉人（Timbira）以及多得无法逐一列举的印度尼西亚社会，一个归纳型的模型对于后者反而更合适。于是，我们可以得出三条结论：（1）凡是两种类型共存的地方，两者之间必有一种功能上的联系；（2）从逻辑的观点看，向心式类型比纵剖面类型更占优势；（3）由于向心式包含着一个三元系统，就其必然后果而言，该系统至少应当潜在地存在于纵剖面类型当中。 91

这样一来，试图在二元性的两种类型之间建立一种经验性的对立便是徒劳无益的，似乎一个类型可归结于某些由村落布局体现的象征性价值，另一个唯一“名副其实”的二元现象才会对社会群体的一些实在的部分产生影响。其实，后者同样具有象征性价值，而前者所连带的权利和义务丝毫不逊于后者。我反倒想超越认为只有唯一不变的一种现实的偏颇看法，找到一种可使两种类型的二元现象都能得到表达的共同语言。问题在于如何超越经验性观察的方面，达到一种能够囊括所有二元性现象、称得上是“综合性的”诠释。我希望我已经指明，这样的诠释不仅只是可能而已——因为所有被我考察过的二元现象的例子，无论表面如何纷殊，都能归结为按照不同搭配组合起来的五种二项对立［见《结构人类学》(1)，第 171 页］。而且，这种由单一语言破译的诠释还能揭示一个迄今尚未受到注意的重要事实，即社会二元性不仅仅按照人们已经描述过的形式存在，而且预设并蕴含着一个三元系统，二元性的每一种个 92
别情形（应作广义理解，其中尤其包含所谓二元组织）都既是这个系统的一种简化，又是一种极限。

诚然，而且正如我已经小心地提醒过的那样［《结构人类学》（1），第167页］，上述观念跟我的《亲属关系的基本结构》一书所采取的观念有些不同。然而，它一点也没有破坏在那部著作里地位十分重要的二元结构和三元结构之间的划分。因为，从实用的观点来看，那种划分依然保留着效力。只不过我们现在把二元系统视为三元系统的一个特殊情形，从而找到了一条可以大大简化互惠性理论的途径。这一看法还得到了我们与之讨论过此问题的数学家们的肯定。此外，这种表述问题的方法看来也更有利于历史重构。因为，至少在某种情形下，三元的“内核”不仅逻辑上更简单，而且比包裹它的二元“外壳”更古老。

我们现在便可以讨论所谓民族志现实遭到歪曲的问题了，而且首先要讨论的是博罗罗人的南北轴线问题[2]。如果依照一些人所说，它的出现与慈幼会教士们的观察发生了抵牾，我倒要担心自己误解了我的那些报告人，然而他们在这一点上却是明确无误的。不过，（1）教士们的观察是在博罗罗人的另外一个领地做出的，那儿的村庄结构不一定相同；（2）高尔巴契尼（A. Colbacchini）最早发表的
93 文章也有相同的说明；（3）阿尔比塞蒂（C. Albisetti）最近的描述也有某种接近南北轴线的暗示，它有两种不同的形式：男子的住屋里有一条实际存在的南北轴线，把屋子划分为两半，分属两个半族；然后，每个氏族内部都有一条观念上的南北轴线，它产生于得到独立证实的一条关联：“下分支”为西侧，“上分支”为东侧。只要认可这一点，两种说法之间的抵牾便意味着肯定；就第一种情况而言，南北轴线实在地存在于男子屋内，相对地存在于屋外；在另一种情况下，南北轴线在屋内屋外都客观地存在。

只有承认以下两点才能认为这是一个无法克服的矛盾：一方

面，社会结构在博罗罗人的整个幅员辽阔的领地内一模一样；另一方面，按照来自韦尔梅柳河流域的报告人的说法，南北轴线是按照等级地位区分不同氏族的。

就前一个方面而言，那么单纯匀质的情形看来是不大可能的。博罗罗人一度拥有相当于半个法国那么大的领土；那还仅仅等于他们历史上一度拥有过的领土的 1/4。每一个村庄和每一个氏族的发展或者灭绝的速率不可能相同，尤其是考虑到邻近部落之间发动的战争所造成的损耗，那就更当如此了。每一个村庄都有自己的人口问题，必定会引起实际人口甚至氏族的数目，以及它们在村庄外围的分布方面的相当大的变动。慈幼会人士未能了解整个地区在某一时期的普遍情况。正如他们那些具备更多坦率的实证精神的早期描述所说，这种情况甚至在他们最早的立足之处尚未出现。其实，积年累月的耐心工作毕竟使得他们能够建立起一个理想化的公式，一个便于吸纳各种各样的局部变化的理论模型。因此，某一时期从某 94
一村庄观察到的结构多多少少不同于另一时期从远方的不同村庄观察到的结构，这是不奇怪的。且不说，没有人会忽略这一点：慈幼会教士们历时数十载的重构工作给我们留下了价值难以估量的文献，我们处理的已经不是未经加工的原料，而是在处理一个社会学模型。不论乐意与否，当我们投入同类讨论时，便是在做大家都在做的事。

能不能说，这两种描述互不相容，二者必居其一，不可同时运用呢？如果 xobbuguiugue、xebbeguiugue 这两个字眼在慈幼会人士的早期描述、晚近的描述和我自己的描述中意思相同，也就是说，如果这两个字眼始终是指“上”与“下”，而且蕴含着绝对意义上的差别，那么就会造成互不相容。因为，此时“上”的家庭与“下”的家庭之分不是发生在每个氏族内部，而是西边的氏族绝对地低下，东边的氏族绝对地高尚，把两个方面合二为一，因而是不可能做到的[3]。可是，根据高尔巴契尼最早的证言，这既不是韦尔梅柳河流域的情况，也不是加尔萨斯河（Garças）流域的情况。对于他和我来说，上述土语的意思是指地形，他的报告人说是“上边”和“下边”，我的报告人则说是“上游”和“下游”。实际上，博罗罗人的语言跟许多其他语言一样，相同的词语往往有这三种含义。实际上，用“大”和“小”、“红”和“黑”两对反义词来表达不同的身份，更方便博罗罗人避免歧义。

在博罗罗人眼里，两个氏族代表每个氏族的传说中的英雄，我这样描写是否有误？不错，目前属于同一半族的两个氏族是这样做
95 的，而另一个半族的两个氏族过去曾经如此。但是，把历时分析和共时分析混为一谈是民族志上的一种失误。我的批评者不是犯了这样的错误吗？为了绕开温内巴戈矛盾，他提到一个神话故事；按照这个故事的提法，下分支半族一度把持或分享过首领地位，这与我所依据的来自博罗罗人的故事刚好属于同一类型。

岂止如此。我们在这两种情形下都没有涉及历时与共时两个范畴的对立。此处提到的过去是神话中的过去，不是历史上的过去。而且，神话的内容在土著人的意识当中是现实态的。在博罗罗神话提到的那个时期中，与文化英雄有涉的不是两个塞拉（Cera）氏族，而是两个图嘎里（Tugaré）氏族，可能是指一些我们可能永远无法得知真相的陈年旧事。不过，我们十分清楚，就目前而言，在剥夺了权力的氏族和文化英雄之间，确实能够感受到某种联系。

至于说温内巴戈人，人们错误地把那种认为他们以前包括 12 个氏族，并按三大族群分布的说法强加于我。这种表现事态的方式并不自命为一种反映村庄以往的真实情形的民族志描写。那是一种用于重新组织民族志数据的理论图解，若从经验层次上把握，这些民

族志数据便不能够显示那些特质，不这样做，这项工作便会失去对象。

没有人能够断言温内巴戈村庄曾经分成各自为四个氏族的三大族群。我们提出的是完全不同的东西，那就是，在一定的条件下，纯粹推演的做法能够让我们把取自不同社会的三个案例按照变化中的同一个群体处理，这些条件之一便是用这个办法分析温内巴戈人的村庄。

看到民族志数据独立地证实了从推理得出的结论，这就更令人鼓舞。雷丁（P. Radin）的观察证明，至少部分土著人同意我们对村庄结构做出的诠释，这种诠释因而不仅存在于人类学家的脑袋 96
里。如果民族志数据的明显内容要求某种诠释，那就没有什么可阐述的，只需把我们看到的或者从报告人那里听到的加以描写就行了。反之，如果神话和宗教表象等的潜在内容显示在土著人的范畴与理论分析所达到的范畴之间存在着某种平行现象，此时某种避开民族志材料的明显内容的诠释就会获得加强。就温内巴戈人的例子而言，雷丁指出（1923，第 241 页）："一位报告人……说……氏族分成三个族群，分别由雷鸟氏、水精氏和熊氏率领。"这足以证明，至少潜在地存在着一个三元系统。这已经超过了我们的预期，特别是在世界上这一从未有人指出存在三元系统的地区。

那种认为三元系统在温内巴戈人的婚姻制度里不起任何作用的论点绕开了问题。因为我们建立的示意图显示出，即使在三元系统里，二元性的婚姻规则也不会受到任何影响。实际上，示意图的主要作用便在于能够让我们"看到"社会结构既是三元的（天、水、地），又是二元的（上、下）。同样，遭受非议的西北—东南走向的中轴线——它为温内巴戈人的二元性提供了空间参照系——并非没有出现在示意图上，因为示意图十分清楚地表明，通婚只有在上分支（＝天）内部和下分支（＝水＋地）内部才能实行。

至于其适切性可见于显示联姻关系的示意图里的环形村落，我们应做两点说明。第一点，与有人断言的相反，这些示意图并非仅仅涉及联姻关系而已。它们同样用来表明婚姻关系、社会结构、村落结构、宗教表象等如何构成了一个系统，以及每个例子如何只在
97 每一方面被分派的这样或那样的功能上有别于其他例子，这正是示意图通过将这些功能在不同的拓扑学位置上进行置换所表达的东西。换个说法，一个社会通过联姻关系“说出来”的东西，放在另一个社会是通过村庄结构“说出来”的，而第三个社会则通过宗教表象“说出来”，依此类推。

第二点，而且仍然就人们指责我误用的温内巴戈现象而论，读者只需参考一下雷丁对于村庄结构和氏族组织之间的关系所做的富于启发性的思考就足够了。假如温内巴戈人的神话把整个部落描写成一个大村庄，整个社会结构就不可能按照完全独立于居所的整体去设想。雷丁十分正确地提出了“将群体相互对立起来”的“聚落”或村庄的形式是否反映着古老的组织形式的问题；就这种情形以及北美其他地方而言，村庄组织可能早于氏族结构（雷丁，1923，第184～185页）。

在对其他示意图的批评上面花费笔墨是没有用处的。跟上述批评一样，它们把着眼于理论分析和用于诠释民族志数据而建立的模型（通过把数据归纳为少量的共同成分）与描述观察者实地看到的经验事实混为一谈。那种认为是女人，而不是男人，才处于循环当中的看法对于许多东南亚社会是适当的，往往也符合真实情况；但是，这一点并不违背用一个带有普遍意义的模型便可解释的下述事实：正如有些民族那样，即使规则的形成采取了另一个方向，系统的结构依然不变。图13～15中的三足鼎立［见《结构人类学》(1)，

第 171～175 页］不过表达了这样一个事实：不论非对称婚姻制度还是对称婚姻制度，其中都有一条外婚制的规则在起作用，尽管这条规则所导致的社会对立在第一种情况下显然存在于无论是哪一个群体的两性之间，但在第二种情况下，社会对立存在于群体之间，不分性别。

另一个错误的断言是认为在关于博罗罗人的示意图里没有东西向的中轴线。也许，这条中轴线不见于报告人所说的地点，因为我 98
们已经指出，这种说法能够让他们利用自身系统使自己显得神秘莫测。要恢复真实情况，就必须以三足鼎立的形式再现东西向的中轴线，使其中每一等份都重新分割三个实行完全内婚制的群体。显然，那种认为南北向中轴线是使这个系统归于一统的因素的假设是十分脆弱的，倒不是由于承认这条轴线的存在便会造成民族学研究的一种失误（我们已经纠正了这种指责。见本章注 1），而是因为我本人就是这样阐述的，不过我追加了一条限制：保留这条假设首先需要用田野工作加以验证。

有关博罗罗人的示意图并没有详尽无遗地表现他们的社会体系，其实任何示意图都不会详尽无遗，再说那也不是它们的目的。不过，那幅示意图至少像我们要求的那样，既显示出一对半族，又显示出三个内婚制群体。一幅示意图并不追求说明一切，只要能够把同样出现在其他示意图所显示的那些案例中的功能显示出来就够了，尽管在我们所顾及的每一种情形下，这些功能事实上出现在社会现实的不同领域里。

不过，这一点恰好彰显出一个重要的不一致之处。如果说，我的研究唯一的确定结果是可以利用一个模型把取自不同社会的、表面上杂糅纷殊的成分组织起来，那么这一演示从社会学观点来看不会毫无意义。相反，它能够有助于确定一种方法，即表面上分散独立的成分并不一定如此；而且，在经验观察所面临的令人迷惑的多样性背后，可能隐藏着一些组合方式不同的不变的属性。

作为结论，请允许我指出，针对我的批评暴露出多么严重的自
99 然主义的偏见。英国人类学派在很长时期内曾是后者的俘虏。他们自认为是结构主义者，甚至声称针对我的滥用在捍卫结构主义方法。可是，他们仍旧是拉德克利夫-布朗式的结构主义者，也就是要在经验现实的层次上寻找结构，仿佛后者是结构的一部分。当模型稍微偏离一点经验现实的时候，他们就被搞糊涂了，觉得自己上了当，受到了伤害。他们把结构分析当成了拼图游戏，似乎要做的只是要找出如何把零件拼起来的方法而已。然而，如果拼图板是随意裁剪出来的，那就根本没有什么结构了。反之，如果像时有发生的那样，拼图板用一把机械锯子自动裁割，同时用一个凸轮轴造成有规则的形状变化，那么拼图游戏就一定有结构。可是，这个结构不在经验层次上，因为找到能拼起来的零件的办法很多。找到结构的钥匙在于能够分别表达凸轮轴的轮廓和转动速度的数学公式。这些信息跟呈现在游戏者眼前的拼图游戏并没有可以感知的关系，虽然只有它们才能让人懂得拼图游戏，而且为破解它提供一种逻辑的方法。

然而，梅伯里-刘易斯（M. Maybury-Lewis）先生写道："用表达数学关系的象征符号去表现社会关系是行不通的。所以，也不可能像摆弄数学等式那样去摆弄社会学模型。"这个"社会关系"指的是什么？如果是指经验观察所理解的具体的社会关系，那我们再同意不过了，因为我们还记得小学教会我们的梨和苹果不可相加的道理。可是，如果不反对经验观察的结果与被选来代替它们的符号之间可以有区别，那么我们就不明白，在正确运用的前提下，对这些符号——例如表达婚姻规则的符号——的代数化处理既然可以揭

示经验观察无法直接看到的一些特质，凭什么就不能告诉我们很多关于某种婚姻制度的运行情况呢？

最终结论当然还得依赖实验。但是，有推理的指导与启示的实 100
验与起初给出的未经加工的实验是不一样的，后者永远不可以约减为力图超越它的分析工作。证明物质具有分子结构的决定性手段是电子显微镜，其目镜让我们看到了真正的分子。然而，分子并不因此就变得肉眼可见。同理，我们也不能期待结构分析会改变我们理解实际表现中的社会关系的方式，它不过使我们能够更好地理解它们罢了。如果说我们能够把握它们的结构，那么这种把握永远不会发生在它们最初出现的经验层次上，而是发生在一个迄今一直被忽略的更深刻的层次上，即无意识范畴的层次；达到这些范畴可以通过把一些初看上去互不相关的领域加以比较。后者一方面包括在实践中运行着的社会建制，另一方面包括在神话、仪式和宗教表象当中，人类试图对他们过日子的真实社会与理想社会的映像之间的矛盾加以掩盖或辩护时所运用的各类方式。

一开始就截然区分两个领域，这无异于让自己犯下预期理由（pétition de principe）的错误。我在一篇论二元组织的论文［见《结构人类学》（1），第八章］里就是在绝对意义上的这一分野的基础上展开讨论的。我提出的问题可以表述如下：这些组织是否总是与现实社会的某些部分有关？它们有时候是否只是这种现实的象征性的改头换面？如果我们所掌握的对博罗罗人的社会结构的描述没有错，那么便可得出结论：将村庄分为外婚制半族的二元现象属于象征性表达的范畴，正如我在别处［《结构人类学》（1），第七章］所指出的那样，这是因为在某种意义上，这种二元性的实际功效被事实上的内婚制抵消了。另一方面，把世俗的外环和神圣的核心对立起来的博罗罗村庄的同心圆型的二元现象却值得我们赋予更高的

101 客观现实性，因为这个系统内部没有任何东西与之相悖，它因此也会在社会生活和宗教思想两方面同时发展出所有的相应后果。

不过，并非所有的二元组织都必然导致同样的结论。因此，从本质上看，实际社会的某些部分和象征性表达并不像有些人喜欢断言的那样相去甚远。两者在很大程度上属于一些其功能和应用领域可以互换的代码系统。所以，我们不妨把它们视为一个拥有更大解释力的深层系统的两个方面，虽然——也许不如说“因为”——手段有限的经验观察将永远不会这样看待它。

注释

［1］英文原稿被译成法语时有较自由的修改。原文为“On Manipulated Scociological Models”，*Bijdragen tot de Taal—，Land— en Volkenkunde*，deel 116，1re aflevering，1960，pp. 17-44。该文是对梅伯里-刘易斯发表于同期的下述文章的答复：Maybury Lewis，“The Analysis of Dual Organizations：A Methodological Critique”。他的批评文章是针对我的“真有二元组织这回事吗?”一文而写的（同上，deel 112，2e aflevering，1956，pp. 99-128）。我的那篇文章后来作为《结构人类学》（1）第八章重新发表。

［2］接下去的几段话现在似乎显得多余，因为时隔30年之后，围绕着被指责是我凭空捏造出来的这一南北轴线的争议获得了明白无误的解决。1965年，J. G. 克罗克在圣洛伦索地区工作时独立地发现了这条轴线：“我的报告人证实了列维-斯特劳斯的话，即出于某种目的，一条横贯村子中央的南北向轴线曾将村子划分为‘上’和‘下’两部分。博罗罗人目前显然已经不再使用这种划分了。”（J. G. Crocker，“Reciprocity and hierachy among the eastern Bororo”，*Man*，n. s. vol. 4，no 1，March 1969，pp. 44-58）

［3］这是《博罗罗百科全书》在这个问题上犯的一个诠释错误（*Enciclopédia Bororo*，vol. I，pp. 443-444）。

第七章　关于亲属关系的原子的思考[1]

在一部名为《为什么结婚?》的近著里，吕克·德·鄂施（Luc de Heush）提到一篇以前发表在《批评家》(*Critique*)（第219～220期，1965年）上的论文。那篇文章根据一个新的例子，重申了我的同事自1958年以来针对我提出的“亲属关系的原子”这一概念的反对意见。我那篇撰于1945年的文章后来成为《结构人类学》(1) 一书的第二章。由于事务繁忙，我在1958年和1965年都无暇对他的论据给予应有的关注。但现在为时并不算晚，而《为什么结婚?》的出版给了我一个做这件事的好机会。我将试图证明，除了一项经他指出而我已经更正了的有欠准确的资料以外［见《结构人类学》(1)，第56页，注48］，吕克·德·鄂施的反驳是建 103

立在误解的基础上的；这些反驳同样可以从他一时忽略了结构分析的一条基本规则得到解释，而他在别处是深知如何运用它的。这条规则就是，结构分析永远不能只满足于考虑词项，而必须超出词项去把握将其联结起来的关系。这些关系才是结构分析的真正对象。

那篇1945年的文章的目的是什么呢？我打算证明，与拉德克利夫-布朗和他的大多数同辈民族学家所说的相反，哪怕是最简单的亲属关系结构也绝不是由父母及其子女组成的生物学意义上的家庭构
104 成的，而是永远蕴含着从一开始就给定的一种联姻关系。这种关系来源于人类社会的一个十分普遍的事实：一个男人若想娶妻，就必须由另一个男人直接地或间接地把一个女人出让给他；在最简单的情形下，另一个男人所处的地位是那个女人的父亲或兄弟。这种双重的或然性本来应足以让人理解我的看法：婚生子女的舅父，即一开头就被出让出去的那个女人的兄弟，是以女人的给予者的身份出现的，而不是由于他在血缘上的特殊地位。这一点在下述文字中再次得到了强调："一个真正最根本的亲属关系的结构——即一个亲属关系的原子，假如可以这样叫的话——是由一个丈夫、一个妻子、一个子女和丈夫从中娶到妻子的那个群体的一个代表所构成的。"［《人类学家和语言学家大会》（*Conference of Anthropologists and Linguists*），印第安纳州布鲁明顿市，1952年；见《结构人类学》（1），第82～83页］跟利奇（E. R. Leach，1961，第56页）主张的正好相反，我不认为一个女孩的婚姻命运无时无处不受父系亲属的控制，我曾经在《亲属关系的基本结构》（1967年新版，第301～302页、346～350页、503～504页）一书里指出，这种控制权往往落入女孩的舅父之手，即掌握在一个母系血统的代表的手中。我还阐述过这种现象的结构意义和影响所及，有些著述者［梅

吉特（Megitt）、希亚特（Hiatt）、夏皮罗（Shapiro）］后来在澳大利亚也描写过它，不过他们却把它想象成一种新发明。而且，按照一些人的说法，这种现象恰好能够明确区别澳大利亚的体系与东南亚的体系（夏皮罗，1969，第71、75页）。然而，东南亚正是我最先发现这种体系的地方。

即便是在婚姻控制权归于父系亲属的社会里，仍然可以想象控制权由妻子的父亲而非其兄弟掌握；如果这种体系比被选出来支持阐述的那种体系更复杂，那就会由另外一位不那么亲近的亲戚掌握，理由恰恰在于十分简单的结构，正如一些社会所证实的那样。这种简单结构的存在本身和随即反映在兄弟姐妹之间、夫妻之间、父子之间、舅甥之间的程式化的态度——此类态度成双结对，而且可以用两种积极的关系和两种消极的关系来表达——构成了有利于上述论点的一组强有力的论据。人们于是可以理解，为什么我在一 105
篇为杂志撰写的文章的限制之下，只举出了那几个例子。不过，我故意将有关更复杂的体系的情形保留不谈，而且要求在面对每一个个别案例时都要考虑两个假设：“一是……系统全靠基本结构的简单并列得以运行，舅甥关系因而始终显而易见；二是设想这个系统的整体构筑活动本身便是更复杂的事情……在这一类结构里，舅甥关系……已经不起主导作用了。在其他一些甚至更为复杂的系统里，它可能会淡出，或者跟其他关系混同。”［《结构人类学》(1)，第59页］

所以说，我建议称之为亲属关系的原子的东西，即那种表达兄弟姐妹、夫妻、父子、舅甥关系的四角结构，在我当时的脑海里是一个最容易设想，甚至有时是最容易观察到的结构。不过，我也小心地预见到其他结构的情形，即那些可以通过一些转换从最简单的情形中派生出来的结构。如果保留打比方的说法①，这个情形可以说有点像氢原子，这种仅由一个电子围绕一个质子组成的、在物理世界里可见到的最简单的原子并不排除更重的原子，而且后者只有在它们的粒子性质相同、粒子之间的联系相同的条件下才被认为质量更大。

有两条理由促使我从一开始就思考某种基本的结构。首先，它是蕴含在拉德克利夫-布朗所阐述的舅甥问题中的唯一结构，也是我曾经试图讨论的。其次，在一个更宽阔的视野中，这一结构可用最省力的方式把亲属关系的三个构成成分衔接起来，即“血缘关系、姻亲关系、继嗣关系”［《结构人类学》（1），第56页］[2]。这些关系
106 必定永远存在，但是它们所结合的词项可以不一样，而且可以增加。不过，关于吕克·德·鄂施所举出的三个例子，我要说的是，有关朗贲布人的第一个例子并不可信；即便可信，它也不会削弱我的论点，反而只会加强。至于取自蒙都哥摩人和勒勒人的另外两个例子，它们都是我绝对不会忘在脑后的复杂情形的例证。因此，在不损害我提出的根本特质的同时，探索一下能否为这些社会建立起亲属关系的原子，以及如何建立，将是一件饶有趣味的事情。

正如吕克·德·鄂施（1958，第234页）强调的，关于生活在新赫布里底群岛（Nouvelles-Hébrides）②的马雷库拉岛（Malekula）中部的朗贲布人（Lambumbu），我们的了解还很少。迪肯（A. B. Deacon）留给我们的说明相当简略，所以关于这个案例的讨论十

① 原文比喻性地把亲属关系的最基本单位叫做 atome（原子），故有此说法。——译者注

② 今称瓦努阿图。——译者注

分罕见。不管怎样，作为一种初步的探讨，我们不妨同意鄂施先生的说法，承认那里的“父子关系是无拘束的，因为儿子可以违背父亲；甥舅关系却十分严厉拘谨，外甥有责任完全服从舅父”。（鄂施，1958，第 236 页）然而，当我们试图按照互惠性关系描述兄弟—姐妹之间、夫妻之间的通常态度时，问题就出现了。

我们可以毫无困难地承认，兄弟—姐妹的关系是一种消极的关
系。迪肯认为，这些同胞兄妹之间严格实行的拘谨态度与那种在南 107
部色尼昂人（Seniang）中见到的无拘无束是对立的。一个朗贲布人不会闯入他的姐妹单人独处的茅屋，他会在门阶上停下跟她说话。兄弟跟姐妹一起散步被认为不宜。如果不得不走同一条路的话，他们会感到不安，害怕被人看到。可是，一个兄弟对自己的姐妹负有一定程度的责任；而且，父亲死后便由他来安排姐妹的婚事（迪肯，1934，第 101～101 页）。

在这种情况下，夫妻之间的态度便有了检验的价值。如果它像人们所认为的那样也属于消极的关系，那么我提出的系统就不适用，因为它要求的是分别为积极的和消极的两对态度，彼此处于一种有关联的对立关系当中，从而维持结构的平衡。不过，在进一步论述之前，有必要插入几句话。

吕克·德·鄂施指责我用积极与消极的符号装饰那些往往有双重意义的关系（同上，第 236～237 页），他不顾我本人提出的同样的警告：“……正负符号代表一种过于简单的处理方法，因而只能作为阐述的一个阶段而被接受……在许多系统里，表达两个人之间的关系往往并不是一种态度，而是数种态度，从而可以说形成了一束态度。”［《结构人类学》(1)，第 60 页］在这里跟在其他任何地方一样，指派给这种或那种态度的内容并没有成对态度的对立关系重要。从我们的讨论的特殊视角来看，这些态度本身如何，掩盖着什么样的情感内

容，均无任何实质的意义。说到底，我们甚至无须知道这些内容究竟是什么。因为，只要能够在它们之间直接地或间接地辨识出某种对立关系就足够了；“＋”号和“－”号完全可以表达这种关系。

不过，在朗贲布人当中，人们注意到一种介于兄弟—姐妹关系和夫妻关系之间的清楚对立。我们知道，兄弟—姐妹关系的特点是极为拘谨的，以至于兄弟和姐妹生怕被人看到在一起。在这一点上我们可以同意鄂施先生的看法，即夫妻关系也属于消极关系，它的
108 基础一方面是丈夫狂暴的嫉妒心，另一方面是配偶之间禁止彼此直呼名字。不过朗贲布人在这一点上不如色尼昂人那么严厉，可是婚后关系的特点是无拘无束，而且正是在这个意义上，它与兄弟—姐妹关系形成了一组对立关系。一位热恋中的年轻女子可以派父亲或兄弟跟被她相中的男子的姐妹进行试探，从而迈出第一步。如果是一个寡妇，中间人就没必要了，事情的发展完全是双方采取主动。有些男人对一个或两个女人怀有十分强烈和投入的感情，以至于不愿意另外再娶。即使妻子众多，其中也总会有一个被说成跟丈夫“心贴心”（报告人所谓的“close up”）。如果他有多位妻子，他就必须让她们都能公平地分享他自己。遭受冷遇的妻子会到处鸣冤叫屈，并提醒人们说，能够让她满足的男人还多着呢。妻子们彼此强烈嫉妒，不怕把她们的争执公之于众。同样常见的是，一个常怀嫉妒的丈夫故意当众出丑，吸引同伴们开他的玩笑（迪肯，第103～104页、159～171页）。因此，支配着配偶之间的关系的是强烈的醋意，这种关系可以借任何借口表现出来，而且没有最起码的顾忌。“假如丈夫对妻子不够尽职，妻子常常会用打人极疼的荨麻杆抽打他的性器官”（迪肯，第170页），而不是鄂施先生所说的“鞭笞她自己的性器官……以表示抗议”（鄂施，1958，第235页）。

可以看出，兄弟—姐妹关系和夫妻关系可以被定义为前者极为

拘谨，后者毫无拘谨可言。至于男人之间建立的其他两种关系，特点是前一种冷峻严厉，后一种毫无严厉可言，或者是相互依赖或相互独立。后面这些特征最符合迪肯的描述：“男孩子有权在舅父有生之年取用他的财物，想要多少就要多少；不过，他对后者也负有绝对服从的义务。与色尼昂人的做法不同，一个男人可以服从，也 109
可以不服从他的父亲，但舅父的命令却是法律。因此，如果舅父对外甥说：‘咱们去打仗吧’，男孩就会尾随前行，即使父亲反对也没用。一位父亲若打算阻止儿子跟妻舅在一起，就非得诉诸一些激烈的手段不可。反过来，如果父亲要求儿子在战斗中助他一臂之力，却遭到舅父的阻止，小伙子就会打消念头待在家里。不过，虽然一个男子对舅父必须彻底服从，但双方关系的特点与其说是一个发号施令，另一个唯唯诺诺，毋宁说是一种互惠性的友善关系。外甥自认为应当服从舅父，但同时也认为他是条‘好汉’。”（a good sport；迪肯，1934，第101页）

所以，看来在情感方面，兄弟与姐妹之间的关系之对于夫妻关系，正如——也许那属于另外一种情感（虽然并不一定不一样）——父子关系之对于舅甥关系一样。鉴于我们已经阐述过应当避免草率地简单化，整个态度体系可以有保留地利用图1表示，它跟最初的假设完全吻合：

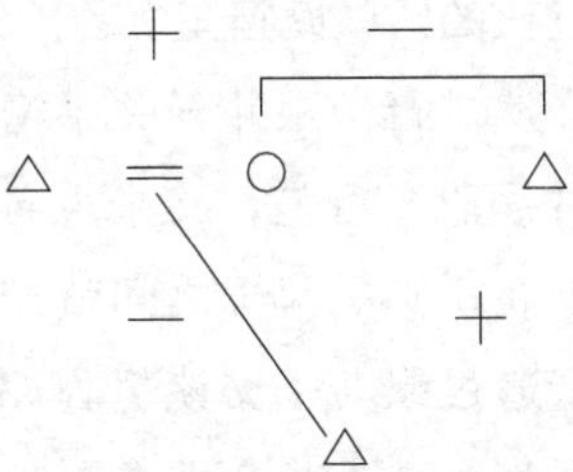

图1 朗贲布人的态度系统

在新几内亚的西北部，住在赛皮克河（Sepik）支流尤阿特河（Yuat）地区的蒙都哥摩人（Mundugomor）的情形引出了另外一些问题。按照吕克·德·鄂施的说法，兄弟—姐妹、丈夫—妻子、父
110 亲—儿子等都是消极的关系，唯一的积极关系是舅甥关系。但是，只要按部就班地仔细阅读出色的田野民族志学家玛格丽特·米德（M. Mead）的描述，就可以看出蒙都哥摩人的情形属于我曾经考虑过其可能性的那一类复杂的结构［《结构人类学》(1)，第 50 页，注 1］，当时我想到的正是蒙都哥摩人：在父亲的左侧增加姑母，下一代的婚生子女分裂为儿子和女儿（同上，第 59 页），同时祖父母出现在上一代里。只有考虑整体结构，而不是削足适履，才能找到结构的框架，其特质才能够显现。

我们知道，蒙都哥摩人有一个与众不同的裔传制度。一个男子跟他的母亲、外祖父、外祖父的母亲等同属一个世系（蒙都哥摩人称之为“一条绳索”）；一个女人跟她的父亲、祖父、祖父的父亲等同属一个世系。换言之，裔传的法则对于男孩来说是母系的，对于女孩来说是父系的，因此，兄弟和姐妹在谱系上的地位是不一样的。这就造成了父亲和女儿之间、母亲和儿子之间，存在着极为特殊的亲密关系，以至于每个家长都可以与异性子女一起睡在每个蒙都哥摩人都躲在里头过夜的防蚊睡篮里。

正常的婚姻通过交换进行。跟儿子关系密切的母亲把女儿看成让儿子得以娶妻的一种手段。可是，父亲也希望把女儿们留下，以便为自己交换更多的配偶，于是父子之间就产生了一种尖锐的近乎敌意的竞争情绪；母亲通过跟儿子交谈努力煽动这种情绪。兄弟之间也存在这种竞争，因为每个人都企图垄断他的姐妹，好让自己能娶妻。在这样一种系统内，兄弟和姐妹之间自然从幼年起就感到彼

此疏远，儿子也感到与父亲疏远，女儿感到与母亲疏远。夫妻则对子女的未来怀有矛盾的意向，这反映在每一个家长都竭力怂恿（按 111
照裔传法则直接依附于一位家长的）异性子女对另一方家长的不信任感。

相反，男孩一旦与父亲发生冲突就会跑到舅父那里暂避一时，因此他同舅父关系和谐。因此，就几种消极关系而言——父子之间、母女之间、兄弟—姐妹之间、夫妻之间，看来除了没有列入我们的第一批示意图里的母子之间和父女之间的关系以外，只有一种关系是积极的，即舅父与外甥之间的关系。但是，如此推理的后果是可能忽略玛格丽特·米德的描述中已经提到的其他关系，而且那些关系是不容忽视的。

首先，舅甥关系没有表现出严格的规范特征。“一个男孩与他的舅父之间往往存在着友善的关系。两者无疑并不属于同一条‘绳索’，也不属于同一个土地所有者的群体。然而，每逢外甥同他父亲有麻烦的时候，舅父总是乐于提供庇护。”（米德，第 132 页）这位作者接着说，这种时势造成的依存关系源于内兄弟之间的紧张关系：“作为舅父，针对外甥的父亲，即自己的内兄弟而对外甥施以援手，这样做是无可非议的。对于一个男孩来说，母亲的亲兄弟被视为亲近至极的亲属，亲近到他情愿不索报酬地完成刺瘢痕礼[①]。”（同上，第 132 页）因此，舅甥之间的关系具有派生的特点，它与有时建立在舅父与外甥女之间的关系属于同一类型，但并不那么清晰：“有这样的情形：一位父亲如果膝下儿子成群，却没有女儿，

① 刺瘢痕礼（scarifications），指刺在身体上的装饰性斑痕。类似文身，但一般不加色彩。刺瘢痕礼一般跟传达宗教信仰、文化制度或者审美习俗有关。流行于南部非洲，如象牙海岸、尼日利亚等地区。——译者注

妻子又不愿意他领养，他就会用帮助自己的一个姐妹养育孩子的办法留下她的女孩。可是，由于过继女孩在理论上很麻烦，索要孩子的请求往往在孩子出生以前就提出了。索取者于是定期向怀孕的姐
112 妹赠送食品。然而，孩子的性别有一半错判的可能，此时父亲便处于尴尬的境地，因为他已经有了不少儿子，但仍需为那个多出的男孩承担相当于父亲的责任。”（同上，第138页）

读者马上就会注意到，这个男孩的出生打破了他舅父的希望，成了他的某种灾难，因为这个孩子恰恰是他的亲姐妹所生，在正常情况下，这个外甥本应同他保持友善的关系。这就最好地证明，这种关系是对舅父与“储备起来的”外甥女之间的关系的一种补充，因为她会拥有他女儿的地位，而父女之间有着蒙都哥摩人所了解的最亲密的关系。因此，在这个体系里，舅父与外甥女之间的关系跟舅父与外甥之间的关系属于同一类型，但比后者更为含蓄。

其次，与姑母的关系也必须同时显示出来，才能把舅甥关系在这种体系中登记入册，因为民族志的描述是把两者放在同一个层次上的：“一个蒙都哥摩人的孩子必须了解，任何一个人，只要跟他的关系是舅父、姑母、姐妹的孩子（对男子而言）、兄弟的孩子（对女子而言），以及他们的配偶，就都是这样一位可以互开玩笑、打闹、彼此斥责不当的违规行为、相互发出威胁、佯装动粗以及类似的其他行为的亲戚。”（同上，第143页，亦可参见第146页）姑母与舅父之间的对应现象因下述事实得到进一步加强：在上文讨论的那种男人在外甥女出生之前就有意当作女儿储备的情形里，如果婚姻出自两个男人之间交换姐妹——理论上这是蒙都哥摩人的规矩——那么赞同丈夫这种做法的妻子将成为这个女孩的姑母。我们已经看到，亲舅父不要求从外甥的刺瘢痕礼中获取报酬，但如果司仪是一位较为疏远的亲戚，那么按照规矩，这笔数目可观的报酬是

非给不可的。姑母对于侄子和侄女履行对称的功能，因为通过一个 113
仪式解除两岁以前的婴儿的食物禁忌是她的责任（同上，第 141 页）[3]。

最后，我们也不应该忽略玛格丽特·米德对于同一条“绳索”上的远亲之间的特别紧密的联系所作的证言，这指的是女孩的祖母和男孩的外祖父。这些孙辈每人都保留着同一条“绳索”上的祖父母的名字。他跟后者“在社会方面一模一样”。而且，在跟同辈成员谈话的时候，每个人都使用前辈同样使用的相同的亲属称谓。亲属称谓语系统采取一种循环的形式：每三代结成一个环形。因此，在蒙都哥摩亲属关系的原子中，祖母和外祖父都拥有显著的位置，正如与母亲相对的姑母、与儿子相对的女儿一样。这样一来，我们就取得了下面的示意图（图 2）：

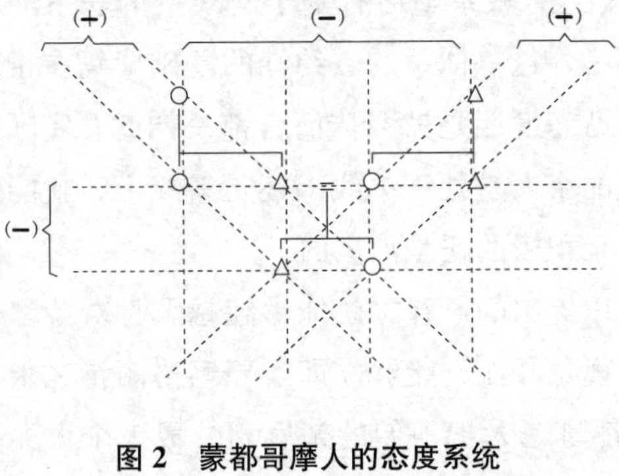

图 2 蒙都哥摩人的态度系统

在这张示意图中，纵线和横线都表示消极的联系：从父亲到儿子、从母亲到女儿是纵线；从兄弟到姐妹、从丈夫到妻子、从内兄到内弟均为横线。反之，斜线表示的都是积极的联系，包括处于那 114
条“绳索”上的联系：例如从父亲之母到儿子之女，从母亲之父到女儿之子，以及那些将姑母与兄弟的儿子、舅父与姐妹的女儿联结起来的不属于“绳索”的联系。然而，我们已经看到，这两类联系可以彼此靠近，在极端的情形下甚至混同，因为舅父有权为自己预留尚未出生的外甥女，以充当女儿；姑母则主持解除侄女或侄子的食物禁忌的仪式。正如准备履行父亲角色的舅父本人在无女时对待外甥女那样，他将为外甥免费施行刺瘢痕礼，并且跟他保持一种亲切的关系，这是他对这个男孩的姐妹——当她成为他的女儿之时——所怀有的感情的一个冲淡了的翻版。

这样分析和表现这个体系有两个优点。第一，一经放入一个整体结构，被鄂施先生说成“畸形怪异的”（鄂施，1958，第240～241页）的蒙都哥摩人的裔传法则就更加清晰，因为它跟态度系统一起形成了一个合乎逻辑的和缜密的整体，再加上它联结着另一条蒙都哥摩法则，即婚姻只能联结属于同辈的配偶（米德，第145页）。若要纵线上的联系始终有别于斜线上的联系，这一点便是不可缺少的。因为，这一体系的省约性的基础毕竟在于两类联系之间的对立，无论就态度还是就裔传而言都是如此。实际上，只需了解两个互为亲戚的个人是处于纵线上还是斜线上，就能够断定他们之间的基本关系是积极的还是消极的。

第二，这里提出的诠释方法能够超越那种对蒙都哥摩人而言过于简单的二元现象，而且能够立即解释玛格丽特·米德所区分的三类态度：“蒙都哥摩人把他们的亲属划分成三个大类：可以与之开玩笑的亲属、出于羞耻（shame）而应当避开的亲属，以及可以在不同程度上亲密对待的人。”（同上，第142页）我们知道，这后一
115 种感情在处于同一条“绳索”上的成员之间占有优势；第二种态度则体现着紧张关系，甚至会发展为敌意，它体现着纵线上的诸联系的特征：主要是在同胞兄妹与内兄内弟之间，不过也存在于夫妻之间、父子之间和母女之间。那么，第三类态度又是怎么回事呢？我

们已经看到，它一方面包括外甥和外甥女之间的关系，另一方面包括姑母或舅父的关系；也就是说，那些被“绳索”似的斜线上的联系联结起来的亲属，这些联系与“绳索”平行，但不是“绳索”。如果只考虑形式特征的话，它们可以说是几条假“绳索”，而且从这个观点出发，它们的位置在真“绳索”与长方形诸联系的当中——这一点与跟它们相应的那一类态度相同。因此，由于它们蕴含着跟同一条“绳索”的成分之间的态度截然相反的态度，所以称之为“反绳索”也没有什么不可以。

只有一项困难似乎对于我们的诠释办法构成了障碍。两个被她们的兄弟为了娶妻而交换的妇女被一条横线联结起来。可是她们之间有着一种亲密的情感：“人们说她们是对彼此的‘回报’，而且她们之间的关系丝毫没有那种常见于内兄内弟之间的竞争和抱怨。”（米德，第 147～148 页）这一特殊情形也许构成了土著人理论的一个例外，根据这个理论，“凡是同一性别的成员之间都有一种天然的敌意”（同上，第 127 页），而且也与图 2 所显示的法则相左，按照那条法则，横线上的所有关系都受到一个消极的系数的影响。

对此，我们想指出两点。首先，没有一种制度对于两性始终是严格对称的，因为两性在任何社会里的地位都不是可以对调的。玛格丽特·米德本人便注意到（同上，第 147～148 页），总的说来，蒙都哥摩妇女之间没有男子之间那么难以相处。其次，而且也是最重要的，被兄弟拿出去交换的两个妇女之间的亲密关系来源于两种先前便已存在的关系：一方面是兄弟与姐妹之间的关系，另一方面是在交换姐妹之后，彼此成为内兄弟的两个男人之间的关系。然而，这两种关系是消极的，而且可以设想，恰如做算术，两者所产 116
生的结果却是积极的。总而言之，我们此处已经超出了从共时方面看待的基本结构的限度。假如考虑到那个粗俗淫秽的玩笑，说一个年轻单身汉跟他的分门别类的“姐妹们”进行交换——原则上他不可与之婚配的第一旁系或第二旁系的表姐妹，那么，即使我们沿着时间轴线上溯（着眼于联姻完成之前，而非完成之后），道理也依然如此（同上，第 146 页）。

根据上述观察可以提出，在一张亲属关系制度和态度的周期表中，蒙都哥摩人的情形表明了一个“颇有分量”的原子。不过，这个原子仍然满足我们的最初假设所要求的三个条件：（1）一个亲属关系的基本结构对于联姻关系的依赖跟对血缘关系的依赖相同；（2）舅甥关系的内容独立于裔传法则；（3）在这一结构内部，相互对立的态度（故不妨扼要地分别称之为积极的和消极的）形成了一个平衡的整体。

现在让我们看看第三个例子：即玛丽·道格拉斯（M. Douglas）研究过的卡赛的勒勒人。吕克·德·鄂施感到，这个例子同前例一样，都没有证实我提出的论点。他说：“勒勒亲属制度有三种消极的关系（兄弟—姐妹，父亲—儿子，舅父—外甥），仅有一种积极的关系（夫—妻）。男子之间唯一的一种积极关系位于亲属关系的单位之外：祖孙之间有着一种亲密浓厚的依存关系。”（1971，第 20 页）

关于兄弟与姐妹之间属于消极关系这一点，我们完全可以同意玛丽·道格拉斯的观察。她写道：“妇女必须学会避开她的兄弟，不同他们呆在同一间草房里，不跟他们脸对脸说话，把给他们做好
117 的食物恭敬地放到他们眼前的地上，最后，不要碰他们。”（道格拉斯，第 124 页）我们也承认夫妻关系是积极的，因为她说：“夫妻关系没有任何不确定和模糊不定之处。勒勒人承认夫妻合作是社会生

活的基础。他们会以赞同的口气说到一对懂得如何把婚姻生活搞好的幸福夫妻……丈夫和妻子应当厮守在一起……不论哪一方有病，都彼此妥为照顾。”（1963，第 120～121 页）

不过，父子之间也属消极关系的断言则显得过于大胆，以下我原文照录玛丽·道格拉斯的有关描写，以免人们怀疑翻译会歪曲原文的语气——其实原文没有这方面的丝毫需要：

> 勒勒人父子之间有一种密切的个人关系。年轻人和男孩的谈话显示他们对父亲充满感情。曾为孤儿的男子热衷于回忆父亲陪伴他们的时光和教导。他们没有跟拉德克利夫-布朗教授所使用的“尊敬”一词相当的字眼。Heki 意为显示荣耀，有意思的是，它被认为是一种父子之间的相互态度。每一方都以慷慨和体谅的态度使另一方感到荣耀。这种父子间的密切关系被要求贯穿整个一生。儿子有责任同年老的父亲住在一起，并且照顾他，这种责任实际上跟男孩希望与舅父在一起的兴趣是矛盾的，舅父为补偿他的罪过能够付出流血的代价，还给他许配妻子。引人注意的是，有那么多男子需等到父亲去世以后，才离开自己出生的村庄，投奔舅父所在的村庄。无论父亲对幼子实行的训诫多么轻微，成年后也会由于只拥有骂孩子不听话的权利而受到惩罚，但没有其他礼仪制度方面的制裁手段可供其利用，连剥夺成年儿子的继承权或者加强自己的权威也做不到。（1952，第 61～62 页）

作者接着强调，“明显缺少来自父母一辈的严厉训诫……对年幼的子女，父亲极少表现出权威，他们成年以后这种权威就更少了”（同上，第 20 页）。依然以玛丽·道格拉斯的说法为凭，这种在 *118*
父亲一方为温情和宽容，在儿子一方是爱戴和怜悯的关系与舅甥之间普遍存在的关系形成了鲜明对照："一群舅父施加在一个男子身上的权威跟父子之间的亲密关系（close intimacy）几乎不可同日而语。重要的制裁权都掌握在舅父手中，因为他们掌握着关于流血的债务谈判和妻子的分配，不过，他们的权威带有分散的特征。舅父之间的团结由于竞相为受宠的外甥或外甥们安排新娘而被削弱。一个男子可以很容易地把效忠对象从一位舅父转换为另一位舅父，或者一位更疏远的氏族亲戚，原因在于，在同住和互助中形成的个人关系比严格意义上的谱系关系来得更为重要。"（同上，第 62 页）作者在下文中进一步注意到，在勒勒人当中，由舅父传给外甥的那种优先同其他氏族的女人结婚的权利最好地证明了别处所说的继承权（同上，第 64 页）。

从这些分析可见，父子之间的态度和舅甥之间的态度是截然相反的，而且，如果把勒勒亲属关系的成分还原为兄弟、姐妹、丈夫、妻子、父亲、儿子，那么它以一种既是最简单的、也是最典型的方式展现了一个广为人知的母系裔传社会的态度体系：兄弟与姐妹关系消极，夫妻关系积极，父子关系积极，舅甥关系消极。其原因在于，正像刚刚看到的勒勒人那样，这些社会里只有母方氏族的男子才握有针对同族姐妹的儿子们的司法裁判权。

情况既然如此，鄂施先生怎么竟用完全不同的方法确定这个制度的特点呢？因为他注意的是那些被玛丽·道格拉斯在 1952 年的文章里置于次要地位的方面，她在 1963 年出版的书里却对它们做了阐述。

119 不过，在父子关系这个问题上，她的书倒肯定了她的论文。以下描述可以证明这一点："他们（勒勒人）没完没了地谈论一个男人应该为父亲做什么，一个父亲应该为儿子做什么。"（第 73 页）下文不远，她又说："勒勒人尊重父权。他们教训男孩子们，说他们的父亲如同上帝……由于他们在婴儿时期所得到的照顾，他们对父亲欠债过大，因而永远也偿还不清。”（第 114 页）不过，作者在这幅图景上增添了一个微妙之处：“一个男人如果对父亲缺少尊敬，那是非常令人羞耻的。大家都期望父亲能够回避已经长大成人的儿子，以免后者由于非得向父亲表达敬意不可而感到负担过重。”（第 114 页）这一点在另一条评论中得到证实：“cin，意为‘回避’，是一种表达尊敬的方式。一个男人应该回避他的兄长，而且顺理成章地也应当回避弟弟、舅父、父亲，以及妻子的父亲、母亲及舅父。这在那里是一条严格的法令。”（第 103 页）

鄂施先生断言父子之间为消极的关系，看来他忽视了我们早先就注意到的那些相反的观察，而且仅仅以上述引文的最后两段话作为依据[4]。我们同意，它们显然不够充分，但是也不应当忽略。在 *120*
回到这个问题以前，我们有必要看一看其他一些可能导致这种诠释的理由。

在 1952 年的那篇文章里，玛丽·道格拉斯强调了舅父作为妻子的给予者的特殊地位。对此，上文已经援引了一些例子。不过，有一段论述（第 64 页）却表明，作者并没有把“舅父”和“外甥”的含义局限于在谱系上占据某些特定地位的人。那段话解释说，一个男子把一位他对之享有某种优先权的妇女给了“他的姐妹的一个儿子，也就是同氏族里的一个年轻男子”［clan juniors，氏族中的晚辈，与同一页上的 Senior clansmen（氏族中的前辈）相对］。看来她是根据土著人的习惯，在一种更为宽泛的意义上将男性说成同一氏族内部的不同辈分。1963 年的著作在这一点上更加明确，因为它排除了真正的舅父可以把一个女子给予外甥的实际能力。事实上，勒勒男子比他们的姐妹平均婚龄要迟 15 到 20 年，从而造成同辈男女之间的明显的年龄差别：“……一个男人会名正言顺地索要他女儿的女儿。如果他愿意就可以娶她……或者把她给自己的兄弟……或者给他的外甥女的儿子。但给他的外甥却不在考虑之列，虽说假如她成为寡妇，有时外甥也可以把她娶过来。古时候，在基督教单偶制婚姻限制配偶数目以前，一个男人几乎难以指望娶一个年龄跟他舅舅的女儿相近的女孩。”（第 115 页）无论如何，从整个上下文来看，很清楚，在婚姻交换中起决定作用的，不是男孩的舅舅，而是他母亲的舅舅。既然如此，令人奇怪的是，吕克·德·鄂施竟说：“男子之间唯一的一种积极关系……祖孙之间有着一种亲密浓厚的依存关系。”（1971，第 20 页）他应当再添一句话：这一点同样存在于母亲的舅舅与外甥女的儿子之间。这么说本来是可以引向一个解决办法的。

121 的确，玛丽·道格拉斯是把这一关系当作基于互惠的亲密感和平等相待的亲属关系的一个例子举出来的：“因此，在亲属称谓里，在某种意义上，一个男子跟他母亲的年老舅父之间的关系如同两兄弟，在另一种意义上是同龄的伙伴。一个男孩可以管他母亲的舅父叫‘大哥’，而无须像对待一位长兄那样回避他。他可以 *mbai* 称之，意即同龄伙伴。”（1963，第 104 页）这个称呼蕴含着勒勒人所拥有的最热烈亲密的关系之一。（第 73 页）

亲属关系的成分随时随地都可以还原为它在某些社会里可能具有的最简单的形式，我们凭什么能够这样认为呢？跟有些人声称是我们所说的相反，我们从来没有提出这些简单形式是普适性的，我们只是提出，它们出现的案例已经相当多，这种频率本身已经说明问题［《结构人类学》（1），第 47 页；列维-斯特劳斯，1972a］。我们的批评者未能领会，我们所说的亲属关系的成分并非一些一劳永逸地规定好的**地位**，而是一个由唯一适切的**关系**组成的系统。选择舅父（父亲的妻子的兄弟）是因为它能够以最经济的手段规定妻子的给予者这一功能。而勒勒人却没有理由求助于这一概念，只因舅父不扮演这个角色，它是由母亲的舅父担当的；舅甥关系为后者而得到重建，正如我们刚才所看到的。

因此，我们首先将把母亲的舅父牢牢地固定在妻子给予者的位置上。这一功能实际上被两种现象弄得多少有些模糊不清。一是因为在勒勒人中，获取妻子的人有两大类；二是每一个这样的获取者有三种不同的婚姻方式可以利用。

根据玛丽·道格拉斯的引人注目的理论，勒勒人的整个生活哲学是以一种假定的同一性为基础的：妻子、生命（wife、life；1963，第 36 页）。对于这个显然属于母系的民族来说，一个女孩的出生肯 122
定会带来别的女孩的出生，从而保证氏族永继无绝。所以，一个作为本氏族女人的配偶的男人如果有了一个女儿，他将有权为他本人的氏族的利益要求得到这个女儿所生的女孩。父亲也享有同样的特权，他有权为他父亲的氏族，而不是为他的氏族索要他的女儿。

人们可能会感到疑惑，勒勒人为什么会制造出这两种如此不同的、相互竞争的要求呢？一方面，他们把直接为他本人的氏族而凸显母亲的责任托付给外祖父；另一方面，却让女儿的父亲本人承担同一项责任，但不是为了他的氏族，而是为了他本人并不归属的、他父亲的氏族的利益。这里头有两个原因，一个是实践上的，一个是理论上的。

首先，父亲就在现场，但祖父却不一定。由于勒勒人实行居所自由，原则上的从父居住实际十分普遍（同上，第 88 页）。其次，而且更为重要的是，上述两种要求不应该相提并论。男人把一个女孩给了妻子的氏族以后，就可以为他自己的氏族从那个氏族索取另一个女孩（此时就是他的外孙女），这一说法仅仅在第一种情况下才完全适用。合乎逻辑的是，父亲只能对于他的第二个女孩提这一要求，因为他已经给出了一个，要求的是另一个；由于第一个女孩是下一项索求的法理上的根据，看来她是不可索求的。然而，男人此时是在他父亲——即那位千金的祖父——的氏族的名义下行动的，所以真正的获取者可以说是祖父，正如在第一种情况下正式的获取者是外祖父一样。这样一来，祖父和外祖父两人就成了勒勒人当中获得妻子的人。

然而，这两人可以有三种方式拥有他们的孙女：要么自己娶她们，要么把她们让给一个弟弟，再要么让给他们的外甥女的儿子——他们的氏族的成员之一，而且跟那个要被嫁出去的年轻女孩
123 同辈。如果像在其他任何地方那样，妻子的给予者跟获取者的关系是亲属关系的单位的构成成分，那么把这三种婚姻类型省约为一种就是很要紧的，否则给予者的地位就不清楚。

第一种类型似乎已经成为最罕见的了（道格拉斯，1963，第118页）。不过，把它从系统里剔除还可以有一个更好的理由。如果一位外祖父不是先有一个女儿，就不可能有一个外孙女；如果他还没有结婚，他就不可能有一个女儿。然而，这个婚姻必定属于另一个跟有一个外孙女不同的那种类型，不然就会陷入循环。这个论据显然不适用于第二种类型的婚姻，即祖父把特权让给一个弟弟。然而，从结构的观点来看，根据亲属关系理论中广为人知的同胞兄妹平等的原理，弟弟在这个制度中享有跟哥哥一样的地位；而且，根据这个原理，一种地位就足以代表所有的兄弟和姐妹，除非是按照有时获得证实的假设，同胞兄妹之间区分长幼对于兄妹双方或第三方意味着不同的婚姻地位。不过，弟弟缔结了哥哥出让给他的同一婚姻并不属于这种情况。就我们这里唯一关注的形式层次而言，第二种类型的婚姻于是可以归结为已经被逻辑地淘汰的第一种类型。这样一来，为了能够图解式地表现这个制度，第三种类型看来是唯

一适切的。

认可这一点之后，我们可以回过头来，看看吕克·德·鄂施的诠释所引起的问题。我们说过，他的诠释不顾那些显示父子之间存在亲密关系的含义丰富的征象，而仅仅从玛丽·道格拉斯的分析里挑拣出两条关于他们彼此回避的简短说明。这些情况出自玛丽·道格拉斯这位资深观察家的笔下，不可能自相矛盾，而必定是互为补充的。确实如此，并且因为它们跟个体生活的各个阶段相对应而更加清晰。

我们使用的第一批数据表明，对父亲的态度跟对舅父的态度之间呈现对立；第二批数据则表明对父亲的态度（似乎从积极转入消 124
极）与对母亲的舅父的态度之间呈现对立；换言之，这种态度是我们当甥孙与舅爷的关系胜过外甥与舅父的关系时看到的，因为成年后的年轻人开始关心如何娶妻，而这个妻子只能指望从前者那里得到；我们已经知道，后者此时已无成为妻子的潜在提供者的可能。我们于是可以看到这个制度的两次“兴奋状态”，一次发生于本我（Ego）的童年和青年时期，属于严格意义上的传统型；另一次当本我达到婚龄时才显现，是前一次的一种转化（图 3）：

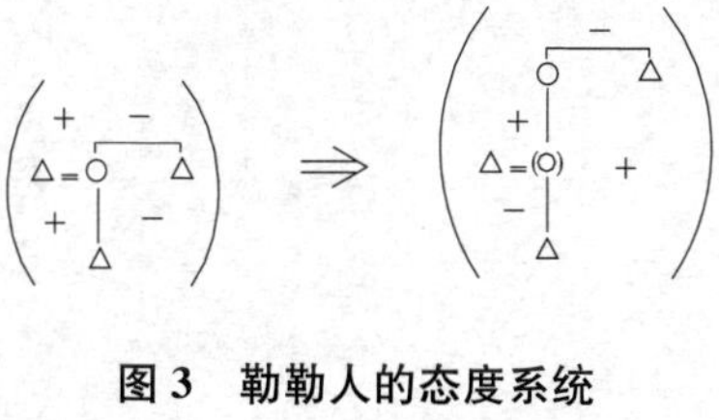

图 3　勒勒人的态度系统

在这个转化过程中，父子关系从积极变为消极；同时，舅甥之间的消极关系让步于一种外甥女的儿子与母亲的舅父之间的积极关系，后者依然是一位“娘舅”，但上移了整整一代人。梅耶·福特斯关于阿珊蒂人（Ashanti）的研究（M. Fortes，1949，第 54～84

页）很好地显示了在个体的生存过程中，一个结构模型如何按照每个个体被要求具备的身份的前后变化而发生演变。

在目前情形下，系统的第一种状态没有引起什么问题。因此，我们应把注意力投向第二种状态。

我们刚才看到，这种状态的特点是兄弟与姐妹之间的消极态度、夫妻之间的积极态度、父子之间的消极态度、母亲的舅父与外甥女的儿子之间的积极态度（道格拉斯，1963，第 52、69、88、
125 104、120～121、124 页）[5]。亲属关系的单位仍然可与我们已经找到其最简单形式的、限于覆盖两代的垂直延伸的那些关系相比拟。就勒勒人的情形而言，这种延伸反映着接续的世代之间相对立、轮替的世代之间相依存的原则。这条原则在村落组织方面立即就看得出来：第一代和第三代的成员紧挨着居住，他们被一条想象中的对角线跟同样集合在另一侧的第二和第四代的成员分割开来（同上，第 78～79 页）。结果是成分累积堆加，有部分重叠，从一个成分到另一个成分之间总是错开一代人，情形有点像摊开的屋瓦（图 4）：

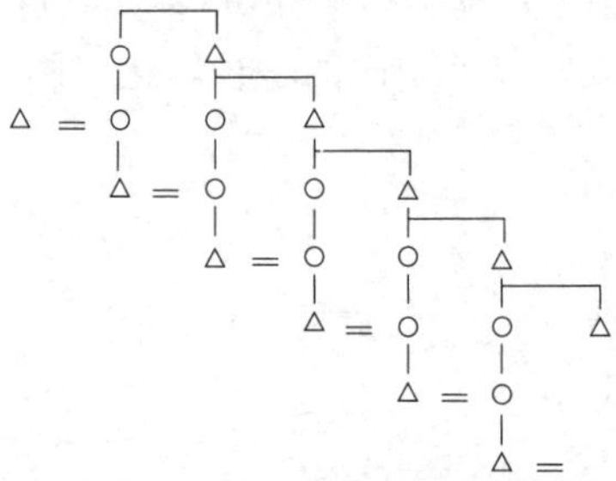

图 4　勒勒人的婚姻程式之一

如果为了孙外甥的利益而行动的获取者是年轻女孩的外祖父，情形便是如此。正如我们已经看到的，如果女孩的父亲是为了他父亲的氏族而行动的获取者，情形就不一样了。我们已经强调过（第

122页)，这后一种情况不可与前一种情况相提并论，不过我们将用图解的办法证明它与前者并不矛盾。因为这个图解采用了同一个形式，除了追加了一种联系以外——因为这个解决办法包含着四个氏 126
族，而非三个——它出现在为了非其本人的氏族行事的父亲的身上，其角色从功能的角度可获如下解释（图5）：

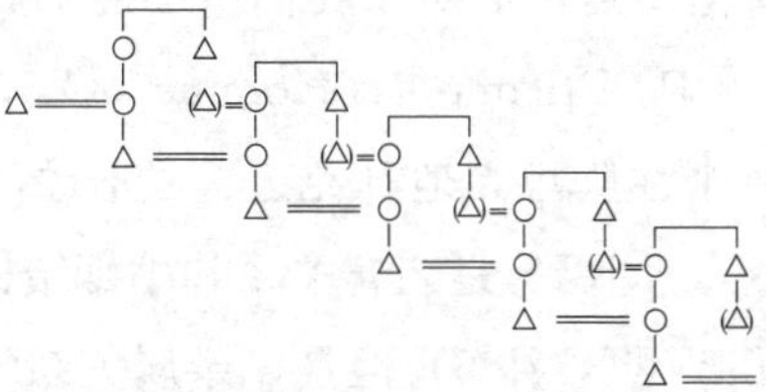

图5 勒勒人的婚姻程式之二

这个系统的复杂性，鄂施先生根据玛丽·道格拉斯的说明已经阐明了，但在这些图表中却远远未能反映。它们不过试图表明，一个排除任何其他因素，仅利用“亲属关系的原子”建立的制度不会与报告的数据产生矛盾。

假如有人反驳说，图表并未有规律地把母系裔传关系显示出来，我们的回答首先是，这只是一种书面的简化方法。这方面的更细致入微的图表将不那么容易阅读，但大致的样式将不会改变。此外，我写于1945年的文章［《结构人类学》(1)，第二章］可以证明，我们这种大胆的做法是正当无误的。那篇论文试图证明，裔传方式与确定亲属关系的成分的结构无关（同上，第50页)。文章也的确证明，与舅父之间的关系恰好属于这种在尽量最简单的形态上把握的结构，而无须像拉德克利夫-布朗那样，非求助于某种父系的或母系的裔传关系的法则不可。阿德勒和卡特里在写出下面的话的时候［Adleretet Cartry，L'Homme，Ⅺ（3)，1971，第11页]，似
乎恰好忘记了这一点：“列维-斯特劳斯认为继嗣关系无关宏旨，同 127

时却又将它作为一个判断用来当作例证的系统的标准。”但是，除了这些裔传法则是作为这些制度的客观属性而存在的以外，我还应当进入跟我想与之讨论的作者们相同的领域里（列维-斯特劳斯，1972a）。同样，皮埃尔·安田朴在一篇其实十分有趣的文章中声明：“亲属关系的原子这个由列维-斯特劳斯建立起来的概念，尽管人们对其内在缜密性深信不疑，但对于我们所面对的具体现象的诠释却没有多大帮助。”［P. Etienne，L'Homme，X（4），1970，第 35 页］在接下去的一个注脚里，他补充道：“不过，我们完全赞成列维-斯特劳斯的观点，即母舅是亲属关系和婚姻结构当中的一个既定成分。”（同上，第 37 页，注 5）但是，亲属关系的原子的概念——依照安田朴所说，是一种“谬误的综合”——的唯一目的是为这个当时尚属新颖的说法做出铺垫。假如当今有人把它当作一个不言自明的概念顺便提到它，那么我们只会感到高兴。

勒勒人的情形有一点显得对其他方面十分重要：母系的关系不适合为联姻制度做出恰当的表述——或者不总是适当的，因此我们打算就这个题目简单谈几句，从而结束这篇文章。上述分析倘若站得住脚，那就意味着吕克·德·鄂施对蒙都哥摩人和勒勒人制度得出了过于狭隘的观点。不过，对于同一条真理却可能犯下双重的错误，而且，表面上迥异的系统之所以会导致同一个不应有的狭隘的诠释，也许可以从这两种制度在更深层次上具有相近的特质、从而造成同样的困难获得解释，急于完成工作的分析者于是在匆忙中为它们提出了同一个错误解答。

我们记得，蒙都哥摩人的系统意味着在父亲与女儿之间、母亲与
128 儿子之间存在特别亲密的关系。其后果意味着一种独一无二的嫡亲模

式，它将父亲、女儿、女儿的儿子、女儿的儿子的女儿等，置于同一世系当中，或者说绑在同一条“绳索”之上，在另一条“绳索”上则有母亲、儿子、儿子的女儿、儿子的女儿的儿子等。

然而，我们看到，勒勒人也有亲密的关系，只是存在于父子之间（同上，第 117 页）。同样，玛丽·道格拉斯指出，母亲与女儿之间存在着一种甚至更加紧密的关系：“他们认为一个女孩应该对母亲没有秘密，男人对她们之间的毫无保留大感惊讶。母亲和女儿会一起去河里洗澡，彼此赤裸相对，互相擦背；一个甚至会要求另一个替她剪头发、拔眉毛、涂油，或者为她灌肠。对于不同辈分的男人们来说，互相提供此类亲密服务是无法想象的。”（1963，第 126 页）

这些态度无疑只是把那些通常存在于姐妹之间和妇女中间的现象推至极端：“妇女把大部分时间花在跟别的妇女在一起，并且跟她们的母亲、姐妹和女儿结成情感强烈的联系。”（同上，第 124 页）另外，这些女性之间的态度跟盛行在相互“争光”的父子之间，或同样被非常强烈的联系结合起来的兄弟之间的态度不完全是一回事（同上，第 100 页），后者的基础在于彼此自律，不去从事任何“有可能损害相互感情”的竞争，兄长对于幼弟在任何场合下都有帮助和保护的义务，以及体现在赠送食物和手工制品上面的幼弟对兄长的尊敬（同上，第 99 页）。因此，男性之间的态度属于文化，女性之间的态度更多地属于自然——至少在男人眼中如此：“女性之间的关系里丝毫也没有这些讲究，以至于这种关系显示出一种发自本能的气质。男人们对此感到十分惊奇，他们把妇女跟动物相提并论，因为她们的行为完全没有那种男人之间、甚至家庭内部的男人 129
之间所特有的讲究礼数的特点。”（同上，第 126～127 页）尽管有这些不同，勒勒人中间最富有感情特征的关系仍然一是父子之间的关系，二是母子之间的关系。

看来一切都显示出，勒勒人在头脑里按照母系模式去构想他们的嫡亲法则，实践中却依照不同的模式行事。从感情的角度来看，他们用同一世系把儿子与父亲结合起来，用另一世系把女儿与母亲结合起来。这个制度与蒙都哥摩人的制度相对称，而且特点跟后者一样，在于或明或暗地承认存在两条嫡亲世系，不过，在两种占优势的继嗣关系的形式下，一条完全是女性的，另一条完全是男性的。可是，在蒙都哥摩人那里，性别却在每一条世系上随着辈分的变化交替轮换。这种二元性在实践中因母方世系和父方世系得到同等承认而一目了然："勒勒人强调亲属关系的两方，其根源在于对父权的重视，这在一个男人们为了能够自由支配女人而相互竞争的社会里是不可避免的。"（同上，第 114 页）

现在让我们观察一下另一个方面的情况。每一个蒙都哥摩男人要想获得一个妻子，照理应该用自己的姐妹交换另一个男人的姐妹。"在理论上，"玛格丽特·米德写道，"这是娶到妻子的唯一办法。"（第 128 页）这个条件又由于婚姻只能在同代成员之间进行的理论法则而进一步加强。所以，婚姻交换总是沿着一条横轴线进行，这跟勒勒人信奉的教义正好相反，娶入女儿的女儿是被当作典范的，它基于一条原理：一位父亲既已有了女儿，而且把她给了自己妻子所属的氏族，他就有权反过来索取自己女儿的女儿："把女孩交还给她们的外祖父的氏族，好让她们结婚，这种习俗乃是勒勒人社会的一个关键的制度……是勒勒人最引以为自豪的制度，一有可能他
130 们就尽力付诸实施。"（道格拉斯，1952，第 64 页）所以说，跟蒙都哥摩人的习俗正好相反，他们实行的是一种发生在纵轴线上的交换。

这还不是全部情况，因为理论上把联姻制度建立在垂直交换的基础上的勒勒人，在实践中却从中衍生出一个横向的交换制度：舅爷往往会把他娶自己的外孙女的权利转让给外甥女的儿子，即一个

跟外孙女同辈的男子。如果娶妻者的祖父辈是他的外祖父，婚姻就会发生在外甥女的儿子和女儿的女儿之间。如果祖父辈是祖父，婚姻就会发生在外甥女的儿子与儿子的女儿之间。按照一般交换而非有限交换的程式，这些婚姻实际上是发生在旁系兄弟姐妹的儿女这个层次上的横向交换（参见图 6）。

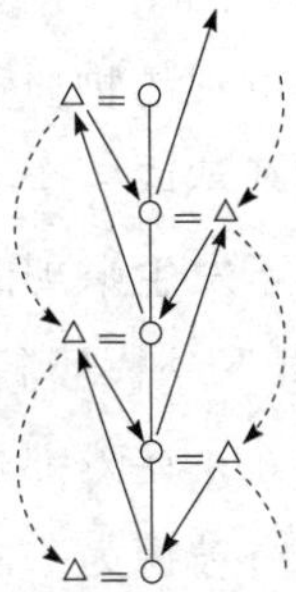

图 6　勒勒人的垂直交换

蒙都哥摩人的姐妹和兄弟分属不同的世系，这就使得交换机制受到破坏的可能始终存在，我们从他们那里看到了这个系统的一种对称性的颠倒，从横向变为纵向（图 7）。实际上，玛格丽特·米德已经指出，在曾经交换过姐妹的两个兄弟的后裔之间存在着一个相

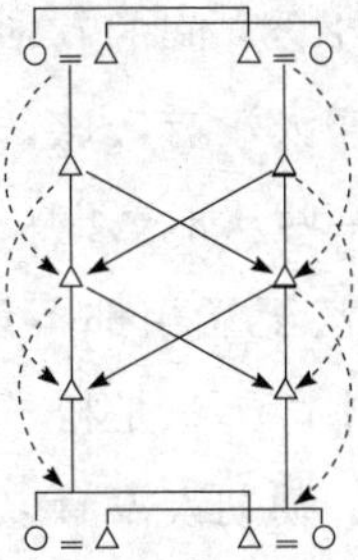

图 7　蒙都哥摩人的垂直交换

互承担义务的网络。姐妹的儿子在仪式上为兄弟的孙子施行刺瘢痕
131 礼，后者反过来为自己的施礼者的孙子施行刺瘢痕礼，待到第四
代，两个世系产生的孩子们就应当相互婚配（第 131 页）。

这个系统虽然由于过于复杂而难以切实实行，但它把纵向交换的模式恢复起来了，因为给一个男孩施行刺瘢痕礼的权利——正如根据同一法则在妇女中间传递的给一个女孩穿耳洞的权利——蕴含着以猪和首饰为偿付形式的可观的物质利益。为了能够与勒勒人的联姻系统进行比较，我们必须记取一个共同点：在两个业已实现联姻的世系之间，一个世系对于发生婚配的辈分的下一代所履行的责任会导致另一个世系对于再下一代履行类似的责任。就勒勒人而言，这种责任体现为生产女儿；在蒙都哥摩人中，它不体现为生产儿子，而是体现在为后者举行被视为一次再生的成丁礼。在这两种情形中，这些盘根错节的责任沿着一条纵向轴线延伸，并且在横向轴线上导致两个世系之间的周期性联姻，从而造成每隔三代勒勒人、每隔五代蒙都哥摩人，初始的联姻关系都会重现一次。总的说
132 来，勒勒人的世代接续与世代轮替之间的对立便等同于——如果可
以这么说的话——在蒙都哥摩人当中形成的“性别接续”与“性别
轮替”。

我们可以提取这两个社会之间的其他一些时而类似、时而对立的方面进行比较。蒙都哥摩人没有氏族，而勒勒人的氏族基本上没有连贯性，因为“这是由一些从不聚集一起从事任何行动的个体构成的不成形的集合体……甚至互相都不认识”（道格拉斯，1963，第 85 页）。在这两种情形中，不论是村子还是小型聚落，居住单位才是社会组织的唯一基础。勒勒人没有以氏族为中心的宗教，蒙都哥摩人则没有地区性的宗教。

然而，这两个社会都有一个建立在世代轮替的认同与世代接续

的对立的基础之上的系统。在两地，名字均为隔代重复（米德，第144页；道格拉斯，1952，第63页）。这样一来，考虑到我们对于嫡亲法则的看法，即蒙都哥摩人以每一条“绳索”中的男女轮替为正式特征，而勒勒人则有——隐含地或至少以萌芽状态出现——同一世系的男人和另一世系的女人的不断接续。我们于是猜想，在这两种情形下，世代轮替的原则是否在结构上都跟某种继嗣关系的模式有关联呢？这是一种在两种情形下为兄弟和姐妹规定了不同的名分的模式。确实，两条世系之所以能够周期性地汇合，即使只是分离之前的暂时交叉，以待下次汇合，恰恰是由于这条世代交替的原则。就这一点而论，蒙都哥摩人（Mundugomor）与勒勒人（Lele）之间的区别主要在于亲属关系制度对于前者具有巨大的功能性效益，而对于后者，正如玛丽·道格拉斯反复指出的，“亲属关系组织脆弱而不稳定，不得不忍受来自其他社会组合形式的竞争”[1952，第61页；参见第64页，页中强调了“the weakness of the kinship structure”（亲属关系结构的脆弱性）]。作者进一步强调了“对于重建族谱缺乏兴趣，普遍对于祖父辈以至父母辈的成员之间的关系全然无知”（第62页）。因此，一个效益如此之差的系统，其 *133*
中两个人之间本来可以看出的亲属关系纽带被三种可能的婚姻类型弄得十分复杂，甚至到了难以分辨的程度（道格拉斯，1963，第112页），对它难以做出形式化处理于是就没有什么值得大惊小怪的了。

另一方面，关于世代轮替的原则和给两性指定不同地位的做法，两者可能会有什么样的关联是值得深入研究的。我们知道，后一种现象曾经被威廉姆斯（F. E. Williams）称为“性别归属”（sex affiliation）。他的功劳在于在巴布亚湾（Papua）的伊度图比亚人（Idutu-bia）当中识别出这种独一无二的制度，这种制度的区别性的特征在那里清晰地表现出来。不过，世代轮替的概念依然十分模糊，因为人们一度倾向于将它扩大到所有那些把同一称谓用于位置对称但相隔两三代的个体的制度。看来，对于另外伴有旁系兄弟姐妹的婚姻禁律的多布人（dobu）的亲属称谓制度，这个概念是不适用的。无论属于上一辈还是下一辈，所有第二代的男女成员都用同一个称谓 tubuna，这个事实似乎仅仅显示这个制度的唯一的一个限度：从这个亲属等级开始，亲属称谓的区别便不重要了，可是这并不意味着孙辈和祖父母辈被视为“在社会意义上是相等的”（正如蒙都哥摩人那样），也不意味着当福琼（R. F. Fortune）所说的有关轮回转生的信仰不存在的时候（1963，第 127 页），祖父便会在孙子的身上神秘地再现，祖母便会在孙女的身上再现。对于卡帕乌库人（Kapauku）的亲属称谓制度，亦可作如是观。他们用一些特殊的称谓语把第四、第三和第二代的上下辈亲属分别组合起来［参见波斯皮西尔（L. Pospisil）的文章］。这就已经不是世代轮替的问题了，而是一种对于从己身出发的同心圆式亲属关系的表现方法。

与此相反，在巴西，看来在操格语（Gé）的族群之间，世代轮
134 替与性别归属是有联系的。卡亚波人（Kayapo）有一种复杂的传承专名的系统，祖父或舅父把名字传给孙子或外甥，祖母把名字传给孙女或侄女。然而，在构成称谓语 tab-djuò 的词素的各种用法中包括了对姐妹的子女和孙辈的指称，这似乎暗示着后者与说话者在社会意义上是一回事［特纳（T. S. Turner），第 170～176 页，及附录 2，第 XXXV 页）。丹比拉人让不同的年龄组在一条东西方向的轴线上交替，把父方世系的名字给予女孩，把母方世系的名字给予男孩（尼缅达居，1946，第 78 页、90～91 页）。在阿比纳耶人当中，名字从舅父传给外甥，从姨母传给外甥女（尼缅达居，1939，第 22 页），然而，此时只有属于叫做 kiyé 的群体的法则才遵循性别做出

归属，从父亲到儿子、从母亲到女儿（同上，第 31 页）。最后，谢伦特人（Sherenté）男性和女性的名字的传承规则不一样，因为这种传承要么发生在半族内部，要么发生在一些团体的内部；再者，世代轮替的原则既支配着男性名字的传承，也支配着加入男子团体的资格（尼缅达居，1942，第 43～44 页、52 页、59～64 页）。因此，所有这些情形里都有一个世代轮替的原则在发挥作用，但不一定是在全套亲属称谓中，而是在平行的系统当中，这个原则似乎直接地或间接地与性别归属的原则有所联系，后者本身也在相同的或其他一些系统的内部发挥着作用。

我们可以在非洲看到同样的情形。阿珊蒂人有一个世代轮替系统，其中祖父与孙子神秘地合二为一，祖父可以在孙子身上复生；一些古老的证据还说明，被称为 tcina 的食物禁忌，在男人是从父亲传给儿子，在女人则是从母亲传给女儿（参见列维-斯特劳斯，1967a，第 131 页）。

如果说，以上这些仅具提示意义的简略表述有待于其他例子的证实，那么由此似乎可以看出，抛开世代轮替系统在这个或那个社会里所完成的主观功能不谈，作为头一步，不妨把它们看成某种汇 135
合现象带来的结果。根据不同情况，它们要么来源于分别为父系和母系的半族之间的双重的二元现象；要么来源于父系方面的旁系兄弟姐妹之间的优先通婚（同上，第二十七章）；再要么来源于某种把个人身份的一些要素传递下去的模式，它把兄弟与姐妹分开，而且把每个人都跟某个祖先有取有舍地联系起来。在这三种情形下，这种制度实际上都是要确保在个人身份或其某个要素方面，分别源于一个兄弟和一个姐妹的世系只能每逢两代交叉一次，只要婚姻交换体现着一个理想的模式即可。

在世代轮替制度的这三种可能的起源之间，我们依然可以看到一种结构性关系。在父系婚姻制度的两侧，另外两种制度之间的对立消失了，半族的双重二元机制将迫使世系路线不得不遵循一条成为总框架的二元性原则，这是从制度的外部加之于每个半族的一个特点。与此同时，性别归属保障了这条原则自动得到遵守，但在每一个世系的核心发挥作用，所以也可以说从其内部发挥作用（图 8）：

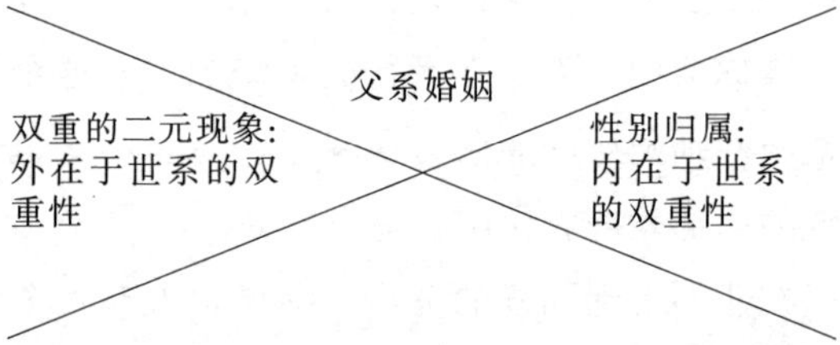

图 8　父系婚姻、双重二项对立和性别归属之间的关系

因此，这三种制度表现了同一组转换的不同状态。父系婚姻显示出一个脆弱的平衡点，因为另外两种互为对称而颠倒的状态之间的区别性特征在此被中和了。

注释

［1］本文最初发表于 *L'Homme, revue française d'anthropologie*，XIII，3，1973。

［2］读者由此可以断定利奇的攻击有欠严肃。他使用的翻译舛误颇多，也没有去核对原文［美国版本将上面几句话中的 filiation 误译为 descent，即法语的 déscendance（filiation“继嗣”，déscendance“后裔”。——译者注）］，便对我提出了好几条指责。其中“在他看来最重要的”（原文如此）是说我把这两个概念混为一谈！他接着说，我的论点的“前提条件是把单系的裔传制度当作普遍现象”，他补充道：“这是完全错误的”（1970，第 101～102 页）。然而他丝毫不顾我以前曾经说过：“首先，舅甥关系并非出现在所有的母系制度和父系制度里，它在一些既非前者亦非后者的系统当中有时也能够看到。”［《结构人

类学》(1)，第 50 页] 这就难怪在这种榜样的鼓励下，当今一些年轻学者全凭不准确的翻译和荒谬的评论，认为不核对原文就对一些文章做出反驳属于正常的做法了。

[3] 玛格丽特·米德在一封私下信件里说得更明白：舅父赠送头盖骨，姑母帮忙穿耳孔；两人分别接受当作回赠的一头猪。

[4] 不过，吕克·德·鄂施本人也感到这里有点问题，以下这段文字便流露出疑问："在卡赛的一个母系部落勒勒人当中，heki（使荣耀）这个词体现着父子之间的关系，而且'重要的是它被公认为一种彼此间的态度'（道格拉斯，1952，第 61 页）。这个字眼所含有的尊敬的意思比矜持的意思要少一些。然而，同一个词还适用于舅甥关系。根据我与道格拉斯夫人之间的一封私人通信，某种十分拘谨的态度（avoidance）既存在于舅父与外甥之间，也存在于父与子之间。这两种关系似乎是等同的，不是颠倒的。但是，这种拘谨的态度轮到父子便增添了强烈的温情，在舅甥关系中却并不如此清晰。因此，拉德克利夫-布朗提出的相反情感的分化现象在这里作用不大。可是，从结构的观点来看，在父系文化和母系文化里，舅父和父亲均披戴着相反的标记，这就显然提出了一个新的问题。"（*Inceste royal*，pp. 212-213）

[5] 假如一定要引入上一代母女、下一代母子这两种关系，那就会看到它们之间同样呈现对立：后一种为亲密无间和互惠合作的关系，前一种为明显疏远和互不对称的义务（道格拉斯，1963，第 35、52、53、57、74～75 页）。

第三部分

神话和仪式

第八章　结构和形式：关于弗·普罗普的一部著作的思考[1]

在语言学和人类学上，坚持结构分析的人经常被指责为形式主义。其实这是忘记了形式主义是作为一门独立的学说而存在的。结构主义并不否认从形式主义那里所获得的教益，但是由于两个学派对具体事物采取了极为不同的态度，两者并不是一回事。与形式主义的做法相反，结构主义拒绝把具体事物跟抽象事物对立起来，也不承认后者有什么特殊价值。**形式**是根据外在于它的某种质料获得规定的，**结构**却没有特殊的内容，因为它就是内容本身，而这种内容是借助被设想为真实之属性的逻辑活动得到把握的。 139

这个区别值得我们通过一个实例进一步深究。弗拉基米尔·普罗普（Vladimir Propp）的一部早期著作的英译本的问世使我们现在有了这样一个机会。他的思想曾经十分接近俄国形式主义学派，这个学派的思想在从 1915 年到 1930 年的短时期内达到了顶峰[2]。

140 引言的作者斯瓦塔瓦·皮尔科娃-雅各布逊（Svatava Pirkova-Jakobson）夫人，译者劳伦斯·司各特（M. Laurence Scott）和印第安纳大学研究中心用一种让新读者可以了解的语言出版了这部长期遭到忽视的著作，因而为社会科学做出了巨大贡献。实际情况是，该书的俄文版在 1928 年问世的时候，形式主义学派正陷入深刻的危机之中。他们在国内遭到谴责，而且与外界毫无联系。在后来的著作中，普罗普自己也放弃了形式主义和形态学的分析，转而致力于对口头文学与神话、仪式与制度之间的关系进行历史的和比较的研究。

但是，俄国形式主义学派所传达的信息并没有销声匿迹。就在欧洲，布拉格语言学派首先接受了它，并且广为传播。1940 年前后，罗曼·雅各布逊开始通过他个人的影响和教学把它带到了美国。这样说并非想暗示结构主义语言学和语言学内外的现代结构主义仅仅是俄国形式主义的一种延伸。我已经提到，它们与后者的不同之处在于确信，如果说少量的结构主义脱离了具体事物，那么大量的结构主义又回到了具体事物上来。虽然罗曼·雅各布逊的学说绝对不可冠以“形式主义”的名字，但是他并没有对俄国学派的历史作用和它的内在重要性视而不见。在提到结构主义的先驱时，他总是特地为它保留一席之地。那些从 1940 年以来一直倾听他的人全都间接地受到过这一来自远方的影响。如果皮尔科娃-雅各布逊夫人所说无误，笔者本人“运用和发展了普罗普的方法”（第Ⅶ页），那么我倒不是有意识的这样做的，因为直到这个译本发表之前，我始
141 终无缘接触普罗普的著作。不过，借助罗曼·雅各布逊之力，其中一些富于实质性和启迪性的东西确曾影响了我。

甚至今天，这种英译本的形式是否有助于普罗普思想的传播依然令人担心。我要补充指出，排印错误使得这本书难以卒读，另外，原著本来就可能有一些晦涩之处。然而似乎更可能的是，译者在移译原著术语时遇到了困难。因此，仔细研读原著，对它的论点和结论做出概括，看来并非全无必要。

普罗普是从对问题做出一番简单的历史回顾入手的。有关民间故事的研究大部分是文章汇编；系统的研究依然寥寥无几，而且十分粗糙。有些人用文献不足解释这种状况。作者不同意这种辩解，因为在所有的其他知识的领域里，很早就提出了描写和分类的问题。再者，讨论民间故事的起源并不是一种错误的做法，只是“无论何种现象，只有在对现象做出描写以后，方可谈论它的起源”（第 4 页）。

通行的分类方法［米勒（Miller）、冯特（Wundt）、阿尔奈（Aarne）、维赛罗夫斯基（Veselovsky）等人］不乏实用价值，这些方法一直遇到同一条反对意见，即永远能够找到同时归属于好几个类别的民间故事。不管分类根据的是故事**类型**还是采用的**主题**，这种说法都没错。确实，主题的划分带有随意性，它并没有以实际分析为基础，而是依赖每个分类者的直觉或理论取向（普罗普指出，直觉一般来说比理论取向更可靠，第 5～6 页、10 页）。阿尔奈的分类方法提供了一份主题的清单，对研究者的帮助不小，可是由于他的划分全凭经验，所以某一个民间故事之属于某个类别只能是近似性的。

有关维赛罗夫斯基的观点的讨论特别有意思。在这位作者看 142
来，主题可以分解为若干个母题（motif）；主题对它们只追加一种统合的、创造性的操作，以便整合形成无法省约的要素的母题。但是，普罗普注意到，每一个句子在这种情况下都构成一个母题，分析故事必须深入到一个我们今日称之为“分子”的层次。但是，任何一个母题都不能说无法再分解，因为，像“龙诱拐了国王的女儿”这么简单的一个例子，它至少可以分解成四个要素，每一个都可以与其余几个互相置换（“龙”跟“巫师”、“飓风”、“魔鬼”、“老鹰”等；“诱拐行为”与“吸血狂”、“催眠术”等；“女儿”跟“姐妹”、“未婚妻”、“母亲”等；乃至“国王”与“王子”、“农民”、“牧师”等）。这样就可以得出一些比母题更小的、普罗普认为不具备独立逻辑存在的单位。我们之所以在这项讨论上花费一些笔墨，是由于在普罗普的这个仅仅说对了一半的断言里，恰恰蕴藏着形式主义和结构主义的一项重要的不同之处。我们下文还要回到这一点上来。

普罗普认为，区分民间故事中的可变要素与不变要素是约瑟夫·贝迪埃（J. Pottier）的功绩。不变要素构成最基本的单位。然而，贝迪埃并没有说清楚它们究竟是什么。

由于遭到忽视，民间故事的形态学研究才会停留在初级阶段。人们更偏重于研究民间故事的起源。所谓的形态学研究往往只是一些同言重复罢了。最近的一项研究（当时普罗普正在撰写他的著作），即俄国人 R. M. 沃洛科夫 1924 年的研究没有说明任何问题①，只是说“类似的故事都相似”（第 13 页）。可是，一项优秀的形态学研究是所有科学研究的基础。而且，“没有正确的形态学研究，历史研究就无从谈起”（第 14 页）。

---

① 法文原著未注明出处。现将芝加哥大学出版社 1983 年英译本所追补的出处照录如下：R. M. Vólkov，*Skazka：Rozyskanija po sjuzetoslozeniju narodnojskazki*（Kiev：1924），Vol. I，*Skazka：velikorusskaja*，*ukrainskaja*，*belorusskaja*. ——译者注

正如普罗普在第二章开头所说，他的整个工作都建立在一个假设之上，即“童话故事”是作为民间故事的一个特殊门类存在的。143
在研究的初始阶段，它们是凭着经验规定下来的，即如在阿尔奈的分类方法里被列入第 300 号到第 749 号之下的那些故事。这种方法被确定为：

设有以下语句：

（1）一位国王给了主人公一只鹰，这只鹰把他驮到另一个王国去。

（2）一位老人给了舒琴科一匹马，这匹马把他驮到另一个王国去。

（3）一位巫师给了伊万一只小船，小船把他带到另一个王国去。

（4）一位公主给了伊万一只魔戒，从魔戒里浮现出一群年轻人，把他带到另一个王国去。

这些语句都有可变要素和不变要素。角色及其特征有所变化，行为和功能却不变。民间故事的特征就在于让不同的角色从事相同的行为。我们把这些不变要素留下来当作基础，只要能证明这些功能的数目有限就可以了。然而，看来它们往往是反复出现的。我们于是可以断定：“跟大量的角色相比，功能的数目惊人的少。这一点可以解释民间故事的两个侧面：一方面千变万化、丰富生动、绚丽多姿；另一方面又引人注目地如出一辙、周而复始。”（第 19 页）

为了确定被视为民间故事的构成单位的这些功能的特点，首先得把角色排除掉，因为他们的作用不过是“支撑”这些功能。一项功能只能用一个动作名词表示，例如“禁止”、“逃离”等。其次，在给一项功能确立定义的时候，必须考虑它在叙事当中的位置。例

如，依照婚姻的不同作用，它可以有数种不同功能。不同的含义可以跟同样的行为有关，相同的含义也可以跟不同的行为有关。判定
144 的办法只有通过把其他事件当中的一个事件替换下来，也就是说，把一个事件放在跟前后事件的关系中看待，这就意味着**功能的接续顺序是不变的**（第 20 页），除非是——这一点读者随后就要看到——一些可能出现的移位现象，但这些现象是次要的（第 97～98 页）。同样可以理解的是，每个单独看待的民间故事不会把我们所找到的所有功能都显示出来，而是仅仅显示其中的一些，但它们的前后顺序是不会改变的。因此，虽然整个功能系统可能并没有在经验中实现，但在普罗普看来却具有我们今日所说的一部“元结构”的特征。

上述各项假设所引起的最后一条后果将在下文中验证，尽管普罗普承认它初看上去显得“荒诞不经……甚至是粗野的”，那就是：**从结构的观点来看，一切神话故事都可以归结为一个单一的类型**（第 21 页）。

在结束方法问题的讨论时，普罗普问道，目的在于或证实或否定他的理论的这场探索是否务必穷尽。如果确实应当如此，那么这项探索实际上是无法竣工的。可是，如果认为功能便是探索的对象，那么从人们看到无法再发现新的功能的那一刻起，这场探索便应当被视为已经完毕；不消说，这么做的条件是使用“自外部施加的”（第 22 页）随机的样品。普罗普接下去强调说——而且与迪尔凯姆显然不谋而合：“文献的数量并不重要，分析的质量才是要紧的。”（第 22 页）经验表明，100 个左右的民间故事便已绰绰有余。所以，分析将在阿法纳西耶夫（Afanasiev）搜集到的第 50 号到第 151 号故事样品上进行。

我们现在需要很快地浏览一下成为第三章内容的功能清单，因为一一列举难以做到。每一项功能都有一个扼要的定义，然后缩减 145
为一个简单的词项（“缺席”、“禁律”、“犯规”等），最后用一个代码表示，非字母即符号。同样，普罗普对每一项功能都进一步区分出“类”（espèces）和“属”（genres），前者有时还细分为“品”（variétés）。童话故事的通式是这样建立起来的：

某一角色交待了“初始情景”以后便离开了。这一缺席或直接或间接地（由于违背某项禁律，或者服从了某项指令）导致了某种不幸。一个变节者出场，了解到受害人的情况，往死里整他。

普罗普把这个序列解析为七项功能，并且为了把它们与后续的（用大写罗马字母和不同符号编号的）功能区别开来，用希腊字母表的起首几个字母给它们编了号。实际上，这七项功能在两种意义上是准备性的：它们引起行为，但并不是普遍存在的，因为有些民间故事便直接从第一项主要功能开始，即由变节者本人做出诸如诱拐某人、盗走某件带魔力的物品、受伤、妖言惑众、顶替、谋杀等行为（第29～32页）。这种“反叛行为”导致一项“空缺”，除非初始情景与空缺状态是直接衔接的，因为空缺被确认以后，便需某一主人公前往补救。

随后出现两条可能的发展路线。要么受害者变成故事的主人公，要么主人公有别于受害者，并为受害者提供救援。这不会动摇关于故事的单一性的假设，因为任何一个故事都不会同时专注于这两个角色。所以，从来就只有唯一的一项“主人公功能”，并且由两类角色当中的任何一类“支撑”起来。不过，在以下两个序列之间可以做出选择：（1）求助于主人公——搜寻者，他前往完成搜寻任务；（2）主人公——受害者远离，他面临着种种风险。主人公

（受害者或搜寻者）遇到一位“行善者”，不论是否出于自愿，是热切还是缄默，是立即施以援手还是起初怀有敌意。“行善者”考验主人公（用多种方式，甚至与之决斗）。主人公借助自身手段或某种超自然力的干预（有大量的中间形式）做出消极的或积极的回
146 应。幸获超自然力之助（物、动物、人）是主人公功能的一个主要特征（第46页）。

主人公被载运到施行干预的地点后便投入与变节者的斗争（战斗、比武、竞技）。他接受了某种识别标记（身体或其他方面的），变节者被打垮，初始的空缺情景得以消除。主人公打道回府，但被某仇敌紧追不舍，全凭获得襄助或巧施计谋才摆脱了追踪。有些民间故事以主人公返归后成就婚姻收尾。

不过，其他一些故事此时便开始“戏说”普罗普所说的第二个“回合”。一切都从头来过：变节者、主人公、行善者、考验、超自然力的帮助；叙事随后转入一个全新的方向。因此，首先必须引入一系列“复式功能”（第53～54页），接下去是一些新的举动。乔装打扮的主人公返回，肩负重任，但终于大功告成。真面目于是被认出，（篡位的）假主人公遭到揭露。最后，主人公接受酬答（新娘、王国等），故事结束。

上述的这份概略的清单启发作者得出好几条结论。首先，功能的数目极为有限：总共31项。其次，功能在“逻辑上和审美上”彼此包含，都以同一条轴线为准，因此任取其中两项功能也从来不会彼此排斥（第58页）。另外，有一些功能可以划分成对子（例如“禁律”对“违规”，“斗争”对“胜利”，“迫害”对“解救”，等等）；其他一些则可按照序列划分，例如，“变节”后接“求援”、“主人公做出决定”后接“出发搜寻”。成对的功能、序列性功能和独立的功能组成了一个不变的系统。这是一块名副其实的试金石，

可以用来鉴别每一个特殊的故事，为它指定在分类中的位置。每一个故事实际上都得到一个自己的公式，跟化学公式十分类似，这种公式按前后接续的自然序列，逐一列出把各项功能编入代码的（希腊或罗马）字母和符号。这些字母和符号可以带有一个指数，后者 147
表示某一项功能内部的一个变体。试以普罗普所概括的一个简单的民间故事为例，于是便有以下公式：

$$\alpha^1\ \delta^1\ A^3\ B^1\ C\uparrow\ H^1-I^1\ K\downarrow\ W^{\circ}$$

这 11 个符号依次读作："一个国王有三个女儿"——"女儿们外出散步"——"在一座花园里暂留"——"被一条恶龙劫走"——"发出求救讯号"——"三位主人公现身"——"展开搜寻"——"与恶龙搏斗"——"胜利"——"公主们获救"——"归来"——"酬答"（第 114 页）。

就这样，普罗普把分类规则确定了下来，然后在随后的两章里（第 4 章和第 5 章）致力于解决各类难题。第一个难题已经提到过，是关于两个功能如何在表面上彼此吸纳。例如，叙述"行善者考验主人公"的某种方式可能导致与"委派苦难的任务"难以区分。在此类情况下便发生同化，这倒不是因为功能的内在内容模棱两可，而是就上下文而言，即不确定的功能在周边的诸功能当中所应有的自身位置。反过来说，一个语句虽表面上跟某一功能是等值的，却可能涵盖两项实际上不同的功能，例如，当一个未来的受害者受到"变节者的欺侮"的时候，他同时也在"违反某项禁律"（第 61～63 页）。

第二个难题是由以下情形所引起的：故事一经分解为功能，就会遗留下一些没有相应功能的剩余材料。这个问题曾使普罗普感到十分棘手，他建议把这些剩余材料分成两个非功能的大类：一类叫作“连接成分”（liaisons），另一类叫作“动因”（motivations）。

连接成分往往是一些插曲，用于说明角色 A 如何知晓角色 B 刚才做了什么事情，这种了解对于角色 A 采取某种行动是必不可少
148 的。更一般的情形是，当故事里的情势仅仅能够在两个角色之间，或一个角色与一个物体之间，建立起一种间接关系的时候，连接成分便被用于建立某种直接关系。关于连接成分的理论有双重的重要性。它一方面能够解释为什么功能在故事里看来可以彼此联系，虽然它们并不是一个接一个地给出的；另一方面，这个理论能够把三重性的现象归结为单一的一项功能，尽管有些连接成分并不具备独立功能的特征，仅仅用于造成三重性而已（第 64～68 页）。

动因是“角色据以展开行动的全部理由与目的”（第 68 页）。不过，在民间故事里，经常可以遇到角色的行动缺乏动因的情形。普罗普对此的结论是，当动因确实存在的时候，它们可能来源于某种低一级的构造物。事实上，某一状态或行为的动因有时会采取一个实在的故事的形式，就在主要故事的内部展开，而且几乎能够独立地生存。“像任何有生命的事物一样，民间故事只衍生出跟自己类似的形式”（第 69 页）。

所有的童话故事都可以被归结为 31 项功能，而且我们看到，这些功能是由一定数目的角色“支撑”的。我们在根据这些“支撑物”对功能进行分类时发现，每一个角色都在一个标显其特征的“活动场”内会聚了好几项功能。如“变节”——“战斗”——“紧追”等功能便形成了变节者的活动场；而像“主人公转移”——“空缺被填补”——“营救”——“完成艰巨任务”——“主人公

改头换面”这样的功能则把神力因素的活动场规定下来。从这个分析可以看出，与故事的功能一样，角色数目也是有限的。普罗普保留了七种主要角色：变节者、行善者、神力因素、隐身人物、委托人、主人公和篡位者（第 72～73 页）。还有其他一些角色，但均属“连接成分”。每个主角及其行动场之间的对应关系很少是单一性质 149
的。一个主角可能同时干预好几个行动场，一个行动场可能被好几个主角分享。例如，如果主人公自己拥有超自然的能力，他的行动便无须依赖神力因素了；神力因素在一些民间故事里所承担的功能换成别的民间故事则归属于主人公（第 74～75 页）。

如果说故事应当被设想为一个整体，是否仍然有可能把它划分成几个部分呢？童话故事被简化成最抽象的程式以后，可以被定义为一部发展过程，它肇始于背叛行为，终结于一场婚礼、一笔酬金、一场解脱或者松弛，中间的过渡由一系列中间功能造成。要表达这样一个整体，英译者把普罗普使用的术语译成 move，而我们更乐于使用双重含义的法语词 partie（回合），这个词不仅可以指一部叙事的主要部分，也可以表示一局牌或一盘棋。问题的确同时跟两件事情相关，因为正如我们刚才看到的那样，一些包含着数个“回合”的故事的特点正在于相同的功能非接续地反复出现，正像在连续的牌局里，洗牌、插牌、发牌、叫牌、出牌、吃进一墩牌是周期性重复的那样。换句话说，虽然**所发的牌不同**，但人们在**重复同样的规则**。

一个民间故事可以有若干个回合。这些回合不是构成了同样多的不同的故事吗？只有对回合之间的关系做出形态分析和定义之后，这个问题才能回答。回合可以前后接续；一个回合中间可以嵌入另一个回合，暂时中止前者的进程，后者本身也可能遭遇同样的中断；有时候，两个回合可以同时起步，其中一个不久便暂停下来，直到另一个结束；两个连续的回合还可以有一个相同的结局；最后还有这种情形：某些角色会一分为二，两者之间通过一个辨识标记完成过渡。

150 这里不打算深究细节，只记取以下一点：在普罗普看来，尽管回合众多，故事却只是单独的一个——只要这些回合之间存在着某种功能关系即可。如果这些回合在逻辑上是脱节的，叙事就被分解为若干个独立的故事（第 83～86 页）。

普罗普在介绍完一个例子以后（第 86～87 页），又回到他在这部著作的开头阐述过的两个问题上：其一是童话故事与民间故事的一般关系；其二是如何给形成了一个独立类别的童话故事划分类别。

我们已经看到，童话故事只是叙事，它展现出数目有限、前后顺序不变的功能。数个故事之间的形式区别取决于其中每一个在可供选用的 31 项功能中所做出的取舍，以及某些可能重复出现的功能。然而，没有任何东西可以阻止其中有仙女扮演某种角色的故事被编造出来，叙事此时便不因循先前的成规了。虚构的故事就属于这种情况，在安徒生、布伦塔诺以及歌德那里就可以找到这方面的例子。反过来说，先前的成规没有仙女照样可以延续。因此，“童话故事”这一提法从两个方面看都是不恰当的。在找不出更好的定义的情况下，普罗普不无犹豫地接受了“七个主角的故事”这一提法，因为他认为他已经说明这七个主要角色形成一个系统（第 89～90 页）。不过，假如有一天我们能够把某种历史的维度赋予这种研究，那么“神话故事”将成为更恰当的提法。

一部理想的民间故事分类法将以功能之间的不相容性所构成的一个系统作为基础。然而，普罗普却接受了一条以绝对相容性为前提的彼此蕴含的原则（第 58 页）。而现在——而且是在经历了一场他这部书里不乏其例的痛悔之后——他重新引进了不相容性，同时把它限制在两对功能上：一对是“与变节者战斗”和“主人公的胜利”；另一对是“委派艰巨任务”和“大功告成”。这两对功能在同一回合中极少相遇，因此与这个规则相反的情形可以被视为例外。这样一来，故事便可以规定为四大类别了：运用第一对功能的故事；运用第二对功能的故事；同时运用两对功能的故事；两对功能都不用的故事（第 91～92 页）。

鉴于这个系统没有显示出其他不相容性，我们就应当根据各种 151
无处不在的功能的特殊品类继续分类。显示出这种普遍性的只有两项功能：“变节”和“空缺”。于是，按照它们在上文所分离出来的四大类的每一类中所采取的样式，我们就能够把故事区别开来。

当我们试图把故事分为若干个“回合”时，问题进一步复杂化了。不过，普罗普认为，得到特别关注的带有两个“回合”的故事却能够化解表面上存在于童话故事的形态一体性与两对功能的不相容性之间的矛盾。前者在这本著作的开头已经提出来了，后者则是作为结构分类的唯一可能的基础而在该书末尾提出来的。确实，当一个故事有两个回合，一个包含“战斗”和“胜利”这一对，另一个包含“艰巨任务”和“大功告成”这一对的时候，这两对永远是以刚才所说的顺序出现的，即第一个回合中为“战斗”→“胜利”，第二个回合中为“艰巨任务”→“大功告成”。此外，这两个回合还通过一项共有的初始功能相互发生联系（第 93 页）。按照普罗普的猜想，这种结构里有着某种原型，从中派生出所有童话故事，至少俄国的童话故事是如此（第 93 页）。

把全部典型性公式加以整合之后，就可以得到一个经典性公式：

$$A\ B\ C\uparrow D\ E\ F\ G\frac{H\ J\ I\ K\downarrow \mathrm{Pr\text{-}Rs}^{\circ}L}{L\ M\ J\ N\ K\downarrow \mathrm{Pr\text{-}Rs}}Q\ Ex\ T\ U\ W$$

从中可以轻而易举地提取出四个基本类别，它们分别对应于：

（1）头一组＋上一组＋末一组。

（2）头一组＋下一组＋末一组。

（3）头一组＋上一组＋下一组＋末一组。

（4）头一组＋末一组。

形态一体性的原理因而丝毫未遭破坏（第 95 页）。

152 同样，关于功能的不变顺序的原则也未受丝毫破坏，除了一项功能（L）被置换以外：根据在两个互不相容的对子（H I）和（M N）之间的取舍情况，“篡位者提出要求”可以在末尾，也可以在开头。此外，普罗普还承认其他一些独立的功能也可以发生置换，甚至序列也可以置换。在类型整体性和形态上的亲缘关系方面，这些置换并没有给所有童话故事带来任何问题，因为它们并不意味着结构上有什么差异（第 97～98 页）。

普罗普的著作最引人注目的方面是对未来发展做出了有力的预见。我们当中有些人在 1950 年前后接触到口头文学的结构分析，当时对普罗普在 1/4 世纪之前的尝试并没有直接的了解，在这部著作里，这些人将不无惊讶地再次看到一些提法，有时甚至是完整的语句，他们明明知道那时并没有从普罗普那里借用过这些东西。“初始情景”的概念；神话母型与音乐创作规则的比较（第 1 页）；“水平”阅读与“垂直”阅读同时进行的必要性（第 107 页）；为解决形式稳定与内容变化之间的表面对立而常用的关于置换群组和转换的概念（散见各页）；把功能的表面特殊性简化为二项对立的努力——至少是普罗普所设想的那种；神话为结构分析带来的特殊领域（第 82 页）；最后，也是最重要的一点，是做出一项基本的假设，即故事严格说来只有一个（第 20～21 页），所有已知的故事应当视为唯一的一个类型的“一系列变体”（第 103 页）——从而也许有一天，在经过一番计算之后，可以把失传的和未知的故事都揭示出来，“正如根据天文学规律可以推断看不见的星星”（第 104 页）。——所有这些直觉的洞察力和预见性都使我们不能不啧啧称奇，而且使得普罗普赢得了所有他的继承人的崇敬，尽管他们起初对此全无意识。

因此，如果说我们在下文的讨论中将会表达一些保留意见，提 *153*
出一些异议，那么它们丝毫也不会减低普罗普的伟大功绩，也绝不意味着质疑他的发现的优先权。

说明了这一点，我们便可以追问，是什么理由促使普罗普选择民间故事，或者说某一类别的故事，以便检验他的方法呢？绝不是因为这些故事必须脱离口头文学的其余部分才能立类。普罗普认为，从某种观点来看（他认为是“历史”的观点，我们反倒觉得还包括心理和逻辑），“童话一旦被拉回到其形态学基础之上，就可与神话相比拟了”。他马上补充说：“我们十分清楚，从现代科学的观点来看，我们这是在宣扬一种彻头彻尾的异端邪说。”（第 82 页）

普罗普是对的。没有什么严肃的理由可以把故事从神话中分离出去，尽管许多社会主观上感觉到这两种文体有区别，尽管这一区别客观上通过用于区别两种文体的术语得到表达，而且尽管有些规定和禁忌有时适用于此一而非彼一文体（神话只能在某些时候或某个季节里复述，故事则因其“凡俗”的特点，任何时候都可以讲述）。

这些本原的区分引起民族志研究者的很大兴趣，不过，完全无法肯定它们是否符合事物的本质。反过来，我们也注意到，有些在某一社会里带有民间故事特点的叙事，到了另一个社会里就成了神话，反之亦然。这是我们反对武断随意地分门别类的头一条理由。另一方面，神话记录者差不多总是能够看到，相同的故事、相同的角色、相同的母题反复出现在某一民族的故事和神话里，其形式或者一致，或者有所变化。再者，为了把某一神话主题的各种转换组成完整的系列，局限在（土著人所说的）神话的范围里往往是行不
154 通的；有一部分这样的转换必须到民间故事里去寻找，虽说它们的存在也可以从纯粹的神话里推演出来。

然而，毫无疑问，差不多所有的社会都把它们看成两种不同文体。这个区分之所以长盛不衰，是有某种原因的。我们认为，根据是存在的，但是这种根据应当归结于一种双重的程度上的差异。首先，跟我们在神话里看到的那些对立相比，构成故事的基础的那些对立比较单薄，不像神话里那样属于宇宙观、形而上学或大自然，而更经常地带有本地性、社会性和教喻性。其次，恰恰由于故事是主题的一种弱化的移位，而主题的夸张实现才是神话的真谛所在，所以前者不像后者那样不得不严格服从逻辑统一性、宗教正统性和群体压力这三重关系。故事里的游戏成分更多一些，置换相对较为自由一些，而且逐渐取得了一种任意性。然而，假如说故事是利用弱化的对立展开的，那么识别此类对立会比较困难，而且，已经很微弱的对立彰显出一种可能向文学创作过渡的摇摆性，困难因此更大。

普罗普对第二个困难有十分清楚的了解。他说："民间故事的构造之纯"——这对于运用他的方法是必不可少的——"为一个农民社会所特有……而且是文明几乎没有碰触过的东西。各种各样的外来影响都会使民间故事发生变异，有时甚至会侵蚀它们。"这样一来，"不可能把所有的细枝末节都加以解说"（第 90 页）。另一方面，普罗普承认，讲故事者在选择某些角色、省略或者重复这种或那种功能，确定被保留下来的功能的样态方面享有相对的自由；最后，在本身亦属强行派定的角色的整套语汇和表征方面，有着更为

彻底的方式："一棵树可以指示道路，一只鹤可以把一匹骏马变成礼物，一柄凿子可以从事窥探，凡此种种。这种自由是唯民间故事才有的特点"（第 101～102 页）。角色的此类表征他在别处也提到了，"诸如年龄、性别、社会地位、外貌（以及其他一些特点），不 155 一而足"，这些表征均属于变量，因为它们用于"给故事增添光彩、魅力和美妙"。因此，只有这些外部原因才能解释，为什么在民间故事里此表征可以被彼表征所取代。因为实际生活条件的变化，外来的史诗文学和学术性文学，宗教和迷信的影响，残存的事物，"所以，民间故事经历了一个变质过程，这些转换和形态变化服从一些法则。这些过程造成了一种难以分析的多形态现象"（第 79 页）。

所有这些意味着民间故事并不完全适合于结构分析。这在某种程度上无疑是对的，并非像普罗普所认为的那般合适，也并不恰恰基于他所列举的理由。这一点我们回头再谈不迟，可是，我们必须首先弄清楚，在这些条件下，为什么他还要选择民间故事来验证他的方法呢？难道他不该求助于神话吗？他不是多次承认神话有特殊的价值吗？

普罗普的选择是基于多种理由的，其重要性也各不相同。他不是民族学家，所以可以认为他手中没有亲手搜集的神话资料，也没有从他所熟悉的民族那里搜集并充分了解如何运用神话资料。此外，在他踏上的这条道路上，前头已经有了可以望见其项背的先驱者。这些前辈们所讨论的课题恰恰不是神话，而是民间故事，而且为俄国学者提供了一块土壤，使他们能够勾勒出形态研究的初步方案。普罗普再度拾起了他们遗留下的课题，他使用的材料也同他们一样：俄国民间故事。

不过，我们认为，普罗普的选择也可以从他不了解神话与民间故事之间的真正关系得到解释。如果说他的伟大功绩在于把它们视为同一个“属”之内的两个不同的“种”，那么他却依然固守神话相对于民间故事的历史优先性。他写道，为了能够研究神话，必须
156 在形态分析中加入“一种历史研究，这在目前还不可能列入我们的计划”（第 82 页）。文中稍后，他又暗示说，“最久远的神话”构成一个可容民间故事找出其远古起源的领域（第 90 页）。实际上，“世俗的用法和宗教信仰消失后，残余的东西就变成了民间故事”（第 96 页）。

民族学家将会向这种解释发出挑战，因为他很清楚，就目前而言，神话与民间故事是并存的。因此，不可认为一种是另一种的残余，除非仅仅假定民间故事保留着对于古老神话的记忆，而后者本身已遭废弃[3]。但是，且不说这个命题多半无从阐释（因为我们对于我们所研究的人类群体的古代信仰完全或几乎完全无知。正是由于这个原因，我们才会称之为“原始”），通行的民族志经验也促使我们认为，神话和民间故事恰好发掘一种共同的实质，只是各自运用不同的方法。它们之间并不是一种孰先孰后、原始与派生的关系，而更多地是一种互相补充的关系。民间故事是微缩了的神话，同样一些对立关系改换为小尺度，而恰恰首先就是这一点才造成它们难以研究。

当然，以上考虑不应该让我们绕开普罗普提到的其他困难，虽然我们可以用稍微不同的方式加以表述。即使是我们的现代社会，民间故事也不是某种神话残留，不过它无疑强忍着独立生存之苦。神话的消失把平衡打破了。民间故事宛如一颗丧失了行星的卫星，显示出脱离轨道、被别的引力点所攫获的倾向。

对于神话和故事直到晚近时期一直共存，而且时而依旧共存的文明来说，以上都是优先谈论它们的一些附加理由。在那里，口述

文学因而也有完整的系统，而且可以如此去理解。其实，问题并不在于故事与神话必取其一，而是应当了解，它们是囊括各类中间形式的同一领域里的两个端点，形态分析对这些形式必须一视同仁， 157
否则可能遗漏跟其他要素一样属于同一个转换系统的一些要素。

于是，普罗普在形式主义观点和对于历史解说的顽固念头之间显得进退两难。对于造成他不得不放弃前者而返归后者的懊悔心情，我们在一定程度上是能够理解的。一旦他选定了民间故事，这种二律背反便成为无法克服的了。因为，很清楚，故事当中有历史，然而却是一种基本上无法企及的历史，因为我们对产生它们的史前文明知之甚少。不过，缺少的真是历史吗？历史的维度似乎更像一种否定性的样态，它产生于眼前的故事和一个未显露的民族志语境之间的空缺。如果我们考虑到一个仍然“在情境之中”的口述传统，即类似于民族志拿来作为研究对象的那些口述传统，上述对立就会消失。此时历史就不成其为问题了，或者仅仅作为例外提出，因为诠释口述传统所不可缺少的外部参照系跟口述传统一样都是显在的。

所以说，普罗普成了一种主观幻觉的牺牲品。他并非像他自己认为的那样，夹在共时性和历时性的要求之间。**他缺少的不是过去，而是语境**。形式主义的二项对立把形式与内容对立起来，而且运用反衬特征给两者定义。普罗普之所以不得不运用这种二项对立，并非由于事物的性质使然，而是由于他偶然地选择了一个只剩下形式、内容却被取消了的领域。他违心地把两者分离开来。而且，就在他的分析的最关键之处，他那论证的方式好像被他忽略的东西本来就应该被忽略似的。

除了一些段落——那些预言式的、但羞羞答答和犹豫不决的段落，我们下文将再次提到——以外，普罗普将口述文学分为两个部
158 分：一是形式，因其适于形态分析而构成主要的方面；二是随意的内容，并且出于这一理由，他认为不那么重要。请读者允许我们强调这一点，因为形式主义与结构主义之间的所有不同之处都可以归结到这一点上。在前者看来，上述两个领域应当绝对分开，因为只有形式才是可理解的，内容只是没有重要价值的一种残留物。结构主义则认为不存在这种对立，没有以抽象为一方，以具体为另一方那种事情。形式和内容属于同一性质，并且可以通过同一个分析得到说明。内容从其结构获得实在性，所谓形式就是内容所在的局部结构的“结构化”。

我们相信，这种局限是形式主义所固有的东西，它在普罗普这本书的关键一章里特别明显。这一章专门论述主要角色的功能。作者把它们分析为属与种。然而很明显，如果说属可以完全按照形态学标准规定，种却只有一小部分可以这样规定，普罗普为了再次引进某些属于内容的方面，似乎是不情愿地使用了这些标准。仅以“变节”这个属的功能为例，它被细分为22个种和亚种，例如：变节者“裹掠某人”、“盗走一副有魔力的制剂”、“掠毁收成”、“盗取日光”、“强征人肉宴”，等等（第29～32页）。于是，民间故事的整个内容逐步得到重新整合，分析则摇摆于某一形式话语和原材料的某种简单的复原之间，前者宽泛得可以应用于任何故事（即在属的层次上），后者则如开头已经声明过的那样，唯其形式特质才有解释性价值。

普罗普的模棱两可严重到不顾一切地寻找中间位置。他不去系统地清点那些被他断定为“种”的东西，反而满足于从中挑拣若干，再胡乱地把所有那些不常见者放入一个“特殊的”类里。“从

某种技术性观点看”，他评论道，“更有用的做法是把最重要的形式
分离出来，对剩余的形式做出概括”（第 29、33 页）。但是，二者必 159
居其一：人们要么是在处理一些特殊形式，并且如果不予彻底清点和分类就无法提出一个缜密的系统；要么就是全为内容，仅此而已，而且根据普罗普自己确定的法则，非得将其从形态分析中排除出去不可。说到底，一个塞满了未经分类的形式的抽屉是构不成一个“种”的。

那么，普罗普为什么会满足于这种粗略的评断方法呢？其中原因很简单，而且能让我们了解形式主义立场的另一个弱点。除非把内容悄悄地结合进形式当中，否则后者就注定会停留在一个毫无意义可言的抽象层次上，而且没有丝毫启发意义。**形式主义毁灭了它的对象**。在普罗普那里，形式主义发现，实际上只存在一个故事。这样一来，如何解释的问题只是被转移了而已。我们知道什么是**故事**，但当观察活动将我们置于一大批具体的故事面前，而不是一个原型意义上的故事的时候，我们就不知道如何将它们分类了。在形式主义出现以前，我们大概不了解这些故事具有哪些共同点；有了形式主义，我们却又丧失了可使我们懂得故事之间有何不同的全部手段。我们确实从具体进入了抽象，但却不能从抽象再返回具体。

普罗普援引了维赛罗夫斯基的精彩的一页，作为他这部著作的结论：“这些典型程式作为现成公式代代相传，唯有某种新气象才能使它们获得新的生命，它们是否可能产生新的形式呢？……对现实进行复杂的和照相机般的复制，这已经成为现代小说文学的特点，这种复制似乎连提出这一问题的可能性也已经排除了。但是，当这种文学将来出现在后世人面前的时候——中间流逝的时光如同从古典时期到中世纪那个时代之对于今日一样遥远，当时间这个伟大的简化者通过它的综合活动，把当年的复杂事件缩为小黑点那么

小的时候，现代文学的轮廓就会同我们今天在研究某一过去时代的
160 诗学传统时所发现的东西混淆起来。我们那时就会发觉，程式化和重复一类的现象覆盖着整个文学领域。”（据普罗普，第105页，引自A.N. 维赛罗夫斯基《诗论》，第Ⅱ卷）这些观点非常深刻，然而至少就这一段引文而言，我们看不出，当我们打算超越文学创作的整体性，想了解它的性质及其样态的理由时，在什么样的基础上方可从事区分。

这个问题普罗普已经察觉到了。这部著作的最后一部分试图重新提出一条分类的原则，尽管这种尝试既富于匠心，又十分脆弱。按照这条原则，只存在一个故事，但算是一个原型故事，它由四组逻辑地衔接起来的功能组成。假如分别用1、2、3、4称呼这些功能，具体的故事便可分为四大类，有的四组功能兼备，有的运用三组功能——这些功能此时（按照它们之间的衔接逻辑）只能是1、2、4或者1、3、4，另外一些故事则运用两组功能——此时一定是1、4（参见本书第151页）。

然而，与仅仅单立一类的办法相同，这种四类之分实际上使我们距离真正的故事依然很遥远，因为每一类仍然包括几十个或几百个不同的故事。普罗普对此十分了解，所以他接着说：“根据基本元素的变体仍可做出进一步分类。例如，在每个类别的开头，可以放入所有跟‘裹掠某人’有关的民间故事，接下去是‘盗窃护身符’，等等，照此穷尽元素A（变节）的所有变体。那些与寻找未婚妻、护身符等有关的民间故事则紧随其后。”（第92页）这里的意思不外乎是形态范畴无法彻底地表达现实和故事内容，当初以不构成类别为由把内容排斥掉，现在又因形态学尝试的流产而重新引入，除此以外，还能说明什么呢？

另外一个问题更严重。我们看到，一个在所有故事里只得到部

分实现的基本故事是由两个“回合”组成的，其中一些重复出现，互为简单的变体，另一些则只属于每个“回合”（参见本书第139页）。这些实在的功能（对于第一个回合来说）计有：“战斗”、“主人公之标记”、“胜利”、“空缺局面结束”、“返回”、“主人公紧追”、
“援救”，以及（对于第二个回合来说）“主人公返回，但未被认出”、 161
“分派艰巨任务”、“成功”、“主人公获得承认”、“揭露篡位者”和“主人公改头换面”。

根据什么来区分这两个系列呢？难道不是也可以把它们当作两种变体看待吗？这就是说，“分派艰巨任务”是“战斗”的一种转换[4]，“篡位者”是“变节者”的一种转换，“成功”是“胜利”的转换，而“改头换面”则是“标记”的转换。果真如此，关于基本故事分成两个回合的理论就会垮台，寄托于一部形态分类法的雏形之上的微弱希望也就会破灭。那就真的只剩下唯一的一个故事了。可是这个故事将沦为一种抽象、含糊而宽泛无着的形式，以至于在造成存在众多单个故事的客观理由方面，它无法告诉我们任何东西。

分析是从综合获得证明的。不能综合，说明分析仍不完整。形式主义无法还原它作为出发点的经验内容，没有比这一点更能说明它的缺陷的了。那么，它一路上丢掉了什么呢？它丢掉的恰恰是内容。普罗普发现故事的内容是可以**置换**的，这是他的功绩。可是他又滥下结论，说内容是**任意**的。这就是他遇到困难的原因所在，因为即使置换也要服从规律[5]。

在北美和南美印第安人的神话和故事里，同样的行为在不同的故事里可以分属不同的动物。为简明起见，让我们以鹰、猫头鹰、乌鸦三种鸟为例。我们是否会像普罗普那样，区分不变的功能与变

化的角色呢？不会的。因为每一种角色都不会表现为一种含糊不清
162 的成分的形式，导致结构分析不得不停下脚步，提醒自己“别再往前走了”。如果把叙事当作一个封闭的系统——正如普罗普那样——人们无疑也可以相信与此相反的意见。实际上，叙事不包含有关自身的任何信息，其中的角色可被视为一个在文献里碰到过、但未被词典收入的词，或者可以比作专有名词，即一个脱离了上下文的字眼。

但是，实际上，要理解一个词的意义，总需把它放在全部上下文里做出置换。在口述文学里，这种上下文首先是由所有的变体提供的，换句话说，它是由各种兼容性和非兼容性构成的系统提供的，而且能表明可置换的整体的特点。如果说，当功能相同时，白天出现的鹰和夜晚出现的猫头鹰已经可使前者定义为昼出夜伏的猫头鹰，后者为夜出昼伏的鹰，那就说明昼夜之间的对立才是适切的对立。假如被观察的文学属于民族志类型，那就一定会存在其他由仪式、宗教信仰、迷信和实证性知识所提供的上下文。此时我们会发觉，鹰和猫头鹰一起与乌鸦形成对立，即食肉动物和食腐动物之间的对立，它们之间同时在昼与夜的层次上也形成对立；在天/地、天/水两组对立之间的新的对立关系之下，鸭子又与所有这三者形成对立。这样一来，我们就可以把一个“故事的世界”逐步规定下来，这个世界可以分解成以不同方式在每一个角色中结合起来的二项对立关系，这个角色远非一个实体，而是“一束区别性元素”，很像罗曼·雅各布逊所设想的音位。

同样，美洲口述文学不时提到树，并以例如“李子树”或“苹果树”称之。但是，如果以为只有“树”的概念才重要，它的具体实现都属于任意性的，或者以为存在着仅由树作为“支撑物”的某种功能，那就又错了。实际上，一份囊括各类上下文的清单可以揭

示出，在哲学意义上，土著人之所以对李子树感兴趣，乃因其多产，而苹果树则以其扎根的力度和深度引起了他们的注意。所以，163
前者表现为一项正面意义的“多产性”功能，后者表现出一项负面功能，即“地/天之间的过渡”；两者都是从一种植物的关系而言的。苹果树本身又与野生萝卜（两个世界之间的可拆除的堵塞物）形成对立，后者本身实现了“地/天之间的过渡”这项正面功能。

反过来，仔细检验上下文有助于滤除虚假的区分。平原印第安人凡有关猎鹰的神话故事都涉及一种动物，有时是獾，有时是熊。土著人在獾的习性中特别牢记它们喜欢在地下挖陷阱玩。如果注意到这一点，我们就会采纳前一种说法。确实，猎鹰者往往躲在凹坑里头，于是鹰/獾之间的对立就变成一个天上的猎物与一个身处地表之下的猎手之间的对立。这是在捕猎方面可以想见的一对最鲜明不过的对立。同时，这种在平常相距不那么远的词语之间制造出的最大幅度也可以解释为什么猎鹰活动服从一种极为严格的仪式[6]。

像我们这样断言内容的可置换性不等于某种任意性，这意味着只要把分析推进到一个相当深入的层次，就能透过多样性，找到不变性。反过来说，所谓“形式的不变性”不应该妨碍我们看到这一事实：功能同样是可以置换的。

按照普罗普所说，民间故事的结构表现为一连串性质有别、前后接续的功能，每项功能都构成一个独立的“属”。一旦涉及角色及其属性，人们也许就会纳闷，他的分析是不是过早地中止了，而且是在过于贴近经验观察层次的地方寻找形式。他所区分的31项功能，其中有好几个看来还可以进一步缩减合并，成为同一项功能，164
它经历一次或多次转换，反复出现在叙事的不同时刻。我们已经提议，可列入此种情形者包括了篡位者即变节者的转换，指派艰巨任务即考验的转换，等等（参见本书第161页）；我们也指出，在这种情形下，构成基本故事的两个“回合”本身也将处于一种转换关系当中。

这一归并活动完全可能进一步继续下去，而且每一个单独看待的“回合”都可以分解成为数很少的一组复现功能；如此分析下去，普罗普所区分的许多项功能就会形成某一项单一功能的一系列转换。例如，我们不妨把“违规”当作颠倒过来的“禁律”，而后者又像是“指令”的负面转换。主人公的“出发”与“返回”呈现为同样一项表示脱离的功能，只是一正一反而已。主人公的“寻找”（追讨某人或某物）成为“紧追”（他被某物或某人紧追不舍）的对立面，等等。换言之，在普罗普的时序程式里，事件的前后顺序是结构的一个属性：

A,B,C,D,E,………… M,N,H,………… T,U,V,W,X

现在却必须采用另一种程式，它表现出的结构模式可以规定为少数要素的一组转换。这个程式看起来就像一个二维、三维或更多维数的矩阵：

W	—X	I/Y	I—Z	....
—W	I/X	I—Y	Z	....
I/W	I—X	Y	—Z	....
I—W	X	—Y	I/Z	....

....

165 其中的运算系统接近布尔[①]代数。

我在另一篇论文里指出过，这种提法可以独立地说明所有神话系统中的时间表象的双重特点：叙事既“在时间之中”（它由一连

① 布尔（George Boole，1815—1864），英国数学家、数理逻辑学奠基人。——译者注

串接续的事件构成），又“在时间之外”（它的意义价值永远在当下）[7]。就讨论普罗普的理论而言，这种提法显示出另外一个优点，即能够把他关于前后顺序的不变性的理论原则与我们在一个又一个故事里观察到的有关一些功能或功能组合的移动的经验证据协调起来，而且比普罗普本人做到的还要好得多（第97～98页）。如果我们的构想被采纳，时序性顺序就会被吸收进一个非时序性的矩阵结构里，其形式永远不变；功能的移动也不过是它们的一种替换方式而已（纵栏或纵栏的某些部分）。

针对普罗普所运用的方法及其结论的以上批评应当不无价值。然而，这些都是他给自己提出来的，而且在某些段落里，他把我们刚才提出来的解决办法十分清晰无误地表述出来了。这样强调丝毫不过分，从这个观点出发，让我们重新审视一下我们讨论的两个主题：内容的不变性（尽管有可置换性）和功能的可置换性（虽然有不变性）。

这本书有一章（第八章）以“论戏剧人物的属性及其含义”（着重号为笔者所加）为标题。普罗普以一些相当含糊的说法（至少在英译本中如此）叩问元素的表面上的多变性。后者并不排除重复；我们因此能够分辨出一些基本形式和另外一些派生形式或异形 166
同类的形式。在这一基础上，人们区分出一个“国际”模式、一些“国家”模式和“地区”模式，以及体现一些社会或职业集团的特征的模式。“通过对分别属于每一组的资料做出比较，我们能够确定所有方法的特点，或者更确切地说，能够确定转换的所有侧面”（第80页）。

不过，如果我们按照每一组所特有的基本形式把一个典型的故事构建起来，就会发觉这个故事里隐藏着一些抽象的表象。依故事的不同，行善者加之于主人公的考验可能是多样的，但是仍然可能蕴含着某一个主角对另一个主角的始终不变的意图。这个道理也适用于遭到裹挟的公主所身负的任务。这些可通过公式表达的意图显露出某种共同点。通过把此类公式与其他属性做出比较，“我们意外地把握到一条将逻辑与艺术串联起来的线索……连像公主的一根金发丝这样的细节……都获得了一种极特殊的含义，而且应当加以研究。这种属性研究使我们有可能对民间故事做出科学的诠释”（第 82 页）。

由于普罗普手头没有一个民族志的语境（从最佳的假想来看，只要做出一通历史学和史前学的调查就能获得），所以他刚一提出这个计划就放弃了，或者说把它留给更佳的时机（这一点可以解释他为什么会退入残余现象的研究和比较研究）：“我们提出的一切都属于假设”。然而，“我们所拟就的对于主要角色的属性的研究具有极大的重要性”（第 82 页）。即使这一研究暂时被简化为只是建立一份清单而已——其本身并无多大意思——这项研究毕竟会促使人们考虑“体现在属性的基本形式中的转换的法则和抽象的概念”（同上）。

在这里，普罗普触及了问题的核心。就在起初被视为任意的残余物、毫无重要意义的各种属性的背后，他却强烈要求引入“抽象概念”和“逻辑面”；这种介入如能成立，民间故事就可以当成神话看待（同上）。

167 至于第二个主题，附录Ⅱ所汇集的例子表明，普罗普又毫不迟疑地引入了诸如负面功能、颠倒的功能一类的概念。他甚至使用一个特别的符号（—）来表示颠倒的功能。我们在上文（第 150 页）已经看到，有些功能是相互排斥的，另一些是相辅相成的，例如

“禁止”和“违规”之间、“失望”和“顺从”之间，这两组对立在大多数情况下互不相容[8]（第 98 页）。于是就出现了一个问题，由普罗普明确地提了出来：一项功能的各个品类与另一项功能的相应品类之间是否必然相联系（第 99 页）？有时永远如此（“禁止”与“违规”，“战斗”与“胜利”，“标志”与“承认”等）；有时部分如此。有一些关联可以是单义的，另一些是交互性的（抛出一把梳子的举动总是出现在一个跟逃跑有关的语境里，反过来却不能成立）：“从这个角度来看，单方面或双方面的可替换要素看来是确实存在的。”（第 99 页）

普罗普在前一章里已经研究了行善者对主人公施加“考验”的不同形式与主人公的“魔力制剂的传递”可能采取的形式之间是否存在关联。他做出了存在着两类关联的结论，它们取决于传递本身是否具有交易的特点（第 42～43 页）。普罗普通过运用这些规则以及其他类似的规则，依稀看到了验证他的所有假说的可能性。要做到这一点，只要将相容性和不相容性、蕴含和（全部或部分的）关联的系统应用于综合型故事的制作就足够了。人们那时将看到这些创作“变成了活生生的真正的民间故事”（第 101 页）。

普罗普补充道，只要把这些功能分布在或借自传统或者创造出来的主要角色当中，而且不忽略理据、联系和“所有其他辅助性元素”，因为它们的创作是“绝对自由的”（第 102 页），那么以上所说显然是完全可能的。我们要再次强调，这种创作并非绝对自由，而且普罗普在这一点上的犹豫不决说明，他的尝试一开始就是一条死胡同；况且，他自己也是这么看。 168

在西部普韦布洛印第安人那里，关于人类起源的神话是以关于首批人类走出他们一度过着原始生活的大地深处的叙事开始的。这样的出现必定是有根据的，而且根据有两种：要么这些人意识到他们的悲惨境地，盼望从中脱身；要么是神祇发现他们处于孤独之中，把他们召到地面上，以便让这些人祈祷和崇拜他们。此处可以再次看到普罗普描述的“空缺局面”，然而却是一种有理有据的局面，但却有着从人类的还是从神祇的角度出发的分别。不过，理据从一个变体到另一个变体的这种变化完全不是任意的，因为它引起整整一系列功能随之发生转换。归根结底，这种变化涉及提出狩猎与农业的关系问题的不同方式[9]。但是，除非从社会学角度研究相关民族的仪式、技术、知识和信仰，而且不受他们的神话的影响，否则这样的解释是不可能做到的。不这样做的话，就会陷入原地打转。

所以说，形式主义犯下了双重错误。它在支配着命题配置的规
169 律上画地为牢，忘记了可从句法推演出词汇的语言是根本没有的。无论研究何种语言系统，都需要语法学家和文献学家的合作，这就是说，形态学在口述传统方面是一片不毛之地，除非有直接的或间接的民族志观察才能让它丰饶多产。如果想象可以把这两项工作分离开来，先着手语法研究，将词汇研究滞后，那就注定只能产生一部苍白无力的语法，或者一部以闲闻逸事代替定义的辞典。两种研究终究都无法完成它们的任务。

形式主义所犯的这第一个错误可以用它不了解能指和所指的互补关系得到解释，而这种互补性是自索绪尔以来被公认存在于所有语言体系里的。然而，这个错误由于形式主义所犯的另一个相反的错误而更为严重，那就是，它把口述传统与所有其他语言表达方式等同起来，即依照观察层次的不同，程度不等地适合于进行结构分析。

语言在音位学阶段是结构性的，这一点目前已经成为共识。人们也逐渐认可，语言在语法阶段同样是结构性的。至于到了词汇阶段是否仍然如此，就不那么肯定了。也许除了一些特殊领域以外，人们尚未发现词汇也能够进行结构分析的角度。

这种局面挪到口述传统上，就可以解释普罗普所做出的区分：一个是唯一真正的形态学层次——即功能的层次，另一个是角色、属性、理据和联系堆挤在一起的无形态层次。只有历史研究和文学批评才能说明后一个层次的存在理由，这就像人们对于词汇的看法一样。

这种比附源于不了解下述事实：作为语言的样态，神话和民间故事是对语言的“超结构”运用，因为它们可以说形成一套“元语言”，结构存在于它的所有层次上。此外，由于有了这种特质，它们才直接地被感知为民间故事或者神话，而不是历史叙事或小说叙事。诚然，作为一种话语，它们也运用语法规则和词汇中的词语。 170
但是，在普通的维度之上却增加了另一个维度，这是因为其中的规则和词语都是为建立映像和行为服务的，后者既是相对于话语的所指的“正常的”能指，也是相对于一个位于另一层次的附加的能指系统的意义成分。为了进一步阐明这个论点，我们想说，一个故事里的“国王”并不仅仅是个国王而已，“牧羊女”也不仅仅是个牧羊女而已，这些字眼及其涵盖的所指都是一些用来构建一个知性系统的感性手段，这个系统是由雄/雌（置于自然关系之下）、高/低（置于文化关系之下）的对立体以及所有可能出现在这六个关系项之下的置换所组成的。

语言和元语言的结合形成了民间故事和神话，两者可以拥有一些共同的层次，然而，这些层次却是相对错开的。神话中的词语虽然依然是话语的词项，但其是作为区别性成分的那一部分从中发挥作用的。从归类的角度来看，此类神话素（mythèmes）的位置不在词汇层次，而是在音位层次上；同时还有以下区别：它们不在同一个连续体中起作用（前者来源于感性经验，后者来源于发音器官）；以及以下相似之处：连续体的分解和重建都遵从有关对立和关联的二项的和三项的法则。

因此，词汇问题依照被考虑的是语言还是元语言而有所不同。在美洲的故事和神话里，耍花招的人（trickster）的功能时而由郊狼、时而由水獭、时而由乌鸦“充当”，这个现象提出了一个民族志和历史学的问题，可以跟文献学上研究一个词语的当今形式相比拟。可是，这个问题跟搞清一个特定的动物物种为什么在法语里叫vison[①]、在英语里叫mink完全不是一回事。在后一种情况下，结果可以被认为是约定俗成的，只要把导致这样或那样的词语形式的发展过程重建起来就行了。前一种情况面临的约束则多得多，因为
171 构成单位为数很少，而且组合的可能性十分有限。因此，选择仅限于在少数业已存在的可能性当中做出。

然而，如果观察得再仔细一点就可以看到，这种看起来属于量的区别并不真的在于构成单位的数目——它们不属于同一个数量级，却要看被考虑的是音位还是神话素而定，即在于构成单位的性质，它们在这两种情形下有质的不同。

按照传统的定义，音位是剥离了意义的元素，可是根据音位的有无却能够区别词项，即本身有意义的词语。如果说，这些词语在语音形式方面看来是任意的，这不仅由于它们基本上属于每一种语言所允许的音位之间的大量的可能组合的偶然产物（实际上也许并不如人们相信的那么偶然），词语形式的偶然性主要来源于下面这

① 水貂。——译者注

个事实：它们的构成单位，即音位本身，在意义关系方面是不确定的，因为没有任何东西可以预先规定某种语音组合能够更好地传达这样或那样的意义。正如我们在别处已经指出过的那样[10]，词汇的结构化发生在另外一个阶段：它是后天的，不是先验的。

神话素的问题却完全不一样，因为它们产生于一种二项的或三项的对立（从而导致神话元素与音位的可比性），但发生在已经在语言层面上负载着意义的元素之间——普罗普所说的“抽象的表象”，而且可以通过语汇中的词语来表达。如果借用一个建筑工程上的新字眼，我们可以说神话素与词语的不同之处在于它们被赋予了“预应力”。词语当然还是词语，可是神话素却具备双重含义：它们是词语之词语，它们在两个方面同时起作用：在语言方面它们继续各自表达着自身的意义，但是在元语言方面，却是作为带有超意义（super-signification）的成分而发挥作用的，而二者只有结合方能产生超意义。

弄清了这一点，我们就能够懂得，为什么民间故事和神话里没有任何东西依然外在于或不见容于结构。即使是词汇——也就是内容——也显得去掉了那种“原生的自然”① 的特点，这个特点被人们（也许是错误地）擅自挪用，为的是能够从中看到某种偶然和无法预见的成熟了的东西。词汇经历了故事和神话以后便应当按照“被创造的自然”去理解。因为它是个给定物，具有自身的法则，并且对真实和神话想像力本身强施某种剪裁。对于神话想像力而言，自由只限于在一幅镶嵌画的各个部分之间寻找行得通的搭配，然而这些部分的数目、含义和形状事先都早已被规定了。 172

① Nature naturante，斯宾诺莎用语，跟下文的 nature naturée（被创造的自然）相对。——译者注

形式主义的错误已被我们揭示无遗了，它以为语法可以立即处理，词汇则需待以时日。但是，对于任何一个语言系统来说是正确的东西，放在神话和民间故事上更是如此。因为在这个问题上，虽然发挥作用的阶段不同，语法和词汇却是紧密结合在一起的，它们在整个表面上彼此附着、完全重叠。元语言跟依然有词汇问题的语言不同，它没有任何一个层次的成分不是产生于预先规定的操作，而且是按照规则完成的。在这个意义上，元语言里的一切都是句法。不过，话说回来，既然区别性成分都是词语，那么一切也都是词汇；神话素也仍然是词语，功能——神话素的二次方——可以通过词语表达（普罗普对此有充分的意识）。因此，不难想见，为什么存在只用一个单词便能表达一个完整神话的语言。

后记

普罗普在他的著作的意大利文版里（*Morfologia della fiaba. Con un interviento di Claude Lévi-Strauss e una replica dell'autore. A cura di Gian Luigi Bravo*，Giulio Einaudi editore，Torino，1966），针对读者刚刚读到的这篇本章，回应以一篇受到伤害后做
173 出的长篇大论。意大利出版人请我做出答复，我却关心不要扩大在我看来属于一种误解的东西。因此，我只写了一段简短的评论。由于没有保留原文，下面我根据第 164 页上的译文把原文的意思重写出来。

> 任何一个人只要读过我在 1960 年为普罗普的富于预见的著作撰写的那篇论文——意大利出版人已将其收入这部文集——都不会误解该文希望成为的样子；那就是，向一场伟大的发现致敬，它比其他人和我本人在同一方向上做出的尝试领先了

1/4个世纪。

因此我才惊讶和遗憾地注意到，这位俄国学者——我认为对于他所应享的声誉我曾略尽绵薄之力——在我的文章里看到了非常不同的东西：不是一场对他的著作的一些理论和方法论的充满敬意的讨论，反倒是一场阴险的攻击。

我不想在这个问题上同他展开争论。他显然把我视为单纯的哲学家，这说明他对我的全部民族学工作毫无了解。其实，若以我们两人对口述传统的研究和诠释的各自贡献为基础，某种有益的观点上的交流原本是可以建立起来的。

但是，无论对情况更有了解的读者们对于这场纷争会得出什么样的结论，在他们和我本人的眼中，普罗普的著作都永远享有开创之功。

注释

[1] 本文最初发表于 *Cahiers de L'Institut de science économique appliqué*, no 9, mars 1960 (Série M, no 7), ISEA, Paris, pp. 3-36。同时以 L'Analyse morphologique des contes russes 为题刊登于 *International Journal of Slavic Linguistics and Poetics*, 3, 1960。读者可以参见普罗普的著作的两个法文版本：*Morphologie du conte*, Paris, Gallimard, 1970 和 Editions du Seuil, 1970。

[2] V. Propp, Morphology of the Folktale, *Part Ⅲ*, *International Journal of American Linguistics*, vol. 24, no 4, October 1958. —— *Publication Ten of the Indiana University Research Center in Anthropology. Folklore, and Linguistics*, pp. Ⅹ+134, October 1958. 分别标价，$5.00. *Second Revised edition*, University of Texas Press, Austin and London, 1968. —— 关于俄国形式主义学派，参见 V. Erlich, *Russian Formalism*, Mouton & Co., la Haye, 1955; B. Tomashevsky, La nouvelle école d'histoire littéraire en Russie, *Revue des études slaves*, 1928, Ⅷ。

[3] 针对一个特例展开的关于此类假说的讨论，请参见本书第十章和第

十四章。

[4] 其实不如说是先前发生过的对主人公的“考验”。

[5] 关于将形式和内容同时还原的一种尝试，参见本书第九章。

[6] 关于这些分析，参见 *Annuaire de l'Ecole pratique des hautes études* (*sciences religieuses*)：*1954—1955*，pp. 25-273；1959—1960，pp. 39-42。（另可参见《野性的思维》，北京，商务印书馆，1962，第 66～71 页。——译者注）

[7]《结构人类学》(1)，第 231 页。

[8] 这个非相容性的第二系统属于普罗普所说的准备性功能，原因是它们具有偶然的特点。需提醒的是，普罗普认为主要功能只有非相容性的一对。

[9]《结构人类学》(1)，第十一章；另参见 *Annuaire de l'Ecole pratique des hautes études*，1952—1953，pp. 19-21；1953—1954，pp. 27-29。

[10]《结构人类学》(1)，第五章。

第九章　阿斯迪瓦尔的武功歌[1]

一

本文研究加拿大太平洋沿岸的一个土著神话，目的有两个：一方面，我们要分析和比较这个神话的演变的不同层次，其中包括地理、经济、社会和宇宙观等——每一个这样的层次，加上其特有的象征意义，看来均从一个为它们所共有的潜藏的逻辑结构转换而来；另一方面，我们打算对这个神话的不同版本做出比较，对它们之间或其中若干个版本的差异做出诠释：由于它们出自同一个民族（但采自其领地内的不同区域），这些差异用互不相同的信仰、语言或风俗是解释不通的。 175

阿斯迪瓦尔（Asdiwal）的武功歌出自钦西安（Tsimshian）印第安人，据我们所知有4个版本，均在大约60年以前由弗朗兹·博厄斯搜集并发表于下列书刊：

(1)《北美洲太平洋沿岸的印第安人传说》，柏林，1895；

(2)《钦西安人文本》，史密松尼协会第27号公报，美国民族学研究署，华盛顿，1902；

176 (3)《钦西安人文本》（新丛刊），美国民族学研究署出版物，第3卷，莱登，1912；

(4)《钦西安人神话》，史密松尼学会第31届年度报告，美国民族学研究署（1909—1910），华盛顿，1916。[①]

要理解这个神话，必须从重提一组事实开始。

跟特林吉特人（Tlingit）和海达人（Haida）一样，钦西安印第安人属于美洲西北部太平洋沿岸的北方文化群。他们的居住地紧邻阿拉加斯加南缘的英属哥伦比亚，其中包括纳斯河和斯基纳河流域盆地，以及其入海口两侧延伸开来的濒海地区，加上吸收了这两条河以及其支流的趋近内陆的土地。北边的纳斯河和南边的斯基纳河都是东北—西南流向的，两条河几乎平行。只有纳斯河有较明显的南北流向，我们将看到，这个细节并不是无关紧要的。

这片土地被三个以不同的方言相互区别的地方部落分享：斯基纳河上游地区的吉特克斯坎人（Gitksan），下游和沿海地区的钦西安人，以及纳斯河及其支流流域的尼斯嘎人（Nisqa）。阿斯迪瓦尔神话的三个版本是在沿海一带用钦西安方言采录下来的（博厄斯，1895a，第285～288页；1912，第71～146页；1916，第243～245

① 西文出处分别见于本书末《参考文献》中的 Franz Boas，1895，1902，1912，1916。——译者注

页以及比较分析，第 792～824 页)，而第 4 个版本是在纳斯河口以尼斯嘎方言采录的（博厄斯，1902，第 225～228 页）。与其他三种比较，差别最明显的是这后一个版本。

像所有美洲西北部太平洋沿岸的人一样，钦西安人不事农耕。妇女的任务是逢夏季采集水果、浆果、野生植物和根茎，男人则上山捕猎熊和山羊，在海边礁石上捕猎海豹。他们也从事深海捕捞， 177
主要捕捉鲉鱼和庸鲽鱼，同时也在海岸附近捕捞鲱鱼。但是，对部落生活影响最显著的当属河流捕鱼的复杂节奏。尼斯嘎人相对来说是定居的，钦西安人则随着季节迁徙，冬季住在海边的村落里，夏季则住在他们在纳斯河或斯基纳河捕鱼的地方。

冬末时节，当熏鱼、肉干、油脂和干果的供应几乎彻底断绝的时候，这些土著人便面临严重的饥荒。对此，神话也有所反映。此时他们便焦急地等候蜡烛鱼①的到来。这种鱼在大约 6 个星期当中会洄游至（起初仍然封冻的）纳斯河上游来产卵[2]。这件事从 3 月 1 日前后开始，斯基纳河流域的人全都登船动身，沿着海岸直至纳斯河，以便占据捕捞场地，后者也就成了家族的私产。从 2 月 15 日到 3 月 15 日，这段时间之所以被称为“蜡烛鱼餐”，并非全无道理。接着，从 3 月 15 日到 4 月 15 日是“烹制蜡烛鱼”（由于要榨油）。这项工作严禁男人染指，而妇女们则必须用赤裸的乳房当榨油工具。油渣必须丢弃在住所周边，任其生蛆腐烂，直到这项工作结束，尽管恶臭难当[3]。

然后，全体沿原路返回斯基纳河，迎接第二件大事，即需在六

① 又名 Eulachon，学名 Thyleiphys pacificus。产于美洲西北部太平洋沿海，体长 25 厘米到 30 厘米，光滑无鳞，乳白色，体型细长圆滚，像一枝蜡烛。因含丰富的脂肪，晾干后插一根草棒就可以点燃照明。——译者注

七月间捕捞的鲑鱼的到来（鲑鱼的月份）。当他们把为全年准备的鲑鱼熏制好并储存起来之后，家家户户便进入山中。在那里，男人狩猎，妇女储存水果和浆果。随着霜冻，即人们置于冰上打转的陀螺游戏的仪式月份到来之时，他们就在固定的村庄里安顿下来，准备
178 过冬了。男人们在这段时间内时或再次出门打猎，为期数日或数个星期。最后，在 11 月 15 日前后，“避讳之月”来临，盛大的冬季仪典启动，男人们为迎接这一盛典不得不受到各种各样的限制。

同样需要提醒的是，钦西安人分为 4 个母系氏族，虽然不按地域划分，但严格实行外婚制度，并且有宗族、世系和家族之分：鹰族、乌鸦族、狼族和逆戟鲸族；他们定居的村庄都是族长（土著报告人通常称之为“部落”）的所在地；再有，钦西安人的社会组织基于一种严格程度不等的等级秩序，自两个世系传承下来，其中任何人都必须依照地位从事嫁娶，并且分属三个级别：“真正的人”或者说占据统治地位的家族、“小贵族”和“平民”，后者包括所有那些（由于不能利用慷慨的波特拉赤①赎买而）无法自称跟前两个世系里的贵族具有同等地位的人[4]。

二

以下是阿斯迪瓦尔武功歌的内容概要，依据博厄斯的《钦西安人文本》（1912）做出。博厄斯的这部书也是我们所参照的版本。这个故事版本是在辛普森港海岸以钦西安方言采录下来的。博厄斯曾经刊发过故事的土著语言的文本，并附上了英语译文。

---

① 波特拉赤（potlatch），美国西北部印第安人中流行的一种以馈赠饮宴为主要内容的节庆活动。另参见《结构人类学》（1）第十六章译注。——译者注

饥饿笼罩着斯基纳河谷，河流已经封冻，此时已经入冬了。有一位母亲和她的女儿，两人的丈夫都因饥饿而死去了，她们分别回想起生活在一起的幸福时光，食物那时从不短缺。寡居带来的自由使她们不约而同地筹划再次相聚，而且马上起 179
身上路了。因为母亲住在下游，女儿住在上游，所以母亲向东走，女儿往西行。她们都取道封冻的斯基纳河床，而且相遇于半途。

两个女人由于饥饿和悲伤而恸哭，她们在河堤上的一棵树下结帐而卧。谢天谢地，她们就在帐篷附近发现了一颗烂浆果，可怜兮兮地把它分吃了。

有一位陌生人半夜里来看望了年轻的寡妇。后来得知他名叫哈岑纳斯[5]。这个词在钦西安语里指一种兆示吉祥的鸟。多亏此人，母女俩开始经常有吃的了。女儿成了她们的神秘保护者的妻子，不久便产下了儿子阿斯迪瓦尔［Asdiwal，但在博厄斯 1895 年采录的版本中为阿斯瓦（Asiwa)；在博厄斯 1902 年采录的版本中为阿斯-惠尔（Asi-hwil)］[6]。他的父亲让他以超常的速度成长起来，并且交给他几件法宝：狩猎时从不虚发的弓箭、箭囊、长矛、篮子、雪地鞋、外套和帽子。这些东西将帮助主人公克服一切障碍，能让他隐身，还能够生出取之不尽的食物。此时，哈岑纳斯销声匿迹了，女儿的母亲也去世了。

阿斯迪瓦尔和他的母亲继续往西的征程，并且在那里的一
个小村庄住了下来。村子叫吉特萨拉塞特，坐落在斯基纳山隘 180
当中[7]。有一天，一头白色的雌熊从山谷走了下来。

当白雌熊几乎就要被得到法宝相助的阿斯迪瓦尔捕获之际，它攀上了一架陡直的梯子。阿斯迪瓦尔尾随不舍，一直追到天上，天空看起来像是一片鲜花盛开的辽阔的绿色大草原。

雌熊把他引领到她的父亲即太阳的家里，然后现出原形，变成一位美丽的姑娘，名唤晚星。婚礼举行了，但是在这之前，太阳让阿斯迪瓦尔经受了一连串考验，这些考验曾经使所有先前的求婚者丢了性命（在地震频仍的山上捕猎野山羊；从洞穴深处的山泉中汲水，不在乎身后不断闭拢的内壁；在一棵能压死斗胆砍伐它的人的树上砍柴；在燃烧的炉子里端坐）。但是，多亏那些法宝和父亲的及时干预，阿斯迪瓦尔一个接一个地战胜了这些困难。太阳深为女婿的本领所吸引，终于对他表示满意。

可是，阿斯迪瓦尔思念母亲。太阳同意他带着妻子下凡，重返人间，并且给了他们 4 个取之不尽的食篮作为路上的口粮。这些食物使夫妇俩赢得了正遭受冬日饥馑的煎熬的村民的感激不尽的欢迎。

不顾妻子的一再警告，阿斯迪瓦尔和同村的一个姑娘一起欺骗了她。受到伤害的晚星愤而离去，身后跟着哭哭啼啼的丈夫。就在通往天上的半途中，阿斯迪瓦尔被妻子用闪电击中，她自己也消失了。他死了，不过感到后悔的天上的岳父马上又让他复活了。

在一段时间里，一切都很好。然后阿斯迪瓦尔再次生出思念人间之情。他妻子同意一直陪着他返回家乡，在那里和他作了最后的诀别。回到村里以后，主人公得知母亲已经去世。他再也没有什么牵挂了，于是他再次踏上了前往斯基纳河下游的旅程。

到达钦西安人的村庄吉纳克桑吉奥奈以后，他引诱了当地酋长的女儿，还和她结了婚。婚姻起初是幸福的，阿斯迪瓦尔
181 还和四位妻舅一起捕猎野山羊，由于他有法宝，他们每次都功

成而返。春天来临的时节，全家搬迁，先在梅特拉卡特拉落脚，然后乘船沿海岸线上溯，前往纳斯河。逆风迫使他们停下来，并在克瑟马克森安营暂厝。在那里，情况变得糟糕了，阿斯迪瓦尔与妻舅之间为捕猎者在山里和海上的各路功绩骤起争执。于是开始比武。阿斯迪瓦尔带着 4 只手刃的熊从山里返回，妻舅们却从海上空手而归。恼羞成怒之下，他们掀翻了帐篷，带着他们的妹妹一走了之，丢弃了阿斯迪瓦尔。

一些来自吉特克萨特拉的陌生人收留了他，他们也是为赶蜡烛鱼汛期才前往纳斯河的。

跟上次一样，这群人也是四个兄弟，一个姐妹。阿斯迪瓦尔急不可耐地与那个姐妹结了婚。不久，他们一道赶到了纳斯河。他们把大批的鲜肉和鲑鱼卖给了钦西安人；这些钦西安人已经在此地定居，而且正饱受饥饿之苦。

捕鱼的收获相当不错，大家便都返回家去。钦西安人返回他们在梅特卡特拉的首府，吉特克萨特拉人回到他们的拉克萨兰镇。阿斯迪瓦尔在那儿生了一个儿子，此时他既富有，又出名。冬季的一天，他自夸在深海捕捉海豹方面胜过他的妻舅们。他们于是一起出海。借助他的法宝，阿斯迪瓦尔的神奇的成功捕捉惹恼了妻舅们，他们把他抛弃在一块礁石上，既没有食物，也没有柴火。风暴起来了，海浪冲击着礁石。此刻，他父亲及时赶来拯救，阿斯迪瓦尔变成了一只鸟，利用法宝作为栖身物，才使他在风口浪尖上幸免于难。

风暴两天两夜以后才平息下来。筋疲力尽的阿斯迪瓦尔睡着了。一只老鼠把他唤醒，把他引到被他打伤的海豹们在海底的歇息处，它们自以为患上了瘟疫（它们看不见自己的身上已 182
经中了人类射出的箭）。阿斯迪瓦尔拔除了它们身上的箭，给这些主人们疗好了伤。他要求海豹们以保证他安全返家作为回报。然而不幸的是，海豹的小船，也就是它们的胃，已经被猎人的箭所洞穿，无法使用了。于是，海豹王把自己的胃借给阿斯迪瓦尔当船用，条件是及时归还，不得有误。当阿斯迪瓦尔抵达陆地时，他发现妻子和儿子都已陷入极度悲伤之中，无论如何安慰也没有用。多亏这位好妻子但却是坏姐妹的帮助（因为她履行了完成工作所必须有的仪式），阿斯迪瓦尔用木头雕刻出了一些逆戟鲸（killer-whale），并且赋予它们生命；后者用鱼鳍一下一下地把船刺沉了，那些坏妻舅们也淹死了。

可是，阿斯迪瓦尔又一次难以抑制地思念他度过儿时的地方。他离开妻子回到了斯基纳河谷，在吉纳达奥斯镇（Ginadâos）定居下来。他儿子来到此地，找到了他。他把魔弓魔箭交给了儿子，并且从儿子那儿收养了一条狗。

冬天来到了，阿斯迪瓦尔进山打猎的时候忘了带上雪地鞋。一旦迷了路，没有雪地鞋使他进退不得，最终变成了一块巨石，他的长矛和狗也都化为了石头。他们都在吉纳达奥湖边的高山之巅，至今依然清晰可见[8]。

三

让我们就这个版本上略谈几句，以便试着把它的主要连接点找出来。这部故事涉及不同方面的事实：首先是钦西安地区的自然和政治地理，因为它提到的地点和乡镇均确实存在（图9）。其次是土著人的经济生活，正如我们所看到的，这种生活支配着他们在斯基纳河与纳斯河河谷之间的季节性大迁移，阿斯迪瓦尔的遭遇就是在
183 这种迁移过程中发生的。再次是社会和家庭组织，因为我们看到了

数次结婚、离婚、寡居和其他有关的事件。最后是宇宙观，因为阿斯迪瓦尔两次探访的天国和地府跟其他地方不同，都属于神话而非经验的范畴。

先看故事发生的地理架构[9]。

叙事的起点在斯基纳河谷，这里是两位女主人公离村后，一个往上游走，一个往下游走，在半路上相遇的地点。在博厄斯采录于纳斯河口的版本（博厄斯，1902）里，相遇地点十分明确（就在纳斯河上），它叫 Hwil-lê-ne-hwada，意即“她们相遇的地方”（同上，第 225 页）。

年轻女子在母亲去世后便和儿子在她出生的村子里定居了下来（也就是她父亲的村子，她母亲曾从一结婚就住在那里，直到寡居），即下游的那个村子。上天国的情节便发生在这里。这个村子名为吉特萨拉塞特，意思是（斯基纳）“峡谷的人们”，离现代化的市镇乌斯克不远[10]。尽管那里的人们也讲钦西安方言，但不在组成钦西安省的“九个镇子”之列[11]。

阿斯迪瓦尔在母亲去世以后，继续前往下游即西方的旅程。他在吉纳克桑吉奥盖镇住下来，并且结了婚。这个地方处于斯基纳河下游的真正的钦西安地区之内。实际上，Ginaxangioget（吉纳克桑吉奥盖）这个词是由词根 git（人们）和 gi. k（铁杉树）组成的（即英语的 hemlock tree），由此产生了 Ginax-angi. k（杉树人）[12]。吉纳克桑吉奥盖是钦西安人原有的九个主要市镇之一[13]。

当阿斯迪瓦尔和他的姻亲们一道前往纳斯河捕捞蜡烛鱼的时 184
候，他们先从斯基纳河口起身，经海路，并曾在钦西安首府梅特拉卡特拉停留。那里应当是梅特拉卡特拉老城（说“老”只是相对而言）——由皈依了基督教的土著人建立的同名现代市镇位于阿拉斯 185
加的阿奈特岛[14]。梅特拉卡特拉老城在鲁伯特太子港以北，位于斯基纳河口和纳斯河口中间。至于第一次争吵发生地克瑟马克森——也是阿斯迪瓦尔头一次被妻舅们丢下不管的地方——则是北面不远的一个海岸小岛。

有一个同样操钦西安语的部落，但跟梅特拉卡特拉四周的那些钦西安部落不同，名叫吉特克萨特拉（Gitxatla），他们是居住在位于斯基纳河口对面偏南的麦考利、波舍和多尔芬诸岛的岛民。他们名字是由 git（人们）和 qxatla（航道）组合而成的[15]。完成了从东往西的旅行之后，阿斯迪瓦尔随同他们前往纳斯河，也就是说从南往北，然后折回“他们的镇子”，探访海豹的情节就发生在中间的海域里（看来是在西面，因为是远涉深海）。

阿斯迪瓦尔从那里返回斯基纳河，也就是从西往东。叙事结束于吉纳达奥斯（Ginadâos），也许是吉纳道克斯（Ginadoiks），即由 git（人们）、na（的）和 doiks（湍流）组成的一个词，这是流入斯基纳河的一条急流的名字[16]。

现在看经济方面的情况。神话所触及的这方面情况的真实性一点也不亚于前文各段落描写的地理和人口方面的真实性。一切都起始于冬季饥荒，正如土著人所熟知的，从 12 月中旬到 1 月中旬的那个阶段，即所谓春天的鲑鱼到来之前的那段时间，距离蜡
186 烛鱼来到已经不远了；这个阶段被称为“间歇期”[17]。阿斯迪瓦尔在完成天国之旅以后，参加了赶赴蜡烛鱼汛期的前往纳斯河的春季迁移；我们看到，那些家庭随后又在鲑鱼的汛期期间返回了斯基纳河。

用马歇尔·莫斯的话说，这些季节性变化和神话所强调的其他方面的差异同样是真实的，尤其是陆地狩猎和海上狩猎之间的区

别——前者体现在诞生在河流上游即内陆的阿斯迪瓦尔身上，后者主要由居住在下游河口的“杉树人”体现，而且更鲜明地体现在波舍岛和多尔芬岛的居民身上。

一旦转入社会方面，自由度就比较大了。我们看到的并不是一幅忠实于土著人的真实生活的资料性的图表，而是某种意义上的一种平衡力量，它时而与现实相伴相随，时而似乎脱离现实，然后又与之重新吻合。

叙事中的最初一系列事件清楚地涉及一些确定的社会条件。母女之间是因为女儿结婚而分手的，并且从此随各自的丈夫同住，就在丈夫的村子里。说到两者当中较为年长的那一位，她丈夫同样也是年轻女子的父亲，所以女儿离开了自己土生土长的村子，跟随丈夫住到上游去。我们从中可以看出一个虽然实行母系继嗣制度，居所却跟随丈夫的社会，因为妻子住到自己丈夫的村子里去；孩子们虽然属于母方氏族，却在父亲家中抚养，而不是在母方亲属当中长大。

这就是钦西安人的情况。博厄斯多次强调：“从前，有地位的首领们通常从每个部落中迎娶一位公主做妻子。有些人拥有 16 位或 18 位之多……”假如一个男子住到妻子的村子里去，这种情况就不会发生。博厄斯说，较为普遍的情形是，“许多现象都表明，结了婚的年轻夫妇在男方父母的附近安家”，因此“孩子们在父亲的住处长大”[18]。

不过，在神话里，这种入住夫家的形式很快就被饥荒搞垮了， 187
并且使两个女人从各自的义务中解脱出来，使她们得以在丈夫死后在半路上重新见面（这一点很能说明问题）。她们在冰封的河岸边的树下宿营，这个地点距离上游和下游正好相等，这就以最简略的表达形式展示出一幅入住妻家的图画，因为新家庭只有一位母亲和她的女儿。

尽管这种初步展示出来的反转现象十分简括，却值得注意，因为此后的所有婚姻都是入住妻家的，统统与实际的形式相反。

首先是哈岑纳斯与最年轻的女子结婚。无论这对人神之间的结合多么短暂，但丈夫是住在妻子家中，即岳母的家中的。在采自纳斯河的版本里，这种入住妻家的倾向更显著。儿子阿斯-惠尔长大以后，哈岑纳斯（此时唤作霍克思，Hôux）便对妻子说："你的兄弟们已经出来寻找你，很快就要到达这里了。所以我必须去树林里躲一躲。"没过多久，兄弟们来了，然后满载他们的保护人送给女人的肉而离去。他们一走，霍克思就回来了。两位女人告诉他，他们的兄弟和舅父要她们跟他们回家去。霍克思于是说："我们分手吧。你们可以回家；我回我的家。"第二天一早，许多人来找两个女人和男孩，并把他们带到吉特克塞顿。"孩子的舅舅们设宴庆贺，孩子的母亲宣布，男孩子取名为阿斯-惠尔……"[19]

在这里，看来不仅丈夫是遭到妻舅们鄙视的外来者，连跟他们见面都害怕，而且食物是由姐妹的丈夫提供给妻子的兄弟的，而这一点恰好与钦西安人社会以及其他把母系继嗣和入住夫家结合起来的社会相反[20]。

188 伴随着丈夫与妻舅之间的敌对状态的入住妻家的婚姻方式同样体现在阿斯迪瓦尔和晚星的婚姻上：两口子住在女方父亲的家里，岳父对女婿所怀的敌意导致对他施行了一连串被认为有致命危险的考验。

阿斯迪瓦尔在杉树人那里的第二次婚姻也是入住妻家的，同样伴随着丈夫与妻舅之间的敌意，因为后者抛弃了他，并且劝自己的姐妹随之离去。

最后，在航道居民那里的第三次婚姻证实了同一个主题，至少在开始阶段如此。因为，等到阿斯迪瓦尔拜访了海豹以后，局面颠倒过来了：阿斯迪瓦尔找到了此前拒绝跟兄弟们走、到处寻夫的妻子。而且，她协助丈夫策划了“阴谋”——不论用于本义还是引申义，这个字眼此处都是恰当的——阿斯迪瓦尔借此向妻舅们报了仇。入住夫家的做法最后获得了胜利，因为阿斯迪瓦尔抛弃了妻子（前几次婚姻都是他被妻子抛弃），回到了老家斯基纳，前来与他相聚的只是儿子一人。整个神话故事以摆脱了姻亲或父方亲属的一母一女的重聚开头，最后以摆脱了姻亲或母方亲属的一父一子的重逢作为结束。

如果从社会学观点出发，认为神话的开头和结尾构成了一组对立，那么同样地，从宇宙论的角度来看，在主人公“真实的”游历当中插入的两次脱离凡尘的旅行构成了另一组对立。第一次旅行把他带到天国即太阳的家里，太阳起先试图杀掉他，后来同意把他救活。第二次旅行把阿斯迪瓦尔带到海豹们的地下王国，海豹虽然是被他亲手杀死或杀伤的，但是他又同意照料和治疗它们。正如我们所看到的，第一次旅行的结果是入住妻家的婚姻，而且表明了一种男女双方相距最远的族外婚（人间男子与天上女子之间）。但是这次婚姻后来由于阿斯迪瓦尔与同村女子私通而破裂。它隐约地显示出一种不妨说把入住妻家（因为夫妻同在一个住所）中和了的婚姻——假如它果真可以实现的话——而且它是以 189
男女双方相距最近的族内婚（一村之内的婚姻）为特征的。诚然，主人公的第二次神奇的旅行即探访海豹地下王国之旅并没有导致婚姻，但是，正如我们已经指出的，这次访问把阿斯迪瓦尔在一连串婚姻中的入住妻家的取向颠倒过来了，因为它造成了他的第三位妻子与其兄弟们分离，主人公本人与妻子分离，他们的儿子与母亲分离，结合关系只剩下父与子这一种。

四

我们在分析这个神话的过程中区分出了四个层次：地理的、技术-经济的、社会学的和宇宙观的。前两个层次准确地反映了现实情况；第四个层次与现实无关；第三个层次使真实的和想象的制度交织。虽然有这些区别，但是在土著人的头脑中，这些层次并没有被互相区别开来。一切都似乎表明这些层次提供了不同的代码，其运用取决于临时的需要和它们的特殊功效，以便传递同一个信息。这一信息就是我们下面要讨论的。

在钦西安人的经济生活里，冬季饥荒是经常发生的事情。不过，那场启动了我们的故事的饥荒同样也是一个宇宙观的主题。事实上，在整个北美西北部太平洋沿岸，世界的现状被认为是由一场原始秩序的大破坏所造成的，肇始者是一位创世巨人，或者是一只乌鸦，钦西安语叫作特克桑森姆（Txamsem)，它为了满足难以抑制的贪欲而奔走四方。因此，特克桑森姆总是感到饥饿，尽管饥荒是个负面条件，却被视为创造的 primum movens（原动力)[21]。在这个意义上，我们可以认为，我们这个神话里的两个女人的饥饿状态含有宇宙观方面的意义。跟作为地名来源的传说人物相比，她们在能够体现某些原则方面是有过之而无不及的。

190 我们不妨利用以下程式来表达叙事的初始局面：

母亲	女儿
长	幼
下游	上游
西	东
南	北

母女相遇发生在半途上。我们知道，与这个地点的设计相呼应，入住夫家被取消，各种入住妻家的条件得到实现，尽管入住妻家仍处于雏形状态。但是，由于母亲去世的地点恰好是她们相会和阿斯迪瓦尔出生的地点，主要的活动均始于女儿离开她结婚的那个“远在上游的”[22]的村庄，随后按照从东往西的方向一直继续下去，直到位于斯基纳峡谷的她出生的村子，她本人也在那里去世了，从而把全部活动天地都留给了男主人公。

阿斯迪瓦尔的第一次奇遇使用了天与地之间的对立。他靠父亲即吉祥鸟哈岑纳斯的干预才战胜了这个对立。吉祥鸟是属于高空或半空中的动物，因此，它有资格扮演生于尘世的阿斯迪瓦尔和九霄天国的统治者、即阿斯迪瓦尔的岳父太阳之间的调解者的角色。然而，阿斯迪瓦尔没能成功地克服自身的世俗本性，两次听凭它的摆布：一次是屈从于同村女子的魅力，另一次是屈从于自己的思乡情绪。于是就出现了一组尚未解决的对立：

低	高
地	天
男	女
族内婚	族外婚

阿斯迪瓦尔在继续西行的过程中又缔结了第二次入住妻家的婚姻，新的一组对立由此产生：

山中狩猎	海上捕捞
陆	水

191 这两组对立同样是无法克服的。阿斯迪瓦尔第三次受到世俗本性的控制，结果是被妻子和妻舅们抛弃。

阿斯迪瓦尔的最后一次婚姻不是与河畔居民结合，而是与岛民结合，然而冲突再起。尽管每一个阶段中的对立项彼此逐渐接近，但是对立仍然显得无法克服。事实上，这一次问题出在阿斯迪瓦尔和他的妻舅们之间，他们在深海中的一块礁石上捕猎时发生了争执，也就是说，争执发生在海陆之间的结合点。在此前的一个情节中，阿斯迪瓦尔和妻舅们是分道而行的，一个步行前往内陆，其他人则乘船出海。而这一次，他们一道乘船出海，而且阿斯迪瓦尔的优势只有当他们靠岸的时候才能显示出来，因为他可以使用为上山狩猎准备的法宝："由于深海方向的浪涛（拍打着礁石），捕捞非常困难。当他们谈论起这件事时，（阿斯迪瓦尔）说：'亲爱的伙伴们，也许我只要在你们所说的地方穿上雪地鞋就行了；我将穿上我的雪地鞋，我将能攀上你们所说的岩石。'这个方法成功了，妻舅们因为无法登上礁石，只得羞惭地呆立在船上。"[23]

出色的陆地猎手阿斯迪瓦尔被抛弃在一块深海礁石上。他已经到达了西行的最远点：地理和经济方面的情形便是如此。但是，从逻辑的方面看，用另一种形式同样可以表现他的奇遇，即在按照渐次下降排列的各组对立之间做出的一系列无效的调解，这些对立依次为：高低、水陆、海上捕捞与山中狩猎，等等。

因此，在空间方面，主人公在其旅程的最终点走入了末路，这一失败表现为最大限度地远离他的出发点。从逻辑上看，他也失败 192
了，理由是他对妻舅们的肆无忌惮的态度，以及无法扮演调解者的角色，尽管必须克服的最后一组对立——陆地狩猎与海上渔猎的不同生活方式——此时已缩减为最低限度的差异。看来似乎已是山穷水尽，然而在死点上却出现了逆转，促使神话的整个机器重新开始运转。

山大王（在纳斯方言里，阿斯迪瓦尔叫阿斯-惠尔，意为“跨越山脉者”）遇上了对于大山的嘲讽，而且是双重的，原因在于：一方面，这不过是一块礁石而已，另一方面，它四面环水，甚至海水几乎没顶。拯救这位出色的猎手的却是一只老鼠，这是对所谓猎物的讥讽[24]。它使阿斯迪瓦尔展开一次水下之旅，正如白熊，即诸猎物之首，曾经迫使他展开一次天上之旅一样。其实，老鼠只差没有变成一个女子，那样它就可以提出跟主人公结成一次与另一次婚姻呈现对称、然而却是颠倒的婚姻。尽管在所有版本中均无这样一个成分，但至少我们知道这只老鼠是一位仙女：诸文本统称她为鼠婆婆（Dame-souris），即在这个啮齿目动物的名词前面加上 ksem 这个构词前缀，那是一个对于女子的敬辞。如果进一步系统地深究在前一种假设里未获解释的倒置现象，那么这个仙女便是一个不适合生育的老妇：一位“颠倒了的妻子”。

不仅如此，这个捕杀动物数以百计的男子，这一回却前去为它们治疗病患和赢得它们的钟爱[25]。鉴于食物的提供者（这一能力是他从父亲那里获得的，并曾多次用来造福其亲属）是依赖海豹的胃

193 才得以渡海的，因此他也变成了食物[26]。

最后，访问水下世界（从许多方面来看，这也是一个“颠倒了的世界”）决定了主人公的归程，因为从此时起，他的行程便从西往东、从海洋到陆地、从海洋的咸水到斯基纳河的淡水了。

这些颠倒对于最终归于大灾难的整个情节的发展并没有什么影响。回到自己人当中，即回归到入住夫家的初始局面以后，阿斯迪瓦尔利用他的法宝重操他所中意的旧业，可是他忘记了一件法宝，导致了一个无可补救的错误。在一次斩获不菲的山中狩猎活动中，他被困在了半山腰上：“现在他能去哪儿呢？他既上不去，也下不来，无路可走了。”[27]他就地化为一块石头，也就是说完全瘫痪了，以静止不变的石头形态还原了他的“尘世本性”，从而“许多世代以来”供人瞻仰。

五

以上分析促使我们区分构筑神话的两个方面：序列与程式。

序列是神话的表面内容，即按照时间顺序发生的事件：两个女人相会、超自然的保护者的干预、阿斯迪瓦尔的诞生、他的童年、访问天国、一连串婚姻、出门狩猎和捕鱼、和妻舅们的争执，等等。

但是，在深度不等的抽象层次上，序列又是按照程式组织起来的，或互相重叠，或同时进行，宛如一部为好几个声部写成的旋
194 律，但受到双重制约：一种是它自身的旋律线的水平方向的制约，另一种是垂直方向上的对位程式的限制。让我们现在就为眼前这部神话建立起它的程式总表吧！

1. 地理程式

主人公由东往西而行，然后又由西向东返回。这次往返受到另

一次由南往北、然后由北往南的往返的节制，后一个行程与钦西安人为了春季蜡烛鱼汛期而赶往纳斯河（主人公也参加了这种迁移），接着为了捕捞夏季鲑鱼又赶到斯基纳河的那种季节性迁移是一致的。

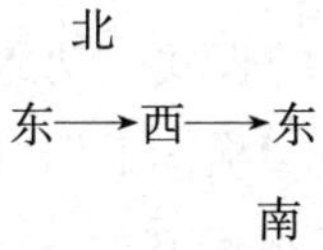

2. 宇宙观的程式

三次超自然的访问造成分别被设想为“低”与“高”的词项之间建立起了一种关系：与天空相联系的吉祥鸟哈岑纳斯对年轻寡妇的探访；阿斯迪瓦尔为追求晚星而访问了九霄天国；他在鼠婆婆的引领下访问了水下海豹王国。因此，对于他的出生所达成的中级调解活动而言，阿斯迪瓦尔陷于山中困境的结局看来是一次中和，但这个结局却无法使他能够完成两次更为极端的调解活动（一是在天与地之间——可视为高与低之间的对立；二是海洋与陆地之间——可视为东与西之间的对立）。 195

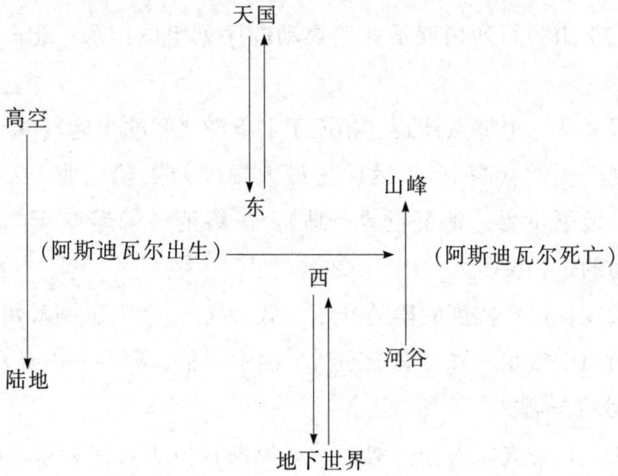

3. 整合

以上两种程式可以整合为第三个程式，由几组二项对立构成，这些对立都是主人公无法克服的，尽管对立项之间的距离逐渐缩小。最初和最末的对立：高与低、山峰与河谷的对立都是“纵向的”，因而属于宇宙观方面的程式。两组中间的对立：水与陆、海上狩猎和山中狩猎的对立是“横向的”，因而属于地理方面的程式。但是，最末一组，同时也是最紧密的一组对立（山峰/河谷），把前面两个程式的基本特征结合了起来：它在形式上是“纵向的”，但在内容上是“地理的”[28]。因此，阿斯迪瓦尔的失败（因为忘记带雪地鞋而困于半山腰）便含有地理的、宇宙观的和逻辑的三重含义：

196

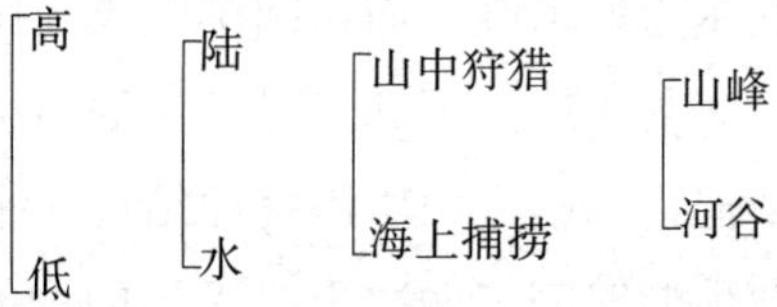

只需将这三个程式缩减为轮廓，只保留各组对立的顺序和幅度，便可以看出它们之间的互补性。

程式 1 由一系列幅度不变的摆动的序列组成：东—北—西—南—东。

程式 2 从一个零点开始（相汇于上下游之间的半途），接下去是中等幅度的摆动（高空），然后是最大幅度的摆动（地—天、天—地、地—地下世界、地下世界—地），最终消失于零点（在山峰与河谷之间的半山腰上）。

程式 3 从最大幅度的摆动开始（低—高），消失于一系列幅度递减的摆动当中（水—陆、海上渔猎—山中狩猎、河谷—山峰）。

4. 社会学程式

起初，入住夫家占据优势，然后逐渐让位于入住妻家（哈岑纳斯的婚姻），再变成有致命危险（阿斯迪瓦尔在天国的婚姻），接着又变为只是敌对的（在杉树人那里的婚姻），然后逐渐削弱并且颠倒过来（与航道居民的婚姻），最后复原为入住夫家。

不过，社会学程式不像地理程式那样有一个封闭型的结构，因 197
为它一开始就展示出一位母亲和她的女儿；半途中又展示出一位丈夫、他的妻子和妻舅们；结尾处是一位父亲和他的儿子[29]：

（没有丈夫的母与女）

↗　↘

入住夫家　入住妻家———————→入住夫家

（丈夫、妻子、妻舅）　↘　↗

（没有妻子的父亲和儿子）

5. 技术-经济程式

神话起始于一场冬季的饥荒，结束于一次成功的狩猎活动。其间，故事按照经济活动的周期和土著渔民的季节性迁徙而展开：

饥荒⟶捕捞蜡烛鱼⟶捕捞鲑鱼⟶成功的狩猎

6. 总体整合

最后，如果把神话简化为它的两个终极命题——初始命题和最后命题——两者概括了神话的运行功能，那么我们就会得出一张简化的图表：

	女　性			男　性
轴线	东—西	———————	轴线	高—低
	饥　荒			充　裕
	运　动			停　滞

我们区分出这些代码以后，又分析了信息的结构。现在要做的是辨析这个结构的含义。

六

在博厄斯的《钦西安人神话》(1916) 里，我们看到了阿斯迪瓦
198 尔故事的一个在好几个方面都值得注意的版本。首先是添加了一个新的人物：沃克斯（Waux)。这个阿斯迪瓦尔第二次婚姻所生的儿子似乎和父亲是一个模子里刻出来的，虽然他的奇遇发生在阿斯迪瓦尔的那些活动以后。从时间顺序上看，这些奇遇构成了一系列后续故事。可是，这些**后发生**的故事却是按照我们前文所描述的类似的程式组织起来的，甚至更为**清晰**。一切似乎都说明故事发展到结尾的时候，表面上的叙事（序列）趋向于更靠近神话的潜在内容（程式)。这种趋同现象与听众在交响乐结尾的和弦里所听到的不无相似之处。

> 阿斯迪瓦尔的第二个妻子（也是他的第一位人世间的妻子）为他生了个儿子，取名沃克斯，意思是“分量轻”，因为这个儿子就像迸发的火花那样轻灵迅捷[30]。
>
> 父子俩情深意长，狩猎总在一起。因此，当沃克斯的舅舅们在克瑟马克森抛弃阿斯迪瓦尔，强迫他追随他们时，他感到非常悲伤。母子俩甚至暗中企图跟阿斯迪瓦尔重新会合，只是当他们确信他已被一头猛兽吞食了的时候，母子俩才打消了寻找他的念头。
>
> 沃克斯成了一个优秀的猎手，就跟父亲一样。母亲在过世
> 199 前让他跟表妹完了婚。小两口生活很幸福。沃克斯继续在父亲狩猎的地区打猎，妻子有时给他做伴，还给他生了一对双胞胎。
>
> 不久，沃克斯的孩子也随他一起去打猎了，就像当年他跟随父亲那样。一天，他和孩子们一起来到了一个从未勘察过的地方。两个孩子跌落山下，不幸身亡。第二年，沃克斯又来到这地

方狩猎，带着他从父亲那里继承的所有法宝，只是忘了带上长矛。突然间遇上了地震，他看见妻子就在山谷里，就试着让她明白他需要她的仪式，好帮助他脱离险境。然而却是徒劳的。他朝她大声呼喊，要她给神力献上祭礼的油脂，好让它们息怒。可是他妻子不但没听清楚，而且搞错了，她反复地说她自己想做的事，而不是重复丈夫的话："你要我吃油脂吗?"沃克斯失望之余只好同意了。他妻子就着好多凉水吞下去不少油脂。吃饱喝足了，就躺卧在一段树根上。她的身体绽裂开来，变成了一块有纹理的燧石。这种燧石至今在那个地方还到处可见。

由于忘记带上能在山中劈石辟路的长矛，又因为和妻子之间的误解而失去了平息自然力的最后机会，沃克斯和他的狗，以及他所有的法宝都变成了石头。至今他们仍然在那儿[31]。

如果把这个版本和我们所参照的那个版本进行一番比较，就会注意到一些意味深长的变动。

阿斯迪瓦尔有了一个独子（据我们所知，实际上有两个，为连续两次结婚所生，但在这个叙事中被混同为一个），而沃克斯有一对孪生子。我们对他们知道得不多，但我们不禁想把他们跟阿斯-惠尔从父亲那里继承下来的两条有魔法的狗做比较。在取自纳斯河流域的版本里，这两条狗一条是红色的、另一条是花斑色的，即标显 *200*
着能够暗示不同功能的反衬颜色（只需跟在北美印第安人当中十分普遍的颜色的象征系统联系起来，这一点就清楚了）。

此外，这种蒂俄斯库里兄弟式①的现象还提供了另一条线索。

---

① 蒂俄斯库里兄弟（Dioscures），希腊罗马神话中一对孪生兄弟的合称，一个善战，一个善骑。罗马有专门供奉两人的神殿。在西方传统里，两人又是给海员指示方向的保护神。——译者注

在美洲的调解者系列当中，孪生兄弟是最弱小的一类，名列花名册的末尾，排在（能联合正反两方的）救世主和（一身兼具正反两方的）“耍花招的人”或 Trickster 之后。一对孪生兄弟能够协调对立的双方，同时又可使其各自保持独立身份[32]。

从调解者变为孪生兄弟，这是调解者的功能发生弱化的迹象。下面的事实能够更清楚地表明这一点：这对孪生兄弟登上神话舞台不久，尚未发挥任何作用就夭折于荒凉之地。

和阿斯迪瓦尔一样，沃克斯因为忘带一件法宝而最后变成了石头。但是，这件法宝在不同的版本里也不一样。它在阿斯迪瓦尔那里是雪地鞋，在沃克斯那里是长矛。这些法宝是神奇的父亲传给主人公的调解工具。这里又出现了一种级次的变化：雪地鞋用于上下最陡峭的斜坡，长矛则能直接刺穿岩壁。因此，长矛是比雪地鞋更为激烈的手段，因为雪地鞋仅能避开障碍物，而非将其破除。沃克斯的疏忽看来比阿斯迪瓦尔更严重。最羸弱的调解者失去了最有力的调解工具，这就造成了能力被双倍地削弱。

因此，沃克斯的故事遵循着一种辩证的倒退。但是在另一种意义上，它却显示出一种进步，正是由于有了这一变体，一个就某些方面而言曾经是开放的结构关闭了。

沃克斯的妻子死于暴饮暴食。以饱受饥饿煎熬的阿斯迪瓦尔（或阿斯-惠尔）的母亲开始的这个故事，以此作为结束。饥饿当时
201 逼得阿斯迪瓦尔的母亲采取行动，此时饮食过量导致沃克斯之妻动弹不得。为了结束这个话题，让我们关注一下故事开头的两个人物：她们都处于“夫妻生活之外”，都是饥饿难熬、正当迁移中的女子，而结尾部分的人物则是一对夫妻，但一个提供食物（但未被理解），另一个饮食过量（由于未解人意）；虽然存在着这一对立（但也可能由于这一对立所表达的负面的互补性），两者都没能逃脱

彻底瘫痪的命运。

沃克斯的婚姻显示出最重要的变动。我们看到阿斯迪瓦尔结了一次又一次婚，都不成功。他做不到在仙女和村姑之间做出取舍。他被他的钦西安妻子抛弃（不错，她是违心地这样做的）。他的吉特克萨特拉妻子倒是忠实于他，甚至不惜背叛自己的兄弟，反而是阿斯迪瓦尔抛弃了她。他找回儿子以后，在孑然一身中结束了生命。

与阿斯迪瓦尔相反，沃克斯只结过一次婚，却是一次致命的婚姻。不过，那婚姻是他母亲安排的（与阿斯迪瓦尔的艳遇式的婚姻不同），而且是跟自己的表妹结婚（阿斯迪瓦尔是跟完全陌生的女子结婚的）——更明确地说，是跟他的旁系姐妹即舅舅的女儿结婚（这就能够解释他母亲所扮演的媒人角色）[33]。

在注［33］所援引的博厄斯的文章里，他解释说，在钦西安人当中，与舅父的女儿结婚是优先的，特别是贵族阶层。我们的主人公便属于这个阶层。对于这种习俗是否与神话模式完全一致，加菲尔德（Garfield）曾经表示怀疑[34]。但这一点是次要的，因为我们此处只考虑规范性的功能程式。我们不难理解，为什么这种婚姻在像钦西安人那样的社会里会被认为是理想婚姻。男孩子们虽然在父亲家中被抚养长大，但当他们继承了舅父的名号、特权和猎场以后，迟早会前往舅父处[35]，而跟舅父家的表妹结婚为解决这种冲突提供了一个办法。 202

另一方面，正如我们在同类型的其他社会里经常看到的，这种婚姻还有助于克服另一种冲突，即钦西安人社会中的父系倾向和母系倾向之间的冲突。我们在上文里已经看到钦西安人社会如何全力兼顾这两个世系[36]。事实上，一个男子就是靠这种婚姻来确保在小家庭的范围内继续享有世袭特权与头衔[37]。

我在别的地方指出过，这种解释未必就是旁系兄妹婚姻的普遍

203 根源[38]。但是，在一个有封建倾向的社会中，它显然与那些无疑有助于维持或采纳这种习俗的真实动机相吻合。然而，必须到所有实行这种习俗的社会的共同特点里去寻找这一习俗的最终解释。

此外，钦西安人在一个关于一位公主拒绝嫁给旁系兄弟（她父亲的姐妹的儿子）的神话故事里，对这种跟母系表姐妹通婚的理论做出了令人惊诧的解释。

> 公主不但骄傲，而且心肠狠毒，她要求表兄以毁容来证明他的爱情。表兄毁坏了自己的面容，而她却又以丑陋为由拒绝了他。万念俱灰的小伙子企图寻死，他闯入掌管各种奇形怪状的头领、名唤“瘟疫”的酋长的家中。酋长让他经历了种种严峻的考验以后，答应把他变为英俊王子。
>
> 表妹于是彻底倾心于小伙子了，现在轮到他要求公主牺牲美貌了，但不过是为了嘲弄她。丑得可怕的公主试图打动瘟疫酋长的恻隐之心。然而，这个部落中所有残障不全的和畸形丑陋的人们立即为后者组成了法庭，他们蜂拥扑到这个可怜的女人身上，打断了她的骨头，把她撕成了碎片。

博厄斯的本地报告人认为，这个故事是个神话，涉及表兄妹婚姻的庆典仪式的起源：

> 我们这儿有一种习俗，酋长的外甥必须迎娶酋长的女儿，因为酋长的部落要求他的外甥作为继承人，在他死后继承他的地位。这一习俗代代相传，至今仍然有效。首领的位置就是这样传下来的。

不过，这位本地报告人接着说，由于灾难降临到离经叛道的公
204 主身上，才做出了针对此类局面的决定：“不应该听任一个年轻女人自由选择……即使她不愿意嫁给那个追求者，在双方已经达成婚

事协议的时候（即年轻人双方的母方世系之间完成协商以后），她也应当顺从”：

> 王子和公主大婚同房之时，小伙子的舅舅的部落为之震撼；接着，公主的舅舅的部落也被搅动了，双方展开了搏斗，互相投掷石块，双方都有许多人被击中头部。伤疤于是……成了婚约的记号。[39]

博厄斯在评论中指出，这一神话并非仅为钦西安人所独有，在同属母系社会的特林吉特人和海达人当中也能看到，同样跟这种形式的婚姻有关。于是很清楚，这一神话反映了这些民族的社会组织的一个基本的方面，即村落首领的母系之间的一种敌对的平衡状态。在封建家庭内部，在一个由优先与舅父的女儿结婚所造成的普遍的交换系统里，家庭显然是按照一种稳定程度不等的循环获得安排的，其中每一个家庭相对于另一个家庭都（至少暂时地）占据“妻子的给予者”的地位，它对于第三个家庭来说又是“妻子的获得者”。依照不同的社会，这种立脚不稳的结构（因为给予一家并不能担保一定能从另一家获取）可以通过几种方式达到某种平衡——与其说是真正的平衡，不如说是显得平衡——比如可以遵照一切婚姻交换均对等的原则，民主地达到；或者相反，通过制定某一方比另一方地位优越的规定。在不同的社会经济环境里，这后一种做法在理论上——即使不是在实践上——的结果都是一样的，因 205
为每个家庭都兼具这两种地位[40]。美洲北部太平洋沿岸的社会未能，或不愿意，选择这样的一个平衡点，因为每逢一场婚姻，从事交换的群体的优越性或低劣性都会在双方各自隶属的社会阶层内部遭到公开质疑。对于有关部落来说，每一场婚姻和伴随或先于婚姻举行的波特拉赤，以及由它提供了时机的头衔与财产的转移，全都是一种让它们取得优于对方的好处的手段，同时也可以借机了清先前的争端。实现和平确实不假，但要尽可能在最佳条件下实现。就父系制度而言，我们的中世纪社会便呈现出跟我们刚提到的情形有许多共同之处的一幅对称的图景。

这样一来，我们对于土著人关于寻找其婚姻制度的起源的吓人故事还会大惊小怪吗？对于以彼此流血残杀的形式表现堂兄妹的成婚庆典，还有什么值得大惊小怪的呢？一旦揭示了钦西安社会结构所固有的敌对情形，我们相信就已经“触及岩石”了（借用马歇尔·莫斯的说法），我们利用这个地质学的隐喻表达一种比附，这种比附可以跟关于阿斯迪瓦尔和沃克斯的神话的对比相提并论。土著人所想到的全部二律背反现象涉及极不相同的方面：地理的、经济的、社会的，甚至宇宙观的；然而，说到底，这些都可以归结为这样一种虽不明显却极为真实、表兄妹婚姻试图克服却做不到的二律背反。我们的神话正是这样**交待**的，这也恰恰是它们的功能所在。

借助这种观点，让我们再次迅速浏览一下这些二律背反现象。冬季饥荒最初导致两个女主人公的丈夫丧生，使她们摆脱了入住夫家的束缚，先是让她们能够重新相会，随后能够回到女儿出生的村
206 子。这个村子对于后者的儿子正相当于一种入住妻家的形式。因此，食物的短缺跟把女孩送出门产生了联系，她们返回原籍部落时正逢食物短缺。这象征着一件得到更具体体现的事情：每年蜡烛鱼先游离纳斯河，随后鲑鱼游离斯基纳河——即使不发生饥荒。这些鱼类来自深海，从南面和西面沿河向东，逆水而上。阿斯迪瓦尔的母亲正如这些游离的鱼一样，继续她的朝向西方和大海的行程，那里是阿斯迪瓦尔经历入住妻家的婚姻所带来的不幸之处。

他的第一次这样的婚姻是与晚星结合，她是天上的造物。这个序列当中存在的关联是：天—雌，地—雄，这就要求我们指出两点。

首先，在某种意义上，阿斯迪瓦尔是被白母熊所勾引，被她拉到天国去的，而且神话也经常把这些跖行动物描绘成鲑鱼的猎取者[41]。阿斯迪瓦尔坠落到陆地以后，也像一条鲑鱼一样被大慈大悲的太阳用网捞起来[42]。但是，当阿斯迪瓦尔从与天国之行颠倒而对 207
称的海豹的水下王国返回之时，却像食物一样搭乘了海豹的胃，而食物可以跟被称为“胃河”的纳斯河的河床里捕捞上来的蜡烛鱼两相比较。再者，主人公现在的旅途朝向相反的方向，不再像消失的食物那样由东往西，而是像返回的食物那样由西往东。

其次，这种颠倒还伴随着另一种颠倒：从入住妻家转入随夫居住。这后一种颠倒本身的根据便是水下之行被天国之行所取代，这种改变使得阿斯迪瓦尔也改变了位置：即从陆地、雄性和被支配者转入陆地、雄性和支配者。

对阿斯迪瓦尔来说，随夫居住并没有好到哪里去。虽然得以跟儿子重聚，却失去了妻子和姻亲。他在这种新的关系下陷于孤立，无力将两种形式的继嗣关系和居所结合起来，就在接近目标的关头，却在一次成功地狩猎的归途上半路遭了难：虽然夺得了食物，却失去了行动的自由。诱发行动的饥荒让位给富足，代价却是丧失了行动能力。

我们现在能够更好地理解，沃克斯继父亲的婚姻之后，与母系表妹的婚姻在何种程度上象征着钦西安人的思想及社会为了克服他们的矛盾所做的最后的、但并不成功的努力。因为，这场婚姻的失 208
败不仅仅缘于一次疏忽，而且是一场误解的结果。沃克斯与母系亲属成功相处，同时又把父亲的猎场保留了下来。他做到了既把母系财产、也把父系财产都继承下来。尽管是表兄妹，他和妻子彼此也是疏远的，因为在封建社会里，表兄妹婚姻只是一种权宜之计和一个诱饵。这些社会不仅永远在交换妇女，同样还要争夺财产。

七

上述分析使我们联想到另一个不同的看法：正如博厄斯在他的巨著《钦西安人神话》里企图做到的那样，要想“按照神话所显示的样子描绘出一个民族的生活、社会组织以及宗教的信仰和实践”，总是要冒点风险[43]。

神话与给定的事实固然有联系，但这种联系不是以一种**再现**的形式出现的，而是一种辩证性质的关系，而且神话所描述的制度可能与实际制度正好相反。当神话企图表示一种负面的现实的时候，情况甚至会永远如此。我们已经说过，阿斯迪瓦尔的故事让这位伟大的美洲民族学家相当受窘，因为按照神话所说，沃克斯继承了他父亲的猎场。其他文本和直接的观察却证实一个男人的财产——包括他的猎场——是传给外甥的，即从一个男子传给另一个母系的男子[44]。

但是，就反映真实情况而言，沃克斯继承父亲财产的情况较之他父亲随妻居住的婚姻其实是半斤八两。实际上，孩子在父亲的住
209 处长大，然后前往舅父家完成教育。结婚以后，他们在妻子的陪伴下回来和父母住在一起。等到舅父要他们继承时，他们才会在后者的村子里定居。在一个神话形成了一部名副其实的“宫廷文学”的社会里，至少贵族家庭的情况就是如此。这些往返活动是存在于联姻世系之间的**紧张状态**的外部迹象之一。因此，神话中围绕着完全入住夫家或妻家的居住形态的思辨跟钦西安人的现实没什么关系，但跟这种现实的结构本身所固有的种种可能性有关，跟它的潜在能力有关。总之，此类思辨并不试图描摹真实情况，而是替概略的真实情况做出辩解，因为极端的情形之所以被**想象出来**，只是为了表

明它们站不住脚。这种方法是神话的思考所擅长的，它意味着承认（但使用了神话的隐含语言）如此深入的社会实践活动被某种无法克服的矛盾玷污了。这是一种钦西安社会无法理解而宁可忘掉的矛盾，正如神话中的主人公所做的那样。

我们对于神话与现实的关系的看法无疑有碍于把前者当作文献来源来使用。但是，这种看法却能够开辟另外一些可能性，因为，如果放弃到神话中去寻找反映民族志现实的忠实描绘，我们反而可以获得一种有时能够接近无意识范畴的手段。

我们刚才回顾了阿斯迪瓦尔的两次旅行——由东往西和由西往东——分别与随妻居住的形式和随夫居住的形式有关。不过，钦西安人事实上是随夫居住的。根据这一点，我们可以断定（而且现在必须这样做），这两个取向之一符合对于他们的制度的某一个方向上的直接“解读”，另一个取向则相反。由西往东之旅，即归程，是伴随着返回到随夫居住的形式的。因此，这一取向在土著人的头脑里代表着唯一真实的方向，另一个取向则纯属想象。

再说，神话也是这样宣示的。往东行走保证了阿斯迪瓦尔返回的本身因素，即陆地和他的故乡。当他往西行走时，他是宣告饥饿已经结束的食物提供者；在朝向食物离开的方向前行的时候，他填补了食物的短缺。当他在海豹的胃中朝相反的方向旅行时，他跟食物象征性地等同了，而且他是按照食物返回的方向行进的。 210

随妻居住的情形也是如此。它是作为一种负面的现实而提出的，为的是填补因丧夫造成的随夫居住的空缺。

那么，在土著人的头脑里，由西往东是什么样的方向呢？这是深海蜡烛鱼和鲑鱼每年进入并沿河而上的游动方向。如果说，这也是钦西安人为了获得一幅反映他们的具体的社会存在的忠实映像而必然采用的方向，这不正是因为他们把自己设想为亚种鱼类（sub specie piscis）吗？不正是因为他们把自己放在鱼的位置上，或者不如说，把鱼类放在他们自己的位置上了吗？

这个从演绎推理得出的假设能够间接地从仪式和神话中获得证实。

在太平洋西北海岸的土著人当中，鱼类的捕捞和加工为各种各样的仪式提供了机会。我们已经说过，为了从蜡烛鱼身上榨取鱼油，妇女必须用赤裸的胸脯当作挤榨的工具，而且剩渣必须堆放在住宅附近任其腐烂，不管气味多么难闻。晒干或熏干的鲑鱼不会腐烂，但是必须遵守其他仪式，例如，切割鲑鱼必须用贝壳制作的原始刀具，禁止使用任何石头、骨头或金属刀具。妇女们坐在地上从事这项工作时，两腿是叉开的。[45]

这些禁忌和规定似乎显示同一个意图：通过把鱼类当作男人一样对待，或者至少通过排除或严格限制使用属于文化的人工制品，
211 从而在鱼类与男人之间“建立直接联系”，也是说，一切可使鱼有别于男人的东西都要被否决或者贬低。

各种神话则讲到一位王子对鲑鱼的王国的访问。待到获得它们的结盟的许诺之后，返回时王子自己也变成了一条鱼。这些神话都讲到了同一件事：饿坏了的王子在接受鲑鱼的款待时被告知，他不得以任何借口吃跟它们一样的食物。但是必须毫不迟疑地杀死并吞食鱼本身，而不考虑今后它们在他的面前出现时的人类外貌。[46]

这是因为，神话式的认同此时遇到了存在于鱼类与男人之间的唯一真实的关系：食物。这一关系无法超越，也无法改变。它甚至在神话里也以两者必居其一的关系存在着：要么像鲑鱼一样吃（尽管仍为男人），要么吃鲑鱼（虽然它们跟男人一样）。后一种办法是正确的，条件是得履行鲑鱼所要求的仪式；借助这种仪式，鲑鱼能够从被小心收集后浸泡或焚烧的鱼骨当中得到再生。[47]第一种办法

却等于滥用了认同，因为那将是人与鲑鱼认同，而不是鲑鱼与人认同。在神话里，由于这样做而获罪的人物最终不是变成了树根，就是变成了岩石——正如阿斯迪瓦尔，落得一个永世被固定在土地上无法动弹的下场。

阿斯迪瓦尔的神话开始于一个以无法压制的行动为特点的初始局面，发展到一个以终于变为静止为特点的最后结局，因此，它以独特的方式表达出土著人哲学的一个基本侧面。神话首先提出食物的短缺，上文所说的一切都使我们以为，食物提供者阿斯迪瓦尔的角色在于否定这种短缺，而短缺跟拥有是完全不同的事情，因为实际上，当这种拥有最终以食物出现在阿斯迪瓦尔身上时（他不再是 212
提供者了），却导致了静止的状态。

但是，跟无法动弹一样，饥饿对于人同样是一种无法忍受的生存条件。因此，我们的结论应当是，对于我们所说的这些土著人来说，唯一积极的生存形式是不生存之否定。限于篇幅，我们在这里无法阐发这个假设。我们只想附带指出，这一假设能够进一步说明人们对于自我肯定的需要；无论在波特拉赤冬宴上、在节庆中、在仪典上，还是在封建争斗当中，这种需要都以极为特殊的方式形成了太平洋西北海岸社会的一个标志。

八

最后一个仍需解决的问题是，采录自纳斯河地区的版本与那些虽然来自海岸地区，但行动发生在斯基纳河流域的版本之间存在着差异。行文至此，我们一直是以后一种版本作为依据的。现在让我们看看纳斯河的版本。

饥饿笼罩着拉克斯卡尔塞普和吉特温克西尔克两个村

子——这两个村子的位置不难找到，前一个就是现在的格里维尔（Greenville），位于纳斯河的入海口[48]，后一个在下纳斯河、但在更靠近上游的地方[49]——两个因为嫁人而分手的姐妹分别住在这两个村子里。她们决定再次相聚，见面的地点就是中途一个为纪念这件事而得名的地方。她们带了一些食物。从下游走来的妹妹带了一把浆果，从上游走来的姐姐带了一小团鱼子。她们一边为自己的困苦处境悲伤叹息，一边把这些食物分吃了。

213 两个姐妹之一——从上游来的姐姐——还带来了她的女儿，不过此后就没有这个女儿什么事了。从下游来的妹妹年纪还轻，尚未结婚。夜间，有位陌生人前来拜访了她。此人名叫乌克斯，意思是“带来幸运的人”。他得知她们的处境以后，奇迹般地给她们提供了食物，妹妹不久生了个儿子，叫阿斯-惠尔。他父亲为他做了一双雪地鞋。起初毫无用处，但是经过改进，它们会赋予穿鞋者神力。阿斯-惠尔的父亲还给了他两条狗和一根能刺穿岩石的棍子。从那以后，主人公大显身手，成为一位出色的猎手，其他与他较量过的超凡人物全都敌不过他。

接下来是一段乌克斯从他的妻舅们那里退避三舍的插曲，这在前面已经扼要叙述过了[50]。他们把他们的姐妹和外甥带到了纳斯峡谷下游的吉特克萨登[51]。在那里，神的一个奴仆装扮成神奇的白熊，把主人公引领到空中。但是，由于他没有紧随熊的踪迹，没有能够进入天国，又回到了地上。他于是来到了钦西安人的地盘，在那里，他与海豹猎人的妹妹结了婚。他高强的身手使他们觉到受到羞辱，结果他们把他给抛弃了。阿斯-惠尔来到海豹的水下王国探访，照料它们，给它们治病，并且得到用它们的肠子做成的小船，小船把他载回海岸。在那里，他利用人造鲸鱼杀掉了妻舅们，找回了妻子，再也不离开她了[52]。

这个版本显然十分贫乏，几乎没有什么情节，与我们一直作为依据的博厄斯 1912 年采录本相比，事件显得顺序混乱。不过，如果 214
把纳斯版本简单地看成弱化了的斯基纳版本，那就错了。在保存得最完好的事件开头部分，似乎大量的细节被保留下来了，但代价无疑却是一些自成体系的替换。因此，我们先给这些替换做一番清理，把这两个版本里的共同成分与有变动的成分区分开。

故事在两个版本里均始于某一河谷：斯基纳河谷、纳斯河谷。都是冬天，饥荒肆虐。两个有亲属关系的女人，一个住在上游，一个住在下游，她们决定重新见面，在中途相会。

好几条区别已经出现了：

行动地点	纳斯河	斯基纳河
河流状况	？	冰封
两个村子的位置	相距不远	“相距很远”[53]
两个女子的亲属关系	姐妹	母女
身份	(一个已婚 一个未婚)	两个寡妇

显而易见，这些区别表现为所有对立在纳斯版本里都弱化了。这一点在两个村子的位置上十分显著，在两个女子的亲属关系方面甚至更甚，其中的不变因素，即年长/年轻的关系在一个版本中以母/女这一对形式出现，在另一个版本中以姐/妹这一对形式出现。两人的住地的距离则是第一对比第二对远得多。促成两人相会的事件在第一对（双双同时寡居）比第二对（只有一个结了婚，未提是否丧夫）激烈得多。

我们也有证据能够证明，纳斯版本是斯基纳版本的弱化，而斯基纳版本却不是纳斯版本的强化形式。这个证据就是，最初的母/
215 女关系以残存的形式被保留了下来：怀孕的姐姐是由女儿陪伴的；至于其他各个方面，这个细节所产生的功能性效果在纳斯版本中均付诸阙如：

(a)［母：女］∷［（母＋女）：非母］

所以，其中的不变因素来源于反溯生殖力和预期生殖力之间的对立。

不过，这些区别——也许可以从“或多或少”加以考虑，故在此意义上属于量化的区别——还伴随着名副其实的倒置。

在各种斯基纳版本里，两个女子中的年长者来自下游，年轻的来自上游。这个情况在纳斯版本里正相反，这一对（母＋女）来自吉特温克西尔克，即更靠近上游的地方，而未婚的妹妹（即将成为神奇保护者的妻子，故相当于斯基纳版本中的女儿）来自下游的村子拉克斯卡尔塞普。

在斯基纳版本里，两个女子一无所有，只能分吃在相遇地点找到的一颗烂浆果[54]。纳斯版本在这里再次显示一种弱化，因为两个女子带上了其实少得可怜的一点食物：一把浆果和一团鱼子：

	下游	上游
斯基纳版本：	o ⟶ 烂浆果	⟵ o
纳斯版本：	浆果 ⟶	⟵ 鱼子

在美洲西北部太平洋海岸和其他地区，腐烂被认为是食物和粪便的分界线。这个事实并不难证明[55]。在斯基纳版本中，唯一的一颗浆果（数量少得不能再少的食物）之所以成为腐烂的物质（质量差得不能再差的食物），是因为与上乘的食物相比，浆果本身被认

为是尤其低劣的食物。

斯基纳版本无疑有意地不让两个女子与任何特定的食物发生联 216
系，而是与食物匮乏发生联系。但是，虽说这种“食物短缺”是一个负面的范畴，但不是一种空洞的范畴。因为神话的发展反过来赋予了它某种内容。两个女子代表“食物短缺”，但是分别与东方和西方、陆地和海洋发生联系。阿斯迪瓦尔的神话暗指两种对立的生活方式，与之发生联系的是同样的两个方向和同样的成分：一方面是山中猎人，另一方面是打鱼人和海上猎手[56]。因此，在斯基纳版本中，“食物方面的”对立是双重的：既有肉食（极端位置）和素食（中间位置）之间的对立，又有海洋动物（西方）和陆地动物（东方）之间的对立：

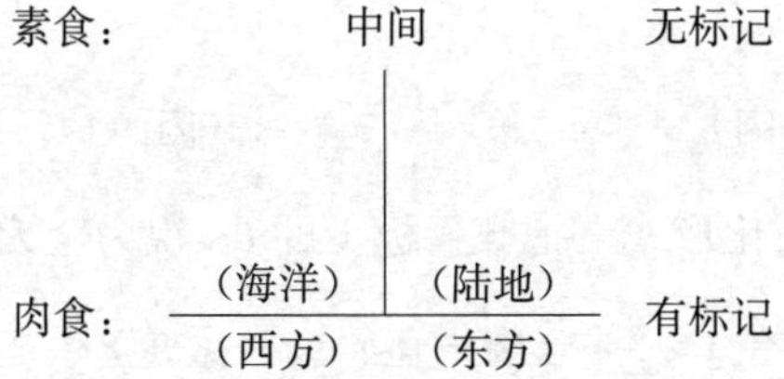

由此可以得出以下公式：

(b)［陆：海］∷［（海＋陆）：中间］

读者可以立即看出它与公式（a）之间的相似性。

纳斯版本的食物系统的基础是简化的结构（具备两个项次，而不是三个项次）和弱化的对立。素食从完全无标记的状态过渡到有弱标记的状态，从食物的有无之间的临界状态变为在数量上（一把浆果）和质量上（更新鲜的浆果）均具正面意义的食物。这种素食跟肉食这一标记明确（并且以符号－1标注）的类别不再形成对立，

217 而是对立于能够想见的最差的同一种肉食的实现（可是却以符号+1标注），而且有三种方式：

是鱼，而不是肉；

是鱼子，而不是鱼；

是“手指那么大”的一小块；

也就是说，这是一个系统：

海洋		陆地
西方	（带有弱标	东方
素食	记的对立）	肉食
（相对较为丰富）		（相对较少）

就食物系统而言，两个版本之间的关联于是可以用以下公式表示：

(c_1)［（一肉）：（一鱼）］∷［dx（肉+鱼）：dx（素食）］

或者采用简化形式（把数量极少的dx视为全无）：

(c_2)［肉：鱼］∷［（肉+鱼）：（素食）］

其中（肉+鱼）之和构成肉食类。读者此时可以看出（a）、（b）、（c）三个公式之间的相似性。

纳斯版本中的两种食物分别是浆果（下游）和鱼子（上游）。鱼子属于肉食，产自河流，浆果属于素食，来自陆地，而且在各种生成于陆地的食物（与捕猎于山里的猎物不同）当中，是那种往往被与河岸联系起来的食物[57]。

因此，从这个观点来看，从一个版本到另一个版本所完成的变化不妨用下列公式表示：

(d)［西：东］∷［海：陆］∷［水：（坚实的）陆］∷［河：堤］

不过，河流与其堤岸的对立不仅是“东/西”和“硬地/水”等根本性的二律背反——其最突出的表现就是“海/陆”的对立——的一种弱化形式，它同样也是后一组对立的一个函数。 218

事实上，在内陆地区，“河流/堤岸”的对立比在海岸附近更为突出（“水”这一因素在这里约减为“河流”）。“海/陆”的对立在那里是不适切的，因为就“水”这一范畴的内部而言，海洋的地位高于河流；而在“陆地”的范畴内，海岸的地位高于河岸。我们于是就能理解，为什么颠倒过来便可以提出，在上游：

(d)［水：（坚实的）陆］∷［河：堤］

但是，倒置过来便可在下游——通过将河流及其堤岸的整体与陆地统一起来，并因而跟“海洋”形成对立——提出：

(e)［水：（坚实的）陆］∷［海：（河＋堤）］

其中（河流＋堤岸）这一整体在（陆地）的位置上得到置换。

鉴于（d）和（e）可以纳入以下公式：

(f)［陆：水］∷［（河＋堤）：海］

而且恰好跟公式（a）、（b）、（c）类似，我们通过这个例子能够看出，神话中的某种转换是如何通过两个极点完全倒置的一系列等值项得到表达的[58]。

确实，在转换的最后一个阶段，（下游、西方）这一位置由某种素食即“陆地食物”充当；而（上游、东方）的位置则由肉食充当，因为是鱼子即河里的食物，因此属于水系。于是，被归结于一个共同公分母——即从年长到年幼的关系——的两个女子便合乎逻辑地与“上游/下游”这一关系进行了置换[59]。

219 因此，在斯基纳版本里，河流与堤岸这一组弱对立被**中和**了（神话里明确表述为河流封冻，两女子踏冰而行），从而衬托出海洋与陆地的强对立，不过后者却是以负面方式提出的（因为就与两个女子各自地位有关的食物而言，她们是依据身处匮乏状况得到规定的）。在纳斯版本中，通过弱化和倒置被中和的反倒是强对立，从而衬托出河流与堤岸的弱对立，后者是以正面方式提出的（因为两女子在此获得了微乎其微、然而适当的食物）。

在有关超自然的保护者的情节里，同样可见一些平行的变化。在斯基纳版本里，此君只提供肉食，而且分量逐渐加大（依次为小松鼠、大松鸡、豪猪、海狸、山羊、黑熊、大褐熊、驯鹿）。在纳斯版本里，他同时提供大量的肉和鱼，以至于棚屋里有一次“堆满了肉和鱼”，另一次则只“堆满了干肉”。然而，在斯基纳版本中，两种生活方式之间实现平衡是十分滞后的事情，而且转瞬即逝：那是在阿斯迪瓦尔的第三次婚姻即与吉特克萨特拉族的妹妹结合的期间，仍然跟他的妻舅们在一起的时候，他得到了大批的“鲑鱼和鲜肉”，并把这些食物出售给了饥饿难挨的钦西安人[60]。

另一方面，阿斯迪瓦尔从父亲那里得到的几件法宝在斯基纳版本里立即产生效力，而纳斯版本里的那些给予阿斯-惠尔的法宝却逐步得到调整。在两个版本里，主人公都像食物一样由海豹的肠胃所
220 承载，自西方返回。但在第二个版本里，从（斯基纳版本里的）胃到（纳斯版本里的）肠子的变化却暗示着一种更近于腐烂的食物，此为最终的而不是初始的主题（烂掉的浆果，斯基纳版本中两个女子的最初的食物）。不应忘记，从这一点来看，蜡烛鱼这一可使人免于饥饿的唯一希望（钦西安语管蜡烛鱼叫作 hale-mâ'tk，意为“救星”）直到腐烂为止都必须容忍，否则它就会受到侮辱，永远不再回来了。

九

对于伴随着**关联倒置**的这种**弱化对立**的双重机制，我们已经验证了其形式上的连贯性，但是，如何赋予它一种具体内容呢？首先，我们要指出，这种倒置来源于两地居民各自所处的地理位置。尼斯嘎人属于纳斯河人，位于北部；钦西安人（这个名字的意思是“在斯基纳河的内地”，来自 K-sia'n 即斯基纳河）位于南部。纳斯河的主人公为了在（相对而言的）异域娶妻而到钦西安人那里去，也就是说朝南走，前往斯基纳河的方向；生于斯基纳河的阿斯迪瓦尔的最后一次婚姻则显示他直到婚姻破裂前一直与姻亲一起住在纳斯河营地，位于北部。每个地方的人民对于同一块地方都自然而然地形成了对称而倒置的映像。

然而，神话为斯基纳河谷与纳斯河谷的二元性提供了佐证，两者加上中间区域形成钦西安领土（大致而言），这种二元性被视为一种对立，与两条河流相关的经济活动也是如此：

> 一位曾经神奇地来到世间的少年决心登天，此时夜幕笼罩着大地。他化为一片树叶，让太阳主人的闺女怀上了儿子，取名“巨人”。这个小孩子攫取了太阳，成了白昼的主人。他下凡来到人间，得到一位名叫洛戈鲍拉的伙伴，他主掌雾、水和 221
> 沼泽。这两个男孩子开始比试高低，经过几轮不分胜负的比赛之后，他们决定比赛射箭，就用斯基纳河和纳斯河当作赌注。巨人利用计谋赢得了胜利，他高兴极了，用钦西安语——即斯基纳河下游的方言——宣布他的胜利。洛戈鲍拉说：你赢了，我的巨人兄弟。现在，每年夏天，蜡烛鱼将会两次游进纳斯河。对此，特克桑森姆（Txamsen，巨人）回答说：斯基纳河里

的鲑鱼将永远肥美。——于是，他们把特克桑森姆在纳斯河沿岸所赢得的那部分平分了……然后两兄弟就分手了。博厄斯采录的版本之一说得更明确："特克桑森姆朝大海走去，洛戈鲍拉往南，也就是他来路的方向走去。"[61]

可是，地理位置的对称性仅仅为解释提供了一个开端。我们已经看到，各种关联的倒置本身所依据的是所有对立的普遍弱化，而弱化仅凭以南方取代北方和用北方取代南方还不足以说明。从斯基纳河到纳斯河，这个神话在流传过程中发生了两次改变，但彼此在结构上是有联系的。它一方面削弱了，另一方面被颠倒了。可接受的解释必须兼顾两方面的情况。

斯基纳人和纳斯人的方言相近[62]，社会组织几乎完全相同[63]，
222 但是生活方式很不一样。我们已经描述过斯基纳河和沿海一带的生活方式，其特点是有两次季节性变化：一次是在冬季的市镇和春季的营地之间，另一次是在纳斯河春季蜡烛鱼汛期和在斯基纳河夏季捕捞鲑鱼之间。

纳斯地方的人似乎并非定期地到斯基纳河去。我们顶多被告知，那些住在纳斯河上游很远的人叫 kit'anwi'like，意思是"定期离开久居村子的人"，因为他们每年都要下行到纳斯河的入海口去，全为能够赶上蜡烛鱼汛期[64]。因此，尼斯嘎人的规模最大的季节性迁移似乎限于纳斯河流域，而钦西安人的季节性迁移却依据一个复杂得多的体系，即斯基纳河—纳斯河体系。这是因为，蜡烛鱼自3月份始临纳斯河，即所有那些急切等待"救星"来临的部落的会聚地。鲑鱼游至这两条河流则晚得多。所以，尼斯嘎人住在一条河谷里，钦西安人住在两条河谷里。

因其如此，所有土著人才会把纳斯河—斯基纳河的二元性视为一种对立，并且把与之相关的蜡烛鱼/鲑鱼的二元性也视为一种对

立。这一点是无可怀疑的，因为作为这一对立的基础的神话是博厄斯采录于两个差不多一模一样的版本的，一个用纳斯方言，一个用斯基纳方言。不过，在每一个群体那里，大家共同设想的一组对立可能含义不同。钦西安人每年都亲遇这种对立，尼斯嘎人则满足于对此有所了解而已。虽然在钦西安语里，运用成组对立的结构是一种非常明显的模式，而且说话者很可能对它有明确的意识[65]，这种结构在逻辑上和哲学上的效益对于这两个部落不可能相同。钦西安人用它建立一个完整连贯的系统，但是对于具体经验没有烙上这种 223
二元性的印记的人民来说，这个系统无法完整地得到沟通；或许也由于纳斯河的流向不像斯基纳河那样径直从东往西奔流，从而造成了地形方面的概念变得模糊。

我们于是获得了神话思想的一个基本的特质，这方面的其他例子还可以去别处寻找；例如当一种神话图式从一个群体传递到另一个群体时，由于两者在语言、社会组织或生活方式上的差异而造成沟通不畅，神话于是开始变得贫乏和头绪混乱。但是，即使在极端的情形下，人们也能够发现某种过渡，神话此时并未因为失去它的所有轮廓而彻底毁灭，而是颠倒过来，并且重新获得了它的一部分精确性。

类似的现象在光学上也有。透过一个适当的孔径可以恰如其分地看到一个形象。可是，孔径一旦缩小，形象就会变得模糊不清。然而，当孔径进一步缩小到针尖那么大时，即当沟通马上就要被切断的时候，形象就会颠倒过来，重新变得清晰。这个实验在学校里被用来证明光的直线传播，也就是说，用来证明光的传播不是任意进行的，而是依从一个结构化领域的种种制约。

本文也是以其特有方式进行的一次实验，因为它仅限于一个实际案例，而且那些通过分析剥离出来的成分出现在好几个同现的变体的系列里。如果这个实验有助于证明神话思想的领域照样是结构化的，那么它的目的就达到了。

后记

在专注于研究美洲神话15年之后，重读此文，却发现它需要做
224 出一些修改——其中有些已经体现在正文里了——和一些说明。由于过于拘泥于博厄斯的一条意见（1916，p.793），即认为1895年和1912年的两个版本“基本相同”，我过去对于前者注意不够，以为它只是后者的一个“弱化变体”而可以忽略不计，它们之间只有“几处细微的差异”（列维-斯特劳斯，1958b，p.34及注1）。其实，这两个版本之间的差异还是相当大的。

差异主要在于两个女子的位置，它们在两种版本中是完全颠倒的：母亲来自上游，女儿来自下游。这么一来，上文所阐发的对于1912年钦西安方言的版本与1902年尼斯嘎方言的版本之间关系的解释就似乎被推翻了。不过，只有当1895年版本里的两个女子踏行的封冻河流为斯基纳河时，这个说法才能成立。可是，虽然这个版本同样来自钦西安人，而且河流的名字至少在神话的开头部分并没有交待，我们还是有充分的理由相信，它是纳斯河。这样一来，我们的解释不但没有被取消了效力，而且再次获得了肯定，因为它把两女子在上下游的位置跟河流的变化联系起来了。

那么，有哪些理由有助于支持1895年版为纳斯河的说法呢？首先得注意，这个版本让那个年轻女子嫁给了一个陌生部落的男子。从地理角度来看，母亲和女儿住得相距并不太远，她们离开各自的村子后，步行了两天就相遇了；但是反过来，从社会角度来看，她们又彼此相隔很远，因为女儿的婚姻提供了一个非常明显的族外婚的例子。正是出于这个原因，当儿子阿斯瓦长大以后，按照在纳斯

版本里占据主导地位的随妻居住的同一条原则，霍（Ho，幸运鸟的人类化身）决定让他去外祖母的村子，跟母亲和外祖母一起生活（见上文第 187 页[①]）。

在外祖母的村子里安顿下来之后，阿斯瓦一心在山中狩猎，不去海上捕捞了（一个似乎显得多余的细节，因为这个村子在很远的上游，不过这个细节后来变得很有趣）。他在那里结了婚，这一次 225
看来很可能是与一位同村的年轻女子结合，他为此付出了很高的代价：把全部猎物拱手交给妻舅们。所以，这次族内婚发生在他与太阳之女（这里只说是神奇的熊的主人）婚姻之前。而在斯基纳版本中，这段与同村女子的艳遇发生在天朝婚姻之后，而且主人公承受了对妻子不忠的种种后果。

然而，1895 年的版本（第 287 页）详细说明阿斯瓦和妻子同住山中，但住处靠近纳斯河；纳斯河岸的神熊第一次出现在他面前，他逆流而上追逐此熊。不仅如此，当仁慈的岳父同意打发他回人间的时候，也是把他放在纳斯河岸上。正是在这个地方，阿斯瓦后来遇到六个捕捞蜡烛鱼归来的吉特克萨特拉部落的兄弟。他们把他带走了（姑且认为是前往他们居住的岛屿），把他们的妹妹嫁给了他，后来才把他遗弃在礁石上；“他尽管到那时为止只在山中狩猎”（同上），却证明自己是比他们更出色的海上猎手，从而羞辱了他们。因此，以这个情节而论，1895 年版同样与 1912 年版恰好相反。在 1912 年版中，吉特克萨特拉人是在他们去纳斯河赶蜡烛鱼汛期的半路上，在海岸上发现主人公的。这里却相反，他们在鱼汛结束时在纳斯河岸发现了他，并和他一起去他们居住的沿海岛屿。

---

① 关于阿斯瓦、阿斯迪瓦尔和阿斯-惠尔等名字在各个版本中的情形，可参见原文第 179 页的解说。——译者注

因此，上述一切迹象都在暗示，在主人公的吉特克萨特拉婚姻之前，整个神话都是在斯基纳河流域展开的。1895 年版因而实现了某种妥协，介于发生在斯基纳河的 1912 年版和实际来自纳斯河的 1902 年版之间；这个 1895 年版一方面与斯基纳版有着同一个起源，另一方面却把情节的发生地点放在了纳斯河。

首先，两位女子的各自位置与纳斯版一致，然而她们之间的亲属关系却与斯基纳版相同。其他一些细节同样表明，这个神话版本
226 带有介于另外两个版本者之间的妥协物的性质。我们已经看到，两个女子并非不是彼此住得很近就是住得很远，而是在地理上相距不远，但由于女儿嫁给了陌生部落而在社会和政治意义上相隔十分遥远。食物也是如此：不是带了一些食物或者一点食物也没有，仅在相会地点找到一颗烂浆果，而是到达时没有食物，后来才分吃了一些拣来的半烂浆果，接着又从营帐附近的针叶树上剥下一些树皮充饥。食物的这种二元性与河岸与硬土陆地的二元性可能是一致的，因此正好跟斯基纳版本中的水与陆、纳斯版本中的河与岸的二元性相吻合（见本书第 217～219 页）。对此应当指出，如果说，无论就数量或质量而言，1912 年版本的两个女子所找到的唯一一只烂透了的浆果都不宜作为食物，那么“烂云杉”（ rotten spruce-tree，第 77 页）树皮同样不宜作为食物，看来两个女子从树干上剥下的只是取火用的材料：“她们的火快要熄灭了。于是，高贵的年轻女子……就去搞了些树皮来”（同上，第 73 页）。在斯基纳版本中，她们的超自然的保护者为她们提供的猎物越来越大，尽管在 1895 年的版本里缩小了比例：始自松鸡而止于山羊。

那么，现在是否可以脱离下述事实去理解 1895 年版本的特殊地位呢？按照 1912 年和 1916 年的版本在斯基纳河下游用钦西安方言所搜集的情况，故事不是发生在这条河上，而是在纳斯河上，正如

采自那里的 1902 年版本所说的那样。换句话说，为什么钦西安人觉得有必要让他们的一个神话版本不是发生在自己的土地上，而是发生在尼斯嘎地区呢？这种转移是否具有一种内在的、独立于可以客观地看到的功能？而且依照我们目前的观点，是否可以归结于其他各个版本之间的某种妥协物呢？

让我们很快地对比一下 1895 年版本与斯基纳版本的对应章节。 227
后者首先是在斯基纳河流域展开的，主人公从这条河的上游往下游走，抵达入海口，然后沿着海岸——在那里他遇见了吉特克萨特拉人——往上走，直到纳斯河口。1895 年的版本所描述的这条路线是对称和相反的：主人公往纳斯河上游走去，先到达他祖母的村子，在那里结婚，然后因为追逐熊而到达上游更远的地方；而后，他又与吉特克萨特拉人一起折返而下，直到这些人在斯基纳河入海口的领地。两个版本都很仔细地注意到这种对称性。1912 年的版本明确地说，已在下游出生地定居的阿斯迪瓦尔投入对于“正往下游河谷而去”的白雌熊的追逐行动（同上，第 180 页）。1895 年的版本（第 287 页）告诉我们，阿斯瓦在离他祖母的村子不远的上游结婚定居，被熊引向更远的“上游那边”。这些差异不妨用图 10 显示：

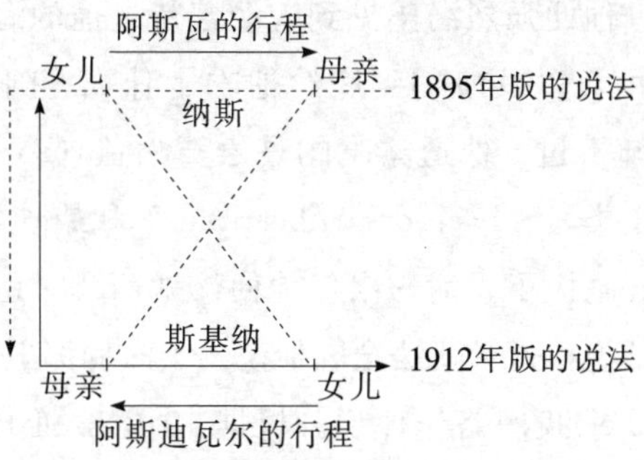

图 10　同一神话的两种版本之间的对称关系

这一对称结构并不是没有带来一些困难，但被 1895 年的版本小心地遮掩过去了。这个版本实际上意味着阿斯瓦被吉特克萨特拉人在纳斯河很远的上游所收留，但没有说明他们随后如何设法返回他们在斯基纳河入海口的外海岛屿上的领地。描述沿纳斯河顺流而下的确可能改变两个版本所显现的空间形态之间的漂亮的对称性。但是，这一对称性的意义何在呢？

228 读者一定记得 1912 年的版本和 1916 年的版本是如何收尾的。在前一个版本里，阿斯迪瓦尔十分眷恋他曾经度过童年的高山。他回到那里，他儿子也在那里与他相会。因为一次打猎时忘记带有魔法的雪地鞋，结果阿斯迪瓦尔死在山里，化为石头。在 1916 年的版本里，沃克斯在父亲的猎区里继续狩猎，他的健忘完全继承了父亲的个性，而且错上加错：他没有做到使误会他的所有指令的妻子服从他。因此，他自己像父亲一样也变成了石头，而他的妻子则被油脂撑死，变成了带纹理的燧石。

那么，1895 年的版本是如何结尾的呢？摆脱了各位凶恶的妻舅（最小的妻舅除外，跟 1912 年的版本一样）以后，阿斯瓦与他的吉特克萨特拉妻子在后者的村子里安居无事（所以是在海岸地区）。但是没过几年，他便强烈渴望见到曾经善待过他的海豹。他的儿子想知道个中缘由，以及海豹到底给他吃了什么。阿斯瓦起先不肯说，后来被纠缠不过，他透露吃的是岩石鳕鱼（rock-cod，一种多刺的鱼，属鲉鱼类，Sebastodes ruberrimus）和蜡烛鱼油，他还说，这种蜡烛鱼油好吃极了。话一出口他便倒地而死，鱼刺从胃里呛了出来。神话总结说，这个死法全因他说出了海豹那里发生的事。

这个结局要求我们略作评说。根据 1912 年和 1916 年的版本，阿斯迪瓦尔和儿子沃克斯住在山里（因为阿斯迪瓦尔十分留恋那里）。两人都是在深入山中腹地（1916 年的版本说明是进入人迹罕至的山区）狩猎时丧生的，这就表明了主人公的食物提供者的地位。另一方面，根据 1895 年的版本，原先只是山中猎手的阿斯瓦（本书第 186 页）住在海边，也许住在一座海岛上，他的死亡全因怀念他在深海中（在大洋中更远的地方）的海豹当中的那段生活，他在那里（他的遗憾主要源于海豹的厨艺）再次把自己视为接受食物者的地位。前一种情形是对高山的眷恋（虽然阿斯迪瓦尔经历过在靠近斯基纳河入海口的海岸地区的两次婚姻），后一种情形是对深 229
海的眷恋（虽然阿斯瓦一度婚配于纳斯河上游的“山里”；见博厄斯，1895，第 287 页）。这些结局之间的对称性和不同版本所说的主人公的行程同样严谨。我们通过这个例子可以再一次证实，神话信息利用对立把颠倒的构造以回溯的方式规定下来。

不过，在这两个信息的关系方面——主人公死于眷恋陆地或者眷恋海洋，换句话说，他在两个因素之间找不到平衡点——纳斯版本（博厄斯，1902，本书第 212～213 页）是介于一种中间地位的。主人公的天国之行失败了，他在地下与海豹待在一起的一段生活没有使他感到遗憾，他在他结婚的海岸上平静地结束了一生。我们于是便可以理解，为什么 1895 年的版本既能与 1912 年和 1916 年的版本保持对称关系，又能够跟取消了信息之间的对立的纳斯版本有相似之处。因为 1895 年的版本在与其他斯基纳版本拉开距离的同时，不妨说部分地接受了纳斯版本，然后才能够提供最初那些对称而颠倒的映像之一（西北海岸的神话都倾向于系统地思考同一问题的所有可能的解决方案，关于这一点，可参阅列维-斯特劳斯，1972b）。

1895 年的版本还有另一个很有意思的地方，它使我们能够阐明**遗忘**在各种神话里的语义地位。读者还记得，1912 年的版本是用遗忘来解释阿斯迪瓦尔之死的，1916 年的版本同样用遗忘来解释他儿子沃克斯之死，这种遗忘因夫妻之间发生一次误解而倍增、加剧，从而导致两人双亡。然而，1895 年的版本用疏忽大意取代了遗忘：阿斯瓦无意中向儿子透露了他与海豹一起享用过的食谱。根据我们对钦西安民族志的现有知识，泄密为什么会造成失误？对此我们不
230 得而知。是不是因为鲉鱼被禁止跟蜡烛鱼油搭配？还是因为失误始于食用了只有海豹可以吃、而不许人食用的鱼骨头，例如鲑鱼骨头呢（见本书第 211 页）？或者，是否由于海豹们不让阿斯瓦向外界泄露他在受到特许保护的超凡世界里逗留的任何详情？所幸的是，就建立我们的一个论点而言，解答这个小问题并非十分必要。只要知道 1916 年的版本除了遗忘以外，还提出了一场误解，作为失误的组合变体；而且，1895 年的版本用一次疏忽大意取代了这两者，这对我们来说已经足够了。事实上，遗忘、误解和疏忽大意，它们有哪些相同之处？差异又在哪里呢？我们能不能把三者放在同一个语义场之内，并确定它们之间的关系呢？

我们先看什么是疏忽，它的意思是对某人说了本不应该透露给他的事，也就是与他人沟通过度。误解就是把别人所说的意思理解为别的意思，据此，误解可以定义为沟通不足，同样发生在与他人的沟通过程中。遗忘在这个系统当中的位置，读者于是可以看到了。遗忘也属于沟通不足，但不是与他人沟通，而是自我沟通不足。因为，遗忘就是未能告诉自己本来应该能够说的话[66]。如下表所示：

	疏忽	误解	遗忘
过度／不足	＋	－	－
他人／自我	＋	＋	－

231 在民间故事和神话里，遗忘是一个经常出现的主题，可是人们往往倾向于把它当成叙事者任意地运用的一种小“伎俩”，用来重

新启动核心情节的发展。假如我们刚才提出的解说可以推而广之的话，读者就可以看出实际情况绝非如此，遗忘也就会被视为神话的一个实在的思想范畴，至少会被看成沟通这个范畴的一种样态，而且有明确的含义。

以上是我们针对其地位必须肯定的1895年的版本所做的一些思考。在结束本文之前，我们打算对另外一个问题扼要地谈几点看法，那就是表兄妹之间通婚的问题，我们已经把这个问题不仅当作钦西安人的，而且也是相邻民族的一个典型问题介绍过了（列维-斯特劳斯，1958b，第27页）。不过，在一部出色的新近著作里，罗斯曼（Rosman）和鲁贝尔（Rubel）通过对波特拉赤的谱系和酬赠的循环圈做出比较研究，以看来令人信服的方式建立起了这样一个论点：即使这些资料能够证实钦西安人优先实行母系表兄妹婚姻的特点，对于海达人和特林吉特人却并非如此，因为在他们那里，波特拉赤的机制似乎仅与优先跟父系姐妹通婚一致。

但是，无论19世纪末和20世纪初能够从特林吉特人、海达人和钦西安人那里观察到的实际情形如何（我们知道，这些可以利用的观察罕有能够追溯得更远的），神话都对优先跟母系表姐妹的通婚予以肯定。我们上文已经概述和评论过一位钦西安公主拒绝与堂兄弟结婚的神话（见本书第203～204页）。博厄斯指曾经指出，这个神话同样存在于特林吉特人和海达人当中。海达人的斯基德盖特版本（见斯万顿，1905，第354页）也帮不了什么大忙，因为它并没有说这个女子是一位亲戚，而且全部故事都发生在钦西安人的领地内。因此，它没有宣称能够告诉我们关于邻近民族的任何情况。另一方面，马塞特的海达人版本（见斯万顿，1908，第654～655页）让故事从特林吉特人开始。这个版本明言两个中心人物有亲属关系，分别是姑母之子和舅父之女。对于这一点，本地报告人是这 232

样说的："以前只有跟舅舅的孩子结婚的事。没人想让外人拿走舅舅的财产。因此（一个男人）不答应任何人跟他的舅舅的孩子结婚，除了他本人以外。村子首领的儿子高噶陶尔也是这么想的，所以他才力争迎娶也想嫁给他的舅舅的女儿。"

特林吉特人的版本（斯万顿，1909，第 243 页）反映出同样的情况。一个印第安年轻人，"某氏族酋长"的儿子追求他自己的表妹，可是，表妹的父亲（男子的舅父）却把女儿许给了外族的"一位酋长"。主人公希望向舅母即他所钟爱的姑娘的母亲面陈他的权利，就能达到目的（因为"古时候，当一个男子与一个女子结婚的时候，只要这个女子有一位已满婚龄的女儿，那么他就把女儿一道娶过来"），神话说的似乎是那些上层家族；按照斯万顿、默多克和拉古纳的说法，这些家族的男子在继承舅父的财产同时，也把舅舅的遗孀或女儿娶过来，甚至两人一块迎娶（罗斯曼和鲁贝尔，第 40 页，注 3）。

此外，有一个古老的证据提示我们，特林吉特人优先跟父系姐妹通婚也许只是那种限于在父亲所属的氏族内选择配偶的更普遍的倾向的一个发生在男子方面的后果；而对于妇女而言，这种倾向会导致某种对称然而颠倒的婚姻制度。这是因为"姑娘的父母极想把她嫁给父系家族的某一个成员，可能是一位叔伯、一位堂兄弟，或者一位祖父辈的成员。小伙子的父母遵奉同样的原则，也希望他与父系近亲中的一位姑娘或者妇人结婚，可能是堂姐妹、姑姑或者祖母。他们不仅觉得这种婚姻非常合适……而且他们（土著人）对这种亲属关系的向往来得比对任何其他亲属关系都更强烈"（琼斯，1914，第 128 页）。

我们看到，如果特林吉特人用这种方式表达他们在婚姻上的偏
233 好，结果将是为男子选择堂姐妹，为女子选择堂兄弟——而这个女

子本身也是自己的配偶的表姐妹。有个特林吉特人的故事说（斯万顿，1909，第 242 页），一个年轻的海达人在与表妹结婚之后不久就被她抛弃，他跟父亲一起离开了，去另一个村子再次结婚。后来，他的第一任妻子要求分得他的部分财产，他同样在父亲的帮助下才对她做出了赔偿。如此强调父亲的作用，表明父系婚姻有可能紧接着开头的母系婚姻之后便出现了，而且两种形式的婚姻都是允许的。如果我们再补充一个钦西安人的神话（博厄斯，1916，第 154 页）——这个神话讲到一个小伙子的父亲和所有的舅舅都极力主张他在父亲的氏族内部娶妻，这恰恰与获得大量资料证实的对于跟母系表姐妹通婚的偏爱背道而驰——那么我们就得承认，这些民族在思考和实践他们自己的制度的方式上一定存在过某种徘徊不定。

这些事实丝毫不会削弱罗斯曼和鲁贝尔的阐述，他们的论证仍然是有力的。但是，这至少表明，要么是两种普遍交换方式能够同时存在于特林吉特人和海达人当中（即使有一个民族表现出某种例外的特征），要么是意识形态与实践之间出现了偏差，这种偏差以其自身的方式反映出上文曾经提请注意的世系之间的紧张关系（见本书第 205 页）。本文讨论的这些社会并不声称仅靠婚姻交换机制就可以保障社会的平衡，它们对于涉及名号和财产的其他酬赠循环圈的依赖其实越来越大。出于同一理由，即使应该确认父系通婚在特林吉特人和海达人中具有重要地位，我们仍然不认为这一点会削弱我们先前关于这是一种脆弱的制度的看法（列维-斯特劳斯，1949，第 553～558 页；1967，第 512～517 页）。因为这一内在的脆弱性将因以下事实而更为凸显：凡是能够做到使这种制度变得较为持久的那些社会均拥有另外的政治和经济机制，其内部凝聚力对于此类机制的依赖性更大。

注释

［1］本文最初以法文发表于 Ecole pratique des hautes études. Section des sciences religieuses *Annuaire* 1958—1959，Paris，1958，pp. 3-43。后于 1962 年 3 月重新发表于 *Les Temps modernes*，n°179。

［2］P. E. Goddard，*Indians of the Northwest Coast*，p. 68.

［3］Boas 1916，pp. 398-399、pp. 44-45.

［4］Boas 1916，p. 478-514；Viola E. Garfield，*Tsimshian Clan and Society*，pp. 173-174，pp. 177-178；V. E. Garfield，P. S. Wingert，M. Barbeau，*The Tsimshian：Their Arts and Music*，p. 134；V. E. Garfield and P. S. Wingert，*The Tsimshian Indians and Their Arts*.

［5］即 Hatsenas（Boas，1912），亦拼写作 Hadsenas（Boas 1895）。“这种鸟很像美洲知更鸟（英语 robin，拉丁文名为 Turdus migratorius），但不是知更鸟。”（Boas，1912，pp. 72-73）。博厄斯（Boas，1895）说，这种鸣叫时发出“嘀嘀”声的鸟，名字有“幸运”的意思，是指一种据说是天国使者的鸟（同上，第 286 页）。它使人想到黑颈知更鸟（Ixoreus naevius），那确实是一种叫声怪异的冬季鸟类（Lévi-Strauss，1971，pp. 438-439，p. 447）。

本文目的并不在语言学方面，故将土著术语的注音尽量简化，只保留了那些为避免引起术语的歧义而非有不可的区别形式。

［6］阿斯迪瓦尔这个名字无疑有很多含义。Nass 和 Asihwil 意为“跨越山脉者”（Boas，1902，p. 226），不过，读者也可以参考 Asdiwal，意为“处于危险当中”（Boas，1912 的《词汇表》，p. 257），以及 Asewaelglyet，“雷鸟的别名和特殊外貌”（M. Barreau，*Totem Poles*，vol. I，pp. 144-145；vol. II p. 476）。

［7］Boas，1912，p. 83.

［8］Boas，1912，pp. 71-146.

［9］本文发表以后，承蒙温哥华的英属哥伦比亚大学的教授威尔逊·杜夫（Wilson Duff）先生慷慨提供了见于下页的地图。这份地图较之本文最初发表时所附的那一份要准确和完整得多。我在这里向杜夫先生表示衷心的感谢。这份地图上的地名尽管跟博厄斯所注略有出入，但依然很容易看得清楚。

［10］Garfield，l. c. p. 175；Boas，1912，p. 71、p. 276；参阅 Krause，1956，pp. 214-215 所说的 Kitselāssir，即“在斯基纳河上”。

［11］Boas，1912，p. 225.

［12］Garfield，l. c. p. 175.

［13］Boas，1916，pp. 482-483. Swanton 认为是在“离 Metlakatla 不远的 Kinagingeeg 地方”（?）；见 J. R. Swanton，*The Indian Tribes of North America*，p. 606；另参阅 Krause，1956，pp. 214-215：Kin-nach-hangik，意思是“在离辛普松堡不远的半岛上”。

［14］W. Beynon，*The Tsimshians of Metlakatla*；另见本章注 4 所引 Garfield，Wingert，Barreau，pp. 33-34。

［15］前引 Garfield，l. c. p. 175；Boas，1916，p. 483。斯万顿则拼写为 Kitkatla，“在波舍岛上”（l. c. p. 607）。

［16］Garfiled，l. c.，p. 176，Boas，1912：Ginadâiks，“une des neuf villes des Tsimshian”（p. 223）；cf. krause，1956，pp. 214-215；kinnatōiks“sur la péninsule，près de Fort simpson.”

［17］Boas，1916，pp. 398-399.

［18］Boas，1916，第 355、529、426 页；另见第 420、427、441、499～500 页。

［19］Boas，1902，p. 227.

［20］Boas，1916，p. 423；Malinovski，1922.

［21］关于跟创世者的贪欲有关的所有文本的梗概和比较分析，可参见 Boas，1916，p. 636 及其后各页。

［22］Boas，1912，p. 71.

［23］Boas，1912，pp. 125-126.

［24］首先是因为老鼠是出现在神话里的最小的哺乳动物，这也是由于老鼠在西北海岸的神话里代表阴间的地位最微末的动物——即家居生活的层次。老鼠确实属于家畜，因此有权享用人们私下献给它的祭品，即把羊毛制的耳坠子扔进火里时滴下来的油脂。

[25]“海豹的首领和它的整个部落越来越爱他了。”（Boas，1912，p. 133）

[26] 尼斯嘎部落的钦西安人“靠这条纳斯河为生，这条河主要出产鲑鱼和蜡烛鱼。实际上，正是由于有这么多春季溯流而上产卵的蜡烛鱼，这条河才被叫作纳斯，意为‘胃’或‘粮栈’。”（G. T. Emmons 的文章 Niska，In *Handbook of American Indians North of Mexico*）

[27] Boas，1912，p. 145.

[28] 山峰与河谷的对立所带有的自然与超自然的两个方面，神话中已经有了，因为主人公在那里的危险处境由众神所引发的地震造成。参见本书第 199 页。

[29] 下文我们会看到，这一循环的表面上的开放性可以从下面这一事实得到解释：阿斯迪瓦尔之子沃克斯的故事的结束源于一场最终归于流产的母系婚姻：有夫有妻，唯独没有子女。

[30] 阿斯迪瓦尔从他父亲那里继承了鸟的轻盈和速度。这些都是猎人所具备的素质，因为按照土著人的想法，猎人应该“有如飞鸟一般轻盈的脚步”（Boas，1916，p. 403）。博厄斯的本地报告人认为，沃克斯是阿斯迪瓦尔的独生儿子（同上，第 243 页）。但他说错了，因为阿斯迪瓦尔的第三次婚姻还有一个儿子（Boas，1912，p. 123，p. 133，p. 135）。不过这一点并不重要，因为第三次婚姻只是第二次婚姻的翻版。

[31] Boas，1916，pp. 243-245.

[32] 关于这一点，参见《结构人类学》（1）第十一章“神话的结构”。

[33] 博厄斯的本地报告人似乎犯了一个错误，博厄斯也只做了部分更正。在博厄斯 1916 年的本文中，这一段故事的原文是这样说的：“母亲去世前，希望儿子同她自己的一个表妹结婚，他照母亲的意愿做了。”（第 244 页）因此，是母亲的表妹而不是儿子的表妹。我们在杜拉切（Th. M. Durlach，1928，*The Relationship System of the Tlingit，haida and Tsimshian*，p. 124）的著作里可以找到相对应的土著文本，现抄录如下（书写符号已简化）：na gauga（?）dem dzake na'ot da hasa'x a dem naksde lguolget a klâlda lgu-txaât……

亲属关系词 txaâ 指的是父亲的姐妹或母亲的兄弟的孩子，也就是所有的旁系兄弟姐妹。lgu- 是表示“ 微小”义的词素。后缀-t 是第三人称所有格。博厄斯在有关沃克斯的故事的梗概里重复了这句令人怀疑的话：“他跟母亲的一个表妹结了婚”（同上，第 825 页），可是他在评论的时候却纠正了他的解释，把这个例子正确地列入他所引用的其他跟母系表姐妹结婚的事例当中：“就像传统的叙事所描述的那样，正常的婚姻形式是一位男青年跟他母舅的女儿结婚。所以……一位母亲便要求女儿同女儿的堂兄弟结婚。”（第 244 页）（博厄斯，同上，第 440 页）由于第 244 页只谈沃克斯的婚姻，可见博厄斯这一次虽修正了亲属关系，却搞混了性别。由于这个表妹可能是姑母之女，新的矛盾于是又出现了。真正的意思看来是这样：母亲临死前希望他同（他）自己的一位表妹结婚。

［34］Garfield，l. c.，pp. 232-233.

［35］Boas，1916，p. 411 跟 p. 401 有矛盾。我们下文将回到这一纷殊点上来。

［36］见本文第 178 页。另可参见 E. Sapir，*A Sketch of the Social Organization of the Nass River Indians*，p. 6，p. 27；Garfiled，Wingert，Barreau，同前，pp. 17-25。

［37］J. R. Swanton，*Contribution to the Ethnology of the Haida*；C. H. Wedgewood，“Cousin Marriage”，in *Encyclopedia Britannica*；J. F. Richard，*Cross-Cousin Marriage in South India*.

［38］见《亲属关系的基本结构》，巴黎，1949，pp. 158-159（1967，pp. 143-145）。

［39］Boas，1916，pp. 185-191. 按照另一个本地报告人所说，博厄斯在描述尼斯嘎人的婚礼时解释说，两个部落之间的战斗进行得如此激烈，以致保护求婚者的一个奴隶被杀死了，“这预示着这对新人将永不分离”（Boas，1916，p. 531）。

［40］参见列维-斯特劳斯《亲属关系的基本结构》，1949；以及《结构人类学》(1)，第 345～346 页。

［41］Boas，1916，p. 403. 阿斯迪瓦尔两谒天国（与只有一次游历地下形

成对比）的功能似乎在于凸显与捕捞鲑鱼的相似性。事实上，他二上天国正如一场捕鱼，利用一张从天国的豁口里垂下来的网袋——这情形恰似春季捕捞鲑鱼的习惯做法：在冰冻的河面凿洞，下网捞鱼。

[42] Boas，1912，pp. 112-113. 如果我们的诠释无误，那就必须承认，天/地的明显对立在这里变为一种隐含形式：天/水，而天与水之间的对立是神话用三大要素构成的系统里最强的一组对立。

这个系统其实可用下列公式表示（符号“∶”读为“跟……之关系”；符号“∷”读为“等于”，符号“/”读为“跟……独立”）：

(1) 天∶地∷地∶水

亦可写为：

(2) 天＞地＞水

上文提出的关于阿斯迪瓦尔被“捕捞起来”的假设，于是便可利用以下置换得到证实：

(3) 天∶水∷地∶地

它与阿斯迪瓦尔的第二次神奇旅行相对应，其中（地）跟水的对立从一次地下旅行得到表达。因此我们完全有理由提出：

(4) 天/地∷天/水（当“水”的功能“低于天”时）

(5) 地/水∷地/地（当“地”的功能是“地下”时）

不过，把极点“地”一分为二的做法，只有当把天/地这一组主要对立与（虽然是隐含的）地/水的次要对立被双关语合二为一的时候才有必要：从按照大地的样子被描写的天空中，从那片“鲜花盛开的……绿色大草原”上，从与流动物体混同的陆地上，阿斯迪瓦尔像一条鱼似的被捞起来。

这个神话一开始似乎就受到一组对立的支配，其作用比别的对立都大。尽管它不是立即就能察觉的：地与水的对立，这一组对立同样跟生产方式以及人与世界之间的客观关系有最直接的联系。对于一个社会的神话的分析虽然是形式化的，却可以验证社会的基础结构的首要地位。

[43] Boas，1916，p. 32.

[44] 可参考博厄斯在这个问题上的模棱两可（Boas，1916，p. 401，

pp. 411-412)。连曾经对这个问题深入探讨过的加菲尔德也没有明确地采纳父系继嗣之说（Garfield，Wingert，Barreau，出处同前，p. 17）。

［45］Boas，1916，pp. 449-450，pp. 919-932（诺特卡）.

［46］Boas，1916，pp. 192-206，pp. 770-778，pp. 919-932.

［47］我们缺少关于别种鱼类特别是鲉鱼的资料。但是博厄斯 1895 年版一书说明，主人公在海豹那里的时候吃过鲉鱼骨头，因为它们最后是从他的胃里跑出来的，并且因此让他丧了命。

［48］据 J. R. Swanton，*The India Tribes of North America*（出处同前）：“拉库萨普 Lakkulzap 或格里维尔 Greenville”（p. 586）；“吉特温克西尔克 Gitwinksilk……就在纳斯河口附近”（同上）。不过，M. Barreau 的地图 Totem Poles of the Gitskan 却把吉特温克西尔克（拼作 Gitwinksihlk）标在峡谷的上游。

［49］见 E. Sapir，*A Sketch* 等文，出处同前：“格里维尔（即 Laxqaltsa'p）……”（p. 2）；按照萨丕尔的说法（同上），吉特温克西特库（Gitwankcitltu）即“来自蜥蜴出没地带的人”属于自下游上溯地区的第三个尼斯嘎部落。

［50］参见第 187 页。

［51］萨丕尔（出处同前）说：“吉特克萨藤（Gitxate'n）意思是下网（捕鱼）的人”（第 3 页）；根据巴侯（Barreau）的地图：吉特尔哈廷（Gitrhatin）位于峡谷下游，河流开始入海处。这个地方似乎跟最初叫作拉克斯卡尔采普的地方是一回事。

［52］Boas，1902，pp. 225-229.

［53］至少神话是这样确认的，不过年轻女子的村庄却没有名字。

［54］Boas（1895）说是“几颗浆果”。

［55］不少神话都提到人类浪费鲑鱼，不是因为拒吃发霉的鱼块，就是由于看到母鲑鱼从泄殖腔产子而感到恶心。

［56］Boas，1916：“海上捕鱼要求的训练与山中猎人所需的训练是完全不同的。”（p. 403）

［57］Boas，1916：“妇女们都一起乘小船出行，或者在树林中步行采摘浆

果。”（第 404 页）

［58］见《结构人类学》（1）法文版，第 252～253 页。

［59］年轻女子象征着前瞻性繁殖力，属于带标记的女性特征，年长的女子则无标记。因此，年轻女子应当永远处于陆地的位置上。例如在斯基纳版本里，由于她孕育了众山之王和陆地猎手阿斯迪瓦尔。再如纳斯版本也是一样，而且追加了采集浆果这种妇女特有的特征，浆果代表的是陆地食物。参阅博厄斯（1916）：“男人们带回除牡蛎以外的所有肉类食物，女人们则采集浆果、捡拾树根和贝壳。”（p. 52、p. 404）

［60］关于这一主题，可比较 Boas，1902，pp. 225-226 和 Boas，1912，pp. 74-77、pp. 120-123.

［61］Boas，1916，p. 70；另参阅 Boas，1902，p. 7 以及其他各页。

［62］见博厄斯主编的 *Handbook of American Indian Languages* 一书中由他本人撰写的有关钦西安语的那一章。

［63］E. Sapir（1915 等），前引书，第 3～7 页。从中可见，戈达尔误以为尼斯嘎人只有两种族外婚的区别，而不是四种（Goddard，同前）。这一错误也许源于这样一个事实：作为特林吉特人的近邻，尼斯嘎人比钦西安人更经常需要把最小公倍数规则运用于他们的社会组织，从而族外婚法则在跟族外人通婚的时候能够更加得到遵守。

［64］Sapir，1915，p. 3.

［65］博厄斯引用了 31 组对立的“方位词”：朝上/朝下；朝内/朝外；向前/向后，等等（Boas，Handbook *of American Indian Languages*，第 300～312 页）。

［66］1973 年 2 月，我在温哥华的一次研讨会上阐述了这一诠释。此后一位不列颠哥伦比亚大学的学生希尔达·托马斯（Hilda Thomas）小姐建议，作为“遗忘”的对立物，“怀旧”也可以定义为自我沟通过度，从而说明了第四个也是最后一个组合：＋，－。

第十章 温内巴戈神话四则[1]

保罗·雷丁（Paul Radin）兼具多方面的才能，这使他跻身于当代伟大的民族学家之列。其中有一项才能在我们这一行里实属罕见，造成他的著作不同凡响，那就是人们所说的嗅觉，即一种审美方面的天赋，能够让他直接进入现象、见解和饶有意味的资料。有时候，这种直觉隐藏在他的著作里的一些不起眼的角落，但是，只要我们充分专注地阅读，它就会逐渐显露出来。即使保罗·雷丁没有打算亲自下手碾磨谷物，他所储藏的收获物也总是能够为几代学者提供重要的营养。正是出于这个原因，我想对他的著述致以敬意，并打算就以《温内巴戈人谈温内巴戈文化》（*The Culture of the Winnebago: As Described by Themselves*，1949）为题出版的一本 235

书里提到的四则神话谈一点想法。在该书的序言里，雷丁本人说："我出版这几篇文本只有一个目的，即给学者们提供一些温内巴戈文化的确凿材料，为他们的研究服务。"虽然这个意图十分谦逊，而且四则神话分别得自于不同的报告人，我们还是可以看出，把它们合为一集出版是有充分理由的。从结构方面来看，四则神话反映
236 出一种深层的统一性，尽管如雷丁在序言和注释里一再表明的那样，有一个神话在内容、风格和结构方面与其他三个神话有很大的差异。不过，我将要把这四则神话之间的主导性关系找出来，并且证明这些关系是可以归并起来的，这不仅因为它们是关于一个部落的民族志和语言学的资料，而且我打算超出雷丁的意图，指出它们本属同一类，它们所传递的讯息是互为补充的。

第一个神话的标题是"两个互为转世的朋友：守灵四夜的缘起"。这是一个酋长的儿子和他最要好的朋友之间的故事，两人施行以牺牲生命换取部落幸福的计划。他们死后在阴间经受了一系列考验，最后抵达创世者（Earthmaker）的居所；创世者特别惠顾，打发他们返回活人中间，他们在亲属和伙伴当中重新找回了自己的位置。

雷丁在他的评论（第 41 页，第 32 段）中解释说，这个神话蕴含着一个当地人的理论。每一个人所摊到的寿命和尘世经验都是预先规定好的；假如一个人提前死去，他的亲人便可以要求神灵将他没有用完的生命岁月摊派给他们享用。不过，这个理论的含义还要深刻得多。因为，神话的主人公让敌人杀害了自己，从而放弃了未用完的寿命，这些时光应当增加为群体所设立的生命资本。然而，他的奉献行为并非毫无个人利益，因为当一个人成为英雄的时候，他就做出了选择：以完整的寿命换取缩减了的寿命。但是，完整的寿命是独一无二的，只被赋予一次，可是缩减了的寿命却成了一个可以重新延续生命的法律依据。换言之，放弃完整的寿命可以获得

一种权利，即能够无限制地进入一系列缩短了的寿命。再者，由于英雄奉献了他的完整寿命而使普通人的平均寿命获得增加，所以每个人都不吃亏，因为普通人的平均寿命可以一代又一代地缓慢而实在地增加。勇士们的寿命虽然缩短了，却能够不断地再生，只要他 237
们能够锲而不舍于献身的意志。

不过，对于两位英雄从事这种冒险乃是出于回报乡亲们的善举的说法，雷丁认为是“次要的解释”（第 37 页，第 2 段），我们无法肯定对于本地报告人是否完全公平。基于前面的分析，我们反而认为主人公们的这个动机是头等重要的。此外，这个神话并没有说只发生了一次战役，而是说到两次战役。第一次战役发生在勇士们尚未成年之时，因此没有人鼓励他们参战，甚至也无人把这一情况告诉他们，他们只听说发生了这次战役（第 11～14 段），于是决定不请自来。因此，他们对让他们扬名立万的事情并无责任，因为那是由别人设计和实施的。对于他们遇难身亡的第二次战役，两人同样没有任何责任，因为开启战端的是敌人，他们是为了报复此前针对他们的第一次战役而发动攻击的。

所以，作为出发点的想法很清楚。两位朋友已经有了美满的婚姻，并且在社会生活中是成功的（第 66～70 段）；他们为此感到对乡亲们有所亏欠（第 72 段）。按照神话所说，他们之所以前往冒险，意在做出一些有用的行动来奉献自己。这样他们就中了敌人为报复前一次的失败所设下的埋伏。所以说，两位勇士甘愿为他们的人民而去寻死。他们在导致死亡的敌对行动中是无辜的，倒是他们的同胞应当对此担负全责。可是，后者却继承了两位勇士为他们的利益而放弃的尚未用完的寿命。不过，由于英雄们将再生并重返人间，无疑还将我行我素，生命的转换周期也就重新开始了，而且会无止境地延续下去。雷丁提供的一些说明看来肯定了我们的这种诠释。 238

例如，他们死后，有一位神仙老婆婆让他们的灵魂经受种种考验，通过之后又把它们从有关人世的回忆当中解救出来。不过，每个灵魂若想得救，都必须不为自己的命运着想，而是为活着的部落成员的命运着想。

在神话所植根之处，我们发现了语言学家所说的双重对立。首先是**平凡的命运**与**英雄的命运**之间的对立，前者履行了安度完整而不能更新的生命的权利，后者出于部落的利益把这种权利置于危险当中。第二种对立建立在两种死亡之间，一种是明确无误和——假如可以这么说的话——千篇一律的死亡，虽说这种死法包含着一条可以获得阴间永恒的许诺；另一种死亡是周期性的，以往来于生死之间为特点。命运的这种双重性也许在温内巴戈人关于另一世界的梯子的象征里也可以看到，正如《医药仪式》（*Medicine Rite*）所描写的那样。据说，梯子的一侧“像一条青蛙腿，拧曲着，带有闪动的斑纹，另一侧像被用得发黑的红柏木，光滑油亮”（第 71 页，第 91～93 段；参阅雷丁，1945，特别是作者在第 63～65 页的极富教益的评论）。

让我们概括一下上述分析所得出的神话的信息。一个想要安享完整寿命的人会得到一种完整无缺的死法；然而，一个完全出于自愿而放弃生命、追求死亡的人会获得两种酬报：一方面，他会增加他的部落成员所分摊到的寿命；另一方面，他自己也进入一种以不完整的寿命和不完整的死亡不断交替为特点的状态。于是就出现了一个三角体系：

转世

（不完整的生命、不完整的死亡）

完整的寿命　　　　完整的死亡

第二则神话名叫“从阴间带回妻子的人”。它是同样一个主题的一种变体，但有一项重要的不同之处。这个神话里也有一位英雄——实际上是一位丈夫——准备牺牲他余下的寿命。不过，不像第一个神话那样是为了本族的利益，而是为了某一个人，即他那被掠走的爱妻。实际上，英雄起初一点也没想到寻死便可既为亡妻、也为自己获得一段新的生命。假如他对此有所意识的话——这一点对第一则神话里的主要人物同样适用——叙事里就不会有牺牲这个成分了，尽管这个成分对于情节的发展是关键性的。不过，结果在两种情况下是一样的：一个为他人利益而勇于丧生的人不仅使献身者本人，而且也使得他为之牺牲的一个或更多的他人都获得新生。 239

第三则神话名为“一个灵魂的阴间之旅——依《医药仪式》所述”。正如它的名字所表明的，这个神话属于一个宗教社团。它述说这个社团的成员在阴间必然经历的种种考验，就像其他神话中的主要人物那样，而且解释这些人在经受住考验之后，如何获得了转世的权利。

这种情形初看起来不同于前面所说的两个神话，但是这个神话里没有人牺牲生命。不过，我们知道医药仪式的信徒是定期举行某种象征性的牺牲活动的。雷丁在《通往生死之路》一书里和其他地方指出过，这种仪式遵循一种常见于北美地区的模式，成员们轮流“被杀”和“复活”。因此，第三个神话仅仅在以下一点上与前两个神话有别：它的主人公即仪式的信徒们并非甘愿一劳永逸地牺牲性命，而是一生中定期地反复演练同一场牺牲，只是象征性地进行。从某种意义上说，他们象征性地放弃了被仪式用不完整的生与死所完全取代的平凡和完整的生命，从而获得了抵御真正死亡的能力。 240
因此，构成这个神话的成分并没有变，尽管每一个主体——而不是1/3或整个群体——都是自愿的牺牲行为的受益者。

现在来看看第四则神话"拯救酋长之女的孤儿"。雷丁认为这个神话带来了几点困难。他实际上认为这个神话不仅不同于其他三个，而且在所有温内巴戈神话当中别具一格。雷丁在撰写《民族学的方法和理论》（*Method and Theory of Ethnology*，第238～245页）一书的前后，曾经认为这个神话可能是对一个有关村子起源的神话的一种改编，甚至改得令人难以辨认，而他在别处已经甄定了那个神话的所属类型。不过，他在《温内巴戈文化》（第74页及其后各页）一书中又解释了为何放弃了早先的这种诠释。

让我们仔细看看雷丁的解说。他首先扼要地叙述了这个神话的核心情节，他说这个情节简单得连概述都显得多此一举："一位部落酋长的女儿爱上了一个孤儿，因为痛苦心碎而死；孤儿把她救了回来。就在姑娘咽气的棚屋里，他不得不经受和克服各种考验，而且不是阴间而是尘世的考验。"（第74页）

如果这个主要情节本身"简单明了"，那么还有什么官司可打呢？雷丁列举了他认为每一个现代温内巴戈人都会予以驳斥的三个争议之点：（1）这个神话看来说的是一个高度分化的社会；（2）只有假定妇女在这个社会里地位极高，连继嗣关系都可能属于母系，主要情节才会可信；（3）按照常规，温内巴戈神话中的考验均发生在阴间，而这一次却发生在人世。

雷丁于是考虑到两种可能的解释，不过很快就否定了它们。他不认为这个神话借自于欧洲的民间传说，或者出自某位思想超前的温内巴戈思想家之手（some Wennebago radical）。雷丁宁可把这个神话追溯到温内巴戈人历史上的某一久远的时期。土著文学传统的
241 两种独立的形式——关于神的故事和关于人的故事——可能与某些远古的因素混杂在一起；出于把散乱的资料协调起来的需要，整个神话可能已经被修订过了。

我们不打算讨论这种优美的重构，它基于一整套无人可比的关于温内巴戈文学、语言和历史的知识。以下的分析不敢自诩能够取代雷丁的分析，而只是为了加以补充。此外，我们的分析将在一个不同的层次上进行，即逻辑的而非历史的层次；它不把温内巴戈叙事者的古代与当今的文化、而是把上文讨论过的三个神话当作语境。我们打算看看这四则神话之间是否有结构上的联系；如果确实有的话，还要对之做出解释。

我们首先想重提一个理论方面的问题。自从博厄斯的《钦西安人神话》出版以来，民族学家往往认为，一个特定社会的文化及其神话之间存在着常规性的关联是不言而喻的。可是博厄斯本人看来并没有走得这么远。在刚才提到的那部著作里，他似乎并没有像一些人自这本书问世以来就显然认定的那样，肯定地认为神话自动地反映文化。他只是谦虚地自问，神话这面镜子在多大程度上以及在哪些方面折射出文化的映像；他并且指出，文化中确实有一些东西进入了神话，但不能由此推断说：每当一个神话提到某种社会生活方式的时候，这种方式必定与某一客观现实相吻合；假如研究从目前状况中找不到它的话，那么过去就一定存在过。

有一种一致性是必然存在的，而且确实存在于一个神话的无意识的寓意——即它试图解决的问题——和它的有意识的内容之间，后者就是这个神话为了取得这个结果而营造起来的情节。然而，这种一致性不一定是一种准确无误的复制，它同样可能以一种符合逻辑的转换的面目出现。如果一个神话直截了当地把它的问题提出来，即采取它所来自的那个社会所感知并试图解决这个问题的方式，那么情节，即神话的外显内容，便能够直接从社会生活本身借入它的各项动机（motifs）。但是，假如神话把这个问题从反面提出来，而且采用归谬法寻求解决之道，那么我们就可以预料，外显内 242

容将会顺理成章地被修改，并且为经验地给定的社会现实——正像在社会成员的意识当中所呈现的那样——提供一幅颠倒过来的映像。

按照这种可能性，雷丁所说第四个神话所涉及的社会生活方式必属温内巴戈历史的一个古老时期的假设就绝不是非有不可的。因为，那些方式很可能提供了一个子虚乌有的社会的映像，无论它是现在的还是过去的，甚至违背温内巴戈的传统模式，只因跟其他那些外显内容诉诸传统模式的神话相比，这个特别的神话的结构是颠倒的。换句话说，假设 A 和 B 之间存在某种一致性，那么，只要用 $-A$ 取代 A，B 就得被 $-B$ 所取代。但是，不可由此推定，鉴于 B 与一个真实的客体相吻合，那么在某个地方一定存在着跟 $-B$ 相吻合的另一个真实的客体，不是在另一个社会里——它是从那里移借来的——就是作为遗存物存在于最初观察的那个社会的历史当中。

我们现在面临的问题显然是：为什么我们有三个 A 型神话和一个 $-A$ 型神话？也许因为 $-A$ 型更古老，但也可能 $-A$ 型是仍属 A 型的一个转换态 A_4，而前面的三个类型 A_1、A_2、A_3 显示了不同的转换态。

我们已经确定，这一组三个神话都建立在一组根本的对立之上，一方面是普通人的生命，他们自然死亡，其灵魂随后在阴间的某个村子里苟苟且且；另一方面是英雄的生命，他们自愿减寿，但是未能尽享的那一段寿命却能够为族群里的其他人添寿，同时也使得英雄重新延续生命。我们看到的前三个神话都不考虑第一种选择，它们一律只留取第二种选择。不过，这三个神话之间出现了一条补充性的区别，从而可以让我们依照英雄（们）为之献身的特定
243 目标对这些神话进行分类。这个目标在第一个神话里是让部族获益，在第二个神话里是让另一个人即妻子获益，在第三个神话里是让牺牲者本人获益。

第四个神话的情形如何呢？我们赞同雷丁的看法：这个神话有些“非比寻常的”特点。但是，这些差异既是社会的或者历史的，又是逻辑的，甚至更多地属于逻辑方面，因为它看来源自这样一个事实：在第一组对立（平凡的生命之对于不寻常的生命）这个层次上，又提出了一组新的对立。事实上，一个现象可能通过两种可以称之为不寻常的方式造成：或是过度，或是欠缺，即要么过分，要么不足。然而，如果说前三个神话中的主人公全都“禀赋卓绝”（过度），因而可以被放在超常的地位——无论是对公益事业的奉献之心还是夫妻恩爱，抑或是神秘的热情，那么至少在某一个方面，第四个神话里的两个主人公却不及常人，而在这个方面每人又有所分别。

酋长之女享有极高的社会地位，高得实际上脱离了部落百姓，而且由于不能表达自己的情感而处于瘫痪的境地。高贵的地位反而削弱了她，使她丧失了感情生活的一条基本特征。主人公同样遭到削弱，然而是在社会方面：既贫穷又孤单。那么，是否可以认为这个神话反映出一个阶级分化的社会呢？那样看意味着忽略两个主人公之间的明显的对称性，笼统地认为一个“高贵”、一个“卑下”是不对的。事实上，每个人都在某一方面高贵，在另一方面卑下；这种对称而颠倒的成对的结构，与其说它属于可由经验事实观察到的社会系统，不如说属于意识形态。我们刚才看到，姑娘具有很高的社会地位。但是作为一个活生生的造物，即从自然的角度看，她却处于低微的地位。至于那位小伙子，他的社会地位无疑极为低下，却是一位身手不凡的猎手，因而与动物界（即自然界）保有一种优越的关系。神话不断地回到这一点上来（第 10～14、17～18、 244
59～60、77～90 段）。

因此，我们这个神话的整个框架可以归结为一个极化系统，它把一男一女两个人拉近了，又让两者彼此对立；每个人都是一方面禀赋卓绝（＋），另一方面又天赋不足（－）：

	自然	文化
小伙子	＋	－
姑娘	－	＋

随着情节的发展，这种不平衡达到了极点：姑娘因自然死亡而丧命；小伙子孑然一身，故而遭受一种社会性的死亡。而且，在他们的平凡生命的全过程中，姑娘明显地位居上，小伙子地位居下，而当他们各自处于隔绝状态时（姑娘跟活人隔绝，小伙子与社会隔绝），他们的地位颠倒过来了：一个地位居下（在她的坟墓里），一个地位居上（在他的棚屋内的地面上）。有个一度使雷丁感到困惑的细节，我想能够起到显示这一颠倒的作用："他们在坟墓顶上堆上松土（loose dirt），以便不让任何东西渗漏出去（seep through）。"（第 87 页，第 52 段）雷丁是这样评论的："我不懂为什么堆上松土，不用夯实（piling the dirt loosely），就能密封坟墓（would prevent seepage）。肯定还有别的什么东西未被点明。"（第 100 页，注 40）然而，不妨把这个细节与另一个联系起来看，即有关小伙子搭造棚屋的细节："地面堆上厚厚的土，这样就能保持暖和。"（第 87 页，第 74 段）我认为，这里大概不是在提醒某种当今
245 或以往的做法，而是一种有点笨拙的尝试，它试图强调的是，相对于地面而言，此时小伙子在上，姑娘在下[2]。

话又说回来，这种新的平衡跟前一种平衡同样脆弱。活不下去的人死不成，她的灵魂"在世间游荡"。她以这种形式最终赢得了小伙子，他与阴间众鬼魂交战，并且把她带回了人间。作为对称性造成的一种绝妙效果，小伙子若干年后遭到一种同样的、然而却是颠

倒的命运："我还不算老，"他对已经成为他的妻子了的姑娘说："可是我已经不久于人世了……"（第 94 页，第 341 段）所以，**这个曾经战胜了死亡的人却不能活下去**。这种往来摇摆的游戏可能会无止境地继续下去，而且原文通过给予主人公一个独生子，至少把这种可能性点出来了，因为他不久也变成了孤儿，同样是出色的猎手。不过，情节朝着一个不同的结局演变。两位既不能生也不能死的主人公承担起一种折中的命运，也就是生活在地下、但黄昏时分能够不时冒出来活动的造物。非人非神，他们变成了狼，即集善与恶的特征于一身的不三不四的精灵。神话就这样结束了。

如果以上分析不错，那就可以引出两条后果。首先，我们这个神话组织成一个连贯的整体，连细枝末节都是相互调节和前后呼应的。其次，雷丁所提出的三个问题（参见本书第 240 页）直接反映了神话的结构。要为它们找到一个解决办法，没有必要求助于温内巴戈社会的历史，历史只能是推测而已。

所以，让我们根据我们的分析方法试着解决这三个问题。246

（1）神话所反映的社会之所以显示存在阶级之分，只是因为两位主人公以一组对立的形式出现；但是，他们之间的对立既是从自然的角度，也是从文化的角度得到呈现的。因此，所谓有阶级之分的社会并不构成一种历史残存，它是某种逻辑结构投射于想象的社会范畴的结果，这一结构的全部成分既相互关联又相互对立。

（2）第二个问题即妇女被说成地位很高的问题，可以用同样的方式解决。我们观察的四则神话其实表述了三个命题，这一点是我们的全部论辩所在。第一个命题采取了隐含的方式，第二个命题采取了明说的方式，但均存在于神话 1、2、3 当中；第三个命题方式同样明确，却在神话 4 当中。也就是说：

a. 普通人（保全寿命地）生而后（彻底地）死。

b. 因正面特征而成为非凡的人（早）死而后（复）生。

c. 因反面特征而成为非凡的人既不能生也不能死。

命题 c 显然是从命题 a 和 b *逆向地*推演出来的，因此它必须自设一个其主要人物（此处为一男一女）一开始就占据着颠倒地位的情节，以便使每个主要人物都能担负起演示的一半，跟担负另一半演示的另一方形成对称。这样一来，诠释每一个情节以及其每个成分永远不能就事论事地进行，也不能根据神话范围以外的现象，而必须根据那些构成一组神话的组成部分，而且只能是以那些神话为参照才能解释得通的替代物。

(3) 现在我们可以回到雷丁提出的最后一个问题上来，这个问
247 题与第四个神话有关：跟鬼魂交战为什么发生在陆地上，而非依照惯例，发生在阴间？解决这个问题的办法必然跟解决其他问题的办法同属一类，因为我们的两位主人公恰恰都是*不完整的活人*（一个就自然而言，另一个就文化而言），以致在叙事里与之一决高下的鬼魂们必须摆出一种*超越死亡*的架势。让我们回想一下，整个神话情节的起始和结束都发生在一个模棱两可的地点，人在那里成了阴间动物，而灵魂则在人间徘徊，不肯离去。这个神话从一开始就把一些半生半死的人物推至前台；因此它与前几个神话不同，那些神话一开始就标显出来的生死对立需等至结尾方获解决。所以，这四个神话放在一起的整体含义便是：若想超越生死对立，首先必须承认这一对立的存在；否则，人们在两种状态之间听任出现的含混性就会永远存在下去。

我只希望已经说明了这里考察的四个神话属于同一组转换，因而雷丁把它们放在一起发表有着比他所想见的更充分的理由。首先，这四个神话处理的都是一些与平凡的命运相对立的特殊命运。前者无疑并未专门提及，它们在四个神话的体系里形成一个空范

畴，这并不意味着它们在别处也不会得到填充。其次，我们发现，两种类型的特殊命运之间的对立，有些来源于过度，有些来源于欠缺。这后一个二项对立使我们能够把神话 4 与神话 1、2、3 区别开来，因而它在逻辑方面与雷丁依据心理学、社会学和历史的理由所做出的区分是相同的。最后，依照每个神话派给一个或数个英雄所自愿付出的牺牲的不同功能，我们可以对神话 1、2、3 进行分类。

所以，这些神话是按照分处不同阶段的二项对立的体系组织起来的，一些关联关系与对立关系在这些阶段内占据主导地位。然而，我们还可以再进一步，试着把这些阶段按照一个共同的标尺排列起来，从而能够把那些有趣的级次变化也考虑进去；当我们打算 248
确定鬼魂或灵魂对主人公施加的那些考验属于何种类型时，从神话到神话之间便可以见到此类级次变化。神话 3 里的鬼魂没有对主人公施加任何考验，它们只限于成为后者的同路人及其一路上所遇艰难险阻的无动于衷的见证者。鬼魂们在神话 1 里不再冷漠，但还没有显露敌意，情形反而大大相反，因为主人公必须抗拒它们的友善，既不能被女鬼们的劝诱所降伏，也不能在男鬼们的那种富于感染力的快活情绪面前让步，因为它们的那副无忧无虑的样子是装出来的，目的是让主人公上当。这样，这些鬼魂从神话 3 里的旅伴变成了神话 1 里的引诱者。它们在神话 2 里的举动依然酷似人类，然而却是作为干得出各种粗暴把戏的侵略者而行动的。这一特征在神话 4 里更为彰显，鬼魂们的似人外貌消失无踪了，因为我们在结尾处得知，正是它们化成了麇集的爬虫，对主人公施加迫害。所以，我们在各个神话之间看到了一种双重的发展过程：举动从平和变为富有侵略性，从人类行为到非人类行为。

不仅如此，我们还可以把这一发展过程跟每个神话的一个或多个主人公与社会群体的关系联系起来观察。

神话 3 里的主人公隶属一个宗教兄弟会。我们不怀疑他是作为这个团体的一员而履践他的特殊命运的，他在这个团体内部行动，而且与之协调一致。至于神话 1 里的两位主人公之所以与部族分离，原因是打算找机会做出一项有益于同胞的壮举，这一点原文屡屡提及。因此，他们是为了部族的利益而行动的。与此相反，激发神话 2 的主人公的仅仅是对妻子的爱情，丝毫没有牵扯到部族。主人公仅仅作为个人行事，而且只是为了另一个人。最后，神话 4 里的两位主人公对部族袒露出一种否定的态度。因为那个姑娘死于无法从
249 事沟通；事实上，她宁愿去死也不愿开口，她相信死对于她来说绝对意味着流亡。至于那个小伙子，他拒绝跟随决定迁移和舍弃姑娘的坟墓的乡亲们一道离去。因此，两个主要人物都选择了分离，而且他们各自的举动都是针对群体展开的（图 11）：

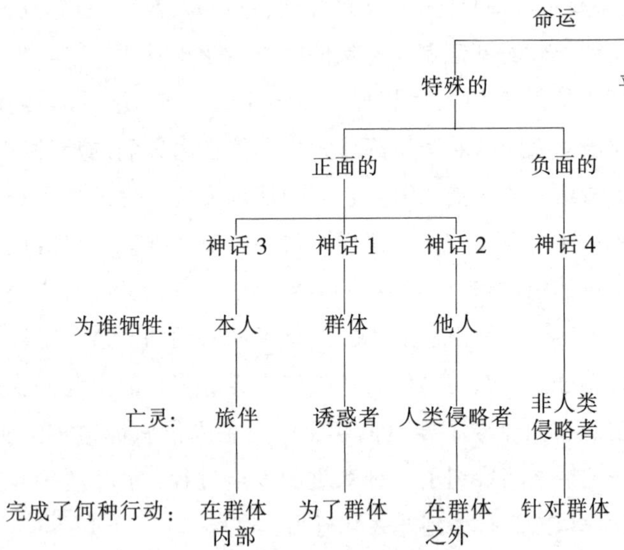

图 11　四则神话构成的系统

这张图可以概括我们的全部阐述。我很清楚，若使这张图有充分的说服力，它就不能局限于这里所考察的四则神话，而应当包括从雷丁留下的与温内巴戈神话有关的珍贵资料中提取出来的其他神话。不过我希望引入更多的补充材料以后，这里所勾勒出来的基本结构将只会变得更为丰富和复杂，而不会遭到破坏。通过评论一本其作者大概认为意义不大的小书，我只打算强调雷丁所运用的方法的孕育力，以及他提出的问题所具有的深远意义。

注释

[1] 根据英文原作修订，即“Four Winnebago Myths. A Structure Sketch”, Culture in History. Essays in Honor of Paul Radin, Columbia University Press, New York, 1960, pp. 351-362。该书是保罗·雷丁在世时，在斯坦利·戴蒙德（Stanley Diamond）教授指导下编写的，但迟至雷丁于 1959 年 2 月 21 日溘然辞世以后才发表。

[2] 这种解释就这一语境而言的确是可信的。不过有不少例子可资证明，这种丧葬习俗无论南美洲还是北美洲都有，即在坟墓上堆起巨石，以防止死者的危险的鬼魂逃离坟墓。要么相反，把泥土弄得很松透，以方便死者和生者之间保持交往。引起问题的是，此处第二种做法所要达到的效果实际上是人们期待于第一种做法的。

第十一章　星球的性别[1]

251 在我与罗曼·雅各布逊最初的几次交谈中，我记得有一次谈到语言和神话如何表现月亮与太阳的对立。我们当时试图在各地用于太阳和月亮的称谓语在词性方面，或者在表示二者相对大小与亮度的词语形式方面找出一些差异。我们很快就认识到，问题并不那么简单；对于西方观察家来说，这种二元对立是显而易见的，而远方的文化却可能用特殊的迂回的方式表达。

值此庆贺罗曼·雅各布逊 70 寿辰——也是我们相识大约 25 周年之际，我打算把在读书当中偶然获得的一些看法编纂起来，同时也为了纪念那些讨论。这些看法都跟美洲文化有关。但是尽管有这一地域性特点，它们也许能够促使研究者以更为开阔的视野重新研究一个问题，这个问题在 19 世纪末到 20 世纪初一度使神话学者十分着迷，后来却似乎被遗忘了。

南北美洲有许多语言都用同一个词语称谓太阳和月亮。易洛魁语便属于这种情形：奥农达加（Onondaga）方言中的 gaä'gwā，莫霍克（mohawk）方言中的 karakwa 指这两个天体，需要时可加上一个限定词：and*á*-kāgagwā，意为“白天的光亮”，以及 so*á*-kāgagwā，意为“夜晚的光亮”。以传播广泛闻名的阿尔冈金语族的各种语言也采用同样的方法。例如在黑足人的语言里，kèsúm（太阳，月亮）；在梅诺米尼（menomini）语里，kē'so（太阳），tipākē'so（昨夜的太阳，月亮）；山地（montagnais）语：cišekao-pišum 和 tepeskau-pišum；阿拉巴霍（arapaho）语：hīcīs（天之光）；大肚族（gros-ventre）语：hīsös。 *252*

塞米诺尔语、希契蒂语、乔克托语和切落基语都只用一个词语统称日月。库特内人说 nata'ne. ki，克拉马斯人说 sábas，既指太阳又指月亮。奎诺尔特人用一个意为“夜间的太阳”的词称呼月亮。加利福尼亚的几种语言或方言，例如阿丘马维语、北方迈杜语、卡罗克语、帕特温语、西部波莫语和北部波莫语、卡托语、怀拉基语、湖泊米沃克语、瓦波语，这些语言里的太阳和月亮叫同一个名字。

在南美洲，例如加勒比语和图皮语等便通常使用不同的词称谓太阳和月亮。但是，图卡诺语诸部落普遍使用一个词：沃帕斯的图卡诺语用 muhi-pun，库比奥语用 avy*á*。惠托托人称太阳为 hitoma，月亮为 hwibui 或 manaidé-hitoma（冷太阳）。安第斯高原的奇布查人使用不同的词 zuhé 和 chia 指称太阳和月亮，以此他们分别区分太阳和月亮的阳和阴。在西坡上的卡亚帕人称两颗阳性星为 p*á*'ta 和 pōp*á*'ta；巢科的沃纳纳人只用一个词 edau 指称“太阳”、“白天”

和"月亮"。

格族人尽管词汇丰富——这一点我们下文再说——这个语族的大多数语言都使用同一个词根构成称谓太阳和月亮的名词：put-，pud-。好几种阿哈瓦克语采用同一个办法；例如表示太阳和月亮的词语，帕利库尔语说 kamoi 和 kairi；瓦皮迪亚纳语说 kamu 和 kaier；库斯特诺语是 kxami 和 kwataua；帕雷西语则说 kamai 和 kaimaré。

使用同一个词或用同词根的词语来称谓太阳和月亮，绝不意味
253 着日与月在客观上被混为一谈，或者被认定属性相同。易洛魁人可以用同一个词语称呼太阳和月亮，并让它们分别产生于一个被斩首的女子的头部和身躯，或者相反；可是，他们把太阳说成阳性，月亮说成阴性。这一点同其他有关起源的神话一致，那些原始神话把发光体的太阳说成来自于一个男子被砍下的头颅，他的身躯掌管白天的温暖，又把作为发光体的月亮说成来源于一个女子被砍下的头颅，她的身躯掌管夜间的温暖。因此，语言把神话做出双重区分的星球结合起来了：一方面是头颅所属的人的性别，另一方面是此人的身躯，其上部和下部分别对应于发光与发热这两种由每个星球分别担当的不同功能。

事实上，区分发光与发热的功能常常比区分两颗星球本身更为重要，这一点或许可以解释为什么两个天体用一个词语指称。这方面，我们已经看到南美洲的图卡诺诸语采用了跟易洛魁语和阿尔冈金语一样的方法。不过，库比奥人却没有把太阳和月亮等同对待。他们说，太阳不过是白天散发光和热的月亮罢了。在太阳的意义上，发光体 *avyá* 并不带有人类形态的含义。另一方面，月亮作为阳性的神灵，在宗教表现中具有相当重要的地位。

奥里诺科河三角洲的瓦罗人使用不同的词语称呼太阳和月亮，

同样没有等同地看待两个星球。按照观察家们的意见，okohi 这个词看来是指白天最热的时刻，它与太阳的发热能力有关，而与它的亮度有别。月亮和太阳的确都具有发光的能力，但能够发热的只有后者。所以，存在一个特别的词语并不妨碍太阳被看成月亮的一种特殊样态，这个特别的名称用来表示月亮的一种特殊情况。这个概念涵盖较广，外延较小。瓦罗人的神话说月亮是太阳的“容器”，表达的也就是这个意思。

同样，属于中部高原格族的谢伦特人称太阳为 bdu，称月亮为 *254*
wa，不过他们更喜欢用意思为“光、太阳热”的 sdakro 代替前者。查科的埃默克-淘巴人（Emok-Toba）的观念显然十分接近库比奥人（Cubeo），尽管地理上相隔遥远。这两个部族都认为月亮是阳性神灵，它褫夺处女的童贞，并对其月经负有责任；人们对它最关注。太阳 *nála* 为阴性，基本上只以两种形式出现：lid*àgá*（发光）和 n：*táp*（温暖）。在这些印第安人的神话传统中，太阳的作用不重要。一般说来，我们对于指称太阳的词也被不加区别地用来表示星辰、白天和季节而印象深刻。例如瓦皮迪亚纳语中的 kamu 意为“太阳、白天”；查马科科语中的 dê'i 意为“太阳、白天”；卡施纳瓦语里的 bari 意为“太阳、白天、夏季”；阿劳堪语里的 antú 意为“太阳、白天、天气”。这一类例子还可以举出很多。不过，加利福尼亚的温图人（Wintu）对瓦罗人（Warrau）的理论做出了双倍的颠倒，因为他们把月亮看作“太阳的镶银的下腹部”。

巴西北部的苏拉拉人（Surára）把月亮看成造物主，他们的神话为何以太阳居于次要地位提供了解释：白日的星球形只影单，而夜间的星球安享无数星辰的陪伴。由于这个地区处于山区，众多的山峰倒显得是群星的一种陆地翻版。在众神祇的等级体系中，群星的位置仅次于月亮，扮演着月亮的协调者的角色，地位排在孤独的太阳之前。夜晚的发光体与白天的单独的太阳之间的对立在热带美洲很常见，并且在相距遥远的南部瓜拉尼人当中也可以看到，他们利用 yaci（月亮）和 tata（火）组成表示星星的词 yacitata。

但是，如果不是比太阳与白天的对比要强烈得多，那些夜间发光体在与黑夜对比之下，其数量就不会那么显著。相对于夜晚而言，星辰出没造成了相对明亮或者彻底黑暗；相反地，太阳与白天
255 混同而不是反衬，发光或躲到云层之后等不同情形决定了不同量级的亮度。亚马逊的蒙杜鲁库人注意到他们神话当中的这种不平衡性，将它归因于存在着两个不同的太阳：夏天的太阳和冬天的太阳。而且，有意思的是，他们把月亮当作后者的妻子。这样一来，主要的对立就有别于上述对立了。这种对立并不在天体之间，而在气象条件之间。依照其夜间是否可见，月亮规定了光亮和黑暗之间的对立，而且比太阳在白昼的规定性更强烈，因为太阳不过是给光明的状态添加了一些热和光；即使没有光明，与“黑夜”相对立的“月光”也会为现实提供佐证。太阳在逻辑上从属于月亮，在经验上无疑比月亮功效更为强大。一些性别方面的区分可以暗喻这一双重对立。无论是兔皮族、达科他人、迈杜人，还是中部阿尔冈金人、切落基人、塞米诺尔人、奇米拉人、莫科维人，以及在我们掌握着矛盾情况的淘巴人那里，太阳都属阴性，月亮都属阳性。但是在米克马克人、梅诺密尼人、黑足人、奇布查人、阿劳堪人、奥纳人、雅甘人和古代秘鲁人当中，与此颠倒的关系却占据主要地位。我们同时也注意到，在好几个民族的意识形态当中，星球的性别似乎是不稳定的，完全取决于是从语言（只要它区分性别）、仪式还是从神话进行观察而定；而且，单就神话而言，还要看它们是属于民间流行的，还是带有学究气的神话。例如，阿拉帕霍人的或多或少属于秘传的神话就保留了太阳的阳性特征，而且把月亮时而说成

男性（太阳的幼弟），时而说成女性，即太阳的妻子，或者男性月亮所生的儿子的祖母。在其他地方，名词的词性全视它们属于世俗还是宗教方面而定。

在同一个神话里，汤普森（Thompson）印第安人把神圣的太阳（雄性）区别于可以看到的太阳，即前者的女儿，她每天从东到西寻找父亲。更深入的调查大概会告诉我们，星球性别的指称很少是绝对的。我们已经间接地指出，在它们所能表达的更加基本的对 256 立方面，太阳和月亮是可以相互调换的；这些对立包括：明亮/黑暗、强光/弱光、热/冷等。而且，就某种神话语境或者个别仪典而言，根据每个星球所承担的功能，人们赋予它们的性别似乎也是可以互换的。

如果太阳和月亮确实有性别之分，它们便可能被说成有亲属关系，也可能没有。在前一种情形下，它们可以是兄妹、夫妻或二者兼具，即如已经在新大陆各地得到证实的那种有关日月之间乱伦的神话所说。这种神话假定月亮为阳性，太阳为阴性，因为对月亮黑斑最普通的解释是，一位姑娘为了方便辨认夜间来访的陌生的情人而弄脏了他的面孔。唯独秘鲁人颠倒了这对情侣的性别，让这种乱伦变得合乎情理，尽管克拉马斯人和高原萨利希人的神话，以及南加利福尼亚的几个部落的神话也都至少为这种解释提供了某种雏形。

勒曼-尼切（Lehmann-Nitsche）对这个问题很有研究。他指出，关于阳性太阳和阴性月亮之婚配的说法遍布于南美安第斯山地区。从委内瑞拉的库马纳人到火地岛地区，中经奇布查人、印加人、阿劳堪人，而且由于对淘巴人的古老神话有所反映而传入了巢科地区。他还提到另一根正好横贯前一条的轴线，沿着这条轴线分布着关于有着兄弟关系的太阳和月亮的神话。

如果我们把圭亚那和亚马逊各部落（加勒比人、图库纳人）暂时搁置不论——因为这一对星球的星辰特征在那里不那么显著，这个神话体系描绘了一条基本上绵延不断的分布线，从高原的东部和中部格族人到南美大草原的佩尔切人（Puelche），中经欣古河（Xingu）各部落、巴凯里人、博罗罗人和南图皮-瓜拉尼人。我们注意到，这个体系在安第斯山西麓的哥伦比亚和厄瓜多尔再次出现。
257 太阳和月亮的对立不再表现为分为阳性和阴性，而是表现为不同的年龄，即使两者为双胞胎，尤其是表现在它们的天然禀赋上。太阳长于思考，谨慎而干练。弟弟月亮却轻率冒失，常出各种差错，而且往往是致命大错，由哥哥负责补救。

格族人有着丰富的词汇来表示太阳和月亮，有些是世俗的，有些是宗教的，有些带有气象方面的含义，有些则用于称谓神化了的人物。这一丰富性能够反映一种中间取向，介于“兄弟”轴线和“夫妻”轴线之间，或者更准确地说，介于原则上要求两兄弟各有专名的“兄弟”轴线地区和日月基本上使用同一名称——虽然太阳并没有被削弱为月亮的一种样态——的亚马逊盆地西北部之间。事实上，如果说欣古河部落与格族人的近邻博罗罗人使用迥然不同的名称：kéri 和 kamé、méri 和 ari 等，那么在格族人那里，这些名字有时是用同一词根构成的，例如克拉霍人（Kraho）的 pud 和 pudléré，廷比拉人（Timbira）的 put 和 puduvri，阿皮纳耶人（Apinayé）的 mbudti 和 mbuduvriré。

假如不是因为这个例子以及卡亚帕人（Cayapa）的例子，我们可能会认为地理上相邻的民族是用下列两种办法对待太阳和月亮的对立的：要么赋予两个星球性别或不同程度的现实性，尽管指称它们的词相同；要么赋予它们同一性别，但赋予它们不同的名字和特征。两者之间的对立在一种情况下属于自然范畴，在另一种情况下属于道德观范畴。

这个提法似乎过于简单，北美洲和南美洲都存在着与之相悖的一些例子；我们倒是想详细考察一番这些例子，看看它们是否属于特殊情形。事实上，假如不考虑专家们设下的传统分野（且不说他们无疑会否定这些例子属于同类），那么北美洲的“兄弟”轴线大致呈现出北—西—南—东的分布情形，从高原萨利希人直到阿拉巴霍人，中间经过大肚族、克劳人、希达察人和夏延人。因此，北半球的“兄弟”轴线也正好跟名称混用情形的轴线相吻合，而且在形 258
式方面，这些均属中部阿尔冈金人的夏延人、大肚族和阿拉巴霍人所采取的位置表现出与格族人的某种类似之处。例如阿拉巴霍语中的 hicinicic（太阳）和 bi'guci（月亮），出自 bi'ga（夜晚）和 hicic（光明）两者的缩略。由于格族人和阿尔冈金人均把太阳和月亮看成两兄弟，语言的限制和神话的限制于是在不同的方向上起作用：一个倾向于在词汇中把另一个成对提出的词项混同起来，这就迫使它必须对这些词项加以区别。

所有以上迹象说明，语言上的对立跟其他方面的对立——包括宗教信仰、仪式、神话或民间故事所表达的对立——之间没有自动的对应性。语法上的阴阳性之分并不反映语义上的同样分别，甚至可能与之矛盾。再者，反复出现在多个层次上的语义差别彼此也会发生矛盾。不过，假如我们放弃这项无法完成的任务——即为每一个特例取得涵盖所有方面的严格的逻辑一致性，而满足于大胆地总体看待那些极为纷殊的现象，因为我们在那些唯有悉数清点一遍才能得出普遍结论的现象当中仅考察了极少一部分——那么，某种概念程式将会显露雏形。这个概念程式把每个社会所采用的办法（同一个社会也可能采用好几种办法）看成被一个接一个的不同选择所激发的一些答案。两个星球要么没有区别，要么有区别。如果没有区别，太阳就是月亮的一种样态；要么情形相反。如果两者之间有区别，那么区别要么是性别上的，要么不是性别上的。如果性别不同，那么太阳是阳性，月亮是阴性，要么两者相反；而且，无论是哪一种情况，两颗星球既可以是夫妻，也可以是兄妹，甚至两者兼具。如果区别不涉及性别，它们可能是两女或者两男，二人之间因性格或力量而对立。这后一种对立有时会减弱，以至于兄弟姐妹当中的某一个丧失了个体特征而成为一个跨类的人物。在这种情况
259 下，后一种取舍便会返回到第一种取舍，从而表明这个系统至少是潜在地封闭的。这个特点在哥伦比亚河流域以及远至加利福尼亚的部落里特别明显。不同群体之间，有时甚至在同一个群体内部的不同神话之间，太阳和月亮或为两个女人，或为两个男人，要么一个是另一个的苍白无力的翻版，要么形成鲜明的反衬。

过渡形式是明显存在的。这些过渡形式丝毫不会否定上述概念程式，相反却有助于将它的各种成分安排就绪。例如，阿帕波库瓦人（Apapocuva）便在两兄弟的说法和乱伦的兄弟姐妹的说法之间，采用了以失败告终的同性乱伦的说法，这一选择迫使属于阿帕波库瓦人的一部分的南部图皮-瓜拉尼人把月亮对异性的追求引向一位姑母，而同样也是瓜拉尼人的姆布亚人却利用这种行为来解释月亮黑斑的起源。于是，在一个有限的区域内，我们看到了两条轴线的交叉。另一个交叉点在哥伦比亚河盆地可以看到。意味深长的是，无论是此处还是彼处，神话都以热度险些毁灭地球、最初为夜间的太阳和最初为白日的月亮之间交换角色而告结束。

在其他地方，兄弟关系变换为内兄弟和妻舅的关系、舅甥关系甚至父子关系。因而从横向关系转化成纵向关系。当受到某个相邻系统的影响时，仿佛是在某种远距离吸引力的作用之下，一个系统会发生演变和重组。在某种意义上，每个系统都依赖于其

他系统。必须从总体上和它们的相互依赖关系当中加以把握才能理解它们。

鉴于神话分布遍及南北美洲，甚至超出了这个范围，看来选择它的兄弟姐妹间的乱伦行为当作参照轴线是正常的做法。事实上，借助于颠倒的变化，这根轴线的空间取向和神话的逻辑结构都导致神话更适合于产生夫妻型和兄弟型的关系，而不是另外两种类型的关系。美洲各地的神话思维都提出了日夜周而复始的问题，这就意味着两颗星球保持着合理的距离；两者彼此靠得太近或相 *260*
距太远就会导致不是过长的白天，就是过长的黑夜，其中的危险其他神话已经提到了。在关于兄弟姐妹之间乱伦的神话里，周而复始的日夜是作为方向对立而互为平衡的力量成分出现的。兄弟姐妹之间的乱伦倾向于把这些力量聚拢在一起，群体的公愤又使它们保持分离状态。神话在这种脆弱状态的任何一端都可能达到两种惯性状态：要么通过兄弟型关系取消性别，要么通过夫妻型关系取消血缘关系。不过，在前一种情况下，自然的互补性将让位于道德观方面的补充性；在后一种情况下，自然互补的两极是颠倒过来的。所以，神话的每一种变换若要克服某一轴线上的矛盾，都是以在另一条轴线上重新遇到它为条件的，而且每一次调解的尝试都伴随着参数的增多。

因此，上文所勾勒的双分法还不够。这种双分法可以让我们抽象地把那些体现出某种界限特征的价值规定下来，却不能反映具体的特点和衡量近似性的程度。要做到这一点，就必须建立一个类推模式，其中每个神话的起始态和结束态都能够进入一个多维度的空间，每个维度都提供一项参数，同一个语义功能的不同变化便按照这个参数，以能够相遇的最佳方式按部就班地排列。就距离而言，星球可以是结合的、邻近的、相距较远的、相距极远的或者相互脱离的。就性别而言，两者可以均属阳性、男人和女人、双性人、女人和男人，或者两者均属阴性。就其他属性而言，可以是物质客体、动物、人类、气候现象、星辰、星球、造物主。在家庭联系方面，则可以是父母、兄弟姐妹、同系亲属、配偶、联姻亲属或者陌生人。由于两颗星球从一开始就属性相同的情形并不多见，第五项参数将可以表达它们的相对的同质性或异质性，第六项参数将依每个项目是将最初性质保持到底，还是在叙事过程中发生改变，来表达在共时方面和历时方面的方向相反的变化。

261 让我们举一个例子来说明这种方法。我们在《神话学：生食和熟食》（第80～84页）一书里研究过一个关于捣毁鸟巢者的谢伦特神话。神话里的主人公属于互补而对立的社会单位，每个都与太阳或月亮关联，故可以用日月的语汇编入代码。于是可以认为，这个神话里体现着太阳和月亮的人物都是（1）相互脱离的，（2）阳性，（3）联姻的，（4）人类。鉴于它们在神话中从始至终都是如此，那个对子是同质的和共时的。与之相反，在关于太阳和月亮之间的乱伦的神话里，主人公都是（1）相互脱离的，（2）女人和男人，（3）兄弟姐妹，（4）天体。起初为人类的兄弟和姐妹一同变成了天体，所以这个对子在历时上是异质的。假如正像时有发生的那样，太阳和月亮一直就是不同的，这个对子在共时上就会是异质的。

如果这种模式只需三项参数，那么每一个神话都可以用一条由相同数目的坐标规定其起始和依次各点的轨迹来描述。这样，我们就可以把所有这些轨迹之间的语义距离跟地理和历史方面的距离拿来比较，目的是将这三个方面加以整合。然而，我们已经举出了六项参数，而且这个数目还会随着进一步的研究而增加。这种方法的复杂性排除了对问题做出图解处理，但它至少具有一种直觉的价值。我们仅仅勾画出了它的轮廓，但这已经足以使我们确信，那些神话没有把星球的性别当成一个孤立的问题，它们把与之有关的许多其他概念组合在一起，而从不考虑后者的经验来源。正像对于神话思维所运用的无数自然生物那样，对于太阳和月亮，我们也可以说：神话思维并不寻求赋予它们什么意义，而是借助它们来申明自己。

注释

［1］原载 *To Honor Roman Jakobson*，*Essays on the occasion of his seventieth birthday*，Mouton，la Haye-Paris，1967，pp. 1 163-1 170。

第十二章　文化中的蘑菇

——从 M. R. G. 沃森的一本书谈起[1]

263　我们知道，颂诗《梨俱吠陀》（RgVeda）给予一种能够醉人的叫做苏摩（Soma）的植物很重要的地位。从这种植物中榨取的汁液经过滤后掺入鲜奶或酸奶，供祭司们在仪式过程中饮用，而且似乎特别是给那些扮演因陀罗神（Indra）和他的车夫伐由（Vāyu）的祭司们饮用。古代伊朗人有一种在《索罗亚斯德圣书》（Avesta）里被称为豪麻（Haoma）的醉人饮料，极可能是与苏摩相同的东西。18 世纪以来，印度文化学者为识别这种植物提出了各种假说，但由于均无可靠资料佐证，所以注定只是说说而已。事实上，在吠陀时代以后，苏摩的奥秘以致对它的崇拜已经销声匿迹，此后的文献只提到一些植物学家能够识别的替代物种：麻黄（Ephedra）、肉珊瑚属（Sarcostemma）、洋萝摩甘（Periploca）。但是，由于这些都被认为仅仅是替代物，所以都被排除在这种原生植物的可能的代表之外。苏摩也不可能是一种发酵饮料或一种酒精。吠陀时代的雅利安人对于迟至中世纪才发明的蒸馏法还一无所知。他们认为，与发酵饮料迥然不同，苏摩是阳性的；他们并非不知道发酵饮料，但认为后者属阴性，吠陀经文用一个不同的名字称呼它：苏拉（súrā）。

沃森在一部名为《苏摩：永恒的神菇》（*Soma，Divine Mushroom of Immortality*，1968）的书里——此书因精美的水印纸张、优质的印刷与插图和印数十分有限而成为一部目录学珍品——对苏摩的属性提出了一个革命性的假设。这本书的意义相当深远，故民族学家不可只让印度文化学者独享传布这本书的美名。按照该书作者的说法，苏摩，也就是蛤蟆菌或者毒蝇菌（Amanita muscaria），在法国很知名，采摘蘑菇的人都知道它。而且，我们知道，自18世纪以来，大多数古亚洲民族如堪察达尔人（Kamchadal）或伊特尔人（Itelmen）、阔尔亚克人（Koryak）、楚克奇人（Chukchee）和尤卡吉尔人（Yukaghir）都把它用作仪典上的饮品，有时甚至对它怀有名副其实的崇拜，只因它有令人迷醉的特点。 *264*

在法国和世界各地，罗杰·海姆（R. Heim）的著述早已引起了人们对于迷幻蘑菇的关注。这些蘑菇的重要性和作用，又被沃森先生在墨西哥印第安人当中发现了。它们的用途在古代资料里仅仅模糊地提到，沃森先生的巨大功绩在于揭示了此类蘑菇仍然存在于一些土著人的社团，用途多种多样，以及对它们的崇拜；这些蘑菇与旧大陆的鹅膏菌（amanites）无关，尽管新大陆的几个地区也有这种菌类。

自1957年起，沃森先生和此后不久离世的已故沃森太太便合作出版了一部两卷本著作：《蘑菇、俄国和历史》（*Mushroom, Russia and History*）。我曾经有幸向法国公众强调过这部著作的重要性[2]，因为它为我们的研究开辟了一个全新的和内容丰富的领域：种族真菌学。出身盎格鲁-撒克逊血统的沃森讲到他在与一位俄罗斯裔年轻女子结婚后不久，有一次在卡茨基尔山上散步，他吃惊地发现他们两人对蘑菇的态度竟然完全不同。他对蘑菇完全不在乎，也不害怕，而妻子却喜欢得不得了。经过这次看起来无关痛痒的谈话之
265 后，夫妇俩开始了一场长期调查，调查使他们发现，在不同民族或文化群体中可以观察到的对蘑菇的反应带有感情性质。这表现在从日耳曼或凯尔特民族对真菌的真正的厌恶感，直到斯拉夫人和地中海盆地大部分地区的人们对真菌的钟爱。于是，沃森夫妇最早提出了不同民族有喜爱真菌与排斥真菌之分。只是最近，我才在一些有趣的场合下验证了这个区分言之不虚，在此值得一提。在一次晚餐中，话题转到蘑菇上，我简略地告诉客人们沃森先生关于苏摩的设想，同时提到他做出的这一今日已很有名的区分。当时在座的一位英国同行相当生硬地回答道，在各个民族之间做出这样深刻的划分纯属荒谬。他补充道，假如说英国人对蘑菇不怎么感兴趣，那只是因为蘑菇在英国十分少见。我的这位对话者就是这样充分显示了他的民族对于真菌的排斥感，因为，不言而喻，英国的蘑菇即使不比别的地方更多，至少也同样多。

可是，如何解释这些始终笼罩着神秘色彩的不同态度呢？这些态度在我们中间总是能够引起热烈的反响，无论是正面的还是负面的。1957年以来，沃森夫妇所阐述的假设认为，这些态度是古代蘑菇崇拜的残存物，这一点各地流行的民间信仰和称谓某些物种的名词的词源都可以证实。其结果是，差不多在世界各地，它们不是与电闪雷鸣联系在一起，就是与魔鬼或者疯癫有联系。因此，我们对

蘑菇的态度反映着一些极为古老的、大约可以追溯到新石器时代甚至旧石器时代的传统。这些传统曾经受到凯尔特人和日耳曼人入侵活动的抑制，最先是在发生入侵或者受其影响的地区，然后遍及整个欧洲，因基督教之故而效果参差不齐。按照沃森先生的看法，除了散落的信仰和习俗之外，东西伯利亚的旧石器时代的亚洲人和墨西哥印第安人组织较好的崇拜很可能是残留的孤证，但两者之间并 266
没有必然的联系。这一点我们回头再谈。不少迹象显示，直到相当晚近的时期，蘑菇崇拜在欧洲得到了广泛的传播。正如作者在他最近的一本书里所说，假若蘑菇崇拜曾被雅利安人——其起源被认为在欧亚大陆介于印度和西伯利亚之间的某个地区——带到了印度的话，那么它本来会获得更为广泛的传播。在他们的原始居住地，雅利安人可能很接近甚至直接接触桦树林或者针叶树林，因为只有这些树才能让蛤蟆菌大量繁殖。

沃森先生首先从否定的方面来建立他的假设。在提出来替代苏摩的众多植物当中，没有一种值得认真保留。在这一点上，他的论证获得了奥弗莱厄蒂夫人（Mme O’Flaherty）为他撰写的一篇历史的和评论性的报告的支持，而且报告被收入了他的书中，看来其论证是无可辩驳的。另一方面，吠陀经文以大量篇幅谈论苏摩，并以丰富的隐喻加以描绘，却既没有提到这种植物的根、叶、花或种子，也没有提到如何栽培，反而多次说到苏摩来自高山，可能是指兴都-库什山脉或者喜马拉雅山脉，那里海拔约 2 500 到 5 500 米之间的地方有桦树和针叶树生长。这些资料排除了所有可以想见的植物，唯独剩下蛤蟆菌。而蛤蟆菌应该是雅利安人早在祖居地时代就了解的。他们在占领印度以后，可能从那些盘踞北部山脉的敌对的野蛮民族那里获得了脱去水分的蛤蟆菌。许多颂诗的文本都暗示说，准备使用苏摩以前必须首先恢复水分。

蛤蟆菌有好几个品种，颜色从鲜红到金黄。《梨俱吠陀》在描述苏摩的时候经常使用 hári 这个涵盖整个颜色系列的修饰语；而且，替代物当中那些偏红色的最受宠。吠陀颂诗把苏摩比喻为雷鸣
267 或闪电的儿子，这与得到大量资料证实的有关蘑菇的流行信仰是一致的。只要我们考虑到鹅膏菌的各个生长阶段及其可能呈现的不同外貌，《梨俱吠陀》所运用的所有隐喻——包括那些人们认为属于隐喻的说法——便都获得了准确的描述价值。唯有这种蘑菇，而不是任何其他植物可以比拟为红色的日轮或者阿耆尼（Agni），即火。所以才能够说它“一褪去外衣就露出自身的色彩”（正如我们所知，这外衣就是白色的菌膜，它的碎块使菌帽长时间呈现斑点），“它用牛奶做成礼服”，“白天它现出火红色”（在 L. 雷努的译本中是栗色），“晚上它是银白色”，“皮如公牛”，“衣袍如绵羊”，它是“独眼”，“苍穹的支柱”，“世界的肚脐”，“以上千个小疙瘩赢得美名”，等等。如果苏摩不是蘑菇，那么它如何能够被比拟为乳房和雌畜的奶子呢？只要想到这种伞菌的突起的菌盖和隆起的根部，那么图景不就变得很清楚了吗？沃森先生匠心独具，以最令读者信服的方式给每一幅图像都配上了彩色照片，从而凸显出蛤蟆菌的某些侧面，衬托出它们与人们认为古典颂诗所使用的修辞形象之间的往往令人惊讶的吻合之处。

更令人困惑的是沃森先生的那个不妨称作“铁证如山”的证据。《梨俱吠陀》有不少含糊其辞的段落，其中有个段落让专家们伤透了脑筋，即《颂诗》第 9 卷第 74 首第 4 行里的一个句子。雷努是这样翻译的：“那些尿泡胀鼓鼓的老爷们把尿撒在开动起来的苏摩上”，沃森译得更加乏味：“肚子鼓胀的人们朝苏摩撒尿”（第 29 页）。如果这不意味那些享用鹅膏菌的人的尿液受到高度重视，正如所有东西伯利亚的观察家都已经注意到的那样，那么还能意味着

什么呢？这种尿液经由同伙或者由喝醉的人自己饮下之后，能够导致或者重新使人醺醉，这种醉意与吃下新鲜蘑菇之后，或者更常见的是吃下干蘑菇以后无法消化而导致的醉意相同。更有说服力的 268
是，与古亚洲民族有关的民族学文献使人相信，这种尿液可能比原生物质更为可取；有些人认为其效力更大，有些人则认为，在穿经人体的过程中，蘑菇所含有的一些引起令人难受的症状的化合物被消除了，而引起幻觉的一种或几种生物碱则留存下来。因此，西伯利亚人采用两种不同的食用方式：要么吃蘑菇，要么饮下醉者排出的尿液。然而，吠陀经文几次提到苏摩有两种存在形式（第9卷，第66首，第2、3、5行；沃森1957，第25～27页）。《索罗亚斯德圣书》（48：10）有一篇经文，沃森先生说除非采纳他提出的解释，否则无法理解；文中谴责了“听任祭司用喝醉者的尿哄骗的人们”。沃森先生还援引了《摩诃婆罗多》的一个情节（《帕尔万的马祭》，14.54，12—35），其中黑天神（Krsna）赐予下属一种饮料：一位不可冒犯者的尿液，此君原来就是因陀罗，而尿液本身原为一种令人长生不老的饮料。

吠陀经文提到制作苏摩时需连续使用三个过滤网，看来这与上述诠释是一致的。用羊毛制作的第二个过滤网似乎是个技术性的东西，引不起什么问题。但是，第一个过滤网被比作一辆被阳光穿透的天国马车，它只能跟蘑菇本身发生联系。因为用来制作苏摩的植物常常被比作火和太阳。新生蘑菇的鲜红菌帽被菌膜的碎片有规则地点缀着，那种网状很容易使人联想到过滤网。至于第三个过滤网，其性质和作用始终难以解释，除非是从中看出食用者——也就是扮演因陀罗的祭司——的身躯。苏摩穿经它而纯净化，最后以尿液的形式流出。事实上，众多诗节对于苏摩经过天神的胃、腹和内脏的整个过程都非常关注[3]。 269

看来所有这一切导致了那些以往在原始居住地的仪式上通常饮用蛤蟆菌汁液的雅利安人在进入印度以后，通过从山地民族取得干蘑菇的办法，力图维持他们的给养来源。在这些货源断绝以后，多亏婆罗门文学描述和讨论过的、多少能够满足需要的代用植物，他们在很长一段时期内似乎仍然保持了这一传统崇拜。此后，这种古老的崇拜就应该彻底消失了。印度教徒变得排斥真菌以后，用一个轻蔑的词语“狗尿”统称所有的非食用真菌。相反，可以证实的是居住在旁遮普、克什米尔和一些西北省份，即雅利安人最早居住的地区的锡克教徒和穆斯林教徒依然喜爱真菌。在印度教的地理或文化边界以外的地方，仍然可以找到这一古老崇拜的痕迹。按照沃森先生的看法，中国关于灵芝即“使人长生不老的蘑菇”的传统也许是从印度输入的，它偶然地于公元前一世纪通过漆皮多孔真菌（Ganoderma lucidum）得到体现，并且从此借助图像基本忠实地不断再现。也许还通过波斯的中介，曾经在摩尼教徒中流传，而且受到（一度与他们信仰相同的）奥古斯丁的谴责，说他们嗜蘑菇成癖。数个世纪以后，这种谴责可以在一位声讨外来的摩尼教派的中国文人的笔下再次见到。同一篇檄文还谴责了这一教派用红蘑菇以及显然是人的尿液当作仪式用水。关于这个问题，沃森先生指出，孟买地区信奉琐罗亚斯德教的帕西教徒便象征性地饮用公牛的尿。

作者不止一次地提到对于尿的这种正面态度，它跟我们的态度
270 截然相反：我们是把尿当作一种排泄物看待的。作者认为，这种态度是围绕着蛤蟆菌的宗教心结的痕迹，而我们了解饮尿从中占有的重要地位。他甚至假设这种心结可能产生于与驯鹿接近，它们吃鹅膏菌也会吃醉。而且，驯鹿特别喜欢人尿；完全可以假定，当人尿含有蘑菇的生物碱时，这种喜好会十倍地增加。至少就学会饮尿而言，这些被西伯利亚人驯化了的动物也许还是他们的启蒙者呢。这

个假设看来不无道理，不过是个脆弱的假设，因为沃森本人告诉我们，在世界其他地方，人类无须任何动物之助，在别的蘑菇那里同样发现了这种令人迷幻的能力。按照他的看法，鹅膏菌作用于精神的那些物质乃是所谓原始民族所了解的唯一没有被有机代谢作用破坏的物质。就像所有别的态度一样，对人体分泌物的文化态度带有种族中心主义的特点。尿在我们心中引起厌恶感不是一种自然现象，许多民族对这种多用途的液体一直抱有一种较为客观的态度。澳大利亚人甘愿用从他们切除了包皮的阴茎中提取血液制作胶水。同样，许多民族都像北美西北部这样把尿液用于仪式上的洗涤活动，或者干脆用它们充当洗发液。那么，是否应当由此做出结论，认为他们的祖先曾经食用过鹅膏菌呢？那是有可能的，甚至极为可能，鉴于他们的远祖来自亚洲。我在下文中将阐述另一条论据，表明尿液的一种更为晚近的运用。这里似乎不提它也可以理解没有化学产品的民族如何充分开发他们唯一能够支配的自然物质的特性。

至于印度和尤卡吉尔人把所有被认为不可食用的蘑菇统统归入
“狗尿”的做法（尤卡吉尔人把它们跟他们喜欢吃的鹅膏菌对立起 *271*
来），我们倒可以进一步发挥。这种发生于相隔数千公里以外的关联是很难说清楚的，除非是引入一种隐含的信仰。这种信仰在西伯利亚已经得到证实，它在印度的早期存在也提供了解释尿与蘑菇的联系所需的逻辑上的关键环节[4]。事实上，我们已经知道，在一定条件下，从经验的角度来说，人尿对于精神的作用与迷幻蘑菇是相同的，我们于是可以提出：

a. ［人尿 → 鹅膏菌］∷［狗尿 → 普通蘑菇］

b. ［鹅膏菌：其他蘑菇］∷［人：狗］

我们认为，沃森先生的著作令人信服地建立起一个论点，即在所有可能代表苏摩的待选植物当中，蛤蟆菌有着远比其他植物更大的确实性。它确实能够使得一些此前显得毫无意义的命题和提法获得意义。另一方面，只有那些在潜意识里排斥真菌的批评家才会沮丧地不得不承认，说到底，吠陀颂诗中那些热情洋溢的抒情诗全是献给一只蘑菇的。因为，这种抒情流露今日依然可能发自一位林中漫步时意外看到刚从地里冒出来的蘑菇的斯拉夫人之口，而且欢喜之情绝对不输于吠陀时代。

但是，毫无疑问，以上提出的解释在吠陀研究的领域之外会引起一些问题，而这个领域是我因能力不够而不打算深入探讨的。即使不考虑专家们会认为应该提出来的历史或文献方面的异议，我还是想到了好几个问题。按照沃森先生的说法，在吠陀仪式的全盛时
272 期，人们不光只使用产地遥远的干蘑菇而已。如果这个解释正确，颂诗却继续用大量细节来描写蘑菇生长过程中那些只有在**原生地**才呈现的转瞬即逝的情形。那么，是否应当认为有些祭司曾被派遣到原产地，并讲述了他们看到的东西呢？所有被征引的文献都对此无任何提示。因此，我们大概能够得出结论：颂诗保留着很久以前雅利安人对于他们在原始居住地的观察的记忆；这些观察在庆祝仪式的当时对于仪式参加者并没有任何意义，因此他们所处的局面与后世的注释者相同。这一点并非无法想见，因为一种仪式虽含义晦涩，声誉倒不一定受影响。但是，我们应当考虑仪式的实践及其语言表达之间的这种怪诞的反差。另一方面，沃森先生的解释已经引起一些超出了苏摩的性质问题的后果，对此我们也不能视而不见。如果他说得不错，以往那种用于观察整个吠陀文学的精神本身就会发生变化。人们面对的将不是放纵不羁的抒情，也不是往往使非吠陀专家无法卒读的咬文嚼字，而是一些描写性的说法，隐喻的运用也只是为了更贴近现实而已。但是，如果在这种情形下这是不错

的，那么在其他情形下也必然如此，而且我们能够依稀看到一个对于印度文化学者来说并非十分愉快的前景，即必须一把又一把地找出各种钥匙，每一把都打开一把意义之锁。

例如，为了解释颂诗为什么经常给苏摩冠以火神阿耆尼的名字，假如我们不满足于仅说蘑菇的红颜色是隐喻用法，那就必须认真对待沃森先生对于像 poη 一类词语形式的巧妙推测。他不仅在古亚洲语言里揭示了它们的存在，也在包括了萨摩耶语（samoyède）和芬兰-乌戈尔语（finno-ougrien）族的整个乌拉尔语系当中找到了它们。根据不同场合，这个词语形式的意义可以分别是“蘑菇”、“萨满师傅的鼓”、“痴醉”、“丧失知觉或理性”。沃森先生认为可以把它和原始印欧语的形式联系起来；按照历史文献学家的观点，后 *273*
者可能产生出希腊语的 sphóngos，拉丁语的 fungus“蘑菇”，以及——按照沃森先生所说——英语的 punk，意为“灯火的绒芯”。不过，桦树的根部既为蛤蟆菌提供了良好的生长地点，同时也是最适合接受 Fomes fomentarius 即火绒菌寄宿的房东。这样一来，我们就看到一个以往曾为整个欧亚大陆所共有的古老的三项组合：桦树——这个地区早期民族大多将其视为生命之树；火绒菌——自北欧中石器时代起就有被用于引火灯芯的见证；鹅膏菌——它能带来神圣的感悟。

从这个观点来看，《梨俱吠陀》里的苏摩在亚洲历史上并不是一个孤立的插曲，而是一种遍布欧亚大陆的崇拜的最高体现，并且借助生命之树和长生草的传说，几乎在各个地区都持久不衰。显然，我们从这一点还可以探究得很远，以至于例如从《创世纪》里的智慧之树和禁果当中看出虽近于怪诞、但依然历历可辨的下列形象：神圣的西伯利亚桦树，寄生在桦树干上的火绒菌，以及从根部可获得超自然知识的鹅膏菌。沃森先生走得甚至更远，按照他所津津乐道的想法，整个宗教现象都可以在迷幻蘑菇的使用中找到其根源。

显然，这种泛真菌主义——如果不妨这么称呼的话——如果没有理论支持是脆弱的。沃森先生（第217页、220页）从玛丽·巴尔纳德的一本新书（《神话的制造者》，俄亥俄大学出版社[①]）里借用了一条论证。巴尔纳德小姐认为，无论任何神话都起源于某一种自然现象。这似乎是一种极天真的观点，因为没有未经加工的自然现象，它们全都被人类观念化了，而且经过属于文化的逻辑和情感准则的筛滤。关于使人产生幻觉的蘑菇，罗杰·海姆制作的电影很了不起，而且极有趣味，我们能够从中得出的最可靠的结论是：癫狂
274 状态从形式到内容都随每一个主体而产生极大的变化，它们均取决于气质、个人经历、修养和职业。沃森先生的见证与之相仿，他讲述了与日本同行一道做出的蛤蟆菌试验。他们中间只有一个人感到近似于狂喜的欢愉感，其余的人都不同程度地感到难受。跟我们的社会不同，在那些已将幻觉品制度化了的社会里，人们可以期待幻觉品带来的癫狂不会是一种由物理化学性质决定的癫狂，而是一种被这个群体自觉或不自觉地期盼着的癫狂，而且每个人的感觉都不会一样。幻觉品并没有蕴藏自然的信息，这个概念其实本身已属自相矛盾。它们只不过能使某种潜藏的话语得到释放，并且将其放大；每一种文化都储存着这样的话语，而毒品能够令其表达出来，或者说使之表达得容易一些。

因此，为了反驳数位斯堪的纳维亚学者的论点——即这种蘑菇是古代北欧海盗暴怒（berserk）的诱发剂，像沃森先生那样举出蛤蟆菌在西伯利亚人身上诱发的各种癫狂形式——通常是平和善意

---

① Mlle Mary Barnard, *The Mythmakers*, Ohio University Press, 1966. ——译者注

的——看来就不合情理了。人们肯定没有任何直接的证据，这个假设因而只是空口无凭，没有什么根据。不过，没有任何理由可以让我们**先验地**排除下述可能性：在不同于阔尔亚克人和北欧海盗那样的社会里，人们会为了获得相反的精神作用而索取同一种毒品。

所以，作为结论，我要对北美洲大部分地区出于对制造幻觉的真菌的表面无知而引起的问题提出我的简单思考，而对于这样或那样的泛真菌主义的形式我不置臧否。这个地区包括从东西伯利亚到墨西哥之间的广大区域，品种完全不同的伞菌在这里曾经用于同一目的。

关于世界这一地区的文献大部分出自盎格鲁-撒克逊血统或者受过盎格鲁-撒克逊式教育的研究人员之手，因此我们不可忽略他们可能对真菌抱有排斥情绪，这一点可以解释蘑菇在北美印第安人文化中看来相对低微的地位。因为，不是由于缺乏兴趣，就是出于下意识的厌恶，这些研究者可能忽视了这个领域。此外，就最佳情形而 275
言，杆状菌和盖状菌［蘑菇（mushrooms）、毒蕈（toadstools）］之间的区别，多孔菌和其他树蕈（fungus）之间的区别并不总是十分清晰的。最后，这个东西被法语归入极为宽泛的 champignon（蘑菇）一词，被英语归入刚才提到的那几种分类，可我们几乎从来没关心过这种或那种土著语言是否对它有更进一步的细致区分，从而导致有关蘑菇的信仰或态度事实上仅指某一种或某一科蕈类，而与之对立的信仰或态度或许主要针对其他种属的蕈类。

谈完了这些保留意见，并以必要的谨慎态度继续讨论，我立即想到两条一般性的意见。首先，除墨西哥以外，属于多孔菌类的无杆蘑菇在南北美洲的信仰和神话中似乎比有盖蘑菇占有更重要的地位。其次，特别就北美而言，现有的资料都重视落基山脉西部的蘑菇，而不是东部的蘑菇。

实际上，在所有美洲部落当中，只有沿海和内陆的萨利希人和他们的邻居可以算作喜爱真菌者。跟卡列尔人及太平洋沿岸更偏北的印第安人一样，萨利希人喜欢用树蕈给氏族和个人取名字（詹纳斯，1943，第 497 页；巴博，1929，第 166 页；泰特，1900，第 292 页）。他们还生吃几种地上生长的品种（汤普森人、桑普瓦尔人、奥卡纳冈人），食用前稍加烘烤（汤普森人），然后晒干（图瓦纳人）或者水煮（奥卡纳冈人）（泰特，1910，第 233 页；1930，第 483 页；雷伊，1954，第 104 页；克莱因，1938，第 29 页；埃尔姆多夫，1960，第 131 页）。再往南，加利福尼亚北部和中部的印第安
276 人的饭菜里经常出现蘑菇。这些人跟萨利希人的共同习俗是从针叶树上的某些树蕈中榨取红颜料作为涂身油膏（泰特，1900，第 184 页、259 页；德赖弗，1919，第 333 页；泰特，1910，第 205 页；奥尔森，1967，第 105 页；戈德史密斯，1951，第 408 页、410 页；沃格林，1242，第 180 页、197 页）。萨利希地区北部的夸扣特尔人拿一种名字让人想起腐烂物的蘑菇作为医用膏药（博厄斯，1932，第 187 页）。有些萨利希人氏族拿一种受寄生菌侵蚀的多孔菌制作肥皂（希尔-图特，l904，第 31～32 页）。还是在萨利希人当中，年轻的汤普森男子用一种叫“猫头鹰木”（冷杉多孔菌）的树蕈揩擦身体以期获取力量（泰特，1930，第 504 页）。

在沿海地区的萨利希人当中，克拉莱姆人（Klallam）和奎诺尔特人（Quinault）认为，长在芦苇和针叶树上的蕈类（fungus）能够保佑赢得赌博（冈瑟，1927，第 274 页；奥尔森，1967，第 166 页）。人们一直注意到，这个地区的人有用树蕈当靶子的风俗，正如更偏北部的阿塞帕斯坎人（塔纳纳人）那样，只是后者另外还赋予它一种仪式功能，即在把一种火绒多孔菌化为灰烬并与烟草混合咀嚼以前，将其“净化”（埃亚克人、塔奈纳人和一些西部爱斯基

摩人则不掺入烟草）（亚当森，1934，第 7 页；奥尔森，1967，第 135 页；麦克南，1959，第 166 页）。

从北部的夸扣特尔人到南部的奎诺尔特人，人们记录了太平洋沿岸有些蘑菇（在前者中是男性生殖器形状的蘑菇，在后者大概是多孔菌）与回声之间的零零星星的联想关系。斯夸密希人（Squamish）相信回声是由树蕈引起的（凯珀斯，卷 2，第 59 页）。在奎诺尔特语里，回声和一种白色肉质的树蕈是同一个词（博厄斯，1902，第 790 页；奥尔森，1967，第 165 页）。在更远的东部梅诺米尼印第安人中存在着同样的联系，他们操阿尔冈金语，居住在五大湖地区。他们相信一种生长在某些针叶树上的真菌在每年将近 2 月底时出现一次，每次一整夜，此间它们像人一样大声吼叫，因而像一个有威力的精灵一般受人尊敬（斯金纳和萨特利，1915，第 498 页）。

落基山脉东部的黑足人、奥马哈人以及密苏里河上游的几个部 277
族吃蘑菇（张伯伦，1892，第 573 页；吉尔摩，1919，第 61～63 页；弗莱彻和拉·弗莱什，1911，第 349 页）。易洛魁人至少吃 6 种蘑菇，但似乎并非没有歧义，因为神话认为烧煮过的蘑菇会致人于死命（沃，1916，第 121～122 页；柯廷和赫威特，1918，第 297 页、798 页；芬顿，1953，第 90 页）。事实上，易洛魁人的邻居奥吉布瓦人认为，蘑菇是吃了会死的食物，圆球脑袋族（Tête-de-Boule）和大西洋沿岸的米克马克人也对蘑菇持否定态度，他们跟夏延人（住在其他地方，但也讲阿尔冈金语）一样，把蘑菇作为缺粮时才吃的食物之一（科尔，1956，第 223 页；吉纳德，1936，第 70 页；兰德，1894，第 50 页；多尔塞，1905，第 45 页）。蘑菇与死亡和饥馑的这种双重关系似乎在南美洲传播得更广泛，那里的格族人、蒙都鲁库人、图库纳人和瓦罗人的神话里有许多这方面的例子

（班纳，1957，第 40 页；墨菲，1958，第 123 页；尼缅达居，1952，第 148 页）。但是，瓦罗人给那些想生育的不孕妇女开出用尼度拉里阿（Nidularia）蘑菇浸泡的药方（罗思，1915，第 286 页）。美国西南部的吉卡里拉-阿帕奇人对于蘑菇与超自然世界之间的联系有一种不同的观念，他们用焚烧蘑菇产生的烟雾驱赶妖邪（奥普勒，1960，第 159 页）。

我们在美洲看到一种与古代欧洲大陆的信仰极为相似的看法，这种看法认为蘑菇产生于天空或者气象现象。黑足人和密苏里河上游的一些部落把蘑菇和星辰联系起来。落基山脉西坡的穿鼻族和有些沿海的萨利希人认为蘑菇起源于雷电，而阿根廷查科的陶巴人则认为起源于彩虹（吉尔摩，1910，第 62 页；威斯勒和杜瓦尔，1908，第 19 页、40 页、42 页、60 页；沃克，1968，第 23 页；梅特罗，1940，第 39～46 页）。在旧大陆，蘑菇和粪便经常被联系在一起（如"狗尿"、"狼屁"之类），属于同类情形的还有南美洲的
278 淘巴人（彩虹的粪便）和马塔科人（狐狸的粪便），北美洲的奎诺尔特人（美洲狮的粪便）以及西希埃特尔人或者西彻尔特人（雷电的粪便）（梅特罗，1939，第 122 页；奥尔森，1967，第 166 页；希尔-图特，1904，第 31～32 页）。

另一方面，在墨西哥以外，很少见到能够表明蘑菇具有任何生理或心理转化作用的迹象。我们顶多能够举出住在南美洲亚马逊河西北部的尤里玛瓜人（Yurimagua）的例子，他们用一种尚未得到鉴别的树蕈制作一种醉人的烈性饮料；圭亚那的卡奈马人吃一种长在枯木上的白蕈，以求感觉轻松和跑得快（尚特勒和赫雷拉，1901，L. Ⅱ，第 85 页；吉林，1936，第 150 页）。至于北美洲，我已经提到过，有些爱斯基摩人和大陆西北部的阿塞帕斯坎人有一种习俗[5]，他们把长在桦树上的真菌的灰烬单独或者连同烟叶一起咀

嚼（好像这样味道可以更浓烈）。我们还必须提到属于东普韦布洛人的德瓦族的一种古怪信仰。他们在吃蘑菇的时候，在罐子上小心翼翼地横搁一根木棍，以防一旦忽略了这种预防措施而丧失记忆力（罗宾斯，1916，第 66 页）。反过来，被称为“狂舞者”的阿拉巴霍人的舞蹈者将蘑菇当作耳环佩戴（克鲁伯，1904，第 195 页）。由于阿拉巴霍人与特瓦人中间只隔着吉卡里拉-阿帕奇人——我们已经看到蘑菇在后者当中起到避邪作用，在种族真菌学上，大陆这一地区特别重要。

我们另外也知道，阿拉巴霍人属于一个脱离了大阿尔冈金语系的南部分支，他们的原始居住地在很远的北部。因此，我们将怎么看待莱勒曼特教士关于魁北克地区操阿尔冈金语的印第安人——或者他们当中的一部分——所作的见证呢？他在 1626 年写道：“他们相信灵魂不朽，而且实际上确信死去后将前往天国，他们在那儿将 279
一边吃蘑菇，一边交谈。” （P. Ch. Lallemand，*Relations des jésuites*，éd.，de Québec，1858. pp. 3-4）

如果此处我们没有上民族志文献里某些信口开河行为的当——它们就像指责大自然随心所欲一样，跟真正的含义风马牛不相及——那么我们便不能不倾向于认为，莱勒曼特教士报告的是某种关于跟西伯利亚人类似的习俗的记忆。因为，我们还熟悉另外一些情形（参阅拙著《餐桌规矩的起源》，第 219～224 页、325 页），即土著人的思维把从前一度属实的存在、物体和知识转入了超自然的范畴；出于历史和地理方面的原因，社会虽然已经不再实际使用这些东西，在观念形态上却仍然把与之有关的记忆跟昔日的享受协调起来。

注释

[1] 第十二章原以法文刊于 *L'Homme，ruvue française d'anthropologie*，

vol. X，n° 1，1970，pp. 5-16。

［2］“Dis-moi quels champignons...”，*L'Express*，10 avril 1958.

［3］见于近期发表的一篇论文（“Soma and the fly-Agaric. Mr. Wasson's Rejoinder to professor Brough”，Ethno-mycological Studies，No. 2 Botanical Museum og Harvard University，Cambridge，Mass.，November 1972）。文中沃森先生引用了这段话里的最后两句支持他的论点。不过，如同上文一样，在开始讨论以前我只打算当他的解说员。

［4］在最近一次谈话中，沃森先生向我们指出，尿与某些蘑菇之间存在着经验性关联。例如，无论是人尿还是动物尿都有助于鬼伞菌的生长。我们真该去布洛尼森林瞧一瞧……

［5］可是，阿拉斯加北部的爱斯基摩人过去一直害怕蘑菇（要么就是其中某些种类?）他们管蘑菇叫“手掌痛”。人只要碰触蘑菇就有中毒和手掌萎缩的危险（斯潘塞，1959，第 375 页）。

第十三章　相邻民族的仪式和神话之间的对称关系[1]

在我看，埃文斯-普利查德（E. E. Evans-Pritchard）的著作之所以在民族学文献中地位独特，是因为它把我们的研究当中的两种主要倾向很好地协调了起来。我们这位同行对于历史的爱好是大家都知道的，但是这并没有使他与形式分析脱节。毫无疑问，在勾画一个信仰与实践的系统的轮廓、阐明其框架和说明各个环节如何衔接方面，没有人比他更头脑清醒和简洁明晰。但与此同时，他也始终极为留心事件所经历的随意性过程，进而构建起一个社会的特有的面貌，赋予社会变化过程的每一个阶段以其独特的性质。跟他的方法相比，没有一种方法能够更彻底地揭露那种以为不牺牲历史就无法深入研究结构的错误论断。在他身上，至少集中了渊 281

博的学识、对于人类价值的敏感、细致的心理洞察力和无与匹敌的写作艺术，从而使两股往往从一开始就把民族学思想引向对立方向的思潮取得和谐，服务于同一项事业。

因此，我选择了一个我认为十分适当的题目以表达对他的敬
282 意。这个题目既体现了历史与结构的一致性，也说明两者如何彼此影响。北美中部大平原的两个部落刚好适合做这一尝试。事实上，考古学新近获得的进展给我们提供了许多有关它们的过去的新讯息，鲍尔斯（A. W. Bowers）的两卷本出色著作又为早先的观察做出了补充，我们于是拥有对这两个部落的神话、仪式和全套仪典的详细分析。

18 世纪初叶，白种人来到密苏里河上游地区的时候，被称作“村民”的部落遍及北美大平原的河谷地区，它们有着共同的文化。操卡多语（caddo）的阿里卡拉人（Arikara）与操苏语（sioux）的曼丹人和希达察人占据着相当于现今南北达科他州的毗邻地带。夏季，他们住进用茅草铺顶的棚屋，结成村落聚居在沿河高地上。他们在附近的低洼地带从事种植，并且在庄稼成熟期间前往大平原捕猎美洲野牛。冬天来临的时候，他们转移到林木繁茂的河谷底部的遮蔽较好的村庄里。然而，这种情形并不是很久以前的事。我们先不谈阿里卡拉人，因为他们是大约 18 世纪初才从南方迁移过来的。曼丹人和希达察人虽同属一个语族，却也不是内部匀整划一的群体。最古老的曼丹居民来自东部和南部地区，他们无疑至少从 7 世纪或 8 世纪以来就一直占据着密苏里河的中部河谷地区，也就是说，比这一历史时期要早 1 000 年。其他群体来得更迟，他们用圆形窝棚取代了半截埋在土里的、长方形平面的窝棚，后来这形成了规矩。希达察人的情形似乎更复杂。其中有一支来自东北部的阿瓦蒂克萨人（Awatixa）在 15 世纪或 16 世纪时来到了密苏里，他们与曼

丹人为邻，并且借鉴了后者的生活方式和信仰。另外两支是在 18 世纪初才离开五大湖西部的树木繁茂的地区，到达大平原定居的。同阿瓦蒂克萨人一样，阿瓦克萨维人（Awaxawi）早就是农耕民族了， 283
而正统的希达察人大多靠狩猎与采摘为生，甚至直到最初的旅行者对这些差别印象深刻的历史时期依然如此。曼丹人和希达察人的传统都讲到这些不同的起源。希达察人的传统谈到两支北方人如何分裂，如何形成了居住在偏西部的克劳人（Crow）。曼丹人的传说还记得陆续不断的迁徙活动，以及历史最久的一群希达察人是如何到达密苏里河东岸的。欧洲人进入，以及随后发生于 18 世纪末和 19 世纪初的那场毁灭性的瘟疫，迫使一个人口锐减的群体数次重择村址，部落之间不得不变得更加团结。直到政府把最后的幸存者召集到贝尔德要塞的保留地，多事之秋方才结束。不过，从 1929 年到 1933 年，也就是鲍尔斯展开调查的那个时期，来自不同群体和村庄的曼丹和希达察老年报告人仍持有实质性的不同说法，因为他们的神话、历史传说、义务和职能的传承规则都不一样。不过，尽管这些差异与考古发现一致证明，一部极为复杂、充斥着各种混杂因素的历史始终对今日产生着积极的影响，一切情况却表明，曼丹人和希达察人成功地把他们之间的差异组织成为一个体系。几乎可以肯定，在切身利益方面，而且对另一个部落的相应努力并非全无所知，每个部落都致力于保护和培育对立面，把对抗性的力量结合成一个平衡的整体。而这一点正是我们现在要说明的。

我们已经看到，村庄部落靠双季经济为生。这样说还不够清楚，因为夏季本身便包括两个方面。一方面是在村庄下面的洼地里从事农业劳动，另一方面是逢玉米长到齐膝高时开始的游猎时期， 284
它使得人们有个把月时间前往大平原腹地逐猎野牛群。如果说，夏季的村庄因为有围栏和木栅而基本上无法攻破，远游狩猎倒似乎更像一场战争，而且有时恰恰提供了战争的机会，因为猎手们可能会遇上敌对群体。这样一来，夏季劳动便带上了命题相反的特点：受保护的村内定居生活和野外的移动奔走；一方面是农业，另一方面是狩猎和战争。后两者由于在空间上毗邻和精神上类似而关系密切，它们均属暴力型活动，充满危险，常常伴随着流血，而且从这个观点看，两者之间的不同主要是程度上的。

然而，这个复杂对立面从中相互作用的体系，本身而且在总体上又跟冬季经济形成对立。人们冬季很少跨出村子，积攒下的粮食又不足以让众人免于饥馑。全部希望于是寄托在寒冷加剧、暴风雪来得更猛烈上面，因为野牛会因此被驱赶出大平原，被迫在冬季的村庄附近寻找避难所，进入由于有所遮蔽而积雪覆盖不到的河谷地带的零星草场。野牛群临近的讯号发出以后，必须绝对保持安静，纠察人员严加守护。村人把自己连同狗都锁在屋内，不再劈柴和生火。性急的猎手、粗心的主妇以及发出哭笑声的幼童都会受到严厉的惩罚。即使有一头野兽闯进了村子，擦墙而过，饥饿中的印第安人也无权杀死它，怕的是惊走大群野牛。这样做的结果是，在夏季经济并列但不混同的不同生活方式，一到冬季就汇合成一个整体。因为印第安人依然靠狩猎过活，一如夏季；然而冬季狩猎却与夏季狩猎迥然对立，因为这是一种定居型的、非游猎型的狩猎活动，也
285 因此而更接近农业，而农业在夏季是与狩猎对立的。除此以外，夏季狩猎使得男人们远离村庄，造成他们一路追逐野牛，一直深入遥远的西方。一到冬季，一切关系就都颠倒过来了。不是印第安人离开村庄去大平原冒险，而是野牛离开大平原闯入河谷。不是狩猎活动把印第安人引出村庄，而是猎物靠近，就发生在附近，有时甚至就在村内。再者，既然狩猎跟一场战争相仿，冬季里发生的一切都好像是村庄为了不至于饿死而必须向野牛敞开门户。土著人的思维

把这些野兽比拟为夏季的敌人，冬季反倒把它们变成了盟友。此处仅就狩猎的两种方式而言，如果把它们之间的对立方式称为夏季“外猎”而冬季“内猎”，这种提法看来也不会显得过于牵强。

首先让我们看看夏季狩猎的神话和仪式。跟邻居希达察人和大平原地区的其他部落不同，曼丹人夏天不举行太阳舞仪式（Sun Dance)。他们倒是自有一种持续好几天的复杂仪式，称为“奥基帕”(Okipa)，意为“模仿”。作为这种仪式的基础的背景神话与有关农业劳动的神话相仿，具有双重功能：既可纪念神话中的事件，又有利于野牛繁殖。因此，它显示出一种综合特征，而且影响长达数月之久，如同妊娠期一样长。奥基帕虽然总是在暑期举行，但是并非特别与夏季狩猎相关，而是与整个狩猎活动相关，冬猎和夏猎均在内。

“小鹰礼”(Small Hawk）与之相反[2]，若用于战事，则一年内任何时间均可举行；若用于狩猎，则只在6月至8月之间举行。按照背景神话（据贝克威斯，1938，第63～76页；鲍尔斯，1950，第270～281页）的说法，有个名叫“玉米穗”(Corn Silk）的桀骜不驯的处女，由于受不了父母责骂她不肯嫁人，一怒之下离家出走， 286
来到天涯海角，嫁给了一个食人妖怪。在成功地通过了妖怪对她的种种考验之后，她最终把妖怪驯服了。可是，那妖怪后来又恢复了本性，把她和儿子都遗弃了。儿子长大后，她爱上了儿子。但是儿子拒绝了她乱伦的要求。她儿子名叫“俯视而猎”(Look-Down-To-Hunt)，是一位出色的猎手，因为父亲传给了他猛禽的天性。

这时，有两个女子走进了他的生活。栗色头发的女人来自北方，随身带来了干肉。她名叫“牛身女”。另一个女人的名字跟主人公的母亲一样，也叫“玉米穗”，头发金黄，来自南方，她带来了玉米饼子。小伙子把两个女人都娶了。尽管玉米穗温和大度，但牛身女却好妒而易怒，因而破坏了家庭的和睦。两个女人为各自给人类带来的好处争持不下。生气的牛身女带着儿子离家出走了。

玉米穗说服了丈夫去寻找出走的妻子。玉米穗很坚强，能够忍受丈夫不在家的日子。她忠实于丈夫，从远方保佑丈夫平安无事。主人公终于来到岳父母野牛的家中。岳父母的家人想方设法要除掉他，然而他战胜了种种磨难并赢得了他们的承诺：从今往后为人类提供食物。他返回村子的时候，村里正闹饥荒，猎物稀少，干旱又威胁着庄稼。主人公带回了提供食物的野牛和丰沛滋润的雨水。

这个神话的各个环节都很清楚，几乎不必再做什么解说。女主人公玉米穗从一开头就负责规定社会学参考系，因为她的行为与两种截然相反的婚姻形式有关，而且让两者形成鲜明对比：一是与生活在天地尽头的妖怪的族外婚，二是与自己亲生儿子的族内婚。但是，她也代表农业，这既可从她的名字，也可从与之同名者获得认可的功能当中看出来。而她的丈夫，以及后来她的儿子都是好猎手。所以，族外婚向村外输出农业，而族内婚把狩猎引进村内。这两种或然性都是不可想象的，这从分别体现这些经济活动的形式的
287 两位妻子之间水火不容的脾气得到了证明。追寻牛身女就得遗弃玉米穗太太。但是，如果说前者苛刻好妒，并且把赢得战争变成了赢得狩猎的**必要**条件，后者则因其宽厚大度而保证了狩猎成功，而且在某种意义上还能使庄稼获得丰收。实际生活中也是如此。玉米一旦长高，印第安人就撂下他们的田地和村庄去过游猎生活。他们出门期间，庄稼自会生长成熟。他们只要回来后收割就行了。于是，神话就这样把成对的项目重叠起来，并且肯定了它们的同源性，尽管它们处于不同的层次。这些层次包括从技术经济活动的形式到家庭伦理，同时也包括了社会生活的规则：农业蕴含狩猎，正如狩猎蕴含战争。从经济观点看待农业，恰如从社会学观点看待族内婚，

因为两者都属于村庄的边界以内的事情。另一方面，狩猎和族外婚都指向村外。最后一点，忠贞是夫妻之间不忠实的对立面（神话自诩对其来源有所解释，参阅鲍尔斯，1950，第281页："这也是男人不加思考地抛弃妻儿的习俗的开端"），因为两者之间的关系跟族内婚与族外婚之间的关系是一样的，跟以农业为一方、以狩猎和战争为另一方的相互关系也是一样的。

谈完了夏猎问题，现在让我们考察一下冬猎问题。从12月到来年3月期间举行的"红杖"（Red Stick）仪式用于吸引野牛接近村庄。我们知道，这个仪式让年轻男子把自己的赤裸着身子的妻子用皮袍子裹起来，交给扮演野牛的年长者。在真实地或者象征地随后进行的交媾仪式中，年长者通过妇女将自己所拥有的超自然力传递给年轻男人，以此保障他们在狩猎或征战中取得胜利。曼丹人和希达察人举行这一仪式的方式相同。

反过来说，各个部落之间的背景神话是不同的，因为每个神话 288
都把主要角色仅仅留给夏季仪式的背景神话里作为男主人公之妻的两个女人之一。而且，根据夏猎和冬猎的明显的对立特征，我们完全可以料想，妇女的社会学功能在前者和后者当中是颠倒过来的。在曼丹人的红杖神话中，玉米穗只是一个喜怒无常、性情乖僻的女人；而在希达察人的同源神话里，牛身女变成了一位民族英雄。

不仅如此。如果说，跟小鹰神话一样，曼丹人的红杖神话以一位不愿结婚的处女遭到妖怪的控制开头，然而故事继续发展的方式却不一样：女主角摆脱了劫掠者的掌控，回家路上收养了一个非常美丽的小女孩（First Pretty Woman），把她领回了村里。结果这个孩子竟是个妖精，饥荒的化身，她把所有村民都吞噬了。乐于助人的野牛们揭露了她，把她架到柴堆上烧死了。从此以后，每逢冬季饥荒威胁村子的时候，野牛就会赶来，把自己当作食物奉献出来，以换取人们献给它们的女人。

所以，在这个神话里，把饥荒引进村的人是玉米穗。然而，希达察版本（鲍尔斯，1965，第 452～454 页）却把整个系统都颠倒了过来。他们用牛身女换下了被安排在村外的玉米穗，把牛身女安排在村内。不是莽撞的女主角玉米穗从远途旅行中把饥荒带回了村子，而是深谙事理的女主角牛身女在冬季把野牛带了回来，而只有野牛才能让已经成为她的乡亲的印第安人免于饥饿。

在曼丹人夏猎仪式的背景神话里，男主人公与妻子牛身女终归团圆，并且靠与幼子合谋才逃过了岳父岳母的迫害；他儿子因此表现为妖怪的反面。没有野牛就会使人陷入绝境，这是饥荒的起因（而不是抵消没有野牛所带来的致命性，因为野牛至此仍然做出敌
289 对的行为），而体现这种匮乏者是养女而不是婚生儿子；曼丹人冬猎神话里的这位漂亮女孩把出现在夏猎神话里的救命的小野牛颠倒过来了。不过，在另一冬猎仪式即“白野牛”（White Buffalo Cow）仪式里，出现了涉及同一个角色的第三种颠倒。这种仪式举行于 12 月至来年 3 月之间，由一个女性团体主持。实际上，按照背景神话的讲述（鲍尔斯，1950，第 325～326 页），人们捕获了两头小野牛，最终能够把其中一头留在村里，这就迫使成年野牛每年冬季都前来找它，这样就可以把畜群集合起来。作为野牛大量涌现的一个负面的肇因，这位牛姑娘因此与那个小女妖精形成对立，因为小女妖精积极地证明野牛的匮乏正好体现了饥饿，她的小牛犊则因使家人的食人计划受挫而成为她的对立面。

从纯形式的观点来看，我们还可以根据冬猎或者夏猎之间的不同，找出神话与仪式之间的另外一些关系。无论是神话还是仪式，关于白牛女的一组故事都是曼丹人和希达察人所共有的，后者据信来源于前者（鲍尔斯，1965，第 205 页）。至于红杖这一组神话便不

能这样认为，唯有它的仪式方为两个部落所共有。正如我们所知，每个部落的背景神话都不一样，甚至可以是互为颠倒的映像。红杖和白牛女之间的关系也是如此，不过是在仪式方面：其中一个情形要求一位年轻可爱的姑娘，在另一个情形中发挥作用的是老得已过更年期的妇女。再者，如果我们比较一下每一场仪式中司仪在举行仪式的窝棚里的布置（鲍尔斯，1950，第 317、327 页），就可以看到几组对比。白牛女仪式的参加者都是妇女，红杖仪式的参加者则男女兼有。与此两性共存现象相应，另外一场仪式把性别单一的那一组的成员进一步分成女祭司和助理，助理们是被动的，祭司们是主动的。在这两种情形里，窝棚的主人和妻子都扮演一定的角色，但是给他们分派的位置不是在司仪们当中，就是在窝棚外面。让我们简单概括一下：冬季的白牛女仪式是曼丹人和希达察人所共同具 *290*
有的，仪式和神话均如此。另一个主要的冬猎仪式即红杖礼是两者共同的仪式，但在神话方面却不同。最后，在仪式的层次上，这两种重大的冬季仪式形成互为颠倒的对照。

希达察人拥有小鹰神话的一些弱化变体（贝克威斯，1938，第 77～78 页）。我们还记得，那都是有关夏季狩猎活动的，但与之对应的仪式似乎却没有。为了把两个部落的神话与仪式之间的关系体系补全，我们必须在希达察人当中找到一个夏猎仪式的等同物，或者说替代物。

希达察人的狩猎仪式跟一部涉及土丘的神话有关。那是一些散布在大平原上的高耸的土台子。其中有一座是两位守护神的栖息地，即燕子（Swallow）和鹰（Hawk），它们为不幸的印第安人提供了良好的狩猎对象（贝克威斯，1938，第 234～238 页；鲍尔斯，1965，第 433～436 页）。然而，曼丹人的夏猎神话中的英雄是一只格外喜欢土丘的鹰："空闲的时候，它就安坐在村后土丘的一堆石头上。”（鲍尔斯，1950，第275页）由于得到希达察神话中的守护鸟的庇护，它同样看不上冬季的村庄，而喜欢与伙伴们一起在河谷的山顶上栖身。最后，希达察人把这些信仰都跟夏季狩猎联系在一起（鲍尔斯，1965，第436～437页）。

因此，我们有了一些趋向一致的线索，它们表明希达察人中的这些得名于“大地的名字”（Earthnaming）的仪式与曼丹人的小鹰礼是相互对应的。但是，希达察人认为土丘的主人是一只猫头鹰，并且用它命名了曼丹人的冬猎仪式之一：雪中猫头鹰（Snow Owl）。因此，一切似乎都证明，这后一种曼丹人保留给冬猎的仪式在希达察人那里变成了夏季仪式。

这样一来，曼丹人不把雪中猫头鹰和高耸地面的土丘相联系，
291 而是与一座象征性的河谷即猎鹰者藏身的洞穴联系起来，事实上，神话中的英雄亦曾陷入一个被滚落的石头砸出的类似洞穴而无法脱身。经历了地表之下的跋涉以后，他才到达了猫头鹰的巢穴（贝克威斯，1938，第149页；鲍尔斯，1950，第286页）。这位英雄名叫“黑狼”。然而，曼丹人的雪中猫头鹰礼是在12月至来年3月即最寒冷的月份为冬猎而举行的，希达察人则在最热的月份里为守护狼举行仪式（鲍尔斯，1965，第148页）。冬季与夏季的颠倒从这一侧面得到了证实。

我们已经看到，冬猎和战争既在相似点方面，也在毗邻性方面具有类比性：“捕猎野牛的时节，印第安人有时会死于敌人之手，有时会因捕牛受伤而死。”（鲍尔斯，1950，第277页）这一类比能够解释为什么曼丹人和希达察人均相信战争本身是一场同类相食的狩猎，男人们在这个过程中成为太阳及其姐妹们（吞食弃尸的空中妖魔）的捕猎对象。既然关于冬猎的背景神话给每个部落都提供了颠倒的特点，而且既然冬猎本身就是夏猎的颠倒，那么势必出现对

称性的颠倒：一方面在曼丹人和希达察人关于谁是天国居民的神话之间，另一方面是在某一群体的战争神话与另一群体的冬猎神话之间。

让我们从第二个方面谈起。我们不必深究神话的往往冗长而复杂的细节，只要粗看一下便可看出一种相似性。曼丹人有关天国居民的神话是战争仪式的基础，希达察人有关红杖的神话是冬猎礼的基础，两者之间有着明显的平行关系。两种神话都提到了太阳和月亮之间如何兄弟阋于墙。争执要么起于一个吃人的夏延族女子，要么起于一个牛身女子，她代表一个被人吃的物种。此外，这些神话每次都涉及冒险游戏（印第安人视之为一种战争）和战争本身的起 292
源，后者以斩取首级为最高目标（可比较鲍尔斯，1950，第299～302页；1965，第452～454页）。

这两个交替的神话之间的平行关系不妨用两种方式来说明。先让我们间接地说，与希达察人关于天国居民的神话相同，希达察人的红杖神话也讲到天国食人者与人类的冲突，这一冲突正是冒险游戏、战争和战争仪式的起源。这种相同的构架并不排除差异，这一点我们稍后再谈。眼下只要记住下面这一点就行了：曼丹人的红杖神话将希达察人有关同一仪式的背景神话颠倒过来，而且顺理成章地把构架相同的希达察人关于天国居民的神话也颠倒过来了。同样，这种倒置现象可以直接地获得确认：在希达察人关于天国居民的神话里，有一个天国的婴儿，他是作为一位印第安女人的合法的儿子获得再生的，并且对于希达察人败在被他们攻击的敌人的手下负有责任。这个神话所说的“战争的诀窍”——如果我们可以这样表达的话——等于曼丹人红杖神话所说的“狩猎的诀窍”。在后者那里，它是一个生于大地的婴儿，女性，被一位印第安女人收养，但最终竟暴露出吞食曼丹人的狰狞面目，而且象征着冬季饥荒，而饥荒来源于野牛没有闯入或者接近村子。

我们讨论到哪里了？我们看到，曼丹人和希达察人的狩猎神话各自形成了自己的体系；随后，我们又看到这两个体系提供了一幅彼此对称的映像。从图 12 可以看到它们的相互关系的网络：

293

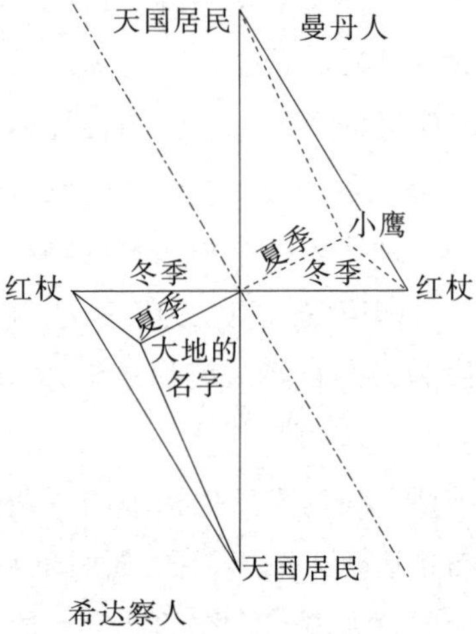

图 12　曼丹人和希达察人仪式之间的对称关系

每一个部落的有关狩猎的核心神话都占据着一个四面体的顶端，不同部落的彼此对应的端点形成互为呼应之势。这样一来，一些对称关系便将以下神话成对地组合起来：关于天国居民的神话（以同类相食的猎人的名义包括在内）、无一例外地为一种冬季仪式的关于红杖的神话、跟大地的名义有关的神话和关于小鹰的神话，后两者在曼丹人和希达察人那里都属于夏季。不过这张图尚需进一步说明。

（1）在这张图的中央交集的两条水平轴线分别跟冬季和夏季对
294 应。在冬季轴线的两个端点可以看到红杖礼，它对于两个部落来说都是相同的，但由于背景神话中的倒置现象，它们处于彼此对立的两个端点上。

（2）同理，在夏季轴线的两个端点上可以看到曼丹人的小鹰神话和希达察人有关大地名义的神话。我们已经说过，这两种仪式是从好几个方面彼此对应的：双重男主角（燕与鹰）与双重女主角（玉米穗和牛身女）；不时出现的一位喜欢登高而踞的叫作鹰的主角；最后还有这两种仪式与夏季狩猎的协同关系。

（3）关于天国居民的神话处于第三条轴线的端点上，这条轴线与另外两条的交集点呈现垂直。事实上，如果说关于红杖、小鹰和大地名字的仪式均有季节性或周期性，有关天国居民的仪式却不同，它从 1 月份到来年 1 月份期间都可以举办（鲍尔斯，1950，第 108 页；1965，第 326 页），换言之，没有季节性或定期性，一年当中的任何时间均可举行。这些神话在曼丹人和希达察人之间迥然相对，这一现象出于几个特点：在曼丹人神话里（鲍尔斯，1950，第 229～302 页），两位原非姐妹关系的世间女子登天之后嫁给了一对兄弟，遂成为妯娌。其中来自曼丹部落的那一位顺着一根绳索脱离了妖魔（即太阳），降落到自己的村子里。为了报复，太阳让她的婚生儿子当了曼丹人的敌人的首领，他于是向曼丹人宣了战。在希达察人的版本里（鲍尔斯，1965，第 327～329 页），一切都正好颠倒了过来。一对天国兄弟投胎人间，成为幼童。太阳的妹妹是女妖，借助一根绳索跟一位人士取得了联系，把他收为养子，并让他当了希达察人的敌人的首领。这样一来，希达察人所发动的战争便有转入逆境之虞。一个版本说，月亮和雷鸟与曼丹人并肩作战，使他们赢得了胜利。月亮的儿子成为曼丹人的首领，他就喜欢坐在土丘上
面。据另一个版本，女主角燕子与鹰，即我们已经知道的常常与土 295
丘为邻者，成功地扭转了希达察人出师不利的局面。

（4）从以上所说可以得出一个结论。在希达察人中，一边是作

为战争仪式的背景的关于天国居民的神话，另一边是作为夏猎礼的背景的关于大地名字的神话；两者之间存在着一种直接的联系。守护神灵在两个神话里是一样的。希达察报告人进一步说，天国居民神话所提到的事件是一部历史的开端，接下去的事情是由有关大地名字的神话讲述的。另外，在希达察人的红杖神话与天国居民的神话之间也存在直接的联系，因为两个神话同样都讲到天国兄弟造访人类，一次为了投胎（既然众星辰都托生为印第安人），另一次为了交媾（造访因而是为了成为印第安女人的情人，而不是孩子）。接下去便是一场强加于希达察人的、并非他们发动的战争。战争中站在希达察人的敌人一边的是太阳，而不是它的妹妹。

（5）我们在曼丹人的神话里也看到了属于同一类型的一些关联。关于天国居民的神话和红杖神话里都有一位名叫玉米穗的既是女性、又是同族的主角，她前去要么与一位住在天涯海角的妖魔结婚，那个地方不是高不可攀（垂直轴）就是遥不可及（水平轴），要么是去绑架她的婚生儿子，不让他变成食人者（鲍尔斯，1950，第300～301页），要么就是为了收养一个女孩，尽管她吃人肉（同上，第321页）。玉米穗也是小鹰神话里的女主角，而且以素食者的身份跟一位吃人的牛身女人形成对立，后者是食人者的女儿和姐妹。在关于天国居民的神话里，玉米穗跟一位吃人女人结成对子，后者的兄弟们都有相同的嗜好。前一个神话里的野牛把狩猎颠倒为战争，第二个神话里的食人者把战争颠倒为狩猎，因为敌人都被吞吃了（同上，第301页）。

我们提出的这个概念程式有两个显著的特点：一个是整体非常
296 对称，另一个是将两个亚系统连接起来的联系非常脆弱，仿佛两者仅仅用一根游丝联系在一起。不过，事实上，从我们前面的说明可以看出，它们是通过另一种方式挂起钩来的。

第一点，曼丹人和希达察人的神话和仪式都有白牛女之说，这就成倍地加重了整个冬季轴线（本书第289页）。

在这种静态的联系之外，还有一种动态的联系。因为两个部落都有的雪中猫头鹰的故事具备一种冬夏交替的功能，时而与河谷、时而与土丘发生联系。所以，如果说白牛女的故事与两个亚系统的对立无关，并且因此而加强了它们之间的一致性，那么雪中猫头鹰故事则凸显了它们的对称性，而且作用相同，尽管方式不同。

为了支持上述解释，我们想强调指出，这两个神话主题在形式层次上形成了明确的对立。所有关于狩猎的仪式当中，有关白牛女的仪式具有最突出的周期性特点。由于害怕严寒天气——哪怕是在8月份——突然降临而毁坏田园，不合时宜地谈论它是不行的。这个仪式只能在冬至期间，即一年中白昼最短的日子里举行（鲍尔斯，1950，第324～327页；1965，第206页）。再者，这个仪式只有一个目的：祈求冬季更加寒冷，驱使野牛靠近村庄。反过来说，雪中猫头鹰仪式具有折中的特点，因为它们用于冬猎、春雨、夏雨，以及一年当中任何时间均可能发生的战争（鲍尔斯，1950，第108页）。白牛女仪式排除了其他一切形式的活动，它们跟任何活动均不相容。相反，有关雪中猫头鹰的仪式跟一切事物都没有冲突（鲍尔斯，1950，第282页；1965，第433～434页）。

因此，对于“红”色的仪式（红杖），看来所有可用“白”字称谓的仪式（白牛女、雪中猫头鹰）都采用了一种负面加上正面的双重闭锁手段；由于“红”色仪式带有彼此殊异的特点，有关的背景神话让它们之间的联系变得十分脆弱。我们在这个问题上注意到，希达察人关于红杖神话的诸多说法之一明确地说，想保护神牛的身 297
体便需涂成红色，绝不能用黑白两色（鲍尔斯，1965，第452页），这说明，不同仪式在颜色方面也确实存在着对立。

我们还记得，一个或数个主人公对于土丘的偏爱将曼丹人关于天国居民的神话和希达察人关于大地名字的神话联系了起来。确实，地面上巍然高耸的土丘恰当地象征着天空和阴间的中介物。不过，为了使得整个系统缜密一贯，概念程式中位置对称的神话之间——即希达察人关于天国居民的神话和曼丹人的小鹰神话之间——必须出现同一类型的联系才行。这一假设性推论可以从第二个神话当中的一个细节得到充分证实：女主人公为了躲避她以为已被征服并与之结婚的天妖（一只鸟）的攻击，在鼹鼠们（穴居动物）的帮助下躺进一条沟壑，让身体与地面持平，而食肉鸟也就无法抓到她了。换句话说，她重建起一个跟猎鹰者类似的陷阱，我们从中可以辨认出河谷的一种象征，而河谷本身也是与土丘相对立的。

因此，在一种情形下，土丘起到高与低之间的正面的中介作用；在另一种情形下，与土丘相反的洼地扮演着负面的中介角色。我们于是可以循着一条带有三重转换的轨迹，始于想象的层面，经过象征的层面，达于经验的层面：

想象的	象征的	经验的
最高天界	土丘	平原
阴间	陷阱	山谷

证明这个体系的严密性的第二个证据可以到伦理准则当中去
298 找。我们不止一次地注意到，举凡经济活动的形式，各类社会和政治关系以及家庭伦理方面的行为，神话无不造成对比。小鹰神话解释了不忠实的起源（鲍尔斯，1950，第 281 页）。而雪中猫头鹰神话则解释了嫉妒的起源（同上，第 294 页）。白牛女仪式是中性的，因为举行这一仪式的妇女已过更年期。关于红杖的神话劝谕男子在把年轻的妻子交给长者时必须克服忌妒心。至于希达察人有关大地名

义的神话也必定具有某种道德含义。

既然这一点已经按照假设推理的办法提出来了，那么这个神话又是怎么说的呢？它讲述一个被收养的外乡人的故事（鲍尔斯，1965，第434～435页）。此君冒着生命危险去解救被他的自己人从希达察人那里抢走的“姐妹们”。这种对兄妹情谊的颂扬超越了性爱和部落的分野，与宽恕了同样发生在部落以外的性爱不忠的小鹰神话形成对立。而红杖神话所倡导的性爱不忠则发生在部落乃至村庄以内。

对于他们各自的神话之间既相关又对立、既对称又不对称的复杂关系，曼丹人和希达察人究竟在何种程度上有所意识？我们来试着回答这个问题，权当结论。首先必须强调，这两个民族的神话除了我们提出来的那些差别以外，还有许多共同点。他们彼此了解对方的神话，知道如何以同样或相似的话语把它们讲述出来。因此，人们不应该用两个部落中存在着一些几乎一模一样的故事来反驳我们。我们只是要说明，在一份已经共享的遗产里，只要为了说明类似的仪式或者履行相似的功能，每个部落都倾向于选取那些相反的或互补的变体。

所以，就那些被引入神话系统的种种差异而言，其根源在于存在着一些在仪式层次上得到认可的相似点，它们把经济技术活动的形式与意识形态结合起来——如果可以这么说的话。曼丹人和希达 *299*
察人的仪式之所以十分相似，是因为当后者来到密苏里河流域时借入了前者的仪式，同时也借入了前者的生活方式，这些仪式有助于划定这种生活方式中的问题的范围，遮掩其中的矛盾。因此，在某种意义上，恰如某一“属”自有不同的“种”那样，仪式的背景神话在各部落之间的对立方式反映出一条双重的证明：既表明每一个重视保持独特性的部落都有不同的历史渊源，又证明这一历史本身导致了两个民族的相同的实践。

可是，即使就我们自己而言，睦邻关系难道不是要求同伴之间既保持区别，又必须在某种程度上相同吗？土著人的哲学完全了解这种辩证的必要性，虽然它用历史的而非结构的语言来表达它。曼丹人管来自东北部的最早的希达察群体叫 Minnetaree，这个词在他们的语言里的意思是“他们渡过了河”。那些希达察人在史前时期末叶来到密苏里河流域，而且是从曼丹人那里学会种植玉米的。不过，根据曼丹人自己的传统，他们并没有希望这种共存状态继续下去，他们这样向远道而来的客人表明看法：

> 由于我们的习俗和你们不同，你们最好到上游去建立自己的村子。年轻人由于不了解对方的行事方式，也许会生出嫌隙，可能会发生战争。但是别走得太远，因为彼此远居的人如同异类，他们之间会发生战争。一直往北走吧，直到看不见我们的木屋的炊烟为止，在那儿建立你们的村庄。这样，我们就彼此相近得能够做朋友，但又不会疏远得成为敌人。（马克西米利安，1843，第 368 页；鲍尔斯，1965，第 15 页）

时隔一个世纪之后，这段政治哲学的教诲几乎一字不改地被重新提出来，它用地理和历史的语言规定了总体结构配置的性质，这种总体配置必然是将这一教诲付诸实践的结果，而我们的回溯性分析只是重温它而已。对于那些既被它结合在一起，又被它对立起来的生命来说，若想把自己表现为既相同又存异、既近且远、既是朋
300 友又是某种意义上的敌人、亦敌亦友，那么对称现象不正是提供了最高超最简捷的手段吗？我们自己在镜子里的映像似乎近得触手可及。然而，没有什么东西比这另一个自我距离我们更遥远了，因为一个被模仿得惟妙惟肖的形体将一切细节都颠倒着反映出来；而

且，两个彼此互见的形式都各自保持着命运所分派的最初取向。总之，如果说相邻民族的习俗体现了对称关系，它的原因不应该只从关于自然和精神的神秘法则中去寻找。而且，对于多少是有意为之的无数次努力来说，这种几何学意义上的完美状态在其目前形式下是一种综合；这些历史上积累起来的努力全都瞄准同一个目标，即达到一个无疑对人类社会最为有利的阈限，人类的统一性和多样性在此刚好取得平衡。这个阈限同样可以在沟通和无沟通之间居中不倚：沟通有助于相互启发，无沟通同样有益于生命，因为脆弱的差异之花需要置身暗处才能存活。

注释

[1] 原载于 *The Translation of Culture. Edited by T. O. Beidelman. Essays to E. E. Evans-Pritchard*, Tavistock Publications, London, 1971, pp. 161-178.

[2] 我们之所以采用 buse（鹰）这个译名，是因为 hawk 在美洲通常指 Buteo（麻鸺）一类的猛禽，但也用于称谓 Accipiter 和 Falco 一类，故也可以是鹞鹰或隼。

第十四章　神话是怎样消亡的[1]

301 本文要谈的并不是神话在时间中的消亡，而是指空间中的消亡。事实上，我们知道神话是会发生变动的。这些变动可以是同一神话从一种变体变为另一种变体，从一个神话变为另一个神话，也可以是同一个神话或不同神话从一个社会到另一个社会的变化，这些变动时而涉及神话的构架，时而涉及神话里的代码，时而涉及神话的寓意，然而神话依然是神话。变动因而仍然遵守某种旨在保留神话素材的原则。根据这条原则，从任何一个神话里永远都可能衍生出另一个神话。

不过，有时候会出现这种情形：原初的格式的完整性在变化过程中会发生改变。此时，这种格式会超越神话特征仍可辨认的阶段，即神话依然保持音乐家所说的“主旋律”的阶段，从而发生退化或者进化，随你怎么称它都可以。在这种情况下，神话在哪些方面发生了变化呢？这一点正是我们打算在此通过一个例子加以考察的。

历史上，萨利什语（salish）系各民族，以及他们的南方邻居萨哈普廷人（Sahaptin），曾经居住在从落基山脉几乎一直延伸到太平洋的广大地区，同时大致包括南边的哥伦比亚地区的各条河流和北边的弗雷泽河盆地。人们在这片广袤的领地上搜集到了同一组神话 302 的众多变体。这组神话故事说的是一位贫病交加、遭人鄙视、名唤“猞猁”的老头。这个老头靠计谋让村长的女儿怀了孕。尽管人们对这次莫名其妙的怀孕多有疑虑，孩子还是出生了，而且竟然指猞猁为父。愤怒的村民抛弃了这对夫妻，没有留下火种和食物。全凭他自己，也许加上妻子的帮助，猞猁竟然现出了真身。原来他是一位英俊的小伙子和出色的猎手。这个家庭靠他过上了富足的生活，而远离他们而去的村民们却忍饥挨饿。最后，村民们无奈地回来了，请求他的宽恕。那些未曾执意苛待和贬损他的人得到了原谅，而且得到了口粮[2]。

就主要情节而言，这个神话流传极广，远及南美洲热带巴西东海岸的古代图皮南巴人，连秘鲁都有。萨利什人的独创性在于把故事发展成两种平行的格式。一种说法是，猞猁的儿子曾遭猫头鹰的绑架，后来被自己人解救，他把一个满身脓疮的老头子的皮肤披在身上，这皮肤一旦燃烧起来会随即化为雾气。另一种说法是，有一个嗜好冒险，或依不同的说法失宠的孩子，他有驾驭狂风的本领。狂风那时候在大地上呼啸肆虐。后来，他战胜而且驯服了狂风，然而自己却陷入了险境，后来得到一位名叫郊狼的角色的帮助才得以脱险。至于这后一种说法是否在很大程度上取自18世纪加拿大林区皮货商所传播的一个法国民间故事，这个问题我们已经在别的地方尝试解决[3]，故此处不应过多涉及。为了证明故事的这两种格式在形式上的对称性，我们只需指出，在跟我们有关的这个地区以至东
303 部普韦希洛人地区的信仰当中，猞猁和郊狼这两个词项形成了一组既相关又对立的神话，雾和风也是如此：每一组神话都分别与其起源有关；这是两种类型的气候现象，然而又互不相容。此外，每一组神话的主人公，猞猁的儿子或受郊狼庇护者都衍生出名字十分相似的一些角色（他们时而甚至与之合为一体）。依方言的不同，这些名字分别是察乌兹（Tsaauz）、恩察兹（Ntsaâz）、斯纳纳兹（Snánaz），土著报告人认为他们之间有亲缘关系[4]。然而，即使被猫头鹰绑架的小孩不是猞猁的儿子，他与猞猁仍有一种隐喻式的类似性。两者都有操纵浓雾的本领，而且他们在故事里的不同时刻，都用一个老者布满脓疮的皮肤来掩盖真实身份。如果说，他们俩的关系是一种相似性的关系，那么在对称的神话里，郊狼和年轻主人公掌风大师之间则主要是一种比邻性的关系，因为两者的合作完全是他们的一次会面的结果。最后一点，第一位主人公被猫头鹰抓获这件事在第二位主人公的名字上也有所反映。后者名叫斯纳纳兹，据报告人说，这个名字在舒斯瓦普语里的意思就是"猫头鹰"[5]。

把这两组神话故事衔接得最好的，当属居住在萨利什语区中部的汤普逊河流域的印第安人。他们的同属萨利什语系的北方邻居舒斯瓦普人早已使整个神话分崩离析了。按照最了解这些印第安人的专家泰特（J. Teit）的看法，他们往往把关于斯纳纳兹（即掌风大师）的神话分为两个独立的故事。至于那个对称的神话，即关于受到猫头鹰威胁、随后被它绑架的那个啼哭不止和令人无法忍受的男孩的故事却渐趋弱化，可以说最终变得毫不重要了。这首先表现在数量方面，因为情节缩减为主人公被劫后旋即获救，这个"猫头鹰人"也变成了一只负责宣布死讯的普通的鸟（所有内陆萨利什人及

许多其他印第安人都认为猫头鹰有这种功能)。其次表现在质的方面，因为例如在与萨利什人东部接壤的语族独立的库特内人（Kutenai）[6]那里，舒斯瓦普人神话中的猫头鹰从妖魔变成了一位聪明有力的巫师，他不但没使年轻的主人公沦为奴仆，反而把自己的知识传授给他，使他变得甚至比自己还高明。 304

因此，如果从南往北跟踪这个神话，我们首先会看到一种弱化：它一方面表现在叙事的长度和丰富性上，另一方面表现在主题的戏剧性张力上，情节似乎既处于消失又处于收缩当中。

无论在语言还是在文化方面，舒斯瓦普人都堪称内陆萨利什人的最北部的代表，他们与南部邻居之间有着另外一层显著的类似性。可是，假如把研究再深入一步，我们便能够跨越两道界限。舒斯瓦普人与西北部的奇尔高坦人（Chilcolin）为邻，他们是阿萨帕斯干语（athapaskan）的第一批代表，这个大语族一直向北方和西北方伸展，直至爱斯基摩人的领土。从文化的观点看，奇尔高坦人远远偏离了社会学的无形态模式（modèle amorphe）——内陆萨利什人为其典型——因而更接近与之毗邻的太平洋沿岸的土著文化。这些文化包括夸扣特尔人、贝拉库拉人和钦西安人等；据我们所知，这些文化的特点一是已经具备复杂的社会组织，包括氏族和氏族部落的区分；二是有一个以出身、嫡子和财产为基础的，划分为贵族、平民和奴隶的阶级制度；三是有极为繁荣的绘画和雕塑艺术，其中最知名的例子便是雕琢精美的所谓图腾柱，以及仪典上使用的面具。

这些语言和文化特点证明了一部往日的历史，它将据有这块土地显然已有数千年之久的萨利什人与大约晚近时期到来的阿萨帕斯

305 干人区别开来。因此，萨利什人地区的北部边界所构成的这条界限对于沟通必然形成一个明显的障碍。人们经常看到，在此类情况下，神话系统经过弱化的表达之后，会在界限的另一侧恢复原先的幅度。但是，它们的映像却颠倒过来了，这个情形类似于一束光穿经一个小孔而进入照相机的暗室，并且受限于交叉的阻碍，结果造成同一个图像从外面看是直立的，在里头便呈现为倒立的映像[7]。与这一模式相吻合，奇尔高坦人有关猫头鹰劫持男童的神话的情节恢复如初，恰如我们在舒斯瓦普人以南的萨利什各民族那里所看到的一样。不过，意味深长的是，好几个基本命题都掉转过来或出现变动，有时甚至造成意思完全颠倒。

那么，奇尔高坦人怎么讲述这个神话呢？他们说，一只猫头鹰假借给一个啼哭不止的小男孩喂食，把他诱拐了。它抚养男童长大，运用魔法使他成长得非常快，又用贝壳（角贝）制成的项链把他打扮起来。男童的父母开始寻找儿子，而且终于找到了他。可是这个喜欢跟猫头鹰在一起的孩子开始拒绝随父母离去，最后终于被说服。这一伙人把猫头鹰的棚屋付之一炬，一走了之。鸟身人对他们穷追不舍，他们躲到他必经的一座独木桥附近。小孩晃动着带钩的双手（他把山羊角套在手指上，成为骇人的利爪），猫头鹰被吓得跌落河中，挣扎着爬上岸，放弃了追赶。村民们热烈欢迎主人公归来。他出现时从头到脚挂满了带来的贝壳，而且把它们分发给村民。印第安人从此有了用角贝做成的饰物。

有一天，主人公的母亲看见他浑身很脏，便命令他洗澡。他不肯，而母亲非要他洗不可。他于是一个猛子潜入水中，失踪了。悲
306 伤的母亲呆坐在湖畔，不肯离去。冬天来临了，村妇们来到湖边，打算凿冰取水。仍然活在水底的主人公竟以打破她们的水桶取乐。一对姐妹用一只彩绘水桶当作诱饵，将其捕获。长时间泡在水中使

他身体绵软虚弱，迈不开脚步。这对姐妹徒劳地想刮去他身上那层像皮肤似的泥巴。她们把他带回棚屋，让他烤火取暖，照料他。

那年冬天格外冷。食物越来越少，男人们找不到制作雪靴和出门打猎所需的木头。我们的主人公虽然身体尚在恢复之中，还是拖着病体走到外头，找到了刚好够做一双雪靴的木头。他请一个女人把木头拿进去，并要她在下到屋子楼梯的中腰时——这些印第安人的屋子一半埋入地下，需经屋顶进入——晃动手里的木头。这么一晃，木头就变多了，填满了一屋子。猎人们于是能够制作雪靴和外出打猎。可是他们找不到猎物。村子被饥饿笼罩。

主人公于是向村民们要来一些箭，也外出打猎去了。他偷偷地褪下那层淤泥皮，把它藏起来。初次上阵他就杀死了许多头驯鹿，再次披上淤泥皮以后，他将猎物分给那些给他好箭的人。乌鸦曾给了他一支劣等箭镞，因此只分得一只郊狼，那是很差劲的猎物。于是它就暗中监视主人公，发现了挂在树杈上的淤泥皮。乌鸦把它藏起来。它看见主人公归来，又年轻又英俊，身上挂着贝壳饰物。除去伪装后的主人公恢复了本来面目，而且娶了曾经救治他的那对姐妹为妻[8]。

为了搞清这个在萨利什人中间流传更广的神话在阿萨帕斯干语版本里的所有变化和颠倒，援引其他变体无疑是最好的办法。可是那样会把我们拉开太远，所以我们还是迁就一下，采取顺带旁及的办法。与通常的情形不同，即猫头鹰闯入棚屋劫走孩子，现在是猫头鹰将他诱骗到屋子外头。上文概述过的神话的舒斯瓦普版已经把 307
在库特内人那里以食人妖怪出现、在别处以猛兽出现的猫头鹰变成了行善乐施者。奇尔高坦人的讲述在同一方向上展开这种转变，但把赋予舒斯瓦普人精神力量的鸟身人的作用颠倒了过来，变成了一个趁主人公逃离之前抢到手的财物——被叫作角贝的贝壳——的持有者。神话通过这个事件显示了这些贵重饰物的来源，使其带上了异国情调和超自然的特点。奇尔高坦人有充分的理由保持它们对于邻居内陆萨利什人所表现的神秘性，因为他们的这些远离海岸的邻居只有通过他们才能获得贝壳；而且，内陆萨利什人管奇尔高坦人叫“带角贝的人”。不过，事实却大有出入。奇尔高坦人是唯一能够与贝拉库拉人（Bella Coola）交往的人，他们穿过沿海山脉位于自己的领地内的隘口，从那些以捕鱼为生的人手中购买贝壳；他们针对高原萨利什人拥有名副其实的垄断权。后者——其中特别是汤普逊人和锥心族（Cœurd'Alêne）——利用一组对称的神话以及我们现在讨论的这组神话来解释他们如何失去了原为本地的角贝贝壳的出产地。这样就把他们的神话与奇尔高坦人的神话放在截然对立的地位上；奇尔高坦人认为神话能够解释这些异国饰物的产地是如何被他们取得的。

奇尔高坦人神话中的主人公的母亲硬要他洗澡的情节也颇具揭示意义。如果沿着从东南至西北的走向把这个情节的所有变体都展示出来，即依次历经锥心族、汤普逊人和奇尔高坦人，那么就可以看到一种三重的转换。在锥心族的版本里，口渴的母亲向儿子要水喝而遭拒绝。在汤普逊人的说法中，感觉不舒服的儿子不顾母亲反
308 对而洗澡，这恰恰与奇尔高坦人的说法相反[9]。于是，水的语义学功能就从饮用转入沐浴，即从身体所包容之物变成了包容身体之物，因为饮用水之进入身体恰如身体之进入洗澡水。同时，负面意义的儿子转变成负面意义的母亲，后者又进一步转变成正面意义的母亲：

	锥心族	汤普逊人	奇尔高坦人
水：	所包容之物	包容身体之物	包容身体之物
主要角色：	儿子（一）	母亲（一）	母亲（十）

所有版本都包含一段关于冬季的插叙，然而内陆萨利什村民缺少的是柴火，而在奇尔高坦人的版本里，他们开始缺少的是水，主人公用敲破妇女们用的水桶取乐，阻止她们取水。木头在这个版本里无疑扮演某种角色，然而却是作为木料而起作用的，与生火的劈柴是对立的。此外，主人公运用不同的办法使少量木头增多，这也使这一对立得到加强：或者站在梯子中腰摇晃木头，或者直接从上朝下抖落。这后一种方法只保留在萨利什人的版本里，它肯定跟本章开头提到的那个名叫猞猁的人物所使用的方法相呼应（此君为让酋长女儿怀孕而从扶梯上端朝睡在梯脚的姑娘啐唾沫或者撒尿），特别是有一些这样的版本说到猫头鹰拐走的男孩是猞猁的儿子。而且，即使在不持这种说法的奇尔高坦神话中，男孩也披着一张使他变得体弱多病的泥浆做成的外皮，这如同猞猁披着一张老头的烂疮皮肤一样，也如同猞猁的儿子，刚一逃脱猫头鹰之手便自愿地披上同样的外衣。我们还记得，这张皮一经从主人公那里被盗来并付之一炬，就会产生雾气。泥浆使水变浊，雾气使空气变浊，两者完全对称，而且它们与水的亲近关系与萨利什人神话所构想的雾、烟、火之间的亲缘关系恰好对等。

最后，与关于主人公自命为掌风大师——这在奇尔高坦人那里的证据不多——的神话系列的联系来源于郊狼出现在另一个神话当中，但位置是颠倒的：作为劣等猎物，它是主人公用来报复那位援救不力的乌鸦的一件负面的工具。这一点不同于我们在关于制服狂风的强化版本里所看到的郊狼积极帮助主人公脱离险境的情形。 309

先验地说，看来没有任何东西能够阻止神话在奇尔高坦人以外还能跨越其他的阈限，这个过程将表现在情节受到某种压缩和弱化，而且神话能够在跨越完成之后，沿着新的轴线把以不同方式颠倒了的最初形象重新找回来。可是，也可以设想，从事虚构的冲动在跨越一系列阈限的过程中趋向衰竭，而各种变换的最初较为容易发掘的语义场所带来的效益也逐渐降低。随着系统的最终状态相互衍生，它们的似真性也越来越弱化，从而迫使神话的架构产生扭曲，使其抗拒力承受十分严峻的考验，从而导致架构发生瓦解。此时，神话便不再处于以前的状态中了。要么它会消失，让位于别的文化和地区所特有的神话，要么为了生存下去而接受一些不仅影响形式，而且影响本质的变动。

我们相信，这正是我们在个别考察案例里所看到的现象。卡列尔人（Carrier）居住在奇尔高坦人的北边，同属阿萨帕斯干语系，但在文化方面迥然不同。事实上，他们的名字便得之于与众不同的习俗[10]。寡居妇女受到特别严厉的约束，例如她们在相当长的一段时间内必须随身携带亡夫的遗骨。然而，我们在他们那里又发现了
310 我们的神话系列里的那些生成细胞，恰恰跟远在南方的萨哈普廷人和萨利什人所拥有的一样，只是经历了一种形式奇特的变换。卡列尔人有个关于一个穷苦孤儿的故事，这个男孩的全部衣衫就是一件猞猁皮袄。有一次散步，他意外地遇上了赤身裸体的酋长女儿。酋长女儿并没有看见他，但随后却因为碰到他那粗糙的手掌而认出了他，因为他当时曾经轻触到她的身体。为了名誉不致败坏，她嫁给了他。宽宏大量的酋长接受了这位门第根本不相配的女婿，并且通过送给他衣服和饰物而“洗清”了他的贫穷。事实证明他的做法是明智的，这个小伙子原来是一位出色的猎手，而且杀掉了加害于印第安人的妖怪。然而有一天，他在与一只体格硕大的食人猞猁的搏斗中阵亡。妻子伤心得无人能够劝止，遂在丈夫的尸体旁边自尽了[11]。

如果把这段故事跟我们开头按照萨哈普廷人和萨利什人的说法概述的猞猁的故事两相比较，就可以看到几种变化。有些变化看来是颠倒的。例如，主人公不老，很年轻；他不是在屋内或棚屋附近看到酋长女儿的，而是在村外。其次，一切似乎都显出，卡列尔版本采用了对等的隐喻说法，全面取代了平铺直叙：用猞猁皮袄代表在别处以猞猁为名的角色；象征性地接触年轻女子的身体取代了真实的受孕；酋长用礼物去"洗刷"的贫穷同样可以象征性地比拟为奇尔高坦版本里的那张两姐妹试图洗净的泥巴外皮，或者比拟为萨利什版本里的那张老人的烂疮皮——一经褪去便露出主人公的早就拥有的华贵饰品。最后，并不是某种公平分配的概念启发了故事，并且以主要人物分裂为两个阵营而告结束：恶人遭到惩罚，好人获得宽宥。我们看到的是一种走向无法避免的悲剧性结局的情节。所有这些特点都表明，卡列尔人的说法表明出现了一次具有决定意义 311
的过渡，从当时一直存在的神话程式变成了传奇程式；恰恰在传奇程式的内部，曾经是——我们不可忘记——一个"猞猁的故事"的初始神话以其自身的隐喻出现：怪兽猞猁莫名其妙地现身于叙事的结尾，与其说为了惩罚品质高尚的主人公，毋宁说是为了惩罚叙事本身，只因为忘记或者弄错了它的本质，而且否定了它自己的神话性质。

现在让我们来看看另一道阈限，也就是把内陆阿萨帕斯干人与太平洋沿岸部落区分开来的那条界线。后者的社会和文化特点已在上文第 304 页简单提及，现在应当补充一些属于语言学方面的特点。在纳斯河和斯基纳河河口定居下来的钦西安人操一种独立的语言，可能与大佩纽蒂亚语系（Penutian）有亲缘关系，后者以动物的名字划分氏族。属于尼斯噶人的亚部落的熊氏一族用一则传说证明，只有他们才拥有佩戴一种仪式用的头饰的权利，这种头饰为木雕漆绘，以鲍鱼壳镶嵌，绘有正面的猫头鹰，并以一圈带尖爪的小人的形象环绕起来。他们说，有一位酋长，他儿子整天喊叫不止。有人便拿猫头鹰吓唬他，结果猫头鹰果真来了。可是被它攫走的并不是那个令人受不了的男孩，而是他的姐姐。猫头鹰把她放在一棵大树顶上，任凭她如何吵闹也无人能够把她解救下来。最后她屈服了，停止哭喊，嫁给了猫头鹰。不久她生下了一个儿子。儿子长大以后，她请求丈夫把儿子送回人间。猫头鹰答应了请求，当即为之作了一首歌曲，而且雕刻了一个带有自己形象的头饰。他带着妻儿来到他们的村庄。母亲向乡亲们证实了儿子的身份之后就随丈夫返回了，但把儿子留了下来。儿子后来把猫头鹰雕刻的那个头饰和教会他唱的歌传给了他所来自的氏族。那首歌唱道："啊，兄弟啊！猫头鹰送我这棵树当住宅！"

312 为讨论简便起见，我们将把这位姐姐的角色暂时搁置。其实，她在情节中的出现可以从一次转换得到解释，但这个转换的起源和理由均需在弗雷泽所发现的萨利什人的说法里去寻找，特别是泽西利斯人（Stseelis）和谢哈利斯人（Chehalis）的说法。此文不是考察这些说法的地方[12]。让我们仅满足于说明，钦西安人的这种说法与奇尔高坦及内陆萨利什人的说法在哪些方面不同。卡列尔人的说法仅以隐喻方式暗指这后两种说法，而钦西安人的叙述显然特别提出了比邻关系。尤其是钦西安人的叙述不是按照神话表达的，而是一个涉及假定历史上确实曾有过的事件的传说，而且用来达到一个明确而有限的目标：某些氏族是如何建立特权的。然而，毫无疑问，这又是上面提到的那个神话，因为博厄斯所刊布[13]的雕刻头饰上有发出威胁的尖爪从四周戳向猫头鹰的图案。这个主题在博厄斯搜集的钦西安人传说中没有解释，但是土著报告人却很了解，他们称这些角色为 claw men（带尖爪的人）。我们所概述（第 293 页）的奇尔高坦人的神话已经注意到这一点。

然而，从这一点出发，我们还可以进一步追溯。在奇尔高坦人的神话中，主人公用山羊角做成的尖爪把猫头鹰逼得跌落河里。它们在舒斯瓦普人和库特内人的神话里变成了里面装满锥子的篮子，猫头鹰用这个篮子装载被劫持的主人公。这些锥子后来又变成猫头鹰的食物毛毛虫。在更南面的萨利什人的说法里，篮子里全是这样的食物，而诱拐人的鸟则是一位令人讨厌的主人，而不是妖魔（库特内版本）；或者是一位主持入教仪式的萨满师师傅（舒斯瓦普版本）。这样一路倒退至终点，在居住在萨利什人地区东南部，即处于与钦西安人对立方向的桑普瓦人那里，我们看到了对于他们的叙事和与之配合的仪式颂歌的中心主题的一项隐含的参照。桑普瓦人 313
管棚屋的中央立柱上的分杈叫作“猫头鹰的栖枝”，这种柱子是为守护神灵跳舞时用的[14]。

所以，如果说，在跨越萨利什人和阿萨帕斯干人之间的语言和文化的分野过程中，一个源于萨利什人的神话被颠倒了过来，经过从奇尔高坦人到达卡列尔人的历程之后变成了一个民间故事，那么当它跨越另一条阈界时经历的却是另一种不同的转换，这一次属于历史传说了，目的在于建立起祖先系统的某种样态。就前者而言，它朝小说方面倾斜；后者的倾斜方向显然不是历史，但追求历史。

让我们转向东方，即地理上与钦西安人相反的一方，以结束这次全方位的考察。这将使我们找出第三种变动，这次我们要跨越把阿萨帕斯干人与一直延伸到大西洋沿岸的阿尔冈金大语系的各部落区分开来的文化和语言的界限。

这些部落的最西部的代表是北部的克里人（Cree），他们与阿萨帕斯干人接壤。大约在 1880 年前后，居住在水鸡湖（lac Pouled'Eau）畔的克里人传说，很久以前有过一个小村庄，每天晚上都有一个孩子神秘地失踪。村子的另一头有个小男孩则整日啼哭不止。有一天，孩子的母亲烦恼之下用力推搡他。谁料这孩子竟从皮肤中脱出，“像一只蜕蛹而出的蝴蝶一般”，化为一只白色的猫头鹰，腾飞而去。

等候儿子归来的母亲发现，正是她的儿子夜间化作猫头鹰，盗吃了其他儿童，白天又变回人相。她邀集众乡亲，申斥她的儿子，其实这个儿子乃是她与一位白人所生。众人判处小妖怪死刑，他恳求乡亲们饶命，并且许愿将以奇迹报答不杀之恩。最后，他被连同一些食物囚禁在一个木笼子里，全村则远走他乡。

三年后，村民们返回原地，他们惊讶地看到，被他们遗弃的地
314 方冒出了一个木屋鳞次栉比的大村庄，住的尽是白种人，印第安人听不懂他们的语言。这是个商埠。猫头鹰男孩就住在这儿。村民们认出了他，向他打听缘由。他说这些新来的人都是被他劫持和吞噬的人的后代。“但是既然他已经成为白人首领，他就把武器、衣服和用具送给了克里人。从此以后，这两个民族便和睦相处。”[15]

事实上，克里人其实是克里斯梯诺（Kristineaux）的简称（这个词来源于 Kenistenoam，即他们对自己的称呼之一），早在 1640 年起就出现在耶稣会士的报告里了，并且他们很早就与法国人和英国人建立了友善的关系。及至 17 世纪末，他们在皮毛交易活动中担当过猎人和向导的角色，其后的历史与哈德逊湾公司和西北皮毛公司①的历史一直密不可分。这个关于遭猫头鹰劫持的孩子的神话明显出于他们的编造，目的在于让神话服务于他们的这一段历史；克

① 原文分别为 la Compagnie de la Baie d'Hudson 和 Northwest Fur Company。——译者注

里人因这一段历史而有别于他们的邻居，后者对于白种人态度保留，甚至敌视。

不过，我们也看到，这部历史跟同样出于另一种编造的钦西安传说所寓指的那部历史不同。这不仅因为一部历史属于部落，另一部历史属于氏族，此外还有更深刻的原因。钦西安人试图通过一种其起源已经被他们摒弃在模糊的时间当中的传统，目的是说明一种他们盼望永远不变的秩序。克里人则将同一神话改用于一部近代历史，意图显然在于为一种仍在进行中的变化辩解，在于说明他们依然拥有的各种可能的方向之一——即跟白种人合作——是可行的。钦西安传说中的故事纯属想象，因为人类从来不会嫁给一头猫头鹰。克里人的神话则指向真实的历史事件，因为白种人确实曾从印第安人当中挑选妻子；而且，印第安人也必定首次造访过某个商 315
埠。在搜集这个神话的时代，他们与白种人的关系仍然从属于他们过去的经验。

这样，从一个部落到另一个部落，一个神话会发生变动，终至成为强弩之末，尽管尚不至于彻底消失。剩下两条道路可供选择：一是精心虚构故事，二是从合乎历史着眼，重启神话。这样的一部历史又可以分为两种：一是回顾式的，目的是借助遥远的往事建立某种传统的秩序；二是前瞻式的历史，目的是将往事变为一个刚露头的未来的起点。我们通过一个实例强调了这种体现在神话、历史传说和应当称之为政治的东西之间的有机的连续性，我们希望借此向一位学者和哲人表达敬意，他从来就不赞成把历史学视为一块人类能够万无一失地捡到真理的特惠之地。

注释

[1] 原载于 *Science et conscience de la société. Mélanges en l'honneur de*

Raymond Aron. Paris，Calman-Lévy，1971，vol. I，pp. 131-143。

［2］Boas，1895，pp. 9-10；1901，p. 287；1917，pp. 109-116；Phinney，1934，pp. 465-488；Jacobs，1934，pp. 27-30；Adamson，1934，pp. 193-195；Reichard，1947，pp. 109-116；Teit，1898，pp. 36-40；1909，p. 684；Ray，1933，pp. 138-142 ；Hoffman，1884，pp. 28-29；Haeberlin，1924，pp. 414-417；Hill-Tout，1899，pp. 534-540 ；1900，p. 549；1907，pp. 228-242.

［3］参见我们的教学简报，*Annuaire du Collège de France*，69e année，1969-1970，pp. 285-289。

［4］Boas，1917，p. 26.

［5］Teit，1909，pp. 698-699，702-707；1898，pp. 63-64，87-89；1912，pp. 265-268，pp. 393-394；Boas，1917，pp. 26-30；Hill-Tout，1904，pp. 347-352；Reichard，1947，p. 146；Farrand，1900，pp. 36-37、pp. 42-43。

［6］Boas，1918，p. 20，p. 37，p. 50.

［7］见上文第 223 页。

［8］L. Farrand，*Traditions of the Chilcotin*，pp. 36-37.

［9］Reichard，1947，pp. 169-170；Boas，1917，pp. 26-30；Teit，1912，pp. 265-268.

［10］卡列尔的英文是 Carrier（运送者）。

［11］D. Jenness，*Myths of the Carrier Indians*，pp. 114-121.

［12］Hill-Tout，1904，pp. 347-352.

［13］*Secret Society of the Kwakiutl*，pp. 324-325. 及图版 I；另参见 *Fifth Report on the Indians of British Columbia*，p. 572。

［14］Ray，1939，p. 129.

［15］E. Petitot，*Traditions indiennes du Nord-ouest*，pp. 462-465.

第四部分

人文主义和人文学科

第十五章　对几份问卷调查的答复

一　三种人文主义[1]

对于我们当中的大多数人来说，民族学是一门 319
新兴的学科，是现代人类的一种雅趣、一种好奇心。原始时代的事物只是最近50年才进入我们的美学视野。如果说，我们对于土著人的习俗和信仰产生兴趣是稍早一点的事，那么最早对之做出系统研究的著述大概也不会早于1860年，即达尔文提出跟生物进化论有关的问题的时候。在达尔文的同代人看来，与这个问题相应的还有人类的社会与智能的进化问题。

然而，上述看法里潜藏着一个危险的错觉，因为它会使人对于有关远古民族的知识在我们的世界观里的真正地位产生错误理解。民族学既不是一门独立的科学，也不是一门新兴的科学，它是我们称之为人文主义的最古老和最一般的形式。

当中世纪末和文艺复兴时期的人们重新发现了希腊-罗马的古典时代时，当耶稣会士将希腊文和拉丁文当作培育智力的基础时，那
320 不就是一种原始形式的民族学吗？他们意识到，任何一种文明如果没有其他一些文明作为对比项，就无法思考自身。文艺复兴在古代文献里找到了那些已经被遗忘的概念和方法，而且更重要的是，通过将当时的概念与异时异地的概念进行比照，它找到了把自身文化置于远景当中的途径。

批判古典文献教学的人可别在以下这一点上弄错：如果把学习希腊文和拉丁文缩减为短时间内掌握一些死语言的简单规则，那么这种学习确实没有多大用处。然而——中学教师对此都十分清楚——学生通过语言和课文所尝试到的是一种心智的方法，这也是民族志的方法，而且我愿意管它叫离乡术（technique de dépaysement）。

古代文化与民族志所研究的文化，两者之间的唯一区别在于它们在各自的时代所认识的世界所拥有的维度。文艺复兴之初，人类世界是沿着地中海盆地的周边划定范围的，至于其他地区，人们所能做到的只是对其存在做出猜测。不过人们已经懂得，假如不参照人类其他部分的情况，人类的任何一部分都无法奢望能够理解自己。

及至 18 和 19 世纪，人文主义随着地理探险的发现获得了拓展。卢梭和狄德罗对于最遥远的文明也仍然仅仅提出工作假设而已。但是，中国和印度早已进入了图景。我们在大学里使用的术语把对这二者的研究冠以“非古典文献学”的名字，而且由于创造不出一个独到的术语而坦白承认，那其实还是同样一场人文运动，只不过闯

入的是一个全新的领域罢了。这就像对于古典时期的人们来说，形而上学是紧随物理学之后产生的一样。民族学当今对那些仍然遭到漠视的最后的文明——所谓原始社会——的关心，使得人文主义进入了它的第三个阶段。这大概也是最后一个阶段了，因为自这个阶段以后，人类自身再也没有任何可以发现的东西了，至少从外延来说如此（因为尚有可从纵深进行的另一种研究，我们至今尚未期待达到它的终点）。

但是，这个问题还有另一个侧面。以往的古典的和非古典的两 321
种人文主义以为它们只有十分有限的延伸，不光在表面上，而且在质的方面也是如此。古典文明既然已经消失，就只能通过文本和遗址方可企及。中东和远东地区虽然没有这样的困难，方法却依然未变。因为，如此遥远的文明据信只有其最具学术价值和最精致的作品才值得我们感兴趣。

民族学的领域由一些新的文明构成，并且提出了新的问题。这些文明没有文字，因而没有书面文献可资利用。况且它们的技术水平一般来说十分低下，大部分都没有留下有形态的历史遗迹。因此，对于民族学来说，需要为人文主义装备新的研究工具。

与前驱者即文献学家和历史学家相比，民族学家的知识形态既是外部的，也是内部的（也可以说既更为粗略，也更为精细）。若想深入那些特别难以打入的社会，就必须置身其外（体质人类学、史前史、工艺学），同时又必须通过民族学家与共同生活的群体打成一片的办法深钻进去，并且极为重视——鉴于缺乏其他信息内容——土著人心理生活中的那些最细微的差异。

始终兼顾传统人文主义的各个方面的民族学，却又超越人文主义。它的领域涵盖人类栖居的整个世界，它的方法结合知识的全部形式：人文科学加自然科学。

因此，三种人文主义在前后相继的过程中是结合起来的，从而使得有关人类的知识在三个方向上取得进展。第一个方向无疑是表层上的，但也是“最浅显的”方面，无论就字面意义还是引申义来说都是如此。第二个方向是研究手段的丰富性，因为我们逐步认识到，如果说民族学一度不得不根据留给它的那些“残存的”社会的
322 特点去锻造新的知识形式，那么这些新的知识形式同样可以有效地运用于所有其他社会，包括我们自己的社会。

不仅如此。古典人文主义不仅受到研究对象的局限，而且受益者也受到局限，后者形成一个特殊阶层。19 世纪的异国特色的人文主义本身与支持它并使之得以存在的工商界的利益是绑在一起的。所以，继文艺复兴时期的贵族人文主义和 19 世纪的资产阶级人文主义之后，对于我们这个已经变成一个有限的世界的星球来说，民族学标志着一种双倍的全球性人文主义的兴起。

民族学在那些最谦卑最受鄙薄的社会内寻找它的灵感，并由此宣告，人类没有任何东西能够与人类无关，从而建立起一种跟以往各路人文主义完全不同的民主人文主义，因为那些人文主义都是从地位优越的文明出发，为地位优越者而设立的。通过调动借自所有科学的方法和技术以服务于对人的理解，民族学呼唤人与自然在一种普遍的人文主义中达到和解。

二　结构主义和文学批评[2]

无论是语言学还是人类学，结构主义方法其实都是要在不同的
323 内容中找出不变的形式。一些文学评论家和文学史专家却不恰当地以结构分析自诩，他们是要在多变的形式背后找出重复出现的内容。我们看到，这样一来就出现了一种双重的误解：既在内容与形

式的关系方面，也在复现与不变量这两个完全不同的概念的关系方面，前者仍然允许偶然性，后者则要求必然性。

另一方面，结构主义的假设是可以从外部得到验证的。即便不从事实方面看，从规则上讲，我们也可以把它们拿来跟那些独立的、得到严格规定的系统相对照，每一个这样的系统均自为地享有某种程度的客观性，考验着理论建构的有效性。

对语言学来说，上述这种客观检验分为两大类。借助机器完成的有声语言的物理和声学分析——而机器目前也能对之做出综合——能够让我们立即感知音位学假说所提出的那些相关特征。其次，沟通行为本身的要求为一种多少是建设性的批评提供了根据，因为说话者的发声活动毕竟是为了得到理解。发声的意义因而不仅是意向性的。意义只有被注入一个铸型才能显现出真正的和最终的形式，而这个铸型的另外一半永远掌握在谈话的另一方，或者更确切地说，掌握在社会群体的手中。

这两种类型的检验在人类学上同样存在，例如对于婚姻规则和神话的研究。除了可做形式化处理的结构以外，这方面的研究还包括探索是否存在一些独立的层次，它们在此类层次上必定结合在一起：一个层次是技术-经济的基础结构，另一个层次是社会学研究所揭示的从事社会生活的那些特殊环境。这样做的后果是，从外部进行双重批评所需的各种因素都被汇集起来，从而为人文科学建立起一整套与自然科学中的实验手段相等的东西。

以结构主义自封的文学批评的过错在于它往往是一套摆弄镜子 324
的把戏，无法把客体及其在主体意识里的象征性反响两相区别。被研究的作品与分析者的思想彼此映照，我们被剥夺了所有区分手段，分不清什么只是得之于作品的，什么是分析者添加的。我们于是被禁锢在一种相互性的相对主义当中，尽管主观上它可能具有魅力，但我们完全看不出它以什么样的外部证据作为参照系。仅就运用某种组合方法来支持重构活动而言，这种颇具想像力和念咒似的批评无疑是结构主义的。然而，这种做法只能把未经加工的材料提供给结构分析，而非做出贡献。作为现代神话的特殊表现，此类材料完全可以付诸分析，不过在名义和方式上却跟譬如从结构上解读占卦纸牌、咖啡渣滓或者看手相毫无二致，因为它们都是些言之凿凿的谵言妄语。

如果说，文学批评和思想史并非不可能变为真正的结构主义，那也只有满足了以下条件时才会发生：它们在自身以外找到了客观的双重验证的手段。况且，从何处可以借入这些手段并不是一件难事。一是从语言学分析，甚至是音位学分析的层次入手，验证活动可以独立于作者及分析者的有意识的建构；二是从民族志调查的层次入手，也就是说，就我们这样的社会而言，从外部历史的层次入手。因此，绝不是“在一个主要靠历史主义行事的批评传统中引进结构主义的方法”造成了问题，而是这种历史传统的存在本身才能给结构主义方法提供一个基础。要让人信服这一点，只要举出艺术批评领域里的欧文·帕诺夫斯基（Erwin Panofsky）为例就行了，他的著作都是彻头彻尾的结构主义的。这位作家之所以是一位伟大的结构主义者，首先因为他是一位伟大的历史学家，而且历史为他提供了一个无法替代的信息源泉，一个能够运用无数不同方法验证
325 解释是否正确的组合的领域。所以，恰恰是历史，加上社会学和符号学的协作，才应当能够让分析者打破这个不期而遇的循环。当一场虚假的对话在评论家和作品之间进行之时，这种循环使人们永远搞不清这位评论家是一位忠实的观察者呢，还是自设舞台的一出戏的下意识的演员。观众们对此总不免琢磨，那台词究竟是出自有血有肉的人物之口呢，还是出自由一位灵巧的腹语专家发明的傀儡之

口。既然结构分析主动地立足于共时的层次，它不会对历史采取视而不见的态度。只要存在共时性，历史就不可忽视。这是因为，一方面，历史通过时间维度增加了可供使用的共时层次的数目；另一方面，历史的维度正因其已经成为过去而处于主观错觉所达不到的地方，因而可以用来检查直觉中的不确定性，以及某种彼此吸引所带来的错觉，而这种吸引无论诱惑力多么大，总有导致两下串通的危险，从而危害真实性。

三 从一场回顾展谈起[3]

无论人们今日对毕加索的作品的某些方面怀有怎样的保留，他依然是一位天才的画家，我们对他的才气心悦诚服。

只要对当创新者心中怀有憧憬，哪怕是地位不高的创新者，那么明智的做法是当涉及毕加索时谨言慎行。这里或许掺杂着一丝嫉妒之心。

据我所知，你若随便问一位心地方正的创新者，他希望成为怎 326
样一个人，他一定会说：毕加索。因为毕加索是个榜样，一个本世纪罕见的、做了一切他想做的事情的人。他随心所欲，行事只凭自己的意愿，而且获得了最高的荣誉，一笔巨大的财富，显赫的声名。仅是这几样已经足以让人称羡不已了。

毕加索——以及立体主义和其外的一般绘画界——提出的问题是：在多大程度上，作品本身能够完成针对现实的一次结构分析。换个说法，对于我们来说，作品是不是一种取得知识的手段？毕加索的作品与其说给我们提供了一个具有独创性的信息，倒不如说它使自己成为一种将绘画代码研磨成碎末的活动，一种颇难理解的释读方法，它更多地是一套关于绘画艺术话语的绝妙说辞，而非一套关于世界的话语。这些就是我想就共时性角度所说的话。

现在，我要站到历时性的角度上。很抱歉我想求助于我的个人经历，回忆一下毕加索的作品给我少年时期带来的启示。那时——这是1924年至1928年间的事，每逢周四，我一早就朝圣般地前去波埃堤大街，期待着从卢森伯格的橱窗里看到毕加索的画作。——确实在那儿吗？反正那是他这个时期所画的里程碑式的静物写生之一，一套名副其实的形而上的学问。可是，如今，无论站在毕加索的还是其他当代画家的作品面前，我却无缘再有那种如沐春风的感觉了；而且，我对于立体主义和现代绘画都不免心中渐生某种记恨——这大概是我的过错，而不在于他们——因为我觉得他们没有履行对我许下的诺言。

在我的少年时代，对我来说具有形而上学意义的东西，如今已经沦落为与美国人所说的"室内装潢"（interior decoration）一类的东西为伍了，简单说就是一套装饰物。但是，我也注意到，并非一切图画都是如此。因为，当我回到罗浮宫时，站到譬如说曼特尼亚（Mantegna）的作品前，我就能重新感觉到七八岁时初次看见《帕
327 尔纳索斯》（Parnasse）时的那种感觉。所以，说到近半个世纪以来的绘画作品，我想说它们所传达的信息是强烈的，然而又是那么短暂……

立体主义试图在世界背后发现一副更真实的世界的形象，无论它运用的是什么手段。

此外，在我的结构主义者同事当中，有些人认为立体主义和现代绘画的其他方面曾经对他们产生过决定性的影响，激励他们绕到可感知的表面现象背后，在深层次上寻找真实的某种更牢靠的组织。

就我个人而言，决定性的影响来自于自然科学。与其说是洋洋大观的毕加索、勃拉克、莱热或康定斯基的作品使我成为一个结构

主义者，不如说是通过观察石头、花草、蝴蝶和鸟雀。因此，有两种不同的东西构成了结构主义思想的根源，一种较贴近人文主义——我愿意这么说，另一种转向大自然。

毕加索的作品让我恼火，而且它们正是在这一点上跟我有关。因为它们是那些能够证明现代艺术具有深刻的修辞特点的证据之一——这种证据无疑可以从文学和音乐里找到不少。毕加索似乎常常以为，既然存在着能够解释艺术作品的本质与结构的法则，那么通过运用或照搬这些法则，或者借用其他现成的处方，就可以做到创作艺术品。然而，依我所见，艺术创作所提出的真正问题却在于创作是根本不可能预知结果的。

类似的情形我们曾在文艺复兴时期的修辞学家那里遇到过。他们阐述了一套极为深刻的诗学理论，然而创作活动随后却裹足不前。说来也怪，我所设想的那种结构主义，虽然被指责为抽象的和形式主义的，却只能以极大的新鲜感和纯真感为代价才能获得真正的满足。

立体主义的问题在于它的自然是一种令人费解的自然，这种自 328
然产生于事先的诠释或操作活动。艺术的前途——假如它确实有前途的话——要求跟原始状态下的自然重建接触，虽然严格说来这是不可能做到的；让我们说，它至少要求朝这个方向努把力。

说到造型艺术的创新，跟立体派和抽象派的那些深奥的研究相比，我对今日人们所谓天真画怀有更多的期待。

对于毕加索作品的崇拜者，也就是我们这个时代被称为有文化素养的人们来说。自然意味着什么？我想用类比的方法来尽力回答这个问题。

最近有一部让我颇多思考的电影，怀勒（Wyler）拍的《采集者》（*The Collector*），法文译作 *L'Obsédé*（走火入魔）。根据这部电影改编的一出戏目前正在上演。

电影讲的是一位小伙子的故事。他被刻画成缺少文化素养、不合群、道德反常，因为他起初完全投身于采集蝴蝶的活动。随后有位漂亮的姑娘遭到小伙子的关押，而且电影赋予她一个很棒的角色：她代表着现代社会流行的真正的文化；姑娘属于较优越的社会阶层，读过不少书，见过许多那小伙子一无所知的画作。这就使他们两人无法沟通。她试图激发他对艺术书籍的兴趣以救赎他，但毫无效果。书中恰好出现了一些复制的毕加索的画作，可是小伙子却感到愤懑不平。在电影作者看来，标准就在这里，这正是小伙子身份低下的明证。

可是，依我看，这部电影把一个真正的价值体系完全弄颠倒了。合法性姑且不论，健全的态度其实出现在男主角身上，他把激情投向真实的事物：蝴蝶，以及无论是昆虫还是美女的自然之美。而忸怩作态的现代趣味的象征则体现在女主角身上，她只知道生活在艺术书刊里，况且还不是艺术原作，而这一点对于说明毕加索和现代社会的关系十分重要。原作收藏不起，因为太昂贵了。不过，“拥有”这个属于愉悦感官的因素也是我们与美的关系中的一个重要方面。

329 因此，这部电影所颂扬的虚假趣味难道不正是首先靠复制品、而不是靠真实来获得自我满足吗？不正是通过复制品，靠那些对大自然做出二三流的再诠释的艺术品来获得满足吗？然而，这种趣味面对的却是一位寻求“直接”接触大自然的人。从法律角度来看，他采用的手段也许不大循规蹈矩，但本质上却植根于一种对于美与真的更正确的情感。

这不是导演的错，而是时代的错。我上个星期吃惊地发现，有些绘画作品——不提它们的名字也罢——售价为上千万甚至数亿旧法郎[①]，一批出自收藏大家的待售的蝴蝶开价也在每盒两万到五万旧法郎之间——且不说有一两个品种，不一定比别的更美丽，但因罕见或独特而动辄以上百万求售。可是，跟电影中的男主角一样，我坚持认为，在观看那些异彩纷呈的蝴蝶的时候，人们从中可以获得的审美愉悦感就跟观看大师的手笔一样强烈，或者说可以相提并论。

如果说存在某种疯狂、某种不公正的话，那也跟利用但并未制造某种事态的著名画家无关，问题出在人类被搞得越来越愚蠢，而且就在眼皮底下，好像人类的一切创造都是为了提供某种价值，不论是精神的还是金钱的价值；然而，世上还有那么多市场规律管不着的美好的东西可供取用！

很可惜，我们都是这个时代的见证者，毕加索也是，只因他在一段时间内生活和创作过。

毫无疑问，他是以特殊的方式成为见证者的，因为他不仅通过自己的作品做出了见证，而且这些作品本身的巨大成功也反映着时代趣味；而且，再进一步说，这种趣味在很大程度上是由他创造 330
的。他始终走在时代趣味的前头。对于毕加索，我不想用见证者这个字眼，“支撑者”一词更好，不消说，他是支撑着我们这个时代的历史的一位重要人物。

毕加索很好地传达了他的时代的深刻的精神。如果说我对他有所保留的话，那就是他的作品把它传达得太好了，对于人类迫使自己蒙受的那种日益加剧的自我禁锢行为，他的作品也是众多的见证

① 指1960年法郎升值以前的旧币。100旧法郎等于一个新法郎。五万旧法郎约等于今天的75欧元。这篇访谈录虽然发表在法郎升值以后，但是看来列维-斯特劳斯像很多人一样，习惯于用旧币谈论较大的数目。——译者注

之一；最后，他促成了进一步强化这个几乎是封闭的世界，人类在这个世界里面对自己的创造物，把自己想象为能够自给自足。一种理想的监狱。只是死气沉沉罢了……

我们把这种叫作人文主义的宏大潮流的种种极端表现记录下来，这一潮流声称人类形成一个独立王国。在我看来，这一潮流代表着一个妨碍哲学思考的进步的最大障碍，大概也是妨碍美学创新的一个最大障碍。

我已经不认为站到一幅无论立体主义还是抽象艺术的杰作面前时，我会感到很舒服了。至于马克斯·恩斯特（Max Ernest）的作品倒还可以，保罗·德尔沃（Paul Delveaux）的作品也不赖，因为，姑且不论他们的学问，人们在他们那儿能够感到一股鲜活之气。再不然就是明日的艺术馆将为之敞开大门的天真画的作者们，或者出色的拼贴作品……

对于雕虫小技——哪怕是颇显才气者——我们还能想得出别的什么对症的良方吗？

四　1985年的艺术[4]

民族学家出于职业的要求，认为只有那些能够让身处不同文化的远距离观察者感觉出来的变化才有价值和意义，因为观察者所研究的文化与他自身所在的文化极不相同，他本人也受到同样的局限。除非认为这是他享有的一种优势，而且任何因为有助于理解人类精神而值得保留的变化在一种综合的视野内都必然保持不变。也
331 就是说，这一变化不仅对那些地位相对特殊的人，而且对任何可能的观察者来说都是真实的。

这一点可以解释民族学家面对短期预言何以往往感到无言可

对。20 年以后，我们的绘画、文学和音乐无疑将发生可观的演变，这是从一个作为产生这些演变的社会的一员的观察者的角度来说的。但是，一个在时间或空间上远离我们的观察者也会做出同样的观察吗？这至少是有疑问的，在他看来，1985 年的作品和当今的作品属于同一文明的形式。在这个狭窄的范围内，民族学家运用的那些粗略的差异是派不上用场的。变量实在是太细微多变了，即使假定这些预言从理论上和实践上均说得通，也只有电子计算机才能把它们整合起来，从中分析出某种趋势，并做出推论。

然而，这意味着艺术在我们这里反而享有平静而健全的生命，意味着它们的目前状况预示着它们的某种未来。如果我们必须承认，我们今日所消费的艺术作品证明存在着一场危机，结局将难以预料，那么任何合理的预言便都是不可能的。这个结局既可能促进诞生另一种我们尚未看到轮廓的艺术，也可能导致一个社会自觉而果断地声明放弃它的全部艺术。那时候，下面这一点就会变得十分清楚：这个社会多年来为了让自己显得神秘难测而日益加剧地把一种艺术抬到极高的地位，而这种艺术其实只是艺术诸形式之一，只是被用来制造一种自己拥有艺术的错觉而已。

但是，也不能说危机必然会自行化解。也许它会重新冒头，错觉会把其他低劣的食物拿来充饥。这是因为，艺术在西方社会中（以及作为可预见的延伸的明日世界中）的前途问题不是一个根据 20 年左右的时间尺度或者援引历史先例就能回答的问题，甚至部分地回答这个问题也是难以做到的。这个问题是在人类历史上破天荒
头一次提出的，它与另一个问题交织在一起：这种文明把个人与自 332
然割裂，迫使他生活在一种生造的环境里，还使消费与生产脱节，把创新感从生产中彻底清除。艺术在这样一种文明中会变成什么样子呢？无论对艺术的崇拜采取什么形式，是怡然自得地冥想，还是

狼吞虎咽地吸收，都倾向于把文化当作一个超验的对象；人类群体从这个对象的遥不可及的存在当中获得一种虚荣，这种虚荣由于个人坦承自己无力创造而显得更为愚蠢。

即使只限于谈论最近的将来，做出预言也要取决于——这是一件办不到的事情——如何回答一个先决的问题：我们的文明跟所有其他文明是一回事吗？能否根据前者已经和正在发生的事情去预见后者将会发生的事情？或者说，我们谈论的是两种迥然不同的形式？假使如此，它们之间的关系又将如何确定？初看起来，介于生命体和惰性物质之间的病毒代表着生命的一种极微末的形式。然而，它们有赖于其他生命体才能够生存。因此，在进化过程中，病毒非但不是先于后者而存在的，反而以后者的存在为前提，而且代表一种相对的高级状态。另一方面，病毒的现实性差不多属于智力的范畴。事实上，它的机制基本上可以还原为被它注入简单或复杂的生命体的遗传学程式，迫使它们的细胞背离原来的结构而服从它的结构，从而制造出与其相仿的生命体。

我们的文明靠其他文明的存在才得以凸显，无论那些文明是先于我们还是同时存在的。自笛卡儿以来，我们就知道，我们的文明主要是靠一种方法才获得了独特性，这种方法的精神本质导致它不适合于造成其他的活的文明，然而却能够把它的方式施加于它们，使其变得跟它类似。这些文明的活的艺术表现出肉体特征，因为它跟极强烈的信仰有关，以及无论在观念还是实践上都跟人与自然之间的某种平衡态有关。那么，与这些文明相比，我们的文明究竟属于动物型还是属于病毒型呢？即使非得选择后一种假设不可，那么
333 也可以预言，这种过旺的食欲曾驱使我们为了建立自己的艺术而将古往今来的所有艺术形式一股脑儿吞下，但 20 年以后它将越来越难以满足。通过各类博物馆和展览厅，肉体社会依然勉强支撑着各种

资源，其中 3/4 目前已经枯竭，剩下的也很快会被污染；竞争之后接踵而至的将是欲望的减退。即使表面上没有出现深刻的变化，人们那时候也许比今天更能理解，一个社会拥有艺术，恰如一棵大树结满花朵，原因是它们植根于一个二者都不认为完全属于自己的世界。

五　都市文明与精神健康[5]

事实上，在许多非都市型的社会中，甚至包括民族学家研究的社会，照样会全部或部分地出现距离造成的疲劳感、代沟、不稳定的夫妻关系、分散的家庭劳动、中止活动招致的决裂。反过来说，紧张的都市生活也可能保留着具体的和活泼的特点，例如中东地区的集市型城镇，或者是兼有乡村生活的那些意大利农村小镇。即使是巴黎，直至 19 世纪末叶也还保持着某种平衡：真正的农村是以城门为起点开始延伸的。卢梭在市中心寓居的时代，走不到一个小时的路程便可步入宁静的田野和树林。

真正的危险后来才出现。城市此时不再限于将其封闭起来的市区界限之内，尽管这种界限经历周期性扩张而变成一个生长迅速的有机体，分泌出一种蚕食周边一切生活形式的破坏性病毒——而且 334
深度与日俱增，除非是它往四下里驱赶的那些它的活动的副产品。于是，城里人跟大自然隔离了，但他们只有接触大自然才能调节和充实心理和生理的节奏。人们对于这种缺失的感受之强烈，只要提出以下事实就十分清楚了：重视周末郊游；宁可放弃增加小时工资也要求有第 4 周假期——这个愿望目前已经获得认可；强烈渴望拥有一幢乡下的房子或者一座花园。然而，所有这些解决办法无一不是馊主意，因为人口的增长使它们必然都带上了成群结队进行的特点，这就完全排除了人们致力恢复的那种环境的主要因素：清静。

无论从道义上还是从物理意义上，人类与自然环境都结成一个不可分割的整体。与之隔离，以及生活在几乎一切均为人为制造的环境里的压迫感——现代都市生活方式正朝着这个方向驱赶人类——对于人类的精神健康构成了一个重大威胁。

更严重的是，在意识形态方面，都市文明因工业化所造成的这种反常情况体现为一种哲学和一种道德观。它们对一种排斥异己的毁灭性人类的出现采取了轻率的放任态度（不可避免地最后也要毁灭自己，因为再也没有任何“缓冲地带”可让它避开向它发动的攻击），甚至打着人道主义的旗号，夸耀人类和其他生活方式之间的分裂；它们给人类留下的，只剩下作为思考和行动的准则的自尊心了。

如果不玩弄辞藻，而只从民族学家使用的意义上思考，人们就会问：“文化”是否能够在“宫”[①] 里成长和扩展；从假设出发，房屋不会扩展到别的东西上去，即首先不会扩展到自然中去。文化本身倒是自然的一种表现。

335 换句话说，只要都市文明尚未从整体上彻底信服文化并非一切的道理，以及首先必须尊重不仅属于自然、也属于历史的既成事实，而且必须接受这种心态所蕴含的限制和约束，那么文化宫（Maisons de la culture）是不可能为解决都市文明的危机提供一条出路的。因为，如果整个社会不能积极地实际体会自然，那么在一些特殊场所为它举行仪式（不论是博物馆、演讲厅还是剧场，还是“文化宫”），最多不过是不在现场的证词而已。

---

① 指法国政府从 20 世纪 60 年代起建立的地方文化设施。其作用类似于中国城市里的文化宫或街道文化活动站之类的机构。——译者注

让我们从做出一项宣告开始：那些拼命摧毁无法替代的生命形式——无论被毁灭的是动物还是植物——的社会都缺乏对生命的尊重——包括人类生命；如果一些城市借口需要发展，把那些曾经有过的遗迹和建造它们的城市斩尽杀绝，那么声称热爱历史就是一堆谎言；对美与真的崇拜跟把海滨改造成棚户区是两回事，跟把“国”道两侧改造成垃圾堆放场也是两回事。

这一点如果可获同意，那么我们就可以顺理成章地提出：文化宫无法把文化当成一个封闭的世界对待，也无法按照一个封闭世界的样子取得自身的发展。就这次问卷调查的范围而言，以上两条原则必然导致以下后果：

（1）“积极文化”优先于“消极文化”。我们知道，都市文明的主要病症之一是将消费与生产割裂，激化前一种功能，使后一种功能中的创新感荡然无存。如果能够充分利用工业社会留给个人的一切能使人感到自己是创造者的机会，指出哪些是本人虽无知觉、但确实是创造者的场合（例如作为一个说话主体的时候），就有助于使他更好地跟生存和事物的体系联系起来。而相对于这些体系，创造精神首先立足于谦虚和尊重。

（2）优先考虑像历史学和考古学这样的科学，因为尽管它们的成果已经相当丰富，它们能够同全部自然科学一起，**以一种工匠式** 336
的和经验的方式从事活动；它们研究被认为真与美兼备的存在物和客体，有助于人类重新建立起与世界的联系的网络，从而能够为人类提供大批“维系点”，无论后者属于物质界、植物界、动物界，还是属于从历史获得客观性的人类本身。

（3）把文化宫纳入一项有关创造活动和为扩大这一计划所必需的举措的综合性策略当中，这些举措包括：动植物园、自然保留区、考古学和史前史遗址、古代城市与村落的保留区或修复区。

正如可以预见的那样，尤其是在法国，如果都市生活的发展应当伴随着农业生产的现代化，以及一部分农村人口向都市迁徙，那么可以设想，空余下来的土地可以委托有关部门改造成自然保留区。这样一来，在城市的周边地区便可以创建许许多多小规模的生物站和考古站。文化宫可以紧密地参与它们的管理活动，接受官员的监督。在一个治安良好的社会里，这些官员应当享受至少与工程师、军人和企业经理相等的声望。我指的是史前史区域的主管人员、历史纪念碑的设计师、水域和森林的经管人员……

文化宫之间也许能够针对这些保留区建立起一种竞争意识，它基于对知识的兴趣和对所有生命形式的热爱和尊重。此外，人们可以设想可惜同样属于临时性的、影响同样有限的其他一些办法。不过，经过大量尝试，人们总会向同一个目标迈进：建立一个能够抗衡的体系；我们期望借助它的作用，在现在与过去之间、变化与稳定之间、失落的城里人与世界的持久真理之间建立起更好的平衡。

六　我们这个时代的见证[6]

337 先生：

我要放入您箱子里的是一些与濒临消失的最后的“原始”社会有关的资料，一些即将毁灭于人类之手的动植物的物种样本，一些尚未被工业废弃物污染过的空气和水的采样，以及一些马上就要被民用和军用设施破坏的景点的告示和图片。

25个格子是肯定放不下的！不过，要断定过去20年里，有哪些文学艺术作品值得保存千年之久，人们百分之百会搞错。再者，要提醒多年后我们的后继者注意这些他们将视为过时的科学理论和设备，不免显得妄自尊大，而且也没什么用。

更好的办法是给他们留下一些证据，表明由于我们这代人和后继者的过错，有那么多东西是他们将永远无权了解的：纯净的元素、多样的生物、优美的自然以及体面的人。

注释

[1] 原载 *Demain*，n° 35，1956。

[2] 原文收入 *Paragone*，*Nueva Serie-2.* Arnoldo Mondadori editore，Milano，1965. N° 182，*Letteratura*，pp. 125-133。杂志社向各界人士提出的问题如下：

最近一段时间以来，文艺批评界对于结构型过程表现出强烈的兴趣，尤其是对后索绪尔时期的语言学所阐述的那些程序。

——您是否认为这些程序能够提供有效的批评工具？如果回答是肯定的，在结构主义的各种不同理解当中，您想到的是哪一种？

——您是否认为在以历史主义为主的文艺批评传统中可以引入结构主义的方法？

[3] 本文根据与安德烈·帕里诺（André Parinaud）的谈话缩写，曾刊载于 *Arts*，N° 60，pp. 16-22，novembre，1966），适逢"向毕加索致敬"展览会在巴黎大小殿堂开幕之际（1966 年 11 月—1967 年 12 月）。

[4] 本文是对一份以此为题的问卷调查的答复，原载 *Arts*，7—13 avril 1965，p. 4。

[5]"对一份问卷调查的回复"，原载 *Les Cahiers de l'Institut de la vie*，N°. 4，avril 1965，pp. 31-36。

[6] 原载 *Le Figaro littéraire*，jeudi 25 novembre 1965。让·帕拉斯多（Jean Prasteau）先生曾向各界人士征集近 20 年来的事实、发现、发明、书刊、绘画，让他们将有关证据或原件装入一个箱子内的 25 个格子。箱子将埋到巴黎的某个地方，留待公元 3000 年的考古学家开启。

第十六章　社会学科和人文学科中的科学标准[1]

339 笔者希望以下的心情告白不致有违礼貌：获知联合国教科文组织大会关于展开民意调查的决议以后，本人为之感到不安，甚至苦恼。在笔者看来，这个通知一方面对“社会和人文科学研究的主要趋势”明显表现出兴趣；另一方面，恰恰就在人们对这一计划表示最热烈的赞同之意的地方，这些科学却遭到了忽视或者放弃。这两者反差太强烈了。

这是一项出人意料的善举（但不具有实际意义，因为它停留在缺少直接干预手段的国家之间的层次）。假如国家能够赐予各地的研究人员一些工作场地，那么虽说戏剧性效果会差一点儿，可是效益会大得多！这些研究人员常常因为连一把椅子、一张桌子和从事正常工作所必需的几个平方米的空间都没有而感到沮丧，他们没有图书馆可用或图书不敷使用，以及那点可怜的资金……只要我们仍然未能摆脱这些困境，我们就无法抗拒留有这一印象：社会科学和人文科学在当代社会里的地位问题又一 340
次没有得到公正的解决；好像如果做不到让它们切实满意，那就让它们原则上感到满意，用自己毕竟还存在的假象安抚自己，而不去执行真正的任务，即给他们提供生存的手段。

假如国内和国际的公共权力部门无意让研究人员自己分担这场民意调查的责任，问题原本会不至于如此严重，充其量也只是错过一次新的机会而已。研究人员不得不担负双重的责任：首先因为调查的意义主要是拿出一个不在现场的托词，用空口许诺代替了他们所需要的东西；其次，这场调查要求他们积极参与，因此，除非甘心面对缺少公德心的指责，否则他们就得从已经耗费在孤军奋战物质困难的时间里再挤出一部分，去从事一项理论价值尚未肯定、但非做不可的工作。

我们在前一场民意调查中是不会就精密和自然科学的研究趋势表达这些疑问的。那时情形不同，因为这些学科已经存在如此长久，早已拿出了那么多能够证明其价值的显赫的证据，所以可以认为它们存在的现实性已经不成问题了。它们那里不存在任何先决问题。既然它们已经站住了脚，接下去问它们正在做什么和描述它们是如何做到的就是顺理成章的事。

我们也赞成提出，在国家和国际机构的框架内，在精密和自然科学与依照情况需要而被叫作"社会和人文科学"的不同研究之间存在着某种平行性；名称于是简化了，而且通过这个办法，可以保障在这两个方面付出了时间和努力的教师、研究员和行政人员获得物质和精神上的平等的合理待遇。

当我们从有利于专业着眼，追究一些实际方面的理由的最终后 341

果的时候——不应忘记它们产生于行政常规——疑问就会产生，除非我们谈论的不单单是思想的懒惰。本文作者已经把毕生精力献给了社会和人文科学的实践，但我仍会毫不犹豫地认为，人们在它们同精密和自然科学之间无法装作不偏不倚；后者是科学，前者则不是。如果说它们被冠以相同的名称，那是基于一种语义学的虚构和一种尚未获得确认的哲学上的期盼。因此，目前这两场问卷调查所蕴含的平行性其实反映了一种不符合现实的想当然的看法，即使这只是在个人想法的层次上。

因此，让我们首先试图准确规定在两种情况下跟“科学”一词的运用有关的原则性区别。无人怀疑精密和自然科学确实是科学。固然，以它们的名义所做的一切并非都表现出同等性质：科学家有的伟大，有的平庸。不过，在精密和自然科学的名义下开展的一切活动都有一个共同的含义，这一点是不容置疑的。借用逻辑学家的话说，精密和自然科学的定义的“外延”与“内涵”是一致的。那些使一门学科配得上科学这一名称的特征，总的来说，也适用于所有在总体上经验地涵盖精密和自然科学领域的具体活动。

可是，我们一旦转入社会和人文科学，定义的外延和内涵就不吻合了，“科学”一词在这里成了一个虚构的名字，它指的是许多完全迥异的活动，其中只有一小部分具有科学特征（只要我们打算以同样的方式规定科学这一概念的含义）。事实上，许多专家的研究
342 被武断地归入社会和人文科学，首先这些人就会反对声言他们在制造科学产品，至少是就科学一词在他们的精密和自然科学的同事那里所理解的含义和精神而言。长期以来，例如细腻的思想与几何学思想这一类颇令人生疑的区分便被他们用于打这场官司。

于是，首先就出现了一个初步的问题。既然要找出“社会和人文科学研究的主要趋势”，那么就必须问，你想讨论的是什么？如

果你想表现得依旧忠实于这两场问卷调查所蕴含的那种理想化的对称性，那么正如上一场调查那样，就必须从“外延”的方面考虑你的对象。不过，此时人们又会面临双重的困难。因为，既然不可能为艺术和社会科学院系教授的全套课目提出一个满意的定义，人们也就无法做到把自己禁锢在这样的分野之内。单凭这一点，就可以把凡是不属于精密和自然科学的东西划归另外一类科学，它们的领域可以说几乎是无限的。再者，由于科学的评判标准与毫无功利追求的纯研究混淆在一起，我们无法达到任何跟调查的目标相一致的结论。如果没有能够指定的项，调查从理论上便失去了对象。

所以，在一个或根据经验内容、或根据对之形成的观念进行界定而造成界限不吻合的领域里，为了防止上述危险，就必须从划定这块有限的区域开始，两种理解逐渐地从中彼此调适。这样一来，两份不同的问卷调查在理论上将是可比的，但两者在经验上不再是匀质的，因为那时下边的问题会暴露出来：人们有权用来处理全部精密和自然科学的办法仅仅适用于社会和人文科学当中的一小部分。

在我们看来，上述两难困境是没法解决的。但是，在试着找出一种必然带有缺陷的解决方案之前，很快地浏览一下造成自然科学和人文科学不同的一些次要原因，看来并非毫无益处。

首先，我们觉得，在各种社会的历史上，自然科学最早是一种优惠制度的受益者。怪也不怪，这种制度来源于这样一个事实：几 343
个世纪甚至几千年以来，学者们研究的竟是老百姓感到无关他们的痛痒的问题。在这种蒙昧状态下展开研究，正如得到一件上天赏赐的外袍的庇护，从而得以长期免受干扰——即使不是完全地，至少也是部分地没有受到干扰（这在当时最好不过）。正因为这样，早期的科学家们才能够从容不迫地先去研究他们认为有能力解释的事物，而不是随时被要求去解释别人感兴趣的事物。

从这个角度来看，人文科学的不幸在于人类终不免会对自身发生兴趣。在这份关切的名义下，人类起先拒绝把自己作为研究对象交给科学，因为这种让步会迫使人类压制和约束自己操之过急的行为。若干年以来，这种局面随着精密和自然科学取得了巨大成果而有所改变。人们注意到对社会和人文科学的日趋强烈的敦促：现在轮到你们下决心拿出证据，说明你们的用场了。恕我直言，在联合国教科文组织大会最近的这份决议里，我们看到了这股令人疑虑的热忱。它给我们的科学带来了另一种危险，因为人们忘记了，这些科学仍然处于襁褓之中。即使有朝一日能够服务于实际行动，目前它们却没有任何东西可以奉献，或者说可奉献的东西微乎其微。让它们生存下去的最好办法就是对它们多方襄助；更重要的是，什么都别向它们索取。

其次，任何科学研究都假定一种既有观察者又有观察对象的二元论。就自然科学而言，观察者的角色是由人扮演的，世界是对象。当然，这种二元论从中已获验证的领域并非没有限度，例如现代物理学和生物学已经发现了它；然而，这片天地相当广阔，足以让所有精密和自然科学大显身手。

344 如果说，社会和人文科学是真正的科学，那么它们就应当保留这种二元论，只要把它移入人类内部即可：作为观察者的人和作为被观察者的人或人群，两者之间于是会产生断裂。不过，社会和人文科学此时不可僭越一条原则，因为如果它们必须完全按照精密和自然科学的样子行事，它们就不应满足于在他们所观察的人类身上从事实验（这种做法不仅实践上容易办到，道义上也可以接受，而且理论上也不难设想）。而且，作为实验对象的人必须做到对此全无意识，一旦觉察就必然对实验进程产生无法预料的影响。所以，自觉的意识在两个方面是人类科学的隐蔽的敌人：一方面是自发的意识，内在于实验对象；另一方面是科学家的经过深思熟虑的意识——即意识之意识。

诚然，人文科学并不是一点也没办法摆脱这种困难。语言学家面对着数千种有待研究的音位系统和语法系统，历史学家和民族志学家也有展现在时空中的多种多样的社会结构可供满足他们的好奇心，这些都是人们常说的“现成的”实验。此类实验的不可逆转性并没有削弱它们的价值，特别是因为，跟实证主义正相反，我们今天承认，科学的功能并非全在于做出预言，而在于提出解释。更确切地说，解释本身就蕴含着某种形式的预言。这种预言就是：需由观察者本人在别的“现成的”实验中就地发现它，并由学者做出阐释；当某些性质已经显露出来的时候，其他一些性质必然与之有所联系。

因此，理科和人文科学之间的根本区别并不像人们通常认为的那样，在于只有前者能够在不同的时间和地点重复相同的实验。人文科学同样能够这样做；即使并非全都可以做到，至少那些能够把握少量的复现成分的人文学科是可以做到的——例如语言学以及程度稍低的民族学，此类成分藏身在每个系统的时空特殊性后面，方 345
式多变地在许多系统里组合起来。

假如这些并不说明从事实验的能力——无论是先验的还是后天的——完全取决于如何规定和分析将被一致认为属于科学事实的东西，那么这种能力又能是什么呢？假如理科像大多数人文科学所表现出的那样，想当然地和粗枝大叶地规定科学事实，它们势必同样会陷于一种永远不能重复的现实状况。

可是，如果说人文科学在这方面表现出某种软弱无能（这往往只说明诚意不足），那是因为有一种矛盾的现象在一旁觊觎，而它们只能模模糊糊地感到它的威胁。那就是：科学事实的任何正确的定义都会使感性现实显得贫乏，并因而使之变得不近人情。因此，只要人文科学能够从事真正的科学工作，人类与自然的区别就会从中逐渐淡化。假如有那么一天，它们完全成为名正言顺的科学，它们与其他科学的区别就不复存在了。这一点造成了人文科学迄今尚无胆量面对的一种两难境地：要么保持自己的独特性，而且接受自此再也无法克服的意识与实验的二项对立；要么力求超越这种二项对立。不过，此时它们势必放弃在科学体系中的特殊地位，退而接受所谓的“随大溜”。

即使在精密和自然科学当中，预言和解释之间也没有什么自动的联系。但是，不可否认，它们的进步从这两盏交相辉映的指路明灯那里获益匪浅。有这样的情形，科学能够解释一些它未能预见的现象，达尔文学说便属此类情形。另一些时候，科学知道如何预见一些它还不能解释的现象，气象学便属此列。话说回来，每一个目
346 标至少在理论上都能够从另一个目标得到纠正或者验证。假如没有体现在大量案例当中的某种机缘、某种巧合，自然科学大概不会是今天这个样子。

如果说，人文科学似乎命中注定要走上一条平凡的、试探性的道路，那是因为这条道路不允许这种双重的定位活动（不妨称之为三角测量法），即旅行者每时每刻都得计算他的运动与一个固定视点的关系，并且从中取得有用的信息。迄今为止，人文科学不得不满足于含糊的和近似的解说，几乎从来就没有精确的标准。而且，尽管天职使然，外加贪得无厌的舆论在不断苛求，人文科学注定不得不培养这种预言能力，我们还可以不过分刻薄地说，犯错误对于它们来说乃是家常便饭。

实际上，人文科学的功能看来介于解释和预言之间，它们似乎做不到非此即彼，两种取向必择其一。这并不意味着这些科学在理

论上和实践上均毫无用处，而是说，估量它们是否有用，必须借助两种取向之间的某种配比。这种配比从来就不是只接受两种取向之一而已，而是两方各取一点点，从而造成一种全新的态度，而这种态度恰好体现出人文科学的真正使命。人文科学从来不对目标做出彻底的解释，或很少这样做；从来也不信誓旦旦地做出预言。但是，由于能够有 1/4 或者 1/2 的理解，每两次甚至四次预言有一次是正确的，也由于它们在这些临时的配方之间建立起依存关系，人文科学还是能够为其实践者带来介乎纯知识和功效之间的某种东西：智慧或至少某种形式的智慧，从而可以使人因有更好的理解而少犯错，但它们从来不能准确地辨明究竟应当归功于两方面当中的哪一个。因为，智慧是一种既属于知识，也属于行动的难以捉摸的品德，完全不同于这两方面当中单独看待的每一个。

我们已经看到，对于社会和人文科学来说，有一个问题需要首先回答。它们的名字与现实并不对应，或仅仅部分地对应。所以， 347
我们不得不首先对在社会和人文科学的名目下展现给观察者的一大堆乱糟糟的材料做出一番耙梳。下一步需决定这些东西里头有哪些称得上是“科学的”？为什么？

就第一层关系而言，困难来自于由于被标榜为社会和人文科学的各个学科在逻辑上并非同属一个层次。此外，它们分属的层次既多且杂，有时极难界定。其中有些学科把一些既是实体（realia），又是整体（tota）的存在物拿来当作研究的对象。例如那些目前存在或者一度存在过的社会，它们都可以在时空的某一部分获得定位，而且每一个都被视为一个整体考虑。在这里，我们已经可以看到民族学和历史学的影子了。

另外一些这样的学科则致力于一些同样真实的存在物，不过，它们仅仅研究上述所有学科的某一部分或某一方面。例如，语言学研究语言，法学研究法律形式，经济学研究生产和交换的制度，政治学研究同样特殊的某一类建制。可是，这些现象的范畴之间毫无共性，除非说它们证明了一些把它们从社会整体剥离下来的零星的条件。仅以语言为例。尽管像其他科学一样，它是一门科学的对象，然而语言却渗透在一切科学之中：例如社会现象便没有任何一种离得开它。因此，我们不能把语言学事实置于与经济或法律现象相同的层次上；前者可以没有后者，后者却不可以没有前者。

从另一方面看，语言行为之所以是社会的一部分，是因为它与社会现实是同外延的。我们对我们观察过的其他的不完整现象便不能做相同的断言。在很长一段时间里，经济学一度只考虑两三个世纪的人类历史，法学涵盖 20 个世纪左右（还是根本算不了什么）。
348 如果我们假定，在理论上，这些科学可以将范畴放宽，以求涵盖范围更广的能力，那么作为一些畛域分明的学问分支，它们是否会被必须承担起来的严谨的研究方法压垮，我们是绝对无法担保的。

即使是我们在历史学和民族学之间概括地勾画出的平行性也免不了遭到批评。因为，至少在理论上，如果说任何人类社会都可以从民族志方面"治它一下"（虽然其中许多从未这样研究过，另一些则因已经灭绝，再也不可能照这样研究了），那么，鉴于其中绝大多数社会完全不具备文字资料，所以它们并不是都可以从历史学角度"治它一下"的。不过，从另一个角度考虑，凡是拥有具体对象的学科——不论这个对象是完整的还是部分的——都可以归入同一个范畴，只要我们愿意把它们与那些追求类属（generalia），而不追求实体的其他社会和人文科学的分支区别开来，例如社会心理学、社会学显然也属于此列，条件是我们愿意给它指定一个特定的目标和风格，使它明确区别于民族志。

一旦让人口学也参与进来，整个图景就会更趋复杂。从绝对的普遍性和社会生活的所有其他方面的内在性来看，人口学的对象即数字的位置处于跟语言相同的层次。也许出于这个原因，人口学和语言学历来在普遍性与严谨性方面是最深入的两门有关人类的科学。然而，同样有趣的是，就研究对象的人性和非人性而言，两者又是完全背道而驰的。因为语言是人类特有的属性，而数字作为一种构成样式则属于无论什么样的人群。

自亚里士多德以来，逻辑学家曾经反复研究如何给学科分类的问题。尽管由于新的学问分支的出现和旧的分支发生变化，它们提出的分类表可能需加修正，但毕竟提供了一个可接受的工作基础。最新的这种分类表没有忽略人文科学，但是，作为一条总的原则，它们总是从人文科学与精密和自然科学的关系出发，概括地划定它们的地位，其办法是统而论之地把它们归入两三个大类。其实，社 349
会和人文科学的分类问题从来没有被严肃地对待过。

以上的简要回顾的目的在于将名称上的歧义、混淆和矛盾都暴露出来，从中可以得出如下结论：在已被普遍接受的分类方法的基础上，我们已经无法指望尝试任何事情了。因此，我们首先必须对我们的科学做出认识论上的批判，以期超越它们在经验方面的多样性和异质性，找出为数不多的一组基本态度；就每一个学科的特殊性和互补性而言，这些态度的有无及组合方式将使我们取得比它们或公开或含糊地宣称的更好的理解。

我们在最近的一部书里［《结构人类学》，(1)，第305～317页］勾画了一个轮廓，以说明社会和人文科学的上述分析可以是一副什么样子。我们根据的是这种分析相对于以下两组对立所处的位置：一组是经验观察和建立模型之间的对立，另一组对立与这些模型的性质相关，它可以是机械模型，也可以是统计模型，这完全取决于其中的参与成分，以及后者表达的现象是否属于同一规模或者尺度。如下图所示：

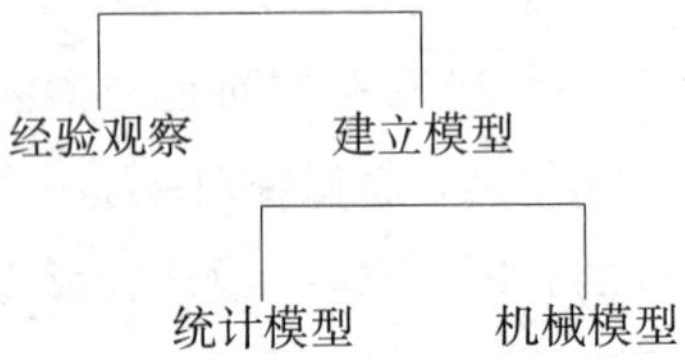

我们马上就可以看到，这个概念程式虽然（或者说，恰恰因其）简单，却比相关著作的一份清单更能清楚地显示人文科学四大分支的各自地位。它们之间的关系恰恰是人们常常争论不休的。

350 的确，如果同意给每一组对立的第一项指定一个正号，给第二项指定一个负号，那么就可以得到下面这张表：

	历史学	社会学	民族志	民族学
经验观察/建立模型	+	−	+	−
机械模型/统计模型	−	−	+	+

从这张表可见，民族志和历史学有别于民族学和社会学，因为前两者的基础是搜集和编辑文献资料，后两者偏重于研究根据或利用这些文献建立起模型。另一方面，民族志和民族学的共同点在于两者分别代表同一项研究的两个不同的研究阶段，这项研究最终导致建立一些机械模型；历史学（以及它的所谓辅助学科）和社会学则导致建立起统计模型，尽管两门学问各有各的途径。

我们在那本书的最后还建议引进另外一些对立，以便深化和丰富这些关系，并且建议把相同的分析方法运用到以上所举例子之外的学科分类上去。这些对立包括：观察与实验，意识与无意识，结构与度量，机械的可逆转时间与统计的不可逆转时间。

以上扼要阐述的对比促使我们提出一系列新的对立：总体视野

与部分视野（时间方面、空间方面或两者结合），可按照实体或者类属把握的研究对象，可度量的和不可度量的观察事实，等等。我们于是便可看出，各个学科对于这些对立都有自己的或正面或负面 351
的明确地位，我们也会看到，在一个多维度的空间中（因而无法用直观表象来表达），每一个维度都有一个相应的独特的行进过程，它跟其他行进过程时而交叉，时而重叠，时而又拉开距离。此外，并不排除某些接受这一批判性检验的学科可能会从中失去先前的整体性，分裂为两门或多门注定会保持独立地位的次学科，或者跟别的研究衔接起来，进而混同不分。最后，人们可能还会发现一些逻辑上可行的（即不通过跳跃完成）行进过程，它们为尚未诞生的科学，或者是那些藏在零星研究背后的、整体性尚未被发现的科学标示出一条途径。这些意料不到的空白点能够解释我们遇到的困难：我们的知识的系统性组织的轮廓是很难辨认清楚的——有些其实根本就没有。

最后，我们由此也许能理解，不论在事实上还是在合法性上，为什么有些取舍和组合方式跟科学解释的要求相符，有些不相符，这就使第一阶段自然而然地发展到第二阶段，即我们下面可以谈论的阶段。

在这个第二阶段中，我们要对起初显得乱糟糟的一大堆社会和人文科学进行“滤选”——如果可以这么说的话，从中提取出即使不是学科本身，也应当是一些问题和处理它们的方法，以便能够在有关人的科学和自然科学之间做出对比。

首先我们必须绝对确信，在所有社会和人文科学当中，只有语言学是与精密和自然科学平起平坐的。这基于三点理由：（a）语言学有一个带有普遍性的对象，即任何人类群体均具备的语言活动；（b）它拥有匀质的方法，也就是说，无论运用于哪一种特殊的语

言，无论是现代的还是古代的、“原始的”还是文明的，方法都不
352 变；（c）这种方法所依据的基本原则的有效性是专家们一致公认的，
尽管存在一些次要的分歧。

现有的其他人文科学没有一门能够做到完全符合这些条件。有三门学科因具备提取现象之间的必然联系的能力而与语言学最为接近。仅就这三者而言，经济学的对象没有普遍性，只限于人类发展的一小部分；人口学除提供了大批数字的个别情形以外，方法不是匀质的；民族学家们也远未在原则方面达成共识，而这在语言学家当中早就完成了。

由此，我们认为，只有语言学才适合接受由联合国教科文组织筹划的问卷调查，也许还可以追加一些在社会和人文科学领域里不时可以看到的“尖端”研究，显然它们都属于语言学方法的移植。

那么，剩下的怎么办？最适当的办法看来是对所有这些学科的专家们进行一次初步的民意调查，要求他们回答一个原则性的问题：即他们是否觉得，在他们的特定领域里所取得的成果——即使是部分成果也罢——所达到有效性的标准是否与在精密和自然科学里已被认可的一致？如果答案是肯定的，下一步就是请他们把那些成果列举出来。

可以预见，这样一来，我们将会面对一连串的问题和课题，而且按照在最一般的层次上设想的科学方法论，人们将会承认，这些问题和课题当中存在着某种“可比性含量”。这些样品之间会有极大的差别，对此我们也许可以注意两个方面。

首先，我们会看到，以社会和人文科学为一方，以精密和自然科学为另一方，两方之间的接触点并不总是出现在我们打算进行比较的这两类科学的学科中。有时候，反而是那些“文学性”最强的
353 人文科学才出现在最前沿。譬如，古典人文学科中的那些传统分

支，如修辞学、诗学和文体学早就懂得如何利用机械模型或统计模型，采用从代数发展出来的一些方法来处理某些问题。由于文体学和文本分析批评使用了电子计算器，我们可以说它们正在跻身于精密科学之列。在这场追求科学精确性的竞赛当中，我们必须为无数“门外汉”（outsiders）保留他们的权利。如果以为所谓“社会”科学从一开始就比被简单地称作“人文”的科学取得了更大的进步，那就大错特错了。

研究一下这些表面上反常的现象将是非常有益的。我们确实可以看出，在我们的这些学科当中，凡是最接近某种真正的科学理想的学科，都是一些最懂得把自己限制在一个易于界定、范围清楚的对象上的学科，这个对象的各种得之于观察的状态只需不多几个变量便可分析。毋庸置疑，一般来说，有关人的科学中的变量总是远远多于自然科学。所以，我们将努力在差异相对不那么显著的层次上进行比较；例如在变量最多的自然学科和变量最少的人文学科之间。前者对于微缩模型的依赖（如空气动力学放入风洞里测试的那一类模型）将让我们更好地理解为什么人文科学应当运用模型和更好地评估被称为“结构的”方法的多产性。这些方法的本质恰恰在于系统地减少变量的数目，同时一方面出于论证的需要，把研究对象看成一个封闭的系统，另一方面力求每一次只处理同属一类的变量，哪怕必须从不同的角度重新来过。

其次，样品的目录不仅由于纷殊多样而令人惊讶，而且由于受托选取样品的人有最充分的理由表现得宽宏大度，所以内容也丰富 354
至极。有一些专家拿定主意不参加这场竞赛，因为他们觉得他们的研究属于艺术，不属于科学，或者虽然属于科学，却无法归入精密和自然科学所代表的那一类科学。我们把这些专家排除在外，他们的情形我们稍后还会再谈。

不过，不难料想，例子将会很多，价值也十分不同。必须做出挑选，保留一些，把剩下的剔除。那么，谁来担任裁判呢？我们处理的问题很棘手，因为我们既要在属于社会和人文科学的研究领域里找出一些共同属性，又必须参照属于精密和自然科学的规范——即使不是完全属于这些科学的，至少也是在最一般的层次上提出的某种科学认识论的规范。因此，问题在于要在什么是科学的、什么不是科学的问题上取得一种共识，而且不仅限于社会和人文科学之内——因为我们毕竟得就它们自身的科学成熟性发表看法，而它们目前还不具备行使裁判权的资格，尚需求助于精密和自然科学的代表。

因此，我们的设想倾向于给这场问卷调查打上一个跷跷板运动的烙印。反正调查人员看来只想把一场调查简单地套用到另一场调查上：第二场民意调查针对社会和人文科学，第一场针对的则是精密和自然科学。而我们建议，简而言之，把这个水平切面换成垂直切面，也就是说把第二场调查当作第一场调查的延伸，同时吸纳后者的精神和一部分成果。但是，另一方面，第一场调查是整体性的，第二场调查却只能是选择性的。两场合起来才成为一个整体，然而是个逐渐变得细长的整体。如图 13 所示：

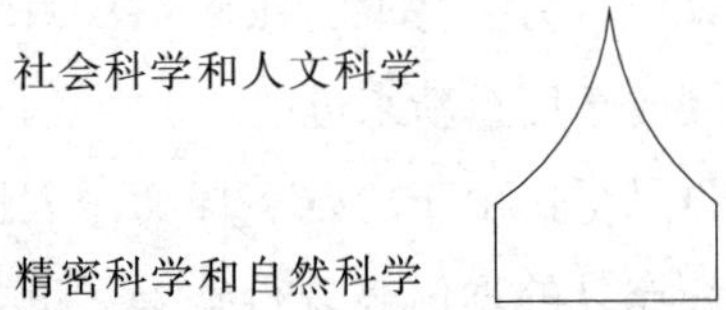

图 13　精密科学和自然科学、社会科学和人文科学

355 这幅图并非是随心所欲地画出来的。我们想证明，它忠实地反映了社会和人文科学近几年来所取得的进步。

社会科学和人文科学之间的区分回应了古时候的一些考虑。这一点或许在法兰西学院的筹建过程中就可以隐约看出。在这所有一个半世纪历史的机构里，研究人类问题的专家们分属两个学院：政治与道德学院、铭文与美文学院。可是，没有比这种区分所依据的标准更难把握的东西了。在法兰西学院的创立者眼中，这种标准似乎是出于历史方面的考虑：凡是研究早于文艺复兴时期的人类作品者都属于一个学院，研究现代者则属于另一个学院。一旦涉及异域文明，这种区分便不适用了，因为那些时间范畴在那里改变甚至完全丧失了含义（民族学家研究的社会也属于这种情况）；此外，哲学家们也没有依其研究古代学说史还是思考当代问题而被分别划归两个学院。

那么，是否可以认为人文科学更倾向于理论、博学和纯研究，社会科学更倾向于实践、观察和应用性的研究呢？恰恰是在每一门个别的科学内部，并依照研究的类型和学者的不同精神，人们才看到发生分裂。我们同样可以从现象方面来看待这一区分，注意到社会科学研究的现象直接来自于群体，而人文科学更偏重产生于个体创造的范畴的作品。但是，除了这一划分可由大量的案例立即被证明失之谬误以外，上述后一种尝试还直接触及了这种区分本身的固有矛盾。凡属人类者亦属社会，“社会科学”这个提法本身就包含着应当被视为一种坏毛病的同义重复。因为，以“社会”自谓便已 356
经蕴含着人类事物；而且，既然已经是“人文”，不用说也自然是“社会”的了。

那么，有哪一门科学不属于这种情况呢？几年前，我曾写道：“当今甚至生物学家和物理学家对于他们的发现所蕴含的社会意义——更好的说法是其**人类学含义**——也越来越有所意识了。人类不再满足于仅仅获得知识了；他知道的愈多，愈发现自己正在求知；他的真正的研究对象日益膨胀，即那个不可分割的一对——人类在改变世界的同时，也在改变自己。”[2]

这一点从方法论的角度来看也没有错。生物学方法必须越来越多地运用语言学模型（遗传代码和信息）和社会学模型（既然我们现在谈论的是名副其实的细胞社会学）。对于物理学家来说，跟影响实验室工作的实际干扰相比，观察者和观察对象之间的干扰现象要严重得多：物理学家尤因一套实证知识的固有样态而更接近社会和人文科学的某些分支——例如自知而且自愿去做这样一种相对主义的俘虏的民族学。社会和人文科学同样有它们之间的不确定的关系，例如结构和过程的关系，只有忽略其中一个才能把握另一个；顺便一提，这也为解释历史学和民族学的互补性提供了一个方便的手段。

毋庸讳言，社会科学和人文科学的区分在任何地方都十分明显。这种区分在不到半个世纪以前滥觞和发展于美国，至今在一些机构里依然存在（例如一些全国性的研究协会）。联合国教科文组织成立之初，这一区分仍属生机勃勃，使得这个组织不得不接受它。
357 不过，除了一些从来没有接受它的国家以外——例如法国（但不排除将来可能会赞成，同时——但愿如此——赋予它一种完全不同的含义），最引人注目的是它很快就在盎格鲁-萨克逊国家里遭到了批评，批评者包括从美国已故的罗伯特·雷德菲尔德（Robert Redfield）到英国的埃文斯-普利查德（E. E. Evans-Pritchard）这样一些极为不同的人物。被撵出人文科学，重归社会科学的人类学于是体验到了被流放的滋味。

我们看到，似乎是要给这个老问题带来一个好一点的解决办法似的，当今美国出现了一套新术语，它根据其他标准为科学重新归类。研究人类行为的“行为科学”（behavioral sciences）一词的出现，意义看来便在于此。跟人们常常认为的相反，这个术语绝非指从前的社会科学，而相反地基于一种无论在美国还是别处都日益增强的信念："社会科学"一词是个杂种，最好避免使用。

"行为科学"这个术语显然来自"行为"（behavior）一语。出于大西洋彼岸的思想史的特殊原因（并因此而不可输出），这个字眼意味着对人类现象做出严谨的处理。事实上，可以说行为科学涵盖着人文科学跟精密和自然科学的交叉点。它把所有涉及人的问题都汇集到一处，这些问题能够导致或者要求与生物学、物理学和数学的一种紧密合作。

这一点明显见于一篇题为"加强行为科学"（Strengthening the behavior sciences）的文件里。文件是由总统科学顾问委员会的一个下属委员会起草的。在美国政府里，总统科学顾问委员会的作用相当于法国的科学与技术研究总评议团（Délégation générale *à* la recherche scientifique et technique）。这份文件曾多次发表，尤其是在《科学》（*Science*，1962，vol. 136，n° 3512，April 20，pp. 233-241）和《行为科学》（*Behavioral Sciences*，vol. 7，n° 3，July 1962，pp. 275-288）等杂志上刊登过，足见其受到重视和欢迎的程度。

不过，文件强调了五种类型的研究，"以说明已经取得的成果， *358*
以及在不久的将来可望获得解决的问题"（《行为科学》，同上，第277页）。现将这些研究序列照录如下：基于数学模型的关于个人和群体之间的沟通理论；个性发展中的生物学、心理学机制；大脑神经生理学；在动物心理学和计算机基础上进行的关于个体心理和智能活动的研究。

因此，上述五种情形所说的研究便要求社会和人文科学（语言学、民族学、心理学、逻辑学、哲学）与某些精密和自然科学（数学、人体解剖学和生理学、动物学）两方面的紧密合作。这种界定课题的方式孕育力很强，因为它可以让我们从理论和方法的双重角度，把所有的“尖端”研究重新归类。同时，这份文件所显示的视野显然不同于自然科学和人文科学之间的传统区分。后者忽略了这一实质：自然科学今日已成为完整建立的科学，人们完全可以要求它们公开自身的发展“趋势”；但这并不适用于人文科学，后者首先必须向自己提出是否具备科学能力的问题。如果非要在它们之间维持虚构的平行不可，势必将冒将它们逼入虚伪或者粉饰门面的危险。

我们担心那些奉献给社会和人文科学的阿谀之词，以及在整套纲领里为它们预留的逢迎谄媚的位置，恐怕又都是不在现场的遁词。人们虽有充分理由叩问精密和自然科学是做什么的，社会和人文科学却尚未具备自圆其说的能力。假如一定要它们这样做，或者出于政治上的考虑，装模作样地向它们提出这种问题，那么收到一份做了手脚的答卷就别大惊小怪了。

回顾了本章开头提出的那些忧虑以后，现在让我们回到行为科
359 学上来，或者更准确地说，回到这个短语所蕴含的那种新颖的划分上来。我们已经看到，这种划分如何肯定和加强了我们提出的建议。实际上，它对社会和人文科学采取了一种毫不含糊的优先选择的姿态，从而重新搭起了通向精密和自然科学的桥梁。经验证明，这个双重方向是正确的。因为，目前语言学家和民族学家在跟脑神经学和动物行为学专家对话的时候，要比跟法学家、经济学家或政治科学的专家进行对话更容易找到双方均能获益的共同话题。我们相信，对这一说法的持异议者不会很多。

如果我们必须重新划分社会和人文科学在大学的科系内的分布，那么我们宁愿把这一隐含的两分法用三组之分代替。对于上文提到的那些“科学”一词不会引起任何淫亵念头甚至怀旧情绪的人，我们首先要为他们保留权利，因为他们认为他们所从事的特定

类型的“人文科学”是一种更接近广撷博学、道德思考或审美创造的研究。我们也不觉得他们属于落伍者，因为，且不说没有一种人文科学不需要这一类研究甚至不是以它为起点的，我们的许多科学不是由于过于复杂，就是由于离观察者不是太近就是太远，以至于根本无法运用其他研究方法。“文学与艺术”这个名称对于它们可以说相当贴切。

另外两个科系设置于是可以分别冠以“社会科学”和“人文科学”的名称，但有一个条件，即最终要在这一区分的背后添加某种明确的东西。粗略地说，社会科学的系应当包括所有的法学研究，即目前法学院系所具备的那些，加上经济学、政治学以及社会学和社会心理学的一些分支（法国的体系仅仅部分实现了这一点）。人文科学方面应有史前史、考古学、历史学、人类学、语言学、哲学、逻辑学和心理学。

这样一来，区分社会和人文科学的唯一可取的原则就彰显无遗 *360*
了。人们并不是那么心甘情愿地承认它的，因为在社会科学的羽翼下，人们可以看到所有那些无保留地愿意在其社会的核心部分建立起来的学科，以及与此相关的在培养从事专业学习的学生和从实际参与的角度研究问题等方面的所有准备工作。我们不想妄称这些考虑排斥其他一切因素，但它们确实存在，而且获得了坦率的承认。

然而，人文科学属于置身于任何一个特定的社会之外的学问，它们出于一些原因而无法顾及任何一个个人或任何一个社会：由于力图采纳要么某个社会的观点，要么某个社会内的某个人的观点，再要么是以把握人的某种内在的现实性为目标。

社会科学和人文科学的关系建立在向心式和离心式的两种态度之间（这一关系自此时起表现出对立性，而不是关联性）。社会科学有时愿意从外部出发，但目的是返回内部；人文科学采取的步骤恰好相反。它们有时会置身于观察者所属的社会之内，但仅仅是为了尽快脱离它，从而在一个影响更普遍的整体中插入一些特殊的见解。

可是，与此同时，我们也发现了行为科学所强调的与精密和自然科学之间的亲缘关系的性质，这一关系对于人文科学所起的作用远远大于对于社会科学。事实上，我们为之保留“人文科学”的名称的那些科学可以拥有一个让它们更接近社会科学的研究对象。从方法方面来看，由于它们摒弃同这个（并非只属于它们的）对象从事任何合谋，它们因此更为接近精密和自然科学。说得通俗一点，与社会科学不同，它们从来就没有与之“串通一气”。

即使在有关研究对象的认识论方面，人文科学也力戒自鸣得意，它们立足于内在性；社会科学则通过特别强调观察者所在的社
361 会而赋予后者一种超验的价值。这一点在经济学家那里表现得尤其明显：为了给他们的狭隘目标开脱，他们毫不犹豫地声言，经济合理性是人类本性的一种出现在某一历史时刻和世界某一地点的特殊状况。法学家也不含糊：他们把一个人为制造的体系当成真实的对待，而且在描述这个体系的时候，其出发点是假设这个体系没有任何矛盾。正是出于这个理由，他们常常被比作神学家。诚然，社会科学或公开或隐含地拿来参照的超验性并不是什么超自然的东西，但不妨说是“超文化的”，因为这种超验性把一种个别的文化挑拣出来，置于其他文化之上，把它当作一个具有自我合理化过程的独立的世界。

上述这些看法并非旨在批评什么。政治家、行政人员，以及像外交官、法官和律师这样一些履行重要社会功能的人，毕竟不能把他们从中开展活动的特殊事理每时每刻都拿出来加以质询；他们也无法甘冒一项真正的基础研究所面对的那些意识形态的和实际的风

险（在精密和自然科学的历史上，这却是再普通不过的事），尤其当这种研究要求对某种世界的表象提出异议，推翻一套假设，取代某个公理和公设体系的时候。这种妥协性意味着人们必须跟行动保持距离。社会科学和人文科学之间的不同不仅是个方法问题，而且也跟性格有关。

不过，无论如何解释这种不同，结论都是一样的。世界上没有以精密和自然科学为一方、以社会和人文科学为另一方这回事。只有两种方法，其中只有一种从观念上是科学的，那就是以研究世界为己任的精密和自然科学的方法。这也是人文科学把人视为世界的一部分进行研究时，从中汲取灵感的那种方法。社会科学所展示的另一种方法无疑运用了借自精密和自然科学的技术，但它们与后者 362
如此结成的关系却是外在的，不是内在的。在与精密和自然科学的关系方面，社会科学处于顾客的地位，人文科学则渴望成为前者的学生。

这就给了我们对一个微妙的问题发表看法的机会，这个问题已经引出了影响深远的多种表态：这次问卷调查的对象，即所谓的“趋势”，非得是西方当代科学的趋势不可吗？还是说，应当包括异时异地一切已经问世的有关人的思考？理论上，我们很难明白根据什么原则会使人站到前一种立场上去。然而，后者所引起的困难几乎是难以克服的。西方的知识在两个方面唾手可得：它以书面形式存在，用大多数专家懂得的语言写成。而另一套知识的相当一部分仅以口头流传，其余的也必须首先翻译出来才行。

摆脱这一困境可以用我们建议的办法。我们已经提出，唯一可以充当问卷调查的基础的研究应当同时满足一个外在的标准，即必须与获得普遍认可的科学知识的规范一致，这些规范不仅得到了社会和人文科学专家们的认可（只凭这一点而不计其余，可能造成陷入恶性循环），而且也获得精密和自然科学家们的认可。

有了这个基础就有可能达成广泛的共识。但我们马上就会觉察到，如果说科学知识的标准只有根据西方科学才可能得到规定（任何社会对此似乎都没有异议），对此最具资格的社会和人文研究却不完全是西方的，远远不是。当代语言学家都承认，就某些重大发现而言，印度语言学家早于他们好几个世纪；而且语言学还不是必须承认东方和远东的知识处于领先地位的唯一领域。从另一个方向
363 上考虑，民族学家今日都相信，即使是那些技术和经济水平十分低下，而且没有文字的社会有时也拥有产生于深思熟虑的政治和社会制度，这个特点使它们带上了一层科学的色彩。

如果从后果转入对象和方法，我们就会在自然科学、社会科学和人文科学这三者之间注意到一些不仅属于数量的关系，而是一些需要小心定位的关系。毋庸置疑，社会科学和人文科学均以人作为研究对象。但它们之间的亲缘关系仅止于此。因为在方法方面，我们必须看到两点：人文科学和社会科学都力图参照精密和自然科学阐明自身的性质，因为只有后者才掌握科学方法的炼丹秘术。然而，我们的科学却同这些经典科学保持着一种颠倒的关系。人文科学从精密和自然科学获得的教益是：若想理解世界，就必须从摒弃表面现象开始；然而，社会科学所获得的教益则与之对称：若想改变世界，就必须把它接受下来。

因此，一切迹象都表明，社会科学和人文科学都盼望得到科学知识这块试金石的验证，两者之间矫揉造作的统一是靠这种共同的欲望鼓动起来的。然而这种统一却经不起跟自然科学的接触。它们由此而分流，仅仅吸取了彼此的方法中的一些对立的方面。例如，社会科学做不到预言未来，便退而采取一种相当低下的技术性的形式（它之所以被冠以“专家政治”这个不怎么高雅的名字，大概就

是这个缘故）。又如，由于解释超前，人文科学显示出一种迷失在含糊的哲学思辨里的倾向。

至于精密和自然科学为什么会运用拥有两副面孔的方法，而且取得了尽人皆知的成功，而社会科学和人文科学只能各取一半，而且忙不迭地加以歪曲，此处不适宜深入探讨。总而言之，这种不均衡现象不应有值得大惊小怪之处。我们只有，而且从来就只有一个自然界，它的性征在任何时代任何地点都没有变，数千年当中，几 364
千个人类世界宛如转瞬即逝的无数亮点，一直在各地此起彼伏地熠熠闪烁。这些世界哪一个好呢？如果说全都好（或全都不好），那社会和人文科学的对象在哪里？是在它们背后呢，还是在它们前头？它们之间的不同反映出苦苦折磨着它们的以下取舍（这与精密和自然科学不同，它们没有理由对它们的对象怀有不确定感）：要么为了取得立足点而选取其中某个世界，要么由于存有疑问而全部舍弃，以便有利于揭示某种有待发现的共同本质或某个单一的世界，而假如这个世界确实是单一的，它注定将跟精密和自然科学的世界混同起来。

在以上几页里，我们丝毫没有掩饰这种分流，倒是有人可能会责备我们有意强调了这一点。我们觉得，隐瞒社会科学和人文科学之间的分歧对它们没有丝毫益处，在一段时间内各走各的路反倒对两方都有好处。假如有朝一日，知识的进步能够证明社会和人文科学都配得上科学的称号，证据也将来自于实验：科学知识的地球之圆，也要证明，因为相信社会科学和人文科学只是为了取得实证科学的地位才彼此拉开距离——尽管所循途径不同，甚至对此全无察觉——所以它们终将与精密和自然科学合为一处，不再有分别。

因此，不妨认为，新报告必将赋予“趋势”一词以最丰富最完整的含义；它力图对尚不存在的东西做出大胆的思索，而不是缴出一张出于避免受窘于成果不足而弄虚作假的清单；它寻求通过付出一场牵动想像力的建设性努力，对孕育当中的事物做出猜度，并且为不确定的演变进程把脉；它较少关注于描述我们的科学的现状，但是更关注于预见明日科学——也许借助于这份新报告之功——可能遵循的未来的道路。

注释

［1］原载于 *Revue internationale des sciences socials*，vol. XVI，1964，n° 4，pp. 579-597。经联合国教科文组织惠许重印。这篇文章是对一份初步的问卷民意调查的答复。联合国教科文组织全体会议决定进行这场调查，以便把关于自然科学的主要研究趋势的调查扩大至社会和人文科学。

［2］*Les sciences socials dans l'enseignement supérieur*：*sociologie*，*psychologie sociale et anthropologie culturelle*，Paris，UNESCO，1954，p. 275（L'enseignement des sciences sociales）.［见《结构人类学》（1），法文版第 394 页。——译者注］

第十七章　文化的非连续性与经济和社会的发展[1]

一　民族志和历史学面临的文化非连续性问题

文化的非连续性问题是在 16 世纪出现在西方意识中的。伴随着新大陆的发现，它来得突然而富于戏剧性。不过，在那个时代，这个问题归结于一个相当简单的选择：要么，美洲土著人也是人，而且不论出于自愿还是强迫都必须纳入基督教文明；要么，他们的人性是成问题的，并且因此而归属于动物性状态。直到 18 世纪，这个问题才用真正的历史学和社会学的语言提出来。不过我们应当注意到，无论提出了什么样的解决办法，所有的著述者都有一致的前提，即我们今日称之为原始的社会是可以 365

366 同西方文明进行比较的。无论这些社会是像孔多塞（Condorcet）所说的那样，处于一场进取和上升的演变的开端；还是像狄德罗（Diderot）时而津津乐道的那样，标志着一个顶峰，人类自此唯有不断堕落而已；或者按照卢梭的更为现代和更细致的想法，有必要把自然状态和人类状态区别开来，前者是个纯粹的理论概念，后者是今日仍以野蛮人为代表的一种人类命运，反映着人和自然之间一种最佳的平衡。总之，这些观念当中没有一个对文化的非连续性的存在属于一个完整的发展过程的表面证明和遗迹提出过疑问。

这种对于人类发展一体化的见解，有时被视为一种进步，有时被视为一种倒退，有时又被视为两种说法的混合物。奥古斯特·孔德（Auguste Comte）最先指出了它的弱点。在《实证哲学教程》（*Coursde philosophie positive*）第52课里，孔德批评了一部关于社会和文化发展的一体化理论所带来的危险。在他看来，必须把这一发展当作西方文明所特有的一种性质来研究，哪怕是后来还得根据完全外在的不同社会的变化，重新调整已经获得的结论。马克思主义证实了个别的演进过程的这种特殊性：谁要想把火地岛的政治经济学和现代英国的政治经济学置于同一规律之下，那么，除了最陈腐的老生常谈以外，他显然不能揭示出任何东西。（恩格斯《反杜林论》[①]）马克思主义虽然在这一点上赞同实证主义，却把发展看成西方文明的一种内在属性：古老的原始公社能够存在数千年，直至与外界的贸易使它们内部产生财富的差异，从而导致他们的解体。

不过，马克思主义思想在两点上有所创新，这对我们所讨论的问题有关键意义。首先，它相信古老的原始文明有过许多发现，西
367 方的发展少了它们就难以想象，而且人们在19世纪可以看到的发展

① 此处和以下征引的马克思、恩格斯的话均出自本书译者。——译者注

幅度也会大打折扣：最遥远的古代……的开端是人类从动物王国里挣脱出来；其内容是成功地克服了一些未来的互相协作的人类永远不会遇到的困难。其次，也是最重要的，是马克思把通常考察工业化和发展过程的视角翻转了过来。在他看来，工业化不是一个独立的现象，需从外部引入处于被动状态的文明里；相反，它是所谓“原始”社会的条件的一种功能和一种间接的结果；或者更确切地说，工业化是这些社会与西方的历史关系的一种间接结果。

劳动为什么创造了剩余价值，如何创造？这是马克思主义的基本课题。人们并没有充分注意到，马克思对这个问题的回答颇具民族志的特点。原始人为数有限，不得不居住在世界上那些自然条件可保障劳动能获得肯定的回报的地区。此外，民族学家所说的文化的一条内在属性就是在剩余价值和劳动之间建立起一种前者不断添加到后者中的关系。按照这两条理由，一条是逻辑的，另一条是历史的，我们就可以提出，任何劳动从一开始就必然产生剩余价值。人与人之间的剥削是后来才出现的，而且表现形式十分具体，其历史形式是殖民者剥削被殖民者，也就是把后者的剩余价值的余额占为已有。我们刚才已经看到，原始人对剩余价值拥有充分的支配权。假定有一位这样的海岛居民，他每周须劳动 12 个小时才能满足他的全部需要。我们于是可以看到，大自然赐给他的头一条好处是享有大量余暇。必须在一连串的历史事件的影响下，他才会为自身利益把余暇有效地利用起来，而必须在暴力的强迫下，他才会将其用于有利于他人的剩余劳动。

由此可见，首先，殖民主义在历史上和逻辑上都早于资本主
义；其次，资本主义制度对付西方人民的方式正是西方原先对付土 368
著人民的那一套。在马克思看来，资本家和无产者之间的关系不过是殖民者和被殖民者之间的关系的一种特殊情形。从这个观点出

发，人们几乎可以断言，在马克思的思想里，经济学和社会学最初是作为民族志的一种属性出现的。《资本论》第三卷第一册第 31 章对这个论点做出了明确阐述。资本主义制度的起源可以追溯到美洲金银矿的发现，随后土著人沦为奴隶，接着是对东印度的征服和掠夺，最后是把非洲改变成一块猎取黑皮肤的贸易保留地。这就是原始积累的田园诗般的过程，它宣告了资本主义时代的到来。此后不久，贸易战争爆发了。欧洲工薪阶层的隐蔽的奴隶制度必须以新大陆的不说话的奴隶制度为奠基石。

无论人们赞成还是反对马克思主义的立场，上述这些思考都十分重要，因为它们把注意力拉回到发展问题的两个常常被现代思想家忽略的方面。

第一，那些被我们今天称为“不发达”的社会并不是它们本身造成的；如果以为它们游离于西方的发展之外或者与之毫不相干，那是错误的。事实上，正是由于这些社会在从 16 世纪至 19 世纪之间直接地或间接地遭到毁灭，才使得西方世界的发展成为可能。两者之间存在着一种互补关系，发展本身，加上其贪婪的需求，导致这些社会成为这一发展今日看到它们的这副样子。因此，我们讨论的并非两个各走各的道路的过程之间如何发生接触。这种存在于所谓不发达社会与工业文明之间的彼此的陌生感，其本质在于这一事
369 实：在它们当中，工业文明看到的是自己亲手制作的产品，或者说得更准确一点，它现在看到的是当初为了实现自己而在对方内部制造的毁灭的补偿物。

第二，这种关系不能仅仅抽象地去设想。不可能视而不见它几个世纪以来的暴力、压迫和灭绝等具体的表现形式。根据这一观点，发展的问题同样不是一个纯粹思辨的问题。能够对它做出的分析和提出的解决办法都必须顾及不可逆转的历史条件和道德氛围，

这两者构成了不妨叫作殖民局面的一种“动力负荷”。

因此，永远不可像马林诺夫斯基那样，认为发展是“一个较高级和较积极的文化对于一个较简单和较消极的文化施行撞击的结果”（马林诺夫斯基，《文化变迁的动力》）。“简单”和“消极”都不是我们所讨论的这些社会的固有属性，而是发展活动最初对它们采取的行动的后果。这种局面是粗暴、掠夺和行凶造成的，缺了这几样东西，这场发展自身的各种历史条件就无法汇集起来（如果它们曾有不同的汇集方式，接触的局面就会截然不同。很难想象那会是怎么一副样子）。世界上没有，也不可能有“变化的零起点”（梅尔语[①]），除非愿意把后者放在它实际存在过的唯一时刻：1492 年，即发现新世界的前夜。这场发现首先通过毁灭新世界本身，接着毁灭其他几个社会，汇集起有利于西方世界的条件，才使这一发展得以产生。它然后回过头来，从外部把自己的意志强加给被大肆劫掠过的社会，从而能够在后者的废墟上产生和壮大。

凡是在大历史上正确的东西，在小历史上同样不假。西方文明在关注于解决欠发达国家的工业化问题时，首先遇到的是反映它当年为求生存而必须从事的毁灭活动的畸形的形象，那是历经数世纪而固定下来的。同样道理——虽然规模较小——如果以为工业文明 370
仅仅抽象地接触它一直全无了解的民族，那也是错误的。事实上，早在公认的接触发生以前很久，许多年中人们就已经感觉到某些预料当中的效果了，它表现为两种方式：一种是遥控式的二次毁灭；另一种表现为一种吸纳，但与毁灭是一回事。

对于白种人带入的流行病给当时尚未形成丝毫免疫力的居民所

---

① 梅尔（Lucy Mair），英国社会人类学家，以对非洲等地的原始社会组织和殖民主义的研究，以及关心国际公正而知名。——译者注

造成的灾难，已经有大量的描述，因此没有必要重提始自16世纪的那场造成整个社会灭绝的疾病，其凄惨后果至今仍有见证。马匹在北美大平原上的传播比西方文明的渗透快得多，从而在某种意义上提前打乱了土著文化的发展方向，致病的病菌于是以惊人的速度扩散，甚至在地球上最偏僻的地区。人们或许以为，那里的社会一定与世隔绝，然而在正式的接触发生之前，病菌的肆虐在数年乃至数十年当中都能感觉到。

在原材料和技术方面，我们也可以同样认为，梅特罗（Alfred Métreaux）在《斧头革命》（刊载于 *Diogène*，N° 25，1959）一文中，阐述了铁斧的使用如何在简化和便利技术经济活动的同时，导致了土著文明的真正解体。夏普（Lauriston Sharp）研究过澳大利亚北方的伊尔·约隆特人（Yir Yoront）。铁制工具一经采用，他们便失去了与拥有、使用和传授石斧密切相关的全部经济、社会和宗教等方面的习俗。采用更完善的工具会导致社会组织的崩溃和群体的解体。然而，借助于战争、婚姻和商业交易，在用旧或破损的工具的形式下出现的铁——有时甚至是难以描述的零星碎片——旅行的速度比人更快，走得也更远。

这种遥控式的毁灭可能采取另一种形式，即土著群体被仅与其
371 交臂而过的另一种文明彻底吸收掉。斯坦纳（Stanner）最近提到了发生在很久以前的一场倒霉的遭遇，那是其他民族学者在澳大利亚、南美和别的地方也经历过的：1930年前后，无论是官方的还是非正式的报道都说，澳大利亚一个偏僻地区仍有完全停留在野蛮状态中的部落，这引起了他的注意。然而，在当地，他发现以往50年里陆陆续续地来到此地的欧洲人和中国人搭盖的临时营地在土著人中间制造出一个真空地带，从而迫使那些土著居民四处漂泊，寻找金属工具、烟草、茶叶、食糖和衣服。这些所谓“野蛮人”不过是

硕果仅存的内陆部族，尾随着同族人被吸引到拓荒运动的边缘地带，然而在社会和道德方面却早已解体了。但是，在尚未开发的地区，一个人也没剩下（W. E. H. Stanner，"Durmugam，a Nangiomeri"，In Joseph B. Casagrande（ed.），*In the Company of Man*，pp. 47-75）。

二　抵制发展的三个原因

确定了出现文化非连续性的具体的历史框架以后，我们现在能够冒较少风险地寻找抵制发展的深层原因。

可是，首先应当特别关注那种土著文化部分地藏身于某种文化"巢穴"，以便逃避工业文明的情形，尽管这类情形并不多见。

最出名的例子是纽约州的易洛魁人。半个多世纪以来，他们在建造如桥梁、摩天大楼等金属结构方面提供了最优秀的专业队伍。这种天职可以部分地从他们在跨越湍流和峭壁时所获得的传统训练 372
得到解释，还因为，在一项充满危险、可以带来荣誉和丰厚报酬——而且带有间歇性，即某种意义上的游牧特点——的活动中，这些印第安人也许能够找到他们的古代征战的替代形式。

在加拿大西北沿海和阿拉斯加，雕塑和绘画艺术随着毛皮贸易驿站的设立而极度繁荣，虽然持续时间较短，但照样令人印象深刻。在50年左右的时间里，渐趋增多的消遣活动与铁制工具的引进以及有利于思辨的财富的增加相结合，刺激起一种为名声而明争暗斗的倾向，珍宝的拥有、炫耀和损毁从中扮演着最显著的角色。不错，在这种情形下，短时期内在同一意义上起作用的还包括来自欧洲的疾病造成人口骤减，因为许多有贵族头衔的人没有留下后嗣，遂为"暴发户"所觊觎，并且成了攀高晋身的一种手段。不过，我们举出这两个例子和其他几个或可补充的例子，都只是为了说明一些难得一见的情形。

一般说来，抵制发展的深层原因只有三个。其一，所谓原始社会都倾向于喜统一而不喜变化；其二，对于自然力的深刻敬畏；其三，对于被卷入历史的变异过程心存厌恶。

1. 统一的愿望

人们经常提出，那些被我们称为原始的社会缺少竞争，这就可以解释他们对发展和工业化的抵制态度。尽管对此必须有所保留：给观察者留下深刻印象的这种被动和麻木不仁的态度很可能是在接触中受过伤害的一种后果，而不是最初给出的条件。但是，也应该
373 强调以下这个事实：这种缺少竞争意识的精神状态往往并非源于一种从外部推导出来的状态，或某种先前存在的消极条件，而是一场有预谋的进步的结果，并与有关人与自然、人与人的关系的某种观念一致。最近在新几内亚完成的一场对嘎乌库-卡玛人（Gahuku-Kama）的有趣的观察告诉我们，一些与西方世界迥异的态度根深蒂固到了何种程度。那些土著人跟传教士学会了踢足球，可是他们不追求某个球队取胜，而是追加比赛，直到双方输赢的局数相等。跟我们这里不同的是，比赛不是以一队胜出而告结束，而是确保没有输方（里德，第 429 页）。

我们可以在另外几个社会里观察到一些相反的情形，但同样是与真正的竞争精神不相容的。例如，当分别代表生者和死者的两方展开传统竞技的时候，必定是以前者胜利而告终。

实际上，正如在新几内亚常见的那样，还是这些嘎乌库-卡玛人，他们把政治责任分摊给酋长和演说者。演说者的角色是把冲突公开和张扬地说出去，酋长则以平息、抚慰和居间调停的角色介入。从这个观点来看，在差不多所有的所谓“原始”社会里，采用

大多数人表决的主意显然是难以想象的，因为群体内部的社会凝聚力与和睦相处被认为高于任何创新。因此，只有获得一致同意的决定才会被采纳。有时候甚至有这种情形——而且在世界上许多地区得到了证实——审议之前先要进行一场模拟的打斗，以便讫清全部旧日的争端。只有当改头换面、焕然一新的群体实现了必不可少的内部一致的条件时，表决才能进行。

2. 敬畏大自然

许多原始社会对发展的一些抵制行为也可以从它们在大自然与文化的关系上的观念得到解释。发展本来意味着承认文化无条件地 374
优先于自然，但这种优先性在工业文明地区以外几乎从来没有被接受过。这两个王国之间的非连续性无疑得到了普遍承认，而且一个社会无论如何谦卑，没有一个不是通过将人区别于动物的发明和应用而给予文明的各种艺术以一种极高的地位的。不过，所谓“原始”人对于自然的观念总是带有含糊的特点：自然既先于文化，也低于文化；可是，更主要地，它提供了一块人们可望接触祖先、魂灵和神明的场所。因此，这种自然观里含有“超自然”的成分，而且这一“超自然”毫无疑问地高于文化，正如自然本身低于文化一样。

既然如此，对于土著人在观念上鄙薄技术和制造出来的物品，我们就不应该感到惊讶了；尤其当涉及最重要的问题，即人与超自然世界的关系的时候更是如此。无论古典时期还是非古典时期，西方民间风俗还是当代土著社会，我们在各类仪式性行为中和礼仪活动的任何时刻，都能看到许多禁用当地生产或者新近进口的物品的情形。基督教的教父们和伊斯兰教都颁发过不许发放含利贷款的禁律，即为此类情形之一。这里头包含着对于可以称为“手段性”的东西的一种非常深刻的抗拒心理；这种心理所铸成的态度远远超出了这项或那项禁律所宣称的目的。

关于针对不动产交易的厌恶情绪，我们也可以如此解释，用不着把这种交易看成一种经济体制或土地集体所有制的直接后果。例如，如果说美国有些仅有十几户人家的贫穷的土著人社区奋起反对
375 那些包含数十万甚至有时数百万元美元赔偿金的开发计划，那是因为，用这些人自己的话来说，他们视这些领土为“母亲”，既不能撒手不管，也不会用来做交易。若将这个推论再深入一步，我们知道，有些靠采摘野生谷物为生的人（五大湖地区的梅诺密尼人）虽然对邻居们（易洛魁人）的农业技术十分了解，但拒绝应用到生产他们的日常口粮（野稻子）上去，尽管后者十分适宜栽种。他们的理由便是不能“伤害他们的大地母亲”。这些例子正好说明一条视自然高于文化的原则。这种情形我们的文明昔日也曾有过，而且每逢出现疑虑和危机的时期还会显露出来；不过，在所谓的“原始”社会里，这种优先性表现为一个极为牢固地构建起来的信仰与实践的体系。

实际上，为两性之间的劳动分工提供理论依据的也正是同样的对立。当我们在社会之间进行比较的时候，无论这种分工有多么大的变化，它总有一些恒常的因素，只是人言人殊，各地的运用有所不同而已。例如，**自然/文化**的对立，**女/男**的对立。根据这些对立，一些被视为属于自然范畴的活动（例如园艺）被留给女性去做，或者让匠人直接接触自然的产品或对象（手工制陶、编织）。只有当此类活动要求文化借助工具和机器进行干预的时候——而且制造过程已达到某种复杂程度，男性才会涉足。

3. 拒绝历史

有了这种双重的视野，再提出所谓“无历史”的社会的问题显然毫无意义。问题并不在于所谓的“原始”社会是否拥有我们所说

的历史。这些社会跟所有其他社会一样存在于时间当中，而且是凭着相同的资格。但是，跟我们这里所发生的事情不同，他们拒绝被 376 纳入历史，而且竭力消除任何可能形成历史嬗变的内部可能性。正如南非洛维杜人的一句意味深长的怀旧谚语所说：回家方为最惬意，因为身在母亲的怀抱里，永远无人再回来……

我们西方社会是为了变化而造就的，这是它的结构和组织所赖以建立的原则。所谓的“原始”社会之所以在我们看来原始，主要是因为它们的成员是为了能够延续下去才如此设计。他们对外界的开放度很小，而且受到我们这里称为“故土难离”的观念的彻底支配。即使是一位近邻，只要是外国人就被认为污秽粗鲁，有时连他的人类属性也横遭否定。可是社会内部的结构却拥有比复杂文明密度更高的组织和更丰富多彩的装饰。偶然性没有被留下任何位置，而且在整个道德和社会生活中渗透着一条双重原则：每一样东西都应当有一个位置，每一样东西都应当各得其所。它同样可以解释，技术经济水平低下的社会何以能够带来舒适感和充实感，每一个这样的社会何以都认为给自己的成员提供了唯一有意义的生活。也许它们因此给他们带来了更多的幸福。但是，正因为这种幸福追求自身的完满，所以每一种形式都不可避免地独立于其他形式，而且理所当然地固定不变，即使事实上不总是如此。

注释

[1] 本文是作者在国际社会科学委员会于 1961 年 9 月举行的“关于工业化社会的前提的圆桌会议”上的发言。刊载于 *Information sur les sciences socials*, vol. II—2, juin, 1963, Mouton, La Haye-Paris, pp. 7-15，并得到国际社会科学委员会惠许重印。

第十八章　种族与历史[1]

一　种族与文化

377　在一套反种族偏见的小丛书①里谈论种族对世界文明的贡献可能会招致人们的惊讶。假如看上去是在阐述重要种族群体就其本身而言都为人类的共同遗产做出了特殊贡献，目的却是悄悄地恢复种族概念的内涵，那么，为了说明目前科学当中没有任何东西能够证实人种有智力高下之分，是用不着耗费这么多才能和力气的。

这种做法反而会导致一种颠倒过来的种族主义

① 指联合国教科文组织出版的《面对科学的种族主义》。——译者注

学说，它同我们的意图差之千里。试图根据特殊的心理学属性来说明生物学人种的特征，无论从正面还是从反面做出规定，都会偏离科学真理。我们可别忘了，历史上被称为种族主义理论之父的高比诺（A. de Gobineau）并不是从量的角度，而是从质的角度考虑“人种的不平等性”的。按照他的说法，那些在现代人类的形成过 378
程中做出过贡献，但不可称之为原始人的重要人种——白种人、黄种人、黑种人——之间在绝对意义上的不平等并不像在多样化的资质方面那样显著。在他看来，诱发人种退化这一社会弊病的原因，与其说是每个种族在一套共同的价值等级中所处的地位，不如说是混血现象；因此，被指斥为日益严重的跨种族血缘混合的这种弊病大有波及整个人类之势。而人类学的原罪便在于把纯生物学的人种概念（假定这个概念在这个即使有限的领域里也能自诩客观，这一点其实正是现代遗传学所反对的）跟人类文化的社会心理产物混为一谈。高比诺犯下的这一原罪已经足以使他陷入一种恶性循环：它始自一个并非出于恶意的思想谬误，终结于不自觉地使一切歧视和压迫行为统统合法化。

所以，本文所讨论的各个种族对文明的贡献，意思绝不是说亚洲或欧洲、非洲或美洲的文化贡献的独特性来源于这些大陆的居民通常都出自不同的人种。如果说，这种独创性确实存在——这一点其实毫无疑问——这是他们的地理、历史和社会的处境造成的，但跟解剖学和生理学结构方面的资质的差异无关，无论他们是黑种人、黄种人还是白种人。但是，我们同时也感到，既然这套小丛书打算为这种反面论证的方法讨还公道，它就会冒贬低一个同样重要的人类生活方面的风险。这个方面就是，人类生活不能在一种一成不变的制度下获得发展，而需通过极为丰富多彩的社会和文明的形式。当这种心智的、审美的、社会学的多样性与人类群体目前存在的一些可见的生物学多样性结合起来的时候，并无任何因果关系可循。这两种多样性之间的平行性产生于别的方面。不过，话说回来，前一种多样性因有两个重要特征而有别于后一种。首先规模不
379 同。人类文化的数量要比人种多得多，前者数以千计，后者可以个数计。同一种族发展起来的两种文化之间可能与相去甚远的种族所创造的两种文化一样，差别同样大，甚至还要大。其次，人种的多样性主要涉及它们的历史渊源和空间分布，文化之间的多样性则提出了许多问题，因为人们会问：它对人类究竟有利还是有弊？不消说，这个总体性的问题还可以区分成许多其他问题。

最后，也是最重要的，我们必须提出这种多样性究竟是什么的问题。这就要冒点风险，因为我们可能会看到，刚刚被抽取了生物学理由的种族偏见又在别处重整队伍。仅仅取得街头老百姓的保证，说他不会给黑皮肤或白皮肤、直头发或卷头发附加任何智力或道义方面的含义，仍然丝毫无济于让它在另一个问题上一声不吭，经验证明他会立即紧紧抓住它不放。这个问题就是：如果不存在种族的天赋资质，如何解释白种人创造的文明造成了我们已知的巨大进步，而有色人种却落后了呢？——有些尚在半途上，有些落后了成千上万年。如果我们不把人类*文化*的不平等——或者多样性——的问题一并加以考虑的话，我们就无法声称已经用反证的方法解决了人类*种族*的不平等问题，因为在公众的头脑里，文化不平等跟种族不平等是紧密相连的——即使不是理当如此，事实上也是如此。

二　文化的多样性

要理解人类文化怎样以及在何种程度上相互区别，这些差异是

互相抵消还是相互排斥，以及它们是否作用于形成一个和谐的整 380
体，首先必须为它们列出一张清单。困难于是就来了。因为我们必须懂得，人类文化之间展现差异的方式并不一样，而且不在同一个方面。首先，我们面对的是空间上并列的社会，虽有远近之分，但均应视为处于同一时代。其次，我们必须考虑那些虽时间上前后相继，但无法凭借直接经验去认识的社会生活的形式。任何人都能成为民族志学家，并且能够前往他所感兴趣的社会生活的地点去就地感受它；反过来，即使他成了历史学家或考古学家，他也永远无法直接进入已经消亡的文明，而只能通过这一个或者其他社会可能留下来的书面文献或有形的遗迹。最后，我们不能忘记当代那些尚无文字的社会，即我们所谓“野蛮的”或“原始的”社会，它们本身也一度是继其他形式之后出现的，我们对那些先前的形式实际上不得而知，哪怕是间接的认识也没有。一份认真的清单势必为此留出一些空白，其数目无疑比我们自觉有能力填写的栏目要多得多。因此，我们不得不接受一个初步的观察结果：人类文化的多样性就其目前事实上存在的、过去事实上存在和理应存在过的而言，都要比我们这一辈子能够了解的要大得多、丰富得多。

但是，即使我们心怀谦卑感，而且确信存在着上述局限，我们还是会遇到其他一些问题。应当如何理解不同的文化？有些文化看起来不同，可是如果它们出自同一根主干，它们之间的差异便应不同于另外两个在所有发展阶段上都未曾有过任何接触的社会。因此，跟例如当代英国和美国之间的差异相比，古代秘鲁的印加帝国与非洲达荷美①之间的差异就显得更为绝对，尽管英美也应被视为
不同的社会。与此相反，有一些近期才建立起十分紧密的接触的社 381

① 今称贝宁。——译者注

会，它们给人留下属于同一文明的印象，然而却是通过难以否认的不同途径才做到这一点的。人类社会中有一系列在两个相反的方向上同时起作用的力量：其中有些倾向于维持甚至强调特异性，另外一些则促进趋同性和亲缘性。语言研究为这方面的现象提供了极好的例子。例如，当一些同源的语种趋向于分道扬镳时（如俄语、法语和英语），另外一些虽不同源但用于毗邻地区的语种却发展出一些共同的特点。例如俄语在某些方面便与其他斯拉夫语言区分开来，而至少在某些语音特征方面逐渐接近了与之接壤的地区的芬兰-乌戈尔语族和土耳其语族。

在研究这些现象的时候——以及如社会建制、艺术、宗教文明等很容易提供类似例证的其他领域——我们会想到，从相互关系方面考虑，人类社会难道不正是从某种最佳状态的多样性获得规定的吗？人类社会超出这种状态便无法前进，而达不到这种状态也不可能毫无危险地下滑。依照社会的多寡、其数值方面的重要性和地理间隔，及其运用的（物质方面和思想方面的）不同的沟通手段，这种状态会有所变化。的确，多样性问题不仅仅涉及从相互关系去考虑文化，每一个社会的内部，构成这个社会的所有群体也都存在这个问题，因为种姓、阶级、职业界或宗教派别都发展出一些差异，而且受到每个群体的极大重视。我们也会琢磨，当一个社会从其他方面变得更加庞大和更为匀质的时候，这种内部的多样化过程难道不会趋向于增大吗？古代印度也许就属于这种情形，种姓制度那时随着阿育王朝建立霸权而得到蓬勃发展。

382 因此，我们看到，不应当静止地理解人类文化多样性的概念。这种多样性不是一块死板的样品，或者一份干巴巴的产品目录里的那种多样性。人类之所以能够建立起不一样的文化，究其原因，诚然与地理间隔、特殊的环境以及对其余的人类缺乏了解不无关系，然而，严格说来，一种文化或社会只有在与外界彻底隔绝的状态下诞生和发展才属于这种情况。但是，情况从来就不是这样，也许除了例如塔斯马尼亚人一类绝无仅有的例外（那也只是在一段有限的时期内方才如此）。人类社会从来就不是孤立的；即使看上去似乎极为孤立，此时它们仍然以群体或群落的形式生活。例如，可以毫不过分地说，北美和南美的文化被认为在长达数千年的时间里与世界的其余部分几乎毫无接触；然而，这一部分独处的人类是由一大批大小不一、相互紧密联系的社会组成的。除了独立所造成的差别以外，还有一些同样重要的差别是从比邻性形成的，即出于一种反其道而行之、特立独行和保持自我的欲望。许多习俗并非产生于某种内在的需要或对其有利的偶然事故，而仅仅出于一种不愿对相邻群体有所亏欠的意志，那个群体用巨细无遗的规范控制了某一个人们从未想到自己去建立规则的知与行的领域。因此，人类文化的多样性不应促使我们从事零打碎敲的或被割裂的观察活动。多样性的立足点与其说是独立的群体，不如说是把它们结合起来的关系。

三 种族中心主义

不过，文化的多样性似乎很少向世人展示它的真正面目，即一种由各个社会之间的直接和非直接的关系所造成的自然现象。人们
从中看到的反倒是凶残和奇闻怪事。在这方面，知识的进步并没有 383
表现在驱散这种幻觉，以看到更准确的景象，而是接受它，或者说追寻能够忍受它的办法。

这种由来已久的态度无疑拥有牢固的心理学基础，因为每逢我们落入一种出乎意料的局面时，这种态度就可能在我们每个人的心里浮现，它毫不含糊地摒弃那些跟我们所认同的文化完全不同的文

化形式，例如道德的、宗教的、社会的、审美的文化形式。那些粗暴的反应，例如“野蛮人的习惯”、“我们才不会做那种事情”、“这种事情是不能允许的”等，全都折射出针对陌生的生活、信仰和思维方式而产生的同样的惊恐和厌恶。古时候，凡是不属于希腊（随后是希腊-罗马）文化的东西统统被称为“蛮夷”（barbare）；后来，西方文明在同样的意义上使用“野蛮”（sauvage）一词。然而，这些字眼里包含着同样的判断。“蛮夷”一词在词源上很可能指含糊不清的鸟鸣，与表意的人类语言相对；而本意为“树林里的”的“野蛮”一词也是指与人类文化对立的一种动物性生活方式。这两种情形都拒不承认文化的多样性这一事实；凡是不符合我们的生活所遵循的规范的东西统统被撵出文化，丢进自然里去了。

这种幼稚的观点深深地生根于大多数人的头脑里，我们对此没有必要讨论，因为这本小书——还有这套小丛书里的其他文章——恰恰是反驳它的。这里只需提到这种观点所包含的一个相当说明问题的悖谬就可以了。这种把“野蛮人”（以及一切被认为与之等同者）逐出人类社会的态度正好也是这些野蛮人自己的最鲜明、最独特的态度。事实上，我们知道，无分人种与文明而包含所有人类形式的人性（humanité）这一概念出现得比较晚，传播也有限。即使
384 在它似乎发展到了顶峰的那些地方，正如最近的历史所证明的，也无法肯定地说它能够免于歧义或者倒退。然而，对于大部分人类来说，这个概念在一万多年中几乎从来没有过。人类从未踏出过部落的和语言族群的疆界，有时甚至连村庄都没有出去过；以至于不少被称为原始人的民族都用意为“人”的名字自称（或者有时是——我们是否可以说得更谨慎一些？——“好人”、“出色的人”、“完整的人”等），言下之意是别的部落、人群和村庄不具备人的品德乃至人的天性，充其量也只是一些“坏人”、“恶人”、“地上爬的猴

子”或者“虱子卵”。有时往往还会更进一步，把陌生人仅剩的这点最后的现实性也剥夺了，称之为“鬼魂”或“幽灵”。于是，有时竟然会出现两个对话者你来我往毫不容情地对骂的奇怪场面。美洲被发现以后数年，在大安得列斯群岛，就在西班牙人为了弄清土著人是否的确有灵魂而派出调查小组时，土著人却正忙于把白人俘虏浸入水中，想通过长时间观察来验证他们的尸体是否会腐烂。

这个既离奇又悲惨的故事出色地显示了文化相对主义的自相矛盾之处（我们在别处还会见到它的其他形式）：人们试图将文化区别于习俗之时，正是他们跟打算否定的东西最彻底地合为一体之日。否认人类中间看起来最“野蛮”或者“蛮夷”的成员同样具有人性，这种做法不过是将后者的典型态度之一挪为己用。所谓野蛮，首先就是那个相信存在野蛮行为的人[2]。

诚然，举凡人类伟大的哲学和宗教体系，无论佛教、基督教还是伊斯兰教，也无论是斯多噶主义、康德主义还是马克思主义学 385
说，都不断地抨击这种荒谬的观点。不过，仅仅声明天下人生来皆为平等，博爱之心势必把人类不分种族和文化团结起来，这在思想上总是令人有点失望，因为它忽视了无法视而不见的事实上的多样性；而且，仅仅认为这种多样性不影响问题的实质，以便在理论上和实践上都仿佛没这回事似的照常行事，那也是不够的。因此，在关于种族问题的第二篇声明的序言里，联合国教科文组织恰当地指出，让一个普通老百姓相信人种确实有所不同，只能是他“同时看到一个非洲人、一个欧洲人、一个亚洲人和一个美洲印第安人时的那种直接的感官证明”。

伟大的人权宣言既有力量也有不足，因为它们在宣示理想的当时忘记了一个事实：人的本质并不是在某种抽象的人性当中实现的，而是在那些即使是最翻天覆地的变化也会留下一些完整方面的传统文化当中，并且这些变化本身也可以从一种受到严格的时空限定的局面获得解释。现代人受到双重诱惑的夹击，既想谴责那些有伤感情的经验，又想否认难以从智力上理解的差异，他们于是委身于难以计数的哲学和社会学思辨，为的是在这对立的两极之间找出一些毫无用处的折中办法，而且一边力图取消文化多样性留给他们的一切令人窘迫和惊愕的东西，一边期望对它做出解释。

但是，无论各种思辨有多么不同，有时又多么离奇，实际上它们都可以归结为一副药方，而**伪进化论**恐怕是它最恰当不过的名字。这是个什么东西呢？可以非常准确地说，它是一种表面上佯称完全承认文化的多样性，其实却企图取消它的尝试。因为，假如把人类社会所处的不同状况，不论它们如何古老和相距如何遥远，都看成一个始自同一起点的单一发展进程的一些**阶段**或者**步骤**，而发展必定驱使后者趋向同一目标，那么多样性显然就变成了表面现
386 象。人类变为一个整体并与自身一致。不过，这种整体性和这种同一性只能逐步地实现，而文化的多样性则表明了一个过程的各个时刻，这个过程掩盖着某种更深层的现实性，或者说推迟了它的出现。

如果我们联想到达尔文主义的巨大成功，这样的定义便显得十分简单扼要。可是达尔文主义与此无关，因为生物进化论和这里讨论的伪进化论是两种十分不同的学说。前者是作为一个重要的工作假设出现的，它以观察结果为基础，只给诠释留下了极小的空间。例如，不妨根据两条理由把马的谱系中的不同类型纳入一个进化的系列。第一条理由是，马必有生其之马；第二条理由是，土壤的叠积层——历史因而越来越久——埋有马的骸骨，把从最晚近的形式直到最古老的形式依次显示出来。这就使三趾马为现代单趾马的真正祖先之说有了高度的可信性。前一条理由无疑也适用于人类及其种族，但是当我们从生物学现象转入文化现象时，问题一下子就变

得复杂起来了。人们能够从地下挖掘出实物，并且依照地层深度，看出某种类型的实物的式样及制造技术在逐渐变化。可是，一把斧子不会像动物那样繁殖出另一把斧子。在这种情形下，说一把斧子从另一把斧子演化而来就是一种打比方的或近似性的说法，它不具备用于生物现象的类似表达所具有的科学严谨性。实物在可确定的年代里的实际存在是可以从地下证明的，对它们适用的说法同样更适用于其历史通常不为我们所知的制度、信仰和风尚。生物进化的 387
概念相当于一种具备可以在自然科学中见到的最大概率系数的假设；而社会或文化进化的概念顶多能够为阐述事实提供一个颇为吸引人的手段，不过它不无风险。

此外，这种往往被忽略的真伪进化论之间的区别可以从它们分别出现的时间得到解释。无疑地，社会进化论必定从生物进化论获得了强大的动力，但在出现的时间顺序上却早于后者。古典时期自不待言，巴斯卡尔重新提出了那种将人比拟为一种生物的观念，历经童年、少年和成熟期等阶段；我们在 18 世纪看到了这个基本思路的盛行，它随后又经历了多次变化：维科的“螺旋形”，及其预告了孔德的“三状态”说的“三时代”之说；孔多塞的“阶梯说”。社会进化论的两位创立者斯宾塞和泰勒在《物种起源》之前便建立和发表了他们的学说，而这本书此前他们并没有读到过。社会进化论是早于生物进化论这一科学理论出现的，但它更多地只是一个古老的哲学问题的伪科学的化装；观察法和归纳法是否终有一日能够解答这个问题，这是根本无法肯定地断言的。

四　远古文化和原始文化

我们已经提出，每一个社会都能够从自身角度出发，把文化分为三类：出现时间相同，但地点不同的文化；出现地点大致相同，但时间上早于它的文化；不仅较早存在，而且地点也不相同的文化。

我们已经看到，这三类文化的可知性很不均衡。以第三类为例，而且当我们研究的文化没有文字、没有建筑，而且工艺粗糙
388 （例如世界上半数有人居住的地区，以及依地区的不同，自有文明以来，迄今90%～99%的时间都属于这种情形）的时候，就可以认为我们什么都无从了解，我们对它们的一切设想都属于缺乏证据的假设。

然而，我们极欲在属于第一类的文化之间尝试建立符合时间上前后接续的联系。那些尚不知电力和蒸汽机为何物的同时代的社会怎能不使人想到西方文明发展中的相同阶段呢？我们怎能不把虽无文字和冶金技术，却拥有壁刻和石器制造技术的土著部落与西方文明的远古形式加以比较呢？在法国和西班牙的山洞里发现的遗迹已经证明两者相似。伪进化论尤其是在这些地方随意发挥。然而，这种游戏虽然迷人，而且一有机会人们就会情不自禁地投身其中（西方旅游者不是津津乐道于在东方看到了“中世纪”，在第一次世界大战前的北京看到了“路易十四时代”，在澳大利亚和新几内亚土著人当中看到了“石器时代”吗），可是它极为有害。我们对于那些已经消逝的文明仅有只鳞片爪的了解，而且文明越古老，我们了解得就越少，因为这些零碎的侧面是经历了时间的破坏以后仅存的东西。所以，这种做法见木不见林，它只根据（一新一老）两种文明的**某些**方面所呈现的相似之处，便做出了**所有**方面均类似的结论。但是，这种推理不仅在逻辑上站不住脚，而且在大量个案里也被事实证明是错误的。

塔斯马尼亚人和巴塔贡人直到相当晚近时期仍然使用裁石制成的工具，一些澳大利亚和美洲的部落至今仍在制造这些东西。然而，对这些工具的研究很少有助于我们弄清它们在旧石器时代的使

用情况。那些出名的“手击石器”（coups-de-poing）是如何使用的？它们的用途必定十分明确，因为它们的形状和制造技术一二十 389
万年都保持不变，而且分布在从英国到南非、从法国到中国的广大地区。至于那些在考古遗迹中发现的数以百计的勒瓦卢瓦石片，至今尚无一种假设能够解释这些神奇的三角形剥片的用途[①]。用驯鹿骨制成的所谓“指挥棒”是做什么用的？塔尔德努阿文化遗留下来的那些数量极大的纤细的裁石片呈现千变万化的几何形状，但大小极不适宜当作手控工具，这又是一种什么样的工艺呢？所有这些不确定的问题都表明，旧石器时代的社会和某些当代土著社会之间无疑有某种相似之处，例如都使用裁石制造的工具。可是，即使在工艺技术的层次上也很难进一步深究下去，因为原材料的使用、工具的类型——也就是说使用目的——都不同，所以一方能够就此告诉我们另一方的情况是极少的，遑论语言、社会制度和宗教信仰了。

有一种受文化进化论影响的流行的做法，即按照与狩猎仪式有关的巫术形象去诠释旧石器中期社会遗留下来的岩画。其推理过程如下：当代原始民族拥有一些在我们看来往往显得没有实用价值的狩猎仪式；出于其数量和位置在洞穴最深处的理由，那些史前岩画在我们看来也就没有实用价值；既然出自猎人之手，它们就是用于狩猎仪式的。只需把这种隐含的论证过程说出来，就能够看出它的前后不一致。再者，这种论证大多在外行中间有市场，因为民族志学家见识过原始民族如何被一种生吞活剥的伪科学做法有意“掺进五花八门的佐料”，而丝毫不尊重人类文化的整体性。他们都同意，在人们观察到的现象里，没有任何东西可以允许就这里所说的资料 390

① 位于巴黎近郊的勒瓦卢瓦文化是中后期旧石器文化的代表，今亦指东部非洲的文化形态。——译者注

提出什么假设。再者，既然讨论的是岩画，我们就必须强调一个事实：除了南部非洲的岩画的特例以外（有人认为它们出自近代土著人之手），所谓“原始”艺术与马格德林艺术和奥瑞纳艺术[①]相差之遥远，正如它们与当代欧洲艺术的距离一样。因为这些艺术都以高度风格化为特点，甚至发展出极度的形态变化，而史前艺术则表现出一种动人的写实主义。人们或许能够从这后一个特点中看到欧洲艺术的起源，但这样做不会得出准确的结论，因为在同一地区，旧石器时期的艺术结束之后接踵而至的是特点不同的别的形式。地理位置上的连续性并不能改变下述事实：一批又一批陆续到来的不同居民对前人的作品并无了解或不感兴趣，而且每一批人都各有对立的信仰、技术和风格。

在发现新大陆的前夜，前哥伦布时代的美洲各文明的状况会使人联想到欧洲的新石器时代。但是，这种比照同样经不起认真的考察。在欧洲，农业和驯养动物是同时进行的，而前者在美洲的蓬勃发展却伴随着对后者的几乎是完全的无知（至少是极其有限的了解）。在美洲，石制工具始终与农业经济共存，欧洲的农业经济却与冶炼技术的开端相联系。

不必再举更多的例子了。因为，为了认识人类文化的丰富性和独创性而尝试将它们归结为程度不一地落后于西方文明的翻版，这些做法全都会遇到另一个更加深刻的困难。总的来说（美洲除外，我们下文还要回到这上面来），所有人类社会的背后都有一个规模基本相同的过去。若把某些社会看作另一些社会的发展过程中的一

---

① 马格德林（madgalénien）文化和奥瑞纳（aurignac）文化同为旧石器时代晚期的文化；前者在欧洲西南部，后者在法国加罗尼河上游并被认为是欧洲最早的形象艺术的代表。——译者注

些“阶段”，就势必认为后者那里出了一些事，前者那里却什么都没发生——或者只发生了极少的事情。确实，人们十分乐意谈论“没有历史的民族”（那意思有时候是他们才是最幸福的）。这种省略的说法仅仅意味着后者的历史尚不为人知，而且今后仍将不为人 391
所知，而不意味着全无历史。毕竟在上万年乃至数十万年的时间里，那些地方也有过人类，他们同样爱过、恨过、受过苦、有过发明创造、奋斗过。实际情况是，从来就没有幼稚的民族；他们都是成熟的，哪怕他们从童年和少年时期起就没有记过日记。

我们固然可以认为，在利用以往的时间方面，人类社会是不一样的，有些社会甚至把这段时间浪费掉了。有些社会一直奋发进取；有些则一路游荡闲逛而来。我们因此可以区分两种历史：一种历史是进取的，有所斩获的，通过汇聚发明创造以缔造伟大的文明；另一种历史也许同样积极进取，并且人尽其才，但缺少只有前一种历史才具备的综合禀赋。每一次发明创造都没有做到为先前的发明创造添砖加瓦，而且在同一方向上发挥作用，而是消逝在始终不能长久地摆脱原始方向的随波逐流当中。

我们认为，跟前几段评论过的那些简单化观点相比，这种看法更加灵活、更有层次。我们将在试论文化多样性的努力当中为它保留一个位置，而且这样做不会不公正地对待任何一种文化。但在做到这一步以前，有几个问题必须先行考察一番。

五　进步的概念

我们应当首先考察一下我们划分出来的第二类文化，也就是从我们所处的位置来看，那些具有历史先时性的文化——无论它是什么样的。这里的情况要比前面考察过的复杂得多。因为，关于某种

进化过程的假设，虽然在用于划分同时而异地的社会时显得如此不
392 确定和脆弱，但看来在这里却很难驳斥，甚至可以直接得到事实的佐证。借助考古学、史前史和古生物学的一致证据，我们知道，今日的欧洲最初居住着多种不同的人类（homo），他们使用粗糙的燧石工具；我们也知道，在这些最初的文化后头，接着还有另一些文化，石器打制得更加精致，伴有骨头和象牙的磨光和打制；再后来，制陶、编织、农业和畜牧业都出现了，而且逐渐与冶炼技术结合起来。这个过程同样可以区分出不同阶段。这些前后相继的形式依循一个进化和进步的方向相互协调，有的形式较为高级，有的较为低级。但是，如果这些都没有错，那么，在我们对那些互有类似差别的同时代形式的处理方式上，这些区分为什么就不能必然地起作用呢？于是，从这个新的角度出发，我们就不得不重新考虑先前的结论了。

人类自诞生以来已经取得了十分显赫的进步，一切讨论这些进步的尝试都将只是一种咬文嚼字而已。不过，把它们排列成一个有规则的连续的系列，却也并不像人们相信的那样轻而易举。大约50年前，学者们喜欢用一种极为简便的概念程式来表达这些进步：打制石器时代，磨制石器时代，铜器时代，青铜器时代，铁器时代。太方便不过了。今日，我们怀疑打磨工艺和裁石技术有时曾经同时共存；第二种技术对第一种技术的取代，其方式并不像是从早先的阶段自然而然地产生的一场技术进步，而是用石器模仿那些显然更“高级”的文明所拥有的金属武器和工具的结果，这些文明实际上与模仿者处于同一时代。相反，在欧洲北部一些地区，原来被认为与“磨制石器时代”相联系的陶器，其实是与打制石器相联系的。

仅就被称为旧石器时代的打制石器时代而言，数年以前，人们
393 还认为这种技术的一些不同形式——分别代表“核状石器”、“碎石

器”和“剥片石器”工业——是跟历史进步的三个阶段相对应的，即人们所说的旧石器时代早期、旧石器时代中期和旧石器时代晚期。目前，这三种形式被承认曾经共存，它们并不代表一种单向的进步，而是同一种现实的几个侧面，或如人们所说的“面孔”；这显然不是一种静态的现实，而是经历了相当复杂的变化和转换。上文提到勒瓦卢瓦人，这些在公元前 25 万年至公元前 7 万年期间最为活跃的人类，他们打制燧石的技术已经几近完美无缺。这种完美要等到 24 万 5 千年到 6 万 5 千年之后的新石器时代晚期才能再次看到。我们今天是很难再造这种完美的。

在人种方面，关于文化的论述照样适用，只是不能在以下两个过程之间建立起任何关联（因为规模不同）：欧洲的尼安德特人并不早于最初形态的智人，后者与之同时甚至可能更早。不能排除极为不同的人亚科在时间上一度共存，例如南非的“俾格米矮人”、中国和印度尼西亚的“巨人”；甚至非洲的某些地区也存在这种可能。

让我们再次重申，这一切都无意否认人类进步的现实，而是提请我们更谨慎地考虑它。史前史和考古学知识的发展倾向于把我们不自觉地想象成**在时间中依次排列**的文明的形式放**在空间中展示**。这意味着两件事：第一，“进步”（假如这个字眼依然适合表达一种十分不同于它起初用来表达的现实）既不是必要的也不是连续的，它是跳跃式的，或者像生物学家所说，是突变式的。第二，这些突变不意味着永远朝着一个方向前行；中途会发生方向上的变化，这个情形有点像国际象棋中的马，它总有若干进步可以利用，但从来 394
不在同一个方向上。人类的进步不像一个拾阶而上的人，即每移动一步都在已经走完的台阶上再增添一个。它其实更像一位把运气分摊在几颗骰子上的玩家，每掷一次，有多少骰子散落于地就有多少个数目。一次所赢永远有可能在另一次尽失。只有经常不断才能积累历史，也就是说，数目一次次地积累才能形成有利的组合。

美洲的例子令人信服地表明，这一累积的历史并不是一种文明或一个历史时代的专利。这块广袤的大陆曾经目睹了恰逢冰川时代末期来到的人类，他们大概是成群结队地跨过白令海峡而来的。按照考古学目前所了解的情况，他们到达的时间可以暂定在公元前2万年前后。在这个时期当中，这些人为累积的历史成功地做出了全世界最令人瞠目的一场展示：他们把一个全新的自然环境的各种资源彻查了一遍；除了某些动物以外，他们还培植了品种最丰富的植物，用于食物、药物和毒剂；而且——这是个其他地方不能比拟的现象——促进了把木薯一类的毒性物质当作基本食品，并利用其他植物作为兴奋剂和麻醉剂；他们根据在某些动物身上的选择性作用把某些毒物或麻醉品搜集起来；最后还促使例如编织、制陶及贵金属加工等工业达到了最完美的程度。要估价这些丰功伟绩，只需衡量一下美洲对旧大陆文明的贡献便足够了。首先是土豆、橡胶、烟草和古柯叶制剂（现代麻醉术之本），这几样东西以不同的方式变成了西方文化的四大支柱；在进入欧洲的日常食品之列以前，玉米
395 和花生大概已经引起了非洲经济的彻底变革；随后是可可、香草、番茄、菠萝、辣椒、好几种豆类、棉花以及瓜类。最后，作为算术的基础并间接成为现代数学的基础的数目“零”，玛雅人早在印度学者之前至少500年就已经认识和使用它了，欧洲则是通过阿拉伯人才从印度人那里学到的。也许正是出于这一理由，他们当时的历法比旧大陆的要精确。至于印加人的政治制度究竟是属于社会主义还是极权主义的，这个问题已经耗费了人们不少笔墨。总之它属于最具现代性的制度，而且比欧洲的同类现象要领先数百年。人们近来对箭毒的重新关注提醒了我们，就世界许多其他地方未被利用的

植物而言，必要时美洲土著人的科学知识仍然能够为世界做出重要贡献。

六　静止的历史和累积的历史

关于美洲的例子的上述讨论应当促使我们进一步思考“静止的历史”与“累积的历史”的不同。我们之所以把累积的历史的殊荣授予美洲，不正是因为我们承认美洲是诸多贡献的始作俑者吗？不正是因为这些贡献是我们向它移借过来的，或者说它们跟我们自己的贡献很相似吗？可是，如果我们面对的是一种意欲发展本身价值的文明，而这些价值没有一种会使观察者所在的文明感兴趣，那么我们的立场是什么呢？观察者会不会把这种文明视为静止的？换句话说，两种历史的区分是否取决于它被应用的那个文化的内在本质？还是说，它出自我们在评价一种不同的文化时总会坚持的种族中心主义的视角？因此，我们把所有那些发展方向跟我们类似的文 396
化都视为累积的，也就是说，它们的发展在我们看来是有意义的。别的文化因而显得是静止的，这倒不一定因为它们确实如此，而是因为它们的发展路线对我们来说毫无意义，无法依照我们所使用的参照系做出衡量。

情况确实如此，这是对我们运用两种历史之分的条件做出了一些考察的结果，尽管十分粗略，目的却不是要说明与我们不同的社会的特点，而是指我们自己的社会的内部。这种运用比人们想象的要频繁得多。年纪大的人通常认为，他们晚年的历史是静止的，正好对立于可从他们的年轻时代得到见证的累积的历史。一个时代若没有老年人的积极参与或者说发挥作用，便丧失了意义：要么什么都没有发生，要么正在发生的一切在他们眼里都是消极的。然而他们的儿孙们却兴高采烈地生活在这个时代，他们的长辈早已丧失了这种热情。一种政治制度的反对者不愿意承认制度是会演变的，他们一股脑地摒弃这一制度，把它抛出历史之外，把它当成一段凶残可怕的幕间休息，它不结束，生活就无法重新开始。拥护者的态度完全相反，而且我们要指出，他们越是密切地参与高层次的国家机器的运转，情形就越是如此。史实性，或者更确切地说，一种文化或一个文化进程中的事件的丰富性，不取决于它们的内在属性，而取决于我们相对于它们所处的情境，取决于我们在它们身上所押注的利益的多寡和多样性。

由此看来，进取的文化与停滞的文化之间的对立首先是因为焦点不同造成的。一个使用显微镜的观察者如果“聚焦于”目标以外的某个距离，那么处于焦点前后的物体即使只偏离几微米也会显得模糊不清，甚至看不见。全因看走了眼。这种错觉还可以用另一种
397 比较说明，即用于解释相对论的初步原理的那种比较的方法。为了说明物体移动的维度和速度的值都不是绝对的，而是取决于观察者的位置，我们还记得，对于一位坐在火车窗边的旅客而言，别的火车的速度和长度随着它们在相同还是相反的方向上行驶而变化。一种文化的每个成员对它的依赖程度恰如那位设想中的乘客之于列车。从我们诞生之日起，周围环境就千百次有意无意地让一个复杂的参照体系渗透到我们的头脑中，其中包括价值判断、理据和关心对象，还有教育所施加的关于我们的文明如何变迁的见解。少了这一切，文明便无法想象，或者显得与实际行为格格不入。我们走到哪里，这个参照体系就跟到哪里；至于外部的文化现实，如果不是连是个什么东西都不让我们看清楚的话，也只有被它硬行改变之后才能看得到。

在很大程度上，这种位置的不同还能够解释“有活力的文化”

和“停滞的文化”之间的区别；这就是说，对于我们这位乘客来说，一列行驶中的火车可以是动的，也可以是不动的。不过确实有一个不同之处，它的重要性我们今天谈论为时尚早，但它完全显露的那一天早晚会到来。到那时，我们将寻求建立一种与爱因斯坦不同的普遍相对论，它对于自然科学和社会科学同样适用：因为两者当中的一切都是对称而颠倒的。对于物理世界的观察者来说（正如火车乘客的例子所表明的），静止的系统是在与其一致的方向上变化的系统；而移动得最快的系统则是那些在与其不同的方向上变化的系统。文化却完全相反，当它们与我们在同一方向上移动的时候，我们感到它们十分活跃；方向不同，它们就显得静止不动。不过，速度在人文科学当中只是一个有隐喻意义的因素。为了让我们 398
的比较能够站住脚，我们应当把速度换成信息和含义。我们知道，跟一列被我们高速超越或一列高速超越我们的火车相比，或者跟一列因反向行驶而显得很短的列车相比，我们在一列平行地行驶的火车上能够搜集多得多的信息（例如能否看清对方乘客的面貌，点出人数，等等）。说到底，列车可能快得只给我们留下一个模糊的印象，连显示速度的迹象也剩不下；剩下的只是视野中一团短暂的迷雾。它已经不成其为火车了，它什么意义也没有。所以，在我看来，表面运动这一物理概念与另一个横跨物理学、心理学和社会学的概念之间存在着某种联系，这个概念就是能够在两个人或两个群体之间，依双方所隶属的多样性程度不同的文化“传输”的信息量。

因此，每当我们打算把一种人类文化说成是静止的或停滞的时候，我们必须自问：这种表面上的停滞状态是否由于我们忽略了它的真正利益所在，不论它对这些利益有所意识还是毫无意识？而且，既然这种文化有着与我们不同的标准，它会不会是同一种错觉的牺牲品？换句话说，我们可能仅仅由于互不相似而显得彼此缺乏兴趣。

近二三百年以来，西方文明全力以赴地把威力越来越大的机械手段交给人类支配。如果以此为标准，人均可用能源的数量就可以用作衡量人类社会发展程度的标尺。北美式的西方文明将独占鳌头，欧洲、苏联和日本社会紧随其后，落在最后的是一大批亚洲和非洲社会，它们很快将变得难以分别。但是，尽管用上述标准可以
399 把这些数以百计甚至千计的所谓“欠发达”或“原始”的社会归入一个混合体（这个标准对它们不太合适，因为它们或者没有这样一条发展的路线，或者这条路线在它们那儿只占据极为次要的地位），它们其实并不一样。从另外的角度看，它们分别处于两个对立的端点；因此，依照选用什么观点，我们会得到不同的划分。

如果把战胜最险恶的地理环境的能力作为标准，那么没有什么疑问，爱斯基摩人和贝都因人将获得金质奖章。印度建立了任何其他文明都比不上的一套哲学—宗教的体系；中国则建立了自己的一种生活方式。两者都能够减少人口失衡所造成的心理后果。早在13个世纪前，伊斯兰教就提出了一套把所有的人类生活形式——技术的、经济的、社会的和精神的——都协调起来的理论。仅仅在不久以前，经由马克思主义思想的某些方面，并且随着现代民族学的开创，西方世界才重新发现了它。我们十分了解这种预言式的远见让阿拉伯人在中世纪的精神生活中占有多么杰出的地位。对于人体这架最高级的机器的运用及其资源，堪称工业巨匠的西方世界只有极为粗浅的知识。在这个领域里，亦如在关于灵与肉如何结合的领域里一样，东方、远东领先西方数千年之久。他们有着蔚为大观的理论和实践，例如印度人的瑜伽、中国人的气功、古代毛利人的脏器体操。不久以前出现的无土农业曾经被一些波利尼西亚民族实行了数百年，可能他们还把航海术教给了世人。18世纪，当他们把一种

比所有能够想象的更宽容更自由的社会与道德生活方式披露于世的时候，整个世界都被深刻地震撼了。

至于凡是涉及家庭组织、家庭和社会群体之间的和谐方面，澳大利亚人尽管经济落后，却远远领先于其余人类。要切实懂得他们 400
所建立的规则体系，必须求助于某种形式的现代数学。是他们真正地发现，婚姻制度才是纲，其他社会建制只是附带的装饰。即使在家庭的作用日趋减弱的现代社会里，家庭纽带依然强劲。它只在一个较为狭小的范围内减弱了；这个范围的边缘地带，另外一些涉及其他家庭的纽带随即与之衔接起来。通过通婚形成的家庭之间的衔接能够导致数个群体之间形成大型结合点，以及大量群体之间的小型结合点。但是，无论大型还是小型，支撑整个社会大厦的正是这些结合点，而且使得社会更具韧性。澳大利亚人往往十分清醒地制定出关于这种机制的理论，并且列举出付诸实施的主要方法，逐一阐述其利弊。他们已经超越了经验观察的水平，上升到与支配这种制度的法则有关的知识。因此，他们不仅是任何家庭社会学的先驱，而且最早把严格的思辨真正运用于研究社会现象。如此尊崇他们绝无丝毫过分之处。

美拉尼西亚人的美术创作之丰富和大胆，以及那种将产生于心灵的无意识活动的最模糊的东西纳入社会生活的才能，都是人类在这一方向上所能达到的巅峰之一。非洲的贡献更复杂，也更模糊不清，因为人们只是最近才开始琢磨它作为旧大陆的文化“熔炉”（melting pot）的重要性。各种各样的影响融会于此，或重新出发，或保留下来，但总要经历脱胎换骨的改造。埃及文明对人类的重要性人所共知，但只有被视为亚洲和非洲的共同作品才能理解它。古代非洲的伟大政治制度、法律建设、西方人长期根本不了解的哲学学说、它的造型艺术和音乐都系统地探索了每一种表达手段的所有 401

可能性，它们都是这一段极其丰富的历史的明证。另外，这段历史还得到精湛的古代青铜器制造和象牙雕刻技术的证实，它们远远胜过同时期西方在这些方面的实践。美洲的贡献我们已经谈过，这里无须赘述。

此外，值得我们注意的倒并不是这些零星的贡献，因为它们可能让人以为世界文明像一件百衲衣，是拼凑起来的，那是错上加错。人们关于所有先行者已经谈得够多了：菲尼基人发明文字，中国人发明了纸、火药、指南针，印度人发明玻璃和钢，凡此种种。这些因素没有每一种文化如何将其组合、保留和排斥那么重要。解决问题的特殊方法以及如何看待对全人类来说大致相同的价值，更能表现每一种文化的独创性。因为所有的人无例外地都拥有一种语言，一些技术，一种艺术，一些实证的知识，一些宗教信仰，一种社会、经济和政治的组织方式，但这些东西的配置方法从来就因文化而异；现代民族学越来越关心的是找出这些取舍的隐藏的根源，而不是罗列各项独立的特征。

七　西方文明的地位

鉴于这样一场论辩的理论性质，也许有人会提出异议说，从某种抽象逻辑来看，很可能每一种文化都无法对别的文化做出符合真情的判断，因为它不可能摆脱自己，它所做出的评估势必成为某种相对主义的俘虏。可是，请您四下里环顾一下吧，仔细看看一个世
402 纪以来世界上都发生了什么事情，那足以让您的思辨完全崩溃。任何文明都没有闭关自守，它们一个接着一个地全都承认一种文明的优越性，那就是西方文明。难道我们没有看到全世界陆陆续续地学习它的技术、生活方式、娱乐方式，乃至它的服饰吗？正如第欧根

尼（Diogène）用步行证明了运动，从亚洲的众多民众到远在巴西或非洲的热带雨林里的偏远部落，人类文化的迈进本身证明了有一种人类文明的形式优于所有其他文明，而且是史无前例地众口一词。例如，“欠发达”国家在国际会议上并没有责怪别的国家把它们西方化，而是抱怨没有尽快地把实现西方化的手段教给它们。

这就触及这场论辩的最为敏感之处：针对人类文化本身去捍卫它们的独特性是毫无用处的。再说，对于西方文化的普及这类现象，让民族学家做出恰当评价是一件很难办到的事情。理由有好几个。首先，一种世界性文明的存在也许是历史上一种独一无二的现象，或者说，先例必须到一部遥远的史前史里去搜寻，而我们对这部史前史基本上一无所知。其次，这种现象在本质上带有极大的不确定性。事实是，一个半世纪以来西方文明就有向全世界传播的趋势，无论从整体上还是通过像工业化这样的一些关键内容；当其他文化试图保存一些传统遗产的时候，传播通常只限于上层建筑，也就是那些最为脆弱的、肯定会被正在完成的深刻变化统统打垮的方面。但是，这种现象正在发生的过程当中，结果尚不得而知。会不会是全球彻底西方化，外加一些俄罗斯式和美国式的变体呢？会不会出现一些混合形式呢？在伊斯兰世界、印度和中国，我们已经看 403
到了这方面的可能性。要么，由于在一场与保障它的生存的内在机制发生冲突的实际扩张中，西方世界随时可能像一头史前怪兽般颓然倒下，那么上述潮流是否已经达到了顶点，即将开始消散呢？正是带着这些保留，我们试图对发生在眼前的这一进程做出评估；我们每个人无论有意还是无意，都是这一进程的制造者、附庸或者牺牲品。

我们首先要指出，远非如一些西方人士所乐于想象的那样，附庸西方生活方式或其某些方面都不是那么自发的。与其说它出自随心所欲的决定，不如说由于别无选择。西方文明在全世界安置了它的士兵、柜台、种植园和传教士，直接或间接地介入了有色人种的生活，彻底打乱了后者的传统的生存方式，如果不是强行施行自己的生存方式，就是制造一些导致现存框架坍塌的条件，而没有用别的东西取代它。人民被制服或打乱了阵脚，于是只好接受别人提出来的取代办法；假如他们不准备这样做，就只能希望尽量贴近它，在同一块场地上跟它展开较量。如果不是力量不均等，一个社会是不会那么容易把自己交出去的。它们的世界观（Weltanschauung）更接近巴西东部的那些曾经接纳了种族志学家尼缅达居（C. Nimuendaju）的贫穷部落；尼氏每次在文明中心暂住之后返回他们中间时，这些土著人一想到他一定遭了不少罪，就会黯然落泪，只因他一度远离了他们认为唯一值得过日子的地方——他们的村庄。

不过，我们在阐明这种保留的同时却转移了话题。假如西方的优越性不是基于对它的赞许，那么不就是它所拥有的迫使别人艳羡的较大的能量吗？我们在这里遇上了一个棘手问题。因为这种力量的不平等不像刚才提到的那些事关附庸的现象，它不属于群体的主
404 观性。这是一种客观现象，只能求助于客观原因才能解释。

我们并不想在此处展开一场有关文明的哲学研究。对于西方文明所传授的那些价值观，人们尽可以长篇大论地去讨论它们的性质。我们从中只打算挑出最明显、最不容易引起争论者。这些价值观看来可以归结为两种：按照怀特（L. White）的说法，西方文明追求的，一是从数量上不断增加按人均计算的可使用能量；二是追求保护和延长人类寿命。如果简单扼要一点，人们就会说后者只是前者的一种表现样式，因为可使用能量在绝对意义上是随着个人寿命和完整性一起增长的。为了省去讨论，我们也将不加分析地承认这些特点还可以伴有一些补偿性现象，作为某种意义上的一种约

束。例如世界大战所造成的大规模屠杀，以及支配着可使用能量在个人之间和阶级之间的分布的不平等现象。

这一点一经提出，人们马上就会注意到，西方文明在致力于完成这些任务的时候，其实带有一种排他性，这也许正是它的弱点，而且肯定不是它唯一的弱点。所有人类社会自上古以来都是朝着同一个方向行动的；而且，正是那些极为遥远和古老的、我们乐于与今日“野蛮”民族相提并论的社会才在这方面取得了最有决定意义的进步。时至今日，这些“野蛮”民族一直构成我们称之为文明的主要部分。那些已经成为新石器革命——这么说毫不夸张——的标志的了不起的发现，至今仍然是我们须臾不可分离的，例如农业、畜牧业、制陶技术、纺织技术等。我们在过去 8 000 年到10 000年当中所做的，仅仅是进一步完善这些“文明的艺术”而已。

不错，有些人总是令人讨厌地倾向于把努力、智慧和想像力的专利留给晚近出现的发明，人类在“荒蛮”时代完成的发明创造则一概被斥为偶然现象；总之，人类在那个时代没有取得什么成就。 *405*
这种荒谬的看法极为严重，传播极广，其严重性在于妨碍人们对文化间的关系取得准确的看法，我们认为必须将它彻底扫除。

八 偶然性与文明

我们可以在一些民族学论文里——况且还不是最差的——读到以下一类说法：人类对火的认识得自于偶然发生的雷电或丛林野火，此时意外烤熟的猎物使人类发现了烹饪术；制陶技术的发明源自遗忘在灶旁的一块黏土疙瘩。于是，人类仿佛最初生活在一种技术的黄金时代，那时发明创造就像水果和花朵一般可以信手拈来。留给现代人类的只有辛苦的劳作和天才们的灵感。

这种想法之所以天真幼稚，是因为它完全不了解，即使最初级的技术也离不开复杂多样的操作。人们在重新制造一些重要的史前工具时已经发现，要想得到一件用裁石制成的有效工具，仅把一块石头敲碎是不行的。于是——而且在观察那些仍然使用这种技术的民族时也是如此——人们看到了必要的程序之复杂，有时甚至还得事先制造真正的“用来加工石头的工具”，包括控制敲击分量与方向的配重，防止震动破坏凿击的减震装置。此外还得具备一系列下述概念：所需材料的本地来源、开采方法、耐久性和结构，适当的肌肉训练，以及了解“窍门”等。总之，这是一整套“规矩”，完全相当于冶金工艺的各个步骤，必要的调整自不待言。

406 同样的道理，天然野火有时可收烘烤之效，可是很难设想用来烹煮和蒸（除了地理分布有限的火山现象），然而这些烹饪方法并不比其他方法少见。因此，当我们打算解释前者的时候，没有理由排除后者所必定包含的创造性因素。

制陶技术提供了一个极好的例子，因为人们往往以为这是再简单不过的，只需把一块黏土加工一下，再放在火上烤就是了。那就请试试看吧。首先得找到适合焙烧的黏土；做到这一点须具备一系列必不可少的自然条件，可是这些条件没有一个是充分的，因为黏土如果不跟某种惰性物质混合，焙烧之后就无法成为可用的器皿，而挑选这种惰性物质必须考虑特点。必须有一套制模技术才能完成这个绝活：让一块“站不住的”可塑物质在相当长的时间内保持平衡，同时对它做出改动。最后，还得找到特殊的燃烧物，确定烧窑的形状、热度的类型和焙烧时间，以便做到整个过程稳定密闭，安然渡过迸裂、粉化和变形的所有暗礁险滩。这方面的例子是不胜枚举的。

所有这些操作过程太多也太复杂，断非偶然性能够解释得通。

每一项操作单独而言没有任何意义，成功只能靠想象、意向、寻觅和实验的结合。偶然性无疑是存在的，但是它本身不会带来任何效果。西方世界知道电的存在有 2 500 年左右的历史——无疑是偶然发现的，然而，直到在安培和法拉第们的假想指导下出现了有意识的努力之前，这种偶然性始终没有带来任何结果。在弓箭、飞去来器和吹射管的发明、农业和畜牧业的诞生当中，偶然性也没有起到比在青霉素的发明当中更大的作用——后者毕竟让我们了解到它尚有一席之地。因此，我们应当小心地把技术的世代相传跟发生在同 407
代人中间的技术的创新与完善区别开来：前者由于亲眼目睹和日常训练而相对容易做到，后者却永远离不开个别人身上的那种同样的想像力和不懈的努力；无论是什么样的专门技术。被我们称为原始的社会跟其他社会一样，并不缺乏巴斯德和巴利希①式的人物[3]。

我们过一会儿将再次看到偶然性和概率，不过是在另一个地方，扮演另外一种角色。我们不会偷懒地利用它们去解释已经完成的发明是如何诞生的，而是将用于诠释在另一层次的现实中存在的一种现象，即虽然其中有些成分多少属于想象、发明和创造性努力——我们完全有理由认为，人类历史上始终存在着这种成分——但是这种组合仅仅在某些时期和某些地点才对重大的文化转变起到决定性作用。原因在于，为了达到这种效果，仅有纯心理上的因素是不够的，因为此类因素首先必须取向一致地出现在数目相当多的一批人身上，创造者本人才能够迅速取得一批公众的支持。这一条件本身还有赖于数目相当大的另一组历史、政治和经济方面的因

① 巴利希（Bernard Palissy，1510—1589），发现了琥珀的化学构造的法国化学家和博物学者。——译者注

素。于是，为了解释文明进程中的差异，我们就得求助于一大堆复杂而互不连贯的肇因，而且要么出于一些实际的理由，要么出于一些理论上的理由——例如在观察的技术方面出现了无法避免的干扰——而难以了解。实际上，为了理清这团头绪纷繁的乱麻，至少必须对我们研究的社会（及其周围世界）进行一场整体性的和涵盖各个时期的种族志研究。即使不考虑这项工程将如何浩大，我们也
408 知道，种族志学者的工作范围虽然极为狭窄，却往往在观察中受到一些微妙变化的限制，要把此类变化介绍给他们的研究对象即人类群体，他们的存在本身便足够了。我们又知道，在现代社会方面，民意调查的运用本身就能够改变民众意见的取向，因为它能够在民众当中唤醒一种自省的因素，而以前并不存在这个东西。

这种局面可以证明把概率的概念引进社会科学是正确的，这个概念长期以来可以说便在物理学的分支当中使用，例如热动力学。这一点我们以后还要谈到。此刻只要想到以下这一点便已足够：现代的发明创造之所以复杂，并非由于我们的同代人当中有更多的天才，或者我们能够更好地做到人尽其才。情形正好相反，我们已经承认，为了取得进步，许多世纪中的每一代人都只需在前人遗留的资产上面继续追加即可。我们的财富的九成都是前辈遗留下来的。假如——以前曾有人以此取乐——把那些重要发明的出现日期与文明开端的大致时间两相对比，那么这个比重甚至会更大。人们发现，农业诞生于晚近的一小段时间内，相当于整个时间段的 2%；冶炼技术相当于整个时间段的 0.7%；拼音字母的发明为 0.35%；伽利略物理学为 0.035%；达尔文主义为 0.009%[4]。西方的科学和工业革命的整体发生时间相当于人类已经度过的寿命的 0.05%。所以，在断言这一革命注定会彻底改变人类一语的含义之前，我们不妨表现得谨慎一些为好。

同样千真万确的是——这是我们相信能够为这个问题提供的最终表述——在技术发明方面（包括使其成为可能的科学思想），西方文明表现得比其他文明更具累积性；而且，人类所拥有的新石器时代的最初资本是一样的，西方文明却懂得如何改进（拼音文字、数学和几何学），其中一些却很快就被它遗忘了；但是，在经历了 409
一段横跨大约 2 000 到 2 500 年的停滞以后（从基督降生前 1 000 年至 18 世纪前后），西方文明忽然间又以工业革命发源地的身份出现了，从幅度、普遍性及后果的重要性来看，以往只有新石器时代的革命方能与之媲美。

所以，人类在历史上曾经两次——中间相隔大约 2 000 年——积累起一大批取向相同的发明创造；而且，不论是这一数量还是这种连续性都集中在一段相当短暂的时间之内，这就导致了技术的高度综合；这些综合带来人与自然的关系发生了意义深远的变化，而且这种变化本身又引起了别的变化。这是一幅催化剂诱发一场连锁反应的图景，它可以凸显这一在人类历史上迄今已经而且仅仅重复了两次的进程。它又是如何发生的呢？

首先，我们不可忘记，同样具有累积性质的其他革命已经在不同的地点和时间发生在人类活动的其他领域里了。上文已经解释过，我们的工业革命和新石器时代的革命（后者虽时间上先于前者，但出于同样的关切）之所以能够成为在我们看来绝无仅有的两次革命，是因为我们的参照系让我们能够对它们做出测度。所有其他想必同样发生过的变化都显得支离破碎或者被严重歪曲了。对现代西方人来说，它们都**形不成意义**（反正不是它们的完整意义），甚至会显得仿佛根本不存在似的。

其次，当一个现代西方人情不自禁地为某个种族、某个地区和某个国家索取优越性的时候，新石器时代的革命（它是现代西方人

410 唯一能够想得明白的一次革命）必定会促使他变得谦虚一点。工业革命诞生于西欧，随后出现在美国和日本。1917 年以后，它又在苏联加快了步伐。它明天必定又会出现在别的什么地方。以半个世纪为度，工业革命陆续从它的这个或那个中心散发出时强时弱的光芒。那么，以千年为度，我们从中获得这么大的优越感的此类孰优孰劣的问题又会变成什么样子呢？

刨除一两千年的差距，新石器时期的革命同时爆发于爱琴海沿岸、埃及、近东、印度河平原和中国。自从放射性碳被用来测定考古学年代以来，我们怀疑，开始得比人们一度以为的更早的美洲新石器时代并不一定比旧大陆晚很多。在这场孰先孰后的竞争中，那里很可能又有三四个小谷地有权自称领先了数个世纪之久。我们今天对此知道什么呢？不管怎么说，我们可以断定，究竟是谁夺取了先声并不重要，不为别的，而是因为技术大变动（社会大变动接踵而至）在如此广大的地域和如此分散的地区同时出现，恰好说明它不依赖某一种族或文化的天赋才能，而取决于一些其普遍性超出了人类意识以外的条件。我们可以肯定，工业革命即使没有在西欧和北欧首先出现，也会有一天出现在世界上别的地方。而且，如果说它必然波及世界上有人居住的一切地方——看来必然如此——那么每一种文化都会为它做出许多特殊的贡献，以至于今后数千年中的历史学家一定会合理地把“谁能够自谓领先一两个世纪”视为一个无足轻重的问题。

谈完这一点之后，我们现在必须给静止的历史和累积的历史之分提出一条新的限制，这即使无关它的效力，至少也与它的严谨性有关。正如我们已经说明过的那样，这一区分不仅跟我们的兴趣有关，而且它从来没有做到清晰无误。就技术发明而言，没有一种文化、一个时期是绝对静止的，这一点是十分肯定的。所有的民族都

拥有并改变、改进或忘记那些复杂到可使他们驾驭环境的技术；如 411
果没有这些技术，他们早就灭亡了。因此，差别不在于累积的与非累积的历史之分，所有的历史在不同程度上都是累积的。例如，我们知道，古代中国人和爱斯基摩人在机械工艺上一度非常先进，只差那么一丁点儿就可以启动一场能够导致转入不同的文明类型的“连锁反应”。我们也知道火药的例子：中国人已经解决了所有技术方面的问题，只是没有想到如何大规模地制造效果。正如人们经常说的那样，古代墨西哥人并非不知道轮子。他们对轮子掌握得很好，用它来给儿童制造玩具；他们离制造出代步的车子只差一步之遥。

在这些条件下，关于较之“累积较少”的文化，“累积较多”的文化相对稀少的问题（就每个参照体系而言）便可归结为一个人们熟知的如何计算概率的问题。这跟确定一个复杂组合相对于其他同类组合的相对概率是一回事，可是没有那么复杂。以轮盘赌为例，两个连续数字的序列（例如 7 和 8、12 和 13、30 和 31）比较常见，3 个连续数字的序列较为少见，4 个连续数字的序列就更少见了。只有投掷许多次才有可能出现一个符合数字自然顺序的 6 个、7 个或者 8 个连续数字的序列。如果我们把注意力只放在那些长序列上（例如把赌注下在一个有 5 个连续数字的序列上），那么那些较短的序列对我们来说就变成与非连续序列等值了。这其实是忘记了短序列仅仅在分数值上不同于我们所期待的序列；如果从另一个角度考虑，短序列或许同样带有很大的规律性。让我们进一步比较下去。一个赌客若把赌注下在越来越长的序列上，可能会在掷下成千
上万次以后，由于一直看不到有 9 个连续数字的序列而灰心丧气。 412
他会想：真不如早点罢手呀。但是，不能说另外一位运用同一赌博规则、却押在不同类型的序列上（例如在红与黑、奇数与偶数之间

有规律地交替下注）的赌客，在前一位认为一团糟的地方照样不会获得有意义的组合。人类的演进不是单向的。如果它在某一方面仿佛是静止的，甚至是倒退的，那么从另一个角度看，这并不意味着它不可能酝酿着重要的变化。

英国18世纪的伟大哲学家休谟曾有一天决定破解一个许多人都不知如何回答的虚假问题：为什么女人不都美，只是一部分女人才美？他轻而易举地证明了这是一个毫无意义的问题。假如所有的女人都跟最美的那一位至少一样美，我们就会觉得她们都长得很平常，并把美的称号保留给可能超出共同标准的少数女人。同样道理，当我们对某种类型的进步感兴趣的时候，我们就会把这方面的佳誉保留给达到最高点的文化，而对其他文化采取无所谓的态度。所以，所谓进步的意义从来不过是在个人喜好所预先规定的方向上取得最大限度的进步，仅此而已。

九　文化之间的合作

最后，我们必须从最后一个方面来考虑我们的问题。有一位如我们在上面几段里所说的赌客，他从来只用最长的序列数下注（不论他怎样设想这种序列），因此他极有可能输得精光。可是，如果赌客之间联合起来，情况就不同了：他们赌同样一些序列的绝对值，可是分散在数个轮盘赌桌上同时下注，把对每个赌客均有利的
413 共同结果的优势协调起来。这是因为，假如我一个人摸到了21和22，我就需要23才能继续赌我的序列数，而这个数字出现在十张赌桌上的几率当然比一张赌桌更大。

这种局面与那些其历史最具累积性的文化十分相似。这些终极形式从来就不是孤立的文化所具有的现象，它属于那些把各自的赌

桌组合起来的文化，无论出于主动还是违心地这样做；它们通过各种途径（迁徙、借入、贸易、战争）结成了我们刚才设想过其模式的联盟。在这里，我们可以明白无误地看到声称一种文化优于另一种文化的说法的荒谬性。原因在于，如果文化只有一种，它便永远无从“优越”。它像一个单独的赌客，只能做到用几个数字排成短序列；由于长序列在他的历史上“爆出”的概率微乎其微（理论上并不排除这种可能性），所以跟以人类的整体发展过程求得实现同一概率所需的时间相比，它在这上面所需花费的时间不知要长多少倍。不过，如前文所述，任何文化都不是孤立的；一种文化总会跟别的文化结盟，这样它才能够构建起累积的序列。至于这些序列当中出现一个长序列的概率，那自然取决于联盟制度的广度、持续时间及其可变性。

从以上看法可以得出两条结论。

在从事本文的研究的过程中，我们曾经数度感到纳闷：人类怎么会在其历史的9/10，甚至更长的时间里停滞不前呢？最早的文明有20万年至50万年之久，然而生活条件的改变只是近1万年的事。如果我们的分析正确，那么，这并非由于旧石器时代的人类没有新石器时代的后辈那么聪明，天赋那么高，而仅仅是因为在人类历史上，某种n级组合的出现花费了一段时间t；它的出现本来既可以更早，也可以更迟。这个现象无异于赌客必须等待掷出一定次数， 414
才能见到一个既定组合出现。这个组合可能一掷即中，也可能在第1 000次、第100万次时投中，或者永远不露面。在这一全过程中，人类就像一位赌客，始终没有停止投机。在并非总是自觉和有所意识的情况下，人类“开创”了文化之“业”，投身于并非总是成功的“经营文明”；它时而离成功仅有一步之遥，时而将以往取得的成果加以协调。我们对史前社会大多数方面的无知导致了简单化的处理办法大行其道，从而能够说明这一不确定的、头绪繁多的进程，因为最令人瞠目的就是那种事后补缀了：它把勒瓦卢瓦文化高峰跟平庸的穆斯梯叶文化[①]扯在一起，把辉煌的奥瑞纳文化和索留特累文化先跟粗犷的马格德林文化，再跟中石器时代那些反差极大的各个方面硬拉在一起。

在时间方面正确的东西，放在空间方面同样不谬，只是需用不同的方式表达。就统合由各方面发明创造组成的一个被我们叫作文明的复杂整体而言，一种文化在这方面拥有的机遇取决于跟它——往往并非自愿地——一道参与制定一部共同战略的文化的数量和多样性。一点不错，数量加上多样性。旧大陆和被发现前夕的新大陆之间的比较就是证明这一双重必要性的极好例子。

文艺复兴之初，欧洲是许多极为迥异的影响交汇融合的场所：希腊传统、罗马传统、日耳曼传统、盎格鲁-萨克逊传统，加上阿拉伯和中国的影响。从量的方面说，哥伦布之前的美洲所享有的文化接触并不算少。因为美洲的文化之间素有联系，况且南北美洲合起来形成了一片广袤的大陆。然而，在欧洲大地上相互滋养的文化是历时数万年不断分化的产物，而移民较晚的美洲诸文化却尚未来得
415 及发展它的多样性；这是一幅较为匀质的图景。因此，尽管不能说，发现新大陆时期的墨西哥和秘鲁的文化因素较欧洲逊色（我们看到，它在一些方面甚至比欧洲更优越），但是文化的不同方面也许衔接得不那么好。前哥伦布时期的文明虽然不乏令人注目的成就，但布满了空白点，仿佛有一些“窟窿”。这些文明还呈现出一

① 穆斯梯叶文化（Moustier），旧石器时代中期文化，相当于尼安德特人时期。索留特累文化（Solutré），旧石器时代早期文化，早于马格德林文化。关于勒瓦卢瓦文化、奥瑞纳、文化马格德林文化，可参见本章第四节译者注。——译者注

幅早熟的和发育未全的形式兼有的景致，而且内部矛盾比人们想象的要少。看起来，他们那种缺乏灵活性而较少变化的组织形式正是他们在屈指可数的征服者面前土崩瓦解的原因。深层的原因也许可以到如下事实里去寻找：美洲文化“联盟”的盟友之间的差异比旧大陆的盟友之间要小。

所以说，既不存在天生就是累积的社会，也没有凭借自身努力而形成的累积的社会。累积的历史并非某些种族或者文化的属性，好像它们凭着这一点就可以区别于其他种族和文化。累积的历史与其说是源于它们的**本性**，不如说源于它们的**行为**。它反映着一些文化的某种存在的样态，即它们的**共处方式**。在这个意义上，我们可以说，累积的历史就是由社会群构成的社会性超级组织的典型的历史形式，而静止的历史——假如它确实存在过——则标志着只有孤立社会才有的低级生活方式。

孑然独处正是影响一个人类群体，使之无法彻底实现其本质的一种绝对的厄运和唯一的弊端。

由此可见，在那些通常被拿来证明人种和文化对文明的贡献的说法里，人们常见的拙劣的、让人不满意的东西究竟是什么。罗列特点，考证起源，找出性征。此类努力尽管善意可嘉，却由于从三个方面错失目标而毫无意义。首先，把某种发明创造归功于这一种或那一种文化从来都是靠不住的。其次，文化贡献永远可以划分为两组。一方面，我们掌握着一些重要性容易评估的特点，一些已经到手的成果，然而特点亦有限。烟草源自美洲是一个事实。但是， 416
说到底，不管国际研究机构对此展现的所有的良好意图，我们总不能每吸一根香烟就对美洲印第安人感激涕零。正如其他东西带给了我们一些切实的用场一样（例如橡胶），烟草是对生活的艺术的一种精致的点缀。它给我们带来了愉快和其他一些额外的方便之处。

但是，少了它们，我们的文明也不会发生动摇。即使非有不可，我们也会懂得如何找到它们，或者用别的东西代替。

在对立的另一个极点上（不消说，两个极点之间存在着一连串的过渡形式），还有一些具有系统的特点的贡献，也就是说，它们符合每个社会自己选择的表达和满足人类的全部追求的特有方式。不可否认这些生活的风格——或者如英语民族所说的“形态”（patterns）——的独创性和不可替代性，然而它们反映着过多的排他性取舍，以至于很难看出一种文明如何才能从另一种生活风格当中获益，除非是放弃自己的生活风格。事实上，调和两者的尝试只能有两种结果：要么其中一个群体的体系被瓦解或解体；要么重新综合，不过这样一来就出现了无法还原为另外两个体系的第三个体系。其实，问题并不在于了解一个社会能否从邻居的生活风格当中受益，而在于它究竟能否以及在何种程度上理解甚至认识自己的邻居。我们已经看到，这个问题没有明确的答案。

最后，只要有人贡献就会有人受益。可是，如果说有一些能够在时空中确定位置的具体的文化，而且可以说它们已经做出、而且仍在继续做出“贡献”，那么，那种从所有这些贡献中受益的“世界文明”又是什么呢？它不会是一种有别于所有其他文明的文明，因为它享有同一级别的现实性。我们所说的世界文明并不是指某个历
417 史时期或某个人类群体。我们提出的是一个抽象的概念，我们赋予它一种或者是道义上的、或者是逻辑上的意义：如果我们是为现存社会提出一个目标，那它就是道德意义上的；如果我们把通过分析从不同文化中提取的共同成分划归在同一个词项之下，那它就具有逻辑的意义。在这两种情况下，我们都不应回避，所谓世界文明是一个十分贫乏和程式化的概念，它的理智和情感内容都不太强。文化贡献的背后是数千年的历史，是沉甸甸的思想，是苦难，是欲

望，以及造就它们的人们的辛勤劳动。如果把至今仍为一具空壳的世界文明当作衡量尺度对它们做出评价，那只能使之变得极度贫乏，只会挖空它们的实质内容，而只剩下一副无血无肉的空架子。

与此相反，我们已经努力说明，各种文化的真正贡献不在于一份罗列个别发明创造的清单，而在于它们所做出的贡献之间的区别性特征。某一特定文化的每一个成员在面对其他文化时所怀有的——同时也是应当怀有的——感激或谦卑感只能基于一个单纯的信念：别的文化跟自己的文化不一样，而且方式极为丰富多彩；哪怕他无法把握躲在这些差异背后的性质，或者经过努力也只能做到极不完整地把握这一性质。

此外，我们是把世界文明的概念视为一个终极理念的，或者充当一个复杂过程的简称。因为，假如我们的阐述有效，那么就人们往往赋予这个字眼的绝对意义而言，世界文明是不存在的，也不可能存在。因为文明意味着具有最大限度多样性的文化之间的共存；文明甚至就是这种共存本身。世界文明不是别的，只能是保持着自身特点的各种文化在世界范围内的联盟。

十　进步的双重含义

那么，我们面对的不是一种奇怪的矛盾吗？如果仍旧在我们所赋予它们的意义上沿用那些字眼，我们就会看到，任何文化的进步都有赖于文化之间的联盟。这种联盟在于把每一种文化在历史发展中遇到的机会合为公用赌注（无论自觉与否、自愿与否，有意为之还是意料之外，主动追求还是被逼无奈）。我们还认为，由于这一联盟建立在多样化的文化之间，所以它更有成效。这样一来，我们似乎面对着一些矛盾的条件。因为，或迟或早，这场同步进行的赌 418

博——任何进步都产生于此——将导致每一位赌客手中的资源走向同质化。如果说多样性是个初始条件的话，就得承认赢的机会由于赌局延长而变得更加微乎其微了。

看来这种难以抗拒的后果只有两种办法可以补救。一种办法是，每一位赌客都在赌局中设法制造一些区别性特征。这是可以办到的，因为每一个社会（即我们的理论模型中的“玩家”）都是由宗教教派的、行业的和经济的群体之间的同盟构成的，社会的赌注也是所有这些成分的赌注之和。社会不平等是这种办法的最明显的例证。已经被我们选取充当例证的那些伟大的革命，新石器时代革命和工业革命，不仅伴随着早已被斯宾塞清晰地看到的社会实体的多样化，还包括在各个群体之间出现了区别性地位，尤其在经济方面。人们已经注意到，新石器时代的各种发现迅速导致了社会分
419 化，连同古代东方的大都市的诞生，国家、种姓和阶级的出现。同样的观察也适用于工业革命，它伴随着无产阶级的出现，并且引起了对人类劳动的新的更高级的剥削形式。迄今为止，人们倾向于把这些社会变革视为技术变革的后果，并在两者之间建立起因果关系。如果我们的诠释是正确的，因果关系之说（连同它所蕴含的时间接续关系）就必须摒弃——实际上这也是现代科学的普遍倾向，而应采用两种现象之间的功能性关联之说。顺带一提，技术进步是以人剥削人的发展为其历史关联因素的，承认这一事实可以督促人们谨慎地看待前一个现象所极易引发的自豪感。

第二种补救办法在很大程度上受前一种的制约。这一次是把外来的新成员引进联盟，不论人们是否愿意。这些成员的“赌注”跟起初结盟时有很大的不同。这个办法以前曾经试过。如果说资本主义这个名称对于前一个解决办法基本上适用的话，帝国主义或殖民主义便有助于称谓第二种办法。19 世纪的殖民扩张使工业欧洲得以

重新巩固其汹汹的来势（当然不仅对它本身有利），假如没有被奴役民族的卷入，这种势头原本会更快地损耗殆尽。

在这两种情形下，我们看到补救办法的目标都是增强联盟，要么通过扩大内部多样性，要么通过扩充新成员。总之得增加玩家的人数；也就是说，必须返归复杂多样的初始局面。但是，我们同样看到，这些办法只能暂时地延缓整个进程。同盟之内只会出现剥削，因为在主宰和被主宰的两个群体之间存在着接触，出现了交换。虽然存在着表面上把他们结合在一起的单方面关系，但轮到赌 420
博时，他们还是得自觉地或不自觉地把赌注交付公用；而且那些使他们形成对立的差别趋于逐渐减少。一方面是社会改良，另一方面是殖民地人民逐渐走向独立，两者都会使我们亲历这一现象的发展过程。尽管这两个方向都还有很长的路要走，但我们很清楚，事情将无可避免地朝这个方向发展。也许，事实上我们应当把世界上出现政治的和社会的对立派看成第三种解决办法。不妨设想，通过一些总是令人感到惊讶的多变形式，一种在不同方面屡屡翻新的多样化过程能够永远维持这种不平衡状态，而人类在生物学和文化意义上的存活有赖于这种状态。

不管怎样，对于这个除了被视为充满矛盾以外别无他途的过程，我们可以概括如下：为了能够进步，人类必须合作。在这一合作过程中，他们看到一些贡献逐渐同化，而恰恰是由于这些贡献的早先的多样性，他们的合作才是富有成效和必要的。

但是，即使这种矛盾永无解决之日，人文学科的神圣义务依然是两手各执矛盾一端，不因偏爱一方而忽略另一方。当然还需谨防盲目地强调特殊性，进而把人类的优越地位留给某一种族、文化或社会；然而，同样不可忘记，没有任何一部分人掌握着适用于全体人类的办法；而且，生活方式清一色的人类是无法想象的，因为那将是一种冷漠无情的人类。

这一方面，国际机构面临着一项巨大的任务，肩负着重大的责任。两者都比我们想象的复杂得多。这是因为，国际机构负有双重
421 使命：既要清理，又要唤醒。国际机构首先必须帮助人类，并且尽量无痛苦和安全地重新吸收那些已经死去的多样性的表现，因为它们是渣滓，没有合作形式方面的价值，这些腐烂状态下的残存物经常有感染国际社会的危险。必要时国际机构应当做出删减和切除，以有利于其他适应形式的诞生。

不过，与此同时，国际机构应当满腔热情地注意以下事实：若想具备与从前的模式相同的功能价值，新的模式如果简单地重复它们或者依样画葫芦，必然会沦为一些越来越平庸无奇、终归无效的解决办法。这些机构应当懂得，人类相反地拥有各种难以预见的可能性，其中每一种出现时都会让人吃惊不已；它们也应当懂得，进步不是仅靠一幅可以让我们从容偷闲的舒舒服服的“改良后的相似性”的图景便可取得的，而是充满了冒险、冲突和奇闻怪事。人类总是与两个相互矛盾的过程纠缠在一起，一个趋于建立统一，另一个力图维持或者重建多样性。每一个时代或每一种文化在整个系统中的位置，或者说身所系之的方向，就是如此：两个过程中只有一个在它看来是有意义的，另一个表现为前者之否定。不过，如果说——人们可能倾向于这样认为——人类在营造自己的同时也搞垮了自己，那同样是一种不全面的看法。因为，这是在两个方面以及两个对立的层次上的两种不同的自我营造的方式。

在一个面临千篇一律、千人一面的威胁的世界上，国际机构显然不会忘记保存文化多样性的必要性。它们也应该懂得：为了达到这个目标，仅仅珍视地方传统和给予历史一个喘息的时间还不够。必须加以拯救的正是多样性这一现象，而不是每一个时代所赋予它

的历史内容，没有一个时代能超越自身而使之永垂不朽。应当谛听麦子的生长、鼓励隐秘的潜能、唤起历史为共同生活而保留下来的各种天职。对于表达的所有新的社会形式势必带有的不常见的东西，我们必须准备好以不惊讶、不厌恶和不抗拒的态度面对它们。宽容并不意味着一种仅对过去和今天才宽宏大量的沉思冥想的立场。它是一种活跃的态度，本质在于预见、理解和倡导那些希望能够存在的事物。人类文化的多样性既是已经过去了的事情，也在我们的周围，同时又在我们的眼前。它应当以这样一些形式出现：其中每一种都有助于使其他形式更加宽容。这是我们能够向它提出的（也能够为每个人创造相应的义务的）唯一要求。

注释

［1］初次发表于丛书 *La question raciale devant la science moderne*，UNESCO，Paris，1952。此次发表曾经重阅和增加几处修订。

［2］参见雷蒙·阿隆关于这个故事的很有意思的讨论：Raymond Aron："La Paradoxe du même et de l'autre"，*In*：J. Pouillon et P. Maranda（éd.），*Echanges et connaissances*，vol. Ⅱ，pp. 943-952。

［3］参见《野性的思维》法文版，第 21～25 页。

［4］Leslie A. White，*The Science of Culture*，p. 356.

参考文献

ADAMSON, T.:

1934 "Folk-Tales of the Coast Salish", *Memoirs of the American Folklore Society*, XXVIII.

ADLER, A. et CARTRY, M.:

1971 "La Transgression et sa dérision", *L'Homme, Revue française d'anthropologie*, XI (3).

ALBISETTI, C.:

1948 "Contribuições missionárias", *Publicações da Sociedade brasileira de antropologia e etnologia*, n°s 2—3, Rio de Janeiro.

Cf. COLBACCHINI et ALBISETTI.

ALBISETTI, C. e VENTURELLI, A. J.:

1962—1969 *Enciclopédia Bororo*, vol. I-II, Campo Grande.

BANNER, H.:

1957 "Mitos dos Indios Kayapo", *Revista de Antropologia*, 5 (I), São

Paulo.

BARBEAU, M.:

1929 "Totem Poles of the Gitskan", *Bulletins of the Canada Department of Mines*, LXI, National Museum of Canada, Ottawa.

1950 "Totem Poles" *Bulletin CXIX*, *National Museum of Canada*, *Anthropological Series* 30, 2 vol.

Cf. GARFIELD, WINGERT et BARBEAU.

BARNARD, M.:

1966 *The Mythmakers*, Ohio University Press.

BECKWITH, M. W.:

1938 "Mandan-Hidatsa Myths and Ceremonies", *Memoirs of the American Folklore Society*, XXXII.

(Behavioral Science)

1962 "Strengthening the Behavioral Sciences", *Science* 136 (3512); *Behavioral Science* 7 (3).

BEYNON, W.:

1941 "The Tsimshians of Metlakatla", *American Anthropologist*, n. s., 43.

BOAS, F.:

1891 "Dissemination of Tales among the Natives of North America", *Journal of American Folklore*, IV.

1895*a* "Indianische Sagen von der Nord-Pacifischen Küste Amerikas", *Sonder-Abdruck aus den Verhandlungen der Berliner Gesellschaft für Anthropologie, Ethnologie und Urgeschichte 1891—1895*, 23—27, Berlin.

1895*b* "Fifth Report on the Indians of British Columbia", *Reports of the British Association for the Advancement of Science*, 65.

1897 "The Social Organization and the Secret Societies of the Kwakiutl Indians", *Reports of the U. S. National Museum*, Washington, D. C.

1902 "Tsimshian Texts", *Bulletin 27*, *Bureau of American Ethnology*, Washington, D. C.

1911 ed.: "Handbook of American Indian Languages", *Bulletin*, *40*, *Bureau of American Ethnology*, 2 vol., Washington, D. C.

1912 "Tsimshian Texts (New Series)", *Publications of the American Ethnological Soviety*, III, Leyden.

1916 "Tsimshian Mythology", *31st. Annual Report*, *Burenu of American Ethnology (1909—1910)*, Washington, D. C.

1917 ed.: "Folk-Tales of Salishan and Sahaptin Tribes", *Memoirs of the American Folklore Scociety*, XI.

1918 "Kutenai Tales", *Bulletin 59*, *Bureau of American Ethnology*, Washington, D. C.

1925 "Stylistic Aspects of Primitive Literature", *Journal of American Folklore*, XXXVIII.

1932 "Current Beliefs of the Kwakiutl", *Journal of American Folklore*, XLV.

BOAS F. and HUNT, G.:

1902 "Kwakiutl Texts II", *Memoirs of the American Museum of Natural History*, Leiden-New York.

BOWERS, A. W.:

1950 *Mandan Social and Ceremonial Organization*, Chicago.

1965 "Hidatsa Social and Ceremonial Organization", *Bulletin 194*, *Bureau of American Ethnology*, Washington, D. C.

BRAUDEL, F.:

1958 "La longue durée", *Annales*, IV.

1959 "Histoire et sociologie" in: G. Gurvitch, *Traité de sociologie*, Paris.

CASAGRANDE, J. B., ed.:

1960 *In the company of Man. Twenty Portraits by Anthropologists*, New York.

CHAMBERLAIN, A. F.:

1892 "Report on the Kootenay Indians", *Reports of the British Association for the Advancement of Science*, 62.

CLINE, W., ed.:

1938 "The Sinkaietk or Southern Okanagon of Washington", *General Series in Anthropology*, 6, Menasha.

COLBACCHINI, A.:

1919 *A Tribu dos Boróros*, Rio de Janeiro.

1925 *I Boróros Orientali "Orarimugudoge" del Matto Grosso, Brasile.* Contributi Scientifici delle Missioni Salesiane del Venerabile Don Bosco (I), Torino.

COLBACCHINI, A, e ALBISETTI, C.:

1942 *Os Boróros Orientais*, São Paulo-Rio de Janeiro.

COMTE, A.:

1830—1842 *Cours de philosophie positive*, 6 vol., Paris.

CROCKER, J. C.:

1969 "Reciprocity and Hierarchy among the Eastern Bororo", *Man*, n. s., 4 (I).

CURTIN, J. and HEWITT, J. N. B.:

1911 "Seneca Fiction, Legends, and Myths", *32nd Annual Report, Bureau of American Ethnology*, Washington, D. C.

DEACON, A. B.:

1934 *Malekula, A Vanishing People in the New Hebrides, Edited by C. H. Wedgwood*, London.

DÉMEUNIER, M.:

1776 *L'Esprit des usages et des coutumes des différents peuples, ou Ob-*

servations tirées des voyageurs et des historiens, 3 vol., Londres.

DIAMOND, S., ed.:

1960 *Culture in History. Essays in Honor of Paul Radin, Published for Brandeis University by Columbia University Press*, New York.

DORSEY, G. A.:

1905 "The Cheyenne", *Field Columbian Museum*, *Anthropological Series*, IX, Chicago.

DORSEY, G. A. and KROEBER, A. L.:

1930 "Traditions of the Arapaho", *Field Columbian Museum*, *Anthropological Series*, V, Chicago.

DOUGLAS, M.:

1952 "Alternate Generations Among the Lele of the Kasai, Southwest Congo", *Africa* XXII (I).

1963 *The Lele of the Kasai*, London.

DRIVER, H. E.:

1939 "Culture Element Distributions X. Northwest California", *Anthropological Records* I, 6, Berkeley.

DRUCKER, Ph.:

1965 *Cultures of the North Pacific Coast*, San Francisco.

DURKHEIM, E.:

1895 *Les Règles de la méthode sociologique*, Paris.

1896—1897 "La Prohibition de l'inceste et ses origines", *Année sociologique*, vol. I.

1900 "La Sociologia ed il suo dominio scientifico" *Rivista italiana di Sociologia*, IV. Traduction française in: A. Cuvillier, *Où va la sociologie française?*, Paris, 1953, Appendice.

1912 *Les Formes élémentaires de la vie religieuse*, paris.

DURLACH, Th. M.:

1982 "Relationship Systems of the Tlingit, Haida and Tsimshian", *Publications of the American Ethnological Society*, XI, New York.

ELMENDORF, W. W.:

1960 "The Sturcture of Twana Culture [with] Comparative Notes on the Sturcture of Yurok Cultue [by] A. L. Kroeber", *Research Studies, Monographic Supplement 2*, Pullman.

EMMONS, G. T.:

1910 article *Niska* in: "Handbook of American Indians North of Mexico", *Bulletin 30*, *Bureau of American Ethnology*, 2 vol., Washington, D. C.

ENGELS, F.:

1950 *Anti-Dühring*, traduction d'Émile Bottigelli, Paris.

ESPINAS, A.:

1901 "Ȇtre ou ne pas être, ou Du postulat de la sociologie", *Revue philosophique*.

ÉTIENNE, P.:

1970 "Essai de représentation graphique de l'alliance matrimoniale", *L'Homme, Revue française d'anthropolgie*, X (4).

EVANS-PRITCHARD, E. E.:

1951 *Social Anthropology*, London.

1961 *Anthropology and History* (Lecture delivered at Manchester University), Manchester University Press.

FARRAND, L.:

1900 "Traditions of the Chilcotin", *Memoirs of the American Museum of Natural History*, IV, Leiden-New York.

FENTON, W. N.:

1953 "The Iroquois Eagle Dance. An Offshoot of the Calumet Dance", *Bulletin 156*, *Bureau of American Ethnology*, Washington, D. C.

FEWKES, J. W.:

1903 "Hopi Katcinas, Drawn by Native Artists", *21ts Annual Report, Bureau of American Ethnology (1899—1900)*, Washington, D. C.

FLETCHER, A. C. and LA FLESCHE, F.:

1911 "The Omaha Tribe", *27th Annual Report of the Bureau of American Ethnology (1905—1906)*, Washington, D. C.

FORTES, M.:

1949 "Time and Social Structure: An Ashanti Case Study" in *Social Structure. Studies presented to A. R. Radcliffe-Brown*. Edited by Meyer Fortes, Oxford.

FORTUNE, R. F.:

1963 *Sorcerers of Dobu* (Ire éd. 1932), New York, Dutton Paperback Edition.

FOSTER, G. M.:

1959 "The Potter's Wheel: an Analysis of Idea and Artifact in Invention", *Southwestern Journal of Anthropology*, 15 (2).

FRAZER, Sir J. G.:

1911—1915 *The Golden Bough. A Study in Magic and Religion*, 12 vol., London.

GARFIELD, V. E.:

1939 "Tsimshian Clan and Society", *University of Washington Publications in Anthropology*, 7 (3), Seattle.

GARFIELD, V. E., and WINGERT, P. S.:

1966 *The Timshian Indians and their Arts*, University of Washington Press, Seattle.

GARFIELD, V. E., WINGERT, P. S., BARBEAU, M.:

1951 "The Tsimshian: their Arts and Music", *publications of the American Ethnological Society*, XVIII, New York.

GILLIN, J.:

1936 "The Barama River Carib of British Guiana", *Papers of the Peabody Museum* XIV (2), Cambridge, Mass.

GILMORE, M. R.:

1919 "Uses of Plants by the Indians of the Missouri River Region", *33rd Annual Report of the Bureau of American Ethnology (1911—1912)*, Washington, D. C.

GOBINEAU, A. de:

1983—1855 *Essai sur l'inégalité des races humaines*, Paris.

GODDARD, P. E.:

1935 "Indians of the Northwest Coast", *The American Museum of Natural History, Handbook Series no. 10*, New York.

GODEL, R.:

1957 *Les Sources manuscrites du Cours de linguistique générale de Ferdinand de Saussure*, Genève.

GOETHE, J. W. de:

1829 *Essai sur la métamorphose des plantes*, traduit... par F. de Gingins Lassaraz, Genève.

GOLDSCHMIDT, W.:

1951 "Nomlaki Ethnography", *University of California Publications in American Archaeology and Ethnology*, XLII, 4, Berkeley.

GUIART, J.:

1958 "Espiritu Santo (Nouvelles-Hébrides)", *L'Homme, Cahiers d'ethnologie, de géographie et de linguistique*, Paris.

1963 *Structure de la chefferie en Mélanésie du sud*, Paris, Institut d'Ethnologie.

GUINARD, Rev. J. E.:

1930 "Witiko among Tête-de-Boule", *primitire Man*, III, 3.

GUNTHCR, E.:

1927 "Klallam Ethnography", *University of Washington Publications in Anthropology* I (5), Seattle.

HAEBERLIN, H. K.:

1924 "Mythology of Puget Sound", *Journal of American Folklore*, XXXVII.

HEIM, R.:

1963 *Les Champignons toxiques et hallucinogènes*, Paris.

1967 *Nouvelles Investigations sur les champignons hallucinogènes*, Muséum national d'histoire naturelle, Paris.

HEIM, R. et WASSON, R. G.:

1958 *Les Champignons hallucinogènes du Mexique*, Muséum national d'histoire naturelle, Paris.

HEUSCH, L. de:

1958 *Essai sur le symbolisme de l'inceste royal en Afrique*, Bruxelles, Institut de sociologie Solvay.

1971 *Pourquoi l'épouser? et autres essais*, Paris.

HIATT, L. R.:

1965 *Kinship and Conflict. A Study of and Aboriginal Community in Northern Arnhem Land*, Canberra, The Australian National University.

HILL-TOUT, Ch.:

1899 "Notes on the N'tlakápamuQ of British Columbia, a Branch of the Great Salish Stock of North America", *Reports of the British Association for the Advancement of Science*, 69.

1904*a* "Report on the Ethnology of the Síciatl of British Columbia, a Coast Division of the Salish Stock", *Journal of the Royal Anthropological Institute*, XXXIV.

1904*b* "Ethnological Report on the Stseélis and Sk. aúlits tribes of the Halōkmēlem Division of the Salish of British Columbia", *Journal of the Royal Anthropological Institute*, XXXIV.

1907 *The Natives of British North America*, London.

HODGE, F. W.:

1910 "Handbook of American Indians North of Mexico", *Bulletin 30*, *Bureau of American Ethnology*, 2 vol., Washington, D. C.

HOFFMAN, W. J.:

1884 "Selish Myths", *Bulletin of the Essex Institute*, 15 (1883), Salem, Mass.

HUBERT, H, et MAUSS, M.:

1899 "Essai sur la nature et la fonction sociale du sacrifice", *Année sociologique*, II.

HUME, D.:

1742—1752 *Essais moraux et politiques*, 5 vol., Amsterdam.

JACOBS, M.:

1934 "Northwest Sahaptin Texts", *Columbia University Contributions to Anthropology*, XIX (1—2).

JENNESS, D.:

1934 "Myths of the Carrier Indians", *Journal of American Folklore*, XLVII.

1943 "The Carrier Indians of the Bulkley River", *Bulletin 133*, *Bureau of American Ethnology*, Washington, D. C.

JONES, J. F.:

1914 *A Study of the Thlingets of Alaska*, New York.

KOHL, J.-G.:

1956 *Kitchi Gami. Wanderings Round Lake Superior*, n. ed., Minneapolis.

KRAUSE, A.:

1956 *The Tlingit Indians. Results of A Trip to the Northwest Coast of America and the Bering Straits*, Translated by Erna Gunther, Seattle.

KROEBER, A. L.:

1904 "The Arapaho. III, Ceremonial Organization", *Bulletin of the American Museum of Natural History*, XVIII, 2, New York.

Cf. DORSEY et KROEBER.

KUIPERS, A. H.:

1967 "The Squamish Language", *Janua Linguarum. Series practica*, LXXIII/1—2, la Haye-Paris.

LEACH, E.:

1961 *Rethinking Anthropology*, London.

1970 *Lévi-Strauss*, London.

LEHMANN-NITSCHE, R.:

1919 "El Diluvio según los Araucanos de la pampa—La Cosmogonia según los Puelche de la Patagonia. Mitologia sudamericana I, II", *Revista del Museo de la Plata*, vol. 24, *segunda parte* (2e série, tome XI).

LÉVY-BRUHl, L.:

1949 *Les Carnets de* —, préface de Maurice Leenhardt, Paris.

LÉVI-STRAUSS, C.:

1949 *Les Structures élémentaires de la parenté*, Paris (n. éd. 1967, Paris-la Haye).

1958*a* *Anthropologie structurale*, Paris

1958*b* "La Geste d'Asdiwal", *Annuaire de l'École pratique des hautes études. Section des sciences religieuses (1958—1959)*, Paris.

1958*c* "Dis-moi quels champignons...", *L'Express*, 10 avril 1958.

1962*a* *Le Totémisme aujourd'hui*, Paris.

1962*b* *La Pensée sauvage*, Paris.

1967 Voir: 1949.

1971 *L'Homme nu*, Paris.

1972*a* "Compte rendu d'enseigement," *Annuaire du Collège de France*, 72e année, Paris.

1972*b* "Compte rendu de M. Detienne: Les Jardins d'Adonis", *L'Homme*, *Revue française d'anthropologie*, XII (4).

LIENHARDT, G.:

1964 *Social Anthropology*, Oxford University Press, London.

LIVINGSTONE, F. B.:

1958 "Anthropological Implications of Sickle Cell Gene Distribution in West Africa", *American Anthropologist*, n. s., 60 (3).

MCKENNAN, R. A.:

1959 "The Upper Tanana", *Yale University Publications in Anthropology*, LV.

MAIR, L.:

1965 "How Small Scale Societies Change", *Penguin Survey of the Social Sciences*, London.

1969 *Anthropology and Social Change*, London.

MALINOWSKI, B.:

1922 *The Sexual Life of Savages in North-Western Melanesia*, 2 vol., New York-London.

1945 *The Dynamic of Culture Change*, Yale University Press, New Haven.

MALLERY, G.:

1893 "Picture-Writing of the American Indians", 10*th Annual Report*, *Bureau of American Ethnology (1888—1889)*, Washington, D.C.

MARX, K.:

1950—1954 *Le Capital. Critique de l'économie polirique*, traduction de Joseph Roy, 5vol. , Paris.

MATTHEWS, W. :

1887 "The Mountain Chant: A Navajo Ceremony", *5th Annual Report*, *Bureau of American Ethnology (1883—1884)*, Washington, D. C.

MAUSS, M. :

1899 Voir: HUBERT et MAUSS.

1923—1924 "Essai sur le don. Forme et raison de l'échange dans les sociétés archaïques", *Année sociologique*, seconde série, tome I.

MAXIMILIAN, Prince of Wied:

1843 *Travels in the Interior of North America*, translated by H. E. Lloyd, London.

MAYBURY-LEWIS, D. :

1960 "The Analysis of Dual Organizations : A Methodological Critique", *Anthropologica. Bijdragen tot de Taal-, Land-en Volkenkunde*, deel 116, Ire aflevering, 's Gravenhage.

MEAD, M. :

1950 *Sex and Temperament in three Primitive Societies* (Ire éd. 1935), New York, Mentor Books.

MEGGITT, M. J. :

1962 *Desert People. A Study of the Walbiri Aborigines of Central Australia*, Sydney.

MERLEAU-PONTY, M. :

1960 *Signes*, Paris.

MÉTRAUX, A. :

1939 "Myths and Tales of the Matako Indians", *Ethnological Studies 9*, Göteborg.

1946 "Myths of the Toba and Pilagá Indians of the Gran Chaco", *Memoirs of the American Folklore Society*, XL, Philadelphia.

1959 "La Révolution de la hache", *Diogène* 25.

MURPHY, R. F.:

1958 "Mundurucú Religion", *University of California Publications in American Archaeology and Ethnology*, XLIX, I, Berkeley.

NIMUENDAJU, C.:

1939 "The Apinayé", *The Catholic University of America, Anthropological Series*, 8, Washington, D. C.

1942 "The Šerente", *Publications of the Frederick Webb Hodge Anniversary Publication Fund*, 4, Los Angeles.

1946 "The Eastern Timbira", *University of California Publications in American Archaeology and Ethnology*, XLI, Berkeley-Los Angeles.

1952 "The Tukuna", *University of California Publications in American Archaeology and Ethnology*, XLV, Berkeley-Los Angeles.

OLSON, R. L.:

1967 *The Quinault Indians and Adze, Canoe and House Types of the Northwest Coast*, university of Washington Press, Seattle.

OPLER, M. E.:

1960 "Myth and Practice in Jicarilla Apache Eschatology", *Journal of American Folklore* LXXIII.

PETITOT, E.:

1886 *Traditions indiennes du Canada nord-ouest*, Paris.

PHINNEY, A.:

1934 "Nez Percé Texts", *Columbia University Contributions to Anthropology*, XXV.

POSPISIL, L.:

1959—1960 "The Kapauku Papuans and their Kinship Organization", *Oceania* XXX (3).

POUILLON, J. et MARANDA, P. :

1970 (réunis par) *Échanges et communications, Mélanges offerts à Claude Lévi-Strauss à l'occasion de son* 60e *anniversaire*, 2 vol., Paris-la Haye.

RADCLIFFE-BROWN, A. R. :

1958 *Method in Social Anthropology. Selected Essays edited by M. N. Srinivas*, Chicago.

RADIN, P. :

1923 "The Winnebago Tribe", *37th Annual Report, Bureau of American Ethnology (1915—1916)*, Washington, D. C.

1933 *Method and Theory of Ethnology*, New York.

1945 "The Road of Life and Death", *Bollingen Series, vol. V*, New York.

1949 "The Culture of the Winnebago: As Described by Themselves", *Special Publications of the Bollingen Foundation (also issued as Memoir 2 of the International Journal of American Linguistics)*, Baltimore.

RAND, S. T. :

1894 *Legends of the Micmacs*, New York-London.

RAY, V. F. :

1933 "Sanpoil Folk Tales", *Journal of American Folklore*, XLVI.

1939 "Cultural Relations in the Plateau of Northwestern America", *Publications of the F. W. Hodge Anniversary Publication Fund*, vol. 3, Los Angeles.

1954 "The Sanpoil and Nespelem", *Reprinted by Human Relations Area Files*, New Haven.

READ, K. E. :

1959 "Leadership and Consensus in a New Guinea Society", *American An-*

thropologist, n. s., 61 (3).

REDFIELD, R.:

1950 "Social Science among the humanities", *Measure*, I.

1953 "Relations of Anthropology to the Social Sciences and to the Humanities" in: *Anthropology Today*, A. L. Kroeber ed., Chicago.

REICHARD, G. A.:

1947 "An Analysis of Cœur d'Alene Indian Myths", *Memoirs of the American Folklore Society*, XLI.

RICHARDS. J. F.:

1914 "Cross cousin Marriage in South India", *Man*, XIV.

ROBBINS, W. W., HARRINGTON, J. P. and FREIRK-MARRECO, B.:

1916 "Ethnobotany of the Tewa Indians", *Bulletin 55*, *Bureau of American Ethnology*, Washington, D. C.

ROSMAN, A. and RUBEL, P.:

1971 *Feasting with mine Enemy*, Columbia University Press, New York-London.

1972 "The Potlatch: A Structural Analysis", *American Anthropologist*, n. s., 74 (3).

ROTH, W. E.:

1915 "An Inquiry into the Animism and Folklore of the Guiana Indians", *30th Annual Report of the Bureau of American Ethnology* (1908—1909), Washington, D. C.

1924 "An Zntroductory study ot the Arts, Crafts and Customs of the Guina Indians", *38th Annual Report*, *Burean of American Ethnonogy* (*1916—1917*), washington, D. C.

ROUSSEAU, J.-J

1774—1783 *Collection complète des ceuvres de* —, 12 vol., Londres.

SAPIR, E.:

1915 "A Sketch of the Social Organization of the Nass River Indians", *Museum Bulletins of the Canada Department of Mines, Geological Survey*, XIX, Ottawa.

SAUSSURE, F. de.:

1916 *Cours de linguistique générale*, Paris.

SHAPIRO, W.:

1969 "Asymetric Marriage in Australia and Southeast Asia", *Bijdragen tot de taal-, land-en Volkenkunde* 125, 's Gravenhage.

SHARP. L.:

1952 "Steel Axes for Stone Age Australians", *Human Organization*, 11.

SKINNER, A. and SATTERLEE, J. V.:

1915 "Folklore of the Menomini Indians", *Anthropological Papers of the American Museum of Natural History*, XIII, 3, New York.

SPENCER, R. F.:

1959 "The North Alaskan Eskimo", *Bulletin 171*, *Bureau of American Ethnology*, Washington, D. C.

STANNER, W. E. H.:

1960 "Durmugam, a Nangiomeri (Australia)". Voir: J. B. Casagrande, ed.

STEVENSON, M. C.:

1904 "The Zuñi Indians; their Mythology, Esoteric Fraternities and Ceremonies", *23rd Annual Report*, *Bureau of American Ethnology (1901—1902)*, Washington, D. C.

SWANTON, J. R.:

1905 "Haida texts and Myths", *Bulletin 29*, *Bureau of American Ethnology*, Washington, D. C.

1908 "Haida Texts", *Memoirs of the American Museum of Natural History* XIV, New York.

1909a "Contributions to the Ethnology of the Haida", *Memoirs of the American Museum of Natural History*, VIII, New York.

1909b "Tlingit Myths and Texts", *Bulletin 39*, *Bureau of American Ethnology*, Washington, D. C.

1952 "Indian Tribes of North America", *Bulletin 145*, *Bureau of American Ethnology*, Washington, D. C.

TEIT, J. A.:

1898 "Traditions of the Thompson Indians", *Memoirs of the American Folklore Society*, VI.

1900 "The thompson Indians of British Columbia", *Memoirs of the American Museum of Natural History*, II, Leiden-New York.

1906 "The Lilloet Indians", *Memoirs of the American Museum of Natural History*, IV, New York.

1909 "The Shuswap", *Memoirs of the American Museum of Natural History*, IV, Leiden-New York.

1912 "Mythology of the Thompso Indians", *Memoirs of the American Museum of Natural History*, XII, Leiden-New York.

1930 "Ethnobotany of the Thompson Indians of British Columbia, edited by E. V. Steedman", *45th Annual Report of the Bureau of American Ethnology*, Washington, D. C.

TURNER, T. S.:

1966 *Social Structure and Political Organization among the Northern Cayapo*, Harvard University (mimeogr.).

VOEGELIN, E. W.:

1942 "Culture Element Distributions. XX. Northeast California", *Anthropological Records* VII, 2, Berkeley.

WALKER, Jr. D. E.:

1968 *Conflict and Schism in Nez. Percé Acculturation*, Washington State

University press.

WASSON, R. G. :

1968 *Soma*, *Divine Mushroom of Immortaity*, New York. (voir: HEIM et WASSON).

WASSON, V. P. and R. G. :

1957 *Mushrooms*, *Russia and History*, 2 vol. , New York.

WAUGH, F. W. :

1916 "Iroquois Foods and Food Preparation", *Canada Department of Mines*, *Geological Survey*, Memoir 86, Ottawa.

WHITE, L. :

1949 *The Science of Culture*, New York.

WEDGEWOOD, C. H. :

Article "*Cousin Marriage*" in *Encyclopaedia Britannica*.

WILLIAMS, F. E. :

1932 "Sex Affiliation and its Implications", *Journal of the Royal Anthropological Institute*, LXLI.

WISSLER, C. and DUVALL, D. C. :

1908 "Mythology of the Blackfoot Indians", *Anthropological Papers of the American Museum of Natural History*, II, New York.

索　引

（所注页码均为法文原书页码，即本书边码）

C

D

E

F

G

H

I

O

P

Q

R

S

T

U

V

W

X

Y

Z

插图目录

译后记

先交待一下这个汉译本所依据的原著。《结构人类学》（1）据法国普隆（Plon）书局1958年版（ISBN：2-259-00212-9）译出，《结构人类学》（2）据同一出版社1973年版（ISBN：2-259-00085-1）译出。

众所周知，《结构人类学》两卷都已经有汉译本。那么，为什么还要重新来过？须知这里的许多篇文章起初都是用英语撰写的（第1卷第三、四、十一、十五、十七章；第2卷第四、六、十、十八章），作者后来为法文版亲自做出修订并译成了法语。列维-斯特劳斯在法文版第1卷的《序言》里说明，这些文章的内容与原作相比有了不同程度的改动。对于这些文章，英译本的做法是把英语原作原封不动地收入，而不是从法文版翻译。这种做法固然省事，但显然至少无法反映作者的最终观点。这一次，列维-斯特劳斯本人得知中国人民大学出版社筹划出版这套汉译文集后，之所以表示对英译本不够满意，要求直接从法文翻译，英译本的做法欠妥大概是个中主要原因。

至于这个直接译自法文的汉译本是否最大限度地忠实于原著，译者祈盼就正于方家识者。本人对于人类学是门外汉。两部译稿历经一年多终告杀青，除了庆幸学到了不少东西以外，我想感谢向中国人民大学出版社推荐本人担此重任的李幼蒸先生，以及本人曾多所请益的老朋友 Philippe Bidegaray 和 Laurent Gerbier。我也要向中国人民大学出版社人文出版事业部的潘宇女士和王道勇、龚洪训同志表示衷心的感谢，译事得以毕竣离不开他们的鼎力支持和耐心细致的工作。

张祖建

2005 年 11 月 12 日

加州佛利蒙市

ISBN: 2-259-18544-4

图书在版编目（CIP）数据

结构人类学（1～2）/（法）克洛德·列维-斯特劳斯著；张祖建译．
北京：中国人民大学出版社，2006
（列维-斯特劳斯文集；1）
ISBN 978-7-300-07016-2

Ⅰ．结…
Ⅱ．①克…②张…
Ⅲ．结构人类学
Ⅳ．C912.4

中国版本图书馆 CIP 数据核字（2005）第 148670 号

本书的出版经由法国文化部出版中心资助

列维-斯特劳斯文集 ❶
结构人类学（1～2）
［法］克洛德·列维-斯特劳斯 著
张祖建 译

出版发行	中国人民大学出版社		
社　址	北京中关村大街 31 号	**邮政编码**	100080
电　话	010－62511242（总编室）		010－62511770（质管部）
	010－82501766（邮购部）		010－62514148（门市部）
	010－62515195（发行公司）		010－62515275（盗版举报）
网　址	http：//www.crup.com.cn		
经　销	新华书店		
印　刷	北京尚唐印刷包装有限公司		
开　本	890 mm×1240 mm　1/32	**版　次**	2006 年 1 月第 1 版
印　张	29.5 插页 10	**印　次**	2025 年 5 月第 5 次印刷
字　数	689 000	**定　价**	149.00 元（全 2 册　精装）